Mário Vieira de Carvalho

»Denken ist Sterben«
Sozialgeschichte des Opernhauses Lissabon

Musiksoziologie

herausgegeben
von
Christian Kaden

Band 5

Mário Vieira de Carvalho

»Denken ist Sterben«

Sozialgeschichte des Opernhauses Lissabon

Bärenreiter
Kassel · Basel · London · New York · Prag

Diese Ausgabe wurde vom Fundo de Apoio à Comunidade Científica des portugiesischen Ministeriums für Wissenschaft und Technologie unterstützt. Die Forschung über die musikalische Ikonographie erfolgte im Rahmen eines von der Fundação para a Ciência e a Tecnologia (Programm »Praxis XXI«) geförderten Projekts des Centro de Estudos de Sociologia e Estética Musical (CESEM) der Universidade Nova de Lisboa.
Der Autor ist Professor für Musiksoziologie und Leiter des CESEM an der Universidade Nova de Lisboa.

Die Deutsche Bibliothek – CIP-Einheitsaufnahme

Vieira de Carvalho, Mário:
»Denken ist Sterben« : Sozialgeschichte des Opernhauses Lissabon /
Mário Vieira de Carvalho. – Kassel ; Basel ; London ; New York ; Prag :
Bärenreiter, 1999
(Musiksoziologie ; Bd. 5)
ISBN 3-7618-1354-6

© Bärenreiter-Verlag Karl Vötterle GmbH & Co. KG, Kassel 1999
Umschlaggestaltung: Jörg Richter, Bad Emstal
Korrektur: Doris Leitinger, Graz; Detlef Giese, Berlin
Druckvorlage: Lars Klingberg, Berlin
Druck und Bindung: Weihert-Druck GmbH, Darmstadt
ISBN 3-7618-1354-6

Inhalt

Drittes Kapitel
Der mißglückte Weg zum Wort-Ton-Drama:
Vom Vorabend der Republik bis zum Aufstieg des Faschismus

Viertes Kapitel
Das tote Wort:
Das Teatro de São Carlos unter dem Faschismus

Fünftes Kapitel
Auf der Suche nach dem gesungenen Wort:
Zu den Entwicklungsperspektiven des Musiktheaters
in Lissabon

Anhang

Vorwort

So ist die Kunst der Dichter zur Politik geworden: Keiner kann dichten, ohne zu politisiren. Nie wird aber der Politiker Dichter werden, als wenn er eben aufhört, Politiker zu sein: in einer rein politischen Welt nicht Politiker zu sein, heißt aber so viel, als gar nicht existiren; wer sich jetzt noch unter der Politik hinwegstiehlt, belügt sich nur um sein eigenes Dasein. Der Dichter kann nicht eher wieder vorhanden sein, als bis wir keine Politik mehr haben. Die Politik ist aber das Geheimniß unserer Geschichte und der aus ihr hervorgegangenen Zustände.

Richard Wagner
in *Oper und Drama* (1851: IV, 53)

»Denken ist Sterben« – mit diesen Worten charakterisiert zu Beginn des 20. Jahrhunderts eine portugiesische Zeitung die Einstellung zur Oper, die unter den Zuschauern des Opernhauses in Lissabon, dem Teatro de São Carlos, vorherrschte (*Mundo* 6. 2. 1902). Damit meinte der Chronist, das Publikum gehe in die Oper, nicht um eine Handlung zu verfolgen, zu erleben und mitzudenken, sondern um sich mit *etwas ausdrücklich anderem* zu beschäftigen. Zugleich wies er unbewußt darauf hin, daß dieses Publikum sterben müßte, wenn Opernrezeption mit Denken verbunden bzw. dem Denken wesensgleich würde. Eine Umwandlung der Opernrezeption hätte jedoch die Veränderung der Opernproduktion und der Aufführungspraxis vorausgesetzt, mithin das gesamte Kommunikationssystem in Frage gestellt: Denken bei der Rezeption wäre dem Tod der Institution, von deren Publikum und deren Oper, gleichgekommen.

Unter welchen sozialgeschichtlichen Bedingungen aber wurde die Handlung auf der Musikbühne von ihrem Sinne entleert? Wieso schloß man denkende Zuschauer von der Opernrezeption aus? Inwieweit kam es zu alternativen Entwicklungen? Wie verhielten sich Oper und politische Macht zueinander? Dies sind einige der Fragen, die im vorliegenden Buch behandelt werden, wobei nicht nur der Wandel der Gesellschaft als Weg zum Verständnis der Oper (vgl. Knepler 1977), sondern auch der Wandel der Oper als Weg zum Verständnis der Gesellschaft zu sehen sind.

Der theoretische Ansatz, an den die vorliegende Untersuchung anknüpft, geht auf einen Begriff von *Systematischer Musikwissenschaft* zurück, den Reiner Kluge (1977) und Christian Kaden (1984) entwickelten. Dabei handelt es sich um die Überwindung der traditionellen Gegenüberstellung von *historischer* und *systematischer* Musikwissenschaft – einer Entzweiung, die von Guido Adler (1885) initiiert wurde und seither in der musikwissenschaftlichen Tradition fortbestand (vgl. u. a. Dahlhaus und De la Motte-Haber 1982). Dem Beispiel der Literaturwissenschaft folgend, in der Jurij Tynjanov und Roman Jakobson bereits vor längerem postuliert hatten, daß »jedes System notwendigerweise als Evolution auftritt und andererseits die Evolution zwangsläufig Systemcharakter trägt« (zitiert nach Jauß 1967: 167), ging es für die Musikwissenschaft darum, erstens den *materiellen* ›Systemcharakter‹ der Musik zu erkennen und zweitens die Einheit von ›System‹ und ›Prozeß‹ zu respektieren.

Bei der Definition des Gegenstandes einer Musiksoziologie, in der Christian Kaden (1984) die Systemtheorie und die Kommunikationstheorie heranzieht, wird das *Soziale* in der Musik als ein *Kommunikatives* verstanden. Soziokommunikative Systeme geben folglich nicht nur den Rahmen für die Musik ab – für deren Produktion, Aufführungspraxis, Vermittlung, Rezeption, und für die Kodierungs- und Dekodierungsstrategien, die dazu gehören –, sondern sind der Musik selbst immanent oder, in anderen Worten, den Lebensformen, in denen ›Musik‹ bzw. ›musikalisches Verhalten‹ sich vollzieht. Jede Musik existiert nur – nicht zuletzt für die Musiksoziologie –, indem sie als ein soziokommunikatives System erscheint.

Kaden (1984) unterscheidet zwar zwischen der *Struktur* und der *Funktion* eines solchen Systems – wobei die eine die Immanenz bzw. Selbstreferenz des Systems, die andere den Austausch von *inputs* und *outputs* zwischen ›System‹ und ›Umwelt‹ betrifft –, postuliert aber zugleich beider geschichtliche Dynamik auf der Ebene sozialer Interaktionen. Ein derartiges *process-based systems thinking* (Edwards und Jaros 1994) liegt auch der Untersuchung der Institution Oper in Lissabon zugrunde. Es war, seit dem Beginn meiner Forschungen, hilfreich, um die empirischen Daten zu gruppieren und Zeitabschnitte zu definieren, in denen verschiedene Formen der Stabilität oder Instabilität einzelner Kommunikationssysteme in ihrem Verhältnis zur sozialgeschichtlichen Umwelt sich herauskristallisierten.

Da das Wort-Ton-Verhältnis auf der Opernbühne im Mittelpunkt der theatralischen Handlung steht – was nicht bedeutet, daß die Handlung darauf reduziert werden könnte –, wurden die verschiedenen Epochen hinsichtlich dessen Relevanz und der Ausprägung spezifischer Kommunikationsstrategien befragt.

Das erste Kapitel behandelt den Zeitraum vom 16. Jahrhundert bis zur frühen Entwicklung des 1793 gegründeten ›Real Teatro de São Carlos‹ (im weiteren als São Carlos bezeichnet), der einen Prozeß der *Sinnentleerung des gesungenen Wortes* mit sich brachte. Das zweite Kapitel handelt von der Zuspitzung dieser Entwicklung im 19. Jahrhundert, die das *Wort dem Publikum* überläßt. Im dritten Kapitel treten konfliktreiche Auseinandersetzungen um dieses Kommunikationsmodell in den Vordergrund. Sie wurden von 1883 bis hinein in die zwanziger Jahre durch die Rezeption des Wagnerschen *Musik-Dramas* angeregt und ebneten den Weg zu einem *Wort-Ton-Drama* – der jedoch ohne Erfolg beschritten wurde. Das vierte Kapitel rückt die Tätigkeit des São Carlos unter dem Faschismus ins Bild, als das *tote Wort* im Opernhaus vorherrschte. Schließlich wird versucht, die *Suche nach dem gesungenen Wort,* d. h. die gegenwärtigen Entwicklungsperspektiven eines portugiesischen Musiktheaters herauszuarbeiten. Eine solche Gliederung ergab sich aus der Berücksichtigung der Einheit von Kunstkonzeption, Kunstpraxis, Kunstinstitution und Kunstrezeption (Fiebach und Münz 1974), die die Beobachtung und Modellierung von soziokommunikativen Systemen im Wandel und in ihrem »Verhältnis zum allgemeinen Prozeß der Geschichte« (Jauß 1967: 167) ermöglichte.

Die erheblichen Lücken im Archiv des Teatro de São Carlos erschwerten die Forschung. Tagebücher der Aufführungen, Kassendokumente, Verträge, Briefwechsel, Spielpläne, Presserezensionen usw. nahmen die jeweiligen Lizenzträger mit, als deren Amtszeit beendet war, und sie sind meist verlorengegangen. Übrig blieb das ausführliche, sehr positivistische Werk in zwei Bänden von Benevides (1883; 1902), das als Ausgangspunkt für die Untersuchung der gesamten Tätigkeit des São Carlos bis 1902 diente. Neben einer Fülle wertvoller Fakten, die über alle möglichen Aspekte des Theateralltags Auskunft gibt, hat aber Benevides weder ein vertrauenswürdiges Verzeichnis der Erst- bzw. Uraufführungen angelegt noch einen Versuch unternommen, quantitative Angaben über die Gestaltung der Spielzeiten (etwa die Aufführungszahlen pro Oper) zu sammeln. Diese Defizite setzten meinen Forschungen natürlich Grenzen und verlangten nach einem weiteren intensiven Studium von Primärquellen.

Durch die zufällige Entdeckung unverzeichneter Akten, die in von Insekten bevölkerten Kisten in einem Abstellraum neben dem ehemaligen Archiv des São Carlos lagen, entstand die Möglichkeit, die Spielzeiten von 1883 bis 1924 genau zu rekonstruieren – ein empirisches Material, das sich für diesen Zeitabschnitt als besonders wichtig erwies. Eine ähnliche Rekonstruktion könnte an Hand ausreichender Dokumente für die Zeit des Faschismus erarbeitet werden; auf sie wurde aber verzichtet, da sie für die Charakterisierung des entsprechenden Kommunikationssystems – wie sich zeigen wird – ohne besonderen Belang war.

Im Archiv des São Carlos deckte der Vorrat an Presserezensionen nur den Zeitraum von 1893 bis 1908 und von 1940 bis Mitte der sechziger Jahre ab. Für die früheren, bis 1893 erschienenen Presserezensionen schien es zu genügen, in einigen der wichtigsten Zeitungen nachzuschlagen, um durch den Vergleich mit anderen Quellen das Gesamtbild zu bestätigen bzw. zu ergänzen. Um jedoch den Wandel zu verstehen, der sich von 1909 bis zu den dreißiger Jahren vollzog, mußte eine detaillierte Durchsicht zahlreicher Zeitungen und Zeitschriften aus dieser Epoche erfolgen.

Für den Zeitraum vom ausgehenden 16. Jahrhundert bis zur Gründung des São Carlos konnte ich mich nur am Rande auf Primärquellen stützen. Der einleitende Rückblick, der notwendig war, um gewisse sozialgeschichtliche Prozesse zu erhellen, die bis zur Gegenwart Spuren in den portugiesischen Theaterverhältnissen hinterließen, setzt sich dabei im wesentlichen mit der Geschichtsschreibung auseinander, die die portugiesische Musik- bzw. Theaterkultur dieser Epoche behandelt.

Zu den Primärquellen, auf die ich, als Zeugnissen von Lebensformen, Kommunikationsstrategien, sozialen Bedürfnissen und Einstellungen zur Oper und Musik, einen besonderen Wert lege, zählen die literarischen Quellen – z. B. das Werk von Eça de Queiroz, einem berühmten Schriftsteller aus der zweiten Hälften des 19. Jahrhunderts, der in seinen Romanen den Alltag der Lissaboner Gesellschaft thematisierte. Entsprechend der u. a. von Gadamer (1960) und Jauß (1987; 1989) entwickelten Rezeptionstheorie und der Kritik des Paradigmas der modernen Wissenschaft wurde die Möglichkeit einer geistes- und sozialwissenschaftlichen ›Objektivität‹ in Zweifel gezogen, dagegen die soziale Konstruktion des Wissens als eine Bedingung für dessen soziale Gültigkeit hervorgehoben (vgl. Wallerstein *et al.* 1996). Der Unterschied zwischen z. B. Romanen, Pressebzw. Reiseberichten, Regierungserlassen und positivistischer Geschichtsschreibung (etwa der von Benevides) wird dadurch relativiert, und in der latenten ideologischen Konfrontation dieser als Primärquellen verstandenen Zeugnisse miteinander kann es wohl geschehen, daß die ›Objektivität der Fiktion‹ die ›Fiktion der Objektivität‹ entlarvt. Damit kann übrigens ein Beitrag der Musiksoziologie für die Entwicklung einer selbstkritischen Musikwissenschaft geleistet werden (vgl. Vieira de Carvalho 1997e).

In seiner ersten Fassung wurde dieser Text an der Humboldt-Universität zu Berlin Ende 1984 nach einer vierjährigen Forschung als musikwissenschaftliche Dissertation vorgelegt. Eine später erschienene Ausgabe in portugiesischer Sprache (Vieira de Carvalho 1993c) zog neue wissenschaftliche Publikationen – besonders über die portugiesische Musik- und Theaterkultur des 18. Jahrhunderts – heran. Die Erhärtung einzelner Fakten und die Veröffentlichung bisher unbekannter Quellen gestatteten es, einige der früher entworfenen Hypothesen zu überprüfen, und trug zur Weiterentwicklung der Diskussion um einzelne Aspekte bei. Mit Ausnahme der Bilddokumentation, die die vorliegende dritte Fassung des Textes bereichert – wobei die Karikaturen von Raphael Bordallo Pinheiro (1846–1905) als ein besonders relevantes Moment kritischer Auseinandersetzung mit der Oper erscheinen –, sind die Änderungen gegenüber der portugiesischen Ausgabe minimal und im wesentlichen als Anmerkungen eingefügt. Sie ergaben sich nicht selten aus einem selbstkritischen Rückblick, der durch neue theoretische Erfahrungen und eine Differenzierung der Forschungslage angeregt wurde.

Cascais (bei Lissabon), im Juni 1998   Mário Vieira de Carvalho

Erstes Kapitel

Die Sinnentleerung des gesungenen Wortes: Zur Musik- und Theaterentwicklung in Portugal bis zur Entstehung desTeatro de São Carlos

1. Der Dienst an Gott und die Opernfeindlichkeit

Die Geschichte des portugiesischen Musiktheaters besitzt ihre Wurzeln, wenn man so will, im 16. Jahrhundert. »Das Zeitalter geistiger Emanzipation und sozialer Revolutionen«, das mit der Renaissance angebrochen war, manifestierte sich bekanntlich in einem »Vorantreiben«, einer »Höherentwicklung der musikalischen Elemente des Theaters« (vgl. Knepler 1977: 283). Auch für Portugal ist dieser Prozeß nachweisbar. In den Werken Gil Vicentes – einem »Erbe des mittelalterlichen Theaters, dessen Inhalt ganz zur Renaissance gehört« – spielt die Musik eine außerordentlich bedeutende Rolle (vgl. z. B. Beau 1936)[1].

Das Interesse an großen Theateraufführungen, bei denen eine aufwendige Maschinerie, prächtige Kostüme und teilweise auch Singen und Musizieren miteinbezogen wurden, setzt in Portugal in der zweiten Hälfte des 16. Jahrhunderts ein. Mit Ausnahme der beiden im dritten Viertel desselben Jahrhunderts gespielten und 1601 gedruckten umgangssprachlichen Komödien von Simão Machado (Frèches 1971) handelt es sich um in lateinischer Sprache abgefaßte Tragikomödien der Jesuiten, deren Kollegien seit den vierziger Jahren über die ganze iberische Halbinsel verstreut waren und die es dem Orden innerhalb kurzer Zeit ermöglichten, sämtliche Aufgaben der Ausbildung und damit die Orientierung der Kultur zu übernehmen (Frèches 1964: 116, 152 ff.). Außerdem scheinen bestimmte in *Os Lusíadas* von Camões beschriebene Szenen den Geist der italienischen *Rappresentazioni* der Zeit widerzuspiegeln und können im Sinne der Vorausahnung der Oper verstanden werden (João de Freitas Branco 1979).

Die Bedeutung des von den Jesuiten aufgeführten ›Schultheaters‹ (*teatro de colégio, teatro escolar*) wird in diesem Zusammenhang oft hervorgehoben. Es war nicht allein an eine Elite gerichtet, die Latein verstehen konnte, sondern darüber hinaus an ein größeres Publikum. Den Zuschauern standen Zusammenfassungen der Handlung in Umgangssprache zur Verfügung (Frèches 1964: 515). Die Katechisationsziele, die auch unmittelbar politische Absichten haben konnten,

---

[1] Über die Werke von Gil Vicente als Zeugnisse des Übergangs vom mittelalterlichen Drama in das Theater der Renaissance vgl. Houwens Post (1975). Gil Vicente, geboren um 1465, führte sein erstes Stück 1502 am Hof auf. Sein letztes Werk entstand 1536. Das genaue Datum seines Todes ist nicht bekannt. Bei den Königen Manuel I. und João III. trug er die Verantwortung für die Veranstaltung von höfischen Feiern (vgl. u. a. A. J. Saraiva und Óscar Lopes 1978).

sollten anziehend auf das Publikum wirken[2]. Hier liegt der Grund, warum die Tragikomödien immer mehr *apparatus scenae*, possenhafte Zwischenspiele, Tänze, Chöre, musikalische Episoden enthalten: »die neulateinische Darstellung orientiert sich notwendigerweise an der Augen- und Ohrenlust« (Frèches 1964: 513)[3].

Berührungspunkte zwischen der Tragikomödie und dem *Ballet de Cour* bzw. dem *dramma per musica* sind in gewissem Maße selbstverständlich, da diese verschiedenen Gattungen von der Wende zum 17. Jahrhundert an zeitweilig nebeneinander existierten und sich gegenseitig beeinflußten. Von den portugiesischen Jesuitenspielen sind jedoch keine musikalischen Aufzeichnungen erhalten geblieben, so daß, vom literarischen Text ausgehend, nur Vermutungen über die wirkliche Bedeutung des Singens und des Musizierens angestellt werden können. Trotzdem sehen manche Autoren das neulateinische Theater ausdrücklich als opernhaft, so daß sie derartige Tragikomödien für die ersten echten Beispiele der Gattung Oper auf der iberischen Halbinsel halten. Ein portugiesischer Forscher des 19. Jahrhunderts schrieb sogar:

»Portugal hat ganz recht sich zu rühmen, daß es die Oper geschaffen und großartig entwickelt hat, einschließlich aller Elemente, die dazu gehören, d. h. der Dichtkunst, der Musik, des Tanzes, der Malerei und der Maschinerie, bevor das *Ballet de la Reine* 1581 in Frankreich aufgeführt wurde.« (Marques 1947: 41).

Gleichfalls bezeichnete ein spanischer Literaturforscher die Tragikomödien bereits als *Zarzuelas*, mit denen »die Historiker unserer lyrischen Kunst nicht gerechnet haben« (Garcia Soriano 1927: 274).

Als Vorläufer der Oper können die Jesuitenspiele (des 16. Jahrhunderts), ferner verschiedene Schulkomödien, Balletts und Liederspiele (ab dem 13. und 14. Jahrhundert) genannt werden, obwohl die florentinischen Komponisten selbst »unter den Vorbildern des Musikdramas jene verschiedenen Abteilungen des Schauspiels mit musikalischen Einlagen nicht erwähnen« (Kretzschmar 1919: 13).

---

[2] Zu den Katechisationszielen zählten: der Kampf gegen heidnische Sitten, die Unterwerfung vor Gott, die Notwendigkeit der Sühne und das Streben nach dem Tod, Almosen als Reinigung, Lernen des Leidens und Frömmigkeit als höchstes Wohl, Keuschheit und Enthaltsamkeit gegenüber dem Weibe, das Lob der Beichte und der Buße, der heilige Krieg gegen die Ungläubigen, Glück der freiwilligen Armut, Befreiung von mondänen Eitelkeiten und Lob der Einsamkeit, Verurteilung gewisser Volkszerstreuungen bzw. Volkstänze, Kampf gegen Protestantismus. Zu den politischen Zielen gehörten: Ausdehnung des Kolonialreiches, Widerstand gegen die spanische Herrschaft, Unterstützung des Hauses von Bragança, Propaganda des ›Sebastianismo‹ (Frèches 1964; 1968). Hinzu kam die erzieherische Funktion, die auf die Vorbereitung für die Ausübung der Macht abzielte: Ausbildung im gesprochenen Latein, Sicherheit im Auftreten der Schüler – nicht nur auf der Bühne, sondern auch im alltäglichen Leben (vgl. Wimmer 1982: 21).

[3] Zu den deutschen Jesuitenspielen vgl. Wimmer (1982).

Titelseite des *Auto de Ines Pereira* von Gil Vicente, Exemplar aufbewahrt in der Staatsbibliothek von Madrid (Reproduktion nach A. F. de Sampaio 1929: II, 35).

In diesem Zusammenhang handelt es sich allerdings um die Frage, ob die Entwicklung der Jesuitenspiele überhaupt wesentlich zur Einführung der Oper in Portugal beitrug.

In seinem Hauptwerk über das neulateinische Theater in Portugal befaßt sich Claude-Henri Frèches (1964) mit der Analyse einer Reihe von Tragikomödien, die von der Mitte des 16. Jahrhunderts bis zur Mitte des 18. Jahrhunderts entstanden sind. Eine Zusammenstellung der vermutlich eingesetzten musikalischen Beiträge, die dabei relativ unsystematisch erwähnt werden, läßt im Zusammenhang mit den jeweiligen dramatischen Funktionen folgendes erkennen:

– Der Chor als Kommentator der Handlung sang zumeist am Schluß eines Aufzuges.

– Weitere Chorgesänge (manchmal auch Sprechchöre) mit unterschiedlichen Funktionen konnten eingefügt werden, und zwar um besonders heftige Gefühle (z. B. Trauer, Triumph, Lob) auszudrücken, typische Bevölkerungsgruppen (z. B. Engel, Pilger, Wahrsager, Priester, Seeleute, Mauren) darzustellen, gewisse Vorgänge (z. B. Prozessionen, Tänze, Festessen) zu begleiten oder alle drei Funktionen zugleich zu übernehmen.

– Sologesänge, Lieder, von einer bzw. mehreren Personen vorgetragen, wurden zumeist als Zwischenspiele benutzt, d. h., wenn es einen Vorwand gab, jemanden unabhängig von der Handlungsentwicklung singen zu lassen (dergleichen kommt auch häufig bei den Chören vor).

– Bei Zwischenspielen dienten Volkstänze und -gesänge zur Darstellung von Gestalten aus dem Volk (z. B. Schäfer, Bauern bzw. dem Teufel als Bauer).

– Instrumente wurden für Militärmusik (Trompeten, Trommeln), Tafelmusik, Lied- und Chorbegleitung, Tanz- und Ballettmusik (Flöten bzw. Lauten, Gitarre, Lyra, Sistrum, Tamburin) verwendet.

– Die Anzahl der musikalischen Beiträge dieser Art nahm in den Schäferspielen deutlich zu.

Im allgemeinen ist davon auszugehen, daß das Singen und Musizieren aus bereits vorhandenen und unabhängig vom Schultheater entwickelten Gattungen übernommen wurde, zusammen mit den ursprünglichen Funktionen. Man könnte von Einlageliedern, Inzidenzmusik bzw. musikalischen Episoden sprechen, die zusätzlich Lokalkolorit schufen. Deshalb kommen diese musiktheatralischen Komponenten angesichts ihrer dramaturgischen Ziele der späteren Entwicklung der Oper in der zweiten Hälfte des 18. Jahrhunderts und vor allem im 19. Jahrhundert näher (vgl. Becker 1976) als der früheren Entwicklung des *dramma per musica*. Sie wurden aber in eine Dramaturgie eingefügt, deren Grundlagen literarisch waren, während das *dramma per musica* die Entwicklung einer auf das Singen und Musizieren gestützten Dramaturgie voraussetzte. Wie es scheint, beschränkten sich die portugiesischen Jesuiten darauf, Formen der bereits bestehenden

Kirchen- bzw. Volks- und Militärmusik zu verwenden und die Anzahl dieser Elemente im Laufe der Zeit zu vergrößern[4]. Den Weg zu einer Dramaturgie neuer Qualität sind sie nicht gegangen. Frèches (1964: 529) übersieht diesen Unterschied, wenn er die 1729 aufgeführte Tragikomödie *Lusitaniae Augmentum Victoria Coronatum* als erste *opéra à la portugaise* bezeichnet und sie für die erste Oper hält, die von einem portugiesischen Verfasser stammt[5]. Er erkennt aber die Verspätung Portugals gegenüber Spanien, denn er erwähnt zugleich *La selva sin amor* von Lope de Vega (vgl. Subirá 1953: 341 f.), die genau ein Jahrhundert früher, im Jahre 1629 als erste spanische Oper entstand[6]. Sein Vergleich läßt uns andererseits eine Frage aufwerfen, die mit den Kommunikationsverhältnissen beider Gattungen zusammenhängt: Das Schäferspiel von Lope de Vega wurde in Umgangssprache, die Tragikomödie in Latein aufgeführt.

Diese Unterschiede – einerseits die dramaturgischen Grundlagen, andererseits die Sprache betreffend – stimmen kaum mit der von Frèches gelobten »fortschrittlichen Rolle des neulateinischen Theaters« überein, sondern weisen vielmehr auf dessen rückschrittliche Gesinnung hin. Die Ausdruckskraft des Komplexes Text-Musik-Szene, also die Expressivität, die auf eine unmittelbare Vermittlung des Inhalts abzielte und ein Bestreben der *camerata fiorentina* darstellte[7], gehörte nicht zu den Schwerpunkten des Theaterbegriffs der Jesuiten. »Augen- und Ohrenlust« oder einfach der Anspruch des *amuser* (Frèches 1964: 512) wirkten wie Zugeständnisse an das Publikum, um es anzuziehen, um es für die gleichsam endlose Handlung[8], die in einer von fast niemandem beherrschten Sprache vorgetragen wurde, zu interessieren (vgl. Hermano Saraiva 1979: 175 f.). *Sine harmonia theater non delectat*, meinte Ludovicus Crucius, einer der Jesuitenautoren aus der zweiten Hälfte des 16. Jahrhunderts, im Vorwort zu seinen 1605 gedruckten *Tragicae, Comicaeque Actiones* – diese Aussage verrät jedoch eher die Grenzen, die er für die Theatermusik ansetzte, als eine Erweiterung von deren Funktionen. Wie Frèches (1964: 417)

---

[4] In einer erst 1727 aufgeführten Tragikomödie steigen die Engel vom Himmel herab und singen zugleich eine Motette (Frèches 1964: 525). Opernformen, z. B. Ouvertüre für Orchester, erscheinen in den Jesuitenspielen erst, nachdem die italienische Oper bereits in Portugal eingeführt worden war.

[5] Die Bedeutung der Tragikomödie für die Entwicklung der Oper in Portugal wird auch hier von Frèches offenbar übertrieben. Ebenso hat seine Vermutung, daß das Orchester in den Tragikomödien früher als in den Opern ›des Juden‹ (d. h. vor 1733) benutzt wird, keine Grundlage.

[6] Sowohl Subirá (1969: 7) als auch Cotarelo y Mori (1934: 42 ff.) halten jedoch erst die Stücke von Calderón de la Barca, die um 1660 entstanden, für eigentliche Opern (*Zarzuelas*).

[7] Caccini sprach in der *Nuove Musiche* von der *nobile sprezzatura del canto* (d. h. der ›feinsinnigen Verachtung des Gesangs‹) bei der Übertragung der sprachmusikalischen Rezitation (Goldschmidt 1901: 5), wobei der expressive Gehalt des Wort-Ton-Verhältnisses scheinbar mühelos, d. h. ohne die Gesangskunst zur Schau zu tragen, in den Vordergrund gestellt werden sollte. Die *sprezzatura* – ein von Castiglione (1528) geprägter Begriff – bezeichnete verschiedene Strategien von Selbstkontrolle in der sozialen Interaktion, die der »höfischen Gesellschaft« eigen waren (s. Elias 1969).

[8] Eine Aufführung konnte zwei ganze Nachmittage bzw. sieben Stunden dauern (Frèches 1964: 513).

selbst zugesteht, übernahm die Musik bereits bei Gil Vicente eine stärker strukturell geprägte Aufgabe, zudem hat Albin Eduard Beau ausgiebig zeigen können, daß

»die Musik [...] bei Gil Vicente nicht nur Rahmen oder äußerliches Bindeglied, nicht nur zusätzliches, sondern auch szenisches – und nicht nur stimmungschaffendes, sondern auch stimmungausdrückendes Element ist.« (Beau 1936: 187)[9].

Eben deshalb bezeichnet Luiz de Freitas Branco (1947: 112) Gil Vicente als »Begründer der portugiesischen komischen Oper«. Auch in dieser Hinsicht wird »die dramaturgische Verspätung des neulateinischen Dramas« (Rebello 1972: 53) offenbar. Sie stimmt außerdem mit der allgemeinen Verzögerung der portugiesischen Musikentwicklung im 17. Jahrhundert überein (hierzu João de Freitas Branco 1959: 92).

Mit demselben der Musik zugeschriebenen Ziel (dem des *delectare*) unterstreicht Frèches den in den Jesuitenspielen steigenden Anteil von Elementen der Tradition Vicentes und meint, die Jesuiten hätten dadurch das portugiesische Theater gerettet, und dies um so mehr, als die Gattung der Tragikomödie insbesondere im 17. Jahrhundert »dessen einziger sicherer Zeuge« sei (Frèches 1964: 515, 544). Wird aber die Frage nach den Kommunikationsverhältnissen herangezogen, so kann das Theater der Jesuiten genau als Gegensatz zu dem des Gil Vicente gelten. Dieses in Umgangssprache vorgetragene Theater, oft zweisprachig (in Portugiesisch und Kastilisch) und mit Einbeziehung mundartlicher Ausdrücke[10], vertrat in den Hofaufführungen[11] ein kritisches Bewußtsein der sozialen Wirklichkeit seiner Zeit, wirkte soziologisch von unten nach oben. Über eines der Stücke von Gil Vicente – das 1533 in Évora gespielte *Romagem de Agravados* (›Zug der Beleidigten‹) – schreibt Hermano Saraiva (1979: 188), dieser Text sei »heute noch die uns zur Verfügung stehende lichtvollste Untersuchung der portugiesischen Gesellschaft der Mitte des 16. Jahrhunderts«[12]. Ohne Über-

---

[9] Zur Symbolik des Theaters von Gil Vicente, die musikalischen Elemente einschließend, s. Maria José Palla (1992).

[10] Vgl. Frèches (1964: 45, 485, 494), A. J. Saraiva und Óscar Lopes (1978: 191 ff.).

[11] Volksaufführungen fanden ebenso statt (vgl. Braga 1870: I, 316). Wie dem auch sei, macht uns Luciana Stegagno Picchio (1964: 86) darauf aufmerksam, daß »das Hoftheater mit dem Verschwinden von Gil Vicente rasch unterging«, wobei sie sich auf das 16. Jahrhundert bezieht. Im Hinblick aber auf die Entwicklung im Laufe der darauffolgenden Jahrhunderte könnte man wohl behaupten, ein Hoftheater in portugiesischer Sprache beginne und ende mit Gil Vicente.

[12] Besonders scharf ist bei Gil Vicente die antiklerikale Satire. Übrigens war seine kritische Haltung auch außerhalb der Bühne spürbar. Wie Saraiva und Lopes (1978: 190) bemerken, gestattete ihm sein Ansehen, die Mönchspredigten, die das Erdbeben von 1531 als göttliche Strafe darstellten, in einer öffentlichen Rede mit harten Worten zu verurteilen und aus dem selben Anlaß in einem Brief an den König gegen die Verfolgung der Juden Stellung zu beziehen.

treibung können wir also behaupten, daß Gil Vicente, indem er die Probleme des täglichen Lebens so umfassend und eindringlich auf die Bühne übertrug, im wesentlichen bereits jenen Theaterbegriff entworfen hat, den die Bourgeoisie ungefähr zwei Jahrhunderte später entwickeln sollte (vgl. Münz 1979: 7 ff.).

Das Theater der Jesuiten versuchte dagegen, von oben nach unten zu wirken. Die herrschenden Schichten (vorwiegend Adel und höherer Klerus), die an den jesuitischen Schulen lernten und studierten, bildeten die Darsteller wie auch die Crème des Publikums der Tragikomödien. Ausschließlich die Herrschenden verfügten über das Privileg, in der vornehmsten Sprache miteinander zu sprechen. Sie besaßen aber auch das Privileg der Theatersprache. Äußerungen der Macht wurden auf Latein getätigt. Die Tragikomödien stellten somit gleichsam Machtdemonstrationen dar, in denen die Elite sich wiedererkannte – nicht zuletzt weil sie den Darstellern freigebig ihre Kostüme und ihren Schmuck auslieh (Frèches 1964: 118, 446, 502) – und von anderen sozialen Gruppen[13], welche den *apparatus scenae* erstaunt betrachteten, eben als Elite anerkannt wurde. Die Jesuitenspiele sollten die Herrschenden auf die Ausübung der Macht und die anderen auf Gehorsamkeit einstimmen, und zwar auch in dem Moment, als die Jesuiten bewußt versuchten, ein so deutliches politisches Ziel wie die Wiedereroberung der portugiesischen Unabhängigkeit anzustreben (vgl. Frèches 1964: 456 f.; Oliveira Martins 1879: 389).

Die Macht mußte gleichzeitig ins Theaterwesen eingreifen. Eine Reihe von Maßnahmen gegen die italienischen und spanischen Komödientruppen, die gegen Ende des 16. Jahrhunderts auf der iberischen Halbinsel umherzogen und sehr populär geworden waren, ergriffen die Jesuiten zusammen mit dem höheren Klerus[14]. Die verschiedenen Indexbestimmungen der Inquisition, welche die Beziehungen der Kirche zum Theater im Vergleich zur mittelalterlichen Tradition drastisch veränderten, »wüteten mit besonderer Grausamkeit gegen das Werk Gil Vicentes« (Rebello 1972: 51). Wurden die ›Pátios das Comédias‹ seit 1588 in Lissabon von Filipe II. ständig genehmigt (Braga 1870: I, 314 ff.), pflegten Katechisten, angeführt vom Jesuitenpriester Ignaz, die Aufführungen gewaltsam zu

---

[13] In der Regel blieb das Volk unbeteiligt außerhalb (Frèches 1964: 247). In einigen Fällen konnten die Aufführungen vor Tausenden von Zuschauern stattfinden (*ebd.*: 127). Bei manchen war der Hof anwesend (*ebd.*: 128 f., 133). Beim Vergleich der Theaterpraxis der Jesuiten in Mutterland mit jener der Missionäre in den Kolonien, deren Kollegien die Tragikomödien in Portugiesisch bzw. sogar in der lokalen Sprache vortrugen, kommentiert Stegagno Picchio (1964: 160 f.): »... konnte das Schultheater im Mutterland seinem aufsehenerregenden Charakter das Streben nach Erfolg vertrauen, so hing das für die überseeische Katechisation bestimmte Theater – wie es die Jesuiten-Priester wohl wußten – von der Klarheit des Dialoge ab ...«

[14] Frèches (1964: 121 ff.) gibt verschiedene Beispiele, darunter ein an den König Philipp IV. gerichtetes Schreiben des Bischofes von Granada und Sevilla, in dem es heißt, die Aufführungen verführen zum Ehebruch, die Schauspielerinnen haben eine zu sanfte Stimme, die Musikinstrumente seien pervers. Zur Rolle der Jesuiten bei der Unterdrückung der *commedia dell'arte* und der nationalen Tradition Gil Vicentes vgl. Rossi (1947: 288).

unterbrechen und das Volk sogleich auf derselben Bühne predigend zu unterweisen (Frèches 1964: 123). Die Jesuiten entwickelten »eine unerbittliche Kampagne« gleichzeitig gegen Vicentes nationale Tradition und die Einführung der *commedia dell'arte* (Rossi 1947: 288). Das heißt, Zugeständnisse, die in einigen Jesuitenspielen dem Erbe des lebendigen portugiesischen Theaters gemacht wurden, konnten dieses Erbe als solches kaum »retten«. Im Falle konnten sie es begrenzt und ausdrücklich im Dienste der Hauptziele des Ordens einsetzen. So wie der Orden die Verfolgungen gegen das populäre Theater institutionell mittrug, so wollte er sich auch die Theaterwirkungen zunutze machen. Elemente der Tradition Vicentes traten in den Jesuitenspielen eher untergeordnet in Erscheinung, nach ihrer Funktion sogar umgekehrt. Auch *durch* das Theater engagierten sich die Jesuiten *gegen* das Theater.

Das Zurückbleiben der Theaterverhältnisse hatte natürlich seine Folgen. So gab es im 17. Jahrhundert in Portugal weder eine Art von Nationalsingspiel[15] noch höfische Privataufführungen, die, wie es im benachbarten Spanien geschah, unter Philipp IV. (1605–1665) im Madrider Schloß den Bau »eines schon mit raffiniertem Bühnenapparat versehenen Theaters« sowie zwei Bühnen im Palast von ›Buen Retiro‹ erforderten (vgl. Kindermann 1966: V, 437; Subirá 1953: 341 ff.).

Noch weitere Faktoren sind aber in diesem Zusammenhang zu erwähnen. Durch den Verlust der nationalen Unabhängigkeit (in den Jahrzehnten zwischen 1580 und 1640) hatte sich das Zentrum des portugiesischen Kulturlebens von Lissabon nach Madrid (oder Valladolid, d. h. wo der Hof residierte) verlagert:

»Das Fehlen eines Königshofes verhinderte damit eine Kulturausbreitung innerhalb der nationalen Grenzen sowie eine Ausbildung von Talenten und verwandelte die Kultur in eine bäuerliche, regionale, die auf kleine Kreise einzelner Bischöfe und Adliger beschränkt blieb. Trotz seines Glanzes konnte sich der in einem Dorf (Vila Viçosa) liegende Hof der Herzöge von Bragança nie mit den Höfen eines König Manuel, eines João III. oder sogar eines König Sebastião messen, ganz abgesehen von dem der spanischen Könige« (Oliveira Marques 1981: II, 437 f.)[16].

---

[15] Die *Vilancicos*, kleine Musikstücke für Singstimmen und Instrumente, die in der Kirche im Zusammenhang mit gewissen liturgischen Funktionen in der Umgangsprache gesungen wurden, hatten eine theatralische Seite (Luiz de Freitas Branco 1953: 84), haben sich jedoch nicht in dieser Richtung entwickelt (João de Freitas Branco 1959: 51 f.; Brito 1989a: 31 ff.). Ihre Bezeichnung als »portugiesische *Zarzuelas*« (vgl. Silva Correia und Correia Guedes 1989: 40) hat keine Grundlage, ist nur noch ein Beispiel für den erneuten Versuch, im portugiesischen 17. Jahrhundert das zu entdecken, was es nicht anbieten kann: nämlich eine Tradition von dramatischer Musik.

[16] Veríssimo Serrão (1977: IV, 308) bezeichnet Vila Viçosa als »eine kleine Hauptstadt des Geistes« und preist »das musikalische Klima, das dort herrscht«; dadurch wird die Darstellung von Oliveira Marques jedoch nicht hinfällig. Zum Reichtum der Herzöge von Bragança und deren feudale Verhältnisse vgl. Rebello da Silva (1869: IV, 88 ff.).

Durch die Verluste von kolonialen Besitzungen und Handelsverbindungen sowie durch die von der spanischen Regierung verlangten Steuerlasten war die ökonomische Lage des Landes immer schlechter geworden. In den drei Jahrzehnten nach der Wiedereroberung der Unabhängigkeit 1640 wurden im Krieg gegen Spanien die bereits schwachen Ressourcen des Landes aufgebraucht. König João IV. mußte einen Teil seines eigenen Vermögens aufbringen, um die Krone der neugegründeten Dynastie zu verteidigen. Solche ökonomisch-politischen Bedingungen (vgl. Oliveira Marques 1981: II, 483 ff.) konnten natürlich keine günstigen Voraussetzungen für prächtige Theaterfeste sein, wie sie an anderen Höfen Europas üblich waren.

Die vorherrschende Ideologie sollte freilich dabei die entscheidende Rolle spielen. Mit der Wiederentstehung eines Königshofes in Lissabon setzte sie sich sogar noch stärker durch. Während das einzige Theater »im hohen Stil« (Frèches 1964: 515), das noch über die Unabhängigkeit hinaus überlebt hatte, gerade nach der Restauration und bis zur Wende des 17. Jahrhunderts niederging (ebd.: 138 ff.), übernahmen Kirchenfeste und Kirchenmusik eine größere Verantwortung für den Aufbau eines höfischen Kulturlebens. Ausschlaggebender Faktor in diesem Entwicklungsprozeß war das Profil von João IV. als Mensch und König.

Die musikalische Bedeutung des Werkes und die Wirkung dieses Königs wurden von der portugiesischen Musikwissenschaft, die im dritten Viertel des vergangenen Jahrhunderts entstand, besonders hervorgehoben (Vasconcellos 1870: I, 130 ff.; Vieira 1900: I, 501 f.). Im Gegensatz dazu verspotteten die sogenannten »romantischen Historiker« das Bild des »Königs der Jesuiten« (Oliveira Martins 1879: 423) sowohl auf soziopolitischer Ebene als auch auf der Ebene seiner allgemeinen Kulturausbildung (ebd.: 426; dazu Rebello da Silva 1869: IV, 94 f.).

Joaquim de Vasconcellos und Ernesto Vieira haben dem König als theoretisch gebildetem und praktischem Musiker ein emphatisches Loblied gesungen. Sie hoben den Reichtum seiner musikalischen Bibliothek, aus dem Erbe der ehemaligen Herzöge von Bragança, hervor, die in Lissabon beim Erdbeben von 1755 zerstört wurde, aber deren zum Teil erhaltener Katalog ihre kulturelle Bedeutung bezeugt[17]. Der vermutlich einzige abgedruckte Teil des Kataloges[18] war in der Tat so umfangreich, daß allein er für die Universalität der Musikkultur

---

[17] Die erste Ausgabe des Katalogs (als 1. Teil bezeichnet) erschien bei Pedro Craesbeck, Lissabon, 1649. Von dieser Auflage sind nur zwei Exemplare bekannt: eines befindet sich in der Staatsbibliothek von Paris, das andere im Archiv Torre do Tombo in Lissabon. Joaquim de Vasconcellos hat 1873 den Katalog drucken lassen. Diese Ausgabe ist aber erst 1905 veröffentlicht worden. Unter den darauffolgenden Ausgaben ist die von Sampayo Ribeiro zu erwähnen (1967).

[18] Obwohl der Kern der Bibliothek aus Kirchenmusikwerken bestand, enthielt sie auch profane Musikwerke, z. B. Madrigale von Marenzio, Gesualdo, Willaert, Merulo, Lasso und Monteverdi sowie eine große Menge *Villancicos* (über zweitausend, vgl. Ernesto Vieira 1900: 509); vgl. noch Howell (1980). Die jüngste kritische Auswertung der Bibliothek ist Nery (1990) zu verdanken.

La defensa de la musica moderna
von João IV. in der italienischen Ausgabe (Reproduktion
nach Lambertini 1918).

des Monarchen einsteht. Hier liegt der Grund, weshalb Ernesto Vieira vermutete, die Bibliothek müsse neben wichtigen Werken im Sinne der Entwicklung des *dramma per musica*, wie Guarinis *Il Pastor Fido*, Domenico Bellis *Orfeo dolente* und Orazio Vecchis *Anfiparnasso*, auch den *Orfeo* von Monteverdi und die *Rappresentazione dell'anima e del corpo* von Cavalieri enthalten haben (Vieira 1900: I, 509 f.). Diese reine Vermutung wurde in verschiedenen europäischen Enzyklopädien als Tatsache behandelt[19], obwohl die entgegengesetzte Ansicht, wesentliche dramatische Werke seien in der Bibliothek überhaupt nicht vorhanden gewesen, den Schriften des Königs zur Musik besser entsprochen hätte[20].

Luiz de Freitas Branco (1956a), der sich genauer und kritischer mit dem Leben und Werk von João IV. befaßt hat, weist jenen portugiesischen Musikwissenschaftlern nach, daß sie nicht verstanden haben, was im Mittelpunkt des ›Streites‹ zwischen dem König und einem gewissen Cyrillo Franco, der ein Jahr-

---

[19] In *Grove's Dictionary of Music and Musicians* wird der Fehler erst in der letzten Ausgabe (1980) korrigiert.
[20] Die erhaltenen Schriften von João IV., in Kastilisch geschrieben, lauten: *Defensa de la musica moderna contra la errada opinión del Obispo Cyrillo Franco* (Lissabon, 1649; italienische Übersetzung, Venedig 1666) und *Respuestas a las dudas que se pusieron a la missa: Panis, quem ego dabo, del Palestrina* […] (Lissabon, 1654; italienische Übersetzung, Rom 1655). Die erhaltenen Noten beschränken sich auf zwei Motetten: *Crux fidelis* und *Adjuva nos, Deus* – deren Urheberschaft jedoch zweifelhaft ist (Kastner 1958).

hundert früher in Italien gelebt hatte, gestanden habe: 1549 wagte dieser bereits einen Ausblick auf die Zukunft, vertrat den Anspruch der Expressivität und sah die künftige Entwicklung zur Oper und zum Oratorium voraus, während João IV. sich erst ein Jahrhundert später Palestrina als Modell für die Musik seiner Zeit erwählte (Luiz de Freitas Branco 1956a: 125).

Luiz de Freitas Branco zieht jedoch nicht alle Konsequenzen aus seiner Feststellung. Er bemüht sich vielmehr, das Bild von João IV. aufzuwerten, indem er ihn als Vertreter einer sogenannten »zweiten Renaissance« bezeichnet und seine Ideen im Zusammenhang mit einer angeblich stark von Rationalismus geprägten Haltung darstellt (ebd.: 27). Im Gegensatz dazu ist anzunehmen, daß dem König eine scholastische Mentalität innewohnte, die ganz mit der provinziellen Ausbildung eines von Jesuiten erzogenen Landesherren übereinstimmte und seiner Vorliebe zum Latein der Liturgie, zu den heiligen Schriften (gegen die klassische Antike gerichtet) und zur Kirchenmusik entsprach[21]. Somit, und im Gegensatz zum Standpunkt von Luiz de Freitas Branco (1956a: 57), gibt es keinen Widerspruch zwischen der Neigung des Königs zur Musik und seinem weitgehenden Desinteresse an Opernaufführungen, »an denen sogar der so fromme Philipp IV. von Spanien, der sein Zeitgenosse war, keinen Anstoß nahm«[22]. Folglich gibt es auch keinen Widerspruch zwischen diesem Desinteresse und dem von zeitgenössischen Chronisten überlieferten »Hang« des Königs zu Komödien und vor allem zu Schauspielerinnen. Ob dieser »Hang« in der Kirchenmusik von ihm »sublimiert« wurde (ebd.: 58 f.), bleibt eine bloße psychoanalytische Spekulation. Wichtiger ist es zu wissen, daß João IV. behauptete, die weltliche Musik »verweichliche die Stimmen« bzw. – noch treffender übersetzt – »verleihe den Stimmen weibliche Merkmale« (›efeminava as vozes‹) und solle deswegen normalerweise von Musikern nicht gesungen werden (vgl. Caetano de Sousa 1735/1748: VII, 132). Daraus läßt sich ableiten, daß der König in seiner Musikanschauung der Kirchenmusik den absoluten Vorrang vor der Theatermusik gab. Der Bestand einer Vielzahl von Werken der weltlichen Musik in seiner Bibliothek belegt also die Selbstzensur, die er bei der Förderung des höfischen Musiklebens ausübte.

Zur Erklärung der tatsächlichen Rolle des Königs in der portugiesischen Kultur seiner Zeit tragen die Werke von Mário Sampayo Ribeiro (1942; 1958a; 1958b; 1965), wenn auch verdienstvoll, nur unwesentlich bei. Die Anschauungen, die ihn zu einem unbegrenzten Lob des Königs verleiten, und zwar nicht nur als Musiker, sondern auch als politischer Machthaber, dessen Leistungen für das Portugal selbst des 20. Jahrhunderts vorbildlich seien, können nur im

---

[21] Zu diesem Porträt des Königs vgl. Luiz de Freitas Branco (1956a: 18 ff.).

[22] Fundament dieses angeblichen Widerspruches sei nämlich, so Luiz de Freitas Branco (1956a: 57), der Einfluß der Königin, Luísa de Gusmão.

Rahmen gewisser Richtungen der portugiesischen Kulturgeschichte unter dem Salazarismus verstanden werden[23]. In diesem Zusammenhang genügt es festzuhalten, daß Sampayo Ribeiro selbst unterstreicht, »die Musik, die nicht Gott diente, verfehlte für João IV. ihr Hauptziel«, nämlich Gott zu dienen. Daher, so wagt Sampayo Ribeiro (1958a: 44) zu behaupten, »hat Gott die Befleckung und Beleidigung dessen, was mit Liebe für seinen Dienst zusammengebracht worden war, verhindert«. Gott sei also die Vernichtung der berühmten Bibliothek beim Erdbeben von Lissabon – »in der Zeit, als der weltliche Geschmack völlig über die Kirchenmusik den Sieg davongetragen hatte« – sogar zu danken.

Schließlich muß auch der Essay von João de Freitas Branco (1979) über die Musikrezeption im Werk von Camões berücksichtigt werden. Hier stellt der Verfasser die fortschrittlichen musikalisch-ästhetischen Anschauungen des bedeutenden Dichters der Renaissance denen von João IV. gegenüber, die sich als rückschrittlich erweisen. João de Freitas Branco (1979: 153 ff.) zeigt, inwieweit die portugiesische Entwicklung des Humanismus – einer der bedeutendsten Träger im 16. Jahrhundert ist eben Camões – die Blüte des Theaters und der Musik auch in Richtung Oper erahnte und inwieweit die Persönlichkeit von João IV. gerade in Sachen der Musik gegen eine solche Entwicklung noch im 17. Jahrhundert wirkte.

Der Dienst an Gott und die Herrschaft des *numerus* (der *Affektenlehre* widersprechend, die mit Gioseffo Zarlino entstanden war)[24], sind zusammengefaßt die beiden Pole, durch die der Monarch das Musikschaffen und dessen Wirkung zu definieren sucht. Als Komponenten der scholastischen Tradition stehen sie für eine Haltung, die ganz zu dem sich im Portugal des 17. Jahrhunderts ausbreitenden Obskurantismus gehört. Die Opernfeindlichkeit von João IV. ist ebenso die Konsequenz seiner in jener Richtung orientierten musikalischen Ausbildung. Sie trug innerhalb der portugiesischen Theaterentwicklung zur Unterdrückung des Prozesses der Säkularisierung bei, für den sich Gil Vicente bereits ein Jahrhundert früher eingesetzt hatte[25]. Die Macht der Inquisition und der Kirche, der Einfluß der Jesuiten, die provinziellen Kulturansprüche der Landesherren (von denen ab 1640 der Hof selbst geprägt wurde) stützten die ideologischen Formationen der portugiesischen Gesellschaft, deren Entwicklung seit der zweiten Hälfte des 16. Jahrhunderts und über das 17. Jahrhundert hinaus durch die Schwächung der Bourgeoisie (nach der Vertreibung der Juden und der Verfolgung der Konvertiten) und durch die Wiederbelebung feudaler Verhältnisse charakterisiert wird. Diese allgemeine Regression erklärt auch den Rückgang des

---

[23] S. Kapitel IV.
[24] Dies im europäischen Raum, vgl. hierzu Knepler (1977: 48 ff.).
[25] Zur Rolle von Gil Vicente in der Säkularisierung des Theaters vgl. Vasconcellos (1870: I, 11) und Braga (1870: I, 169).

Theaters bzw. der Entwicklung, die vom Theater Gil Vicentes ausgehen konnte, erklärt also das Nichtvorhandensein einer portugiesischen Opernpraxis und die Zurückdrängung der weltlichen Musik zu dieser Zeit[26].

Zumindest bis 1682 blieb der Begriff eines grundsätzlich vom Singen und Musizieren gestalteten Theaterstückes den Hofleuten vollkommen fremd[27]. Und als ein italienisches Ensemble in jenem Jahr am portugiesischen Hof gastierte, gab die spöttische Reaktion des Publikums mehr über die Hofkultur Auskunft als alle späteren Vermutungen und Bemühungen, Elemente einer portugiesischen Operntradition bereits im 17. Jahrhundert auffinden zu wollen. Solche Vermutungen werden oft sogar in wichtigen Werken wie z. B. in Kindermanns Theatergeschichte als Tatsache angesehen[28]. Wie gezeigt wurde, haben sie jedoch keinerlei Beweiskraft.

---

[26] Königin Luísa de Gusmão empörte sich angeblich über eine Aufführung weltlicher Musik, als sie ihr beim Nachfolger von König João IV., ihrem Sohn Afonso VI., unerwartet beigewohnt hatte (Luiz de Freitas Branco 1956a: 107).

[27] Aus Anlaß der Verlobung vom König Afonso VI. mit der Prinzessin Elizabeth von Savoyen fand vermutlich die erste italienische Opernaufführung 1682 am portugiesischen Hof statt. Sie blieb die einzige im 17. Jahrhundert, die uns bis heute überliefert ist. Den Memoiren eines zeitgenössischen Chronisten zufolge, der die Gattung der Aufführung nicht genau bezeichnet, seien die Hofleute so überrascht, daß sie nur gespottet hätten (Benevides 1979: II, 107 f.; João de Freitas Branco 1959: 104 f.).

[28] Kindermann (1976: V, 440): »Wie in Spanien, wurde auch in Portugal schon seit dem 17. Jahrhundert die italienische Oper intensiv gepflegt. Unter Johann IV. (1640–1656), einem leidenschaftlichen Verehrer guter Musik, flammte diese Opernpflege in Portugal erstmalig auf.«

2. Die Einführung der italienischen Oper und die Auflösung einer Art portugiesischen Singspiels

Zu Beginn des 18. Jahrhunderts befand sich die politische Macht in Portugal noch fest in den Händen der adligen Großgrundbesitzer (Oliveira Marques 1981: II, 307). Gewicht und Einfluß der Kirche sind außerordentlich groß: Sie besitzt ein Drittel des Landes, Mönche und Nonnen bewohnen über 450 Klöster, das Verhältnis zwischen dem Klerus und der Bevölkerung entspricht 1 zu 36 (Magalhães Godinho 1970: 537). Zugleich handelt die Inquisition als ›Staat innerhalb des Staates‹ immer noch mit aller Grausamkeit. Durch die Verfolgungen von Juden und ›Ketzern‹ trägt sie dazu bei, die Entwicklung der Bourgeoisie, und zwar der Schichten der Kaufleute, Händler und Handwerker zu verhindern (Oliveira Marques 1981: II, 312).

Mit der Thronbesteigung von João V. im Jahre 1706 fällt ein entscheidender Faktor zusammen, der allmählich zur Veränderung dieser sozialpolitischen Struktur führt: die Entdeckung und Gewinnung von Gold aus Brasilien. Der plötzliche ungeheure Reichtum der Krone bildet nun eine der Voraussetzungen zur Wiederbelebung des Handels, an dem sie selbst teilnimmt (vgl. Magalhães Godinho 1970: 536 f.). Für den Aufstieg des Bürgertums und insbesondere für die Entstehung einer nationalen Großbourgeoisie hatte aber die Stunde noch nicht geschlagen. Der größte und einträglichere Teil des Handels mit Europa wird unmittelbar von ausländischen Großhändlern übernommen, die sich in Lissabon und Porto niederlassen (Oliveira Marques 1981: II, 314).

Die Vorbildstellung von Ludwig XIV. und XV. (França 1965: 39 f.) findet im Prunk des Hoflebens seinen Niederschlag. Erzogen wie sein Großvater João IV. in einer Atmosphäre strenger Frömmigkeit, verwirklicht João V. jedoch seine Träume von Größe und Pracht durch Taten und Werke, die vor allem von seinen religiösen Überzeugungen geprägt sind. Davon kündet beispielsweise das gewaltige Kloster von Mafra mit Überhöhungen wie seinen sechs Orgeln in der Basilika, für die Marcos Portugal später um die Jahrhundertwende Konzerte für sechs *organi obligati* schreiben sollte ...[29]

Die Bauarbeiten von Mafra hatten noch nicht begonnen, als João V. bereits 1716 bei Papst Clemens XI. die Benennung der Königlichen Kapelle als *metropolitana* (erzbischöflich) und *patriarcal* (patriarchalisch) erwirkte (Vieira 1900: I, 532).

---

[29] Zur Architektur des Klosters im Zusammenhang mit der Disposition der Orgeln vgl. Sarraute (1979: 83 ff.) und Doderer (1987).

Der musikalische Glanz der ›Patriarcal‹ (unter diesem Namen ist sie bekannt geworden) sollte mit dem des Vatikan rivalisieren. João V. läßt Domenico Scarlatti 1719 als Kapellmeister und musikalischen Erzieher seiner eigenen Tochter, der Prinzessin Maria Bárbara, verpflichten. Gleichzeitig kommen auch 34 Sänger, unter ihnen viele Kastraten aus Italien (Vieira 1900: I, 533) sowie Musiker aus verschiedenen Ländern (Walther 1732: 489), um in derselben Kapelle mitzuwirken. Die besten der noch jungen Schüler, die in der ›Patriarcal‹ ihre Musikausbildung erhalten, werden währenddessen mit königlichen Stipendien nach Italien geschickt. Noch vor 1720 beginnen António Teixeira, João Rodrigues Esteves und Francisco António de Almeida dort mit ihrer Fortbildung (Sampayo Ribeiro 1936: 26).

Der Neigung des Monarchen zu religiösem Pomp, dem die Musik dienen sollte, entspricht die zunehmende Neigung des Klerus und der Kirche selbst zu Luxus und weltlichem Leben (vgl. Oliveira Marques 1981: II, 309 f.). Die Galanterie verbreitet sich in den Klöstern, wo der männliche Adel und der weibliche Klerus, die Nonnen, immer mehr miteinander in Kontakt treten. Das Heilige und das Weltliche verschmelzen (Veríssimo Serrão 1977: V, 361)[30]. Eben diese Tendenz sowie die Mitwirkung der Königin, die aus Österreich das Faible für weltliche Musikveranstaltungen mitgebracht hatte, begünstigen neben der Kirchenmusik die Entfaltung anderer Gattungen wie Serenaden, Komödien und Schäferspiele. Diese Art von Hofveranstaltungen, die uns seit 1709 überliefert sind, findet gerade durch das Wirken Domenico Scarlattis, der von 1719 bis 1728 im Dienst Joãos V. bleibt, eine quantitative Intensivierung (vgl. Brito 1989a: 95 ff.; Doderer und Fernandes 1993).

In dieser Hinsicht trugen die Erfahrungen von Francisco António de Almeida, der um 1730 nach Lissabon zurückkehrte, zum Verständnis der am Lissaboner Hof vorherrschenden Sitten bei. In der 1726 in Rom uraufgeführten *Giuditta*[31] hatte Almeida, dem Modell des *oratorio erotico* entsprechend (vgl. u. a. Smither 1977: 301 f.), ein Thema der dramatischen Musik der Gegenreformation meisterhaft behandelt: die Heiligkeit als Sieg der sexuellen Entsagung über die Macht des Eros (Vieira de Carvalho 1990d). Nachdem er jedoch beim portugiesischen Hof die Leitung der Königlichen Kapelle übernommen hatte,

---

[30] Ein Beispiel dafür sind die Musik- und Theaterveranstaltungen, die zu dieser Zeit in den Klöstern der Benediktiner, besonders in denen von Frauen unterhaltenden, stattfanden: Die Nonnen – manchmal als Männer verkleidet – spielten, tanzten bzw. sangen weltliche Musik; »Theatermusik« wurde von den Monchschören übernommen; die Gläubigen klatschten Beifall bei den Predigten, usw. Die Beschwerden der Kirchenhierarchie über dieses Benehmen, die sich in der ersten Hälfte des 18. Jahrhunderts vermehrten, bezeugen den erneuten Versuch, die Situation unter Kontrolle zu bringen und die Trennung beider Sphären wiederherzustellen (s. Lessa 1998: I, 105, 334 ff.).

[31] Die vollständige Handschrift wird in der Staatsbibliothek zu Berlin – Preußischer Kulturbesitz – aufbewahrt.

wurden von ihm keine Oratorien (*drammi sacri*) mehr verlangt, wie er sie in Italien geschrieben und aufgeführt hatte[32], sondern ausschließlich komische Opern oder Kirchenmusik. Diese Tatsache scheint darauf hinzuweisen, daß die Frömmigkeit des portugiesischen Monarchen sogar mit gewissen Entwicklungen der Gegenreformation unvereinbar war. Nicht nur die Zweideutigkeit des *oratorio erotico*, sondern auch die Verschmelzung in den *drammi sacri* von zwei prinzipiell getrennten Sphären, von Elementen des *dramma per musica* und geistlichen Stoffen (auch wenn diese nicht szenisch dargestellt wurden), dürften für die religiösen Vorurteile des portugiesischen Hofes wahrscheinlich als lasterhaft gegolten haben. Obwohl das Heilige und das Weltliche auf gewissen Ebenen der sozialen Interaktion verschmolzen, gab es institutionelle Grenzen, die nicht überschritten werden durften. Die Musik sollte entweder in der Kirche der Liturgie oder in der weltlichen Sphäre dem Amüsement dienen, nicht beides miteinander »versöhnen«.

Hofleute sind allerdings nicht grundsätzlich dem Adel gleichzusetzen, der sich in Lissabon um Ämter und Würden bewirbt. Einige Vertreter der Aristokratie werden nur selten zu den Hofveranstaltungen eingeladen (Monfort 1972: 586); und der König, der sich vor allem um die Arbeiten am Mafra-Kloster kümmert, wohnt beinahe niemals einer Oper bei (Brito 1989a: 95 ff.). Beschränkt sich also die höfische *commedia per musica* auf eine kleine Anzahl von Höflingen in der Umgebung der Königin, so werden gleichzeitig ab 1735 »dem Adel Portugals« Opernaufführungen dargeboten, und zwar fast ausschließlich die Gattung der *opera seria*, außerhalb des Hofes (in der Academia da Trindade und später Teatro Novo da Rua dos Condes).

Impresario dieser öffentlichen Aufführungen war Alessandro Paghetti, einer der italienischen Geiger, die spätestens seit 1728 für die Königliche Kapelle verpflichtet worden waren (vgl. Walther 1732: 489). Er versuchte bereits zu Beginn des Jahres 1731, als eine Gruppe italienischer Darsteller, unter ihnen vier Mitglieder seiner Familie, in Lissabon eintraf, die Genehmigung für öffentliche Opernaufführungen vom Erzbischof bzw. von der Krone zu erhalten. Während der Erzbischof sein Einverständnis gab, hielt sich die Krone zurück.

Unterdessen führte ein populäres Theater (Teatro do Bairro Alto) bereits seit 1733 Opern in portugiesischer Sprache auf. Es handelte sich um die Komödien von António José da Silva (›Der Jude‹ genannt), deren erhalten gebliebene Musik (nämlich für *Guerras de Alecrim e Mangerona* und *As Variedades de Proteu*) von einem der Stipendiaten in Italien, António Teixeira, verfaßt wurde. Im Theater des

---

[32] Ein anderes *oratorio erotico* von Francisco António de Almeida, *Il Pentimento di Davide*, dessen Partitur bisher unbekannt blieb, wurde 1722 in Rom aufgeführt. Die Struktur der *Giuditta* kommt jener einer *opera seria* nahe. Es gibt keinen *testo* mehr, die Konzeption des Libretto folgt offensichtlich dem Modell von Arcangelo Spagna (1706); vgl. hierzu Vieira de Carvalho (1990d; 1990e).

António José da Silva, dessen literarische Quellen erst vor kurzem systematisch erforscht wurden (siehe José de Oliveira Barata 1979; 1985), folgten musikalische Nummern und gesprochener Dialog im Wechsel aufeinander. Die Handlung wurde von Puppen dargestellt, weil – wie Luiz de Freitas Branco (1947: 113) ironisch andeutet – das Auftreten von Schauspielern und vor allem Schauspielerinnen auf der Bühne »die Moral des portugiesischen Volkes gefährden könnte«.

Die neuen galanten Sitten am Hof und sogar unter Klerusmitgliedern konnten die herrschende Ideologie von Staat und Kirche nicht untergraben. Was der Hof sich im Privaten erlaubte – italienische *commedia per musica* ›lebendig‹ auf der Bühne, von den Kastraten der Königlichen Kapelle gespielt[33] –, wurde für öffentliche Aufführungen verboten. Es ist kein Zufall, daß jede italienische Oper, die die Familie Paghetti von 1735 bis 1742 im Theater Trindade/Condes aufführte, zur Gattung der *opera seria* gehört (ein paar *Intermezzi* machen diese Feststellung nicht ungültig). Das Übergewicht der Libretti von Metastasio, einige Vertonungen für dieses Theater von Gaetano Maria Schiassi (der das Ensemble in Lissabon leitete), Leonardo Leo und Rinaldo di Capua fallen ebenso auf. In der Tat behandelt

»der Text der Dramen Metastasios in sehr taktvoller und zurückhaltender Weise die Liebe zwischen Mann und Frau. Eine andere Form hätte Maria Theresia nicht erlaubt.« (Kramer 1970: 58).

Gleiches galt auch für Lissabon. Für den Adel und selbstverständlich für die kirchlichen Würdenträger, die die *opera seria* besuchten (Monfort 1972: 585 ff.), mußte die ›Sittlichkeit‹ der Aufführungen gewahrt bleiben. Außerdem könnte Metastasios *opera seria* dank des Ernstes und Exemplarischen der Handlung sowie des *apparatus scenae* an die Tradition des Jesuitentheaters anknüpfen. Die Bühnenbilder von Roberto Clerici, einem Schüler von Ferdinando Bibiena aus Parma, und Salvatore Colonelli aus Rom (Pereira Dias 1940: 22) sollen zu prunkhaften Inszenierungen beigetragen haben[34]. War aber »die Augen- und Ohrenlust« im Jesuitentheater ein Mittel, die Unterweisung des Publikums zu erleichtern, so wurde sie dagegen in der *opera seria* (in einer fremden Sprache, dem Italienischen) für die große Mehrheit der Zuschauer tendenziell zum eigentlichen

---

[33] Die neuen von Doderer (1991) bzw. Doderer und Fernandes (1993) veröffentlichten Quellen verstärken den Eindruck, die Bühnenaufführungen der *commedia per musica* seien kein Bestandteil der Hofrepräsentation, gehören nicht zur ›repräsentiven Öffentlichkeit‹, sondern ziehen sich auf das Private zurück. Bei den Serenaden (ohne Bühnendarstellung) existieren dagegen einige Berichte, die auf deren Zusammenhang mit der Hofrepräsentation hinweisen.

[34] Das Jesuitentheater hatte bereits die italienische Tradition der nach den Gesetzen der Perspektive gemalten Bühnenbilder in Portugal eingeführt (Saraiva und Lopes 1978: 216).

Inhalt der Aufführung. Musik, Szene und Gebärde drängten hier das (fremde) Wort in den Hintergrund, die Handlung wurde nicht unmittelbar als ein vom Wort-Ton-Verhältnis geprägtes Ganzes für die Zuschauer auf der Bühne vergegenwärtigt. Manche Adlige förderten zwar den Druck der italienischen Libretti (Monfort 1972: 591), aber auch wenn diese in portugiesischen Übersetzungen erschienen (*ebd.*: 571 f.), dienten sie allenfalls als Hilfe und konnten im wesentlichen das Hauptziel der Kommunikation, die Tendenz, vor allem die »Augen- und Ohrenlust« zu befriedigen, nicht ändern. In der Tat beweisen die überlieferten Zeugnisse, daß man weder der Handlung noch dem Librettisten und Komponisten besondere Aufmerksamkeit schenkte. Metastasio, genau wie jeder andere Verfasser von Text wie Musik findet nicht einmal namentliche Erwähnung. Allein die Hauptdarstellerinnen waren offenbar ein Begriff für die Zuschauer (vgl. Monfort 1972: 567). Statt zu aufklärerischer Wirkung tendierte die *opera seria* eher zur Entwicklung gesellschaftlicher Beziehungen (vgl. Zeugnisse *ebd.*: 581 ff.), denen immerhin das Eintrittsverbot für Frauen – um die ›Sittlichkeit‹ der Aufführungen auch im Zuschauerraum zu garantieren – erhebliche Grenzen setzte[35]. Nicht zuletzt wurde die *opera seria* auch bloß für eine ›Unterhaltung‹ gehalten, die wie jede andere öffentliche Theaterveranstaltung nur ›toleriert‹ werden durfte, wenn deren Unternehmer die Zahlung einer Steuer für die Wohlfahrtspflege leistete[36]. Deshalb, und im Gegensatz zu den Höfen des aufgeklärten Despotismus, wurde Metastasios *opera seria* zu dieser Zeit nie in den Dienst der Hofrepräsentation gestellt. Der einzige Bericht, der einen Besuch des Königs erwähnt, präzisiert, er wohne der Aufführung »inkognito« bei (vgl. Doderer und Fernandes 1993).

Sowohl die *commedia per musica* als auch die *opera seria* waren also unter João V. von der Hofrepräsentation ausgeschlossen. Dagegen ist die Hofrepräsentation in der Kirche während des Gottesdienstes ausführlich beschrieben:

---

[35] Im Trindade/Condes fanden in den dreißiger Jahren Opernaufführungen statt, die von Damen und ausschließlich für Damen veranstaltet wurden, wobei ihnen die weiblichen Familienmitglieder bzw. Dienerinnen Gesellschaft leisteten (vgl. Monfort 1972: 585, 587). Sie wurden *particulares de senhoras* genannt, d. h., es ging um der Öffentlichkeit entzogene, *private* Aufführungen für Damen.

[36] Hier liegt u. a. die Bedeutung des Privilegs der Zulassung von Theateraufführungen, über das das Spital (Casa da Misericórdia), zu dem das Krankenhaus von Lissabon (Hospital de Todos-os-Santos) gehörte, seit 1588 durch königlichen Erlaß von Filipe II. verfügte. Der Anteil der Theatererträge, den das ›Hospital de Todos-os-Santos‹ bekam, ›entschuldigte‹ die ›verderbliche‹ Unterhaltung, die andererseits von Inquisition, Kirche und Jesuiten unterdrückt wurde. Zu diesem Privileg vgl. Monfort (1972: 569), Brito (1982; 1989a: 95 ff.), Braga (1870: I. 314 ff.). Zum eventuellen Zusammenhang dieses Privilegs mit der Verfolgung von António José da Silva, ›dem Juden‹, vgl. Frèches (1954: 343). Einigen der bekanntesten Adligen stand es zu, als ›Wähler‹ beim Spital dessen Vorsteher (›Provedor‹) und andere Amtsträger zu ernennen, die auch hochgeachtete Adlige waren (vgl. z. B. Cetrangolo 1992: 60; 147 ff.). Ihr ›Engagement‹ in der *opera seria* hing daher mit dem Ziel des Privilegs eng zusammen, bei den öffentlichen Unterhaltungen Einnahmen für die Wohlfahrtspflege zu erwirken.

»In den großen Feierlichkeiten und anderen Feiertagen erscheint der König öffentlich in seiner Kapelle, in der sich alle Würdenträger des Königtums verbindlich einstellen. Der König steht im Chor unter einem Thronhimmel neben dem Patriarchen, von den Prinzen, seinen Brüdern, umgegeben. Die Herzöge und Adligen, die Ämter seiner Majestät besitzen, stehen im Chor und die anderen im Kellergeschoß, wo die Marquis auf Püffen und die Grafen auf Bänken sitzen. Die Königin erscheint an diesen Tagen mit den Prinzessinnen und eine große Zahl der Damen ihres Hofes auf einer großen, offenen Tribüne. Bei den Feierlichkeiten der Namens- und Geburtstage des Königs, der Königin, der Prinzen und der Prinzessinnen, präsentiert der Hof sich mit größter Pracht. An diesen Tagen wohnen der König und die Königin normalerweise in der Öffentlichkeit, so wie es ich beschrieben habe, dem Gottesdienst bei.« (*Description*, 1730: 54 f.).[37]

Zu dieser Zeit, nachdem der Hof seit den zwanziger Jahren die spanischen Komödien und Schäferspiele durch die *commedia per musica* ersetzt hatte, vollzog sich für den Adel und die Hofleute endgültig der Abbruch mit einer Tradition, die bis auf das Theater des Gil Vicente zurückzuführen ist.

In den dreißiger Jahren des 18. Jahrhunderts setzt sich also ein Prinzip durch, das weitreichende Konsequenzen für die ganze künftige Entwicklung des portugiesischen Musiktheaters haben sollte:

– Die italienische Oper wird zum edlen, für die vornehmste Gesellschaft geeigneten Theater.

– Das portugiesische Theater verliert dagegen an der von den sozial höherstehenden Schichten anerkannten ›Würde‹, wird dem ›plebejischen‹ Publikum überlassen.

Manuel Carlos de Brito (1982; 1989a: 95 ff.) versucht, die Entwicklung der Oper in Lissabon im Zeitraum von 1731 bis 1742 als eine Episode der Auseinandersetzung zwischen Aufklärung und Obskurantismus zu rechtfertigen. Diese Idee, die bereits bei Coimbra Martins (1975: 102) auftaucht, geht davon aus, daß die bloße Vermehrung der höfischen Musikveranstaltungen (die auch dramatische Werke einbeziehen) unter João V. eine Öffnung zur europäischen Aufklärung hin bedeutet. In den Ländern aber, in denen die Musik- und Theaterentwicklung während des 17. Jahrhunderts keine Diskontinuität aufwies, muß man die Musik und die Oper des 18. Jahrhunderts nicht *per se* für ein Zeichen der Aufklärung halten, sondern gerade innerhalb ihrer Kommunikationsstrukturen unterscheiden, um die Aufklärung, wie sie durch Musik und Theater Ausdruck findet, zu charakterisieren.

---

[37] Die Aufführungen von großen musikalischen Werken als Bestandteil des Gottesdienstes nahmen unter João V. stets zu: 63 von 1706 bis 1731, 177 von 1731 bis 1741, 205 von 1741 bis 1750, als keine Theateraufführungen mehr erlaubt wurden (vgl. Doderer und Fernandes 1993: 75).

Britos Meinung nach widersetzte sich der Obskurantismus der Kirche, des größten Teils des Adels und des Königs, der von 1742 an, als er schwer erkrankte, bis zum Jahre seines Todes (1750) wegen »religiösen Schreckens« alle Aufführungen jeder Art in Lissabon verboten hat, einer kleinen Elite, die »gestern wie heute Portugal in die Europäische Gemeinschaft der Kultur eintreten lassen wollte« (Brito 1982: 37). Die Entwicklung einer gebildeten Aristokratie unter João V. (Veríssimo Serrão 1977: V, 359) läßt jedoch nicht darauf schließen, daß in Portugal gleichzeitig eine aufgeklärte Macht etabliert wird. Wie Brito selbst zugibt, entwickelt sich das Opernwesen zu dieser Zeit in Lissabon keineswegs in einem Sinne, der »mit den Versuchen von Friedrich II., die Oper in ein didaktisches Instrument des aufgeklärten Despotismus zu verwandeln«, vergleichbar sei (Brito 1982: 37). Die Gegenüberstellung mit Preußen erweist sich übrigens als noch produktiver, wenn man das Spezifische der deutschen Entwicklung berücksichtigt. Das, was in der Tat auf dem Gebiet der Oper in der deutschen Aufklärung auffällt, ist nicht die italienische Oper in Berlin bzw. Wien, vielmehr sind es die endlosen Auseinandersetzungen um die deutsche Oper als Teil eines ›deutschen Theaters‹, die alle großen Denker von Lessing bis Goethe beschäftigten (vgl. Flaherty 1978), in Wien 1778 die Eröffnung eines von Kaiser Joseph II. selbst gegründeten deutschen Nationalsingspiels bewirkten (Witeschnik 1959: 51) und das Singspiel bis zum Höhepunkt der *Zauberflöte* (1791) führten.

Wenn in Lissabon der dreißiger Jahre des 18. Jahrhunderts etwas ›Aufklärerisches‹ auf diesem Gebiete zustandekam, ist es weder dem Hof noch einer aristokratischen Elite zu verdanken, sondern dem Theater des António José da Silva, das gerade als Gegenstück zur höfischen *commedia per musica* und zur prächtigen *opera seria* Züge des Singspiels vorwegnimmt, etwa so, wie es sich Wieland vier Jahrzehnte später in seinem *Versuch über das deutsche Singspiel und einige dahin einschlagende Gegenstände* (1775) vorstellen sollte:

> »Eine Oper nach dem bisher herrschenden Begriff ist ein zu kostbares Vergnügen für die meisten Fürsten Germaniens, und selbst für die volk- und geldreichsten unsrer freyen Städte. Ein Singspiel hingegen [...] würde so wenig Aufwand erfordern, daß auch die mittelmäßigste Stadt in Deutschland [...] vermögend wäre, ihren Bürgern [...] ein öffentliches Vergnügen von der edelsten Art, und gewiß nicht ohne nützlichen Einfluß auf Geschmack und Sitten, zu verschaffen.« (Wieland 1775: 77 f.).

Wieland wendet sich gegen »die meisten, die mitregieren oder regieren helfen« und »Musik, Poesie, Schauspiel und schöne Künste überhaupt nur als zeitvertreibende Künste, deren Zwecke bloß Augen- und Ohrenkitzel sey, betrachten«, nicht aber einsehen, »was für allvermögende, unerschöpfliche Kräfte zur

Vervollkommnung der Menschheit in diesen Künsten liegen« (*ebd.*: 74 f.). Das Singspiel sollte dagegen »ohne viel mehr Aufwand zu erfordern als unsre gewöhnlichen Tragödien«, »durch die bloße Vereinigung der Poesie, Musik und Aktion« (*ebd.*: 77) »zur Beförderung der Humanität« (*ebd.*: 75) wirken.

Dieser Versuch Wielands, der gegen die Vorstellungen des italienischen Hofkomponisten Algarotti gerichtet ist[38], zielte darauf ab, nicht nur ein deutsches Theater gegen die italienische Oper zu verteidigen, sondern auch den breitesten Schichten des Volkes ein bezahlbares Theater zugänglich zu machen. In ähnlichem Licht kann die Praxis des Puppentheaters des Bairro Alto gesehen werden: Sie setzte eine Art portugiesischen Singspiels gegen die italienische Oper durch; sie forderte nicht so viel Aufwand wie die *opera seria* des Adels bzw. die *commedia per musica* des Hofes; sie lebte von einem Publikum, das vor allem dem Kleinbürgertum und den untersten Schichten der Gesellschaft angehörte: »ein einfaches Publikum«, wie es von Stegagno Picchio (1964: 195) bezeichnet wird[39]. »War Ohren- und Augenlust [in der italienischen Oper] alles, was die Zuhörer verlangten, und alles, womit man sie bis zur Sättigung bediente« (Wieland 1775: 96), so war dagegen die dramatische Handlung in dieser Art portugiesischen Singspiels, ähnlich wie es Wieland später für das deutsche Singspiel forderte, das Hauptziel, dem Text und Musik dienten, und der eigentliche Gegenstand der Aufmerksamkeit des Publikums.

Mythen dienen im Theater von António José da Silva, das sich immer wieder auf der Basis einer Gegenüberstellung von Leben, Denken und Sprechweisen der oberen und unteren Schichten entfaltet, als scharfe Satire des Alltags. Formeln der italienischen Oper, auf die die Musik von António Teixeira zurückgreift, sollen unter dem entsprechenden satirischen Zusammenhang eher für eine Karikatur gehalten werden als für ›reine‹ Nachahmung. Der Gedanke, daß die Musik dieser Komödien »dem reinsten italienischen Stil« entspricht (Brito 1982: 36), wäre zu überprüfen. Allein die Sprache prägt bereits die Gestaltung der gesungenen Partien, die musikalische Stimmung. Außerdem zeigt eine auch lediglich oberflächliche Lektüre der Klavierauszüge von *Guerras de Alecrim e Mangerona* und *As Variedades de Proteu* in der Zusammenstellung von Filipe de Sousa, daß gewisse Wendungen in den vokalen Verzierungen und Wiederholungen eben als

---

[38] Zu dieser Polemik s. u. a. Flaherty (1978: 260 ff.).
[39] Oliveira Barata (1985: I, 337 f.) zieht aus der Lokalisierung des Teatro do Bairro Alto die Schlußfolgerung, den Komödien von António José da Silva wohne ein potentiell adliges und gebildetes Publikum bei. Es gibt aber keine Hinweise in den Quellen aus dieser Zeit, die diese Hypothese belegen, während die Beziehung der *opera seria* im Trindade mit dem Adel und der *opera buffa* mit dem engeren Hofkreis um die Königin deutlich auftaucht. Daß dieselben Quellen vom großen Zustrom der Zuschauer ins Puppentheater berichten, so daß kein einziger mehr dort hinein könne, spricht für die im allgemeinen angenommene Vermutung, hier überwiege das bürgerliche bzw. plebejische Element (vgl. Vieira de Carvalho 1990a).

Satire des Italianismus verstanden werden können. Eine grundsätzliche Analyse des musikdramaturgischen Aufbaus an Hand einer noch nicht vorhandenen kritischen Ausgabe könnte u. U. Aspekte enthüllen, die, konsequent auf die Interpretation übertragen, eine weitere satirische Dimension dieser Werke ans Licht treten ließen. Das Theater des António José da Silva hätte demzufolge als sozialkritische Satire zu gelten, indem es *auch* eine Satire auf die italienische Oper war[40].

Obwohl die Inquisition, die António José da Silva 1737 ins Gefängnis und 1739 ins Feuer einer Ketzerverbrennung warf, seine Komödien nicht unter den ›Ketzereien‹ erwähnte, die ihm angelastet wurden, fällt der Prozeß mit dem Höhepunkt seiner ›Popularität‹ zusammen. Frèches (1954: 343) meint, die Ketzerei habe hier als Vorwand dienen können, um andere Interessen zu verdecken … Wie dem auch sei, wird der Obskurantismus hier noch einmal unmittelbar mit dem portugiesischen Theater konfrontiert, und zwar mit einem Autor, der ähnlich wie Gil Vicente als portugiesischer ›Vorläufer‹ des Geistes der Aufklärung erscheint (vgl. Vieira de Carvalho 1983)[41]. Nur in diesem Sinne, und gerade nicht im Sinne der Teilnahme »einer kleinen Elite« an der europäischen ›Vermarktung‹ der italienischen Oper, ist der hier berücksichtigte Zeitraum, nämlich

---

[40] Nicht irrelevant unter diesem Gesichtspunkt ist, daß die erste im Puppentheater gespielte Oper des António José da Silva, *A vida do grande D. Quixote de la Mancha e do gordo Sancho Pança*, denselben Stoff von Scarlattis *Il D. Chisciote della Mancia*, von 1728 an am Hof mehrmals aufgeführt, wieder aufnimmt. Filipe de Sousa, der die Partituren aus der Handschrift der Partien wiederhergestellt hat, meint über die Hypothese der ›Parodie‹ folgendes: a) die portugiesische Sprache implizierte eine neue musikalische Prosodie, die auf die Darstellungsweise wirkte; b) die Struktur dieser ›Opern‹ zwang zu bedeutenden Umgestaltungen von Sprache und Musik, die gewiß gemeinsam vom Dramatiker und vom Komponisten entschieden wurden; c) in Italien ausgebildet, hing António Teixeira von einem erlernten und ererbten Stil ab, er mußte sich aber aufgrund dramatischer Texte, die mit denen von Zeno, Metastasio bzw. Goldoni u. a. kaum vergleichbar sind, den Opern anpassen bzw. er mußte ›Opern‹ dienen, die sich gänzlich in Form und Geist von den Librettos jener verschiedenen Autoren unterschieden. Darin bestand seine Originalität, die sich auf eine nachgewiesene Sachkenntnis als Komponist stützte (Brief an den Verfasser der vorliegenden Arbeit vom 4. September 1984). Man muß also auf die kritische Ausgabe der Musik dieser Opern warten (Gerhard Doderer bereitet sie gegenwärtig vor), um Klarheit über den eventuell ›parodistischen‹ Zusammenhang mit der italienischen Oper zu schaffen. Der polemische Ton von Brito (1989b: 204), dem ich die erste Fassung der vorliegenden Arbeit übersandt hatte, kann dabei wenig hilfreich sein. Er selbst erkennt, daß die Darsteller dieser Opern bislang unbekannt bleiben (*ebd.*: 21). Daß portugiesische Darsteller zu jener Zeit Arien in portugiesischer Sprache »in reinem italienischem Stil« singen konnten – wie es Brito (1982) früher annahm und später (1989a: 95 ff.) implizit aufgab –, ist zu bezweifeln. Der Vokalvortrag (nicht nur der Text und die Prosodie) könnte wohl ebenso als ›Satire‹ des ›vornehmen‹ Stils der italienischen Darsteller wirken, und zwar im Zusammenhang mit der im Text vorausgesetzten ›Parodie‹ der vornehmen Redeweise der herrschenden Schichten. Dies würde mit der Tragweite der sozialen Kritik wunderbar übereinstimmen, da – wie es Pavão dos Santos (1979b) z. B. über die *Guerras* meint – hier niemand »geistesklar oder anständig« sei: »die Korruption, die Dummheit, die Wichtigtuerei und die Landstreicherei beherrschen gänzlich das Leben«.

[41] Zu den Zweifeln an der Identität von António José da Silva vgl. Oliveira Barata (1985: I, 133–169).

die Tätigkeit des Teatro do Bairro Alto vom 1733 bis 1739, als Episode der Auseinandersetzungen zwischen Obskurantismus und Aufklärung zu verstehen.
Natürlich wurde das Kommunikationssystem dieses Theaters von ›epischen‹
Strukturen‹ geprägt. Im Gegensatz zur Lehre der bürgerlichen Aufklärung (Lessing
bzw. Diderot), die ein illusionistisches Theater postulierte (Fiebach 1975: 20 ff.)
und dementsprechend forderte, daß »das darstellende Ich« im »dargestellten Ich
scheinbar« aufgehe (Kaden 1984: 149), setzte ein Puppentheater notwendigerweise die Dissoziation zwischen darstellendem Künstler und dargestellter *dramatis
persona* voraus, welche eigentlich zur Tradition des Volkstheaters gehört (Kaden
1984; Münz 1979). Das »künstlich Produzierte« wurde also im Dargestellten
durchaus »entschleiert« (Kaden, *ebd.*), die »Einfühlung« bzw. die »Täuschung«
des Zuschauers (Fiebach 1975: 22 f.) fand nicht statt, vielmehr wurde der Zuschauer »zum Betrachter« geformt und einem gesellschaftlichen Bild gegenübergestellt, in dem er Vorgänge und Gestalten seines Alltags erkannte, ohne sich
mit ihnen zu identifizieren (s. Schumacher 1973: 119 ff.). Diese Dissoziation
wurde von António José da Silva noch auf eine andere Ebene übertragen, hier
gänzlich bewußt: In *Anfitrião* (1736) z. B. erzählt er von seinen eigenen Erfahrungen in den Kerkern der Inquisition, indem er einer der handelnden Personen
entsprechende Worte zuweist, deren hintergründige Bedeutung den Zuschauern
sehr wohl verständlich sein konnte (vgl. Sampaio Bruno 1915: 151 ff.). Außerdem waren »die Vorführung und Übertreibung großartiger Künststücke«, welche
die »Illusion« begleiteten (Stegagno Picchio 1964: 194 f.), völlig unvereinbar mit
der illusionistischen Bühne der Theaterreform der Aufklärung. Im Theater des
António José da Silva trat selbstverständlich das Artifizielle in den Vordergrund,
es wurde nicht zur ›Scheinnatur‹ verstellt. Eine »nicht unironische Distanziert-
heit«, die Kirsch (1979: 56) als besonders prägnant für das ›Epische‹ im Roman
bezeichnet, trat ebenso in seinem Theater hervor.
    Diese Charakterisierung des Theaters des António José da Silva, in Verbindung
mit dessen Popularität, kann zum Verständnis der sozialen und ideologischen
Konstellation im Portugal jener Zeit entscheidend beitragen. Eine selbstbewußte
Bourgeoisie wie in Deutschland und Frankreich hatte sich in Portugal noch kaum
entwickelt. Deswegen war das ›Epische‹ hier noch nicht »zu meiden« – das,

»was der zuschauende Bürger im Alltag fürchten müßte wie der Teufel das
Weihwasser: daß aus ein und demselben Munde zwei verschiedene Ichs zu
ihm sprachen, daß Lug und Trug mit Wahrhaftigkeit und Wirklichkeitssinn
sich zusammentäten.« (Kaden 1984: 149).

Selbst wenn also die Praxis des Teatro do Bairro Alto *aufklärerisch* wirkte, bedeutete dies keinerlei Anlehnung an die bürgerliche Theaterreform der Aufklärung.

Es ist anzunehmen, daß seine primäre Funktion bzw. »vorgestellte Wirkung«[42], ebenso wie die der *commedia per musica* am Hof bzw. der *opera seria* des Adels, von der Unterhaltung ausging. Im Teatro do Bairro Alto wurden jedoch plebejische Zuschauer zum Mitdenken, zur kritischen Stellung gegenüber dem Alltag, den sozialen und ethischen Werten einer vom Obskurantismus beherrschten Gesellschaft erzogen. Verwandelte sich die Unterhaltung im Teatro do Bairro Alto auf diese Weise in ›Aufklärung‹, so verwandelte sie sich im Theater des Adels überwiegend in ›Augen- und Ohrenlust‹, während sie am Hof als bloßes Amüsement wirkte, da dessen Repräsentation vorrangig nicht in Verbindung mit dem Theater, sondern in der Kirche, im religiösen Pomp stattfand.

Gemeinsam für die drei skizzierten Kommunikationsstrukturen wäre allerdings das Darbietungsmodell: mit schwacher Rückkopplung seitens des Publikums im Fall der italienischen Oper, mit der Einführung von ›epischen Strukturen‹ und starker Rückkopplung beim in portugiesischer Sprache gespielten und den Alltag betreffenden Puppentheater. Vor allem im letzten Fall waren die Reaktionen der Zuschauer zweifellos vielfältig, unmittelbar und schlossen vermutlich nicht selten spontane Kommentare ein. Im Teatro do Bairro Alto spielte das Publikum mit.

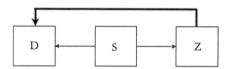

Abb. 1: Kommunikationsmodell der Aufklärung: Täuschung, Einfühlung.

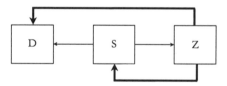

Abb. 2: Puppentheater: epische Strukturen (Balance zwischen Distanz und Einfühlung).

D – Dramatis Persona   S – Sänger   Z – Zuschauer

---

[42] Systemtheoretisch bezeichnet der Begriff ›Funktion‹ nicht nur die Wirkung des ›Systems‹ auf die ›Umwelt‹, sondern auch die Zweckbestimmung des ›Systems‹ durch die ›Umwelt‹. Wie sich Zweckbestimmung und Wirkung (*inputs* und *outputs*) zueinander verhalten, gehört zur Analyse funktionaler Komplexe. Zweck als »vorgestellte Wirkung« (vgl. Luhmann 1968: 16) und *tatsächliche* Wirkung stimmen nicht notwendigerweise miteinander überein.

Oper in Lissabon (1733–1742)

	Hof	Öffentliche Theater	
		Trindade/Condes	Bairro Alto
Repertoire	Commedia per musica	Opera seria	›Singspiel‹
Sprache	Italienisch	Italienisch	Portugiesisch
Darstellung	Kastraten	beide Geschlechter	Puppen
Zuschauer	Hofleute	Adel (nur Männer bzw. nur Frauen)	plebejisches Publikum
Interaktion	Darbietung; schwache Rückkopplung	Darbietung; schwache Rückkopplung	Darbietung; epische Strukturen; starke Rückkopplung
Zweck	Unterhaltung	Unterhaltung	Unterhaltung
Wirkung	Unterhaltung	Unterhaltung (›Augen- und Ohrenlust‹)	Aufklärung

3. Widersprüche der portugiesischen Aufklärung

Ein Erdbeben von einer bisher nie gekannten Stärke zerstörte am 1. November 1755 Lissabon, damals eine Stadt mit etwa 250 000 Einwohnern. Es gehört sicher zu den schlimmsten Naturkatastrophen, die jemals in der Geschichte eines Landes völlig unerwartete Konsequenzen für die gesellschaftliche Entwicklung nach sich zogen. Im Wirbel und im Feuersturm gingen nicht nur Menschen zu Tausenden, Paläste, Kirchen, Gebäude jeder Art, ganze Wohnviertel, auch unwiederbringliche Schätze der Kultur, Zeugen der Vergangenheit, zugrunde. Die ganze Gesellschaft, ihre Klassenstruktur, ihre Institutionen, ihre Ideologie wurden wie die Stadt in ihren Grundmauern tiefgreifend erschüttert (hierzu vgl. França 1965: 57 ff.).

König war nach wie vor José I., der 1750 den Thron bestiegen und dessen Abwesenheit (in Belém) ihn davor bewahrt hatte, mit dem königlichen Palast unterzugehen. Er ließ sich selbst jedoch gleich nach dem Erdbeben entmachten. In Wirklichkeit übt sein Minister Carvalho e Melo, ein Staatsbeamter bürgerlicher Herkunft, der als Diplomat in London und Wien gedient hatte, die Macht aus. Zweimal geadelt, als Graf von Oeiras (1759) und als Marquis de Pombal (1769), konzentriert er in seinen Händen gleich nach dem Tag des Erdbebens die gesamte Regierungsgewalt. Erst durch ihn wird der aufgeklärte Despotismus in Portugal eingeführt. In den darauffolgenden Jahren werden einige der mächtigsten Vertreter des alten Adels hingerichtet, die Jesuiten aus dem Land vertrieben, die Inquisition und die Zensur unter Kontrolle des Staates gestellt, die Vorrechte der Kirche und der religiösen Orden eingeschränkt, die Universität und die Armee reformiert, mehrere künstlerische, technische und allgemeine Bildungseinrichtungen gegründet, die absolute Macht des Staates entfaltet und der Verwaltungsapparat modernisiert. Und trotz der nach wie vor bestehenden Zensur gelangten »die Ströme der unreligiösen und verderbten Bücher«, der den Kardinal Pacqua, den späteren Nuntius des Vatikans in Lissabon, in Empörung versetzt (Rossi 1961: 159), auch zu dieser Zeit nach Lissabon (s. hierzu u. a. Oliveira Marques 1981: II, 307 ff.).

Wie José-Augusto França (1965) zeigt, gilt jedoch vor allem der Wiederaufbau der Hauptstadt als Zeichen der gesellschaftlichen und ideologischen Veränderung. Die neue Stadt wird nach einem strikten Plan errichtet, ihre Straßen geometrisch genau in rechten Winkeln und Parallelen zwischen zwei Hauptplätzen gegliedert, die Gebäude nach einem einzigen Typus (mit kleinen vorgesehenen Varianten) konzipiert und die entsprechenden Bauteile serienmäßig hergestellt. Über individuelle Interessen der ehemaligen Besitzer bzw. Bewohner siegt die im Geiste der Aufklärung umfassende Lösung, die der Staat trifft und durchsetzt. Inwieweit der Staatsapparat jetzt neuen Klasseninteressen dienstbar ist, zeigt sich unmittelbar an dieser für die Bourgeoisie geplanten Stadt: Da gibt es keinen Palast mehr, und schon keinen königlichen Palast; jedes Gebäude gleicht dem anderen; der Hauptplatz, der das Gesamte krönt, der ehemalige ›Hofplatz‹, wird zum ›Platz des Handels‹, wo sich die zentrale Staatsverwaltung gerade neben der Börse, nicht zufällig dem ersten dort fertiggestellten Bau (Twiss 1775: 4), niederläßt ...

Die Dekadenz der alten ländlichen Aristokratie und die Bildung einer dank des Handels entwickelten Großbourgeoisie sowie eines neuen »in Toga gekleideten Adels« bürgerlicher Herkunft (Oliveira Marques 1981: II, 308) bedingten sich bereits unter der Herrschaft João V. gegenseitig. Dieser Prozeß beschleunigt sich nach der Thronbesteigung von José I. und insbesondere, nachdem Pombal die gesamte Macht übernommen hatte. Der allmächtige Minister wirkt als »Führer der Handelsgroßbourgeoisie« und »macht ihr ihre Bestrebungen und Kräfte bewußt« (França 1965: 227). Die Förderung des Handels und der Monopole, der Aufstieg dieser nationalen Großbourgeoisie, die schließlich um 1792 bereits bedeutender ist als die bisher in Portugal tätigen ausländischen Großhändler insgesamt (Oliveira Marques 1981: II, 316), führen durch Pombal zu Maßnahmen, die den Übergang einiger ihrer hervorragendsten Vertreter in eine neue geadelte Klasse, wie es auch bei ihm selbst der Fall gewesen war, vorbereiten. Dem Handel wird 1770 gesetzlich die Bezeichnung »edler Beruf« (*profissão nobre*) und den Großhändlern das Privileg des Majorats verliehen (Oliveira Marques 1981: II, 308).

Auch für das Theater, wie im allgemeinen für alle anderen Künste, gilt das Erdbeben als Schnittpunkt zwischen zwei Epochen. Nach der Thronbesteigung Josés I. wurde die italienische Oper in Lissabon, aber nur am Hof, wieder gepflegt. Der Aufwand an Sängern (Kastraten), Musikern und Aufführungen nahm bereits ab 1752 im Vergleich zu den dreißiger Jahren deutlich zu. Zu Beginn dienten eine improvisierte Bühne im königlichen Palast (Ribeira) und ein kleines Theater, das der König neben seinem Palast zu Salvaterra für die Karnevalsaufenthalte errichten ließ (1753), als Aufführungsräume. Aber José I., der »sich überwiegend an der Maschinerie und den Sehvorgängen ergötzte« (Matos Sequeira 1933: 292), träumte von einem großartigen Theater, in dem die teuersten Kastraten, Musiker und Bühnenbildner Italiens (vgl. *ebd.*: 289 ff.) in prachtvollen und aufsehenerregenden Aufführungen mitwirken sollten. Der König hatte bereits 1752 einen neuen Kapellmeister verpflichtet: Davide Pérez, dessen Berühmtheit in Italien ›rechtfertigte‹, daß dieser dem ehemaligen portugiesi-

Marquis de Pombal
(Stich von Carpinetti 1759).

schen Kapellmeister Francisco António de Almeida das Amt entzog und selbst einnahm (D'Ávila 1980: 7). Um zu sichern, daß der Plan für das neue Theater nach der letzten Mode Italiens entworfen wurde, lehnte er entschieden die Skizzen des deutschen Architekten Johann Friedrich Ludwig (desselben, der für João V. das Kloster zu Mafra erbaut hatte) ab und beauftragte – durch Vermittlung des diplomatischen Vertreters in Genua – Giovanni Carlo Bibiena, einen nicht weniger berühmten Architekten und Bühnenbildner, mit der Planung und Oberaufsicht über die Theaterbauarbeiten (Pereira Dias 1940: 23 f.). Als Nebengebäude des Königlichen Palastes konzipiert, war das am 2. April 1755 eingeweihte neue Theater für Hofaufführungen bestimmt. Die historischen Quellen stimmen darin überein, was den Luxus des Zuschauerraums und die Tiefe der Bühne betrifft. Umstritten bleiben die genauen Proportionen zwischen Bühne und Zuschauerraum. Der einzige Augenzeuge, der sich darüber äußert, findet den Zuschauerraum

Ruinen der Ópera do Tejo nach dem Erdbeben von 1755 (Stich von Jacques Philippe Le Bas, Paris, 1757).

»zu klein als Raum für Repräsentation und Ansehen und zu groß für Privataufführungen. Im Vergleich zur Bühne sollte er die dreifache Größe haben.« (Courtils 1755: 163).

Courtils stellt tatsächlich eine Gestaltung des Zuschauerraums fest, die Zweifel über die Übereinstimmung mit dem heute allgemein anerkannten Plan Bibienas für dieses Theater, die sogenannte Ópera do Tejo aufkommen läßt[43]. Es ist aber mit einiger Sicherheit anzunehmen, daß die Aufführungen überwältigend gewesen sein müssen, denn in *Alessandro nell'Indie* von Davide Pérez – so wird berichtet – habe z. B. eine Kavallerieschwadron mitgewirkt[44]. Schließlich gehörte sogar die Verfertigung der Libretti zur Prachtdemonstration, indem sie mit gewissen Szenen der entsprechenden Aufführungen von dafür verpflichteten italienischen Künstlern, u. a. Giovanni Berardi (Pereira Dias 1940: 23), illustriert wurden. Somit stellte die sogenannte Ópera do Tejo den Gipfel der italienischen Oper in Lissabon als repräsentatives Hoftheater dar. Die Oper wurde wirklich

[43] In seinem Kommentar zum Bericht von Courtils geht Alain Bourdon (in: Courtils 1755: 179) von der Tradition aus, die auf die Vermutung von José de Figueiredo zurückgreift, ein von ihm entdeckter Plan entspreche dem der Ópera do Tejo. Diese Tradition wird auch von Pavão dos Santos (1979a), Moreau (1981: I, 184 ff.) und Infante (1987) übernommen. Infantes vergleichende Analyse des Plans und der Ruinen des Gebäudes (bezugnehmend auf die im Jahre 1757 veröffentlichte Radierung von Le Bas) beweist überzeugend den Zusammenhang zwischen beiden. Wenn Courtils von der Größe des ›Theaters‹ spricht, so meint er jedoch ausschließlich die Bühne, nicht den Zuschauerraum. Der Zuschauerraum entspricht in seiner Länge scheinbar etwa der Hälfte der Bühne, aber seine genaue Gestaltung bleibt unbekannt, da nicht alle Teile des Planes vorhanden sind. Ein direkter, von der Öffentlichkeit getrennter Übergang in den königlichen Palast ist im Plan deutlich eingezeichnet. Im Vergleich zur Regierungszeit von João V. kommt dabei auch die Änderung im Begriff der Hofrepräsentation zum Vorschein: Bei João V. verband ein solcher Übergang den königlichen Palast nicht mit dem Theater, sondern mit der prächtigen, als Patriarcal bekannten Kirche bzw. Kapelle (zum Plan der Patriarcal vgl. Mandroux França 1989).

[44] Die Kavallerieschwadron bestehe, so die Tradition, aus 400 Pferden (vgl. João de Freitas Branco 1959: 114), was tatsächlich einer riesigen Bühne bedurfte.

Bühnenbilder von Giovanni Carlo Sicinio Galli Bibiena, *Architetto del Teatro, Pittore delle Scene*, für *La Clemenza di Tito* – Text von Metastasio, Musik von Antonio Mazzoni – bei der Uraufführung an der Ópera do Tejo, Sommer von 1755 (nach dem im Libretto eingefügten Stich).

zum »*non plus ultra* der Üppigkeit und der Pracht der prunkhaften Hoflebensweise« (Rossi 1968: 103)[45].

Dieses am Hof und für den Hof erbaute Theater, dessen Grandiosität in gewissem Maße der des Mafra-Klosters gegenüberstand und das von der zunehmenden Verweltlichung des portugiesischen Hofes unter der Herrschaft von José I. zeugte, wurde sieben Monate nach seiner Einweihung ebenso wie der Königliche Palast zerstört. Das Erdbeben vernichtete das Gebäude samt seiner Konzeption, die nie mehr wiederbelebt wurde.

Trotz der Zerstörung der Ópera do Tejo wurden weder die Verpflichtungen der Darsteller rückgangig gemacht noch nahm die Freude des Hofes an der italienischen Oper ab. Die Aufführungen fanden nun auf den verbliebenen Hofbühnen statt, und zwar in Salvaterra und Ajuda, später auch in einem unterdessen gebauten Hofpalast in der Umgebung von Lissabon (Queluz)[46]. Zugleich pflegte der König immer noch mit großem Aufwand die Kirchenmusik, denn z. B. 1772 bei der Aufführung eines Werkes von Jommelli in der Kirche des Heiligen Roque wirkten zehn Kastraten als Solisten mit, ein Orchester von 64 Musikern, ein Chor von 120 Stimmen und Orgel, alle unter Leitung des »berühmten David Perez« (Twiss 1775: 8)[47]. Diese Kirchenaufführungen, die »außer-

---

[45] Rossi bezieht sich allgemein auf die Epoche von José I., ohne die Oper in diesem Zusammenhang (als Gipfel der Funktion der Repräsentation) zu berücksichtigen.

[46] S. den Überblick der portugiesischen Hoftheater im 18. Jahrhundert in: Silva Correia (1969).

[47] Der Bericht von Twiss (1775: 8) lautet: »Die Orgel über der Kirchthür; und auf der Orgelgalerie waren zehen Kastraten aus der Königl. Kapelle; auf einer Seite waren 16 Violinen, 6 Bässe, 3 Doppelbässe, 4 Bratschen, 2 Oboen, ein Waldhorn und eine Trompete; und darunter ungefähr 60 Stimmen zu den Chören; auf der anderen Seite waren oben ebensoviel Instrumente, und unten ebensoviel Stimmen«. Das Konzert habe am 26. November 1772 (»dem heiligen Cecilien-Tag«) stattgefunden.

ordentlich von Personen beiderley Geschlechts« (Twiss 1775: 9) besucht wurden, ebenso wie die Prozessionen waren einige der seltenen Möglichkeiten öffentlichen Zusammentreffens, über die die bürgerlichen und adligen Familien bis in die sechziger Jahre des 18. Jahrhunderts verfügten. Die Trennung der Geschlechter, die in den dreißiger Jahren den Ausschluß der Frauen von öffentlichen Aufführungen der *opera seria* nach sich zog, und in der Ópera do Tejo nach strengen Normen geregelt wurde[48], bestand weiter in den Hoftheatern, deren Besuch nach dem Erdbeben wieder eingeschränkt wurde. Nur gelegentlich durfte deren fast ausschließlich aus Hofleuten bestehendes Publikum erweitert werden: wie der englische Reisende Richard Twiss (1775: 11) erzählt, werden »alle gut gekleideten Leute [...] zu dieser Oper [Ajuda] umsonst zugelassen«. Dieses Theater sei aber »klein«, »ohne Seitenlogen«, nur mit »10 Bänken ohne Rückenlehne« im »Parterre«, »hinter welchen des Königs Loge ist« (Twiss 1775: 11). Auf der Bühne und im ›Parterre‹ werden nur Männer zugelassen, wie Twiss anläßlich der Uraufführung des neubearbeiteten *Ezio* von Jommelli berichtet:

»Es werden niemals Frauenzimmer bey dieser Oper zugelassen, auch sind da keine Actrißen; anstatt der Frauenzimmer haben sie aber Kastraten wie Frauenzimmer gekleidet, so daß sie vom Theater wirklich Frauenzimmer scheinen.« (Twiss 1775: 10).

Trotzdem sei aber »die ganze Königliche Familie den Abend gegenwärtig« (Twiss 1775: 11)[49].

Wraxall, ein anderer englischer Reisender, beschreibt die Opernpraxis am portugiesischen Hof noch ausführlicher, die ihn eben wegen des Ausschlusses der Frauen skandalisierte:

»Der Umstand, der dieses Amüsement von jedem anderen derselben Gattung unterschied, dem ich je beigewohnt habe, und der so außergewöhnlich wie schwer glaubwürdig scheinen kann, bestand im völligen Ausschluß der Frauen, nicht nur vom Parterre, sondern auch von der Bühne; sowohl als Zuschauerinnen, als auch als Darstellerinnen. Niemand von weiblichem Geschlecht durfte dort zugelassen werden. Der Grund, auf den sich der Hof hauptsächlich berief, um Frauen von jeder Teilnahme an einem Amüsement zu verbannen, bei dem das Hauptornament und die Seele in allen anderen

---

[48] Im Gegensatz zu Trindade/Condes in der Regierungszeit von João V. durften beide Geschlechter im Zuschauerraum der Ópera do Tejo nebeneinanderstehen. Ihnen wurden jedoch getrennte Plätze zugewiesen (vgl. die Zulassungsliste in Matos Sequeira 1933: 285).

[49] Bei diesen Aufführungen waren also nur die »Frauenzimmer« der Königlichen Familie anwesend. Im Parkett wurden keine Frauen zugelassen.

europäischen Ländern ist, war, daß keine für die Frauenzimmer geeigneten Plätze vorhanden seien. Darauf könnte man aber antworten, nichts sei einfacher als das Bauen von Nebenlogen, um sie zu empfangen. Solch ein Grund konnte ebenso nicht ihren Ausschluß von der Bühne erklären, auf der niemand zum Singen bzw. zum Spielen jeder Rolle außer italienischen *Castratti* zugelassen wurde. [...] Sogar alle Balletts wurden von Männern bzw. Knaben – als Nymphen, Hirtinnen und Göttinnen gekleidet – wiedergegeben. Dieser Ausschluß des ganzen weiblichen Geschlechts außer der Königin und den Prinzessinen machte die Darbietung, auch wenn sie prächtig in Maschinerie und Bühnenbildern sowie wissenschaftlich auf der Ebene der musikalischen Ausführung war, vergleichbar geschmacklos, eintönig und entblößt von Interesse und Lebhaftigkeit.« (Wraxall 1815: 11 f.).

Im Gegensatz dazu setzten sich die Großbourgeoisie und in erster Linie die Großhändler dafür ein, ›Soziabilität‹ zu entwickeln, und das Theater galt ihnen als ein zweckmäßiges Mittel. Das Interesse, das Großhändler für die *opera seria* der Paghetti in den dreißiger Jahren zeigten, indem sie sich bereit erklärten, ein eigenes Operntheater einzurichten, legt davon bereits Zeugnis ab[50]. Als der Marquis de Pombal »den als solchen anerkannten und im Königtum niedergelassenen Geschäftsleuten« das ›Parterre‹ der Ópera do Tejo eröffnete (Matos Sequeira 1933: 286), gelang es ihnen, am Hof mit den Hofleuten in Kontakt zu treten. Die neue Ehre, zu den Besuchern der prächtigen Hofoper gezählt werden zu dürfen, gehörte zum Prozeß der Förderung und des schrittweisen Adelns der Großbourgeoisie, insbesondere der Großhändler. Immerhin gestatteten allein schon die Raumbedingungen der Hoftheater, die das Erdbeben überlebten, die Wiederherstellung dieser Art von Theaterverhältnissen nicht mehr, und die Bourgeoisie, die eine neue bürgerliche Stadt finanzierte, griff für einen neuen Königlichen Palast (mit der entsprechenden Hofoper) nicht in die Tasche. Übrig blieben nur die alten vom Erdbeben zerstörten öffentlichen Theater, die ohne großen Aufwand wiederaufgebaut wurden: 1761 das Theater des Bairro Alto, das als Puppentheater erneut eröffnet wurde und später (seit 1765) mit ›lebendigen‹ Darstellern portugiesisches Schauspiel und italienische Oper abwechselnd aufführte; 1765 das Theater der Rua dos Condes, das italienische Oper wiedergab[51].

Unter diesen Umständen beginnt die Lissaboner Großbourgeoisie das Theater als eigene Sache zu betrachten, wie es mit der Gründung der »Etablierten

---

[50] Es scheint in der Tat, daß der Marquis de Abrantes um 1740 eine selbständige Oper fördern wollte, was aber mit dem Privileg des Hospital de Todos-os-Santos nicht vereinbar wäre (vgl. zeitgenössisches Zeugnis in Monfort 1972: 594).

[51] Dieses Theater war auch als Ópera do Conde de Soure bekannt – s. Matos Sequeira (1933: 255 ff.).

Gesellschaft für den Unterhalt der öffentlichen Theater des Königtums« deutlich zum Vorschein kommt[52]. Dem königlichen Erlaß vom 17. Juli 1771 zufolge wird diese Aktiengesellschaft als Theatermonopol in Lissabon anerkannt. Aktionäre waren vierzig in Lissabon etablierte Geschäftsleute, unter ihnen einige der bekanntesten Großhändler, die bei der Verwirklichung der ökonomischen Politik des Ministerpräsidenten Pombal eine führende Rolle spielten[53]. Einer der ersten vier Direktoren[54] der Gesellschaft war Anselmo José da Cruz, dessen Familie von einem anderen Großhändler französischer Herkunft, Jácome Ratton, gepriesen wurde:

»Diese Familie der Cruzes, vom Marquis de Pombal außerordentlich protegiert, hat dank ihres Ansehens viel geleistet, um eine gewisse Soziabilität und Höflichkeit, die es früher nicht gab, unter den Händlerfamilien und netten Leuten einzuführen, indem sie dem Besuch bekannter Familien ihre Wohnung eröffnete oder, anders gesagt, indem sie mit der Mode der Festgesellschaften, die sich von nun an quasi im gesamten Handelskörper und durch Nachahmung in anderen Klassen verbreitete, begann, was viel dazu beitrug, die Reste der noch fortdauernden maurischen Sitten zu verbannen und das Land auf das Niveau der höflichsten Nationen Europas zu führen; hier folgten die Cruzes dem Beispiel des Marquis de Pombal, der dieselbe Soziabilität im höheren Rang gefördert hatte, denn dieser große Mann vergaß nichts, was nicht zur Verbreitung des Geistes des Gesellschaftsumgangs, den er im Ausland beobachtet hatte, hätte beitragen können.« (Ratton 1813: 349 f.).

Dem in den Memoiren von Ratton erwähnten Streben nach »Soziabilität« entspricht die bürgerliche Förderung des Theaters nicht weniger. Die königliche Verordnung von 1771 lautet:

»Wie mir die Geschäftsleute von Lissabon dargelegt haben, entstehen für alle Nationen großer Glanz und Nützlichkeit aus der Einrichtung der öffentlichen Theater, weil diese, wenn gut geregelt, die Schule sind, in der die Völker die gesunden Maximen der Politik, der Moral, der Vaterlandsliebe, des Mutes der Hingabe, der Treue erlernen, mit denen sie ihren Monarchen dienen

---

[52] ›Sociedade para a Sustentação dos Theatros Publicos da Corte‹: es handelte sich um die Theater, die nicht (im engen Sinne) zum Hof gehörten, und in die das Publikum mittels Eintrittskarten Zugang erhielt. Die Hoftheater waren demgegenüber keine ›öffentlichen Theater‹.

[53] Vgl. das Aktionsregister (*Livro de Apólices*), das die Namen und Unterschriften aller Teilnehmer enthält (Handschrift verzeichnet unter der Nummer ›JF 1–9–4‹ in Sala Jorge de Faria, Philosophische Fakultät, Universität zu Coimbra).

[54] Die vier Direktoren waren Joaquim José Estolano de Faria, Anselmo José da Cruz, Alberto Meyer und Theotonio Gomez de Carvalho.

sollen und durch die sie sich zivilisieren und einige Reste der Barbarei verbannen, die ihnen unglückliche Jahrhunderte der Ignoranz hinterlassen haben.«
(Zitat nach Benevides 1883: 12).

»Einige Reste der Barbarei zu verbannen«: dies ist quasi buchstäblich das, was
Ratton (bei ihm hieß es: »die Reste der maurischen Sitten zu verbannen«)[55] etwa
vierzig Jahre später in seinen Memoiren unter dem Verdienst der von den bürgerlichen Familien geförderten »Soziabilität« versteht. Das Theater spielte also in
dieser Strategie der Lissaboner Großbourgeoisie deutlich eine Hauptrolle. Deshalb wird das Theatermonopol der Aktiengesellschaft nicht an sich als gewinn-
bringendes Geschäft angesehen, sondern als Mittel, um die Tätigkeit der öffentlichen Theater in Lissabon zu sichern, da diese nach der Wiedereröffnung nur
noch unregelmäßig gearbeitet hatten. Ihr Hauptziel sei es – so das vom König
anerkannte Statut der Aktiengesellschaft – »nicht Geld zu gewinnen, sondern die
Theater, deren Einnahmen immer so ungewiß sind, zu unterstützen«, daher
würden »keine Gewinne, auch wenn es sie gäbe, innerhalb von sechs Jahren verteilt« (vgl. Benevides 1883: 13). Theater war ›Investition‹ in die ›Soziabilität‹ und
sollte gewinnbringend sein. Eine solche Strategie ist jedoch im Text der königlichen Verordnung gleichsam verschleiert. Hervorgehoben sind die erzieherischen
Ziele des Theaters. Etwa zwölf Jahre nach der Vertreibung der Jesuiten (1758),
knapp fünf Jahre nach der letzten Ketzerverbrennung der Inquisition (1767),
wird das bislang nur tolerierte, vor allem unterdrückte, wenn nicht ›unter-
drückende‹ Theater (letzteres das der Jesuiten) als »Schule der Völker« gegen die
Ignoranz aufgefaßt. Erst zu dieser Zeit treten die Ideen der Aufklärung über das
Theaterwesen zum ersten Mal in Portugal auf. Diese Ideen gingen von der
Großbourgeoisie aus und der König hieß sie gut.

Das ausgedrückte Ziel – Aufklärung – und das verschleierte – Soziabilität –
wirkten in der Praxis umgekehrt: Gelungen war es der Bourgeoisie, die ›Soziabilität‹ zu sichern, nicht das Theaterwesen an sich der Aufklärung gemäß zu
organisieren. Das Statut der Aktiengesellschaft war bereits in dieser Hinsicht
beredt: Das besser eingerichtete Theater (Condes) war für die italienische Oper,
das schlechtere, auch billigere (›Bairro Alto‹) für das portugiesische Schauspiel
bestimmt (Benevides 1883: 13). Von einer besonderen Förderung des portugiesischen Schauspiels bzw. von der Entwicklung einer portugiesischen Oper oder
eines portugiesischen Singspiels war überhaupt keine Rede. Die ›Soziabilität‹, die
die Großbourgeoisie anstrebte, trug das Kennzeichen, das in den Komödien
u. a. von Nicolau Luís bereits als Konsequenz der Einführung der italienischen
Oper am Hof und für den Adel im Zeitraum von 1733 bis 1742 karikiert

---

[55] Auf Portugiesisch, jeweils: *desterrando alguns restos de barbaridade* und *desterrar os restos dos costumes mouriscos*.

worden war: das Kennzeichen der *peraltice*, d. h. die Eigenschaft derer, die für *peraltas* (›Wichtigtuer‹) gehalten wurden und dementsprechend das portugiesische Theater verachteten, nur die italienische Oper besuchten und sogar in der Umgangssprache gern italienische Ausdrucksweisen benutzten ... (vgl. u. a. Rossi 1968: 106 f.). ›Soziabilität‹ bedeutete also auch Theater als Selbstdarstellung, und dies sowohl im Zuschauerraum als auch auf der Bühne:

> »Die Signora Anna Zamperini, die vor einiger Zeit in London war und die ich vorher in Turin gekannt hatte, war Primadonna an der Komischen Oper, und erschien täglich im Theater, mit Diamanten für 3 000 oder 4 000 Pfund behangen.« (Twiss 1775: 2).

Dieses Beispiel bezieht sich auf das Jahr 1772, als Anna Zamperini – auf dem Gipfel ihrer Popularität als Primadonna des Teatro da Rua dos Condes – ihre Verehrer (darunter auch Klerusmitglieder) zu umfangreicher Literatur inspirierte (Pimentel 1907; BNL Códice 7008 u. 8603) und eine bald öffentlich bekannte Liebesbeziehung mit einem der reichsten und mächtigsten Mitglieder der neuen vornehmen Gesellschaft einging: dem Sohn des Ministerpräsidenten Pombal, dem Grafen von Oeiras, der Präsident des Stadtsenats war und nicht zufällig bei der Gründung der Theateraktiengesellschaft eine entscheidende Rolle gespielt hatte (vgl. u. a. Matos Sequeira 1933: 372 ff.). Eine Beschreibung von Wraxall enthüllt weitere Merkmale der Kommunikationsverhältnisse, die die italienische Oper am ›Teatro da Rua dos Condes‹ kennzeichneten:

> »Hier [in der italienischen Oper] sowie im Stierkampf bewahren sie [der König, die Königliche Familie] vermeintlich ihr Inkognito, obwohl sie vor der Bühne sitzen. Die Königin und die Prinzessinnen waren mit Diamanten bedeckt ... Während der Vorstellung hörte Seine Majestät nie auf, den Weg bis zu seiner Privatloge neben der Bühne zu machen, um die Balletts zu sehen, wonach er sich wieder an die Königliche Familie anschloß. Bei diesen kleinen Ausflügen, die er scheinbar immer mit Spaß machte, und bei denen er seine Zeit mit dem Operngucker am besten nützte, indem er sich den weiblichen Teil anschaute, der die Nebenlogen ausfüllte, wurde er von einigen Adligen begleitet.« (Wraxall 1815: 46 f.).

Es handelte sich also um ein Theater, von dem die Hofrepräsentation ausgeschlossen wurde (der König war zwar gegenwärtig, aber »inkognito«, d. h. als wäre er nicht anwesend), in dem jedoch die Selbstdarstellung gleichzeitig in kumulativen Rückkopplungen zwischen Bühne und Zuschauerraum sowie unter den Zuschauern selbst sogar im Laufe der Aufführung vorherrschte. Das verschleierte Ziel des neuen bürgerlichen Operntheaters (›Soziabilität‹) drängte das in der königlichen Verordnung ausgedrückte Ziel (Aufklärung) in den Hintergrund.

Erkannte der König die ›erzieherische‹ und ›moralische‹ Aufgabe der öffentlichen Theater, einschließlich das im Statut der bürgerlichen Theatergesellschaft festgeschriebene Prinzip an, nach dem die »szenische Kunst nicht entehrend für die, die sie ausüben«, sei (vgl. Benevides 1883: 14), so verbot er andererseits den Frauen die Bühne und den Zuschauerraum der Hoftheater. Diese etablierte Sitte entsprach, sei es aus ideologischen, sei es aus anderen Gründen (etwa wegen der Eifersucht der Königin, vgl. Wraxall 1815: 15), objektiv einem dem Geiste der Aufklärung widersprechenden Vorurteil und verursachte darum Befremden und Unverständnis bei den ›aufgeklärten‹ Ausländern, die den Hof besuchten. Im Gegenteil, die Bourgeoisie setzte sich in den öffentlichen Theatern für das Auftreten von Frauen sowohl auf der Bühne als auch im Zuschauerraum ein: Mit der ganzen Familie ins Theater, und nicht nur in die Kirche bzw. zu den Prozessionen, zu gehen, sollte zu einer neuen Sitte werden; eben deswegen brauchten die von Männern begleiteten Frauen von nun an keinen Eintritt zu bezahlen (vgl. Benevides 1883: 14). Kurzum, die »Soziabilität« setzte sich hier, im bürgerlichen Theater, gegen die »maurischen Sitten« durch, wobei sie einerseits mit dem Geiste der Aufklärung übereinstimmte, andererseits ihm gegenüber den Vorrang hatte.

Der Widerspruch zwischen den beiden nebeneinanderstehenden Modellen, Hoftheater und bürgerlichem Theater, sowie der innere Widerspruch, der jedes in sich darstellte, hört aber an diesem Punkt nicht auf. Von seinem Besuch des Hoftheaters berichtet Twiss:

»Die Oper gieng an um 7, und war zu Ende um 10 Uhr, und wahrender [*sic*] Aufführung von Anfang bis zu Ende, herrschte die strengste Stille und zwischen den Akten stunden die Zuhörer auf, mit dem Gesicht gegen die Königliche Familie gewendet.« (Twiss 1775: 11).

Gorani (1884: 140) präzisiert, es sei verbindlich, »beim Eingang und beim Aufgang, am Anfang und am Ende jedes Aktes bzw. Balletts, Verbeugungen vor der Königlichen Loge zu machen«, was die Aufführung »unbequem« werden ließ[56]. Im Hoftheater, wo die königliche Familie repräsentativ vor der Öffentlichkeit auftrat, prägte also das Darbietungsmodell streng die Kommunikationsstruktur. Mit Ausnahme von Verbeugungen vor der königlichen Loge in den Pausen, wurde die ganze Aufmerksamkeit der Zuschauer auf das Bühnengeschehen

---

[56] Dasselbe wird zur selben Zeit (um 1770) im Hoftheater in Salvaterra bezeugt (vgl. Silva Correia und Correia Guedes 1989: 39 f.).

konzentriert. Dies bedeutete, daß die Selbstdarstellung des Publikums im Zuschauerraum im Gegensatz zum bürgerlichen Theater nicht den Vorrang hatte. Und sie hatte auch nicht den Vorrang auf der Bühne, wenn man den Zeugnissen über den von den Kastraten bewirkten Illusionseffekt glaubt: Sie sehen aus wie echte Frauenzimmer (Twiss 1775: 10); in keinem Augenblick könne der Zuschauer ohne Vorwissen bezweifeln, daß z. B. Battistini die Frau sei, die er auf der Bühne verkörperte (Wraxall 1815: 14 f., bzw. Silva Correia und Correia Guedes 1989: 39 f.). Waren aber die Darsteller immerhin entweder Kastraten, oder »Männer mit langen schwarzen Barten [...] im Frauenzimmeranzug«, die als schöne Tänzerinnen auftraten (Twiss 1775: 10), so entstand notwendigerweise eine Dissoziation zwischen darstellendem Ich und dargestelltem Ich, die einer ›epischen Struktur‹ entspricht. Die Leistungen, nicht nur der Darsteller, sondern auch der Musiker, des Maschinisten und selbstverständlich ebenso des Librettisten wie des Komponisten, die als Formen von Selbstdarstellung in den Vordergrund traten, balancierten mit deren ›Verschwinden‹ in der Darstellung der dramatischen Handlung, wobei die Zuschauer eigentlich auf beides rückkoppelten. Ein ähnliches ›Balancieren‹ fand im Zuschauerraum statt, indem die Zuschauer einerseits dazu gezwungen wurden, Stille zu bewahren sowie der Bühne Aufmerksamkeit zu schenken, andererseits aber ihre eigene soziale Rolle bzw. Selbstdarstellung als Würdenträger nicht vergessen sollten, was mit der von Twiss beschriebenen ›schwachen Rückkopplung‹ übereinstimmt.

Daß dieses Darbietungsmodell ›epische Strukturen‹ und ›didaktische‹ Ansprüche wie an anderen Höfen des aufgeklärten Despotismus entwickelte und folglich die Überwindung einer auf der bloßen »Augen- und Ohrenlust« gestützten Rezeption mit sich brachte, wird übrigens von anderen Quellen bestätigt. Es geht nicht allein um eine stärkere Weiterentwicklung von aufklärerischen Gedanken ähnlich wie jenen, die bereits früher aufgetaucht waren und 1755 zur Ausgabe des Theaters von Metastasio in portugiesischer Sprache führten, sondern vor allem um einen Wandel in der Funktion, die die Fabel für die Kommunikationsstruktur besitzt. Äußerliche Anzeichen dieser Entwicklung kommen mit besonderer Prägnanz in Bezug auf das am Hof eingeführte *dramma giocoso* zum Ausdruck. Gleich nach der Erstaufführung des *Amore artigiano* in einer Vertonung von Gaetano Lattila zeigt der König plötzlich große Begeisterung für den Librettisten (nicht mehr für den Komponisten wie früher für Davide Pérez oder später für Jommelli)[57]. Daher die außergewöhnliche Zahl der Opern von Goldoni oder nach Goldoni, die in den darauffolgenden Jahren am Hof in Vertonungen verschiedener Komponisten aufgeführt werden, einige darunter vom

---

[57] Gegen ein höhes Honorar war Jommelli verpflichtet, dem portugiesischen König eine Kopie jeder seiner neuen Partituren zu übersenden (vgl. u. a. Sampayo Ribeiro 1936: 35).

portugiesischen Botschafter in Paris bei Goldoni selbst bestellt und bezahlt (vgl. u. a. Sousa Viterbo 1892; Rossi 1967). Im gleichen Sinne ist die große Zahl der Aufführungen jeder Oper zu verstehen, die im Rahmen einer solchen Kommunikationsstruktur die Aneignung des ›Dramas‹ und dessen sozialpolitische und ideologische Tragweite begünstigte. Zu diesen am häufigsten aufgeführten Opern zählte *L'amore industrioso* des portugiesischen Komponisten Sousa Carvalho, die 1769 mindestens zehn Aufführungen erreichte (vgl. Brito 1989b: 47). Dieses *dramma giocoso* eines Mitschülers Paisiellos, das sich unter dem Gesichtspunkt des musikdramaturgischen Aufbaus auf dem Weg zur künftigen Mozartschen Entwicklung befindet, hätte vielleicht nicht zuletzt wegen des Librettos von Gaetano Casori eine solche Wirkung erlangen können. Hier handelt der ›aufgeklärte‹ Armidoro, ein »französischer Sekretär« im Dienst eines Bourgeois, gemeinsam mit dessen Tochter (Julieta) und den Dienern (Betina und Frontino) sowohl gegen die aufsteigende Bourgeoisie als auch gegen den verfallenden Adel. Bei der Bourgeoisie wird die Tendenz, den alten Adel nachzuahmen, und das Streben, sich mit ihm durch Eheschließungen zu verbinden, lächerlich gemacht. Den Adel trifft dagegen die Satire der fiktiven Zurschaustellung des verlorengegangenen Wohlstands und Reichtums ebenso wie die versuchte Kompensation, trotz des Verlustes an ›Adelswürde‹ gleichfalls durch Eheschließungen mit der Bourgeoisie einen Ausweg zu finden. Diese Fabel sollte unmittelbar in Verbindung mit der Entwicklung der portugiesischen Gesellschaft insbesondere im Laufe der seit dem Erdbeben vergangenen vierzehn Jahre erscheinen. Hervorzuheben ist auch die Behandlung der weiblichen Gestalten (einschließlich der Gräfin), die bereits wie in Mozarts *Figaro* weit mehr ›psychologisiert‹ sind als die männlichen Charaktere und die Emanzipation von feudalen Verhältnissen konsequenter vollziehen. Um so widerspruchsvoller scheint in diesem Zusammenhang die auf Kastraten gestützte Aufführungspraxis des Hoftheaters zu sein. So sehr der Illusionseffekt überzeugend war, war er es immer im Sinne einer ›barocken‹ Aufführungspraxis mit allen dazugehörigen Künstlichkeiten, die an anderen Höfen des aufgeklärten Despotismus üblich waren, und nicht im Sinne einer Kunst, die sich selbst vergessen macht und als ›Natur‹ erscheint, d. h. im Sinne des von der bürgerlichen Aufklärung entwickelten Identifikationsmusters[58].

So können die Widersprüche der portugiesischen Aufklärung auf dem Gebiet des Opernwesens in folgendem Schema zusammenfaßt werden:

---

[58] Zur detaillierten Diskussion dieser Kategorien unter Bezugnahme auf Elias' Zivilisationstheorie (Elias 1939; 1969; 1991), Habermas' Theorie der ›Öffentlichkeit‹ (1962) und Jauß' Rezeptionstheorie (1967; 1977) bzw. zur weiteren Untersuchung der Kommunikationssysteme der Oper in Portugal zu dieser Zeit und zu Aspekten der Goldoni-Rezeption (die Zensur einbeziehend) siehe Vieira de Carvalho (1990a; 1995a; 1995c; 1995d).

Italienische Oper in Lissabon um 1772

	Hof	Bürgerliches Theater
Repertoire	opera seria/opera buffa	opera buffa (überwiegend)
Darsteller	Kastraten	beide Geschlechter
Zuschauer	Hofleute bzw. ›gut gekleidete Leute‹; Männer	bürgerliches bzw. adliges Publikum; beide Geschlechter
Interaktion	Darbietung; epische Strukturen; schwache Rückkopplung	Selbstdarstellung; starke, vielseitige Rückkopplung
Zweck	Repräsentation	Aufklärung
Wirkung	Aufklärung, Repräsentation	Soziabilität, Unterhaltung

4. Die Gründung des Teatro de São Carlos als Hoftheater für die Bourgeoisie

Der Aufbau des am 30. Juni 1793 eingeweihten São Carlos trifft mit einer Wende in der Situation der portugiesischen Großbourgeoisie zusammen. »Die Entwicklung des Handels« befördert Ende des 18. Jahrhunderts »den nationalen Bourgeois zu einer bisher nie so bedeutsamen Rolle« (Oliveira Marques 1981: II, 316). In den Jahren 1791/1792, d. h. unmittelbar vor dem Beginn der Bauarbeiten für das São Carlos übersteigt die Zahl der nationalen Händler die der ausländischen, und die Krone zeichnet weiterhin die ökonomischen Verdienste der Bourgeoisie mit Adelswürden aus, »während sich der Niedergang der privilegierten Adligen verschärft«[59].

Diese Entwicklung widerspricht dem ideologischen Rückgang (›Viradeira‹), der nach dem Sturz des Marquis de Pombal und dem Tod Josés I. (1777) am Hof, in der Regierung und in den höchsten Ämtern herrscht. Die nun sich formierende Ideologie, die die Bestrebungen des alten Adels und des Klerus zur Wiederherstellung ihrer Macht vertritt, kann zwar den seit 1755 unaufhaltsamen Aufstieg der Bourgeoisie nicht unterbrechen, wirkt aber stark auf die gesellschaftliche Praxis, schränkt die politische Entwicklung ein und erschwert die Entfaltung der Kultur und Künste, einschließlich des Theaterwesens.

Seit der Ausweisung des Zamperini-Ensembles 1774 – einer drastischen Maßnahme des Marquis de Pombal, um den Skandal der Liebesbeziehung zwischen der Primadonna und seinem Sohn zu beenden[60] – wurde die italienische Oper nur auf den Hofbühnen gespielt. Somit galten die Kastraten von nun an in der Praxis als einzige für die Oper geeignete Darsteller. Nach der Thronbesteigung von Maria I. war diese von den Hofbühnen ihres Vaters hinterlassene Praxis verbindlich verallgemeinert worden, so daß in Aufführungen aller Art nur Männer auftreten durften (vgl. u. a. Ruders 1808: 118 f.; Benevides 1883: 37).

Auch im Opernrepertoire ist die Veränderung spürbar. Szenische Aufführungen am Hof finden beinahe überhaupt nicht mehr statt. Serenaden und Aufführungen von *drammi per musica* als Serenaden, d. h. ohne szenische Aus-

---

[59] Oliveira Marques (1983: 309) stellt eine Verdoppelung der Zahl der von der Krone verliehenen Adelswürden im Zeitraum von weniger als 50 Jahren (bis 1792) fest. Sie zielten vor allem darauf ab, wirtschaftliche Verdienste zu belohnen.

[60] Daher die Auflösung der 1772 gegründeten ›Gesellschaft für den Unterhalt der öffentlichen Theater des Königtums‹.

stattung (›Konzertaufführungen‹) überwiegen seitdem völlig. Das *dramma giocoso* (mit szenischer Ausstattung) wird erst 1784 anläßlich des Karnevalaufenthaltes des Hofes in Salvaterra mit einer Aufführung von *Dal finto vero* (Savero Zini/ Paisiello) sozusagen rehabilitiert und sehr selten immer auf derselben Hofbühne im Zusammenhang mit dem Karneval aufgeführt. Jede einzelne Oper scheint seltener wiederaufgenommen worden zu sein als es noch am Hof von José I. üblich war (übrigens sind uns solche ›Wiederaufnahmen‹ erst nach 1786 bekannt). Dies bedeutet, daß eine Oper sich nun tendenziell im repräsentativen Akt erschöpfte, mit dem sie in Verbindung trat, was manchmal sogar in der Konzeption bzw. Bearbeitung der Libretti zum Vorschein kam: z. B. endete *Testoride Argonauta* von Martinelli/Sousa Carvalho, eine der seltenen Opern, die zu dieser Zeit am Hoftheater (Ajuda) szenisch aufgeführt wurden, mit dem Lob des Königs Pedro III. (Gatte der Königin Maria I.) im Stil einer *Licenza*, wie es in den goldenen Zeiten des Absolutismus gewöhnlich war. Am Hof von Maria I. fehlte es indessen nicht an Arbeit für die portugiesischen Komponisten, die Art der Aufträge beschränkte aber drastisch ihre Entfaltungsmöglichkeiten. Dem Zwang, fast ausschließlich Serenaden bzw. *opera seria* als Serenade und *oratorio sacro* zu komponieren, konnten sie nicht entgehen: unter 44 neuen Werken, mit denen von 1777 bis 1792 Sousa Carvalho, Cordeiro da Silva, Leal Moreira, Xavier dos Santos, Gomes e Oliveira, Jerónimo und Braz de Lima beauftragt wurden, gab es nur zwei der *opera buffa* gegen 35 Serenaden/*opera seria* (ohne szenische Darbietung) und 5 der Gattung *oratorio sacro*. Gaetano Martinelli war der Verfasser fast aller Libretti: 29 für Serenaden bzw. *opera seria* als Serenade und *oratorio sacro* gegen nur eine *opera buffa*, während er für den Hof von José I. acht Libretti für *opera buffa* und nur eines für *opera seria* geschrieben hatte. In dieser unerhörten Fülle von Aufträgen für den Librettisten und die Komponisten spiegelt sich selbst die erneute Zurückgezogenheit des portugiesischen Hofes wider, der sich obsessiv nach einem Modell dramatischer Musik des Absolutismus richtete, dessen Nachfrage bzw. Angebot in ganz Europa kaum mehr vorkam.

Ein Gutachten des Generalintendanten der Polizei, Pina Manique, vom 15. Dezember 1780 bringt die neue Einstellung der Mächtigen zum Theaterwesen zum Ausdruck. Um die Wiedereröffnung des Teatro da Rua dos Condes für portugiesisches Schauspiel mit männlichen Darstellern zu befürworten, muß Manique große Umschweife machen und sich ausführlich der Lehre der katholischen Kirche anschließen. In seiner These, daß das Theater »unter Überwachung der Polizei« als »Schule der Tugend und gegen die Laster« wirken könne[61], spürt man eher eine Wiederbelebung der Konzeption des Theaters als

---

[61] Ausführlicheres über den Inhalt dieses Gutachtens in: F. A. Oliveira Martins (1948: 125 ff.).

Katechisationsinstrument – wie bei den Jesuiten, deren Einfluß nun wieder am Hof und unmittelbar auf die Königin zunimmt (Benevides 1879: 198 f.) – als die entstellten Reste der aufklärerischen Rede der Zeit Pombals. Dieses Gutachten kam jedoch von einem Intendanten der Polizei, der dem Marquis de Pombal seinen Aufstieg als Verwaltungsbeamter verdankte und dem es trotzdem gelungen war, das totale Vertrauen der Krone zu gewinnen und eine Position zu festigen, in der bis zur Jahrhundertwende immer mehr Macht konzentriert wurde. Der Kleinbürger Pina Manique ist in dieser Hinsicht Symbol der Widersprüche, die die sozialpolitische Situation charakterisieren.

In Wirklichkeit wird er zum Strohmann der mächtigsten Großhändler – und zwar der Lizenzträger des Tabakvertrags, die als seine Bankiers wirken (F. A. Oliveira Martins 1948: 132 ff.) – und kämpft gleichzeitig erbittert gegen die neuen Ideen und ihre Anhänger, die vor allem nach dem Ausbruch der französischen Revolution den portugiesischen Hof erschrecken. Er ist Vertreter der sozial-ökonomischen Interessen des Bürgertums und zugleich Verteidiger der Prinzipien, auf die sich die bestehende Macht stützt. So personifiziert er gewissermaßen »den Mangel an sozialem Bewußtsein« der aufsteigenden Bourgeoisie, deren geadelte Vertreter »den ruinierten Adel fressen und sich in seinen wurmstichigen Schmuckborten einnisten« (França 1965: 280).

Die Schaffung, die Finanzierung und der Aufbau des São Carlos stehen unmittelbar mit dieser gesellschaftspolitischen Konstellation in Verbindung. Das Projekt geht von denselben Familien von ›Plebejern‹ aus, »die in der Zeit Pombals dank des Tabakvertrags reich geworden waren« (França 1965: 233), und deren Namen sich bereits unter den Aktionären der im Jahre 1772 gegründeten Gesellschaft für die Unterstützung der öffentlichen Theater befanden[62]. Es ist anzunehmen, daß Pina Manique, der das Projekt gegenüber der Regierung und der Krone übernimmt, sich von Anfang an dafür engagierte (vgl. Benevides 1883: 31 ff.).

Auf jeden Fall hätte sich die Idee des neuen Theaters ohne seine Unterstützung nicht durchsetzen können. Das Mißtrauen gegenüber dem Theaterwesen war am Hof so groß, daß die Zustimmung der Krone trotz der günstigeren Situation, die am 10. April 1792 durch die *de facto* Regentschaft des Kronprinzen, infolge des Irrsinns der Königin, entstand, erst nach Überwindung großer Schwierigkeiten erwirkt werden konnte.

Es ist bedeutsam, daß das São Carlos nicht als Institution an sich, sondern als Vorwand zur Ehrung der Krone dargestellt wird. Pina Manique bezieht sich

---

[62] Nur mit Ausnahme von António José Ferreira Solla waren alle anderen (Joaquim Pedro Quintella, Anselmo José da Cruz Sobral, Jacinto Fernandes Bandeira, António Francisco Machado, João Pereira Caldas) bereits Mitglieder der Aktientheatergesellschaft von 1772 (vgl. oben erwähnten *Livro de Apólices* und Benevides 1883: 19).

auf die offizielle Ankündigung vom 14. Oktober 1792, nach der die mit dem regierenden Kronprinzen (künftiger João VI.) vermählte Prinzessin Carlota ein Kind erwartete und dadurch die Erbschaft der Krone gesichert war (F. A. Oliveira Martins 1948: 129). Sein Vorschlag setzt sich den Absichten des Hofes entgegen: Statt der versprochenen Errichtung eines zweiten Klosters in Mafra als Zeichen der Dankbarkeit gegen Gott nach sieben Jahren unfruchtbarer Ehe (vgl. F. A. Oliveira Martins 1948: 128 f.), was die Rückkehr zum Repräsentationsbegriff von João V., zum religiösen Pomp, bedeutete, ist bei Manique vom Aufbau eines den Namen der Prinzessin Carlota tragenden Opernhauses die Rede[63]. Episodisches Zeugnis der dadurch entstandenen Auseinandersetzungen ist ein Brief, in dem der Intendant der Polizei die Unterstützung eines Ministers gegen andere Staatsbeamte zu gewinnen sucht[64]. Der Brief, der das Einvernehmen von Manique mit seinen Freunden des Tabakvertrages voraussetzt, beruht neben der Wiederholung einiger Ansichten über Theater aus dem Gutachten von 1780 auf zwei Hauptmotiven: Einerseits brauche eine Hauptstadt wie Lissabon ein anständiges Theater[65], sie brauche es vor allem als »Ornament«[66], andererseits sei das neue Theater Bestandteil der Erweiterung der Wohlfahrtspflege, die die Polizei durch die Casa Pia durchführte[67].

In einer Verordnung des regierenden Prinzen vom 28. April 1793 wurde schließlich die offizielle Zustimmung für die Finanzierung des São Carlos gegeben, so wie diese zwischen dem Intendanten der Polizei und den Großhändlern des Tabakvertrags beschlossen worden war[68]. Darin wurde das São Carlos als Bestandteil der Casa Pia und des Fonds für deren wirtschaftlichen Unterhalt anerkannt und unter die Verwaltung der Intendanz der Polizei gestellt (vgl. Benevides 1883: 31 f.), die ihrerseits private Impresarii als Lizenzträger für den Theaterbetrieb verpflichten sollte (Benevides 1883: 34 f.).

---

[63] Deshalb trägt die Fassade des São Carlos die Inschrift: *Carlotae Brasiliae Principi Quod Felicem Statum Rei P. Regia Prole Confirmarit Theat. Auspicato Exte Auct. Did. Ign. P. Maniq. P. P. Olysiponenses Cives Solic. Amore et Longa Fide Erga. Domum Aug. Probati In. Mon. Publicae Laetitiae Anno MDCCXCIII.*

[64] Da der Minister Seabra da Silva keine Entscheidung über den Vorschlag von Pina Manique traf, wandte sich der Intendant an den Minister Martinho de Melo e Castro. Hierzu F. A. Oliveira Martins (1948: 133 ff.).

[65] Zu dieser Zeit gab es in Lissabon zwei öffentliche Theater (Salitre und Rua dos Condes), beide in einem äußerst schlechten Zustand (Benevides 1883: 19).

[66] Die Idee des Theaters als »Ornament der Hauptstadt« steht ausdrücklich im Brief des Intendanten der Polizei an den Minister Seabra da Silva vom 21. Juni 1793 (vgl. Benevides 1883: 34).

[67] Die Casa Pia, die 1780 von Pina Manique gegründet wurde, war ein Armenhaus, in dem u. a. Waisenkinder aufgenommen und ausgebildet wurden (vgl. F. A. Oliveira Martins 1948: 153 ff.).

[68] Die Intendanz der Polizei wurde in dieser Verordnung zur Rückzahlung an die Geldgeber des São Carlos verpflichtet (Benevides 1883: 31 f.) Die Verwaltungsdokumente des São Carlos, die die Rückzahlungen in den ersten Jahren seiner Existenz bezeugen, ebenso wie die gesamte Dokumentation zum Bau des Gebäudes befinden sich im Arquivo Histórico do Ministério das Finanças in Lissabon (vgl. auch F. A. Oliveira Martins 1948: 144 f.).

Die Bauarbeiten hatten bereits im Dezember 1792 begonnen[69]. José da Costa e Silva, der Architekt[70], gestaltete den Zuschauerraum nach dem elliptischen Muster der zeitgenössischen italienischen Opentheater[71]. Auf den einen Brennpunkt der Ellipse fällt die Mitte des Proszeniums der Rampe, auf den anderen der Platz des Königs. Die optimale akustische Position nimmt ein Sänger ein, wenn er sich genau ganz vorn in das Zentrum des Proszeniums stellt. Die optimale akustische und visuelle Rezeption genießt der auf dem anderen Brennpunkt der Ellipse sitzende Zuschauer, d. h. der König. Diese architektonische Konzeption entspricht dem gemeinsamen Stil und der Funktion der italienischen Operntheater der Zeit: Oper im Dienste der Singstimmen, musikalisch-szenische Vorgänge als Hintergrund der auf der Rampe dargestellten Vokalvirtuosität[72]. Sie entspricht ebenfalls dem Begriff von Hoftheater: Die Konzeption des gesamten Zuschauerraums ist, infolge ihres Verhältnisses zur königlichen Ehrenloge, auf repräsentatives Hoftheater abgestellt, das die anderen Hofbühnen, die ihre Spieltätigkeit von nun an einstellen, ersetzt. So unterscheidet sich das São Carlos von allen bisherigen portugiesischen Hoftheatern, weil es von den Zuschauern und nicht von der Krone unterstützt wird und theoretisch zur Erhöhung der Einnahmen einer Wohlfahrtseinrichtung beitragen soll[73]. Es ist also das erste wirklich *öffentliche* Hoftheater, in dem das Privileg der Einladung bzw. Zulassung nicht mehr gilt, sondern allein die Zahlungsfähigkeit der Bürger, die es besuchen wollen. Als öffentliches Theater unterscheidet sich das São Carlos ebenso von allen anderen, indem es das erste in Lissabon ist, das die königliche Familie in Ausfüllung einer repräsentativen Funktion betritt. Die Konzeption des Zuschauerraums vereinigt die Ansprüche beider Traditionen. Im Februar 1793 erschien in der von der Polizei überwachten Presse die folgende Stellungnahme über die innere Architektur des neuen Theaters:

»Wir hoffen, daß sich weder die ungeschickte lange Form des Teatro da Rua dos Condes und Teatro do Salitre noch die breite Form des königlichen

---

[69] Dank des Engagements des Intendanten der Polizei dauerten die Bauarbeiten nur ungefähr sechs Monate.

[70] Er war 1747 geboren und hatte in Italien studiert (vgl. França 1965: 191).

[71] Über die Konzeption des Zuschauerraums und die Rechtfertigung der elliptischen Form s. Ferrario (1830: 212 ff.). Das São Carlos und sein Architekt werden dabei auch erwähnt (*ebd.*: 78).

[72] Diese Hierarchie drückte sich auch im Unterschied der Honorare aus: Nach Dokumenten des Theaters aus den Jahren 1805/1806 wurde die Primadonna Catalani von 13. März 1805 bis zum Karneval 1806 für 9 000 000 *réis* verpflichtet, während die Kapellmeister Marcos Portugal und Valentin Fioravanti jeweils 1 392 000 und 1 600 000 *réis* erhielten – vgl. Archiv des Tribunal de Contas in Lissabon (ER-5419).

[73] In der Praxis war die Tätigkeit des São Carlos nie rentabel; im Gegenteil, das São Carlos mußte vom Staat subventioniert bzw. durch Zulassung von Lotterien unterstützt werden (vgl. Benevides 1883).

Theaters zu Salvaterra, welche nur für ein privates Theater des Monarchen, in dem alles zugunsten seiner Loge konzipiert werden soll, geeignet ist, im neuen Theater verewigt zu werden.« (JE, Februar 1793: 346).

Das São Carlos war außerdem das größte aller höfischen bzw. öffentlichen Theater, die bisher in Lissabon gebaut worden waren[74]. Der schwedische lutherische Pfarrer Ruders, der sich von 1798 bis 1802 in Portugal aufhielt, überlieferte uns die folgende Beschreibung des Zuschauerraums:

»Die Bühne [...] hat eine ansehnliche Größe. Ihr gegenüber ist die königliche Loge, die bis an die Decke hinaufreicht[75] und unter sich den Eingang zum Parterre hat; dieses aber, das Parkett oder die sogenannte ›Plateia dos Nobres‹ einberechnet, ist so geräumig, daß 800 Personen bequem darin sitzen können. Die Bänke haben Rücklehnen und im Parkett sogar Polster. Überall sieht und hört man gut. Zwischen den Bänken des Parterre laufen drei Gänge in paralleler Richtung und verhindern das Gestänge. Sobald man aus den Türen tritt, welche alle hinlänglich groß sind, befindet man sich in geräumigen und gut erleuchteten Corridors. Der [*sic*] Logen sind 122 in fünf Reihen und von außen mit schönen Arabesken geziert. Armleuchter von Krystall sind so angebracht, daß die Aussicht nicht im mindesten dadurch gehindert wird. Ein großer Kronleuchter hängt, zwischen den Akten, über dem Parterre[76] und vier kleinere vor dem Vorhange. In der Decke sieht man ein Uhrwerk mit einer großen Scheibe.« (Ruders 1808: 90 f.).

Die Größe und die Pracht des Zuschauerraums sowie die imposante königliche Tribüne stellten die Repräsentationsfunktion der Ópera do Tejo wieder her. Die Tatsache, daß der regierende Prinz nur selten den Aufführungen beiwohnte (vgl. Ruders 1808: 89), unterstützte diese Konzeption. So wie in den ehemaligen Hoftheatern, in denen die Opernaufführungen am häufigsten mit Höhepunkten des höfischen Lebens zusammenhingen (z. B. mit Geburtstagen der Mitglieder der königlichen Familie), tritt der regierende Kronprinz nur anläßlich offizieller Feierlichkeiten im São Carlos – und das heißt jetzt auch, vor der Öffentlichkeit – auf. Galt die italienische Oper in den 1730er Jahren am Hof offensichtlich vor allem der Unterhaltung und entwickelte sich unter José I. zum Repräsentations- und Aufklärungsinstrument, so wird sie nach der Thronbesteigung von Maria I.,

---

[74] Im Vergleich zur Ópera do Tejo war die Bühne des São Carlos vermutlich kleiner, dessen Zuschauerraum aber wesentlich größer.

[75] Die Krone über der Königlichen Loge verdeckte dem Zuschauer im Parkett die Galerie (später *galinheiro* bzw. *varandas* genannt).

[76] Ein deutscher Reisender zählte 1838 »150 Lampen« im »stattlichen Lustre«, der »von der Decke« herabhing (Wittich 1843: 127).

und zwar im São Carlos, *unter dem Gesichtspunkt des Hofes* zur reinen Repräsentationsinstitution, von der jede andere Motivation (z. B. ein Bedürfnis nach Unterhaltung oder, noch weniger, nach Aufklärung) ausgeschlossen ist. Die Zahl der von der Intendanz der Polizei veranstalteten Feierlichkeiten nimmt bis zur Jahrhundertwende zu. Die Art und Weise, wie sie politisch wirkten, zeigt sehr deutlich die Funktion von Theaterveranstaltungen als bloßen Vorwand zur Verherrlichung der Macht. Der Gegensatz zu aufklärerischen Zielen wird dadurch eindeutig. Wenn die Theaterfunktion für Manique nicht mehr bloße Unterhaltung ist, soll sie im Rahmen der Repräsentation unmittelbar zu Machtdemonstrationen – ähnlich wie in den ehemaligen Jesuitenspielen – dienen. Oder anders gesagt: Als die Opernunterhaltung im São Carlos aufhörte, trat nicht der dramatische Inhalt im Sinne einer aufklärerischen Darbietung in den Vordergrund, sondern eben dessen Entstellung in Selbstdarstellungen der Macht. Über die Erstaufführung von *Orpheus und Eurydike*, die 1801 unter Leitung und mit musikalischen Einlagen von Marcos Portugal stattfand, erzählt Ruders:

»Die mit derselben [Oper] verbundene Feier des Geburtstages der Prinzessin von Brasilien genügte uns [...] nicht, weil sie eben nicht glücklich erfunden war. – Gerade als Orpheus sich entleiben will, tritt Kupido (jener widerliche Kastrat Neri) herein, und zeigt ihm im Hintergrund das Portrait der Prinzessin. Nun wirft Orpheus den Dolch weg und stimmt zum Lobe Ihrer Königl. Hoheit [*sic*], eine Polonoise an. Diese erweckt die abgeschiedene Eurydice. Ehrerbietig, verwunderungsvoll und freudig sieht sie das Bild, und bewegungslos hört sie ihren wiedergefundenen Gatten das Loblied auf die Prinzessin singen, so wenig dies übrigens den Gefühlen entspricht, die in den Herzen beider in diesem Augenblick natürlich sind. Hiermit endet die Oper ...« (Ruders 1808: 254 f.).

Das Versagen einer »National-Aufklärung« im portugiesischen Opernwesen fällt sogar dem aufgeklärten schwedischen Pfarrer auf. Die Einstellung des aristokratisch-bürgerlichen Publikums, das das São Carlos täglich besucht, kritisiert er scharfsinnig im Zusammenhang mit der vorherrschenden Ideologie:

»Die Nation hat, so wie sie jetzt schon ist, viel Gefühl für das Edle und Schöne; nur fehlt es hier bisher an Anleitung, Ermunterung und guten Mustern. Vor allem aber müssen jene zahllosen und verderblichen Vorurteile ausgerottet werden, welche die Kräfte der Seele fesseln und alle höhere Konzeption ersticken. Erhalten nur erst Erziehung und Denkart hier eine andere Richtung wie bisher; darf man nur erst frei und öffentlich seine Gedanken sagen, ohne durch innere und äußere Schreckensbilder gescheut zu werden: dann wird Portugal gewiß bald Männer aufstellen können, die vollkommen wert sind, mit jenen Köpfen zu wetteifern, welche die aufgeklärtesten Nationen zu ihrer Zierde rechnen.« (Ruders 1805/1809: 145).

»Die Fortschritte in den schönen Künsten scheinen zwar nicht auf einer National-Aufklärung (man verzeihe mir diese Zusammensetzung des Wortes) zu beruhen; aber zwischen dem Streben der Seele nach Wahrheit und dem Geschmack für alles Schöne ist gleichwohl eine so nahe Gemeinschaft, daß die ersteren unmöglich da zu einer gewissen Höhe kommen können, wo Unwissenheit und Denkzwang in einem hohen Grade herrschen.« (Ruders 1808: 166 f.).

Wie Ruders' Briefe genauso treffend bezeugen, überwiegt die Selbstdarstellung des Publikums im São Carlos:

»Der Vorhang rollte nieder, und die Lorgnette ward auf die Logen gerichtet. ›Welche Schönheit, welcher Glanz! Unbeschreibliche Pracht! Wo sieht man je die Menge der Juwelen? Wo so feurige Augen? Wo jene Fülle? Wer ist denn die brillante Schöne dort?‹ Eine Römerin, *qui est le désir des hommes et la médisance des femmes*, und nun war's denn ein Gespräch, wie man es im Parterre zwischen Kunstjüngern und Stutzern zu hören gewohnt ist.« (Ruders 1808: 165).
»[Die o. g.] Römerin verpaßt nie eine Opernaufführung und sucht immer einen Platz, wo sie gesehen werden kann, d. h. eine der der Bühne näher stehenden Logen des ersten Rangs[77]. Da sie nicht immer dieselbe Loge besetzt, haben viele Zuschauer des Parketts die Gewohnheit, auf ihren Auftritt zu warten, indem sie, während die Masse der Zuschauer noch nicht strömt, hin und her spazieren, um darauf achten zu können, von welcher Seite sie erscheint, und auf derselben Seite Platz zu nehmen.« (Ruders 1805/1809: 145)[78].

Ein anderer Aspekt der Selbstdarstellung ergibt sich aus den engen Beziehungen zwischen Bühne und Zuschauerraum, die sich vor allem seit der Jahrhundertwende, d. h. nach der Zulassung der Darstellerinnen auf der Bühne des São Carlos, entwickeln. Die Primadonna Angelica Catalani wird wie eine Aristokratin verehrt. Sie gilt in den vornehmsten Logen als große Dame, und die Zuschauer, denen sie die Ehre gibt, mit ihr zu verkehren, spielen auch eine Theaterrolle mit, wenn sie sich selbst neben ihr vor den anderen darstellen:

---

[77] Im ersten Rang befanden sich ebenso die Königliche Ehren- und Nebenloge.
[78] Als Quellen für die Briefe von Ruders dienen hier vor allem die beiden deutschen Ausgaben (1805 und 1808). Die portugiesische Ausgabe – 1981 erschienen – gilt dabei als Ergänzung. Alle drei übertragen unvollständig das schwedische Original. Eine vollständige Ausgabe in portugiesischer Sprache ist in Vorbereitung.

Angelica Catalani
(Reproduktion nach Benevides, 1883).

»Die Catalani genießt hier im gesellschaftlichen Umgang eine Hochachtung, die für die Frauen ihrer Klasse ganz ungewöhnlich ist. Während der Ballette oder in den komischen Opern, in denen sie nicht mitspielt, sieht man sie oft unter dem vornehmsten Adel des Königtums – was in Portugal eine unerhörte Ehre ist. Vor allem in der Loge des Adligen Francisco de Almeida oder in Begleitung der Marquise de Lumiares, Oberhofdame der Königin, stellt sie sich am häufigsten dar. Wenn sie zur Bühne zurückkommen muß, steigt sie nie die Treppen hinauf, ohne sich dem Geleit eines großen Adligen anzuvertrauen – eine Nachgiebigkeit, die viele Leute erstaunen läßt.« (Ruders 1805/1809: 264 f.).

Die Selbstdarstellung der Primadonna trug also zur Definition ihres Sozialstatus bei (vgl. Kaden 1984). Außerdem ließen sie ihre fabelhaften Honorare in einer Zeit, in der das Geld bereits eher als die Abstammung adelte, in der sozialen Hierarchie immer höher steigen. Auch Marcos Portugal, damals (ab 1800) Kapellmeister im São Carlos strebte die Aufhebung der Trennung zwischen Bühne und Zuschauerraum als Zeichen der Überwindung einer sozialen Grenze an, so daß er später aus einer Loge neben der Bühne mit einer langen Stange das Orchester dirigieren wollte ... (vgl. Sarraute 1979: 8).

Eine Konsequenz der engen Beziehungen zwischen Bühne und Zuschauerraum ist andererseits, daß Darbietungsstrukturen mit intensiver Rückkopplung sich ebenfalls in Selbstdarstellung verwandelten. Von der Begeisterung des Publikums gegenüber Crescentini[79] berichtet Ruders (1805: 148):

»Man bewundert, man erstaunt. Manche Kenner der Musik sind außer sich. Sie können sich nicht still halten. Sie drehen sich, sie bewegen den Körper, sie stoßen ihren Nachbar an, sie heben die Arme in die Höhe und lassen sie wieder fallen. Die Muskeln ihres Gesichts sind in beständiger Bewegung. Sie sehen auf das Volk, ohne es zu wissen, sie reden durch Interjectionen; und beym Aufhören oder dem Schlusse einer Arie klatschen sie mit einem Eifer ohnegleichen in die Hände.«

Diese Art der Rückkopplung (in einer quasi ausschließlich auf das Hören gerichteten Art der Kommunikation) wirkte auch umgekehrt – auf die Darsteller:

»In der Gunst des Publikums stehend läßt Catalani nicht selten zu, daß sie durch die kleinsten Nichtigkeiten die Achtung vor sich selbst verliert, wie z. B. an dem Abend, als sie, eine Arie singend, auf das Parkett blickte, um die unbewußt durch die Freude an der Musik verzerrten Minen gewisser Zuschauer zu beobachten.« (Ruders 1805/1809: 241).

Nach der Aussage Ruders' (1805/1809: 241) begünstigte Catalani diese Art von Beziehungen zwischen Bühne und Zuschauerraum. Sie empöre sich nicht, wenn »die Illusion geschädigt würde«, vielmehr trage sie dazu bei, indem sie oft auf die vom Parkett kommenden »Witze« und nicht auf die auf der Bühne spielenden Darsteller reagiere. In solchen Fällen applaudierten die Zuschauer begeistert nicht dem Gesang, sondern dem Lachen, mit dem sie den Gesang unterbreche. Die Darstellung ging in Selbstdarstellung über. So wurde z. B. die Rivalität zwischen Sängern auf die Bühne übertragen:

»Als ihr [Catalani] Crescentini als Liebhaber mit den Worten *Quelle pupille tenere, Che brillano d'amore* nahekam, sah man just das entgegengesetzte Gefühl in dem zornigen Blick, mit dem er bedacht wurde. Als sie selbst sagte *Io te stringo, o Caro, al mio seno, Che dolce amplesso!* und andere zärtliche Worte, entfernte sie sich von ihm mit deutlicher Abneigung.« (Ruders 1805/1809: 240).

---

[79] Girolamo Crescentini, einer der berühmtesten Kastraten seiner Zeit, war von 1798 bis 1803 im São Carlos verpflichtet; 1799/1800 übernahm er als Impresario die Leitung des Theaters (Benevides 1883: 57 f., 73).

Die vor der Öffentlichkeit bekannt gewordene Rivalität zwischen Catalani und Crescentini (Benevides 1883: 67 ff.) wurde zum eigentlichen Gegenstand der Aufführung. Gleichzeitig stellten sich aber auch die Zuschauer selbst dar, indem sie sich für den einen oder anderen der Darsteller durch Beifall, Stampfen, sogar durch Katzen, die sie auf die Bühne warfen (Ruders 1805/1809: 241), äußerten. Zu dieser Zeit treten »die lärmenden Herren […], die sich eine uneingeschränkte Gewalt über das Theater anmaßen«, auf (Ruders 1808: 188 f.). Dazu gehören die »bartlosen Jünglinge«,

> »die bei den schönsten Stellen miteinander schwatzen, bis ein Narr den Einfall bekommt, das Signal zu geben, wo eine Art Wuth sie alsbald ergreift, daß sie klatschen oder stampfen, wie jener es vormachte.« (Ruders 1808: 190).

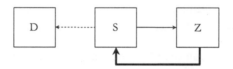

Abb. 3: Belcanto als Selbstdarstellung.

D – Dramatis Persona   S – Sänger   Z – Zuschauer

Immer mehr besteht im São Carlos die Opernunterhaltung in diesen Nebenvorgängen zwischen Bühne und Zuschauerraum, die das musikalische und szenische Geschehen zu einem Vorwand für das Zusammentreffen der Zuschauer machten. All dies bestätigt die Grenzen des ›Programmes‹ der portugiesischen Bourgeoisie für das Theaterwesen. Haupterrungenschaft war die Entwicklung der ›Soziabilität‹, die nach der Thronbesteigung von Maria I. allmählich zur Wiederherstellung der 1772 im Teatro da Rua dos Condes begonnenen Praxis der italienischen Oper führt, 1790 durch Zulassung der *opera buffa* mit Kastraten im Teatro da Rua dos Condes weiter begünstigt wird, 1792 – im Jahre der *de facto* Regentschaft des Kronprinzen – mit dem Aufbau des neuen Theaters ein neues Ziel erreicht und 1799 – im Jahre der *de jure* Regentschaft – mit der Zulassung von Darstellerinnen eine endgültige Stabilisierung gewinnt[80]. Das São Carlos war aber keine bloße Wiederherstellung dieses Modells, sondern dessen Höhepunkt

---

[80] Im Zuschauerraum, aber nur in den Logen, wurden bereits seit der Einweihung des São Carlos Frauen zugelassen: »Das Parkett und das Parterre sind für die Zuschauer die bequemsten Plätze, wohin aber keine Frauenzimmer gelassen werden« (Ruders 1808: 91).

im 18. Jahrhundert – und dies nicht nur wegen der wesentlich größeren Dimension und der Konzeption des Zuschauerraumes, dessen Ellipse die Tendenz zur
Selbstdarstellung förderte, sondern auch wegen des repräsentativen Charakters
des neuen Opernhauses. Als ein auch für offizielle Feiern im Beisein des Hofes
bestimmtes Theater, bot das São Carlos der Bourgeoisie ein qualitativ neues Niveau der ›Soziabilität‹: Jetzt konnten sich die Großhändler und andere Vertreter
der Großbourgeoisie durch eigenes Recht, das ihnen das Geld verlieh, vor der
Öffentlichkeit in den Logen neben der königlichen Familie und nicht selten vorrangig gegenüber der alten Aristokratie – »dem ersten Adel des Königreichs« –
darstellen[81]. Aus Anlaß einer vom Intendanten der Polizei veranstalteten Feier
zur Ehrung der offiziellen Ernennung von João VI. als Regent berichtet die
Gazeta de Lisboa vom

> »Jubel jener großen Anzahl von Zuschauern, deren Gesichter die Freude dar-
> über ausstrahlten, daß sie im Beisein ihres Prinzen einer so prächtigen Feier
> [...] beigewohnt hatten.« (*Gazeta de Lisboa* 2. 8. 1799).

Der Großbourgeoisie galt das São Carlos auf diese Weise als Symbol ihres eigenen Aufstiegs. Auch hier handelte es sich nicht etwa darum, kulturell oder politisch eine Alternative zur bestehenden Macht zu erkämpfen, sondern sich selbst
dieser anzuschließen, innerhalb des Staatsapparates Einfluß zu gewinnen, Vorrechte und Ehren der ehemaligen Privilegierten zu erlangen. José-Augusto França (1965: 187 f.) betont die vollkommene Integration der äußerlichen Architektur des Theaters in die nach dem Erdbeben wiederaufgebaute bürgerliche Stadt,
verschweigt aber die Bedeutung der inneren Architektur – so wie sie bereits hier
charakterisiert wurde –; aber nur wenn man den architektonischen Doppelsinn
des São Carlos berücksichtigt, kommen seine Funktion und Wirkung zum Vorschein. Hatte José I. 1755 ein repräsentatives Hoftheater (Ópera do Tejo) erbauen lassen, das sich vom königlichen Palast nicht unterschied, so errichteten
nun die Großhändler ein Theater, das sich äußerlich von der bürgerlichen Stadt
nicht mehr unterschied, in dessen Innerem jedoch der Hof einen übertriebenen
Ehrenplatz bekam, und das der König von nun an als einziges Hoftheater benutzte. Im São Carlos wollte die Bourgeoisie die Pracht des Hofes als Dekor
haben, so wie sie früher »die Reiterstatue von José I. für ihren Platz des Handels
[Praça do Comércio]« (França 1965: 218) bestellt und bezahlt hatte. Vor dem

---

[81] Von Juli 1805 bis März 1806 war die Zahl der Logenabonnenten, die zur Bourgeoisie gehörten,
höher als die des Adels. Im Parkett war der Adel nur unter den Besuchern der sogenannten ›Plateia
dos Nobres‹ (›Parterre der Adligen‹) präsent; er nahm in der ›Plateia Geral‹ (›Allgemeines Parterre‹)
nicht Platz. Dies läßt sich an Hand von Dokumenten belegen, die im Archiv des ›Tribunal de
Contas‹ in Lissabon (ER-5419) aufbewahrt werden.

Erdbeben wurden die größten Händler zur Ópera do Tejo am königlichen Palast eingeladen, jetzt mußte der Hof ein paar Kilometer fahren und die bürgerliche Stadt betreten, um im neuen repräsentativen Theater italienischen Opern beizuwohnen. Die bürgerliche Stadt besaß nunmehr das, was bisher vor allem Privileg der Höflinge war: italienische Oper im Beisein der königlichen Familie.

Mit dem São Carlos erreichte die Großbourgeoisie also ein ›raffinierteres‹ Niveau der Soziabilität. Dazu gehört die italienische Oper, die seit den dreißiger Jahren des 18. Jahrhunderts als vornehmste Unterhaltung für die vornehmste Gesellschaft galt und von 1775 bis 1790 ausschließlich am Hof aufgeführt wurde[82]. Auf dem Gebiet des Theaterwesens wollte die Großbourgeoisie einfach das haben, was der Hof bereits hatte: ein Hoftheater mit einem ihm entsprechenden ›Inhalt‹. Zugleich wollte sie geadelt werden. Darin bestanden ihre soziokulturellen Ziele. Während die obersten Schichten der Bourgeoisie im italienischen Theater mit dem Adel verschmolzen und dem Hof nahekamen, wurde das portugiesische Theater dem Kleinbürgertum und den untersten Schichten der Gesellschaft überlassen. Vom sozialen Unterschied zwischen den Zuschauern der beiden Theater, des São Carlos und des Teatro da Rua dos Condes, berichtet Ruders anschaulich:

»In Lissabon giebt es auch ein portugiesisches Nationaltheater an der Rua dos Condes. [...] Es gehört nicht zum Ton, dieß Schauspiel zu besuchen; das Parkett und die Logen überläßt man der Mittelklasse und der geringere Handwerker stolziert im Parterre.« (Ruders 1808: 102 f.). »Die minder gebildeten Klassen der hiesigen Einwohner besuchen dieß Schauspiel lieber, als das italienische [...]. Aber Ausländer und *les gens du bon ton* machen sich mehrentheils über das portugiesische Schauspiel lustig.« (Ruders 1808: 183 f.).

Das heißt: das, was in den 1740er Jahren in den Komödien von Nicolau Luís als eines der Zeichen der *peraltice* karikiert wurde, wird um die Jahrhundertwende mit dem São Carlos zur stabilen Funktion der italienischen Oper in Lissabon. Gegen diese Umkehrung der Werte, für die sich die bürgerliche Aufklärung einsetzte, äußerte sich auch der englische Reisende Southey in einem Brief aus Lissabon (Oktober 1800):

»Die italienische Oper ist meiner Meinung nach bloß Hochverrat gegen den gesunden Menschenverstand: dort wird der Musik und sonst nichts Aufmerksamkeit geschenkt, das Drama ist bloß ein Substrat für die Melodie und

---

[82] Zwei Spielzeiten von *opera buffa* und *balli* ausgenommen, die im Teatro Público do Porto 1776, 1777 und 1778 stattfanden (Brito 1989b: 152, 154).

der Geist bleibt ungebildet, während das sinnliche Ohr befriedigt wird. Die Ermutigung eines nationalen Theaters kann begabte Leute an den Tag bringen, die die Nation ehren werden.« (Southey 1808: 138)[83].

Unterschiedlichen Funktionen und Zuschauertypen entsprechen weitere voneinander zu unterscheidende Merkmale der Kommunikationsstruktur in jedem der beiden Theater. Die im nationalen Schauspiel aufgeführten »gewöhnlichen Dramen«, »wozu das Sujet aus dem täglichen Leben genommen ist, und worin das Ernste mit dem Lächerlichen unaufhörlich wechselt« (Ruders 1808: 103), wurden von den untersten Klassen besucht, »vielleicht darum, weil sie hier besser verstehen, und sich um einen geringeren Preis ergötzen können« (Ruders 1808: 183)[84]. Im Gegensatz dazu wirkte die Darbietung, wenn sie überhaupt im São Carlos stattfand, als »Augen- und Ohrenlust« und, wie beschrieben, unmittelbar als Übergang zu einer Umgangsstruktur, die in der kumulativen Selbstdarstellung auf der Bühne und im Zuschauerraum bestand. Die italienische Oper setzte hier kein Bedürfnis nach Verständnis des dramatischen Geschehens voraus. Im repräsentativen Theater, das zudem auch teuer ist, war sie Bestandteil des Dekors, das die Befriedigung eines anderen Bedürfnisses einrahmte: das nach öffentlicher Anerkennung (im Sinne eines Dabeiseins als *gens du bon ton*).

---

[83] In der Ästhetik der Aufklärung (vorwiegend bis ca. 1750) wurde die Musik dem Wort gegenüber abgewertet: Träger der Bedeutung sei letzteres, weil es an den Verstand gerichtet werde, während die Musik die Rolle spiele, den Ausdruck zu verstärken. Daher die Auseinandersetzungen um ein Nationaltheater, sei es musikalisch oder nicht. Southey folgt hier dieser allgemeinen Tendenz, die auch z. B. von D'Alembert vertreten wird (s. hierzu Dahlhaus 1978). In einem ersten Moment der Ablehnung der autonomen instrumentalen Musik sieht man in ihr das aristokratische *divertissement* mit einer nur ›dekorativen‹ Funktion, dem eine auf die »Beförderung der Humanität« abzielende Kunst gegenübergestellt wird. Bei Diderot, Rousseau und anderen Vertretern einer ›bürgerlichen Aufklärung‹ erscheint aber immer mehr die instrumentale Musik als autonome Sprache, und zwar in einem Sinne, der im Banne künftiger Entwicklungen der Wiener Klassik steht (vgl. Blaukopf 1982: 122 ff.) und in Deutschland seit den vierziger Jahren von verschiedenen theoretischen und praktischen Musikern geteilt wird (vgl. Ottenberg 1978; 1982; 1984; und, zum Paradigmenwechsel um 1750, Vieira de Carvalho 1995b; 1995d). Die allmähliche Emanzipation der instrumentalen Musik als autonome Sprache und das Auftauchen des Sonatenverfahrens – im Zusammenhang mit dem empfindsamen Stil und die Verbreitung der Konzertsäle (in denen sich ein schweigsames und aufmerksames bürgerliches Publikum im Rahmen einer deutlichen Darbietungsstruktur immer mehr behauptet) – begünstigt die Entwicklung des Begriffs der ›absoluten Musik‹, nach dem die Musik die Kunst *par excellence* sei, gerade weil sie es vermag, das Unausdrückbare auszudrücken (vgl. Dahlhaus 1978). Zu dieser Zeit kommt auch der Gegensatz zwischen italienischer Oper (im Sinne des von Southey kritisierten *divertisement*) und ›absoluter Musik‹ zum Vorschein. Da sollte letztere als autonome Sprache nicht nur gefühlt, sondern auch verstanden werden. Zur weiteren Diskussion s. Kaden (1984: 140–170) und Becker (1997).

[84] Ruders gibt keine genauen Hinweise über die Aufführungspraxis dieses Theaters. Ein paar Jahre zuvor, als die Bühne den Schauspielerinnen noch verboten blieb, war die Rede vom »unsinnigen Widerspruch« des Schauspielers mit der darzustellenden Person (Carrère 1798: 43; Beckford 1787/1788: 100). Ob die Zulassung der Schauspielerinnen um 1800 gleich einer vom Identifikationsmuster der Aufklärung geprägten Aufführungspraxis entsprach, ist zu bezweifeln.

Diese Konstellation, die sich um die Jahrhundertwende vollständig herausbildet, äußert sich zusätzlich noch in zwei Haupttendenzen des Repertoires: in einem ganz deutlichen Übergewicht der *opera seria* im São Carlos[85] sowie in der strikten Trennung von Oper und Theater als entgegengesetzten Gattungen[86]. Mit derselben Konstellation fällt der Auftritt der Primadonnen auf der Bühne und die Übernahme der musikalischen Leitung des São Carlos durch einen unterdessen weltberühmt gewordenen Komponisten von italienischen Opern zusammen: den portugiesischen *maestro* Marcos Portugal oder – in der häufiger benutzten italienischen Version seines Namens – Marco Portogallo.

Als berühmtester portugiesischer Opernkomponist aller Zeiten personifiziert Marcos Portugal im ausgehenden 18. Jahrhundert geradezu die Entwicklung des Theaterwesens in Lissabon. Er ist sowohl Produkt als auch Produzent der herrschenden ideologischen Vorurteile, denen bereits sein Meister Sousa Carvalho geopfert worden war[87]. Hatte er vor seiner italienischen Reise Oper (und zwar überwiegend musikalische Possen) in portugiesischer Sprache im Teatro do Salitre gepflegt, so komponiert und dirigiert er nach dem plötzlichen ›Aufstieg seines Kurses‹ auf dem europäischen Markt der Opernproduktion ausschließlich italienische Opern. Zeugnis einer gewissen Bestechlichkeit als Künstler ist die wiederholte Verherrlichung jeder Macht, die über sein Schicksal entscheiden konnte: Von 1800 bis 1807 dient er im São Carlos treu der portugiesischen Krone; 1808 schreibt er für ein großzügig bemessenes Honorar eine zweite Musik für den *Demofoonte* (Metastasios Libretto) zur Ehrung von Napoleon, deren Uraufführung am 15. August im Beisein von Junot, dem Oberbefehlshaber der französischen Besatzung, im São Carlos stattfindet[88]; einige Wochen später ehrt er im São Carlos – diesmal mit der Kantate *L'orgoglio abbattuto* – den ersten Sieg von Wellington über die Franzosen (Carvalhaes 1910: 164); 1809 feiert er in

---

[85] Dies resultiert nicht nur aus der Verteilung des Repertoires (vgl. Benevides 1883: 65 ff.), sondern auch aus der Frequenz der Vorstellungen: »Man gibt oft sogenannte *Operas serias*, oder richtiger: lyrische Tragödien, wechselt aber von Zeit zu Zeit mit lyrischen Komödien, Dramen und komischen Opern ...« (Ruders 1808: 99).

[86] Nur vorübergehend waren Komödien und Dramen in portugiesischer Sprache ab 1797 von einem portugiesischen Ensemble in Abwechslung mit der italienischen Oper ausgeführt worden. Nach den Aufführungen von *A saloia enamorada ou o remédio é casar* (1793), *Voluntários do Tejo* (1793) und *A vingança da cigana* (1794) von Leal Moreira (Kapellmeister des São Carlos, der früher das ›Teatro da Rua dos Condes‹ geleitet hatte), gab es auch im São Carlos keine Oper in portugiesischer Sprache mehr. Im Zeitraum von 1812 bis 1818 wird die Praxis der Abwechslung zwischen portugiesischem Schauspiel (bzw. portugiesischen Stücken mit Musik) und italienischer Oper wiederhergestellt. Der Mangel an Dokumenten läßt aber keine Beurteilung dieser Entwicklung zu (s. Benevides 1883: 45, 49, 105 ff.).

[87] Es ist in der Tat zu bedenken, daß Sousa Carvalho nach dem großen Erfolg seines ersten Versuches (*L'amor industrioso*, 1769) kein *dramma giocoso* mehr zur Aufführung bringt und sich ausschließlich der *opera seria* und der Kirchenmusik widmet.

[88] So wie es die Quittung, vom 19. August 1808, bezeugt, hat Marcos Portugal 480 000 *réis* als Vergütung erhalten (Archiv des ›Tribunal de Contas‹ in Lissabon, ER-5419).

der auch im São Carlos aufgeführten Kantate *La Speranza* den Geburtstag des in Brasilien weilenden portugiesischen Monarchen. (Carvalhaes 1910: 198 f.). Bestechlichkeit zeigte Marcos Portugal auch, als er Glucks *Orpheus* mit musikalischen Einlagen zur Verherrlichung der Krone dirigierte, oder als er sich, um seinen Erfolg weiter zu sichern, den Formeln der italienischen Oper der Zeit, und zwar der Oper im Dienste der Vokalvirtuosität, unterordnete. Von 1800 bis 1806 wird im São Carlos evident, wie er sein gesamtes Schaffen auf die Förderung der Catalani ausrichtete und, umgekehrt, wie er seine eigene Ware durch die Catalani vermarktete. Daher das Übergewicht der *opera seria*, die vor dem Publikum des São Carlos als vornehmste und zugleich für den Vokalexhibitionismus am meisten geeignete Opernkunst gelten sollte[89]. In dieser Hinsicht ist auch bedeutsam, daß nur eine *opera seria* von Mozart – *La Clemenza di Tito* – und keines seiner *drammi giocosi* in dieser Zeit im São Carlos zur Aufführung kam. Sie wurde übrigens nicht mehr von der Catalani, sondern von einer neuen Primadonna, Mariana Sessi, im Winter 1806 gesungen. Erst in London 1809, nachdem die Catalani monatelang in Covent Garden den Protest eines stampfenden bürgerlichen Publikums entgegennehmen mußte, das ihren mit Gold aufgewogenen Vokalleistungen die billigeren Opernaufführungen von englischen Sängern vorzog (Rosenthal 1958: 25 f.), sollte sie statt der Arien ihres Lieblingskomponisten Marcos Portugal auch Mozarts Opern singen (vgl. Arundell 1980: 287 ff.).

Dieser Vergleich zwischen dem São-Carlos- und dem Covent-Garden-Publikum kann durchaus produktiv zur Charakterisierung der in Lissabon geltenden Kommunikationsstruktur beitragen – ebenso wie der Vergleich zwischen Marcos Portugals Entwicklung mit Mozarts Entwicklung selbst. Ging dieser tendenziell den Weg von der *opera seria* zur *opera buffa*, von der italienischen Oper zum Singspiel, vom höfischen zum bürgerlichen Theater, von Opernformeln zur musikalischen Darstellung des dramatischen Geschehens (vgl. u. a. Rosen 1972: 146 ff.; 288 ff.), so strebte Marcos Portugal in seinem ganzen Lebenslauf nach entgegengesetzten Richtungen[90]. Als Künstler erfüllte er die typischen Forderungen der São-Carlos-Zuschauer. Für ihn, ähnlich wie für sein Publikum, bedeutete das São Carlos sozialen Aufstieg und öffentliche Anerkennung. Seine Kunst wirkte in diesem Sinne in Lissabon als organischer Ausdruck der aufsteigenden portugiesischen Bourgeoisie und des Bündnisses ihrer höheren Schichten mit der Krone und dem Adel.

---

[89] Unter den 18 Opern von Marcos Portugal, die im Zeitraum von 1799 bis 1811 im São Carlos aufgeführt werden, zählen 14 zur *opera seria* (s. Anhang).

[90] João de Freitas Branco (1959: 130) bezeichnet das Werk von Marcos Portugal als Spätprodukt des galanten italienischen Stils. Eine systematische Untersuchung seines Werkes wurde aber bisher noch nicht unternommen.

Die Gründung des São Carlos im ausgehenden 18. Jahrhundert krönt die Unterdrückung der Nationaltheatertradition seit Gil Vicente. Die Übernahme der italienischen Oper im 18. Jahrhundert, bis hin zur Erreichung eines stabilen Modells im São Carlos, kontinuiert das im 16. und 17. Jahrhundert in Latein gespielte Jesuitentheater, wirkt spürbar gegen die Entfaltung des portugiesischen Theaters und insbesondere gegen die Etablierung einer portugiesischen Oper bzw. eines portugiesischen Singspiels. Schematisch kann die Situation um 1800 so dargestellt werden:

Theater in Lissabon (um 1800)

	São Carlos	Condes
Repertoire	Oper (überwiegend seria)	Schauspiel (überwiegend Komödien, ausnahmsweise komische Oper)
Sprache	Italienisch	Portugiesisch
Darstellung	beide Geschlechter	beide Geschlechter
Zuschauer	Hof, Adel, Großbourgeoisie	Kleinbürgertum
Interaktion	Selbstdarstellung; starke Rückkopplung	Darbietung; schwache Rückkopplung
Zweck	Repräsentation, Unterhaltung	Unterhaltung
Wirkung	Repräsentation, Unterhaltung	Unterhaltung, Aufklärung

Zweites Kapitel

Das Wort dem Publikum:
Das Teatro de São Carlos im 19. Jahrhundert

1. Die liberale Revolution und die Konsolidierung des Opernwesens als Repräsentation und Unterhaltung

Die mit der Revolution von 1820 entstandenen verfassunggebenden Landstände zeigen in einer Stellungnahme über das São Carlos die Unfähigkeit der neuen Macht, sich ein neues Modell für das Opernwesen vorzustellen. Im Gutachten der Finanzkommission der Abgeordneten, die sich mit dem Problem der offiziellen Unterstützung des São Carlos beschäftigt hat, heißt es:

»Man muß zuerst die Frage beantworten, ob es sich empfiehlt, derartige öffentliche Unterhaltungsformen zu fördern oder nicht, und ob deren Nutzen die Übel und Nachteile wettmacht. Alle alten und modernen Philosophen halten sie unter dem Gesichtspunkt der Moral, der Religion und der Politik für verderblich. Es gibt aber in der Gesellschaft gewisse Laster, die sich mit deren Existenz identifizieren und deren Beseitigung nicht zu empfehlen ist. Nur in diesem Sinne kann man den Schutz rechtfertigen, den jede Regierung den Theatern und anderen öffentlichen Unterhaltungsformen verleiht, weil der Mangel an diesem einen großen Teil derer, die sich dadurch zerstreuen, zum Nachteil für die Republik beeinflussen lassen könnte.« (Benevides 1883: 445).

Daher lehnte die Kommission die staatliche Unterstützung für das São Carlos ab, das sie als »eine Einrichtung des puren Luxus« bezeichnete, »deren einziges Ziel darin besteht, Müßiggänger zu unterhalten oder bestenfalls den reichen Leuten Ablenkung von ihren Geschäften und Sorgen zu verschaffen«, und ließ der Regierung nur die Möglichkeit offen, dem São Carlos eine Lotterieprämie zuzuteilen, während sie dem Impresario die willkürliche Erhöhung der Eintrittspreise erlaubte (vgl. Benevides 1883: 445; DG, 28. 1. 1822).

Diese Ansichten gingen aus einer Versammlung von Land und Fabrikbesitzern, Händlern und Touristen hervor (Piteira Santos 1962: 81), in der die Interessen einer auf die Entwicklung der schwachen nationalen Produktivkräfte gestützten Bourgeoisie[91] mit den Interessen der auf den Außenhandel gestützten

---

[91] Zu dieser Zeit gab es in Portugal noch keine Dampfmaschine (Piteira Santos 1962: 132).

Großbourgeoisie zusammenprallten (Tengarrinha 1974: 1 ff.). Sie spiegelten ideologische Widersprüche, die in den Diskussionen zu wichtigen Verfassungsprinzipien der neuen Ordnung, z. B. zur Aufhebung feudaler Verhältnisse in der Landwirtschaft oder zur Einführung der Pressefreiheit (vgl. Tengarrinha 1974: 11 ff., 89 ff.), ihren Ausdruck fanden. Stammten die in der Verfassung verzeichneten Bürgerrechte und -freiheiten von der Aufklärung her[92], so war »die Gruppe der Justizbeamten und Juristen, die das Denken und die Führung der verfassunggebenden Landstände durchsetzen sollte« (Piteira Santos 1962: 91), zum größten Teil das Produkt von Denkweisen und Lebenstechniken, die den ökonomisch-sozialen Strukturen des *ancien régime*, vor allem außerhalb der zwei größten Städte (Lissabon und Porto), wesensgleich waren. Nicht zufällig, so betonen Tengarrinha (1974: 18 f.) und França (1969: 343), wurden Formen feudaler Verhältnisse in den dreißiger Jahren des 19. Jahrhunderts, nach der Festigung des Liberalismus, im Umfeld der kapitalistischen Entwicklung von Landbourgeoisie bzw. geadelter liberaler Bourgeoisie übernommen, und zwar durch die groß angelegte Veräußerung des Großgrundbesitzes des ehemals privilegierten Klerus' und Adels. Solch eine Veräußerungsregelung für die sogenannten ›nationalen Güter‹ widersprach jedoch ganz und gar dem Standpunkt der 1821 gebildeten Handelskommissionen von Lissabon und Porto[93], die eine Verteilung des Bodens in geringen Ausmaßen zur Förderung des Handels anstrebten. In einem der Hauptwerke über die sozial-ökonomischen Auseinandersetzungen zu dieser Zeit wird festgestellt:

»Die Handelsbourgeoisie verkörpert in diesem historischen Augenblick, in dem die alte Ordnung angefochten wird und die neue Ordnung sich durchsetzt, das fortschrittliche Bewußtsein der Nation: der (liberale, kapitalistische) Bourgeois ist das dynamische und schöpferische Element ...« (Piteira Santos 1962: 120).

Aber »die soziale Zusammensetzung der verfassunggebenden Landstände sicherte nicht«, wie Piteira Santos (1962: 92) selbst konzediert, »die für die Handelsbourgeoisie notwendigen Maßnahmen«. Die anderen Schichten, ihre Interessen und ihre Ideologie überwogen. Die Diskussion des São-Carlos-Modells war in diesem Zusammenhang eine Episode allgemeiner Auseinandersetzungen, in denen die Auffassung der Abgeordneten provinzieller Herkunft über die Standpunkte einer weltbürgerlichen Handelsbourgeoisie dominierte. Der Inhalt der Stellungnahme über das São Carlos macht deutlich, inwieweit sich die nun

---

[92] Vgl. Tengarrinha (1974: 91). Zum Eindringen des Ausdrucks *Luzes* (Aufklärung) in die Presse s. Verdelho (1981: 138 ff.).
[93] Bereits in der Universitätsstadt Coimbra ist dies spürbar (Piteira Santos 1962: 90).

aufsteigenden Schichten der portugiesischen Bourgeoisie die ›maurischen Sitten‹ angeeignet hatten, welche die Großhändler seit wenigstens einem halben Jahrhundert mit der von Theater und Oper entwickelten Soziabilität bekämpfen wollten. Der Ausbruch der Revolution bedeutet auf dem Gebiet des Theaters nicht die Umgestaltung seiner Funktion im Dienste erzieherischer bzw. aufklärerischer Ziele, die z. B. die Pressefreiheit begünstigte, sondern die Wiederbelebung alter Vorurteile des Obskurantismus. Anstatt dem scharf kritisierten Wirkungszusammenhang der Oper als einer Unterhaltungsinstitution, deren Lenkung zur Aufklärung bzw. zur Befriedigung von Kulturbedürfnissen entgegenzusetzen wäre, kehrte man zur offiziellen Auffassung der dreißiger Jahre des 18. Jahrhunderts zurück. Die Oper wurde nun, ähnlich wie ein Jahrhundert früher, einfach als Unterhaltungsmedium *toleriert*[94]. Daß es um die Rückkehr zu den im *ancien régime* tief verwurzelten Ideen ging, zeigt außerdem die Eliminierung repräsentativer Zwecke, die um 1750 aufgetaucht und später durch das São Carlos in Verbindung mit Unterhaltungszwecken getreten waren. Die Einladung des Impresarios des São Carlos zu einer Galaaufführung anläßlich des Geburtstags der Kronprinzessin gab sogar den Abgeordneten Gelegenheit, sich ausdrücklich von jener Funktion zu distanzieren (DG 22. 1. 1822).

Hervorzuheben ist jedoch, daß die herrschenden Theateransichten der Bourgeoisie um 1820 bereits mit einem neuen Konzept verschmolzen, das sich erst unter entwickelten kapitalistischen Verhältnissen, nämlich mit der Industrialisierung, entfalten sollte: Kunst bzw. Theater als Ware und Mittel der Entfremdung zu etablieren. Als Ware, insofern sich der Staat nicht um die Oper kümmern und sie der Balance zwischen Angebot und Nachfrage, so wie jede andere ökonomische Tätigkeit, überlassen bleiben sollte; als Entfremdung, insofern der einzige Zweck, den man der Oper zuerkannte, nämlich der unterhaltende, in der Ablenkung von den gesellschaftlichen Verhältnissen bestand und folglich zur Stabilisierung der bürgerlichen Ordnung beitragen konnte. Einerseits überließ die Mehrheit der Abgeordneten der Handelsbourgeoisie, die die Opernunterhaltung im São Carlos weiterentwickelt hatte, die Aufgabe, solche ›Ware‹ mit eigenem Geld – nicht mit dem des Staates – zu ›kaufen‹. Andererseits, indem dieselbe Mehrheit »Theater und andere öffentliche Unterhaltungsformen« zur Funktion der Ablenkung bestimmte, ahnte sie bereits eine Gefahr – den Aufschwung eines Klassenfeindes – voraus, die knapp die Hälfte der Abgeordneten durch das Verbot des Stimmrechtes für die »Proletarier« (*sic.* vgl. Tengarrinha 1974: 163) zu bannen versuchte. Kurzum, die beginnende bürgerliche Ordnung verband in

---

[94] Alte Vorurteile, mit denen die Revolution von 1820 nicht abbrach, kamen einige Jahre zuvor erneut zum Vorschein, als alle Theater für ein ganzes Jahr (vom 15. Juli 1816 bis zum 14. Juli 1817) als Trauer nach dem Tod von Maria I. in Brasilien geschlossen wurden. Die Königin war am 20. März 1816 gestorben, die Nachricht erreichte aber Lissabon erst am 13. Juli (vgl. Benevides 1883: 110).

Portugal unmittelbar die unter feudalen Verhältnissen herrschenden Theateransichten mit denjenigen, die sich als Komponente der vorherrschenden Ideologie erst am Vorabend des 20. Jahrhunderts mit der Industrialisierung und konsequent wachsenden Proletarisierung in diesem Land rechtfertigen ließen. Mit der Aristokratie verschmolzen[95], entwickelte das Bürgertum auf dieser Ebene, obwohl es die Macht noch nicht fest in den Händen hatte, nicht die emanzipatorische Ideologie seiner eigenen Revolution[96], sondern die konservative Ideologie dessen, der eine neue Revolution befürchtet.

Auf jeden Fall hatte die Stellungnahme der verfassunggebenden Landstände einen nur geringen Einfluß auf den Wirkungszusammenhang des São Carlos[97]. Die Gestaltung der Oper in Portugal verbindet sich immer enger mit der Entwicklung der Handelsbourgeoisie, und die seit den letzten Jahrzehnten des 18. Jahrhunderts von den Lissaboner Großhändlern angestrebte Wirkung des Opernwesens geht mit der Konsolidierung des Liberalismus, die in den dreißiger Jahren des 19. Jahrhunderts den Aufstieg dieser Schicht der Großbourgeoisie krönt, in Erfüllung[98].

Die Familie des Großhändlers Quintella, die den Wiederaufbau des neuen bürgerlichen Lissabon finanzierte, 1772 die ›Aktiengesellschaft zur Unterstützung der öffentlichen Theater‹ mitgründete, 1792/1793 den Bau des São Carlos förderte und finanziell unterstützte, 1821 Mitglied eines ›Literaturkabinetts‹ (Gabinete Literário) zur Verbesserung der Theaterpraxis wurde (vgl. Matos Sequeira 1955: I, 14), genoß nun die Umkehrung der Theaterverhältnisse, die 1755 in der Ópera do Tejo zum Ausdruck kamen. Joaquim Pedro Quintella hatte der Casa Pia den Bauplatz für das São Carlos verkauft und dafür eine eigene Loge im ersten Rang genau gegenüber der königlichen Nebenloge, mit Nebenzimmern und privatem Eingang zur Straße – ähnlich wie die königliche Ehrenloge –

---

[95] Silva Dias (1982: 21 f.) behauptet, der Übergang vom Absolutismus zum Konstitutionalismus werde in Portugal von einem Amalgam von verschiedenen Klassen determiniert: höhere Aristokratie und geadelte Bourgeoisie, mittlerer bzw. kleiner Adel und Schichten des Kleinbürgertums verschmolzen und fanden sich tendenziell zu Kompromissen bereit.

[96] Dreißig Jahre zuvor in Frankreich hatten die revolutionären Machthaber als Ziel, die Theater in »große, jeder Bürger durch die Anziehungskraft des Amüsements zugänglich gemachte nationale Schulen« zu verwandeln, und hielten die Theaterkunst für »einen wesentlichen moralischen Teil der öffentlichen Erziehung« (Place 1989: 44).

[97] Das Parlament sollte gleich im Jahre 1822 der Unterstützung des São Carlos durch Lotterien zustimmen (Benevides 1883: 128).

[98] Die Versuche, ein Nationalschauspiel mit Staatsunterstützung zu fördern (vgl. Matos Sequeira 1955: I, 13 ff.), sind in den zwanziger Jahren des 19. Jahrhunderts ebenfalls Lissaboner Großhändlern zu verdanken. Bezeichnenderweise distanzieren sich von der Konzeption des São Carlos als ›Nationaltheater‹, welche zwischen 1812 und 1818 durch die wiederhergestellte Abwechslung portugiesischer Stücke mit italienischen Opern teilweise verwirklicht worden war (Benevides 1883: 105 ff.). Diese Frage wird nämlich im Zusammenhang mit der Rückkehr von Bontempo gestellt (s. unten Anmerkung 148).

verlangt und vertraglich als Privatbesitz anerkennen lassen[99]. Durch die Verleihung dieses »insolenten Privilegiums«, so die Beurteilung des Prinzen von Lichnowsky[100], glichen sich Krone und Großhändler bereits im Selbstdarstellungsraum des São Carlos einander. Der Sohn des zum Baron geadelten Quintella, Bankier und Hauptgeldgeber für den militärischen Sieg des liberalen Pedro IV., der danach Graf von Farrobo geworden war, führte diese Theatertradition der Familie weiter. 1820 ließ er in den Gärten seines Palastes der Laranjeiras zu Lissabon ein prächtiges Privattheater erbauen, in das er ab 1834 (Noronha 1945: 34, 57), d. h. nach dem Sieg, die königliche Familie zu Opernaufführungen als Teil fabelhafter Feiern einlud. Die Krone, die seit 1793 kein privates Hoftheater mehr unterstützt hatte, wohnte von nun an gern und regelmäßig privaten Opernaufführungen des vielleicht bedeutendsten portugiesischen Unternehmers der Zeit bei. Durch einen ihrer mächtigsten Vertreter erreichte also die unterdessen geadelte Bourgeoisie in den dreißiger Jahren des 19. Jahrhunderts *für sich selbst* genau das, was 1755 vor dem Erdbeben mit der Ópera do Tejo *für den Hof* den Gipfel der Repräsentation bedeutet hatte. Die Residenz der Laranjeiras wurde zum ›Hof‹ einer der ehemaligen plebejischen Großhändlerfamilien, wo nicht einmal ein ›Hoftheater‹ fehlte[101]. Gehörten die Großhändler Mitte des 18. Jahrhunderts in der Ópera do Tejo zum zugelassenen Publikum der Hoffeste, so gehörte der König jetzt im Privattheater des Grafen von Farrobo zum begehrten Publikum für die prunkhafte Lebensweise eines Großhändlers.

Die Chronik der Abendgesellschaften, die nach dem Umbau und der Ausstattung mit einer noch reicheren Dekoration am 26. und 28. Februar 1843 im Beisein der Königlichen Familie in diesem Theater stattfanden, liefert uns wietere Elemente der Kommunikationsstruktur in der Oper jener Tage:

---

[99] Der Vater des Grafen von Farrobo, Joaquim Pedro Quintella, der 1805 zum Baron ernannt wurde, hatte dem Intendanten der Polizei den Bauplatz für das São Carlos zur Verfügung gestellt. Ein Teil der Vergütung, die er dafür forderte, bestand in der Anerkennung des Rechts, eine große Loge im ersten Rang als erbliches Eigentum zu besitzen. Der zweite Graf von Farrobo hat 1880 dem König Fernando II. (von Sachsen-Coburg), Witwer nach der Königin Maria II., die Loge als Privateigentum verkauft (Benevides 1883: 19 f., 24).

[100] »Im Proscenium befindet sich auf der einen Seite die kleine Königliche Loge, die II. MM. an gewöhnlichen Tagen besuchen, auf der anderen umgeben ähnliche Drapierungen die Loge des Grafen von Farrobo, eines Financiers, dessen Vater Ende des vorigen Jahrhunderts zu großem Vermögen gekommen und dem man lächerlicherweise für Gelder, die er zum Theaterbau vorgeschossen, dieses insolente Privilegium zugestanden« (Lichnowsky 1843: 46 f.).

[101] Ein französischer Chronist vergleicht die Feiern in Farrobos Residenz ausdrücklich mit authentischen Hofveranstaltungen: »… l'on voyait dans les salons attenants au théâtre un cercle tellement brillant qu'il ne s'en trouve de semblables que dans le Palais des Rois. [...] Le coup-d'oeil ici [im Privattheater] devenait merveilleux; deux superbes galeries étaient remplies de femmes mises avec un luxe inouï, et pourtant avec une si parfaite élégance qu'elle ajoutait aux charmes du plus grand nombre. On ne voyait au parterre que de magnifiques uniformes, de riches broderies en or, force étoiles et grand'croix, en un mot ce qui ne se trouve qu'en cercle de la Cour, mais presque jamais chez un particulier.« (*L'Abeille*, 15. 3. 1843: 472 f.).

- Darsteller waren Farrobo selbst (»der Held der Feier, der die Rolle des *gracioso* [buffo] übernommen hat«), Angehörige seiner Familie und andere Mitglieder der vornehmsten Gesellschaft.
- Sie führten eine französische Komische Oper von Scribe und Auber (*Le Duc d'Ollone*) auf.
- Sie sangen (und sprachen) in der Originalsprache (Französisch) mit Orchesterbegleitung.
- Rambois und Cinatti (Künstler des São Carlos) malten die Bühnenbilder.
- Kostüme, Requisiten und szenische Leitung übernahm der Graf von Farrobo.
- Der Aufführung wohnten nahezu 600 Zuschauer bei.
- Allen Darstellern, insbesondere Farrobo, wurde von den Zuschauern und der königlichen Familie mit Begeisterung applaudiert.
- Nach der Aufführung fand ein Ball statt, an dem die königliche Familie teilnahm, sowie ein prächtiges Nachtessen.
- Anläßlich dieser Feier ließ der Graf unter den Armen und Bettlern der Stadt Geld verteilen und alle Armen der Gemeinde der Laranjeiras zu einer Armenspeisung einladen (vgl. *A Fama* 5. 3. 1843, 68 f.; *L'Abeille* 15. 3. 1843, 471 ff.).

Auffallend ist hier die Transformation der Selbstdarstellung derer, die im São Carlos die Logen besetzten: Vom Zuschauerraum des öffentlichen Theaters wechselte man auf die Bühne des Privattheaters über: Die Darsteller selbst wurden als prominente Personen wahrgenommen (nicht aber als Gestalten der Handlung, die dieser Art der Selbstdarstellung untergeordnet wurden). Wichtig ist aber auch die Verpflichtung von Arbeitskräften – nicht nur der Bühnenbildner, sondern auch des Dirigenten und der Orchestermusiker des São Carlos[102] – im Dienste einer illusorischen Selbstverwirklichung der Amateure als Künstler; ist die Aufführung der Oper in Originalsprache als Zeichen der Kultur der Hochgebildeten gegenüber der italienischen Praxis des São Carlos[103]; ist die Entschuldigung der Opernunterhaltung durch Wohlfahrtsaktionen (noch einmal die Übernahme des Theaterbegriffs aus den dreißiger Jahren des 18. Jahrhunderts, der auch bei der Gründung des São Carlos wiederbelebt worden war[104]); ist schließlich die Weiterentwicklung der ›Soziabilität‹[105].

---

[102] Dirigenten waren u. a. Pietro Antonio Coppola und Luiz Miró, vgl. Machado (o. D.: 200 ff.).

[103] Mit dem Sieg der Liberalen (1834) und der Einführung des ›Théâtre français‹ im darauffolgenden Jahr wird Französisch zur beliebtesten Fremdsprache der vornehmen Gesellschaft – ein Beispiel für die von Bourdieu (1979) charakterisierten Strategien soziokultureller Differenzierung. Siehe unten *Das Theater in Lissabon um 1835*.

[104] Manche Aufführungen bei Farrobo wurden auch spezifisch als Wohlfahrtsaktionen, z. B. zugunsten der Opfer des Absolutismus durchgeführt.

[105] Zur damaligen aristokratischen Mode der Privattheaterabende in Lissabon vgl. França (1969: 341 f.).

Privattheater des Grafen von Farrobo (Laranjeiras) (Reproduktion nach Cranmer 1998).

»In diesen Feiern« beim Grafen von Farrobo, schrieb Júlio César Machado, »war die Eleganz alles«. »Die eingepuderten und eitlen Leute«, die da auf der Bühne auftraten, stellten ausschließlich Komödien dar,

> »... denn nur Amateure, Menschen höherer Erziehung, konnten solche Kompositionen aufführen, ohne sich gehemmt zu fühlen; zumal die leidenschaftlichen Gefühle keineswegs zur Koketterie einer Zeit, die nichts ernst nahm, und ebensowenig zu jener Eleganz paßten. Die geringste Gebärde, die den Bedingungen anspruchsvollsten Geschmacks entginge, hätte gleich zum Lachen geführt [...] Alles da war herrlich. Für dieses kleine Theater haben die besten, die teuersten, die berühmtesten Künstler gemalt: Fonseca und Cinatti. Man wollte in allem die größte Herrlichkeit haben, ohne auf die Kosten Rücksicht zu nehmen. Wenn das Kostüm aus Samt sein sollte, war es aus dem besten Samt; lange Kleider aus Seide, wertvolle Zierdegen, alle Requisiten waren die teuersten. Wenn es in einem Stück [...] darum ging, Porzellan zu zerschlagen, dann zerschlug man eben Porzellan! Es war das Überspannen, die üppige Verschwendung, das letzte Seufzen der großen Eleganz und des Prunks des ›alten Adels‹!« (J. C. Machado, o. D.: 204 ff.).

Neben den hier erwähnten Elementen der Selbstdarstellung des Reichtums und der höheren Bildung, die das Theater zu einer Art Ritualisierung der auf das

Geld gestützten Macht verwandelten, berührt Machado einen Punkt, der zur Deutung der politischen Entwicklung über die Revolution von 1820 hinaus beiträgt: nämlich die Verschmelzung von Adel und Großbourgeoisie (vgl. Silva Dias 1982: 21 ff.). Farrobo, dessen Vater der Absolutismus 1805 mit dem Baronstitel geadelt und den der Liberalismus 1833 zum Grafen gemacht hatte, galt jetzt allgemein als Vertreter des »alten Adels«. Er war nicht mehr der Großhändler, sondern der echte Aristokrat, der zum Paradigma der herrschenden Klasse des *ancien régime* wurde. Die Rolle der Opernunterhaltung bei der Entwicklung immer vertraulicherer Beziehungen zwischen Eliten adliger und bürgerlicher Herkunft, deren Interessen und Würde sich miteinander kreuzten, ist unbestreitbar. Eine 1815 im São Carlos veranstaltete Feier, wie sie der Marquis de Fronteira – ein Vertreter des alten Adels – in seinen Memoiren beschrieb, bei der »alle Händler von Lissabon anwesend waren« (Mascarenhas 1861: I, 14 ff.), wäre Beweis genug, wenn Beispiele dieser Art fehlten. Eine Komponente des Prozesses, der zur Klassenverschmelzung führte und einer geadelten Bourgeoisie ermöglichte, die Position des alten Adels zu übernehmen, war also die *durch die Oper* entwickelte Soziabilität, welche mit dem Bau des São Carlos und jetzt des Teatro das Laranjeiras noch »raffinierter« wurde und sich völlig den Repräsentationsbegriff des Hoftheaters aneignete.

Zusammengefaßt bedeutet dies alles, daß sowohl die vorherrschenden Theateransichten der Bourgeoisie um 1820 als auch die Weiterentwicklung des seit 1772 für die Großhandelsbourgeoisie *in der Praxis geltenden* Opernmodells von den Idealen der Aufklärung prinzipiell entfernt blieben. Mit der Konsolidierung des Liberalismus wurde die Funktion der Repräsentation/Unterhaltung im Opernwesen sogar noch verstärkt.

2. Das Teatro de São Carlos als ›öffentliche Promenade‹ der Romantik

Der Zusammenhang verschiedener Aspekte des gesellschaftlichen Lebens, die Link (1803: 236) in Bezug auf das Lissabon des ausgehenden 18. Jahrhunderts unter dem gemeinsamen Nenner ›Promenade‹ erahnt, prägt sich erst nach dem Sieg des Liberalismus aus. Und erst dann, in einer laizistischen Gesellschaft, als die Soziabilität endgültig über die ›maurischen Sitten‹ siegte, wurde der vom Marquis de Pombal als Teil des neuen bürgerlichen Stadtzentrums gleich nach dem Erdbeben gegründete Passeio Público (›öffentliche Promenade‹) zum *plaque tournante* (França 1969: 360) des gesellschaftlichen Lebens der Hauptstadt[106]. Die Revolution »fand auch auf der Straße und sogar in den öffentlichen Parkanlagen – wie dem Passeio – statt«; »Die Damen und Mädchen, die auf die Straße herauskamen, befreiten sich« und »pflegten« Gefühlsimpulse, ›Flirt‹, Ehebruch, was von der aus Frankreich importierten Literatur genährt wurde; die vornehme Gesellschaft, die bisher den Passeio vernachlässigt hatte, »folgte jetzt dem Beispiel seines größten Enthusiasten«, d. h. »des jungen deutschen Prinzen[107], der gekommen war, um der Königin Kinder und dem Land ein wenig Geschmack und Zivilisation zu geben«, so França (1969: 361 ff.) in seinem Werk über die Romantik in Portugal, deren Entwicklung er auf einen Zeitraum von ungefähr fünfzig Jahren (zwischen 1835 und 1880) begrenzt. »Wie ein Spiegel der romantischen Gesellschaft, der während fast dreier Generationen unzerbrechlich bleibt«, schreibt França, »kann der Passeio Público Lissabons wie ein kleiner See mit abgestandenem Wasser gesehen werden, in dem das Bild Lissabons, Hauptstadt des Königtums, in Verwesung übergeht« (França 1969: 364).

›Promenade‹ wird unter dem Liberalismus zum Gesamtbegriff der bürgerlichen Lebensweise in Lissabon. Vom Passeio Público zum Chiado (dem Pombalschen Stadtviertel, in dem sich die Oper, das berühmte Café Marrare, die schicken Klubs, der Tabakladen Havaneza und die Modegeschäfte befanden),

---

[106] Beiträge zur Geschichte des Passeio Público befinden sich z. B. in *Universo Pittoresco*, I (1839–1840: 337 ff. s. auch Júlio de Castilho (1902: VI, 287 ff.).

[107] Es handelte sich um Ferdinand von Sachsen-Coburg. Gustav von Heeringen, der zu dessen Gefolge gehörte, stellte noch 1836 fest, daß »die Zahl der Lustwandelnden im Passeio, im Vergleich zu anderen Städten, auffallend gering« sei und »die vornehmen Damen Lissabons« nicht spazieren gehen: Sie »besuchen außer der Kirche und dem Theater nie öffentliche Orte« (Heeringen 1838: II, 90 ff.).

vom Chiado zum Stierkampf, bei dem alle sozialen Schichten zusammentrafen (França 1969: 364), vom Stierkampf zum Parlament, das der Oper und dem Theater in der Hierarchie der öffentlichen Unterhaltungen folgte (erst danach kam der Zirkus, vgl. *ebd.*): so vertrieben sich die Vornehmen ihre Zeit, so gelangten die Bürger, die eine gesellschaftliche, politische und sogar literarische Karriere verfolgten, bzw. die Bürgerinnen, die von romantischen Eheschließungen träumten, zu öffentlicher Anerkennung. Passeio, Café und Oper, auch Parlament und Stierkampf werden zu gleichgestellten Befriedigungsinstrumenten des Bedürfnisses nach Unterhaltung und Selbstdarstellung. Es ist also kein Wunder, daß Elemente jeder dieser verschiedenen Abteilungen der »romantischen Lebensweise« (França) sich zugleich unter der Opernkuppel vergegenwärtigten, deren Funktion viel umfassender sich gestaltete, als Adorno je vermutet hätte (vgl. Adorno 1958b: 319 f.).

Im São Carlos fanden Soupers und Kartenspiele in den Logen statt (Tinop 1938: III, 12; Mascarenhas 1861: I, 184). Marrare, der Besitzer des berühmten Cafés, war zugleich Impresario des São Carlos (Benevides 1883: 137 ff.). *Dandies, marialvas, janotas*[108], vor allem die jungen Männer, die sich mit diesen Verhaltensgruppen identifizierten, d. h. die *jeunesse dorée* bzw. die ›Löwen‹, die nach galanten Abenteuern mit den Darstellerinnen des São Carlos strebten, Parteien für die Unterstützung dieser oder jener Primadonna bildeten, um derentwillen manchmal sogar auf dem ›Feld der Ehre‹ miteinander stritten, und im Café Marrare über Kriegs und Friedensstrategien für die São-Carlos-Abende verhandelten (Benevides 1883: 188 f., 405 ff.), stellten eine »leidenschaftliche Strömung« zwischen Café und Oper her (França 1969: 349). Eine ausgeprägte Erscheinung dieses Zusammenhanges wird von Eça de Queiroz (1888: I, 30 f.) humorvoll beschrieben:

---

[108] »Der *dandy* lockerte durch den englisch-französischen Einfluß die patriachalischen Sitten der portugiesischen Gesellschaft. [...] Der *dandy* der Gesellschaft des Konstitutionalismus ersetzte den *marialva* des alten Portugal. König Fernando von Coburg, Ehegatte Marias II., ausländischer König, war der erste der *dandies*; König Miguel I., der erste der *marialvas* gewesen. *Miguelista* und *marialva* glichen einander gänzlich; aber sogar auf der anderen Seite der Barrikade, unter den liberalen Aristokraten, die über ihre Privilegien wachten, erschien der *marialva* mit seiner bis zur Absurdität gesteigerten physischen Tapferkeit, seiner kaum verdeckten Verachtung der Kultur, seinem System moralischer Werte, das die Rechte der anderen mit Füßen trat, und einer Art Männlichkeitswahn, in dem die Frau nur ein Lustobjekt war [...]. Als die Frau zum Luxusobjekt geworden war, erschien der *dandy*: obwohl die Sinnenlust zu dieser Definition gehört, schließt sie ebenfalls die Zivilisation und auch ein *quantum satis* von Freiheit ein ... Der *dandy* verachtete weder die Frauen noch die Mode, die der *marialva* im Gegensatz dazu ablehnt, weil diese weibliche Merkmale trägt ...« (França 1969: 328 f.). Vom *dandy* stammte der *janota* ab: »Man war stolz darauf, sich bei den besten Schneidern zu kleiden, die Salons zu besuchen, den Primadonnen im São Carlos zu applaudieren. [...] In der romantischen portugiesischen Gesellschaft war der *janota* sozusagen der *dandy* der schwachen Geister« (*ebd.*: 330). Der *janota* entsprach dem *peralta* des 18. Jahrhunderts. Zur Tradition des *marialva* in der portugiesischen Gesellschaft bis in unsere Zeit, und zwar in Verbindung mit dem Faschismus, s. José Cardoso Pires (1960).

»[Alencar staunte] nicht schlecht, als er am Ende des ersten Aktes des *Barbiers von Sevilla* ins São Carlos kam und Pedro da Maia in Monfortes Proszeniumloge erblickte, vorn, neben Maria, mit einer roten Kamelie im Knopfloch [...] Alencar beobachtete ›den Fall‹ von der Loge der Gramas aus. Pedro war zu seinem Sessel zurückgekehrt und betrachtete mit verschränkten Armen Maria. Sie verharrte eine Zeitlang in der Haltung einer gefühlskalten Göttin; doch dann, beim Duett Rosine-Lindoro, hefteten sich ihre blauen Augen auf ihn, ein ernster, langer Blick. Alencar rannte sogleich ins Marrare, fuchtelte mit den Armen in der Luft herum und gab diese Neuigkeit lauthals zum besten.«

Gemeinsamkeiten zwischen dem São Carlos und Campo Pequeno (der Stierkampfarena) kommen ebenfalls deutlich zum Ausdruck. Berühmte *claqueurs* des São Carlos waren nicht weniger berühmt als Mitwirkende im Stierkampf und umgekehrt (vgl. Tinop 1938: II, 255). Campos Valdez, der sich als Stierkampfliebhaber ausgezeichnet hatte, wird zum Impresario des São Carlos (Tinop 1938: I, 224; Benevides 1883: 306 f.). Die ›Taten‹ der Sängerinnen und die der Toreros waren sicher nicht zu unterscheiden, und zwar für die *marialvas*, die sich als »Produkt einer Jahrmarktszivilisation« (França 1969: 440) bereits vor 1820 in der Truppe des Marquis de Fronteira auf Abendspazierfahrten vom Jahrmarkt zur Oper begaben (Mascarenhas 1861: I, 184). Das Publikum des São Carlos und des Campo Pequeno war teilweise (die untersten Schichten ausgenommen) dasselbe. Sich auf die siebziger Jahre des 19. Jahrhunderts beziehend, berichtet Manuel Ramos (in: DN 3. 1. 1920):

»... Man brachte in die Oper die Gewohnheiten der Arena, denselben Sekten- und Hetzergeist, dieselbe absolute Verachtung den Künstlern gegenüber mit ...«

Zu diesem Zuschauertypus gehörte beispielsweise Pedro da Maia, eine Gestalt der fünfziger Jahre des 19. Jahrhunderts aus dem Roman *Die Maias* (1888) von Eça de Queiroz:

»Als das Jahr, reich an Tumulten im Marrare, Heldenstücken beim Stiertreiben, müdegerittenen Pferden und Krawallen im São Carlos, zu Ende ging, zeigten sich bei ihm erneut Anzeichen von Schwermut ...« (Eça de Queiroz 1888: I, 25).

Gleichzeitig verband man São Carlos mit São Bento, d. h. die Oper mit dem Parlament, das im Palast São Bento seinen Sitz hatte. Eça de Queiroz (1878d: 24) nannte die Abgeordneten »die Tenöre von São Bento«, während Júlio César Machado (1875: 10) behauptete, daß die Männer, die im Parkett des São Carlos saßen, sich unterhielten, trällerten und »unterbrachen, als ob sie Abgeordnete wären … und im Parlament säßen …« Ein »alter Stammgast des São Carlos« und typischer Vertreter eines überheblichen Bourgeois, der sich als guter Liberaler von den »unteren Bevölkerungsschichten« distanziert, der es »angenehmer« findet, »einen auserlesenen Kreis anzutreffen«, und dessen provinzlerische Mentalität der der weltbürgerlichen Elite gegenüberstand, kurzum: der berühmte Kanzleirat Acácio, den Eça de Queiroz ins Leben gerufen hat, erklärte,

> »daß Lissabon erst imposant, wirklich imposant wurde, als das Parlament und São Carlos eröffnet waren.« (Eça de Queiroz 1878a: 113 f.).

António Arroyo sollte 1903 dieses Modell und dessen Fortdauer bis zum Ende der Monarchie feststellen:

> »In Lissabon ist das Operntheater nur noch die Verlängerung der portugiesischen aristokratischen Salons, des königlichen Hofes und der Landstände des Palastes von São Bento; man treibt da sowohl Galanterien und Eleganz als auch Politik.« (JC 7. 4. 1931).

Aber das São Carlos war auch eher als die anderen ›Gänge‹ der unendlichen Promenade, in der die vornehme Gesellschaft ihre Zeit verbrachte, zur Repräsentation bestimmt. Diese Funktion des Theaters hatte sich unterdessen ziemlich erweitert, war jedoch trotz der Eröffnung des neuen Teatro Nacional D. Maria II (Nationales Schauspiel) im Jahre 1842 nicht vorrangig in dieses übergegangen, sondern immer mehr traditionsgemäß im »Italienischen Theater« (São Carlos) konzentriert worden. Anläßlich der jährlichen Eröffnung des Parlaments, bei offiziellen Besuchen ausländischer Staatsoberhäupter, bei der Thronbesteigung eines Königs sowie auch bei Geburtstagen und Eheschließungen der Mitglieder der königlichen Familie galt das São Carlos immer noch als Hoftheater (Machado 1875: 8), in dem Hof, Regierung und nun auch Abgeordnete notwendigerweise bei Galaaufführungen zusammentrafen. Nicht zufällig konnte das São Carlos zu bestimmten politischen Veranstaltungen bzw. offiziellen Feierlichkeiten (wie Banketten, Versammlungen usw.) ›nur‹ als Repräsentationsstätte dienen. Dann baute man Bühne und Zuschauerraum um, so daß die beiden Komponenten einen einzigen Raum bildeten[109]. Auf diese Weise fand die ›Vorstellung‹ entweder auf dem ehemaligen Parkett (z. B. das Bankett im Parkett, mit Zuschauern in den Logen) oder in der königlichen Ehrenloge statt (bei Verleihung von offiziellen Auszeichnungen)[110]. Übrigens leistete die königliche

---

[109] Diese Praxis hatte 1836 mit den Maskenbällen – ein weiterer Schritt in der Entwicklung der ›Soziabilität‹ – begonnen (vgl. Benevides 1883: 163; Ribeiro Guimarães 1872: 207 ff.).
[110] S. Beispiele bei Benevides (1902: 27 ff., 56, 106, 110 f.).

Ehrenloge bei Galaaufführungen der Bühne große Konkurrenz, so wie es in einer zeitgenössischen Chronik des Abends nach der Vermählung der Königin Maria I. mit dem Prinzen Ferdinand von Sachsen-Coburg im Jahre 1836 steht:

»Von blauem Sammet, reich mit Silber belegt, war das schöne Gehänge, welches die Königliche Loge den Augen der Zuschauer noch verbarg. Endlich deutete die Uhr in Peristyl der Bühne auf die neunte Stunde, die Spannung des Publicums wuchs, alle Rücken waren der Bühne, alle Antlitze und Hände der Loge zugekehrt. Dann ertönte ein leises, sonderbares Pfeiffen innerhalb derselben, das sich gleich darauf wiederholte, und nun rauschte der Vorhang – nicht der Bühne, sondern der Loge, welche jetzt auch eine Bühne war, empor und gewährte einen Anblick, der ohne Zweifel einer Art von Vorbereitung bedurft hatte, wie die Gruppierung der Schauspieler, bevor die Gardine sich hebt. – Die Königin stand in reichem Schmuck dicht an der Brüstung am Arm ihres jungen Gemahls, neben diesem, zu seiner Linken, die Kaiserin von Brasilien. Ein rauschender Zuruf, der sich viermal wiederholte und jedesmal mit Verneigung von Seiten der Königlichen Personen erwiedert ward, brach nun los, das Orchester begann die portugiesische Hymne zu spielen, und während dem hatte sich in der That vollkommen unbemerkt, der Vorhang der wirklichen Bühne gehoben, die Musik ging in die Ouvertüre der Oper über, welche gegeben werden sollte, und man kann annehmen, daß die Hälfte des ersten Actes schon durchgespielt und gesungen war, bevor das Publicum sich nach und nach bequemte, der Darstellung einige Aufmerksamkeit zu schenken.« (Heeringen 1838: II, 135 f.).

Auch ganz allgemein war das São Carlos der privilegierte Ort von Selbstdarstellungen, das »Schaufenster« Lissabons (França 1969: 439). Eine Loge im São Carlos zu besitzen bedeutete den Höhepunkt des sozialen Aufstiegs. Da waren die *dandies*, die *marialvas*, auch die Neureichen, die ihren Wohlstand präsentieren wollten (vgl. Eça de Queiroz 1888: I, 29); nur in den Logen konnten die Damen ihren Schauwert wie im Rahmen eines Gemäldes zur Geltung bringen (vgl. Eça de Queiroz 1877/1884: 211; 1888: I, 27 f.; Botelho 1979: I, 814); da wurden Beziehungen, Einflüsse, Intrigen begonnen und entwickelt, echte oder simulierte Liebschaften, sogar »häusliches Glück« jedem vor Augen geführt (vgl. Eça de Queiroz 1887b: 136 f.). Die *jeunesse dorée* und die *janotas* saßen prinzipiell im Parkett, wo es erst in den siebziger Jahren des 19. Jahrhunderts viele Frauen gab (Machado 1875: 10) und zirkulierten überall, plauderten, versammelten sich im Foyer bzw. in den Korridoren, besuchten die Logen, nahmen da als Gäste Platz, vor allem aber versuchten sie, die ganze Aufmerksamkeit der Zuschauer auf sich selbst zu konzentrieren:

Die »ungewöhnlichen Bewegungen« einer Sängerin »wecken den Abonnenten Nr. 1 und bringen den Abonnenten Nr. 2 dazu, die Lektüre der Zeitung zu unterbrechen« (Raphael Bordallo Pinheiro in: *Pontos nos ii* 24. 1. 1889).

»Nur hier [im São Carlos] – glaube ich – treten die Unwiderstehlichen mit dem Hut auf dem Kopf ein und schlagen mit dem Stuhlsitz, wenn man bereits singt, so daß sie geräuschvoll die Aufführung stören – dies, damit alle sie wohl sehen, sie, die die schönsten Augen der Welt haben und die echten und einzigen Unwiderstehlichen sind ...« (Arroyo in: JC 15. 4. 1931).

Dieses Zeugnis von Arroyo, das sich auf 1903 bezieht, wird von Manuel Ramos durch Erinnerungen der siebziger Jahre des 19. Jahrhunderts bestärkt:

»Es war quasi elegant, quasi *fashionable*, daß man während der Aufführung eines Aufzuges in den Zuschauerraum eintrat, mit dem Stuhlsitz gewaltig schlug, die Zeitung aufschlug (damit keine Zweifel bestanden, daß der Zuschauer nicht dorthin gegangen war, um Musik zu hören), laut sprach und sich mit den Frauen lockeren Lebens, die darin standen, als ob sie in einer Musterkollektion wären, unterhielt. Nein: Die Heuchelei war bestimmt keines der Laster, das in jenem Treibhaus der Feinheiten gedieh.« (Ramos in: DN 3. 1. 1920).

Der Wirkungszusammenhang ›Promenade‹, der, so wie er bisher charakterisiert worden ist, das Überstrapazieren der Unterhaltungs- und Repräsentations-

funktionen sowie der Selbstdarstellung als überwiegendes Kommunikationsmodell bedeutet, hatte über die für die Romantik in Portugal angegebene
›Grenze‹ der achtziger Jahre des 19. Jahrhunderts bis zum Ende der Monarchie
Bestand. Er wurde bereits 1842 vom Fürsten von Lichnowsky (1843: 48 ff.)
treffend beobachtet:

>»Während der ganzen Vorstellung, auch wenn der Hof zugegen ist, wird im
>Foyer und auf allen Gängen beständig wie in einem Estaminet gedampft,
>und mit jener Spazierlustigkeit, die den Völkern der pyrenäischen Halbinsel
>eigen ist, laut conversirend auf und ab gelaufen. In den engen, kellerartigen
>Gängen der Wiener Theater wäre dieß freilich nicht möglich, in Lissabon
>aber sind sie breit, hoch und gewölbt. Die Vorstellung dauert lange und die
>Abwechslung der Stücke ist nach italienischer Art nur gering, so daß mit
>Ausnahme beliebter Momente oder des Auftretens der ersten Subjekte, Alles
>in den Logen plaudert, Besuche abstattet oder vom Parterre in die Gänge
>drängt. [...] Die Damen [...] sitzen [...], halb vom Publikum abgewendet, in
>eifriger Konversation in das Innere ihrer Logen begriffen; der erste An-
>kömmling verdrängt in der Regel, wie es in Italien üblich, den ältesten Be-
>sucher, und so geht es fort, bis gegen Mitternacht der Vorhang zum letzten-
>mal fällt.«

Schließlich hat Eça de Queiroz in einem seiner polemischen Texte des Jahres
1871 dieses nach dem Sieg des Liberalismus entwickelte Opernmodell in Bezug
auf das Theater insgesamt verallgemeinert:

>»Das Theater hat seine Idee, seine Bedeutung verloren; hat sogar seinen
>Zweck verloren. Man geht ins Theater, um ein wenig die Nacht zu ver-
>bringen, um eine Frau, die uns interessiert, zu sehen, um sich mit dem
>Wucherer über einen Zins zu verständigen, um eine Dame zu begleiten, oder
>– wenn es ein ziemlich schmerzliches Drama gibt – um zu lachen [...]. Man
>geht nicht, um die Entwicklung einer Idee zu erleben; man geht nicht einmal,
>um die Behandlung eines Gefühls zu erleben. Man geht, so wie man an den
>warmen Abenden auf den Passeio geht, *um zu stehen.*« (Eça de Queiroz 1871/
>1872: 23).

Die Promenade enthob das Theater seines Zwecks. Aber die Promenade war
auch letzten Endes in den hier verzeichneten Erscheinungen die Konsequenz
der allgemeinen Theatralisierung des gesellschaftlichen Lebens, die – so Lotman
(1973: 277) – die romantische Epoche charakterisiert. Da das Theater überall
war, fand es gerade auf der Bühne nicht mehr statt.

3. Die engen Beziehungen zwischen Bühne und Zuschauerraum

Mit der Konsolidierung des Liberalismus 1834 erlangten die engen Beziehungen zwischen Bühne und Zuschauerraum, deren Tradition im São Carlos auf das ausgehende 18. Jahrhundert zurückführte und sich in den zwanziger Jahren des 19. Jahrhunderts verstärkt hatte[111], ein qualitativ neues Niveau. Sie wurden jetzt am engsten, und die Vorgänge, die daraus entstanden, nicht nur zum Hauptgegenstand der Aufführungen, sondern auch zu Problemen von nationaler Dimension, mit denen sich die öffentliche Meinung in den Cafés, in den Salons, im Passeio Público, sogar in der Presse ausgiebig beschäftigte:

»Das Interesse, das die lyrische Oper weckt, strahlt außerhalb des Theaters aus und wird zum Gegenstand der Gespräche und Diskussionen in der Gesellschaft und im innersten Familienleben ...« (Benevides 1883: 140).

Die Rivalität zwischen den Hauptdarstellern zog heftige Auseinandersetzungen unter den Zuschauern nach sich. Die *jeunesse dorée* (die ›Löwen‹) bildete Parteien und trat für ihre ›Damen‹ – d. h. die Primadonnen – in einer Art und Weise ein, die an mittelalterliche Rittersagen erinnert. Übertriebener Applaus, Sonette, Tauben, die von den höheren Logen auf das Parkett geworfen wurden, prächtige Dekorationen des Zuschauerraums zu Ehren der Darstellerinnen, wertvolle Geschenke, die ihnen auf offener Bühne überreicht wurden, Triumphzüge mit Fackeln und Kapellen durch die Straßen Lissabons (um die Primadonna vom São Carlos zum Hotel bzw. nach Hause zu begleiten), das sind einige der Demonstrationen der Begeisterung, die die Parteien zur Unterstützung gewisser Sängerinnen organisierten. All diesen Bemühungen leisteten die Gegenparteien Widerstand, indem sie mit noch prächtigeren Demonstrationen zu Ehren ›ihrer Damen‹ und mit gewaltigen *pateadas*[112] beim Auftritt von deren Rivalinnen hervortaten. Den Sieg trugen diejenigen davon, welche die Rivalinnen am kräftigsten auspfiffen oder mehr Geld zum Feiern ihrer eigenen Abgöttinnen ausgaben.

---

[111] Insbesondere unter dem Impresario Marrare (1825–1828). Zum Ensemble gehörten als Primadonna Constancia Pietralia und Pauline Sicard, deren Rivalität von entgegengesetzten Parteien gefördert wurde (vgl. Benevides 1883: 138 ff.; José de Almeida 1880: 100 ff.).

[112] *Pateadas*: Das ›Stampfen‹, das heute noch in Portugal die Bedeutung des Auspfeifens hat. In den zwanziger Jahren des 19. Jahrhunderts waren die *pateadas* bereits so aktuell, daß Agostinho de Macedo (1825) eine Abhandlung darüber geschrieben hat.

Waren die rivalisierenden Sängerinnen unter dem Gesichtspunkt des Gesangs bzw. des Reizes oder die Parteien unter dem Gesichtspunkt des Reichtums bzw. des Ansehens ihrer Anführer ausgeglichen, so sahen diese sich gezwungen, miteinander zu verhandeln (normalerweise bei großen Nachtessen im Café Marrare ...), nacheinander ihre Heldinnen zu ehren und ihre künstlerischen Leistungen nicht mit ›pateadas‹ zu stören. Anderenfalls setzten sich die Kämpfe beständig fort, bis ein neues Ensemble oder neue Hauptdarstellerinnen verpflichtet wurden. Die eigentlich erst 1837 entstandene portugiesische Theaterpresse verfiel rasch zum bloßen Organ der Parteien der São-Carlos-Zuschauer, die sich um 1840 jeweils für die Barili und die Boccabadati schlugen[113].

Die italienischen Hauptdarsteller waren beim Publikum derart angesehen, als ob sie aus einem aristokratischen Geschlecht stammten. In dem erst 1980 veröffentlichten Roman *A Tragédia da Rua das Flores* von Eça de Queiroz – 1878 geschrieben – wird dies ganz deutlich: Sich über eine Unbekannte äußernd, die in einer Loge des Teatro da Trindade auftaucht, meint einer der Zuschauer, sie müsse entweder eine ausländische Fürstin oder »die neue Dame des São Carlos« sein ... (Eça de Queiroz 1878c: 55). Kaum war ein neues Ensemble für das São Carlos in Lissabon eingetroffen, bemühten sich gleich die ›Löwen‹ und die aristokratisch-bürgerlichen Familien darum, vorzügliche Beziehungen zu den Sängern und Sängerinnen zu entwickeln:

»... es ist eine Freude und eine Ehre, wonach viele Menschen streben, einige der glänzenden Figuren der Bühne zu Hause zu empfangen; und das größte Ziel gewisser Musikliebhaber ist es, zu erreichen, daß jene in den privaten Salons singen.« (Benevides 1883: 140).

Wenn die Spielzeit begann, waren bereits bestimmte ›Parteien‹ gebildet, ein Netz von Einflüssen, Sympathien, sogar Liebesbeziehungen in Gang gebracht. Der Gipfel dieser Art Vorspiel zur Opernhandlung bestand 1850 in einer unerhörten Seefahrt von Lissabon nach Genua und zurück, welche zugleich als Zeugnis der nationalen, staatlichen Bedeutung der Sache der italienischen Oper im São Carlos gilt. Damals stellte die Regierung dem Impresario ein Kriegsschiff zur Verfügung, damit das neue Opernensemble in Genua abgeholt werden konnte – was nach dem Kommentar eines zeitgenössischen Pamphlets bedeutete, dem Impresario »königliche Privilegien« und den Sängern »fürstliche Ehren« zuzuteilen (vgl. *As Trevas em S. Carlos* 1850: 9). Die Hochachtung der Gesellschaft

---

[113] Hier sind das Blatt *O Entre-acto* (von Garrett 1837 gegründet) und die um 1840 erschienenen *Sentinela do Palco, Espelho do Palco, O Palito, Revista dos Theatros, Atalaia Nacional dos Theatros, O Atrevido, Raio Theatral* usw. gemeint; s. Midosi (1881). Augusto da Silva Pereira (in RT, I [1895]: 354 ff.; II [1896]: 15 f.) datiert das Erscheinen portugiesischer Theaterblätter auf das Jahr 1817.

gegenüber den italienischen Sängern wurde in der Tat so ernst genommen, daß sie in berühmten Eheschließungen sozusagen ›offiziell‹ anerkannt wurde. Das Beispiel gab unmittelbar die Krone selbst: Der verwitwete Fernando von Sachsen, ehemals Gatte Marias II., vermählte sich 1869 mit der Primadonna des São Carlos Elisa Hensler – unterdessen geadelt (als Gräfin von Edla). Aber schon um 1850 war eine andere Sängerin des São Carlos, Emilia Librandi, Ehefrau des Ministerpräsidenten António José d'Ávila und damit Herzogin von Ávila und Bolama geworden. Weitere Beispiele dieser Art könnten hier erwähnt werden[114]. Diese Liebschaften zwischen Bühne und Zuschauerraum wurden zum eigentlichen Gegenstand der Aufführungen und trugen wesentlich dazu bei, das Interesse der São-Carlos-Besucher für die italienische Oper – so durch die Selbstdarstellung auch auf der Bühne – zu erregen:

»Für die Amateure war diese Spielzeit (1836/1837) sehr lebendig; der vertrauliche Umgang zwischen den Löwen dieser Zeit und den Darstellern war groß; Kabale, Ärger, erfolgreiche und gescheiterte Liebesaffären erregten stetig gewisse Dilettanti; nicht nur die Männer des Zuschauerraums liebten die Frauen der Bühne, sondern auch die Männer der Bühne die Frauen des Zuschauerraums.« (Benevides 1883: 174).

Auf die Aufführungspraxis konnte z. B. die Liebesbeziehung zwischen dem Bariton Filippe Coletti und einer Aristokratin in folgender Weise wirken:

»Dieser stetige strahlende Blick von der Bühne in den Zuschauerraum war dem Publikum und der Bühne so vertraut, daß die Bühnendiener, als sie Sitze für den großen Darsteller herrichten mußten, diese immer auf die günstigste Weise für die Angelegenheiten Cupidos, genau gegenüber der Loge, die seine Blicke anzog, aufstellen. Einen Abend hat sich aber Coletti, voller Ärger, zusammen mit dem Stuhl gedreht, so daß er nicht mehr genau gegenüber jener Loge stand; darum entstand großes Säuseln im Parkett und erloschene Stimmen, die sagten: *es herrscht Verstimmung!*« (Benevides 1883: 174).

Eine andere Variante ›aufführungspraktischer‹ Wirkungen dieser Art kann aus der Spielzeit 1835/1836 angeführt werden:

»Die Art und Weise, wie die Mathei Norma gesungen hat, ist denkwürdig geworden; um so mehr als die Liebesbeziehung der Sängerin mit einem bekannten Eleganten der Zeit, Luiz Mendes de Vasconcellos, und die Eifersucht,

---

[114] S. Benevides (1883: 151, 246, 267, 277, 293, 323).

von der sie wegen einer neuen Eroberung dieses Galans – einer Verwandten des Impresario – gequält wurde, ihre Situation der der Titelrolle der schönen Oper Bellinis sehr ähnlich machten. Für die gewöhnlichen Besucher des São Carlos war die Aufführung der Norma in dieser Spielzeit doppelt interessant, weil jene Liebesbeziehung in der Öffentlichkeit bekannt war; und für die Mathei wirkte das Bewußtsein, daß sie eine Rivalin hatte, wie ein Anreiz zur Vertiefung des Ausdrucks und des Gefühls in ihrem Gesang.« (Benevides 1883, 154 f.).

Das Drama geschah also nicht auf der Bühne, vielmehr bestand es in den Vorgängen zwischen Bühne und Zuschauerraum. Solche Vorgänge konnten noch andere Formen annehmen, in denen sich gesellschaftliche Auseinandersetzungen scharf widerspiegelten. Bereits Benevides enthüllt, bezugnehmend auf die letzte Episode, ideologische Züge der vornehmen Gesellschaft, mit denen er sich selbst identifizierte, die uns helfen, die Einstellung der São-Carlos-Besucher als Opernzuschauer besser zu verstehen:

»Der portugiesische Polion, Luiz Mendes de Vasconcellos, wurde sowohl in der lyrischen Szene als auch in den Salons der besten Gesellschaft für einen Eroberer weiblicher Herzen gehalten, der die Liebestraditionen seiner Familie mit außergewöhnlichem Glanz und Glück bewahrte. Er war Abkömmling des berühmten Mem Rodrigues de Vasconcellos, der den rechten Flügel – das der ›Liebhaber‹ genannt – in der Schlacht von Aljubarrota kommandiert hatte, die João I. am 14. August 1385 gegen den König von Kastilien gewann.« (Benevides 1883: 166).

Die Langlebigkeit dieser Art von Werturteilen, verbunden mit der Tradition der *marialvas*, deren Wurzeln weit zurück im *ancien régime* lagen, stand deutlich im Gegensatz zu den Veränderungen, die seit 1820 in der portugiesischen Gesellschaft vor sich gingen. Einerseits tendierte die soziale Struktur zur Abschaffung alter Barrieren, nämlich zwischen Bourgeoisie und Adel, Mann und Frau, Salon und Straße, privatem und öffentlichem Leben (innerhalb der Kommunikationsstruktur der Oper ist die Auflösung der Trennung zwischen Bühne und Zuschauerraum auch in diesem Zusammenhang zu verstehen). Andererseits stellte sie aber neue Barrieren auf, die nicht überschritten werden durften: Die Großbourgeoisie strebte danach, geadelt zu werden, was schon von der unterschiedlichen Würde der herrschenden Bündnispartner, d. h. Adel und Großbourgeoisie, zeugt; die Frauen blieben den Männern untergeordnet, waren in den höheren Kreisen einfach für die Ehe bestimmt, besuchten in der Regel keine staatliche Erziehungseinrichtung, viele unter den Hochgestellten konnten kaum lesen und schreiben[115]; der Weg vom Salon zur Straße war bloß als Weg zur Selbstdarstellung erwünscht; wenn es darum ging, der Öffentlichkeit die Türen der aristokratischen bzw. bürgerlichen Paläste zu erschließen – denken wir nur an die prächtigen Feiern des Grafen von Farrobo – bedeutete dies einfach, daß es darum ging, die Größe des privaten Lebens im Sinne einer Rückkehr zur ›repräsentativen Öffentlichkeit‹ zur Schau zu tragen. Kurzum, so wie die alten klosterartigen Mauern des Passeio Público 1835 gestürzt wurden, um durch eine moderne Vergitterung ersetzt zu werden, so wurden die alten Barrieren durch neue, subtilere, aber nicht weniger starre Grenzen ersetzt: Im Passeio Público gingen Aristokratie und Bourgeoisie während des *ancien régime* kaum spazieren; jetzt bildeten sie da»den auserlesenen Kreis« (Eça de Queiroz 1878a: 113), der seine Eintrittskarte zum Spaziergang bezahlte und durch die Vergitterung sich sowohl den Außenstehenden zeigte, als auch von den Außenstehenden trennte.

Entsprechende Widersprüche kommen auch in den engen Beziehungen zwischen Bühne und Zuschauerraum zum Ausdruck. Ähnlich wie der Wirkungszusammenhang ›Promenade‹ bedeuten sie das übermäßige Strapazieren der Selbstdarstellung – d. h. die Selbstdarstellung in *kumulativer Rückkopplung* – als Kommunikationsmodell. Wirkten sie aber einerseits als Auflösung einer sozialen Barriere, indem sie die vornehme Gesellschaft und zumindest die hervorragendsten italienischen Darsteller gegenseitig sich nahekommen ließen, so stellten sie zugleich eine soziale Hierarchie wieder her, die die Bühne dem Zuschauerraum unterordnete. Die aristokratisch-bürgerlichen Amateure, die im São Carlos in den Logen saßen, entwickelten sich nie zu Berufskünstlern, sie pflegten ihre Begabungen ausschließlich in den Salons oder im Privattheater des Grafen von Farrobo. Ihnen schlossen sich die Berufskünstlerinnen an, die durch Eheschließungen die Bühne verließen und von nun an nur in den Logen auftraten (dies war etwa der Fall bei Elisa Hensler und Emilia Librandi). Unterdessen war es den seltenen portugiesischen Berufssängern überhaupt nicht gelungen, im São Carlos Karriere zu machen. Diese Sänger adelte die Bühne nicht. Den Ruhm, der die Primadonnen mit den Fürstinnen gleichstellte, konnten sie auf der Bühne des São Carlos nicht gewinnen. Bereits die soziale Herkunft der Schüler, die am 1835 gegründeten Konservatorium Lissabons in musikalischen und theatralischen Berufen ausgebildet wurden, zeigt, inwieweit solche Berufe

---

[115] »Am meisten ist das weibliche Geschlecht in Portugal verwahrlost. Von unermeßlichem Einfluß auf das ganze Volk! Weder der physischen noch geistigen Ausbildung der weiblichen Jugend hatte der Staat bisher irgend Aufmerksamkeit zugewendet. Dem Gutdünken der Eltern bleibt diese wichtige Angelegenheit, die Erziehung ihrer Töchter, überlassen. Wenige mögen verständig genug sein, das, was ihnen selbst fehlt, den Töchtern angedeihen zu lassen. Nur in einigen Nonnenklöstern beschäftigte man sich mit der Erziehung der weiblichen Jugend. Wer also einigen Unterricht genossen hatte, war dafür den Klöstern verpflichtet. Die Uebrigen, selbst aus den höhern Ständen, konnten nicht lesen, in den niedern war davon keine Rede.« (Wittich 1843: 176).

der vornehmen Schicht unwürdig waren. In seinem Bericht über die Tätigkeit des Konservatoriums betonte der damalige Direktor noch 1883, fast alle seine Schüler seien Kinder von Arbeitern, Berufskünstlern und niederen Beamten (Palmeirim 1883: 21, 52 f.).

Schon die Tatsache, daß das São Carlos immer als italienisches Theater, mit italienischen Darstellern, gewirkt hatte, entmutigte natürlich mögliche Bewerber, eine Karriere als Operndarsteller zu beginnen, und die Minderjährigen der aristokratisch-bürgerlichen Schichten, die zu Hause bei privaten Lehrern Musik bzw. Gesangsausbildung erhielten, lernten nur mit dem Ziel, ihre Erziehung als künftige Angehörige der führenden Kreise – d. h. als künftige Inhaber der São-Carlos-Logen – zu ergänzen.

Bei den letzteren manifestierte sich sogar ein atavistisches Merkmal der herrschenden Klassen unter den iberischen Völkern: »der unüberwindliche Widerwille, zu dem die auf den Kult der Arbeit gestützte Moral [diesen Völkern] stets inspiriert hat« – wie es Buarque de Holanda (1956: 27) mit Recht feststellt, bezugnehmend auf die Gegenüberstellung der katholischen Tradition und die mit der Reformation für die Völker des Nordens entstandene neue Ethik, die zur »sittlichen Qualifizierung des weltlichen Berufslebens« führte (Weber 1972: I, 72). Als typische Vertreter der portugiesischen Bourgeoisie sind z. B. Bazilio, Pedro und Carlos da Maia, Jacinto, fast alle Hauptgestalten von Eça de Queiroz – unabhängig von dem zur Ergänzung ihrer Erziehung erlernten Beruf – Müßiggänger, die sich langweilen. Die Oper gehörte zu deren müßigem Leben: Auch wenn einer wie Bazilio sich als Bariton in den privaten Salons darstellte (Eça de Queiroz 1878a: 114 f.), wäre es für ihn natürlich unvorstellbar, zum Berufssänger zu werden und davon zu leben. Gestalten des realen Lebens, die als Opernamateure wirkten, fehlen aber nicht. Denken wir nur an den Grafen von Farrobo, der außerdem als Großkapitalist gerade das Gegenteil des »Geistes des Kapitalismus« als »Ethik« (vgl. Weber 1972: I, 33 ff.) vertrat. Denken wir an andere Amateure der vornehmen Gesellschaft, von denen Moreau (1981) berichtet. Vergleichen wir schließlich diese Beispiele mit dem der Malvina Carrigues (später Malvina Schnorr von Carosfeld), Tochter eines portugiesischen Diplomaten in Kopenhagen, die in einem Milieu erzogen wurde, in dem ganz andere ethische Werte herrschten, und eben deshalb eine große Karriere als Berufssängerin machen konnte (vgl. Moreau 1981: I, 364 ff.).

Das Milieu, in dem das Vertrauen zu Kultur und Kunst unter Umständen zu optimalen Leistungen bei der Entfaltung künstlerischer Fähigkeiten führen konnte, beschränkte sich also in Lissabon darauf, Amateure auszubilden, während die Entwicklungsmöglichkeiten als Berufskünstler, über die die Abkömmlinge der untersten Schichten der Gesellschaft verfügten, ganz im Gegenteil sehr begrenzt und zugleich durch ihr eigenes Milieu – wegen mangelnder materieller und kultureller Bedingungen – benachteiligt waren. So wurden die engen Beziehungen zwischen Bühne und Zuschauerraum im São Carlos auch zu grausamen Klassenauseinandersetzungen zwischen obersten und untersten Schichten der Gesellschaft, die jeweils durch die Zuschauer (darunter vielen Amateure) und durch einige der seltenen portugiesischen Berufssänger, die ausnahmsweise zur Bühne gelangten, ihre »Differenz« (Bourdieu 1979) stets reproduzierten:

>»In dieser Zeit (Spielzeit von 1848/1849) gab es eine lustige Episode mit Clementina Cordeiro, der einzigen lyrischen Dame, die bislang am Konservatorium Lissabons ausgebildet wurde! Bei ihrem Debüt 1845 in *Parisina* hatte sie keine große Begabung weder der Stimme noch des Gesangs noch der Eleganz gezeigt, erhielt nur noch untergeordnete Rollen und war zur Zielscheibe des Spotts des kaum patriotischen Publikums des São Carlos geworden. Eines Abends, bei einer Aufführung des *Barbiers von Sevilla*, sind einige *janotas* der Zeit darauf gekommen, durch Applaus eine Wiederholung der Arie der ›Alten‹ zu verlangen, die Clementina sang; diese hat das für einen unerwarteten Triumph gehalten; aber welch' eine Überraschung! Als sie zum zweiten Mal versuchte, die Arie vorzutragen, fand sie den Ton nicht mehr: Das Orchester, im voraus mit den *janotas* verabredet, hatte einen Ton höher gespielt! Die Episode wurde mit stürmischen Gelächter aufgenommen und neue, zahlreiche und gebieterische Da-Capo-Rufe zwangen die arme Clementina, zum dritten Mal Berthas Arie des *Barbier* zu singen; konnte sie bei der ersten Wiederholung wegen der zu hohen Lage nicht rein singen, so konnte sie es jetzt wegen der zu tiefen Lage auch nicht; die Schelme des Orchesters hatten einen Ton tiefer gespielt! Dann erreichte die Heiterkeit des Publikums den Gipfel der Begeisterung; diese lächerliche, aber unterhaltsame Episode war der größte Erfolg, den das Konservatorium bislang bei der Ausbildung von Sängerinnen für das lyrische Theater erreicht hat!« (Benevides 1883: 225 f.).

»Diese lächerliche, aber unterhaltsame Episode« war der Höhepunkt der Kampagne gegen eine portugiesische Sängerin, die kurz danach trotz bemerkenswerter Gesangsleistungen als ehemalige Schülerin des Konservatoriums (Moreau 1981: I, 297) und als Darstellerin verschiedener Opernrollen im São Carlos (vgl. RUL, V [1845/1846]: 10) dazu gezwungen wurde, ihren Beruf aufzugeben (Moreau 1981: I, 301). Vermutlich verursachte ihr Mangel an weiblichem Reiz und vor allem an Eleganz die Feindseligkeit der São-Carlos-Zuschauer. In der Tat wird ihr Gesicht in einem zeitgenössischen Bericht als häßlicher denn das des Quasimodo beschrieben und ihr und dem Impresario empfohlen, daß sie von nun an (1849) nurmehr hinter den Kulissen singen möge (vgl. Moreau 1981: I, 301).

Daß sich solche Urteile z. B. auf die Rolle Berthas im *Barbier* beziehen, macht den Charakter der Bühnendarstellung im Kommunikationsmodell des São Carlos noch deutlicher. Von einer Sängerin verlangten die Zuschauer überhaupt keine schauspielerische Leistung, keinerlei Übereinstimmung zwischen Darstellerin und dargestellter Gestalt, sondern vielmehr die Selbstdarstellung als Exhibition der eigenen Schönheit und Eleganz, welche allgemeine Geltung – unabhängig vom Charakter der unterschiedlichen Rollen – hatte. Erfahrene Sängerinnen kannten allerdings die herrschenden Einstellungen der Zuschauer und bemühten sich, dementsprechend zu handeln. Die Tradition ging in Lissabon bis auf die Diamanten der Zamperini zurück, hatte aber verschiedene andere Vorläuferinnen gehabt; während der Spielzeit von 1900/1901 endlich forderte die Primadonna Eugenia Mantelli vom Impresario eine bestimmte Rolle, um ihre neue Kleidung zu zeigen (Benevides 1902: 158). Diese frivole Atmosphäre, die die Aufführungspraxis des São Carlos und ganz allgemein der Theater in Lissabon prägte und bis zur Jahrhundertwende fortdauerte, hat Eça de Queiroz 1871 in *As Farpas* so karikiert:

> »Eine der Bedingungen [für das Theater] besteht darin, daß sich die Schauspielerinnen gut nach der neuesten Mode kleiden, damit die Damen in den Logen die Spitzen, die Seiden, den Schmuck und die Kleidungen ansehen und sich darüber unterhalten können. Ein Theaterdirektor ist also skrupellos mit seinen Aufführungen: es genügt eine gut gekleidete Dame, die spricht und den Kronleuchter rechtfertigt.« (Eça de Queiroz 1871/1872: 225).

Inwieweit der Zuschauerraum ein autoritäres und entfremdetes Verhältnis zur Bühne durchsetzte (das dem Verhältnis vom Eigentümer zur erworbenen Ware wesensgleich war), zeigt sich in weiteren Aspekten der engsten Beziehungen zwischen Bühne und Zuschauerraum. Benevides gibt zahlreiche Beispiele für Darsteller, deren Verträge sie selbst oder die Impresarios auf Grund des vom Publikum aus den verschiedensten Motiven heraus ausgeübten Drucks lösen mußten[116]. Andere Erscheinungen derselben dominierenden Haltung fanden ihren Niederschlag in Streichungen dieser oder jener Stelle der aufgeführten Werke, die als besonders langweilig galten, sowie in der Erzwingung gewisser Aspekte der Aufführungspraxis – normalerweise durch gewaltige *pateadas*[117]. Vor allem aber war der unmittelbar auf den Impresario und seine näheren Mitarbeiter von ›Löwen‹ und *janotas* ausgeübte Druck hinsichtlich der Gestaltung

---

[116] S. Benevides (1883: 207 f.; 246; 1902; 117, 122, 124 f.).

[117] Zum Beispiel wurde *Don Carlos* von Verdi 1872 aufgrund der Forderung des Publikums in einer verkürzten Fassung aufgeführt (Benevides 1883: 336); bei *Gioconda* von Ponchielli erzwang das Publikum die Wiederholung des ›Tanzes der Stunden‹ ohne Ballett (Benevides 1902: 106).

und des Ablaufs des Spielplans entscheidend. Vom Fall des Abonnenten, der während einer Generalprobe mit seinem Stock den künstlerischen Leiter des São Carlos schlug, weil dieser es ablehnte, eine bestimmte Sängerin in Lissabon weiter zu verpflichten (RUL, III [1843/1844]: 254), bis zu zahlreichen *pateadas* bzw. echten Krawallen – mit zerbrochenen Stühlen im Parkett – vermehrten sich die heftigen Auseinandersetzungen zwischen der aristokratisch-bürgerlichen Elite und den Impresarios[118]. Benevides (1883: 207 f., 272, 336) hebt hervor, daß ein Impresario, um Erfolg zu haben, sich im voraus mit ›Löwen‹ und *janotas* verständigen müsse. Nicht die Spielzeiten, in denen das künstlerische Niveau hoch war, sondern diejenigen, in denen sich der Impresario mit den führenden Zuschauern befreundet hatte, seien am ruhigsten (*ebd.*: 218). Die ›Technik‹ von Vicente Corradini, Lizenzträger des São Carlos von 1846 bis 1850[119], galt Machados Meinung nach als Beispiel für einen erfolgreichen Impresario: Kaum daß die Darsteller in Lissabon eingetroffen seien, wurden sie ins Café Marrare geleitet; bis zur Eröffnung der Spielzeit gab es nur wenige Proben, aber viel Marrare, viel Unterhaltung mit den Eleganten der Hauptstadt, die vor allem jenes Café besuchten; »als sich die Künstler bereits mit den Zuschauern duzten und die Primadonnen fast als Mitglieder unserer Familien galten, begann die Spielzeit und das Theater wurde« von Applaus erschüttert« (Machado in: RS 8. 10. 1867). Außerdem habe Corradini einen Vorteil gegenüber anderen Impresarios: In einem Milieu, in dem man italienische Primadonnen als sexuelle Symbole zügellos hetzte, wurde er von den Elegants nicht für einen Rivalen gehalten (vgl. Benevides 1883: 218). Übrigens genügte es, daß eine Liebesbeziehung zwischen Impresario und Primadonna bekannt wurde, um sie durch unerbittliche *pateadas* endgültig zu vernichten (*ebd.*: 246).

Schließlich drückten sich die engen Beziehungen zwischen Bühne und Zuschauerraum in politischen Demonstrationen aus. Nicht nur aus Anlaß ›offizieller Repräsentation‹, sondern auch auf Grund anderer politischer Ereignisse, Konfrontationen bzw. Krisen wurde das São Carlos zum Treffpunkt und zur ›Bühne‹ des Geschehens, weil alle in der Politik handelnden Personen samt ihren Anhängern, die ihre führende Rolle anerkannten, anwesend waren, kurzum, weil das São Carlos sozusagen die Öffentlichkeit selbst bedeutete. In seiner positivistischen Darstellung der São-Carlos-Entwicklung bis 1902 berichtet Benevides von unzähligen Fakten dieser Art. Es handelte sich um Bekanntmachungen der Regierung, von den Logen verkündet; um Auseinandersetzungen, an denen sogar der König selbst teilnehmen konnte; um die Verherrlichung neuer politischer Führer, die unmittelbar nach einem Putsch oder einer ›Revolution‹ zum São Carlos eilten; um dem Vaterland und der Freiheit gewidmete

---

[118] Sie erscheinen wiederholt in den zwei Bänden des Werkes von Benevides (1883, 1902).
[119] Er hat 1843, 1844–1846 sowie 1860–1861 das São Carlos auch als Impresario geleitet.

erregende Gedichtvorträge junger Dichter aus dem Parkett; um Jubeldemonstrationen für koloniale Heldentaten ...[120] Dann wurde die Aufführung unterbrochen und gefeiert: Das ganze italienische Ensemble kam auf die Rampe und sang mehrfach unter Hochrufen der Zuschauer die *Hino da Carta* (›Hymne der Verfassungsurkunde‹), welche König Pedro IV. aus Portugal (Kaiser Pedro I. aus Brasilien) selbst komponiert hatte[121]. Ein Höhepunkt derartiger Vorgänge war am 20. Januar 1896 eine vom Kriegsministerium veranstaltete Galaaufführung zu Ehren der kolonialen Expeditionstruppen, die am Vorabend aus Lourenço Marques (heute Maputo) siegreich heimgekehrt waren. Für diesen besonderen Abend wurde *Die Afrikanerin* von Meyerbeer ausgewählt, deren Hauptgestalt der portugiesische Seefahrer Vasco da Gama, Entdecker des Seewegs nach Indien, war:

»In dieser Galaaufführung hingen prächtige Paradedecken aus Indien von den Logen des ersten Rangs. Das Theater war strahlend erleuchtet und geschmückt. In der Ehrenloge stand die Königliche Familie mit ihrem Hof. – Nach dem zweiten Akt gab es für die Expeditionstruppen außerordentliche Ovationen sowie viele Hochrufe auf den König, die Königinnen, den königlichen Kommissar António Ennes, Oberst Galhardo, die Hauptleute Mousinho und Couceiro, den Leutnant Miranda und andere Offiziere, die an diesem afrikanischen Feldzug teilgenommen hatten, Ennes und Galhardo dankten aus der Königlichen Ehrenloge, auf der sie sich befanden, für die an sie gerichteten Ovationen. Manche Zuschauer gingen in die Galerien und *varandas*[122], um Soldaten und Matrosen ins Parkett zu holen, wo ihnen wie im Rausche zugejubelt wurde. Ein Matrose brachte Hochrufe auf die Offiziere aus, die dort [in Afrika] noch ihre Pflicht erfüllten, was vom Publikum mit donnerndem Applaus aufgenommen wurde. – Im 3. Akt, in der Schiffszene, stiegen viele Expeditionssoldaten (einer trug die portugiesische Nationalflagge) auf die Bühne hinauf, was ebenfalls viel Beifall hervorrief. – Das Orchester spielte

---

[120] Diese Art von Demonstrationen geht in die zwanziger Jahre des 19. Jahrhunderts zurück und wiederholt sich immer wieder bis zum Zerfall der Monarchie: Am 27. 4. 1821 gab ein Minister dem Publikum die Rückkehr der Königlichen Familie aus Brasilien bekannt. Garrett trug ein Gedicht auf dem Parkett vor, Publikum und Ensemble sangen die ›Hymne der liberalen Revolution‹; am 27. 5. 1834 setzte sich der König Pedro IV. mit den Zuschauern heftig auseinander; am 15. 5. 1851 nahm ein Revolutionsheld, der Herzog von Saldanha, in einer Loge den Applaus des Publikums entgegen; ab 1886 wiederholten sich die Anlässe zur Lobpreisung der Kolonialmacht, und dies mit aktiver Teilnahme der Königlichen Familie (vgl. Benevides 1883: 122 f., 158 f., 238 f.; 1902: 30, 34, 41 f., 43 f., 59, 109 f., usw.). Hochrufe, geworfen von gewissen Würdenträgern aus den Logen, waren bei Galaaufführungen üblich (vgl. z. B. *Paródia* 8. 1. 1902).

[121] Die Hymne, die Pedro IV. zur Feier der liberalen Revolution komponiert hatte, erklang am 24. 8. 1821 im São Carlos zum ersten Mal (Benevides 1883: 124).

[122] Die Galerie wurde auch *varandas* und im Jargon *galinheiro* (etwa ›Hühnerstall‹) genannt.

mehrmals die *Hino da Carta*. Aus einer Loge im ersten Rang trug der Schauspieler Chaby Pinheiro das Gedicht *Sursum Corda* von Lopes de Mendonça
vor.« (Benevides 1902: 110).

Dieser Bericht von Benevides verdiente es, hier im Ganzen übertragen zu werden. Er zeigt sehr deutlich, wozu die Übersteigerung der Selbstdarstellung und
der entsprechenden Rückkopplung geführt hat: zur totalen Umkehrung des Verhältnisses zwischen Bühne und Zuschauerraum. Letzterer wird zum eigentlichen
›Sender‹, auf den jene rückkoppelt. Die Unterordnung der Bühne gegenüber
dem Zuschauerraum hatte bereits im *ancien régime*, im Dienste politischer Re-
präsentationsimperative, zur Entstellung des Finales des *Orpheus* von Gluck
geführt. Jetzt, in der Zeit der Dekadenz des Konstitutionalismus, tritt Meyerbeers *grand opéra* als Hintergrund für die den ganzen Theaterraum einbeziehende
Selbstdarstellung der Kolonialmacht auf. Die beiden Beispiele fassen die politische Relevanz der während eines Jahrhunderts immer enger gewordenen Beziehungen zwischen Bühne und Zuschauerraum zusammen.

4. Illusion und Wirklichkeit

In seinem in den siebziger Jahren des 19. Jahrhunderts entstandenen Roman *Die Hauptstadt* beschreibt Eça de Queiroz die Entwicklung eines Kleinbürgers (Artur) provinzlerischer Herkunft, der zum Lissaboner *janota* wird und sich bei einem seiner häufigen Besuche im São Carlos plötzlich in eine Unbekannte verliebt. Sein Verhalten während der Opernaufführung (es war *Die Afrikanerin* von Meyerbeer) wird so charakterisiert:

»… als sich der Vorhang hob, gab er den Blick frei in die Vollmondnacht mit dem unheilvollen Manzanillobaum auf dem unwirtlichen Strand eines tristen Meeres. Die Geigen begannen im Unisono ihre ›sechzehn Takte‹.

Diese Harmonie, die ihm übernatürlich, mystisch vorkam, wirkte einfach lähmend auf ihn: ein sonderbares Gefühl bemächtigte sich seiner, als ob die Bogen der Geigen geradewegs über seine Nerven glitten; – sie [die Unbekannte] sah nun zur Bühne, mit einem elfenbeinernen Opernglas, und die Musik, die Artur bald wie das Brausen von Wind und Meer in einer trostlosen Gegend anmutete, bald wie die zeitlose Klage einer verwundeten schönen Seele, stürzte ihn in ein Delirium der Liebe und der Poesie: er stand mit seinem ganzen empfindsamen Wesen und dem Bedürfnis nach einer abgöttischen Liebe im Banne jener Loge im ersten Rang: ihm drohten die Sinne zu schwinden bei der Hoffnung, er würde ihre Hände küssen; gern hätte er ihren Namen gewußt; beschloß, sie in einem Gedicht zu verewigen: – und seine Seele schwebte auf den Bogenstrichen der Geigen, verzehrt von Leidenschaft und Sehnsuchtsschmerz.« (Eça de Queiroz 1877/1884: 216).

Dieses Zitat zeigt beispielhaft die psychologischen Vorgänge, durch die die Oper als ›absolute Musik‹[123] wahrgenommen wurde. Sie zeigt zugleich, wie solch eine Art der Wahrnehmung die Selbstdarstellung in die Illusion übergehen ließ. Die

---

[123] In diesem Kontext wird ›absolute Musik‹ als die »von ihrer Begründung und Rechtfertigung durch Sprache und Aktion getrennte Musik« verstanden, d. h. im Sinne der Wagnerschen Kritik der italienischen Praxis (vgl. Dahlhaus 1978: 24 ff.). ›Opernmusik‹ wird im Laufe des Textes diese Situation beschreiben, um sie von einem anderen Begriff der ›absoluten Musik‹ zu unterscheiden, der später (in Wagners Beethoven-Abhandlung) erscheint und mit der Entwicklung der instrumentalen Musik zu einer autonomen Sprache zusammenhängt (s. unten: *Die Aneignung der ›absoluten Musik‹*). Über die Geburt der ›absoluten Musik‹ im Zusammenhang mit Sozialstrukturen s. Kaden (1984: 140–170; 1990).

Musikbühne wirkte als Medium zur psychologischen Entfremdung von der Wirklichkeit, vom bürgerlichen Alltag, zu dem das Theater durch den Wirkungszusammenhang ›öffentliche Promenade‹ gehörte. Die Illusion bestand aber nicht darin, sich dem Bühnengeschehen hinzugeben, sondern in seine eigenen Gedanken und Träume zu entfliehen, d. h. sie bestand in einer gleichzeitigen Entfremdung vom Geschehen auf der Bühne. Die Art der Wahrnehmung – Oper »zur Opernmusik degradiert« (Rienäcker 1983) – bedingte in einer von der Selbstdarstellung beherrschten Kommunikationsstruktur eine gleichsam ›doppelte Entfremdung‹.

Die Illusion als ›doppelte Entfremdung‹, die zum Wirkungszusammenhang des São-Carlos-Modells in dieser Zeit gehört, artikuliert sich natürlich auch auf anderen Ebenen der Rezeption. Zu deren Verständnis liefert uns Júlio César Machado in seiner ironischen Chronik der Theater in Lissabon den Schlüssel:

»In den Sprechtheatern sind die Stücke der launischen und flüchtigen Mode unterworfen. Einen gewissen Stoff, der allen Leuten einmal aufgefallen ist, kann man ein anderes Mal nicht mehr ertragen …

Nur die Musik hat die geheime Kraft, diesem Gesetz zu entkommen. Warum? Weil es in den Opern das gibt, was man nur selten in den Theaterstücken findet: Idealität, Poesie.

In den Dramen und Komödien heißen die Figuren: Moita, Vasconcellos, Gaudencio, Ramos …

In den Opern heißen sie: Ernani, Tancredo, Genaro, Polion … Namen, die gut klingen!

Die Prosa, die in alles eindringt, ist bislang zu jener Bühne [São Carlos] noch nicht vorgedrungen. Die Primadonnen und die Tenöre sagen uns in Diskanten, die um ihren Glanz und ihrer Leidenschaft willen bewundernswert sind, worin die Liebe, der Zorn, die Eifersucht, der Schmerz besteht. Auf dieser Bühne der Sagen tritt weder der Frack noch der Paletot auf. Da hat man nie eine Figur mit Regenschirm gesehen! Da sind der Mantel des Don Giovanni, die Kleider aus Seide bzw. Samt, alles farbig gestickt, große Schwerter und große Federbüsche! Die Figuren sind Kaiser, Knappen, Generäle, Hofdamen, Fürsten, Ritter, Troubadoure, Könige!« (Machado 1875: 12 f.).

Gemeint ist hier die Bühne, auf der Bilder einer sagenhaften bzw. historischen Vergangenheit, fremder, weit im Raum und in der Zeit entfernter Welten ablaufen. Nur solch eine Bühne konnte jedem Zuschauer neben der Wahrnehmung der Oper als Opernmusik den Übergang der Wirklichkeit in eine psychologische Traumwelt ermöglichen. Das Beispiel der *Traviata* von Verdi ist in diesem Zusammenhang außerordentlich relevant. Die unterschiedliche Rezeption dieses

Stoffes als Schauspiel (*Die Kameliendame*) im Nationaltheater D. Maria II (EA 1854) und als Oper im São Carlos (EA 1855) stimmt so sehr mit Machados Analyse überein, daß der Zwang, in der Oper die Handlung ins vorige Jahrhundert zu verlegen, verständlich wird[124]. Empörte man sich in der Presse über den moralischen Inhalt der *Kameliendame*, so nahm man hingegen die *Traviata*, in Italienisch gesungen und in Kostümen und Dekorationen des 18. Jahrhunderts inszeniert, nur mehr oder weniger ›musikalisch‹ wahr. In der Oper gehörten die Figuren scheinbar nicht mehr zu einer erkennbaren und miterlebten Wirklichkeit. »Die Kurtisane erschien, moralisches Licht ausstrahlend, auf der verkommenen Bühne«, so faßt der Berichterstatter einer fortschrittlichen Zeitung (*Revolução de Setembro*) den Inhalt der *Kameliendame* zusammen. Zugleich verurteilte er das französische Theater, weil dieses »das Lob der Unreinheit und die Propaganda der Korruption« anstimme. »Neben der Schule, die lehrt«, meinte er, »steht das Theater, das verdirbt« (RS 7. 4. 1854). Schon früher hatte dieselbe Zeitung folgendes zum Ausdruck gebracht: »Zwar halten wir uns nicht für strenge Sittenprediger, sind aber der Meinung, daß die Ideen und Eindrücke, die der Roman zuläßt, die Menschenwürde verletzen, wenn sie im Theater dargestellt werden« (RS 20. 3. 1854). Über die *Traviata* aber sollte Machado schreiben, der Zauber der Musik führe die *Kameliendame* mit Hilfe der Kostüme und Dekorationen auf eine frühere Periode zurück und ließe die Zuschauer nicht mehr daran denken, »daß die Art des nervösen und melancholischen mondänen Lebens, zu der diese Heldin gehört, ein ebenso besonderes Produkt des 19. Jahrhunderts ist wie die Photographie oder das Chloroform« (RS 28. 1. 1868). So wirkungsvoll war allerdings die Vorverlegung des Stoffes, daß er selbst in der darauffolgenden Spielzeit meinte: »Ich würde sagen, daß Verdis Opern nur für eine Spielzeit geeignet sind, weil sie sehr schnell veralten; die *Traviata* scheint bereits älter als die *Kameliendame*, aus der sie bearbeitet wurde!« (RS 16. 2. 1869). Unmerklich konnte er nicht mehr zwischen dem, was die Bühne darstellte, und dem, was er für »ein besonderes Produkt des 19. Jahrhunderts« gehalten hatte, unterscheiden. Die Frage reduzierte sich jetzt auf die ›Opernmusik‹, auf den eigenen musikalischen Geschmack und den der Zuschauer:

»Nach der *Afrikanerin* ist es schwierig, unser Gehör der Monotonie der Orchesterbegleitung jeder anderen Oper (wie der *Traviata*) zu unterwerfen, das Publikum aber ergötzt sich noch an der naiven und zärtlichen, im ganzen eleganten, fast immer leidenschaftlichen und melancholischen Musik dieser ermüdeten, aber noch liebenswürdigen *Traviata*, die mir als die *Sonnambula* von Verdi – vielleicht der melodischste Seufzer, den sein Herz je ausgestoßen hat – erscheint!« (RS 16. 2. 1869).

---

[124] Erst im Jahre 1900 wird die *Traviata* in den Kostümen von 1850, d. h. als diese nicht mehr zeitgenössisch waren, im São Carlos aufgeführt (vgl. Benevides 1902: 141).

Achille Rambois und Giuseppe Cinatti
(*Diario Illustrado* 6. 2. 1878).

Daraus muß die Schlußfolgerung gezogen werden, daß die gesamten Bestandteile der Opernbühne zur Reduktion der Oper auf die Opernmusik beitrugen.

Eine andere Seite der Rezeption hing mit der Art und Weise zusammen, wie die Dekoration wahrgenommen wurde. Mit der Verpflichtung von zwei bedeutenden italienischen Bühnenbildnern, Achilles Rambois und Giuseppe Cinatti, 1834 und 1836, beginnt die Tendenz zur *couleur locale*, zu einer geschichtlich begründeten, ja realistischen Dekoration im São Carlos. Etwa vierzig Jahre lang sollten sie gemeinsam fast alle neuen Szenen für das gesamte Repertoire gestalten. Den illusionistischen Effekt einer ihrer Darstellungen, die die riesige Wasserleitung im Tal von Alcântara zeigte, beschrieb ein Zeitgenosse als »entzückendes Grün einer paradiesischen Landschaft«, die »lachte« und »uns anduftete« (Heeringen 1838: II, 137). Diese Entwicklung zur »Augenkunst« stellte derselbe Zeuge im São Carlos anläßlich einer Ballettaufführung (*Ludowiska*) fest, deren Dekor er ausführlich beschreibt:

»Die Handlung dieses Spectakels spielte in Polen, und das Publikum Lissabons sah mit geheimem Grausen eine nordische Gegend, zum Himmel starrende blätterlose Äste, Hütten, von Schnee belastet und halb erdrückt. Der Boden der Bühne stellte den Eisspiegel eines Stromes vor, auf welchem Schlittschuh gelaufen wurde. In der That führten die südlichen Darsteller dieses Kunststück so nett und gewandt aus, daß selbst ein Holländer oder Russe ihnen Beifall geklatscht haben müßte. Ich konnte mich nicht enthalten, die Gesichter meiner Nachbarn im Parkett zu beobachten. Alle hatten den Ausdruck jenes lächelnden Wohlgefallens, mit dem man etwas Wunderbares hört oder betrachtet. Manches Haupt schüttelte sich leise und ungläubig und schien an den Tajo zu denken, dessen Rücken noch niemals eine schmälige Eisscholle, geschweige einen Schlittschuhläufer getragen hat.« (Heeringen 1838: II, 140).

Im Gegensatz zur Selbstdarstellung beförderte die illusionistische Bühne auf
den Ebenen der Darbietung und der Wahrnehmung in diesem Fall scheinbar das
Identifikationsmuster. Weitere Beispiele dieser Art kommen aber kaum in Berichten des 19. Jahrhunderts über die Aufführungs- und Rezeptionspraxis des
São Carlos vor. Handelte es sich hier nicht um ein Ballett, sondern um eine
Oper, würde man eben deshalb sagen, daß eher die Augenkunst als das Drama
die Aufmerksamkeit der Zuschauer fesselte. Daß Heeringen ganz im Gegensatz
zu Ruders, der sich in seinen Ballett-Rezensionen über das São Carlos im
ausgehenden 18. Jahrhundert immer ausführlich mit der Fabel beschäftigte[125],
kein Wort darüber schreibt, spielt in diesem Zusammenhang keine Rolle, da
beide als distanzierte Beobachter des Milieus auftreten. Jedenfalls gelten die
in seinem Bericht beschriebenen Vorgänge nicht als Zeugnis eines stabilen
Kommunikationsmodells, das eine organische Wahrnehmung aller darstellenden
Komponenten einbezöge, sondern vielmehr als Beispiel einer Form von frag-
mentarischer Rezeption. Als Gegenbeweis dient die oben zitierte Stelle aus *Die
Hauptstadt* von Eça de Queiroz. Da scheint es auf den ersten Blick, als ob die
Dekoration, die eine »Vollmondnacht mit dem unheilvollen Manzanillobaum auf
dem unwirtlichen Strand eines tristen Meeres« suggerierte, im Zusammenhang
mit der Musik verstanden wird. Aber der Rezipient, Artur, der schon vorher die
begehrte Geliebte in der Loge entdeckt hatte und sich deshalb vorstellte, daß er
jenen Abend mit ihr erlebte, nahm eigentlich die beiden Komponenten (Szene
und Musik) getrennt wahr, d. h. als unabhängig voneinander gewordene Anregungen zu seiner Phantasie, die, durch das imaginäre Miterlebnis, sich fragmentarisch in innere Traumbilder verwandelten. Dieser psychologische Prozeß,
den auch z. B. Machado (1872: 186 f.) beispielhaft beschreibt, galt ihm als eigentlicher Zweck der Aufführung, so daß er nur augenblicklich, als würde er plötzlich von dem Wichtigsten abgelenkt, der Bühne Aufmerksamkeit schenkte:

> »Die düstere Gestalt der Selica, die in ihren langen Trauerschleiern auf die
> Bühne gerauscht war, fesselte für einen Augenblick seine Aufmerksamkeit.«
> (Eça de Queiroz 1877/1884: 216).

Die Konsequenzen dieses unverzeihlichen ›Fehlers‹ – sich von der Bühne fesseln
zu lassen! – sieht Eça de Queiroz genial unmittelbar:

> »… als er sich umwandte, war die Loge leer: Ein Mann im Frack setzte sich
> nach vorn auf *ihren* Platz, gähnte verstohlen und verharrte dort …« (*ebd.*).

---

[125] Siehe Ruders (1808: 272 ff.): Hier befaßt er sich ausführlich mit der Fabel des Balletts *Die Ankunft
des Aeneas in Latium* von D. Rossi. In seinen zuerst in schwedischer Sprache veröffentlichten Berichten sind die Beschreibungen der Aufführungen stets äußerst detailliert.

Vollkommen kohärent als psychologischer Beobachter der Kommunikations- und Wirkungszusammenhänge der italienischen Praxis im São Carlos kommt Eça de Queiroz zur unvermeidlichen Schlußfolgerung:

> »Aller Zauber der Aufführung war dahin; und der Gesang der Selica sowie der Klang der Instrumente schienen ihm weit entfernt, in einen unbestimmten Hintergrund zurückgewichen.« (*ebd.*).

Das bedeutet, daß der »Zauber der Aufführung« in der oben bezeichneten ›doppelten Entfremdung‹ bestand, und zwar in der Entfremdung der Bühne als Gegenseite der dadurch erreichten Entfremdung zur Wirklichkeit. Käme dieser psychologische Vorgang nicht zustande bzw. würde er unterbrochen, würde das Illusionspotential der Musikbühne zunichte gemacht. Dann hörte eine der begehrten Funktionen der Opernunterhaltung auf, würde die Aufführung in sich selbst zwecklos, kehrte man zum bloßen Dabeisein zurück, manifestierten sich allein sozusagen ›primäre Formen‹ der Selbstdarstellung, das Theater als ›öffentliche Promenade‹:

> »Ein Herr berührte seinen Arm:
> – Da ruft Sie jemand!
> Es war Melchior, der ihm von der kleinen Seitentür ungeduldig zuwinkte ...
> Er müsse jetzt in die Redaktion, es würde schon spät ... Er sei nur mal zu einer Plauderei hinter der Bühne gewesen.
> Sie gingen.« (Eça de Queiroz 1877/1884: 216 f.)[126].

Die Tatsache, daß die verschiedenen Bühnenkomponenten (Stoff, Gestalten, Bühnenbild) im Kommunikationsprozeß des São Carlos nicht ein Ganzes mit der Musik bildeten, sondern fragmentarisch und planlos-chaotisch rezipiert wurden, scheint die Tendenz zur Reduktion der Oper auf die Opernmusik auch unter den Bedingungen einer szenischen Darstellung zu bestätigen, die zur Augenkunst sich entwickelt und an illusionistischem Potential gewonnen hatte. Die Oper als Ganzes, die für die deutsche Kritik um 1825 ein fester Begriff war, den man der italienischen und französischen Opernpraxis gegenüberstellte (vgl. Rönnau 1969) und den Wagner zum ›Gesamtkunstwerk‹ weiterentwickeln sollte, bleibt bis Ende des Jahrhunderts der Opernrezeption im São Carlos fremd.

---

[126] Zur Einbeziehung der Theorie des *flâneur* von Walter Benjamin in die Analyse derartiger Kommunikationsverhältnisse s. Vieira de Carvalho (1997b). Alle Zitate aus *A Capital!* (›Die Hauptstadt!‹) gehen von der Bearbeitung der deutschen Übertragung von Rudolf Krügel aus (vgl. Eça de Queiroz 1959) an Hand der jüngst erschienenen kritischen Ausgabe des Romans aus (vgl. Eça de Queiroz 1877/1884).

Daher die widerspruchsvolle Wirkung des neuen Repertoires, u. a. von Meyerbeer, das um 1830 im São Carlos eingeführt wird. Setzte sich dieses Repertoire
den Fluchtpositionen der deutschen Romantik in die Idylle, in das Private, entgegen und stellte das Soziale in den Vordergrund der Handlung (vgl. Rienäcker
1974), wurde es im São Carlos im Zusammenhang mit einer ganz anderen Kommunikationsstruktur auch ganz anders rezipiert. Die Abkehr von der romantischen Ästhetik des Wunderbaren und »die Bemühung um Objektivität und die
Darstellung sozialer statt lediglich privater Realität« (Dahlhaus 1982: 79), die
zum Realismus führten, wirkten also hier, auch wenn sie durch Bühnenbild und
Kostüme dementsprechend unterstützt wurden, als Rückkehr zu Fluchtpositionen in die Idylle, in das Private. Der typische Zuschauer des São Carlos setzte
sich nicht eigentlich mit dem Inhalt der Werke auseinander, was auch darauf
zurückzuführen war, daß der Text jeder Oper auf Italienisch gesungen wurde
(ein weiterer Faktor der Reduktion auf die Opernmusik!)[127]. Er bildete sich seine eigene ›Handlung‹ ein – wenn er für einen Augenblick zuhörte und sich die
Bühne ansah! – und »die Desillusion und Enttäuschung angesichts der bürgerlichen Entwicklung«, die z. B. im *Prophet*, einer der gleich seit 1850 im São Carlos
meistgespielten Opern, zum Ausdruck kamen (Rienäcker 1974: 24), wurden als
Illusion und Entfremdung der bürgerlichen Realität angesehen. Übrigens ist hier
hervorzuheben, daß sich Benevides (1883: 229) in seiner Rezension zur Erstaufführung dieses Werkes darauf beschränkt, die Stimmen der Darsteller und
die Sonneneffekte im dritten Akt (mit elektrischer Beleuchtung) zu berücksichtigen … Und Dembrovsky (1841: 184 f.) erzählt, die Mönchsprozession in *Robert
le Diable* habe beim Publikum im São Carlos Lachen hervorgerufen. Übrigens
wurde die szenische Darstellung trotz gelegentlicher Bemühungen um Genauigkeit und *couleur locale* – wie etwa gleich nach der September-Revolution (1836) –
kaum kontinuierlich entwickelt und verkam seit Anfang der 1840er Jahre. Der
Deutsche Carl Busch, der die Leitung des Theaters Ginásio in Lissabon übernommen hatte, stellte 1870 fest, man toleriere im São Carlos szenische Un-
stimmigkeiten, nämlich der Kostüme, die in jedem anderen Theater unerträglich
seien (Busch 1870: 33). Denn das Publikum nahm im São Carlos die Handlung
nicht ernst. Die Opernmusik bedurfte des Theaters nicht (vgl. Rienäcker 1983).

Die hier gekennzeichnete Reduktion auf die Opernmusik, die fragmentarische, chaotische Rezeption der verschiedenen Darstellungskomponenten waren
letzten Endes auch Ausdruck eines autoritären Verhältnisses, das die Bühne,

---

[127] Die Untersuchung der Rezeption von Sá Noronhas *L'arco di Sant'Anna* (UA 1867) beweist, daß
diese Einstellung der Zuschauer ebenso die soziokommunikative Praxis des Teatro de São João in
Porto prägte. Sogar ein von Garrett behandelter nationaler Stoff, der an geschichtlichen und politischen Zusammenhängen reich war, wurde als dramatischer Inhalt einer italienischen Oper von
den Zuschauern völlig übersehen. In diesem Sinne ruhe der Erfolg des Werks auf einem »bloßen
Mißverständnis« (vgl. Cymbron 1990: 92).

d. h. die Ware, unter den Zuschauerraum, d. h. die Konsumenten, unterordnete. Das Bühnengeschehen wurde mehr oder weniger betrachtet, segmentiert, verdinglicht, für verschiedene Zwecke von den Zuschauern souverän manipuliert. Wie jede Ware wurde es vom Eigentümer, d. h. vom Zuschauer, der zwischen Parkett und Logen herumging, gebraucht und mißbraucht: Man besaß etwas, mit dem man sich nicht identifizierte, oder in anderen Worten, von dem man sich entfremdete. Vertritt die Idee der ›absoluten Musik‹ im Sinne Hanslicks ein theoretisches Symptom der allgemeinen Verdinglichung der gesellschaftlichen Verhältnisse unter dem Kapitalismus, so hatte sich dieser Verdinglichungsprozeß auch deutlich in der Opernproduktion und Rezeption manifestiert. In Portugal, wo der Kapitalismus nicht so stark entfaltet, wie es z. B. in Frankreich war, konnte man ›Produkte‹ wie die aus der zum kapitalistischen Unternehmen gewordenen Grand Opéra (Rienäcker 1974: 21) nur ›importieren‹, nicht aber deren ganzen Produktionsprozeß mitbedingen. So spiegelte sich die portugiesische Sozialstruktur fast ausschließlich in dessen Rezeption wider. Der Illusionseffekt, der zu derartiger Rezeption gehörte, war den anderen Komponenten der Kommunikationsstruktur, und zwar der Selbstdarstellung und den engen Beziehungen zwischen Bühne und Zuschauerraum, wesensgleich. Nicht zufällig wurde dieser Illusionsbegriff um 1883 in Lissabon von einem Verteidiger der italienischen Praxis dem Wagnerschen Drama gegenübergestellt (Frondoni 1883). In der Tat steht Wagners illusionistische Bühne jenem Illusionsbegriff genauso entgegen wie seine gesamte Alternative zur italienischen Praxis. Bei Wagner ging es in erster Linie nicht um die Musik, sondern um das Drama, nicht um eine Selbstdarstellungs-, sondern um eine Darbietungsstruktur, nicht um enge Beziehungen, sondern um die radikale Trennung zwischen Bühne und Zuschauerraum, nicht um die Bühne als Warenangebot, sondern als Lehr- bzw. Aufklärungsmittel, nicht um ein autoritäres Verhältnis vom Zuschauerraum zur Bühne, sondern von der Bühne zum Zuschauerraum, nicht um eine fragmentarische Rezeption, sondern um eine Wahrnehmung des Ganzen als ›Gesamtkunstwerk‹. Bei Wagner ging es also nicht um die Illusion im Sinne der gleichzeitigen Entfremdung des Bühnengeschehens und der Wirklichkeit, sondern um die Illusion im Sinne der Wahrnehmung des Bühnengeschehens als Wirklichkeit – als Gegenwelt – und um die sich daraus im nachhinein ergebende Auseinandersetzung mit der eigentlichen Wirklichkeit, die der Zuschauer im gesellschaftlichen Alltag erlebte. War die Wagnersche Bühne einerseits keine ›realistische‹ Bühne (sie stellte Mythen, nicht geschichtliche oder gegenwärtige Stoffe dar), so verlangte sie andererseits im Rahmen eines Darbietungsmodells die Aufhebung der Selbstdarstellung auf der Ebene des Verhältnisses Darsteller – Dargestelltes: Nur die Gestalten und die Handlung – das Dargestellte – sollte die Aufmerksamkeit der Zuschauer fesseln. Somit führte Wagner in Bayreuth das von Rousseau und Diderot entwickelte Theater- und Opernmodell der bürgerlichen Aufklärung zu dessen letzter Konsequenz[128]. In der italienischen Praxis des São Carlos, die in keiner Weise eine Aneignung der Theaterreform der Aufklärung bedeutete, herrschte das entgegengesetzte Prinzip: Im Rahmen der allgemein geltenden Selbstdarstellung trat auch die Selbstdarstellung auf der Bühne in den Vordergrund. Die Bühne konnte hier kaum ›illusorisch‹ im Sinne der Identifikationsmuster der Aufklärung wirken. Zusammengefaßt läßt sich sagen: Galt Wagner die Darstellung des Mythos als eine Art distanzierter Auseinandersetzung mit der Geschichte, die die Zuschauer durch die illusionistische Bühne als Teil des ›Gesamtkunstwerks‹ zum ›Gefühlsverständnis‹ des ›Reinmenschlichen‹ führten und sie letzten Endes über ihre eigenen gegenwärtigen Verhältnisse belehren sollte, so dienten dagegen die von der *couleur locale* geprägten historischen bzw. im Gewand der Vergangenheit oder fremder Welten ausgearbeiteten Opernstoffe der italienischen Praxis des São Carlos durch die vom Kommunikationsprozeß bedingte ›doppelte Entfremdung‹ der Steigerung der Subjektivität und der Flucht der Rezipienten in die Illusion.

Da dieser Wirkungszusammenhang überwog, manifestierte sich zugleich die Tendenz zur Gegenwirkung der Illusion auf die Wirklichkeit. Die Flucht in eine innere Traumwelt verwandelte sich in die Sehnsucht danach, diese Traumwelt in der Wirklichkeit zur Geltung zu bringen. Die Illusion ging in die Wirklichkeit über. Als verschiedene Ebenen, in denen solch ein Vorgang – auch typisch für die Romantik (vgl. Lotman 1973: 270 ff.) – spürbar wird, sind die folgenden hervorzuheben:

a) Oper als Sprache der Liebe,

b) Oper als künstlerische Selbstverwirklichung,

c) Oper als Dekor für den Alltag.

---

[128] Die Funktion des Illusionismus bei Wagner (vgl. Hintze 1983: 64 ff.) ist in diesem Zusammenhang zu verstehen. Wagners Wunschbild eines Musiktheaters geht eigentlich in die Aufklärung zurück. Die Idee einer ›unsichtbaren Bühne‹ in der Oper (die vollkommene Illusion, welche die Filmkunst vorwegnimmt) wird sozusagen in einer *Sammlung musikalischer Schriften*, vorausgeahnt, die Johann Wilhelm Hertel 1755–1758 herausgegeben hat. Dort steht z. B. über die Funktion des Dekors und der Maschinerie: »Wenn sie [Dekor und Maschinerie] geschickt und nicht ohne Noth angebracht werden, so sind sie in der Oper mehr als in geredeten Trauerspielen zu dulden, weil die Musik das Herz so stark beschäftigt, daß die Einbildungskraft sich eher täuschen läßt und der Verstand nicht Zeit hat daran zu denken, daß dergleichen Dinge nach unsern aufgeklärten Begriffen nichts sind« (Zitate nach Flaherty 1978: 186 f.). Auch Grétry (1796: 324 ff.) entwirft im ausgehenden 18. Jahrhundert das Projekt eines Theaters, das der Konzeption des Bayreuther Festspieltheaters entgegenkommt. An denselben Illusionsbegriff knüpft Felsensteins Musiktheater seinerseits ebenso offensichtlich an. Über Wagners Theaterkonzept s. ferner insbesondere Dahlhaus (1970, 1971a), Kaden (1979), Borchmeyer (1982), Rienäcker (1982; 1983). Zum Paradigmenwechsel des Naturbegriffs und der Illusion im Theater und in der Oper, der um 1750 stattfindet, und zum Zusammenhang zwischen Rousseau und Wagner, s. Vieira de Carvalho (1986b; 1988; 1993a; 1995a; 1995b; 1995c; 1995d).

Im *Vetter Basilio* (1878), einem der Romane von Eça de Queiroz, in denen der Autor seine Absicht verwirklicht hat, »wie in einem Spiegel die portugiesische Gesellschaft seit dem Konstitutionalismus von 1830 in ihrer ganzen Traurigkeit zu zeigen«[129], erscheint die Oper ganz deutlich als Sprache der Liebe. Nachdem der Zauber der ersten Annäherung schon verschwunden war und Luisa zu verstehen beginnt, daß sie für ihren Vetter, der sie zum Ehebruch verleitet hatte, nichts weiter als ein Lustobjekt ist, wirft ihr der erfahrene Weltbürger Basilio – ein reicher *Dandy*, der angesichts der Langeweile Lissabons angeblich nur um Luisas willen sein Leben in Paris geopfert hätte – vor, sie halte die Opernillusion für die Wirklichkeit:

> »Was willst du denn? Soll ich dich etwa lieben wie im Theater, im São Carlos? So seid ihr alle! Wenn ein armer Teufel auf ganz natürliche Weise liebt, wie jedermann, mit seinem Herzen, aber sich nicht wie ein Tenor gebärden kann, dann ist er bei Gott gleich gefühlskalt, da langweilt er sich, ist er undankbar ...
> Aber sei doch vernünftig, mein Kind. Eine Verbindung wie die unsere ist nicht das Duett aus dem Faust ...« (Eça de Queiroz 1878a: 241).

Ganz anders war aber die Haltung Basilios am Anfang, als »die vollen Formen Luisas seinen Entschluß festigten«, sie zu jagen (Eça de Queiroz 1878a: 70). Damals hatte er, im Laufe des Verführungsprozesses, die Traumwelt der Oper absichtlich in die Wirklichkeit eingeführt. Während einer Aufführung des *Faust* im São Carlos erinnert sich Luisa später daran:

> »Der Gesang löste sich von dem schmachtenden Stöhnen der Celli und stieg zum Himmel empor:
> *Im bleichen Zauberschimmer*
> *Der goldnen Sterne ...*[130]
> Luisas Herz pochte; sie sah sich plötzlich auf dem Diwan ihres Salons sitzen, noch völlig benommen von der Wollust des Ehebruchs, und Basilio, die Zigarre im Mundwinkel, klimperte lässig auf dem Klavier die gleiche Arie: ›Im bleichen Zauberschimmer der goldnen Sterne ...‹ Jener Abend war an ihrem ganzen Elend schuld! ...« (Eça de Queiroz 1878a: 427).

Die Bariton-Begabung Basilios, die er so zweckmäßig in den Dienst seiner Lebenstechnik stellte (vgl. Eça de Queiroz 1878a: 114 f., 140, 187), führt uns

---

[129] Vgl. einen von 1878 datierten Brief, in Eça de Queiroz (1983: I, 135).
[130] Im Original hat Eça de Queiroz (1878b: 388) aus der im São Carlos gesungenen italienischen Fassung des *Faust* von Gounod zitiert: *All pallido chiarore / Dei astri d'oro.*

unmittelbar zu einer anderen Ebene der Wirkung der Opernillusion auf die
Wirklichkeit: die der Selbstverwirklichung der Amateure als Künstler. Das Erlernen des Gesangs und des Klavierspielens als Teil der aristokratisch-bürgerlichen Erziehung war im 19. Jahrhundert allgemein verbreitet und damit mehrten
sich die von Amateuren getragenen Opern- bzw. Operettenaufführungen, sowohl im Rahmen der vornehmsten Kreise, wie im Teatro das Laranjeiras beim
Grafen von Farrobo, als auch im Kleinbürgertum, das sich zunehmend seit der
Mitte des 19. Jahrhunderts in dazu eingerichteten ›dramatischen Gesellschaften‹
zusammenfand[131]. Schlossen die Amateure, wie wir bereits gesehen hatten, prinzipiell eine Entwicklung als Berufskünstler aus, so versuchten sie andererseits,
sich in den Salons die Illusion der künstlerischen Selbstverwirklichung als Bestandteil ihrer Selbstdarstellung als auserlesene Amateure, deren Platz im São
Carlos die Logen waren, zu verschaffen. Lassen wir noch einmal einen so scharfen
Beobachter wie Eça de Queiroz zu Wort kommen, und zwar mit seinem Roman
A Tragédia da Rua das Flores: Madame de Molineaux gibt einen Empfang, ein
primo uomo des São Carlos ist unter den Gästen, der singt zum Klavier Arien der
Lucrezia Borgia und der *Dinorah*, dankt für den Beifall »wie im São Carlos«, kniet
dann vor der Gastgeberin nieder und bittet sie darum, zu singen:

> »... die Stimme der Madame de Molineaux [die eine Arie des *Hamlet* von
> Thomas vortrug] erhob sich stark, schwungvoll, wie ein Kristall, rein, ein
> bißchen schwach in den tiefen Tönen ...
> [Als sie zum Ende kam,] applaudierte man Madame de Molineaux; es gab fast
> einen Tumult. Man hörte Beurteilungen: *göttlich, wundervoll.*
> – Sie hat ein Vermögen in ihrer Kehle – sagte Meirinho mit tiefer Stimme
> und weit ausholenden Gebärden.
> Und Carvalhosa sprach ein Machtwort:
> – Sie hat das Gefühl.« (Eça de Queiroz 1878c: 138 ff.).

Hier steht also alles: die Bühne, durch den Sänger Sarrotini, ehrt die Loge, unter-
wirft sich ihr sozial, fühlt sich ihrerseits durch die Atmosphäre der Salons geehrt,
und gehört zur Inszenierung der illusionsbeladenen Künstler, denen nur ihr sozialer Status leider verbot, von der Loge auf die Bühne überzugehen, Vermögen
zu gewinnen, berühmt zu werden als Gesangsvirtuosen. Dieses Spiel zwischen
Illusion und Wirklichkeit – auf der Ebene der künstlerischen Leistungen – trieb
der Graf von Farrobo in seinen Opernaufführungen im Teatro das Laranjeiras
bis zur letzten Konsequenz. Da es sich aber um ein richtiges Theater handelte,
in dem sogar der Dirigent des São Carlos mitwirkte, deckte sich die Wirklichkeit

---

[131] In Porto waren sie vielleicht noch stärker verbreitet als in Lissabon, vgl. *O Tripeiro* 1908/1910,
1919.

Wirklichkeit als Bühnenbild: Die von Giuseppe Cinatti um 1860 entworfenen künstlichen Ruinen in der öffentlichen Promenade von Évora (*Occidente* 1. 9. 1879).

mit der Illusion, und die auserlesenen Amateure, die dort in ein paar Aufführungen sangen, wurden unterdessen ›berühmter‹ und höher geschätzt als andere portugiesische Sänger, die im Konservatorium für eine berufliche Laufbahn ausgebildet worden waren, aber keine reale oder illusorische Karriere vor sich hatten, weil sie sich weder auf der Bühne noch in den Logen des São Carlos durchsetzen konnten[132].

Eine dritte Manifestation des Übergangs der Illusion in die Wirklichkeit hing mit der Wahrnehmung der Bühnenbilder zusammen. Unter dem Gesichtspunkt des Illusionspotentials war die Arbeit von Rambois und Cinatti so beeindruckend, daß die Fassaden und Interieurs, die sie für die Opern herstellten, zum Vorbild für jede private und öffentliche Architektur wurden. Rasch wurden sie zu Modearchitekten. Jeder reiche Aristokrat, jeder Großbourgeois träumte davon, einen Palast in der Stadt oder eine Residenz in der vornehmsten Umgebung Lissabons (Sintra) nach Entwürfen von Rambois und Cinatti erbauen zu lassen, die die illusorische Welt der Oper zum Dekor des Alltags machten. França hält Cinatti für den fähigsten Architekten Lissabons von den vierziger bis zu den siebziger Jahren des 19. Jahrhunderts, eine Zeit, »in der vor allem der Entwurf der Fassaden zählte« (França 1969: 787). Cinatti arbeitete dabei sowohl für Aristokraten wie den

---

[132] Hauptquelle für die Arbeit von Moreau (1981), betreffend die portugiesischen Opernsänger der ersten Hälfte des 19. Jahrhunderts, waren die Aufführungen beim Grafen von Farrobo. Berufskünstler waren daher nur etwa ein Drittel der in diesem Zeitraum tätigen 32 verzeichneten Opernsänger. Im selben Zeitraum haben nur fünf portugiesische Berufssänger im São Carlos gesungen: Clementina Cordeiro (1845–1849), Francisca Freire (1846–1847), João Manuel de Figueiredo (1844–1846), E. Medina Ribas (1847–1849) und Joaquim Miró (1845–1846). Keiner dieser portugiesischen Berufssänger hat beim Grafen von Farrobo mitgewirkt. Einige, die im Konservatorium für den Beruf ausgebildet worden waren, haben keine Karriere gemacht: z. B. Henriqueta de Lima Carvalho und Júlio César Galloni Torres, die von der Presse bereits gefeiert wurden, als sie noch Studenten waren (PC 1. 6. 1840).

Wirklichkeit als Bühnenbild: Schloß der Pena in Sintra nach dem 1840 im Auftrag von Ferdinand von Sachsen-Coburg eingefügten Neubau (Stich aus dem 19. Jahrhundert).

Herzog von Palmela oder den König Ferdinand von Sachsen-Coburg als auch für die mit Geld gespickte Bourgeoisie (*ebd.*: 788). Das bedeutendste Beispiel der Übertragung eines Opernbühnenbildes in die Wirklichkeit ist vielleicht die 1840 beendete Umgestaltung der Reste eines alten Klosters zum prächtigen Schloß ›da Pena‹ in Sintra, für die sich Ferdinand von Sachsen-Coburg eingesetzt hat[133]. Andererseits war der schönste bürgerliche Palast der Stadt – 1865 für einen reichgewordenen Schneider nach Cinattis Entwurf gebaut (*ebd.*) – von der Opernbegeisterung seines Besitzers geprägt: Eines der Medaillons, die die Fassade zierten, stellte Meyerbeer dar … Gewiß ist die Tendenz zum *revivalismo*[134], die França (1969: 1167) in der Architektur der portugiesischen Romantik feststellt, überwiegend dem Wirkungszusammenhang der Oper im São Carlos zu verdanken. Nicht zufällig – wie França selbst betont – werden Cinatti und Rambois von der Regierung mit der Pastiche-Ergänzung des Hieronymus-Klosters, eines berühmten Denkmals aus dem 16. Jahrhundert, beauftragt. Dem Architekten Possidónio da Silva, der zuverlässige Pläne vorgeschlagen hatte, zog man die Opernbühnenbildner, d. h. Amateurarchitekten, ohne den architektonischen Professionalismus eines Schinkel, vor, die schon für einen öffentlichen Garten in Évora »künstliche Ruinen« entworfen hatten:

---

[133] Bereits França (1969: 1342) hat es als »Opernschloß« bezeichnet.
[134] *Revivalismo*: Rückkehr zu einem alten Stil (z. B. Gotik).

Der von Rambois und Cinatti entworfene Jerónimos-Turm nach dem Zusammenbruch 1878 (Stich aus dem 19. Jahrhundert nach dem Entwurf von Domingos Capellas).

»Nun arbeiteten Cinatti und Rambois 1878 an einem Turm in der Mitte der nachgeahmten Fassade, welcher Ende dieses Jahres zusammenfiel und zehn Arbeiter begrub. Dies hat *den Restelo*[135] *mit Ruinen und das Land mit Schande bedeckt* – wie Joaquim de Vasconcellos damals sagte. Eher als das Land hat dieser Turm im *Neomanuelino*-Stil[136] eine ganze Konzeption und sogar ein kulturelles System lächerlich gemacht. Es wäre kein Fehler, hier das Symptom bzw. das Symbol des Zusammenfallens der portugiesischen Romantik selbst zu sehen ...« (França 1969: 1167 f.).

Teil dieses Systems war der ›materielle‹ Aufschwung als Ausdruck einer kapitalistischen Entwicklung, die sich auf den Handel, die Einrichtung der Kommunikationsmittel und die staatlichen Bauarbeiten stützte und dadurch Zugang zur europäischen ›Zivilisation‹ erreichen sollte. Das war der Weg der *Regeneração* oder des *Fontismo* (abgeleitet vom Namen des Ministers António Maria Fontes), den

---

[135] Stadtviertel, in dem sich das Hieronymus-Kloster befindet.
[136] *Manuelino*: portugiesischer architektonischer Stil des 16. Jahrhunderts. *Neomanuelino*: späte Wiederaufnahme dieses Stils.

Portugal seit den fünfziger Jahren des 19. Jahrhunderts intensiver beschritt und dessen illusorische Wirkung auf den eigentlichen Fortschritt der Gesellschaft António Sérgio (1954) so treffend zeichnen sollte. Eça de Queiroz erkannte diese Entwicklung und begriff sie zur Gänze, wie es in seinem letzten Roman *Stadt und Gebirg* (1900) zum Ausdruck kommt. Hier erzählt er von der Veränderung der Bücher, der Träger der Literatur und des Wissens, in meterlangen Reihen farbiger Buchrücken in prächtigen privaten Sammlungen (Eça de Queiroz 1901: 34 f.), von der Verwandlung der Liebe in Kokotte-Unternehmungen (*ebd.*: 60 f.) bzw. Freudenhäuser, in denen »das edle Fleisch der Eva nach Tarif und Gewicht verkauft wird« (*ebd.*: 128 f.), von der Veränderung der Wohnviertel durch Etagenwohnungen, in denen »die Menschen hausen wie Stoffe in den Regalen der Kaufhäuser ...« (*ebd.*: 130). Und all dies gehört ebenso wie die ›doppelte Entfremdung‹, die den dramatischen Gehalt der Bühnenwerke entleert, zur Verdinglichung der gesellschaftlichen Verhältnisse im entfalteten Kapitalismus, d. h. zur »Zivilisation«. Diese aber – die Eça de Queiroz »Überfluß der Stadt« nennt – werde von der »harten Arbeit«, von den »Tränen der Armen« geschaffen (*ebd.*: 131):

»Deine Zivilisation beansprucht unersättlich Genüsse und Pracht, die sie nur in dieser bitteren sozialen Disharmonie erlangen kann, wenn das Kapital die Arbeitskraft für jene Mühsal mit einer Brotrinde belohnt. Daher muß sich das Volk unablässig schinden und plagen! Sein Elend ist die Grundbedingung für den heiteren Glanz der Stadt. Wenn im Tiegel des Armen die ihm zustehende Ration Suppe nicht dampfen würde, könnte auf dem silbernen Teller des Reichen nicht die üppige Portion Gänseleberpastete mit Trüffeln liegen, die der Stolz der Zivilisation ist. Es muß abgerissenes Lumpenpack geben, damit die schöne Madame d'Oriol, strahlend in Seide und Spitzen, sanft wogend das Treppenhaus der Großen Oper hinaufsteigen kann. Es muß Hände geben, die sich ausstrecken, und schmale Lippen, die für die hochherzige Gabe eines Sou danken, damit die Emphraims ihre zehn Millionen auf der Bank von Frankreich haben, sich am kostbaren Kaminfeuer aromatischer Hölzer wärmen und ihre Konkubinen, Enkelinnen der Herzöge von Athen, mit Saphirhalsbändern ausstatten können. Das Volk muß den eigenen Hunger und den seiner Kinder beweinen, damit die Jacintos im Januar aus Meißener Porzellan, gähnend, champagnergekühlte und mit einem Tropfen Äther belebte Erdbeeren schnabulieren können!« (Eça de Queiroz 1901: 132 f.).

Diese Reflexionen galten dem Paris des ausgehenden 19. Jahrhunderts. Aber Paris galt für Lissabon als Entwicklungsmodell, das die Regeneração und den Fontismo im Auge hatten. Der Abgrund zwischen der *grand monde* – die sich die

Illusion des Fortschritts verschaffte – und den Massen des Volkes, die im Alltag die Wirklichkeit der gesellschaftlichen Verhältnisse erlitten, wird auch in Portugal in der zweiten Hälfte des 19. Jahrhunderts durch die Entfaltung des Kapitalismus immer tiefer. In Lissabon manifestierte sich vielmehr als in Paris, wo die öffentlichen Unterhaltungen vielfältiger waren, die »allergrößte Illusion«, die – so Eça de Queiroz (1901: 127) – die Stadt sei, bei den Opernabenden. Das São Carlos war das Kaufhaus der Illusion, die die herrschende Klasse für ihren Alltag brauchte.

Eine derartige Illusion, die zum Theatralischen des (romantischen) Alltagslebens gehörte, wurde nicht »als Eintreten in die Welt der echten Gefühle und der Unmittelbarkeit«, d. h. »als Absinken des semiotischen Faktors im Verhalten« empfunden (Lotman 1973: 284). Dies hätte die effektive Wirkung des Identifikationsmusters der Aufklärung vorausgesetzt. In einer Tradition, in der die Aufklärung kaum in das Theater der vornehmen Gesellschaft eingedrungen war, und die in der vom Theater entleerten Bühne kulminierte, ging die Anregung zur Illusion nicht von der Figur aus, sondern vom Zuschauer, nicht von der Bühne, sondern vom Alltag, vom Empirischen. Sie war eben ein Produkt der Selbstdarstellung – als Steigerung des »semiotischen Faktors im Verhalten«[137]. Weder die illusorische Selbstverwirklichung der Amateure als Künstler bei Privataufführungen, noch die Oper als Sprache der Liebe bzw. als Dekor für den Alltag wurden in Portugal – in Gegensatz zu dem, was Lotman in Rußland feststellt – vom Streben nach »Verlassen des konventionellen und unechten Lebens der *großen Welt*« (Lotman 1973: 284) geprägt, sondern gerade als Elemente der Einheit empfunden, die Alltag und Theater bildeten, als wären das Theater der Alltag und der Alltag das Theater, wo *alle* zugleich als Darsteller und Zuschauer auftraten.

In den achtziger Jahren des 19. Jahrhunderts entfacht sich der Streit um die Kommunikationsstruktur des São Carlos innerhalb von dessen Aufführungspraxis selbst. Ihr wird die Kommunikationsstruktur der bürgerlichen Aufklärung durch die allmähliche Wagner-Rezeption, in Bezug auf dessen Schriften und das Bayreuther Modell, gegenübergestellt. Der Vergleich zwischen den beiden entgegengesetzten Modellen (s. Abb. 4 und 5) hilft, das Opernwesen in der romantischen Epoche in Lissabon sowie dessen künftige Entwicklung bis zu unserer Zeit zu verstehen.

---

[137] Im Laufe dieser Arbeit wird ›Selbstdarstellung‹ immer in diesem Sinne verstanden. Als Bestandteil einer echten ›Umgangsstruktur‹ – auch die Zuschauer werden zu aktiven ›Sendern‹ –, bildet sie den Gegensatz zur ›Darbietungsstruktur‹, wobei die von Besseler (1959) geprägten Begriffe nicht nur die musikalischen, sondern auch andere Formen der soziokommunikativen Interaktion einbeziehen, die im Zuschauerraum bzw. zwischen Bühne und Zuschauerraum stattfand.

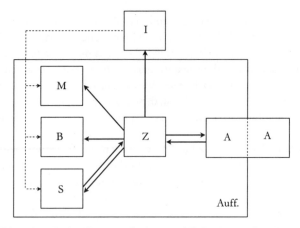

Abb. 4: São-Carlos-Kommunikationsmodell der Romantik: »Umgangsstruktur«; Zuschauer im Zentrum der Aufführung; kumulative Rückkopplung zwischen Selbstdarstellung auf der Bühne und Selbstdarstellung im Zuschauerraum; fragmentarische Rezeption; »doppelte Entfremdung«; keine Trennung zwischen Theater und Alltag; autoritäres Verhältnis vom Zuschauerraum zur Bühne.

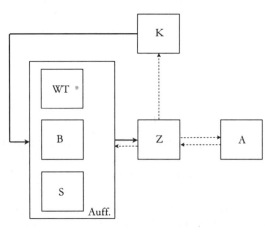

Abb. 5: Theaterkonzeption der bürgerlichen Aufklärung: »Darbietungsstruktur«; Auflösung der Selbstdarstellung; Wirkung der Bühnen-Darstellung als Ganzes; Einfühlung; deutliche Trennung zwischen Theater und Alltag; autoritäres Verhältnis von der Bühne zum Zuschauerraum.

M – Musik	I – Impresario	A – Alltag
B – Bühnenbild	Z – Zuschauer	Auff. – Aufführung
S – Sänger	K – Komponist/Regisseur	WT – Wort/Ton

5. Die Oper und die Theaterreform des Setembrismo[138]

Das Theaterleben in Lissabon um 1835 und die September-Revolution

Das Theaterleben in Lissabon zu Beginn der Konsolidierung der neuen liberalen Ordnung wird in der Chronik von Gustav von Heeringen, der im Frühjahr 1836 im Gefolge von Ferdinand von Sachsen-Coburg in der portugiesischen Hauptstadt eintraf, umfassend beschrieben. Außer dem »größten« und »vornehmsten«, der italienischen Oper vorbehaltenen Teatro de São Carlos, besuchte er nacheinander das Teatro da Rua dos Condes, in dem seit zwei Jahren eine französische Schauspieltruppe gastierte, und drei »Volkstheater«.

Von Heeringen meint, das »Théâtre français« sei »dem Range nach die zweite Bühne«, zu dieser Zeit jedoch ein Modetheater, »mehr noch als São Carlos der Vereinigungspunkt der vornehmen Welt, des diplomatischen Corps, der Fremden« geworden. Es werde »fast täglich« von der Königin und »ihrem jungen Gemahl« besucht. Sowohl hier als auch im São Carlos nehme das Volk nur sehr beschränkt Anteil. Dieses Ensemble, das »nach und nach alle neuen« Erscheinungen von Paris« zeige (Heeringen 1838: II, 142 ff.), nämlich die romantischen Dramen von Victor Hugo und Alexandre Dumas, war nur drei Jahre in Lissabon tätig, beeinflußte aber entscheidend die künftige Entwicklung des portugiesischen Schauspiels (vgl. Rebello 1972: 73). Gleichzeitig ließ es unter den Vornehmen die Freude an der Pflege der französischen Sprache gedeihen. Diese galt als Sprache der bürgerlichen Juli-Revolution von 1830, ohne deren Sieg die Befreiung vom Absolutismus in Portugal sicher unmöglich gewesen wäre (vgl. Oliveira Marques 1981: III, 13 f.), und war zur beliebten Sprache der Elite der aristokratisch-bürgerlichen Schichten geworden, die in Portugal zur neuen, liberalen Macht gelangten. Höhere Bildung und Aufklärung traten von nun an eng in Verbindung mit dem Französischen hervor: Man besuchte das Théâtre français, las *L'Abeille*, eine in Lissabon ab April 1836 erscheinende Wochenzeitschrift in Französisch, pflegte im Kreise des Grafen von Farrobo die komische Oper, z. B. von Scribe und Auber, in Originalsprache[139].

---

[138] *Setembrismo*: kulturideologische und politische Bewegung nach der September-Revolution von 1836.

[139] Moreau (1981: I, 250 ff.) hat ein vermutlich vollständige Verzeichnis der Opernaufführungen im Teatro das Laranjeiras herausgegeben. Daraus ergibt sich, daß französische Opern (in Originalsprache) erst unmittelbar nach dem Sieg des Liberalismus (ab 1836) dort aufgeführt wurden. In den darauffolgenden Jahren herrscht hier die französische Sprache vor (13 Aufführungen). Opern in portugiesischer Originalsprache werden ab 1835 selten aufgeführt (5). An italienischen Opern, die von 1825 bis 1836 vorherrschten (11), gab es nicht mehr als drei Aufführungen von 1838 bis 1861.

Daß die Mode das São Carlos nicht erreichte, ist kein Wunder, denn für die Weiterverpflichtung von italienischen Opernensembles sprach der französische Einfluß. Besaß Paris nicht auch ein ›Italienisches Theater‹, dessen Darsteller *L'Abeille* so sehr lobpries und sogar mehr schätzte als die größten, von denen sich das Publikum des São Carlos begeistert zeigte (vgl. *L'Abeille*, z. B. vom 11. 6. und 6. 8. 1836)? Und nannte man nicht überall in der Presse (z. B. RS 4. 12. 1841) das São Carlos »das Italienische Theater Lissabons«? Darin liegt ein Ausgangspunkt von zentraler Bedeutung für die Diskussion auf der Ebene der Kulturpolitik, wie sich das Opernwesen in Lissabon im Laufe des 19. Jahrhunderts entwickeln sollte.

Das Bild des Theaterlebens zu Beginn des Liberalismus wäre aber nicht vollkommen ohne Berücksichtigung der sogenannten ›Volkstheater‹. Besonders wichtig ist hierfür Heeringens Zeugnis. Von der Darstellungsweise der Schauspieler des Teatro Nacional do Salitre, des portugiesischen Schauspiels, deren schöne Namen ihn überrascht hatten, weil sie wie die Namen der romantischen Rollen im deutschen Schauspiel »romantisch« klangen, berichtet er:

»Übrigens heimelte mich die Aktion der portugiesischen Schauspieler an. Bekanntlich soll die spanische Darstellungsweise, namentlich in der Tragödie, mit der deutschen verwandt sein; inwiefern nun die portugiesische sich jener nähert, will ich nicht entscheiden, gewiß aber ist, daß, wenn ich das Ohr der fremden Sprache, welche auf den Brettern tönte, verschloß, ich mich der süßen Täuschung hingeben konnte, in einem deutschen Schauspielhause zweiter – vielleicht dritter Klasse zu sein; dieselbe Art von Pathos, jenes Fechten mit den Armen, jenes geräuschvolle Abgehen der Helden und Heldinnen, alles dies längst Gewohnte und Bespöttelte fand ich in Salitre wieder.« (Heeringen 1838: II, 148).

Konnte Heeringen das Schauspiel des Salitre mit einem deutschen Schauspiel sogar »zweiter Klasse« vergleichen – und dies ist wichtig, weil die Tradition der Theatergeschichtsschreibung, der es übrigens an Dokumenten mangelt, ziemlich radikal die Darstellungsweise jenes nationalen Schauspiels abwertet (vgl. Rebello 1972: 72)[140] – findet er dagegen das Publikum ganz anders:

---

[140] Dazu vgl. Anselmo Braancamp Junior (1840: 635). Ein anderer deutscher Reisenden, Alexander Wittich, sich auf das Jahr 1838 beziehend, stimmt jedoch mit diesem negativen Bild überein. Im Gegensatz zu Heeringen äußert er sich völlig enttäuscht: »Sollte man, nach jener Eigenthümlichkeit ihres Charakters zu urtheilen, nicht glauben, daß die Portugiesen viel theatralisches d. h. Bühnentalent besäßen, daß sie, um so zu sagen, geborne Schauspieler wären? [...] Ich muß gestehen, daß auch ich geglaubt habe, die theatralische Kunst müsse in Portugal auf einer hohen Stufe der Vollendung stehen: ich habe mich indessen in meinen Erwartungen ziemlich getäuscht gesehen.« (Wittich 1843: 122). Wie Heeringen und schon früher Ruders erwähnt Wittich als Grund dafür die Gleichgültigkeit »der höhern Stände«, deren «recht lebendige Theilnahme« zur »Blüthe der theatralischen Kunst [...] von Nöthen« sei (*ebd.*).

»Das Publicum aber war ein ganz anderes als ein deutsches, oder das in San Carlos oder im *Théâtre français.* Hier war nicht die Elite der Gesellschaft, hier war das Volk mit seinem laut ausgesprochenen Beifall, seinem tumultuarischen Tadel und Lob. Galerie, Logen, Parkett und Parterre fand ich dicht besetzt, und jederman nahm den lebhaftesten Theil an der Handlung, die auf der Bühne vorging. Es wurde gelärmt, getobt, geschrien, vorzüglich bei den Kerkerscenen in der Bastille, die man mit möglichsten Schrecknissen darstellte. Vielleicht daß dabei die Gewölbe von Belem und San Julião[141] vor manche Seele traten. In Paris und London gibt es zwar auch ein gebieterisches, heftig verlangendes Publicum, aber das von Lissabon ist dennoch unendlich verschieden von jenem. Hier ist Brasilien und Afrika mit im Parterre.« (Heeringen 1838: II, 148 f.).

An diesem Theatermodell fallen unmittelbar einerseits die ›Einfühlung‹ und ›Täuschung‹ des Zuschauers auf, die zur Definition des Illusionstheaters der Aufklärung gehörten (Fiebach 1975: 22 f.). Man kann hier aber andererseits auch die Tradition des Volkstheaters erkennen. Es handelte sich offenbar um ein »Ineinander von Bühnen und Publikumsbereich«, dessen Wiederherstellung Wagner im deutschen Schauspiel – ganz im Gegenteil zu seiner Konzeption des musikalischen Dramas – verlangte (vgl. Borchmeyer 1982: 40 ff.) und das gewissermaßen auch in der Aufführungspraxis der ehemaligen ›Singspiele‹ von António José da Silva, ›des Juden‹, zu vermuten wäre. Ebenso wie im Kasperletheater, in der *commedia dell'arte* oder sogar im Shakespearetheater konnte die Darstellung der Szene gar nicht illusionistisch sein, und zugleich nicht einer intensiven Beteiligung des Zuschauers am Spiel entgegenstehen. Es ist jedoch zu vermuten, daß man sich hier, d. h. in einem Kulissentheater, mit deutlicher architektonischer Trennung zwischen Bühne und Zuschauerraum, um jene Illusionsbühne bemühte, die auch dem »unnatürlichen Pathos« des Schauspiels entsprach, das Wagner kritisierte (vgl. Borchmeyer 1982: 47) und Heeringen gerade in der portugiesischen Praxis ähnlich wie in der deutschen findet. Übrigens verschwanden die ›epischen Strukturen‹ (im Gegensatz zum Modell des Theaters von António José da Silva), und selbst die Art und Weise, wie man Anzeigen für die Aufführungen gestaltete, spricht für eine richtig ausgestattete Illusionsbühne:

»Geht man durch Lissabons Straßen, so wird man an den Ecken über den mannichfaltigen Zetteln und Anschlägen, die da zu lesen sind, große bunte Bilder erblicken, die ungemein ins Auge fallen und die seltsamsten Dinge

---

[141] Kerker aus der Zeit des Absolutismus.

darstellen. Hier zeigt sich eine Folterscene in einem Klosterkeller, wobei dicke Mönche thätig sind; dort legt ein Ritter die Hände Liebender zusammen; hier wird eine Stadt mit Sturm erobert, dort sieht man die sieben Mädchen in Uniform exerciren. Alle diese Bilder sind nicht etwa Holzschnitt oder Steindruck, sondern bemalte Originale, die täglich wechseln und zu den Anschlagszetteln der drei Volkstheater gehören, womit diese ihr Publicum blenden, locken, bezaubern und zugleich über den Inhalt des zu gebenden Stückes belehren. [...] Ohne es zu wissen, genießen daher die meisten in das Portugiesische übertragenen Dramen aus Frankreich, England und Deutschland die Ehre, in Reihen von Gemälden, die vielleicht der Ramberg'schen Galerie zu Schiller und Goethe an die Seite gesetzt werden dürften, zu Lissabon bildlich dargestellt zu werden.« (Heeringen 1838: II, 144 f.).

Auf jeden Fall wirkte das Drama als Ganzes und wurde als Ganzes von einer ›Zuschauergemeinschaft‹ – nicht mehr von einzelnen, streng hierarchisierten, in ihrer Individualität unverkennbaren Zuschauern – wahrgenommen und ernst genommen[142]. Der Hinweis Heeringens auf die Anwesenheit von »Brasilien« und »Afrika« im Zuschauerraum ist diesbezüglich besonders relevant, weil er von der »Entladung« zeugt, die einzelne Menschen in eine »Masse« verwandelt (vgl. Canetti 1983: 12 ff.). In der Tat bedeutet die Feststellung, daß Afrika und Brasilien mit im Parterre seien, nicht das Hervorheben der Reaktionen dieses oder jenes Zuschauers, sondern einen vorausgesetzten Akkulturationsprozeß, der dem Massenverhalten während der Aufführung gewisse Züge verlieh. Das Salitre-Modell also, dem das des São Carlos radikal gegenüberstand, vereinigte in sich sowohl Elemente der Theaterkonzeption der Aufklärung bzw. der von Wagner kritisierten Schauspielpraxis als auch Elemente der von Wagner für das musikalische Drama als Alternative zur italienischen Opernpraxis geförderten Kommunikationsstruktur. Der Bericht von Heeringen läßt auch die Schlußfolgerung zu, daß dieses Theater *aufklärerisch* und unmittelbar politisch wirkte:

---

[142] Es handelte sich hier nicht um ein ›Mitspielen‹ der Zuschauer im Sinne des Musiktheaters des António José da Silva, sondern um ihre vollkommene Identifikation mit den Figuren und der Handlung. Als ›epische Strukturen‹, die im Volkstheater von António José da Silva bereits durch das Verhältnis Akteur-Puppe entwickelt werden konnten und ebenso zur Tradition des *gracioso* in den Komödien gehörten (hier stellte sich diese Figur außerhalb der eigentlichen Handlung und kommentierte als ›Zuschauer‹ die szenischen Vorgänge), verschwinden im Salitre-Modell. Dieses Modell unterscheidet sich vom Identifikationsmuster der Aufklärung (vgl. Jauß 1977) bloß durch die ›starke Rückkopplung‹, d. h. durch die völlige Abwesenheit der bürgerlichen *contenance*, die als ›schwache Rückkopplung‹ bezeichnet werden kann und sich später aus einer Art von ›demokratischem Zivilisationsprozeß‹ (Rupp 1992) im Sinne von Norbert Elias entwickeln sollte. Zur detaillierten Diskussion der Entfaltung dieser verschiedenen Kommunikationssysteme s. Vieira de Carvalho (1993a; 1995a; 1995c).

»Als ein besonderes Zeichen der Zeit verdient bemerkt zu werden, daß diese Gemälde es wagten, alle erdenklichen Klostergreuel den Augen des Volkes zu enthüllen, wobei die Regierung die Hand im Spiel haben mochte. Da sah man [...] die Barbareien der Brüder Dominikaner, die Grausamkeiten der Brüder vom Herzen Jesus und Anderes dergleichen in Grausen erregenden Bildern dargestellt, und die Zettel darüber verkündeten für den Abend die dramatische Darstellung derselben auf dem Theatro Nacional do Salitre oder im Circo Olympico auf der Praça do Salitre, oder im Campo Santa Anna, dem Schauplatz der Stiergefechte.« (Heeringen 1838: II, 145 f.).

Auch in den zwei anderen für das Volk bestimmten Aufführungshallen gab man Stücke, deren Inhalt sich unmittelbar auf die bürgerliche politische Entwicklung bezog. Im Circo Olympico, wo man eine Art »Kunstreiter«, ähnlich wie im Cirque Olympique von Paris vorführte, sei »der kaum beendete Kampf gegen den Usurpator« (Miguel I.) »die unerschöpfliche Quelle« der Darstellungen, welche mit dem Sieg des Helden – des liberalen Königs Pedro – und einem Feuerwerk endeten; im Campo Santa Anna stellte man dar, wie »die französische Armee unter dem Klang der Parisienne und Marseillaise siegreich in Argel einzog« (Heeringen 1838: II, 151 f.). Eine weitere Schauspielaufführung, die Heeringen (1838: II, 146) im Teatro do Salitre gesehen hat, hieß *Latude oder fünfunddreißig Jahre Gefangenschaft* in der Bastille zu Paris. Alle drei Volkstheater waren also in der liberalen Revolution engagiert. Um so mehr ist dies hervorzuheben, als die subjektiven Bedingungen für den Liberalismus nachteilig waren:

»Eine gewaltige Unterdrückung charakterisierte die sechs Jahre der Rückkehr zum Absolutismus 1828 bis 1834. Tausend Liberale entflohen aus Portugal, tausend andere wurden verhaftet und litten im Kerker unter grausamsten Bedingungen, Dutzende wurden hingerichtet oder ermordet. Die Verfolgungen erreichten alle Ebenen des nationalen Lebens. Die Mehrheit der Bevölkerung applaudierte jedoch allen diesen Maßnahmen und verlieh dem Regime populären Charakter, weil sie in den Liberalen harte Atheisten, Feinde der Nation und die Schuldigen der schrecklichsten Verbrechen sah.« (Oliveira Marques 1981: III, 12).

Einer »Handvoll Verbannter« war es »mit Frankreichs und Englands Hilfe« gelungen, sich gegen »die erdrückende Mehrheit der Nation«, einschließlich 80 000 Soldaten ihrer regulären Armee, durchzusetzen (Oliveira Marques 1981: III, 14), gegen eine Mehrheit, deren Ideologie ja von Jahrhunderten des Obskurantismus, des massenhaften Analphabetentums (nur einer von 88 Portugiesen besuchte zu dieser Zeit die Schule), der Herrschaft der Kirche, der religiösen Orden und der

Inquisition bestimmt wurde. Vergessen wir nicht – und zwar weil dieses Phänomen noch ein Jahrhundert später unter anderen Umständen von der Kirche wiederbelebt wird –, daß das Bild von König Miguel I. in der Zeit der Restauration neben dem der heiligen Jungfrau auf den Altären der niedrigen Schichten als Retter verehrt wurde ... (Oliveira Martins 1881: I, 200)[143]. So war das Engagement der Volkstheater offensichtlich bewußt darauf gerichtet, gegen solche Bedingungen Widerstand zu leisten. Bereits die Tatsache, daß man die Volksstücke anzeigte, so wie Heeringen das beschreibt, beweist ihre Wirkung auf die ›Unwissenden‹ als echte Propaganda gegen das *ancien régime*, die durch den darauffolgenden Besuch der Aufführungen ergänzt und verstärkt wurde:

»... die groß gedruckten Theaterzettel sind doch zuletzt nur für solche verständlich, die in ihrer Jugend so glücklich waren, lesen zu lernen, oder für solche, welche die Landessprache verstehen; für die Übrigen aber – und deren Zahl ist nicht unbedeutend – mußte ein allgemein verständliches Medium ausgedacht werden. Dies sind jene Bilder über den Affichen, oft von der beträchtlichsten Größe und zuweilen mit Talent entworfen und komponiert.« (Heeringen 1838: II, 144 f.).

In einer Zeit, in der die gesellschaftlichen Medien so beschränkt waren und das Analphabetentum herrschte, spielte natürlich eine Aufklärung durch Bilder und Theater eine entscheidende Rolle. Die Berücksichtigung ihrer Wirkung auf der ideologischen Ebene, neben ökonomischen und politischen Maßnahmen der liberalen Regierung, ist unerläßlich. Die politischen Ereignisse, die dann knapp drei Jahre nach dem liberalen Sieg sich zutrugen, waren vielleicht nicht zu verstehen ohne Bezugnahme auf die Tätigkeit der Volkstheater. Sie trugen zur Entstehung der populären Unterstützung für die sogenannte September-Revolution bei – eine Revolution, die von den »linken« Liberalen (Oliveira Marques 1981: III, 19), anders gesagt, vom Kleinbürgertum, von Handwerkern und nationalen Industriellen gegen die Aristokratie, die Großbourgeoisie und die ausländischen Großhändler durchgeführt wurde (Silbert 1972: 189 ff.).

Die verzögerte Verbürgerlichung in der Musik und im Theater

Den Volkstheatern scheinen die Menschen der September-Revolution nicht besonders dankbar gewesen zu sein. Das Theater – im allgemeinen – schätzten sie jedoch so sehr, daß sie knapp drei Wochen nach der Machtübernahme mit

---

[143] Im Jahre 1917 wird der Vorläufer des Faschismus, Sidónio Pais, ebenfalls auf den Altären der Bauern als Heiliger zu finden sein.

der Reform des Theaterwesens begannen. Die Errichtung eines Gebäudes für das Nationale Schauspieltheater und die Gründung eines Konservatoriums für die Schauspielkunst gehörte zur Reform, die Almeida Garrett durchführte, der größte portugiesische Dichter und Dramatiker der Zeit sowie auch einer der hervorragendsten Mitkämpfer für den Liberalismus. In Übereinstimmung mit einem im Geiste der Aufklärung entworfenen Programm für das Bildungswesen und die Künste, dessen Realisierung schon vor der September-Revolution begonnen worden war[144], wird das Theater zur Sache der Kultur und der Nationalbildung erklärt: Erst mehr als ein halbes Jahrhundert nach Gründung der Theateraktiengesellschaft im Jahre 1772 wird die Funktion des Theaters als Unterhaltung offiziell durch die Funktion der Bildung bzw. Erziehung ersetzt; erst jetzt eigentlich wird das Programm der Aufklärung für das Theaterwesen, als eine staatstragende Institution, in Portugal eingeführt (vgl. França 1982: 201).

Bezeichnenderweise übernimmt eine Generalinspektion der Theater durch das Gesetz vom 26. November 1836 jene Verantwortung für das Theaterwesen, die bisher der Polizei zugestanden hatte. All diese Reformen zielten, wie Garrett (1841: 629) zusammenfaßte, darauf ab, »ein nationales Theater zu gründen«. Dieses Ziel setze voraus: Anleitung der Theaterzensur; Betreuung der jungen Autoren; Ausbildung der Akteure[145]; Errichtung eines Hauses, das einer kultivierten Nation angemessen sei. Damit stellte sich zugleich die Aufgabe, an die Tradition »der Autos[146] von Gil Vicente und der Opern des unglücklichen António José da Silva«, d. h. »unserer einzigen echten nationalen Theaterschöpfungen«[147], wieder anzuknüpfen (Garrett 1841: 629). Am 22. Dezember 1836 zum Generalinspektor der Nationaltheater ernannt, hatte Garrett selbst mit seinen seit 1821 entstandenen Dramatischen Dichtungen dazu beigetragen. Jetzt aber schrieb er ein Drama, das als Symbol der Wiedergeburt des portugiesischen Theaters gilt. Dieses Drama – *Ein Auto von Gil Vicente* – sollte am 15. August 1838 mit dem ersten, unter Leitung des Franzosen Emile Doux im Teatro da Rua dos Condes wirkenden portugiesischen Ensembles des neuen »National- und Modelltheaters« zur Aufführung kommen (vgl. Rebello 1972: 73). Garretts Reform wurde 1846 mit der Einweihung des neuen Schauspielhauses an einem der Plätze Lissabons im Zentrum der Stadt vollendet – symbolisch genau an dem Ort, wo der ehemalige Sitz der Inquisition unterdessen abgerissen worden war.

Von einer Reform des Opernwesens konnte allerdings keine Rede sein. Trotz der Bezugnahme auf Gil Vicente und António José da Silva – beide Vertreter

---

[144] Das Konservatorium für Musik wurde 1835 gegründet. Zum Leiter wurde Bomtempo ernannt.
[145] Bis zu dieser Zeit übten die portugiesischen Akteure ihre Theatertätigkeit als zweiten Beruf aus. Die meisten von ihnen waren Handwerker (hierzu Rebello 1972: 72).
[146] *Auto*: Einakter der älteren portugiesischen Theatertradition.
[147] Spanische Quellen für das Theater des António José da Silva, ›des Juden‹, hat J. Oliveira Barata (1979) erforscht.

einer Tradition nicht nur eines nationalen Theaters, sondern gerade auch eines *nationalen Musiktheaters* – trotz des Einflusses der Aufklärung auf seine allgemeine Weltanschauung (vgl. França 1969: 67 ff.) und trotz der Vereinigung von Theater, Tanz und Musik in einer einzigen Einrichtung, einem Konservatorium, konnte sich Garrett das musikalische Theater als Teil eines Nationaltheaters kaum vorstellen. Der Verehrer Goethes und dessen erster portugiesischer Übersetzer[148] hatte die Konzeption des Weimarer Nationaltheaters wohl gar nicht rezipiert[149]. Einerseits war die Idee des São Carlos als ›Italienischen Theaters‹ im Milieu tief verwurzelt, andererseits fand auch der Vorschlag, der gelegentlich in der Presse erschien (z. B. RT 27. 2. 1847), im neuen Schauspielhaus ebenfalls ein portugiesisches Opernensemble als Alternative zum Schauspielensemble zu bilden, kein Echo. Hätte Garrett tatsächlich daran gedacht, so hätte er 1835 bis 1842 den angemessenen Partner für ein solches Unternehmen gefunden: João Domingos Bomtempo, der die Musikschule des Konservatoriums seit 1835 leitete, darüber hinaus der bedeutendste portugiesische Komponist der Zeit war und obendrein nicht wenig als Mitkämpfer für den Liberalismus anerkannt wurde. Daß Garrett und Bomtempo sich nicht auf solch ein gemeinsames Projekt einigten[150], ist aber auf die Kommunikationsverhältnisse zurückzuführen, die das portugiesische Musik- und Opernwesen des 18. Jahrhunderts prägten und dessen Entwicklung im ersten Viertel des 19. Jahrhunderts weiter bestimmten.

Ein Bericht aus der AMZ zeugt von den Einstellungen, die aus der Sicht eines deutschen ›aufgeklärten‹ Beobachters am Vorabend der Revolution von 1820 in Lissabon herrschten:

»Die Portugiesen besitzen, wie alle Südeuropäer, Talent und Neigung zur Musik; nur aber zu ihrer eigenen, und am wenigsten zu der des Nordländers, namentlich des Deutschen, ja zu dieser vielleicht noch weniger, als ihre nächsten Nachbarn. Musik soll sie bloß leicht aufregen, angenehm reizen, vergnüglich unterhalten; so will es ihre Natur, ihre Gewohnheit, und ihr fast gänzlicher Mangel an eigentlicher Bildung für diese Kunst. So ist es denn fast

---

[148] 1846 erschien die portugiesische Übersetzung der zwei ersten Strophen der ›Zueignung‹ des *Faust* von Goethe im Hauptroman von Garrett *Viagens na minha terra* – vgl. Garrett (1846: 237 f.). Über das Verhältnis von Garrett zu Goethe s. Gomes de Amorim (1884: III, 84), dazu Alberto Ferreira (1966: I, S. XLI).

[149] Im von Goethe geleiteten Weimarer Theater wurden Schauspiel und Singspiel (vor allem von Mozart) bzw. italienische und französische komische Opern (in deutschen Versionen) abwechselnd aufgeführt (vgl. Huschke 1982: 28 ff.).

[150] J. Scherpereel (1985: 156 f.) gibt einen in *O Liberal* (20. 12. 1820) veröffentlichten Brief bekannt, in dem Bomtempos Rückkehr in Lissabon im Zusammenhang mit einem neuen Konzept des São Carlos gestellt wird: Unter Leitung jenes »so hochgeachteten Talents« sollte das São Carlos portugiesische Aktricen und Akteure beschäftigen, welche unterdessen an einer »musikalischen Schule« auszubilden seien, damit man nicht mehr von italienischen Sängern abhänge.

einzig die Melodie, die sie lieben; und vor allem die leichte, mit Freude und Trauer tändelnde, etwas oberflächliche Melodie. Die sehr wenigen, für die Tonkunst eigentlich Gebildeten abgerechnet, würde man hier z. B. Symphonien, Ouvertüren, Quartette von Mozart, Beethoven, A. Romberg, ja wohl selbst von Haydn, ungeniessbar, langweilig, zum Theil selbst widrig finden; da, im Gegentheil, der leere Klingklang alltäglicher italienischer Ouvertüren u. dergl. mit Vergnügen aufgenommen und mit lautem Beyfall belohnt wird. Man *will* nicht denken bey seinem Genuss; ja eigentlich auch nicht fühlen; nur sinnlich angeregt, leichthin ergötzt seyn. Daher muss denn auch z. B. der Sänger, will er sich bey der grossen Menge beliebt machen, was er vorträgt so mit Verzierungen, Galanterien, artigen Schnurrpfeiffereyen überladen, dass der Componist sein eigenes Product nicht erkennte; daher muss das Instrumentalstück, selbst das grössere, z. B. die Ouvertüre – da von eigentlichen Symphonien hier sehr wenig Gebrauch gemacht wird – etwas Tanzmässiges haben etc. sonst wird jener, wie dieses, ausgepfiffen und nicht einmal ruhig hingenommen, indem man alles Mittlere wenig kennet, sondern entweder entzückt oder empört ist.« (AMZ, XVIII [1816]: 429 f.).

Italienische Oper gegen deutsche Instrumentalmusik, »oberflächliche, tändelnde Melodie« gegen »Tonkunst« (d. h. gegen den harmonischen Spannungsablauf des Sonatensatzes), »Tanzmäßiges« gegen Verstandesmäßiges, »Verzierungen«, »Galanterien«, »Schnurrpfeifereien« des Gesangsvirtuosen gegen Ausdruck, Empfindsamkeit und Natürlichkeit, bloße sinnliche Anregung gegen Denken bzw. Fühlen, »vergnügliche Unterhaltung« gegen Wahrnehmung der Musik als einer künstlerischen Sprache[151], Gewohnheit gegen Willen, Ignoranz gegen Bildung – das sind die Gegensätze, die Lissaboner Dilettanten und deutsche Berichterstatter entzweiten. Sie bedeuteten praktisch die Feststellung eines verzögerten Prozesses der Verbürgerlichung (vgl. Balet und Gerhard 1936) der Kommunikationsverhältnisse in Lissabon. Bomtempo, der 1820 nach Lissabon zurückkehrte, um hier seine künstlerische Tätigkeit fortzusetzen, spiegelte eben in seiner Musik solch einen Prozeß, der im hiesigen Milieu noch zu rückständig war und blieb. Im Gegensatz zu allen anderen vorhergehenden portugiesischen Komponisten aus dem 18. Jahrhundert war er 1801 auf der Suche nach Weiterbildung und Erfahrungen nach Paris und London – nicht aber nach Italien – gereist (vgl. Sarraute 1970) und hatte sich den klassischen Stil angeeignet. Seine

---

[151] Gluck bezeichnete den neuen Expressivstil als »Sprache der Menschheit« (vgl. Balet und Gerhard 1936: 318). Marpurg hatte 1749 die Musik als »Sprache der Töne« definiert (vgl. Ottenberg 1984: 11). In Marpurgs *Historisch-Kritischen Beyträgen* wird die Musik später auch als »eine allgemeine Sprache der Natur« bzw. »die Natur selbst« bezeichnet, was ihr und nur ihr die Fähigkeit verleihe, gewisse Gefühle auszudrücken (vgl. Caspar Ruetz, in Marpurg, 1755 [I]: 292 f.; eine detaillierte Diskussion bei Vieira de Carvalho 1995b).

Musik, die auf dem Sonatenverfahren basierte, folglich auf Ausdruckssteigerung abzielte, eine »dramatische Handlung« zum Inhalt hatte (vgl. Rosen 1972: 43 ff.), stand im Gegenlager der in Lissabon herrschenden Wertvorstellungen: Bomtempo wäre für einen Berichterstatter der AMZ das treffende Beispiel für einen gebildeten Komponisten aus einem Milieu gewesen, dem es an ›Kennerschaft‹ mangelte. Bereits der aufgeklärte Ruders (1808: 190) verhielt sich sehr kritisch gegenüber den Urteilen des Lissaboner Publikums, dessen Ignoranz er dem Nichtvorhandensein einer Fachpresse zuschrieb – noch ein Zeichen des Rückstands in der Entwicklung einer »bürgerlichen Öffentlichkeit« (vgl. Habermas 1962). Nach dem Ausbruch der Revolution 1820 blieb die Musikanschauung des Spätabsolutismus weiterhin vorherrschend, und das Bürgertum zog »den leeren Klingklang alltäglicher italienischer Ouvertüren« der Instrumentalmusik der Wiener Klassik vor. Als Begründer einer Philharmonischen Gesellschaft im Jahr 1822, die bei der königlichen Polizei nach der Wiederherstellung des *ancien régime* durch Miguel I. als Konspirationszentrum galt und dementsprechend 1828 geschlossen wurde, kämpfte Bomtempo allein und eigentlich vergebens um eine Veränderung der Musikbedürfnisse, d. h. um den Übergang von Unterhaltungs- zu Kunstbedürfnissen:

»Der Anfang jedes Concerts geschieht gewöhnlich mit einer der größeren Haydn'schen, in London geschriebenen Symphonien, welche ganz gegeben werden. Nachdem einige Proben gehalten worden sind, ist die Ausführung derselben gewöhnlich ziemlich gut; jedoch konnte man besonders die ersteren Abende an dem geringen Beyfall merken, daß der größte Theil des Auditoriums viel lieber Rossini's Ouvertüren gehört hatte. Es scheint indes, daß der Beyfall an den letzten Abenden, wo dieselben gespielt wurden, stärker war. Mozarts Ouvertüren werden gemeiniglich zum Ende der ersten Abtheilung, und zum Schluß des Ganzen gegeben. Auch wurden zwei Symphonien des Bomtempo, wovon die zweite der Gesellschaft gewidmet sein soll, gegeben.« (AMZ, XXV [1821]: 8).

Mit seinem Requiem, 1819, zwei Jahre nach der Hinrichtung von General Freire de Andrade und anderen Verschwörern des ersten liberalen Aufstandes, in Paris und London als ›autonomes Kunstwerk‹ – außerhalb der Kirche und unabhängig von der liturgischen Funktion – aufgeführt, wurden 1821 am Jahresgedenktag jene »Märtyrer der Freyheit«, die ähnlich wie Bomtempo selbst Freimaurer waren, in der großen Dominikanerkirche in Lissabon geehrt (AMZ, XXV [1823] 6). Bereits die Tatsache, daß dieses Werk zum Gedenken an Camões geschrieben wurde, gab ihm »mehr politische als religiöse Signifikanz« (Hesse 1982). Und auch anläßlich der »großen Feste der Constitutions-Basis-Beschwörung« galt

Bomtempo mit einer Messe (AMZ, XXIII [1821]: 604) als Komponist des siegenden Liberalismus. Nur die Kenner erkannten aber seine Leistungen an: »für den allgemeinen hiesigen Geschmack ist sie [Bomtempos Musik] nicht [verdienstvoll], weil sie nicht theatermässig und à la Rossini klingt« (AMZ, XXV [1821]: 6). Als Gegenbeweis gilt ein Aufruf an Bomtempo in der Zeitung *Gazeta das Damas* (6. 12. 1822), in dem vermerkt ist, daß die »Konstitutionsanhängerinnen« sich weigern, seine Musik anzuhören, und sich »gegen alles Übel, das er der Harmonie antut«, wenden.

Im Opernrepertoire des São Carlos manifestierten sich die überwiegenden Musikeinstellungen einerseits in der rechtzeitigen Einführung von Rossinis Opern (seit 1815) und andererseits in der fast absoluten Mozart-Ignoranz, denn nur die *Clemenza di Tito* war 1806 einige Male zur Aufführung gelangt, wahrscheinlich aus einem Irrtum heraus, d. h. aus damals geltenden ›konservativen‹ Gründen: der Vorliebe zu Metastasio und dem Hang zur *opera seria* (vgl. AMZ, X [1808], 635 f.; Luiz de Freitas Branco 1956b).

Zwischen der Kirchen und Instrumentalmusik, die Bomtempo im Geiste der Wiener Klassik in Lissabon vertrat, und der Vorliebe für die italienische Opernpraxis entschied sich Garrett, ein noch aktiverer Mitkämpfer für den Liberalismus als Bomtempo, aber kein ›Musikkenner‹, für letztere. Übrigens durchdrang die Idee der Unterhaltung auch seine Theatervorstellungen der zwanziger Jahre des 19. Jahrhunderts. Ganz im Gegensatz zum furchterregendsten ideologischen Vertreter des *ancien régime* und erklärten Feind der Freimaurerei, Pater José Agostinho de Macedo, der überraschend im *Espectador Portuguez* (1817: 163) schrieb, das Theater sei – wortwörtlich – »eine patriotische Einrichtung«, »eine Schule der vervollkommensten Moral« (was er erkenne, obgleich er kein Theater besuche), stimmte Garrett – der später vom Geist der Aufklärung inspirierte Theaterreformator der ›September-Revolution‹ – mit den in den zwanziger Jahren des 19. Jahrhunderts herrschenden Theateransichten überein. Damals hielt er in seiner den Frauenzimmern gewidmeten Zeitung das ganze Theaterwesen für einen Teil der »öffentlichen Unterhaltung«, der darauf abziele, »den Menschen von der Schwere des Lebens zu entlasten« (*Toucador* 1822, Nr. 2: 8). Er ließ in diesem Zusammenhang nicht zufällig hervorheben, inwieweit Theater und »öffentliche Promenade« (Passeio Público) dem Hauptziel der Selbstdarstellung dienen sollten:

»Und Ihr, Zaubergeschlecht, Ihr trefft im Theater auf den glänzendsten Teil Eurer Verehrer; Ihr trägt da auf der Szene bzw. außerhalb dieser die ganze Zaubermacht Eurer Reize zur Schau.« (*Toucador* 1822, Nr. 2: 8).

Und weiter:

»Die Frauenzimmer, von deren Willkür immer jede Mode aller Sitten und Unterhaltung abhängig ist, verachten in Portugal die ›öffentliche Promenade‹ [Passeio Público] und ich weiß nicht, um welchen Verhängnisses willen [...]. Bisher waren die Beständigkeit der alten Sitten sowie der häusliche und mißtrauische Charakter unserer Vorfahren daran schuld; aber heutzutage, wenn der Freimut des *guten Tons* jene Ursache zerstört hat, kann die Schuld für solche Nachlässigkeit richtigerweise nur bei den Frauenzimmern liegen. Die Männer besuchen nicht den Passeio, weil die Frauenzimmer ihn verlassen und weil die Männer (zu Recht oder Unrecht?) sich selbst dafür entschieden haben, sie sollten nicht dahin gehen, wo die Frauenzimmer nicht hingehen.« (*Toucador* 1822, Nr. 5: 7).

So beschränkte sich Garrett scheinbar auf einen *galanten* Anspruch nach mehr Soziabilität, nach der Überwindung der ›maurischen Sitten‹, welche 1772 in den öffentlichen Theatern den ausgesprochenen Zweck der Aufklärung in die Wirkung der Unterhaltung verwandelte. Garrett korrigierte zwar noch in den zwanziger Jahren des 19. Jahrhunderts diese Position, zumindest teilweise; und in einer, seiner begehrten Partnerin, Luísa Midosi, gewidmeten, Zeitung (einer weiteren Manifestation seines galanten Geistes) definierte er Unterhaltung zusammen mit Bildung als Ziel der »schönen Künste« (vgl. *Chronista* I/7 [1827]: 152 ff.)[152]. Aber seine Theaterauffassungen aus dieser Zeit entsprachen unbestreitbar der Entwicklung des ererbten Theatermodells, das auf die Unterhaltung bzw. die Soziabilität gerichtet war. Es kam hinzu, daß dieses Modell nach der September-Revolution gegen den Geist der 1836 begonnenen Theaterreform noch an Kraft gewann. Jedenfalls plädierte Garrett in den zwanziger Jahren des 19. Jahrhunderts gerade für das Modell, in das während der vierziger Jahren seine Reform einmünden sollte. Er plädierte damals für das, was Eça de Queiroz ein halbes Jahrhundert später so scharf kritisierte: das Theater der ›öffentlichen Promenade‹.

Andererseits hat Garrett im besonderen Fall der Oper immer seine Position der zwanziger Jahre bewahrt. Den Wirkungszusammenhang des »Italienischen Theaters« – so nannte er auch das São Carlos (*Portuguez* 30. 4. 1827) – stellte Garrett nie in Frage. Es scheint, als ob er in Bezug auf die italienische Opernpraxis resignierte:

»Wegen unserer Gewohnheiten, wegen tausend Gründen, die allen bewußt sind, ist die italienische Oper eine Notwendigkeit für Lissabon und folglich für Portugal, dessen Wasserkopf Lissabon ist. Daher trägt das ganze Königtum zu dieser Unterhaltung seiner Hauptstadt bei.« (Garrett in: PC 29. 8. 1836).

---

[152] Bereits in *O Toucador* (1822, Nr. 2 u. 8) sind gelegentlich Merkmale dieser Verschmelzung zu beobachten, nicht aber so deutlich wie hier.

Gewohnheiten, Unterhaltung: schon kurz vor der September-Revolution erscheint die italienische Oper bei Garrett noch wie eine Ausnahme innerhalb des Theaterwesens, das von nun an zur Bildung der Nation gehören sollte. Im Zusammenhang mit der Idee der »Notwendigkeit« und den »tausend anderen Gründen« kommt hier eine ideologische Konstellation zum Ausdruck, die der der verfassunggebenden Landstände 1822 nahesteht. Außerdem diskutiert Garrett in diesem Text eine ähnliche Frage: die jährliche Geldunterstützung von 30 000 000 *réis*, einer sehr bedeutenden Summe, die die Regierung dem Impresario des São Carlos auf jeden Fall zugestand[153]. Garrett stellt den künstlerischen Leistungen des Théâtre français die Ignoranz und Sorglosigkeit der Impresarios des São Carlos, vor allem, was das Bühnenbild, die Kostüme und die »Kunst der mise en scène« betrifft, gegenüber und zieht die Schlußfolgerung, daß einerseits der »Steuerzahler«, sowohl mittelbar durch (seinen) Staat zum Bestand des São Carlos beitrage als auch unmittelbar an den Kassen, daß andererseits die sozusagen ungleiche Konkurrenz die Direktion des französischen Theaters, ohne staatliche Unterstützung, dazu zwänge, die Interessen des »Steuerzahlers« besser zu berücksichtigen. Auch hier taucht eine andere Seite des Geistes der zwanziger Jahre des 19. Jahrhunderts auf: Wie es früher in der Debatte der Landstände üblich war, betrachtet Garrett in der neuen kapitalistischen Ordnung das gesamte Theaterwesen als ›Ware‹. Beide Aspekte – Theater als Ware, deren Niveau das Konkurrenzprinzip retten könnte, und Oper als Ausnahme innerhalb des auf die Nationalbildung gerichteten Theaterwesens – zeigen deutlich die Grenzen von Garretts Konzeption sogar in der Zeit des ›Setembrismo‹.

Nationalschauspiel als italienische Oper

All diese Umstände tragen zur Erklärung der Gründe bei, warum Garrett die Oper nicht in seine Theaterreform einbezog. Er selbst war seit langem regelmäßig ein Besucher des São Carlos. Bereits 1816 zeigte er für die Leistungen der Sängerinnen, die er immer wieder in Gedichten rühmte, große Begeisterung (vgl. Xavier da Cunha 1909). Als Zuschauer zählte er seit 1821 zu den berühmtesten, die im São Carlos das Wort ergriffen hatten: Am Abend, an dem ein Minister aus einer Loge die bevorstehende Rückkehr aus Brasilien der Königlichen Familie angekündigt hatte, trat er im Parterre mit einem ebengerade improvisierten Gedicht auf, das das Publikum in patriotische Erregung entflammte (vgl. Mascarenhas 1861: I, 212). Schon damals befand sich Garrett eigentlich *unter seinem Publikum*. Seine Gesellschaft war dieselbe, die in Lissabon »zwischen dem

---

[153] Neben der Konzession von ›Lotterien‹ erhielt das São Carlos ab 1822 eine ›offizielle‹ Staatssubvention (hierzu Benevides 1883: 127 ff.).

Chiado, der Rua do Ouro[154] und dem Theatro de São Carlos ihr Leben verbrachte« (Garrett 1846: 116) – so wie er es in seinem Hauptroman *Viagens na
minha terra* kritisch beschrieb –, und er konnte sich trotz seiner Verehrung des
António José da Silva ein portugiesisches Operntheater gewiß nicht vorstellen,
welches die Mission und die Produktionsbedingungen übernähme, auf die Wieland (1775) für das deutsche Singspiel hinwies. Ihm selbst galt das São Carlos
weiter als Teil der ›öffentlichen Promenade‹, und dies hatte sogar auf sein Werk
als Dramatiker, nämlich auf sein Meisterwerk *Frei Luís de Sousa*, dessen Schluß
nach Arroyos (1917) Meinung den Einfluß der italienischen Oper verriet, ne-
gativ gewirkt. Deshalb habe Garrett – so die Analyse Arroyos – gewisse unbewußte Gemeinsamkeiten zwischen seiner Konzeption des Dramas und der
Wagnerschen Konzeption des »musikalischen Dramas« nicht konsequent entwickelt[155]. Seine Lebensstrategie verfolgte den künstlerischen Erfolg beim vornehmen Publikum, und zwar unter den Kommunikationsverhältnissen, die von
der Oper zum ›veredelten‹ Schauspiel übergegangen waren, während sich die
Lebensstrategie Wagners radikal gegen das traditionelle Opernpublikum und die
traditionellen Kommunikationsverhältnisse wandte (vgl. Kaden 1979).

Auch in der Theaterkritik – einer Tätigkeit, die Garrett 1827 in Portugal eingeführt hatte – verteidigte er Standpunkte, die widersprüchlich wirkten. Einerseits kritisierte er immer wieder die Opernaufführungen des São Carlos, z. B. das
Auseinandergehen der verschiedenen Darstellungskomponenten, und verlangte
ihre Einheit:

»Wer singend darstellt, der muß nach dem Gesang die Gebärde, die Bewegungen, die Haltung und nach diesen die Stimme gestalten.« (*Portuguez*
22. 3. 1827).

Weiterhin forderte Garrett historische Genauigkeit in der *couleur locale* sowie
Übereinstimmung zwischen Ausstattung, Kostüm und Stoff. Die Inkongruenz
der Inszenierungen hielt er für unerträglich[156]. So tendierte Garrett zur Berücksichtigung der Oper als Ganzes – was eine Ausnahme angesichts der allgemeinen
Tendenz zur Reduktion auf die Opernmusik bedeutete, von der die Opernrezeption im São Carlos geprägt wurde. 1836 kam Garrett sogar dem Standpunkt Wagners in *Oper und Drama* (1851a) – das Drama zum Zweck der Musik
(Wagner 1851a: III, 308) – recht nahe, indem er, entgegen der theatralischen

---

[154] Chiado, Rua do Ouro: Hauptstraßen im Pombalschen Stadtviertel, zu dem auch der Rocio-Platz,
wo das neue Schauspielhaus errichtet wurde, gehört. Chiado und Rocio bzw. Rossio verbinden
seit 1846 das Italienische Theater mit dem Nationaltheater. Auf diese Weise wurde das Nationaltheater beim Spaziergang der vornehmen Gesellschaft zum Gegenpol des Italienischen Theaters.

[155] S. unten: *Weitere Entwicklungen in den Auseinandersetzungen um ›Oper‹ und ›Drama‹.*

[156] S. z. B. *Portuguez* (28. 2., 4. 4. u. 28. 4. 1827), *Entre-acto* (29. 8. 1836; 17. 5. u. 19. 5. 1837).

Inkongruenz der italienischen Oper, die dramatische Funktion der Musik im französischen *vaudeville* (d. h. im Teatro da Rua dos Condes) hervorhob (PC 29. 8. 1836)[157]. Im Kontext dieses Vergleiches betonte Garrett ferner, wie das französische Theater auf die politische Gegenwart wirken könnte und sollte: Das erwähnte *vaudeville* (*Position delicate*) zeige »den falschen Liberalismus der sich verkaufenden Menschen« und sei »ein erhabenes moralisches Werk, das verdient, von den Völkern studiert zu werden, und vor dem die Regierungen zittern müssen« (PC 29. 8. 1836). Schließlich fällt das Verlangen nach Natürlichkeit – einer der Hauptbegriffe, die zur Ideologie der Verbürgerlichung der Künste gehören – in seinen Rezensionen auf:

»Die ganze Kunst reduziert sich auf ein einziges Prinzip: die Natur nachzuahmen, und je mehr die Natur nachgeahmt wird, desto weniger kommt die Kunst zum Vorschein.« (*Portuguez* 4. 4. 1827).

Dieses Prinzip bringt Garrett im Zusammenhang mit der Kritik an der Geziertheit der Darsteller im São Carlos (vgl. auch *Portuguez* 28. 4. 1827) und später mit dem Lob der Kunst Bellinis (*Entre-acto* 17. 5. 1837) zum Ausdruck. Seine Bemerkungen zur durchdachten Instrumentation Mercadantes – »einer germanischen Instrumentation« (PC 29. 8. 1836) – sowie zur Größe Bellinis und Meyerbeers können auch im Kontext der Forderungen nach theatralischer Kohärenz gesehen werden (vgl. *Entre-acto* 17. 5. 1837).

Andererseits blieb Garrett in seiner Tätigkeit als Theaterkritiker nicht immer seinen Überzeugungen treu, auch wenn er sachlich von einer Aufführung bzw. lediglich einem einzelnen Werk berichtete. Seine Begeisterung für eine Sängerin konnte so weit gehen, daß er die Rezension in Galanterie übergehen ließ. Dann blieb die dramatische Funktion der Musik unbeachtet, und der Gesang selbst wurde zum Zweck der Oper. Sowohl in *O Portuguez* (z. B. 30. 4. 1827) als auch zehn Jahre später in *O Entre-acto* (1837) mischte sich Garrett eher in die Rivalitäten zwischen Primadonnen ein, als daß er sich davon distanzierte.

Das ›Geheimnis‹ der Widersprüche Garretts enthüllt sich jedoch durch den Gegenstand und die Adressaten seiner Kritiken. Garrett berichtet vor allem vom São Carlos, d. h. vom vornehmsten Theater Lissabons, mithin vom Italienischen Theater, und viel weniger vom Teatro da Rua dos Condes. Alles, was er in *O Portuguez Constitucional* über das von Heeringen (1838) erwähnte Salitre-Volkstheater schreibt, ist, daß er »mit großer Freude« dieses besuchen werde, »weil es da schon ziemlich viel zu loben und noch viel mehr zu fordern gibt« (PC 29. 8. 1936). Bereits in der Wahl des Gegenstandes seiner Berichte manifestiert sich

---

[157] Sowohl Garrett als auch Wagner knüpften in diesem Zusammenhang an die Aufklärung an.

eine gewisse Verachtung dessen, was er »volkstümlich« und »demagogisch« nennt: »Die Menschenmenge möchte das haben, was das Theater füllt«, und dies bedeutete z. B. bei einer Sängerin, daß sie nicht raffiniert sänge, sondern daß sie schreie (*Portuguez* 30. 4. 1827). Das Mißtrauen in die Demokratie – ein politisches Erbe, das von der Unterstützung des Volkes für die absolutistische Reaktion ausging und auch das Denken eines der großen Intellektuellen des portugiesischen Liberalismus, Alexandre Herculano, prägte (vgl. Silbert 1972: 189 f.) – fließt bei Garrett in die Kunstkritik ein. Das Publikum, das für ihn zählte, war die Elite, die das São Carlos besuchte, war also das Publikum, das er sich selbst nicht nur als Dramatiker, sondern auch als Berichterstatter wünschte. Wer konnte eigentlich seine Rezensionen lesen, verstehen, schätzen auch unter dem Gesichtspunkt ihres bewundernswerten literarischen Stils – wenn nicht die Crème der portugiesischen Gesellschaft, d. h. die Besucher des São Carlos und des Théâtre français? Dies wieder führt uns zum Wesen der Theaterreform Garretts zurück. Dem portugiesischen Theater Würde zu verleihen, schloß den Bau eines Theatergebäudes, das der gesellschaftlichen Elite würdig war, ein. Daher hätte dessen Architektur das Zuschauerraum-Modell des São Carlos und seiner königlichen Ehrenloge nachahmen müssen. Das Ziel der Nationalbildung, das das Nationaltheater verfolgen sollte, verschwand hinter den Mauern eines prächtigen Gebäudes, in dem dieselbe Elite des Italienischen Theaters erwartet wurde. Man ging also nicht von der Tradition der »Volkstheater« aus, um das gesamte Theaterwesen umzugestalten, wie es nach dem Zeugnis von Heeringen im Sinne einer von der Aufklärung inspirierten Theaterreform folgerichtig gewesen wäre. Und so wie die Klassenansprüche, das politische Programm und die Verfassung des Setembrismo relativ rasch, durch die Diktatur von Costa Cabral (ab 1842), von denen des »falschen Liberalismus der sich verkaufenden Menschen« (Garrett in: PC 29. 8. 1836) ersetzt wurde, so wurde auch die Funktion der Nationalbildung negiert, auf die die Theaterauffassungen der September-Revolution hinwiesen, und die Integration des 1846 eingeweihten Nationaltheaters im Kommunikationsmodell der Selbstdarstellung und der ›öffentlichen Promenade‹ vollendet. Statt einer gesamten Reform des Theaters, die auch das Italienische Theater einbezöge, vollzog sich die Transformation des Nationaltheaters zur Kommunikationsstruktur der italienischen Oper.

Der Ausschluß der Oper vom Theater

Spuren einer eventuell direkten Wirkung des Setembrismo auf das São Carlos können in diesem Kontext nur oberflächlich und vorübergehend erscheinen. Dem Grafen von Farrobo – dessen Inszenierungen im Rahmen der Repräsentation und der Opernunterhaltung des Teatro das Laranjeiras, wie erwähnt, sehr anspruchsvoll waren – ist der Versuch einer Erneuerung der São-Carlos-Aufführungspraxis zu verdanken, welche gewissermaßen im Sinne der Theaterreform des ›Setembrismo‹ interpretiert werden kann. Diese Erneuerung manifestierte sich in zwei Ebenen:

a) in Bemühungen um richtig ausgestattete Inszenierungen;

b) in der Erweiterung des Repertoires.

Am Beispiel der Entwicklung, die um 1830 in der Pariser Grand Opéra stattfand (vgl. Gerhard 1992: 146 f.), strebten die Dekorationen und die Kostüme nach *couleur locale* und ›Authentizität‹. Bei höheren musikalischen Ansprüchen gewann die Bühne, dank der Mitwirkung der Bühnenbildnern Rambois und Cinatti, an Illusionspotential[158]. Mit Begeisterung preist Wittich das künstlerische Niveau der Aufführungen, denen er um 1838 beiwohnte:

»Die Leistungen dieses Theaters befriedigen gewiß auch jetzt noch selbst höhere Anforderungen. Das Orchester ist zahlreich besetzt und vortrefflich eingespielt. Die italienischen Sänger und Sängerinnen stehen auf keiner niederen Stufe der Kunst, Garderobe und Bühnendecorationen sind brilliant zu nennen, auch das Ballet ist vorzüglich. [...] Was die Schönheit der Decorationen, den Reichthum der Garderobe, die Präcision der musikalischen Aufführung, was Gesang und Spiel in dieser Oper [São Carlos] betrifft, so bin ich überzeugt, daß kein Theater Europas mehr leisten wird ...« (Wittich 1843: 124, 126).

Die Erweiterung des Repertoires, die der fast absoluten Herrschaft der italienischen Komponisten entgegenstand, kann man für ein Zeichen neuer Kulturbedürfnisse halten. Dies wird besonders deutlich im Versuch, Mozarts *Don Giovanni* durchzusetzen[159]. Die Tatsache, daß man sich im voraus darum kümmerte (und zwar im Gesetzblatt, das auch in dieser Zeit allgemeine Nachrichten vermittelte), die Leser und potentiellen Zuschauer über die Bedeutung des Mozartschen Werks zu belehren und sie auf diese Weise für dessen Erstaufführung

---

[158] S. oben Heerings Berichte von Aufführungen, die um 1836 stattfanden.

[159] Bereits 1837 hatte man versucht, *Don Giovanni* im São Carlos aufzuführen; das Werk war aber in der letzten Minute von der *Cenerentola* ersetzt worden (vgl. *Entre-acto* 14. 6. 1837).

vorzubereiten, zeugt von einer scheinbar neuen Strategie des São Carlos, dieses unter der gemeinsamen Sache der Nationalbildung zu subsumieren. Der Text, der fast eine ganze Seite der Zeitung einnimmt und dessen erwähnte Funktion – Vorbereitung auf die Aufführung – weder Vorläufer noch nachfolgende Beispiele in der Presse der darauffolgenden Jahre hat, bestätigt die Vermutung. Da wird betont, nur Lissabon bleibe die Kunst Mozarts und insbesondere die »bewundernswerte Komposition« des *Don Giovanni*, mit der alle Theater von London, Paris, Italien und Deutschland seit langem vertraut seien, fremd:

> »Die verschiedenen Impresarios, die das São Carlos bisher ohne Kunstverständnis, ohne nationalen Stolz, als bloßes Warenunternehmen regiert haben, haben immer gefürchtet, daß der Geschmack des Publikums noch nicht fein genug sei, um eine Musik zu schätzen, die sich von der unterscheidet, die es gewöhnlich hört ...« (DG 5. 1. 1839).

»Das gegenwärtige Unternehmen« habe jedoch einen bestimmten Begriff von der Vollendung des Geschmacks und des Musikverständnisses«, so daß es alles mache, »um uns die Kompositionen der verschiedenen Schulen zu Gehör zu bringen«. *Don Giovanni* müsse *Guillaume Tell* und *Robert le Diable* folgen, weil diese letzteren auch nicht weniger als *Mosè* und *Norma* verstanden worden seien (*ebd.*).

Gemeint ist also hier der Gegensatz zwischen Warenangebot und Kulturbedürfnis. Zugleich kommt auch ein Hauptmotiv des Setembrismo zum Ausdruck: der nationale Stolz, der also auch in der Oper, nicht nur in der Industrie (vgl. Silbert 1972: 199) zu retten sei. Weder für das eine noch für das andere war aber das Publikum des São Carlos empfänglich. Die Untersuchung verschiedener Presseorgane der Zeit läßt die Schlußfolgerung zu, daß von *Don Giovanni* nicht mehr als vier oder fünf Vorstellungen gegeben wurden, und dies zu einer Zeit, in der von Anfang bis Ende des Jahres dreimonatliche Spielzeiten aufeinanderfolgten und jede Oper (wie z. B. bei *Chiara di Rosemberg* oder dem *Barbier von Sevilla*) leicht dutzende Male aufgeführt werden konnte. Außerdem findet man bezeichnenderweise in der Presse keine Rezension der Erstaufführung des *Don Giovanni*, während von anderen São-Carlos-Aufführungen ausführlich berichtet wird. Die Gewohnheit siegte hier noch einmal über den ›Willen‹, und man mußte noch dreißig Jahre warten, bis Mozarts Oper erneut zur Aufführung gelangte. Die Bemühungen Farrobos um die Erweiterung des Repertoires waren nur teilweise erfolgreich, sie konsolidierten Auber und Meyerbeer und damit auch die Etablierung der Großen Oper in den Spielzeiten des São Carlos. Auf jeden Fall bleibt das Repertoire italienischer Herkunft vorherrschend. Seit Anfang der vierziger Jahre des 19. Jahrhunderts (Farrobo hatte unterdessen die Leitung des São Carlos verlassen) knüpft die Aufnahme von

Verdi-Opern an die Tradition der Einführung neuer italienischer Komponisten ins São Carlos an, wie es früher mit Rossini, Donizetti, Bellini geschehen war. Weitere Reformabsichten des São Carlos – nämlich einen Gewinn an Genauigkeit und Lokalkolorit sowie höhere Ansprüche an die *mise en scène* – läßt die obenerwähnte Presseankündigung des *Don Giovanni* von vornherein hinfällig werden. Man ging prinzipiell davon aus, daß die Oper vor allem Musik – nicht Theater – war. Als der Chronist des Gesetzblattes sich mit dem Stoff des *Don Giovanni* befaßte, entschuldigte er die Handlung mit der Schönheit der Musik. Die Aufmerksamkeit der Zuschauer sollte sich nicht auf den häßlichen Verbrecher – so sah auch das aufsteigende Bürgertum in Deutschland die Gestalt des *Don Giovanni* (vgl. Bitter 1961: 74 ff.) –, sondern auf die Musik konzentrieren:

»[Don Giovanni] ist ein Wüstling, ein Mörder, ein niederträchtiger Verführer von Jungfrauen, ein unverbesserlicher Lästerer, schließlich vor den Augen des Zuschauers mit der Hölle bestraft; er ist dieselbe Verschmelzung von Ausschweifung und Religion, die wir schon in Robert gesehen haben; ist eine Mischung von Groteskem, Schrecklichem, die in unseren Zeiten nicht akzeptiert werden würde, wenn sie nicht einfach ein Vorwand wäre, Mozarts Musik hören zu lassen.« (DG 5. 1. 1839).

Diese Reduktion der Oper auf die Opernmusik gehörte zum Wesen des italienischen Theaters:

»Alle wissen, daß man im italienischen Theater nicht dem Drama Aufmerksamkeit schenkt, sondern nur der harmonischen Seite, und in dieser ist *D. Giovanne* [sic] verdienstvoller als jede andere Oper.« (DG 5. 1. 1839).

Nichts konnte besser das Versagen der Theaterreform des Setembrismo auf dem Gebiet der Oper bezeugen, als dieses Zitat, in dem die bisher erwähnten Widersprüche aufgeklärt werden. Einerseits bestätigt es, inwieweit die Berücksichtigung der Szene in der Opernkritik Garretts eine Ausnahme dem Zeitgeist gegenüber war (aber selbst Garrett konnte vielleicht im Italienischen Theater nicht mehr das für möglich halten, was er für das *vaudeville* als geeignet fand, nämlich das ›Drama zum Zwecke der Musik‹). Andererseits, obwohl man hier von Harmonie in einem Sinne spricht, der bereits die Aneignung des klassischen Stils als ›absolute Musik‹ und die Abwertung der italienischen Tradition vorauszusetzen scheint, lehnt man ausdrücklich den Begriff der Oper als Ganzes ab. Kurzum, weder Garrett noch die anderen Persönlichkeiten der September-Revolution waren aus dem einen oder anderen Grunde imstande, die Oper konsequent als Theater zu verstehen.

6. Italienische Gesangskunst und Unterdrückung der nationalen Kreativität

Die Unterordnung des Nationalschauspiels unter das Italienische Theater

Zum »nationalen Stolz« des Setembrismo gehörte kein Musiktheater in portugiesischer Sprache. Garrett, der in seinem schöpferischen Werk die besten Traditionen der portugiesischen Literatur und des portugiesischen Theaters weiterentwickelte und sich auf den Schatz der Volkskunst stützte (hier liegt vielleicht einer seiner Widersprüche, der in der Formel ›Volksgut für die Elite‹ synthetisiert werden könnte), stellte sich gewiß eine dramatische Musik vor, die nationale Stoffe bearbeitete. In Bezug auf einen im São Carlos aufgeführten Tanz[160] meint er 1837 in seiner Zeitung *Entre-acto*, es genüge jedem Komponisten, »der bei uns unsterblich werden will«, daß er »die Geschichte des Landes durchforscht« (vgl. Gomes de Amorim 1884: II, 316). Garrett dachte aber scheinbar nicht darüber nach, daß diese Herausforderung offensichtlich in Widerspruch stand zum Wesen des Italienischen Theaters, das das São Carlos war und blieb, während andererseits seine Theaterreform keine Nationaloper vorsah. Im Falle einer Oper sollten also die nach der Unsterblichkeit strebenden Komponisten portugiesische Stoffe für italienische Sänger in italienischer Sprache vertonen.

Die portugiesischen Komponisten, die im 19. Jahrhundert Opern schreiben sollten, schreiben sie genau wie erwartet: für die italienischen Sänger des São Carlos und in italienischer Sprache[161]. Manche Komponisten, wie z. B. Sá Noronha, Freitas Gazul und Alfredo Keil folgten später sogar wörtlich Garretts Empfehlung und wählten für ihre Opernstoffe meisterhaft bearbeitete Motive der portugiesischen Geschichte aus einigen Hauptwerken von Garrett aus. Dann

---

[160] Es ging um den Tanz *As Forjas de Vulcano ou O Poder do Amor* von Bernard Vestris.

[161] Nur gelegentlich z. B. im Teatro das Laranjeiras gelangten Opern in portugiesischer Originalsprache zur Aufführung. Mit Ausnahme von einigen Werken bis etwa Mitte der vierziger Jahre, wird bis zum Zerfall der Monarchie keine Oper in portugiesischer Sprache im São Carlos vorgetragen. Die Aufführungen von komischen Opern in portugiesischer Sprache (Übersetzungen von fremdem Repertoire) im Teatro da Rua dos Condes seit 1839, die Farrobo als Generalinspektor der Theater förderte, wurden noch nicht systematisch untersucht. Geleitet von João Guilherme Daddi begannen sie mit Aubers *Domino Noir*. Wie dem auch sei, das Schicksal eines musikalischen Theaters in portugiesischer Sprache wird bis zur Jahrhundertwende den Ensembles von Schauspielern des Sprechtheaters überlassen und von den Kassenerträgen abhängig gemacht.

Entwurf von Manini für Keils *Irene* – »mystische Sage« über eine traditionelle Erzählung –
4. Bild (Reproduktion nach dem Libretto, 1892).

sollten sich aber der Sprachschatz, der Garrett so sehr eigen war, und die bewundernswerten Schönheiten seiner Dichtkunst in italienische Libretti verwandeln. Und selbst als die Stunde des »musikalischen Nationalismus« 1899 mit
Alfredo Keils *Serrana*-Uraufführung im São Carlos schlug, mußte man immer
noch die ›nationale Musik‹ in einen italienischen Text einkleiden. Diese erste
nach mehr als einem Jahrhundert für das São Carlos geschriebene Oper in
portugiesischer Sprache mußte ins Italienische übersetzt werden, damit sie überhaupt aufgeführt werden konnte (vgl. Benevides 1902: 130, 135).
Die Männer des Setembrismo, für die Paris als Symbol des bürgerlichen Aufstiegs galt, hatten einfach vergessen, daß es da neben dem Théâtre Italien, das
bekanntlich Napoleon besonders schätzte (Pistone 1979: 16) und das in den
dreißiger Jahren des 19. Jahrhunderts seinen Höhepunkt erreichte (*ebd.*: 73), eine
lange und kulturell wertvolle Tradition französischen Musiktheaters seit 1669
in der Opéra und seit 1715 in der Opéra Comique gab, die sich im Laufe des
19. Jahrhunderts weiterentwickeln sollte[162]. Im Gegensatz zu Frankreich, wo die
Große Oper entweder unmittelbar vom Staat verwaltet oder finanziell unterstützt wurde und die Opéra Comique seit 1822 auch staatliche Unterstützung

---

[162] Von 1852 bis 1872 war das neue Théâtre Lyrique unter Leitung von Léon de Carvalho tätig und
1855 wurden die Bouffes Parisiennes von Offenbach gegründet (Pistone 1979: 75 f.).

erhielt (Pistone 1979: 68, 71), sahen die Theaterreformatoren des Setembrismo nicht die mindeste Notwendigkeit, eine wirkliche Nationaloper einzurichten. Erstens akzeptierten sie das São Carlos als Italienisches Theater, das nicht in ein Nationaltheater zu verwandeln wäre. Zweitens sahen sie gar nicht vor, daß das neue Nationalschauspiel zur Abwechslung auch eine portugiesische Oper einbeziehen könnte. Drittens stellten sie in der Theaterhierarchie das Italienische Theater höher als das Nationalschauspiel, und dies auch ganz sachlich unter dem Gesichtspunkt der staatlichen Geldunterstützung für beide.

Bereits 1837, als Garrett Generalinspektor der Theater war, bekam das São Carlos die vierfache Summe dessen, was das zum ›Nationaltheater‹ gewordenen Teatro da Rua dos Condes zur Unterstützung erhielt: nämlich 24 000 000 *réis* (Benevides 1883: 154) gegenüber 6 000 000 *réis* (Silva Pereira in: RT 1896: 63). Bis dahin sollte das São Carlos als Bestandteil einer von der Polizei verwalteten Wohlfahrtseinrichtung (Casa Pia), durch Kassenerträge, finanziert werden. Da es jedoch keineswegs rentabel war, bekam weder die Casa Pia die erwünschten Beiträge vom Opernbetrieb, noch hörte der Staat auf, immer wieder Ausnahmeregelungen – Lotterien – zugunsten des São Carlos zuzustimmen (vgl. Benevides 1883: 51 ff., 61 ff., 75 ff., 127 ff.)[163]. Jetzt, da die São-Carlos-Praxis im Geiste des Setembrismo keine bloße Opernunterhaltung mehr war, die durch Wohlfahrtspflege ›entschuldigt‹ werden sollte, sondern Sache der Nationalbildung, wurde das São Carlos ebenso wie das Nationalschauspiel staatlich unterstützt. Diese Lösung verdeckte aber den Verzicht auf eine Nationaloper. Hinzu kam die Unterordnung des Nationalschauspiels unter die italienische Oper, deren Praxis wenig mit der Nationalbildung zu tun hatte bzw. haben konnte. In der Tat wurde das São Carlos von nun an regelmäßiger und umfangreicher finanziell ausgestattet als das Nationalschauspiel[164].

Kurz nach der Einweihung des neuen Gebäudes für das Nationalschauspiel (1846) beschäftigte sich die Presse mit dieser Frage. In einem Aufsatz der *Revista Universal Lisbonense*, wo das Theater, der Ideologie des Setembrismo entsprechend, als Sache der ganzen Nation betrachtet wurde, »weil sich der Maßstab der Zivilisation und des Geistes eines Volkes im Theater befindet«, wandte man sich gegen die Kulturpolitik der Regierung. Das São Carlos, das in dieser Zeit nur

---

[163] Der finanzielle Gewinn für die Casa Pia hatte sich bald als illusionär erwiesen. Die Lizenzträger waren kaum imstande, der Casa Pia die Miete regelmäßig zu zahlen, und die Casa Pia wiederum war kaum imstande, den Großhändlern des Tabakvertrags das Gebäude zurückzuzahlen. Die Casa Pia versuchte immer wieder, aber vergebens, durch Lotterien die Situation auszugleichen – vgl. z. B. *Diário* und *Livro Mestre* des *Real Theatro de São Carlos* von jeweils 1805 und 1806 (ER 5417 und ER 5412) sowie Kiste ER 5419 im Archiv des Tribunal de Contas. Noch 1821 war die Casa Pia jenen Großhändlern 90 043 413 *réis* – mehr als die Hälfte von den Kosten des Gebäudes (165 845 196 *réis*) – schuldig (vgl. F. A. Oliveira Martins 1948: 145 ff.).

[164] Dies ergibt sich deutlich aus den Werken von Benevides (1883; 1902) und Matos Sequeira (1955).

vier Monate im Jahre geöffnet sei, bekäme von der Regierung die bedeutende Summe von 22 000 000 *réis*, während das Nationalschauspiel gar keine Subventionen erhalte, die Aufführungen unterbrechen müsse und sich auf wöchentliche Wohltätigkeitsaufführungen beschränke, um die Künstler nicht verhungern zu lassen. Die politischen Auseinandersetzungen zwischen der nationalen Bourgeoisie und den Schichten, die sich eher mit den Interessen ausländischer (insbesondere englischer) Großhändler verbanden, gingen in die Theaterkulturpolitik ein:

»Beseitigen wir nicht die lyrische Oper! Aber lassen wir zugleich nicht den öffentlichen Skandal geschehen, die Ausländer sich zu bereichern und die Portugiesen ins Elend geraten zu lassen!« (RUL, VI [1846–1847]: 380).

Der ›Ausbeuter‹ sei in diesem Fall nicht der englische Großhändler, sondern der italienische Impresario[165], der Bedingungen durchsetze und große Summen bekomme, während die portugiesische Theatergesellschaft, die das Nationalschauspiel verwaltete, vergebens um Hilfe bäte (*ebd.*). Abgesehen von gelegentlichen Varianten, die die staatliche Unterstützung in Zukunft für jedes der beiden Theater haben sollte[166], bleibt deren Hierarchie auch unter diesem Gesichtspunkt bis zum Ende der Monarchie eine Konstante. Das Italienische Theater wirkt also weiter als repräsentatives ›Hoftheater‹ ersten Ranges[167] und als das am meisten angesehene aller Lissaboner Theater. Und als die Frage der Errichtung einer Nationaloper um die Jahrhundertwende in der Öffentlichkeit dringend gestellt wird – als Konsequenz der Erfolge Keils und anderer portugiesischer Komponisten, wie z. B. Augusto Machados, sowie als Bestandteil der republikanisch-patriotischen Bewegung, die sich nach dem englischen Ultimatum 1890 entwickelt hatte[168] – führt die sterbende Monarchie das in der Theaterreform des Setembrismo anerkannte Prinzip, daß das São Carlos für eine Nationaloper ungeeignet sei, zu letzten Konsequenzen. Am 14. Oktober 1901 erließ die Regierung eine Verordnung, in der das »Portugiesische Lyriktheater« auf dem Papier gegründet wurde. Es fehlte ›nur‹ das Gebäude und das Ensemble:

---

[165] Zu dieser Zeit, die Benevides (1883: 217 ff.) als die der tiefsten Dekadenz des São Carlos bezeichnet, war Vicente Corradini Impresario – und zwar einer, durch den nicht nur die ruhigsten, sondern auch die für den Impresario gewinnbringendsten Spielzeiten gewährleistet wurden.

[166] Dieser Punkt verdient eine ausführliche Berücksichtigung, hier muß er aber ausgelassen werden.

[167] Denken wir nur an die oben erwähnte Veranstaltung zu Ehren der Kolonialtruppen mit der (entstellten) *Afrikanerin* von Meyerbeer (1896): ein Beispiel für die Versuche der sterbenden Monarchie, die patriotischen Initiativen den Händen der Republikaner zu entreißen.

[168] Das Ultimatum, das der englische Botschafter in Lissabon am 11. Januar 1890 stellte, verlangte mit Erfolg den unmittelbaren Rückzug der portugiesischen Expeditionstruppen, die in Ostafrika in den von England beanspruchten Gebieten operierten (vgl. Ramos 1994: 37 f.). Eine der Konsequenzen der politischen Unruhe, die daraus entstand, war der erste – letztlich gescheiterte – republikanische Aufstand vom 31. Januar 1891 in Porto.

Augusto Machado und die Erstaufführung seiner Oper *Laurianne* (Raphael Bordallo Pinheiro in: *Antonio Maria* 6. 3. 1884).

Derartige Kleinigkeiten überließ die Regierung gerne der Privatinitiative eventueller Interessenten (vgl. Benevides 1902: 165 f.). So wurde der *status quo* beibehalten und die Regierung entschuldigt: Das São Carlos sollte als italienisches Theater weiterhin wirken und subventioniert werden, die Verantwortung für das Nichtvorhandensein eines Nationalopernhauses übernahm der Staat nicht mehr.

Italienische Gesangskunst als Kulturbedürfnis

Die Idee, daß das São Carlos mit italienischen Ensembles zum Kulturschatz der Nation gehöre, der Befriedigung von Kulturbedürfnissen diene, auf die Kunstbildung der ganzen Bevölkerung »bis zu den fernsten Dörfern unserer Provinzen« wirke (Lopes de Mendonça in: RS 23. 5. 1854), war 1838–1840, in der Zeit der Verwaltung des Theaters durch den Grafen von Farrobo, zum festen Begriff geworden. Er hatte als ein echter Mäzen gehandelt (RUL, VII [1847–1848]: 369) und so 40 000 000 *réis* seines eigenen Vermögens verloren (Noronha 1945: 129). Die vorübergehende Förderung der Einrichtungen des Theaters, bei der jedoch die absolute Überlegenheit der Gesangskunst nie in Frage gestellt wurde, wird von seinen Nachfolgern unter dem Zwang ihrer

Erste Szene des *Faust* im São Carlos, nach dem Entwurf von Raphael Bordallo Pinheiro (*Antonio Maria* 22. 1. 1880).

Unternehmenshaushalte und auf der Suche nach einem leichteren und billigeren Erfolg immer mehr reduziert. Gelegentliche Höhepunkte, wie z. B. 1865 Gounods *Faust*-Erstaufführung unter Leitung von Guilherme Cossoul (vgl. Benevides 1883: 317; CdP 30. 12. 1940), relativieren diese Tendenz nur unwesentlich. Alles, was man außer den Hauptsängern zur Aufführung einer Oper zusammenstellte, verlor nach der Zeit Farrobos wieder an Bedeutung. Auch die Arbeit von Rambois und Cinatti sowie von Luigi Manini, der von 1879 bis 1895 im São Carlos tätig war und wie seine Vorgänger zum ›Architekten der Mode‹ wurde[169], berücksichtigte man nur als sehenswürdige Ergänzung zu dem, was das Dabeisein der Zuschauer rechtfertigte: die Gesangsexhibition. Man ging ins São Carlos aus anderen Motiven (›öffentliche Promenade‹), rezipierte die Opernaufführung fragmentarisch, als Flucht in die Illusion (›doppelte Entfremdung‹), mußte sich aber zu einem Kulturvorwand bekennen. Das São Carlos, das den Staat so viel kostete, mußte eine für die Nationalerziehung wichtige Rolle spielen. Und das, was immer wieder in der Literatur und Presse als kulturelle Rechtfertigung des São Carlos auffällt, faßt man im Begriff ›Gesangskunst‹ zusammen.

---

[169] Luigi Manini ist z. B. der szenische Entwurf des Hotels von Buçaco, eines Beispiels des ›Revivalismo‹ (Pereira Dias 1940: 132) zu verdanken.

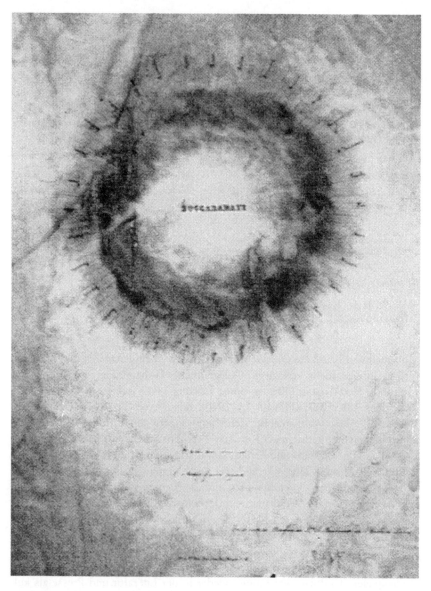

Geschenk an Primadonna Boccabadati: Die Sängerin als eine Sonne, die durch ihr Repertoire ausstrahlt (Archiv des São Carlos).

Eine Belcanto-Sängerin in der Karikatur von Raphael Bordallo Pinheiro (*Antonio Maria* 28. 10. 1880).

Beispiele dafür fehlen nicht. Das São Carlos sei dekadent, weil das Ensemble nicht erste Damen und erste Bässe habe, die seiner Traditionen würdig seien (RS 4. 12. 1841); man ginge ins Theater, um die Stoltz bzw. die Novello[170] zu hören (RUL, III [1851]: 251); »die Kunst entwickeln und pflegen« bestehe darin, gute Sänger auszusuchen ... (Lopes de Mendonça in: RS 23. 5. 1854). Was man unter einem guten Sänger verstand, macht Benevides deutlich:

»Das Publikum des São Carlos hat eine große Vorliebe für die lyrischen Koloratursoprane und klatscht übertrieben Beifall, wenn es *fiorituri* in der höchsten rein gesungenen Lage hört; gemeinhin gesagt, gefallen ihm die *ki-ki-ri-kis* in der höchsten Oktave der *sfogatti*-Soprane am besten.« (Benevides 1883: 234).

Schließlich zeigt Eça de Queiroz, wie einer der typischen Zuschauer des São Carlos, der uns schon bekannte Kanzleirat Acácio, bei einer Aufführung des *Faust* die Gesangskunst einschätzte:

»... da sagte der Kanzleirat: ›Jetzt kommt das Richtige! Geben Sie gut acht. Jetzt kommt der Höhepunkt.‹
Die Schauspielerin rutschte auf den Knien vor der Truhe mit Juwelen hin und her und hielt verzückt das Halsband in den Händen; sie legte mit übertriebener Umständlichkeit die Ohrringe an, und aus ihrem weit geöffneten Munde kam ein kristallklares Trillern – unter dem leisen Beifallsgemurmel bürgerlicher Bewunderung.
Der Kanzleirat meinte diskret: ›Bravo! Bravo‹«

---

[170] Die beiden Sängerinnen, Clara Novello (Sopran) und Rosina Stoltz (Alt), gehörten zum italienischen Opernensemble, das 1850 mit einem Kriegsschiff von Genua nach Lissabon gefahren war (s. oben S. 90).

Voller Begeisterung ließ er eine ganze Abhandlung vom Stapel: Es wäre das Beste der ganzen Oper! An dieser Stelle erweise sich die Leistungsfähigkeit der Sängerinnen ...« (Eça de Queiroz 1878a: 426).

Natürlich beeinflußte diese Haltung die Vorliebe für ein bestimmtes Repertoire. Da hörte man die sogenannten ›Höhepunkte‹ und ließ immer wieder die ›Nummern‹ wiederholen, an denen man Wohlgefallen hatte: z. B. konnte *zitti, zitti, piano, piano* (Finale des *Barbier von Sevilla*) 1854 dreimal in einer Aufführung gesungen werden (RS 20. 2. 1854). Die leichten Melodien, die im Gedächtnis blieben, als man aus dem Theater ging, wurden im Vergleich zur »Harmonie«, die »man nicht trällern konnte«, als »die beste Musik« betrachtet (Machado, RS 5. 11. 1867).

Die tief verwurzelten Gewohnheiten der italienischen Gesangspraxis bedingten die herrschende Einstellung zum Repertoire: Rossini wurde noch 1854 als ein Revolutionär der Musik betrachtet, dessen Kunst die Nachfolger mit Übertreibungen zerstört hätten (Lopes de Mendonça in: RS 20. 2. 1854), und 1868 – anläßlich seines Todes – bezeichnete man ihn als »das größte musikalische Genie dieses Jahrhunderts« (JC 18. 11. 1868). Deshalb blieb Mozart, der z. B. in London, Paris (Rosenthal 1958, Pistone 1979) und sogar in Brasilien, der ehemaligen portugiesischen Kolonie (Ayres de Andrade 1967: 116 ff.), bereits ziemlich früh bekannt wurde, dem Publikum des São Carlos fast fremd. Nach dem Mißerfolg von 1839 und den zehn Aufführungen des *Don Giovanni* in der Spielzeit 1868/1869 – mäßig vom Publikum besucht, gleichsam nur, um eine Pflicht zu erfüllen (RS 5. 3. 1868) – führte man diese Oper bis zum Ende des Jahrhunderts sehr selten auf[171]. Alle anderen Opern bzw. Singspiele Mozarts werden erst nach dem Zweiten Weltkrieg (!) in Lissabon präsentiert[172]. Verdi, obwohl zeitig eingeführt, gelangte nicht ohne Schwierigkeiten zum Erfolg: Emílio Lami (*Trovador* 26. 5. 1855) lobte in dessen Werken die Rolle des Orchesters, das ebenso wichtig wie jeder Sänger sei, und stellte dem Auseinandergehen von Musik und Text bei Rossini die Verbindung beider

---

[171] Weitere Aufführungen im São Carlos: 1872, 1875, 1880, 1902. Erst 1949 wird *Don Giovanni* im São Carlos wieder aufgenommen (Luiz de Freitas Branco 1956b). Obwohl die Struktur des Repertoires auch von den italienischen Ensembles abhing, gilt gerade die Rezeption des *Don Giovanni* in Lissabon als Beweis, inwieweit der lokale Wirkungszusammenhang die entscheidende Rolle spielte. Der Vergleich mit der Rezeption in anderen Ländern zeigt erstens, daß die Entwicklung von nationalen Operntheatern die Übernahme der Opern von Mozart überall begünstigte (so war *Don Giovanni* in über hundert Städten in verschiedenen Sprachen aufgeführt worden, bevor die Oper 1839 nach Lissabon kam), und zweitens, daß italienische Ensembles, die von 1811 an diese Oper im Repertoire hatten, nicht überall zu deren Aufführung aufgefordert wurden. Während *Don Giovanni* z. B. in London bzw. Paris, sei es in Italienisch, sei es in Übersetzungen, im Laufe des 19. Jahrhunderts hunderte Aufführungen erzielte (vgl. Loewenberg 1943: 448 ff.), zeigte das Stück in Lissabon im Prinzip keine Wirkung. Die portugiesische Romantik verkannte eines der Werke, das am tiefsten gerade die Romantik geprägt hatte.

[172] Im Teatro de São João in Porto wurde *Così fan tutte* 1816 von einem italienischen Ensemble aufgeführt (AMZ, XVIII/26 [1816]: 437).

Komponenten bei Verdi gegenüber. Aber für die allgemeine Einstellung, die Berichterstatter wie Lopes de Mendonça vertraten und verbreiteten, bedeuteten Rossini, Bellini und Donizetti den Höhepunkt der vertrauten Opernentwicklung (RS 10. 7. 1854)[173]. Gewiß verteidigte Lopes de Mendonça, sich auf Scudo stützend, daneben drei Opern Verdis (*Luisa Miller, Trovatore, Rigoletto*), hielt jedoch deren Vokalansprüche für eine Gefahr für die Sänger. Anläßlich der *Rigoletto*-Erstaufführung meinte er:

»[Diese neue Oper Verdis sei] weit entfernt davon, das lyrische Gefühl, das wir in Bellini und Donizetti bewundern, sowie die bewundernswerte Fruchtbarkeit der schmachtenden und leidenschaftlichen Motive zu interpretieren, durch die die reine italienische Schule während so vieler Jahre die Überlegenheit in Europa bewahrt hat.« (Lopes de Mendonça, RS 7. 2. 1854).

Fast zehn Jahre später bezieht Júlio César Machado bereits Verdi in die Tradition ein, die er der Großen Oper entgegensetzt:

»Was die französischen Opern betrifft, die die Grundlage des Repertoires der Grand Opéra bilden, gestehe ich, daß sie mir nicht gefallen: es ist vielleicht eine Sünde, eine Unehrerbietigkeit, eine Kühnheit, ich würde aber lügen, wenn ich das Gegenteil behauptete, und ich wette im voraus, daß auch der Leser, wenn er Portugiese ist und dorthin geht, sich nicht ergötzt, und daß er sich nach unseren vertrauten und tröstlichen Freunden Bellini, Donizetti, Rossini, Verdi und Meyerbeer sehnen wird, so wie ich mich nach ihnen gesehnt habe!« (Machado 1863: 205 f.).

Benevides (1883: 323; 1902: 105, 114) bleibt noch um die Jahrhundertwende »den schönen Traditionen des alten italienischen Stils« von Rossini, Donizetti und Bellini treu.

Gesang gegen Theaterspiel

Der Begriff ›Gesangskunst‹ wurde so selbstverständlich mit ›italienischem Stil‹ und ›italienischer Sprache‹ verbunden, daß man sich keine andere Sprache und keinen anderen Stil für die Opernbühne vorstellen konnte. Selbst wenn ein Zuschauer des São Carlos in Paris französische Oper in Originalsprache bzw. in Lissabon einen scheinbar mit dem französischen Vortragsstil vertrauten, aber in

---

[173] Er erwähnt zwar auch Beethoven, Weber, Cherubini und Spontini sowie Mozarts *Don Giovanni*, auffallend ist aber, daß gerade Verdi, d. h. die neue Erscheinung in der beliebtesten Tradition, der italienischen Opernkultur, nicht ohne Schwierigkeiten aufgenommen wird.

Italienisch singenden Darsteller erlebte, gab er sogleich seinem Mißfallen Ausdruck. Die Hauptdarstellerin Galvi Neuhaus singe Donizettis *Beatrice di Tenda* im Stile der Pariser Grand Opéra,»der uns, da wir das Gehör an der italienischen Methode gebildet haben, ziemlich abstößt« (Garrett in: *Entre-acto* 19. 5. 1837: 11). Júlio César Machado schreibt:

>»Ich habe in diesem Theater [Grand Opéra] die *Huguenots* singen gehört, aber – und hier mache ich deutlich, daß ich mich von der süchtigen Begeisterung für Paris nicht verführen lasse – mir gefällt es nicht, die Oper von Franzosen gesungen zu hören [...]. Der, der an den italienischen Gesang und an die zu ihm so gut passende süße Sprache gewöhnt ist, nimmt den französischen Vers in der feurigen und zärtlichen Inspiration der italienischen Musik nicht leicht an.« (Machado 1863: 205).

Durch diese Verabsolutierung des Begriffs ›Gesangskunst‹ manifestierte sich die Tendenz zur Entleerung der Oper von den Komponenten der Musik (als ›absoluter Musik‹) und des Theaters (als szenischer Vermittlung einer Handlung). Das, was man als Inbegriff der Opernkunst ›verkaufte‹, war also eine ›Reduktion der Reduktion‹ zur Opernmusik. Im Prozeß der Wahrnehmung bedingte die Reduktion zur Opernmusik die ›doppelte Entfremdung‹: von der Wirklichkeit und von der Handlung. Wenn der Zuschauer aber dadurch nicht in seine eigenen Träume entfloh, anders gesagt, wenn er auch nicht mehr die ›Illusion‹, sondern die Kunstware ganz sachlich als ›Kenner‹ konsumierte (hier manifestiert sich ein weiterer Aspekt der bereits erwähnten Verdinglichung), so entfremdete er sich doch ebenso vom Bühnengeschehen, von der Handlung und nahm *einen noch kleineren Teil* für das Ganze. Das, was nur *eines* unter vielen anderen Ausdrucksmitteln war – die Gesangskunst – verwandelte sich in den eigentlichen Zweck der Aufführung[174].

Dieses Mißverständnis findet seinen empörendsten Ausdruck 1898 im Auftritt des unterdessen schon weltberühmt gewordenen portugiesischen Sängers Francisco d'Andrade, der seine ganze Karriere im Ausland begonnen und fortgesetzt hatte. Zehn Jahre früher – als er vielleicht seine künstlerische Persönlichkeit noch nicht gänzlich entfaltet hatte – war er neben seinem Bruder António d'Andrade vom Publikum des São Carlos gefeiert worden. Nun, gerade als er sich auf der Höhe seiner internationalen Karriere befand und einer der begehrtesten Don Giovanni und Rigoletto der europäischen und vor allem der deutschen Bühnen war, hatte er beim Publikum des São Carlos keinen Erfolg. Die

---

[174] In der Tradition der Belcanto-Kultur konnte sogar eine mit Pathos wiedergegebene ›große Szene‹ als Selbstdarstellung des Virtuosen gelten. Zu Rousseaus Kritik des Pathos als Selbstdarstellung sowohl im Schauspiel als auch in der Oper – s. Vieira de Carvalho (1993a).

Die Brüder António und Francisco d'Andrade in *Un ballo in maschera* von Verdi (Raphael Bordallo Pinheiro in: *Pontos nos ii* 24. 11. 1887).

Adelina Patti und Francisco d'Andrade in *Linda di Chamounix* von Donizetti, nach dem Entwurf von Raphael Bordallo Pinheiro (in: *Pontos nos ii* 29. 12. 1887).

Art und Weise, wie Benevides davon berichtet, ist ein kostbares Zeugnis der Mentalität der Zuschauer und des Berichterstatters selbst:

»Francisco Andrade, berühmter Bariton, vollendeter Schauspieler, in Lissabon sehr gefeiert[175], dessen Ruhm in den Theatern Deutschlands erstrahlte, war sehnsüchtig vom Publikum des São Carlos erwartet worden, das schon so viel Wunderbares von seinen Erfolgen auf den deutschen Bühnen gehört hatte und das die Wahrheit dieses Ruhms überprüfen wollte. Sein Name im neuen Ensemble war sogar einer der Faktoren der ungeheuren Nachfrage nach Abonnements für Logen und Parkettplätze gewesen. [...]
Das Publikum hat Francisco Andrade, sobald er auftrat, mit einer so wahnsinnigen und stürmischen Ovation empfangen, wie es nur selten in Lissabon geschehen ist, weil das Publikum es hier normalerweise vorzieht, zuzuhören, bevor es sich ausdrückt, und dies aus dem Grund, da die Stimme des Sängers

---

[175] Hier ist der frühere Auftritt von Francisco d'Andrade (und seinem Bruder António d'Andrade) in der Spielzeit 1887/1888 gemeint. Bezeichnenderweise hebt Benevides (1902: 50) d'Andrades Spiel des Rigoletto hervor: hier scheine seine Stimme nicht einmal »unangenehm« bzw. »schroff«.

vielleicht schon kaputt sei! Ein italienischer Sänger wäre vielleicht nicht am Freitag – einem Unglückstag für viele Leute – aufgetreten. Man sagte, Francisco Andrade sei krank; entspräche dieses Gerücht der Wahrheit, so hätte der berühmte Bariton nicht singen dürfen. Andere behaupteten – darunter einige Sänger des Ensembles – er sei völlig kaputt; wäre es die Wahrheit und kennte er sich selbst, so hätte er noch weniger zur Lissaboner Bühne zurückkehren dürfen. Auf jeden Fall war die Enttäuschung kolossal. Aber das Publikum hat entgegen seiner Gewohnheit auf den Ruhm seines Landsmanns Rücksicht genommen und verharrte still, als es eine so näselnde Stimme und einen so falschen und farblosen Gesang anhörte [...]. Francisco Andrade erklärte, daß er krank sei, obwohl die Aufführung zu Ende gebracht wurde. Er hat während der Spielzeit nicht mehr gesungen und hat den Vertrag aufgehoben ...« (Benevides 1902: 123 f.).

Die Enttäuschung des Publikums wurde mit der Enttäuschung des Sängers selbst in Verbindung gebracht, da Francisco d'Andrade, der ein paar Jahre später in Don Giovannis Gestalt von Max Slevogt gemalt wurde (vgl. Rosenberg 1968: 332 ff.), nicht mehr im São Carlos auftrat und erst zwanzig Jahre später wieder vor einem Lissaboner Publikum (im Coliseu), und zwar zum letzten Mal in einer öffentlichen Veranstaltung, sang. Moreau (1981), der in seinem Buch eine sehr wertvolle Dokumentation auf Grundlage des Nachlasses des Sängers zusammengestellt hat, stellt die Vermutung, daß Andrade Mißerfolg hatte, weil er krank gewesen sei, nicht in Frage und belegt diese Version mit einem an die Öffentlichkeit gerichteten Dankschreiben des Darstellers und zwei Zeitungsberichten. Wenn aber nur dies der Fall gewesen wäre, wäre Francisco d'Andrade gewiß noch einmal in einer der darauffolgenden Spielzeiten im São Carlos aufgetreten. Davon ist jedoch bis zu seinem Lebensende keine Rede mehr, obwohl der Künstler nicht den Kontakt mit dem Vaterland verlor, wo er nämlich seine Ferien verbrachte. Auch die beiden bei Moreau zitierten Zeitungsberichte sind in diesem Zusammenhang beredt. Ein Berichterstatter »hofft«, d'Andrade werde zeigen, »was für einen Wert sein im Ausland so umjubeltes Talent hat«, wenn er wieder gesund sei, weigert sich aber die Arbeit des Darstellers zu kritisieren, denn nur die Rolle, nicht aber der Gesang, sei bemerkenswert interpretiert (DN 12. 2. 1898). Der andere Chronist erkannte die künstlerische Größe d'Andrades und berücksichtigte den Gesangsvortrag genau nur als ein unter anderem verfügbares Ausdrucksmittel der Darstellung:

»Die Ermüdung durch die Reise, die den allgemeinen Zustand seines Kehlkopfes angegriffen hatte und durch eine Erkältung verschlimmert wurde, haben es ihm nicht ermöglicht, uns alle Vollkommenheiten seines Gesangs-

stils schätzen zu lassen. Aber künstlerisch erhebt sich Andrade zu einem Höhepunkt, indem er die Gestalt des alten Narren – der, unter der Maske des Clowns ein weitaus größeres Gefühl der Vaterliebe verbirgt – in eine herrliche und hervorragende Schöpfung verwandelt.
Man muß ihn sehen, seine Arbeit, die so ausführlich wie sorgfältig und intelligent ist, sie aufmerksam studieren, um zu verstehen, daß wir uns vor einem echten großen Künstler befinden.« (*Amphion* 15. 2. 1898).

Derlei war die Ausnahme. Die Regel, d. h. die Masse der Zuschauer und der Pressestimmen repräsentierte Benevides. Nach *Rigoletto* kam der angekündigte *Don Giovanni* nicht mehr zu Aufführung. Und so haben die Zuschauer des São Carlos den vielleicht größten Don Giovanni seiner Zeit verpaßt: Der Sänger, der von 1886 bis 1913 in weit mehr als hundert Aufführungen überall in Europa, von London bis Moskau, die Titelrolle dieser Oper verkörperte[176], hat sie *nie* vor einem portugiesischen Publikum dargestellt. Der Verbürgerlichungsprozeß der Oper war noch gegen die Jahrhundertwende in Lissabon so rückständig, daß nur sehr wenige eine Ahnung haben konnten, worin die Kunst des – neben Luísa Todi – größten portugiesischen Operndarstellers aller Zeiten bestand. Das deutsche Kunstbedürfnis und seine Wirkung, so wie sie Bitter (1961: 122) in Bezug auf d'Andrade – »Inbegriff des Don Giovanni« auf den deutschen Bühnen dieser Zeit – darstellt, hilft uns als Vergleichsobjekt, um den Grund des Erfolgs im Ausland und des Mißerfolges in Lissabon besser zu verstehen:

»... durch seine Darstellung [ging] zum ersten Mal der sinnliche Rausch, den die italienische Sprache an sich schon birgt, und der hier durch eine virtuose Beherrschung des Parlando noch verstärkt wurde. Da d'Andrades Stimme aber zu keiner Zeit groß war, muß der Erfolg seiner Darstellung um so eindeutiger von seinem Spiel bestimmt gewesen sein. Immer noch vermag man dieses Spiel am besten an den beiden Bildern Slevogts abzulesen, die 1901 während eines Gastspiels in Berlin skizziert wurden. [...] in dem weißen Bild [...] ist nichts mehr von der schwärmerisch bekenntnishaften Haltung, die das Berliner Don-Juan-Bild von 1853 kennzeichnete, sondern nur noch herrisches Selbstbewußtsein, das einen trotzigen Lebensübermut zur Schau trägt. Das andere Bild, der sogenannte ›schwarze Don Giovanni‹, gibt einen völlig neuen Aspekt der Figur, der hier zum ersten Mal vielleicht ins Bewußtsein tritt: die Dämonie. Die Faszination des Dunklen, Triebhaften wird auf einmal erkannt und keineswegs zufällig von d'Andrade und Slevogt gestaltet. [...] Die sinnliche Faszination, die von beiden Bildern auf ganz verschiedene Weise

---

[176] Zahl nach dem Verzeichnis von Moreau (1981: I, 607 ff.), das dieser jedoch nicht für vollständig hält.

Francisco d'Andrade als Don Giovanni, gemalt von Max Slevogt 1902 (»Der schwarze Don Giovanni«) – Kunstgalerie Hamburg.

ausgeht, ist es, die d'Andrades Darstellung charakterisiert und die ihn völlig aus der Tradition heraushebt und andererseits zum Begründer einer Tradition werden läßt. Don Giovanni nicht mehr als Verbrecher, als Symbol einer sinnlichen Welt, die es zu überwinden gilt, sondern die Verherrlichung des Sinnlichen, des Erotischen, das ist es, was d'Andrade neu auf der Bühne erstehen läßt.
Mit dieser Art der Gestaltung eilte d'Andrade aber im Grunde seiner Zeit weit voraus ...« (Bitter 1961: 122 f.).

So kommen wir zur Schlußfolgerung, daß Francisco d'Andrade nie unter den in Lissabon herrschenden Kommunikationsstrukturen die Möglichkeit haben konnte, sich als Operndarsteller zu entwickeln und durchzusetzen. Für einen Erfolg in Lissabon war die Stimme – nicht das Spiel – entscheidend. Die Zuschauer suchten auf der Bühne die Selbstdarstellung des Virtuosen, nicht die dramatische Gestalt. Obendrein zeichnet sich d'Andrade besonders in der Verkörperung einer Rolle aus, die im São Carlos kaum verstanden werden konnte. Sowohl d'Andrades als auch Mozarts Kunst wurde von den São-Carlos-Zuschauern im Grunde genommen als unbedeutend angesehen.

Singen und ›heulen‹

Die Tendenz zur Verabsolutierung der Gesangskunst als ›Inbegriff‹ der Opernkunst wirkte weit auf die gesamte Theaterkulturpolitik, beschränkte sich nicht auf den Prozeß der Wahrnehmung. Daher sollte alles andere, mit Ausnahme der Gesangskunst, vom São Carlos als ›Opernhaus‹ ausgeschlossen werden:

»Das São Carlos verliert im Schauspiel seine ganze Majestät.« (Machado in: RS, 27. 7. 1854).
»Die Konzertsäle verfügen über bessere akustische Bedingungen [für Konzerte] als die Theater.« (*Raio* 19. 11. 1843)[177].

Das São Carlos sei also weder für Theater noch für Musik geeignet. Diese Kulturkonzeption – nur italienischer Belcanto als Inbegriff des São Carlos – entsprach einer widerspruchsvollen Entwicklung, die folgendermaßen zusammengefaßt werden kann:

---

[177] Es wird hier von einem Konzert, das im São Carlos stattfand, berichtet. Es gehe darum, so der Berichterstatter, die großen Konzerte von Frankreich und England nachzuahmen. Der Impresario habe aber deren Ziel vergessen: Statt großer Konzertstücke habe man Opernstücke aufgeführt (*Raio* 1. 11. 1843).

- Im *ancien régime* galten Repräsentation und Unterhaltung als Zweck des São Carlos, dessen soziokommunikative Praxis in Übereinstimmung damit wirkte.
- Für die neue, aus der Revolution 1820 entstandene, liberale Revolution galt ausschließlich Unterhaltung als Zweck des São Carlos; auch hier stimmten Zweck und Wirkung überein.
- Mit dem Setembrismo galt das São Carlos so wie das Nationalschauspiel als Bestandteil der nationalen Bildung: Sein Zweck bestand in der Befriedigung von Erziehungs- bzw. Kunstbedürfnissen einer zivilisierten Nation, die der staatlichen Unterstützung würdig waren. In der Praxis wurden die Theateransprüche auf der Musikbühne gewissermaßen (und vorübergehend) erweitert, zugleich aber wurde de facto wie nie zuvor auf Repräsentation und Unterhaltung abgestellt. Das bedeutete die Wiederbelebung des Widerspruchs zwischen Zweckbestimmung und realer Wirkung, der um 1772 in den öffentlichen Theatern in Erscheinung getreten war.
- Nach dem Setembrismo konnte nur die Pflege des italienischen Belcanto als Kulturzweck des São Carlos übrigbleiben (nun mußte es in der Tat einen ›Kulturzweck‹ haben …), und dies wird zur Entschuldigung oder Rechtfertigung der eigentlich erwünschten Wirkung: Repräsentation bzw. Unterhaltung im Kontext der für diese Zeit spezifischen Sozialzusammenhänge.

Die erklärte kulturpolitische Funktion des São Carlos in Verbindung mit dessen Gewicht an Sozialprestige und dessen Priorität in der Hierarchie der vom Staat unterstützten Theater erschwerte notwendigerweise alle Versuche, eine nationale Entwicklung auf dem Gebiet des Musiktheaters zu fördern. Einerseits, wie gesehen, mußten die portugiesischen Komponisten italienische Libretti nutzen, vor allem aber mußten sie sich den italienischen Darstellern unterordnen, weil diese dafür kein Interesse hatten und sogar die Uraufführung von einheimischen Bühnenwerken (trotz der Libretti in italienischer Sprache) boykottierten[178].

Andererseits herrschte ein Mißtrauen gegen die Oper in portugiesischer Sprache vor. So wie für Machado (1863: 194, 205) in Paris nur heitere Gattungen wie z. B. die *opéra comique* und das *vaudeville* in Französisch zu ertragen waren, so ließ sich auch in Lissabon das Publikum dazu herab, nur einem entsprechend unernsten Musiktheater in Portugiesisch beizuwohnen. Bei manchen solcher Aufführungen amüsierte sich die Elite der Amateure bei Farrobo; und in den öffentlichen Theatern (z. B. im Teatro da Rua dos Condes, später auch im Trindade, Ginásio, Príncipe Real) begann man seit den dreißiger Jahren des 19. Jahrhunderts

---

[178] Dies war der Fall anläßlich der Erstaufführung im São Carlos (1868) des *Arco di Sant'Anna* von Francisco de Sá Noronha (über Garretts Stoff) (UA 1867, Porto, Teatro de São João). Der Bariton Boccolini und der Tenor Mongini weigerten sich, die Partitur einzustudieren und mußten ersetzt werden (Benevides 1883: 324). Über ähnliche Schwierigkeiten bei der Uraufführung vgl. Cymbron (1990: 91 ff.).

mit jenem Repertoire, dessen Publikum teilweise eher unter den niedrigeren Schichten der Gesellschaft geworben wurde. Hier gab es aber keine ›Gesangskunst‹ mehr, die Darsteller waren Schauspieler ohne Gesangstechnik bzw. Musikausbildung, deren Namen und Leistungen nicht die Ehre verdienten, neben denen der portugiesischen ›Opernsänger‹ – auch wenn diese bloß Amateure waren und dieselben abgewerteten Gattungen gepflegt hatten – berücksichtigt zu werden[179]. Eine Einschätzung des portugiesischen Musiktheaters dieser Zeit – d. h. des in Portugiesisch gesungenen und gespielten – kann man hier nicht vornehmen. Dafür fehlen eine systematische Untersuchung des Repertoires der entsprechenden Theater, der portugiesischen Originale (Text und Musik) sowie der Übersetzungen und Bearbeitungen fremder Repertoires. Trotzdem sind die Versuche von Frondoni, Miró, Cossoul (vgl. RUL, IV [1844–1845]: 192; CdP 30. 12. 1940), später Ciríaco Cardoso[180] und, unter dem Gesichtspunkt der systematischen Entwicklung eines portugiesischen Gesangsrepertoires sowie einer auf der Basis der eigenartigen Sprache konzipierten Gesangsmethode, Gustavo R. Salvini (vgl. Salvini 1866; Marques de Almeida 1980: 18) zu erwähnen. Als Beispiele für die Bemühungen, das große Opernrepertoire in die portugiesische Sprache zu übertragen, gelten die nur auf dem Papier wirkenden rhythmischen Übersetzungen von Francisco Emery – nämlich die des *Macbeth* von Verdi, die 1852 unter dem Einfluß der *Macbeth*-Aufführungen im São Carlos 1848 und 1849 in der Zeit der Diktatur der Cabrais[181] und wegen der damals geringer politischer Wirkung des Werkes erschien, um das Volk gegen jede Art von Tyranneien einzunehmen[182] – und die erfolgreiche *Freischütz*-Erstaufführung 1890 in Porto unter Leitung von Ciríaco Cardoso (im Teatro Dom Afonso). Diese Entwicklung setzte sich ›außerhalb‹ und ›gegen‹ das São Carlos – die einzige vom Staat unterstützte Musikbühne – durch, und brachte zugleich die künstlerische Abwertung ihrer gesamten Leistungen mit sich. ›Große Kunst‹, d. h. Gesangskunst, konnte man nur im São Carlos erleben. Hier *sang* man in Italienisch, auf den anderen Musikbühnen *heulte* man in Portugiesisch (vgl. Eça de Queiroz 1878c: 48, 55).

---

[179] Moreau (1981) verzeichnet keinen der Darsteller, die in den Theatern Rua dos Condes, Trindade, Príncipe Real, usw. in komischen Opern auftraten. Dagegen dokumentiert er ausführlich den Lebenslauf der Amateure, die in Farrobos Privattheater bei derselben Gattung mitwirkten.

[180] Außer seiner Tätigkeit als Komponist von Operetten, in denen er »einen Offenbachschen Schwung« zeigte (Vieira 1911: 18), hat sich Ciríaco Cardoso für die Aufführung von fremdem Repertoire in portugiesischer Sprache eingesetzt.

[181] »Die Diktatur der Cabrais (Cabralismo) entstand 1842 mit der Restauration der Verfassungsurkunde, brachte die Entwicklung der September-Revolution (1836) endgültig zum Erliegen und schuf zugleich die daraus enstandene Konstitution (1838) ab. Die reaktionärsten Kräfte des Liberalismus übernahmen die Macht und errichteten eine neue Ordnung, die sich durch Repression und Gewalt auszeichnete, so daß sie mit dem Despotismus des ehemaligen König Miguel I. verglichen werden kann« (Oliveira Marques 1981: 23 ff.).

[182] So steht es im Vorwort Emerys (1852) zu seiner Übersetzung.

Offenbachs Wirkung auf die Entwicklung des Realismus in der Literatur

In diesem Zusammenhang gewinnt die Rezeption der Operetten von Offenbach – insbesondere ab 1868 und natürlich auf Portugiesisch aufgeführt – an Bedeutung. Bereits França (1969: 906) hat auf den außerordentlichen Erfolg dieser Aufführungen aufmerksam gemacht und dessen politische Seite hervorgehoben, »weil die Zuschauer dazu geführt wurden, in der freien Phantasie von Offenbach eine auf die hiesigen Verhältnisse gerichtete Kritik zu suchen«. In der Tat wirkte Offenbach in der Presse unmittelbar politisch: Jacques Offenbach erschien gleichsam als Pseudonym eines politischen Chronisten (RS 18. 4. 1868) und die Tradition, im Begriff ›Offenbach‹ die Kritik der Institutionen zusammenzufassen, ist überall in der Literatur und Presse bis zu den zwanziger Jahren des 20. Jahrhunderts zu finden (vgl. z. B. die republikanischen Zeitungen der Jahrhundertwende). Auf jeden Fall besuchte das Publikum massenhaft die verschiedenen Theater, die seit 1868 aufeinanderfolgend die *Großherzogin von Gerolstein* (im Theater Príncipe Real), *Georgiennes* (im Theater Ginásio), *Ritter Blaubart* und *Die schöne Helena* (im Trindade) inszenierten. Allein *Die Großherzogin* brachte es auf mehr als hundert Aufführungen (Sousa Bastos 1898: 85 f.). »Die beste Gesellschaft« (RS 18. 3. 1868) wurde von der neuen Welle ebenfalls angezogen, aber die Presserezensionen spiegeln die Auseinandersetzungen wider, die trotz des populären Erfolgs oder gerade deswegen das Milieu erschütterten. Von den konservativen Berichterstattern wurde die »große Kunst« des São Carlos den Operetten Offenbachs gegenübergestellt: Machado verteidigte naiv die »unsterbliche« *Cenerentola* Rossinis gegen die *Großherzogin*, »gestern entstanden und schon veraltet« (RS 6. 10. 1868); betonte, man könne nicht Offenbach mit dem vergleichen, was im São Carlos aufgeführt werde und »der ersten lyrischen Bühnen der Welt« würdig sei; und bedauerte »diese Mode, die unglücklicherweise die große Masse der Theater überfällt« (RS 1. 11. 1868). Goes Pinto (RS 1. 10. 1868) bezeichnete die in Offenbach vertretene »Popularisierung« als »Zerfall des Theaters« und meinte, Garrett werde zum Pförtner von Offenbach, Halévy und Meilhac. Auch Joaquim de Vasconcellos (1874) und Lopes de Mendonça (in: *De Theatro*, Nr. 17, Jan./Feb. 1922) verachteten Offenbach. Der typische Vertreter der bürgerlichen Werte, in denen sich die etablierte Ordnung erkannte, der Schriftsteller Júlio Dinis, »haßt« ihn (vgl. França 1969: 981). Einem Politiker, nicht einem Theaterchronisten, ist vielleicht die erste öffentliche Verteidigung der Kunst Offenbachs zu verdanken:

»Ich finde natürlich, daß [man] vor der in der verehrungswürdigen Altersschwäche beleidigten Kunst den Hut elegant abnimmt; [man kann] aber nicht mit den vergoldeten Gängelstangen, auf die sich die aristokratische Dame setzt, die *künstlerische Demokratie* zerquetschen, welche vielleicht samt den Bedürfnissen, Interessen und Ideen der Gesellschaft der Zukunft hier herum heimlich keimt.« (Luciano Cordeiro in: RS 4. 10. 1868).

Meisterhaft definiert aber Eça de Queiroz in *As Farpas* (1871) die Mißverständnisse und die effektive Wirkung, die das Offenbachsche Musiktheater hervorrief:

»Weder die Bourgeoisie hatte recht, sich ihn anzueignen, noch die Dramatiker hatten recht, ihn zu mißhandeln.

Nein, treue Dramatiker, Ihr habt Offenbach nicht verstanden! Offenbach! Er ist größer als Ihr alle. Er hat eine Philosophie, Ihr habt keine Idee; er hat eine Kritik, Ihr habt nicht einmal eine Grammatik! Wer hat, wie er, alle Vorurteile seiner Zeit zerbrochen? Wer hat, wie er, mit vier Takten und zwei Geigen alte Institutionen für immer in Mißkredit gebracht? Wer hat, wie er, die glänzende Karikatur der Dekadenz und des Mittelmäßigen gemacht? Ihr, mit Eurer Strenge, habt dem gesunden Menschenverstand, der Justiz, der Moral keinen einzigen Dienst geleistet. Ihr seid bloß langweilig. Und er? Den Militarismus, den Despotismus, die Kabale, das bestechliche Priesteramt, die höfische Unterwürfigkeit, die bürgerliche Eitelkeit, alles hat er in einem blitzenden *couplet* geschlagen, aufgewühlt, erschüttert!

Nein, Großbourgeoisie, Du solltest ihm nicht applaudieren und ihn nicht schützen. Du glaubtest, in ihm eine Unterhaltung zu finden, und Du fandest eine Verurteilung. Seine Musik ist Deine Karikatur. Sind die Theater so schlecht beleuchtet und so eng Euer Scharfsinn, daß Ihr Euch in jener lärmenden Galerie der Mittelmäßigen der Zeit einen nach dem anderen nicht erkannt habt? Ist nicht der König Bobèche die gesungene Phantasmagorie Eurer königlichen Würde? Ist nicht Calchas in der *Schönen Helena* die heidnische Maskerade Eures Klerus? Ist nicht der General Bum die lärmende Verkörperung Eurer Salonstrategie? Ist nicht der Baron Grog, die groteske *pochade* Eurer Diplomatie? Ist nicht das Trio der Verschwörung das Photo in *couplets* Eurer Ministeriumskabalen? Ist nicht die ganze *Großherzogin* die unerbittliche *charge* Eurer Dauerarmeen? [...]

Offenbach ist eine gesungene Philosophie.« (Eça de Queiroz 1871/1872: 24 f.).

Eça de Queiroz war also mit Offenbach vertraut. Dies kommt überall in seinem Werk zum Vorschein. Sowohl in seinen Romanen als auch in seinen polemischen Schriften bezieht Eça de Queiroz seine gesellschaftliche Kritik oft auf Offenbach[183].

---

[183]Vgl. z. B. Eça de Queiroz (1871/1872: 222 f.; 1880/1889: 82 f., 103; 1887a: 303; 1878c: 255; 1888: II, 352 f., usw.).

Vor allem aber zieht Offenbachs Geist – oder ein an Offenbach mahnender Geist – durch zahlreiche Gestalten und Situationen, durch die dominante Stimmung vieler der markantesten Stellen des literarischen Werkes von Eça de Queiroz. In dieser Hinsicht hat die *Tragédia da Rua das Flores*, eines seiner ersten literarischen Entwürfe, symbolische Bedeutung, denn sie beginnt gerade im Teatro da Trindade während einer Aufführung des *Ritter Blaubart*, dessen Stimmung in die Wieterentwicklung des Romans eingeht (es handelt sich eigentlich um eine Roman-Operette!) und fast bis zum tragischen Schluß vorherrschend bleibt. Die Beschreibung der Zuschauer, die der Aufführung beiwohnten, darunter König und Königin, eine Gräfin, ein Priester, ein Abgeordneter, ein Dichter, ein Pianist, ein frommer Aristokrat, bürgerliche *janotas* bildeten eine Offenbachsche Szene (Eça de Queiroz 1878c: 44 ff.). Aber auch das Liebestreffen von Genoveva und dem aufgedunsenen Dâmaso, das Bad des letzteren (102 f.), die zum Extrem der Karikatur geführte Entwicklung der Liebesbeziehung zwischen den beiden, der Dâmaso gespielte Streich bei Dr. Caminha (*ebd.*: 112), Timoteos Zitat aus *Don Giovannis* Register-Arie (*ebd.*: 117) – das wie eine an Mozart gemahnende Stelle Offenbachs, z. B. aus der *Périchole* ›klingt‹ –, die Vorbereitung Vítors zum Empfang bei Genoveva (*ebd.*: 119), die Galerie sozialer Typen samt ihrer Unterhaltung in Genovevas Salon (*ebd.*: 120 ff.), die Gestalt und die »Philosophie« des Malers Gorjão (*ebd.*: 162 ff.) samt seiner Beschreibung eines Gemäldes von einem Gottesdienst (in der nicht zufällig »die Orgeln *Die Großherzogin* spielen«) sowie seine Absicht, in Gemälden bzw. in einem Kolonialwarenschild alle Institutionen hinzurichten (*ebd.*: 169 f.), schließlich die spöttische Beschreibung der Pariser Gesellschaft unter Napoleon III. (*ebd.*: 295 f.), all dies spricht für eine unmittelbare Wirkung Offenbachs auf Eça de Queiroz. Eine ebensolche Wirkung wird auch oft in *Die Maias* (1888) übertragen: Alencars Kreuzzug gegen den Realismus (Eça de Queiroz 1888: I, 186 ff.), die Rede über die Vorzüge der Trunkenheit (*ebd.*: II, 247 f.), den Vortrag von Rufino (*ebd.*: II, 280 ff.) hätte Offenbach gewiß in *couplets* vertonen können. Auch der Staatsmann *Graf von Abranhos* (Eça de Queiroz 1878e) wäre sicher ein Erfolg auf der Operettenbühne gewesen[184]. Und die Beispiele könnten bis zum letzten Roman, *Stadt und Gebirg*, fortgeführt werden: hier könnte das Essen bei Jacinto (Eça de Queiroz 1901: 91 ff., 94 ff.) zu einem bewegten und ›verderblichen‹ Offenbachschen Finale dienen[185].

Keine »Fahnenflucht des Naturalismus«, wie es Gaspar Simões (1978: 124) will, sondern eine Bestätigung der Konzeption des Realismus bei Eça de Queiroz,

---

[184] Die sarkastische Dimension des Werkes, die sich bereits in der bislang bekannten – von Eça de Queiroz' Sohn zensierten – Fassung völlig entfaltet, wird erst in der bevorstehenden kritischen Ausgabe mit ihrem originalen Schwung erscheinen.

[185] So wie bei Offenbach heißt es auch bei Eça de Queiroz: »Schade: Hier fehlen nur ein General und ein Bischof. In der Tat, alle herrschenden Klassen verspeisten in diesem Augenblick die Trüffel meines Freundes Jacinto« (Eça de Queiroz 1901: 91).

ist ferner der Roman *Die Relique*, 1884 geschrieben. Eine Offenbachsche Pointe stellt den Höhepunkt des Romans dar: Teodorico, aus dem Heiligen Land zurückgekehrt, erzählt seinem frommen Tantchen und ihrer ehrbaren Gesellschaft, wie er sich die Dornenkrone Christi für die Tante beschafft und den Versuchungen »einer Exkommunizierten«, die jeden Abend im Nebenzimmer des Hotels grölte: »Der Blaubart bin ich ...«[186], Widerstand geleistet habe. In einer Atmosphäre übersteigerter Heiligkeit wird dann die vermeintliche Relique auf dem Oratorium ausgepackt, mit katastrophalem Erfolg:

> »... [denn] auf dem Altar zwischen den Heiligen, über den Kamelien, zu Füßen des Kreuzes, breitete sich, mit Schleifen und Spitzen, Marys Nachthemd aus! ... [...] Mit der Widmung in dicken Buchstaben: Meinem Teodorico, meinem starken portugiesischen, in Erinnerung an den großen Genuß, den wir miteinander hatten.« (Eça de Queiroz 1887a: 310 f.).

So kann man die Rezeption der Operetten Offenbachs 1868 in Lissabon und die Entwicklung des Realismus in der Literatur, dessen Prinzipien Eça de Queiroz 1871 in den ›Conferências do Casino‹ darlegte, nicht mehr voneinander getrennt betrachten. Nach dem Bericht von Salgado Junior (1931: 49 ff.)[187] habe Eça de Queiroz damals Revolution und Literatur, von Rabelais bis Beaumarchais, in Verbindung gebracht, die Trennung zwischen Künstler und Gesellschaft in der Zeit der Restauration als Gegenrevolution bezeichnet, die Pariser Gesellschaft des Zweiten Kaiserreichs radikal angegriffen. Er habe den Standpunkt verteidigt, der Realismus solle seinen Stoff aus der Gegenwart nehmen, und habe sich gegen die portugiesische Kunst, nämlich von Herculano und Garrett, gerichtet: diese gehöre »zu allen Zeiten außer zu unserer Zeit«. Ziel der Literatur sei es, durch den Realismus zu *korrigieren* und zu *belehren*, Kritik an Temperament und Sitten zu üben. In diesem Manifest und seinen Beiträgen zu *As Farpas* wurde

> »die Theorie des Realismus in der Kunst und Literatur mit einem direkten Angriff auf die bestehenden Institutionen verbunden [...], das heißt auf das gesamte politische, wirtschaftliche, kulturelle, religiöse Leben, auf das Erziehungswesen und das Familienleben der liberalen Bourgeoisie seiner Zeit.« (Óscar Lopes 1983: 436).

---

[186] Eça de Queiroz zitiert hier wörtlich die Übersetzung von Francisco Palha (1868), der im Jargon schreibt: *Sou o Barba azul, olé, / Ser viúvo é o meu filé.* In der deutschen Ausgabe aus 1951 (vgl. Eça de Queiroz 1887a) fällt der zweite Vers weg. Der Inhalt entspricht aber dem der neuen deutschen Übertragung von Walter Felsenstein und Horst Seeger: »Ritter Blaubart ist, hoho, / Erst als Witwer richtig froh.«

[187] Eça de Queiroz hat diesen Vortrag nie herausgegeben.

Und wenn Eça de Queiroz in einem Brief von 1878 sich selbst die Frage stellt: »was wollen wir mit dem Realismus?«, zeigt seine Antwort unbestreitbar die Übereinstimmung seiner Konzeption des Realismus mit dem oben erwähnten Lob des Theaters von Offenbach:

> »[Wir wollen] das Bild der modernen Welt entwerfen, und zwar in den Seiten, in denen sie schlecht ist, weil sie darauf beharrt, sich *gemäß der Vergangenheit* zu erziehen; wir wollen ein Photo, ich würde fast sagen: eine Karikatur, der frommen, katholischen, aristokratischen usw. alten bürgerlichen Welt machen. Und, indem wir sie dem Spott, dem Gelächter, der Verachtung, der modernen und demokratischen Welt aussetzen, – ihren Zusammenbruch vorbereiten. Eine Kunst, die dieses Ziel hat, [ist] eine mächtige Hilfskraft der revolutionären Wissenschaft.« (Eça de Queiroz 1983: I, 142).

Gerade deshalb verteidigte Eça de Queiroz das Musiktheater Offenbachs – er hatte selbst 1868 eine *opera buffa* mitentworfen[188] – und entfernte sich von der Kunst Garretts: also ging er den entgegengesetzten Weg der etablierten ›Kulturkritiker‹ seiner Zeit. Seine Verurteilung der »Dramatiker«, die Offenbach nicht verstanden, unterscheidet seine Stellungnahme auch von der eines Zola, der Offenbach verachtete (vgl. Kracauer 1980: 337 ff.). Unter diesem Gesichtspunkt könnte Offenbachs Wirkung auf den Realismus bei Eça de Queiroz als ein Sonderfall betrachtet werden, vielleicht ohne Parallele in Frankreich selbst[189].

Offenbachs Theater und die Kritik an den herrschenden Kommunikationsverhältnissen

Die *schöpferische* Wirkung des Musiktheaters Offenbachs auf die soziokulturelle Entwicklung in Portugal, welche sich der São-Carlos-Praxis entgegenstellte, war aber damit nicht zu Ende. Sie spiegelte sich unmittelbar in den theatralischen Herausforderungen wider, die sie für die portugiesischen Künstler bedeutete.

---

[188] Dies erwähnt Eça de Queiroz (1896: 268) in seinem Text zum Andenken an Antero de Quental. Er bezieht sich auf die ersten Zeiten des ›Cenáculo‹, eines literarischen Stammtisches, dessen Beginn mit der Einführung des Offenbachschen Theaters zusammenfiel. Das Libretto von *Der Tod des Teufels* – das war der Titel des Werkes, welches Eça de Queiroz in Zusammenarbeit mit Batalha Reis verfaßte – sollte von Augusto Machado vertont werden. Sowohl der Text als auch die Musik blieben bislang unbekannt (vgl. Delile 1984: 348 ff.).

[189] Dazu vgl. Sampaio Bruno (1915: 146 ff.), der andere Elemente zur politischen Rezeption Offenbachs verzeichnet und ihn »Fahnenträger der Revolution« nennt. Zur weiteren Diskussion vgl. Vieira de Carvalho (1993b).

Erst nach zwei Monaten Proben gelang es dem Dirigenten und dem Regisseur des Theaters Príncipe Real, Akteure vorwiegend ohne Musikausbildung zum Ziel der *Großherzogin*-Erstaufführung zu führen (RS 18. 3. 1868). Die Theateransprüche, die eine so lange Vorbereitung, im Vergleich zur gewöhnlichen Praxis, voraussetzten, zeigten bereits einen wesentlichen Unterschied dem São Carlos gegenüber. Hervorzuheben ist zudem eine neue Erscheinung, die dem São Carlos immer fremd gewesen war und blieb: der Regisseur. Man sprach zum ersten Mal in der Presse von einer richtigen Musiktheaterinszenierung und lobte die Arbeit namentlich von José Carlos Santos, dies sogar auf eine Art und Weise, die zweifellos von der Kohärenz und der Überzeugungskraft des Ganzen zeugt. In Zusammenarbeit mit Rios de Carvalho, dem Dirigenten, sei José Carlos Santos – Meister in der Kunst der Regie bzw. »der größte Meister des portugiesischen Theaters« überhaupt (Sousa Bastos 1898: 33 ff.) – zu »einer lebendigen, lustigen und begeisternden Zusammenstellung der ganzen Oper« gelangt. Und obwohl man die Leistungen der Hauptdarstellerin, Emilia Letroubloun, unterstreicht, ist es nicht mehr das Lob bezüglich ihrer Stimme bzw. ihres Gesangs, sondern das bezüglich ihrer Integration in das theatralische Ganze, was im Bericht auffällt (RS 18. 3. 1868). Schöpferisch brachte das portugiesische Ensemble das Dargestellte als Totalität zur Geltung und wirkte dadurch ›aufklärerisch‹, im weitesten Sinne, indem den Zuschauern die soziale bzw. politische Kritik in Bezug auf die gesellschaftlichen Verhältnisse ihrer Zeit und ihres Landes geboten wurde. Es ging also um ›portugiesisches‹ Musiktheater, das mit der Gegenwart der Portugiesen in Verbindung trat. Hier hörte die Selbstdarstellung, die Flucht in die ›Illusion‹, die Bewertung der ›großen Gesangskunst‹ dieser oder jener Primadonna auf; hier verfolgte das Publikum aufmerksam die Handlung, befaßte sich mit dem Dargestellten und dachte vielleicht sogar nach der Aufführung darüber nach. Der Zweck des Theaters von Offenbach wurde zwar für Unterhaltung gehalten: von ›kommerziellen‹ Theatern inszeniert, erhielt es selbstverständlich keine staatliche Unterstützung, gehörte nicht zur ›Nationalbildung‹. Es wurden aber echte ›Lehrstücke‹ aufgeführt, die breite Schichten der Gesellschaft über die Wirklichkeit des Alltags ›unterrichten‹ konnten. Der Widerspruch kommt deutlich zum Ausdruck: Wo man die ›Nationalbildung‹ durch das Musiktheater zu pflegen glaubte – und zwar im São Carlos –, herrschte übersteigerte Repräsentation und Unterhaltung; wo man nur das Geschäft und die Unterhaltung als Funktion des Musiktheaters betrachtete, wurde die nationale Kreativität gefördert, trug man zur ›Nationalbildung‹ bei. Die ›nationale Kreativität‹, die letzten Endes zur ›Revolution‹ führen sollte (war das nicht eigentlich das Programm des Realismus, so wie es Eça de Queiroz 1871 bzw. 1878 formulierte?), konnte sich aber nur im Konflikt mit der gesellschaftlichen Ordnung durchsetzen. Deshalb verband sich notwendigerweise die offizielle Abwertung der Operette Offenbachs mit deren Kritik an der etablierten Ordnung, so wie sich die Verteidigung der etablierten Ordnung in der offiziellen Anerkennung des São Carlos ausdrückte. So kam der Wirkungszusammenhang des Offenbachschen Theaters am Ende der sechziger Jahre des 19. Jahrhunderts in Lissabon dem des Wagnerschen Theaters nahe. Wie in Paris, wo sich Offenbach früher als Wagner durchsetzte, so auch in Lissabon. Und so wie in Paris, wo sich Offenbach und Wagner im Gegenlager des etablierten Theaterwesens entgegenkamen und gemeinsam von den Vertretern vorwiegenden positivistischer Ansichten, wie z. B. Escudier, Scudo und Lauzières wegen ihrer »Kriegserklärung« an die Grand Opéra angeklagt wurden (Eckart-Bäcker 1965: 110), treten erst Offenbach und dann später Wagner in Lissabon als Friedensstörer in der vom Kommunikationssystem der Oper besonders geprägten Lebensweise der romantischen Gesellschaft auf und werden nacheinander wegen ähnlicher Gründe verurteilt.

Hervorzuheben ist in diesem Zusammenhang noch die Stellungnahme eines Denkers vom Range Sampaio Brunos (1915), der einen neuen Aspekt hinzufügte: die Gemeinsamkeiten in der Wirkung und der Zweckbestimmung des Theaters von Offenbach und des Theaters von António José da Silva, ›dem Juden‹. Beide operierten tatsächlich im Gegenlager der jeweils etablierten Ordnung. Die Ähnlichkeit der entsprechenden Kommunikationsmodelle liegt ebenfalls auf der Hand. Auch bei den Offenbachschen Aufführungen in Lissabon war die Einführung von ›epischen Strukturen‹ selbstverständlich, die jedoch der Wirkung des Dargestellten als Ganzes nicht widerstrebten, sondern sie sogar begünstigten[190]. Das Theater des António José da Silva und das Theater Offenbachs können also sehr wohl in Übereinstimmung mit der Anregung von Sampaio Bruno in Verbindung gebracht werden: sie bezeichnen weit voneinander entfernte kreative Momente der portugiesischen Musiktheatergeschichte, die der italienischen Oper und der Ideologie und Lebensweise der herrschenden Schichten widerstreben.

Aber eben deshalb verdanken wir auch Eça de Queiroz, dem portugiesischen Geiste, der am tiefsten die Bedeutung Offenbachs unmittelbar begriff, die gründlichste Kritik am São-Carlos-Modell; nicht nur die Kritik, die bereits von seinen Romanen ausgeht, sondern auch eine echte und humorvolle Analyse des São-Carlos-Opernbetriebs, die in *As Farpas* erschien. Als Schwerpunkte dieser Analyse könnten gelten:

---

[190] Hier liegt gerade der wesentliche Unterschied zwischen dem Offenbachschen Theater und dem Identifikationsmuster der Aufklärung, das die ›epischen Strukturen‹ in diesem Sinne ausschloß und eine vollkommene ›illusionistische Bühne‹ forderte. Zu diesem Punkt im Zusammenhang mit der Kulturkritik bei Eça de Queiroz, seiner Rezeption von Offenbach und dem Vergleich mit Zolas Naturalismus, s. Vieira de Carvalho (1986a; 1993b; 1994; 1997b).

- Das São Carlos trüge zur Entwicklung »unseres literarischen Erbes« gar nicht bei, vielmehr beschränkte es sich darauf, die alte italienische Schule der »sinnlichen Musikkunst«, aus der sich nichts für das Land ergebe – zu verbreiten.

- Das São Carlos bilde keine guten Nationaldarsteller aus, vielmehr trage es zur Verbreitung des Ruhms seiner ausländischen Gäste bei, damit sie danach im Ausland noch besser bezahlt würden.

- Das São Carlos sei kein Instrument der Zivilisation, sondern ein Instrument der Dekadenz.

- Das São Carlos ermögliche es nicht dem ganzen Land, sich an dessen Kunst zu beteiligen, vielmehr sei es ein »Theater nur für ein begrenztes, auserlesenes, immer gleiches Publikum«.

- Das São Carlos sei angeblich ein Luxus, vielmehr aber sehe es wie ein »dürftiges, provinzlerisches, plebejisches und schäbiges Theater« bzw. ein »alter schäbiger Schick« aus, und dies von den Inszenierungen bis hin zum Zuschauerraum.

- Das São Carlos verdiene, vom Staat unterstützt zu werden, angeblich weil es eine Unterhaltung für den Hof und für die Diplomatie sei, die Sorge des Landes sei es aber nicht, »zu vermeiden, daß der Hof gähnt«, vielmehr solle der Hof sich selbst unterhalten und, was die Diplomatie angehe, solle sie von ihren Regierungen bzw. Königen unterhalten werden ... (Eça de Queiroz 1871/1872: 229 ff.).

Am Schluß seines Aufsatzes, der das gesamte Theaterwesen in Portugal ins Visier nimmt, schreibt Eça de Queiroz:

»Die Regierung begeht den Widersinn, ein ausländisches Theater [São Carlos], das ein Luxus ist, zu subventionieren, und läßt das Nationaltheater, das ein Bedürfnis ist, im Stich. Der Luxus soll vom Luxus unterstützt werden. Das São Carlos soll, ohne Unterstützung, die Eintrittspreise erhöhen. Logen für 3 oder 4 Pfund, ein Parkettstuhl für ein Pfund. Will das niemand, so soll das São Carlos geschlossen werden. Das bedeutet ein paar Arien weniger auf einer Bühne und ein bißchen Ökonomie mehr in den Familien. Das Nationaltheater soll eine Subvention erhalten, zu einer Schule, einem Kulturzentrum, einem Kulturelement werden. Nur darin besteht Sinn, Wahrheit, Würde.« (Eça de Queiroz 1871/1872: 231 f.).

35 Jahre nach der Theaterreform des Setembrismo, faßt Eça de Queiroz hier die Konsequenzen der Fehlleistungen zusammen, die das gesamte Theaterwesen bis Ende des 19. Jahrhunderts und weit über den Zerfall der Monarchie und die republikanische Revolution hinaus bis zum Kollaps des Liberalismus 1926 prägen sollten. Die Nichteinbeziehung des São Carlos in die Theaterreform

von 1836 bedeutete nicht nur den Verzicht auf ein nationales Operntheater und die Unterdrückung jeder nationalen Musiktheatererscheinung, sondern langfristig wurden auch die Entwicklungsperspektiven des Nationalschauspiels selbst kompromittiert. Zwei Momente des portugiesischen Theaterwesens, d. h. unmittelbar vor dem ›Setembrismo‹ und in der Zeit des Auftritts von Offenbach, zeigen im Groben die in diesem Teil der vorliegenden Arbeit analysierte Entwicklung.

Theater um 1835 in Lissabon

	São Carlos	Condes	Salitre	Laranjeiras
Repertoire	Oper	Schauspiel	Schauspiel	Oper
Sprache	Italienisch	Französisch	Portugiesisch	Originalsprache
Darstellung	italienisches Ensemble	französisches Ensemble	portugiesisches Ensemble	adlige und bürgerliche Amateure
Zuschauer	Hof, Adel, Großbourgeoisie	Hof, Adel, Großbourgeoisie	plebejisches Publikum	Hof, Adel, Großbourgeoisie
Interaktion	Selbstdarstellung; starke Rückkopplung	Selbstdarstellung; schwache Rückkopplung	Darbietung; starke Rückkopplung	Selbstdarstellung; starke Rückkopplung
Zweck	Repräsentation, Unterhaltung	Repräsentation, Unterhaltung	Unterhaltung	Unterhaltung
Wirkung	Repräsentation, Unterhaltung	Repräsentation, Unterhaltung	Aufklärung	Repräsentation, Unterhaltung

Theater um 1870 in Lissabon

	São Carlos	Nationalschauspiel	Offenbachs Theater
Repertoire	Oper	Schauspiel	Operette
Sprache	Italienisch	Portugiesisch	Portugiesisch
Darstellung	italienische Berufssänger	portugiesische Schauspieler	portugiesische Schauspieler
Zuschauer	Hof, Adel, Bourgeoisie	Hof, Adel, Bourgeoisie	sehr heterogenes Publikum
Interaktion	Selbstdarstellung; starke Rückkopplung	Selbstdarstellung; schwache Rückkopplung	Darbietung; epische Strukturen; schwache Rückkopplung
Zweck	Aufklärung	Aufklärung	Unterhaltung
Wirkung	Repräsentation, Unterhaltung (›öffentliche Promenade‹)	Repräsentation, Unterhaltung	Aufklärung

Drittes Kapitel

Der mißglückte Weg zum Wort-Ton-Drama: Vom Vorabend der Republik bis zum Aufstieg des Faschismus

1. Das Teatro de São Carlos am Vorabend der Republik

Die Einführung Wagners als Ausdruck des Bedürfnisses nach ›Zivilisation‹

Um 1870 beginnt der Städtebau, der die europäischen Merkmale des 19. Jahrhunderts trägt, in Lissabon, wo sich die Mietwohnungen seitdem vermehren (Joel Serrão 1978: II, 248). 1878 wird die elektrische Beleuchtung in der Hauptstadt eingeführt. Die ›öffentliche Promenade‹ – der ehemalige *plaque tournante* der ›romantischen Gesellschaft‹ – verwandelt sich 1879 in die neue ›Avenida da Liberdade‹ (›Allee der Freiheit‹), deren Name das Prinzip ausdrückt, dem seit den fünfziger Jahren die kleine und mittlere Bourgeoisie ihren Aufstieg verdankte.

Freiheit war tatsächlich die herrschende Philosophie, die mit der ›Regeneração‹ die ganze politische und sozial-ökonomische Entwicklung gestaltet hatte. Ziel war die ›Modernisierung‹ des Landes und darunter verstand man, wie gesehen, vor allem die Errichtung eines Kommunikationsnetzes (Post, Straßen, Eisenbahn) sowie die Förderung öffentlicher Bauarbeiten. Das konsequente ökonomische Wachstum war eher ein Impuls für den Handel als für die Industrialisierung, was eine immer tiefere Unausgeglichenheit zwischen der Produktion und den neuen Konsumbedürfnissen der aufsteigenden Schichten verursachte (Hermano Saraiva 1979: 309). Lohnempfänger und kleine Bauern, also überwiegend in der Landwirtschaft tätige Leute (Joel Serrão 1978: I, 181), die seit dem Beginn dieser Entwicklung auf der Suche nach einem besseren Schicksal mehr und mehr emigrierten, trugen jedoch durch ihre regelmäßigen Geldsendungen entscheidend zur Wiederherstellung eines scheinbaren ökonomischen Gleichgewichts bei, das bis 1891 anhielt[191]. Unterdessen konnte die Lissaboner Bourgeoisie, die sich der ›Zivilisation‹ nach den Modellen aus England und Frankreich anpassen und sie zur Schau stellen wollte[192], ihre höheren Ansprüche durch den Import befriedigen. Eça de Queiroz schrieb 1888 in seinem Roman *Die Maias*:

---

[191] Über die Krise, die in den Jahren 1890–1892 entstand, s. die grundsätzliche Analyse von Villaverde Cabral (1979: 45 f.).

[192] Stützte sich der Begriff ›Zivilisation‹ beim aufsteigenden Liberalismus auf das Erziehungswesen (França 1969: 145), das reformiert und organisiert werden sollte, so wurde er jetzt jeden kreativen Sinnes beraubt: ›Zivilisation‹ wurde zur Aneignung der im Ausland geltenden ›Mode‹.

»Hier wird alles importiert: Gesetze, Ideen, Philosophien, Theorien, Motive, Geschmacksrichtungen, Wissenschaften, Stile, Industrien, Moden, Gewohnheiten, Witze, alles kommt kistenweise mit dem Postdampfer. Die Zivilisation ist für uns sehr teuer durch die Zollgebühren; und sie kommt aus zweiter Hand, wurde nicht für uns gemacht, hat für uns zu kurze Ärmel ...« (Eça de Queiroz 1888: I, 127)[193].

Die Regeneração, »portugiesischer Name des Kapitalismus« (Villaverde Cabral 1977: 161 ff.), machte aber in den siebziger Jahren einen industriellen Sprung (*ebd.*: 270 ff.) und in derselben Zeit kam auch das Klassenbewußtsein in Arbeiterorganisationen und -aktionen zum ersten Mal ans Licht (*ebd.*: 255 f.). In der Vielzahl der damals der Pariser Kommune gewidmeten Arbeiterpublikationen verschiedenster Art wird dies ebenfalls zum Ausdruck gebracht (vgl. Alves 1971). Bereits 1871 plante der Dichter und Schriftsteller Antero de Quental, der in der Organisation der portugiesischen Sektion der I. Internationale tätig war, die ›Demokratischen Vorträge‹, in deren Mittelpunkt soziale Fragen stehen. Hier hörte aber das Prinzip der Freiheit bereits auf und die Vorträge wurden von den Behörden untersagt (vgl. Salgado Junior 1930).

Zu Beginn der achtziger Jahre wurde die Regeneração zur Partei des großen Kapitals. Sie vertrat nicht mehr die Interessen größerer Teile der kleinen Bourgeoisie bzw. der ›mittleren Schichten‹ im Aufstieg. Diese fühlten sich von der Oligarchie ausgeschlossen, die die politische Macht ausübte. Zugleich besaßen sie ein antagonistisches Verhältnis zu dem immer besser organisierten Proletariat. Ihren Ausweg suchten sie in der Republik (vgl. Villaverde Cabral 1979: 37 f.).

Im Jahre 1880 fand die erste große Demonstration der Republikaner zum dreihundertsten Todestag von Camões statt, dessen Ehrung sie angesichts der Untätigkeit der Regierung übernahmen. Der kleinbürgerliche Nationalismus, der Kolonialismus und das Streben nach der Entwicklung eines portugiesischen Imperialismus waren wichtige Züge der Ideologie der republikanischen Partei, die in der Camões-Ehrung angedeutet wurden und sich aus Anlaß des englischen Ultimatums 1890 und der daraus entstandenen nationalen Krise ganz deutlich entfalteten (Villaverde Cabral 1979: 180 ff.). Der erste und blutig unterdrückte republikanische Versuch 1891 in Porto, die Macht zu übernehmen, zeugt von der zunehmenden Popularität jener Partei unter breiten Schichten der Bevölkerung. Aber die Verschärfung der sozial-ökonomischen Krise und die Überteuerung des Lebens erfuhren vor allem die Arbeiter. Der Zuwachs der industriellen

---

[193] In dieser bisher einzigen deutschen Ausgabe von *Die Maias* gibt es an dieser Stelle einen Fehler, der hier korrigiert wird: »wurde nicht *von* uns gemacht« muß richtig heißen: »wurde nicht *für* uns gemacht«. Auf Portugiesisch: »não foi feita *para* nós«.

Aida in der Spielzeit 1882/1883: oben die Darsteller, unten – als Ibis dargestellt – bekannte Leute aus dem Zuschauerraum, darunter rechts – als »Ibis empresaria« bezeichnet – Impresario Freitas Brito (Raphael Bordallo Pinheiro in: *Antonio Maria*, 5. 10. 1882).

Arbeitskraft wurde von der Entwicklung der Arbeiterorganisationen und der Intensivierung ihres Klassenkampfes begleitet.

Diese Tendenz verstärkte sich noch nach der Errichtung der Republik. Wie Villaverde Cabral (1979: 255 f.) aufzeigt, spielte die Arbeiterklasse durch ihre Organisationen in dem republikanischen Putsch 1910 keine aktive Rolle. Nur für die oben genannten kleinen und mittleren Schichten der Bourgeoisie, die die republikanische Bewegung anführten (vgl. Oliveira Marques 1981: III, 209 ff.), blieb die Frage der Regierungsform in den letzten zwei Jahrzehnten der Monarchie aktuell.

So wie die Errichtung der Republik auf diese Weise einzig als eine Phase der Dekadenz des Liberalismus bezeichnet wird, die schließlich 1926 zum faschistischen Putsch führte, so bildeten die entsprechenden vier Jahrzehnte, in denen sich diese Entwicklung vollzog, eine sozial-politische und kulturideologische Einheit. Diese Einheit ist auch in der Kommunikationsstruktur der Oper in Lissabon zu spüren. Die Wagner-Rezeption, die 1883 mit der *Lohengrin*-Erstaufführung im São Carlos beginnt, soll in diesem Zusammenhang das Hauptkriterium der Analyse bilden.

Abb. 6: Spielzeiten des TSC 1882–1910 und 1919–1924

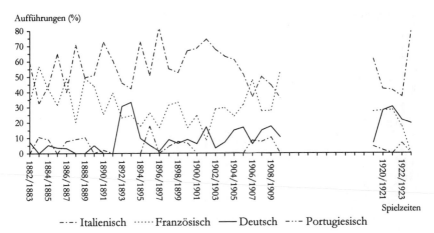

Aufführungen (%)

Spielzeiten

---- Italienisch   ······ Französisch   —— Deutsch   -·-· Portugiesisch

In der Spielzeit 1882/1883 läßt sich die Struktur des Spielplans des São Carlos folgendermaßen charakterisieren:

- Es findet eine Aufteilung der Aufführungen nach italienischer und französischer Tradition statt.
- Die absolute Herrschaft besitzen die italienischen Komponisten.
- Unter ihnen haben die Opern Verdis das Übergewicht.

Diese Merkmale bleiben bis zur Schließung des São Carlos 1912 als überwiegende Tendenz erhalten. Die Herrschaft der italienischen Komponisten verstärkt sich sogar um die Jahrhundertwende (1896/1897 und 1905/1906) dank der erfolgreichen Aneignung des Schaffens der jüngsten Generation, insbesondere des Verismo. Puccini steht 1896/1897, 1898/1899 und 1901/1902 an der Spitze. Der Tiefpunkt der Rezeption französischer Werke fällt mit dieser letzten Spielzeit zusammen. Danach kehren sich die Tendenzen um und der französische Anteil erreicht in der Spielzeit 1909/1910 seinen Höhepunkt. Bizet steht 1886/1887, Meyerbeer 1889/1890, Massenet 1899/1900 an der Spitze der Spielzeiten, die der absteigenden Phase entsprechen. Die bedeutendsten Anteile am wiedererstarkten Interesse an der französischen Oper tragen Massenet 1904/1905, Berlioz 1905/1906, Thomas 1906/1907, Saint-Saëns 1907/1908 und wieder Massenet 1909/1910 (s. Abb. 6).

Um 1883/1884 streiten Verdi und Meyerbeer noch um den Vorrang in den São-Carlos-Spielzeiten. Die weitere Entwicklung zeigt dagegen deutlich eine Tendenz zum Niedergang der Wertschätzung des Schaffens von Meyerbeer. Die Wagner-Rezeption ist im umgekehrten Verhältnis zu jener der genannten

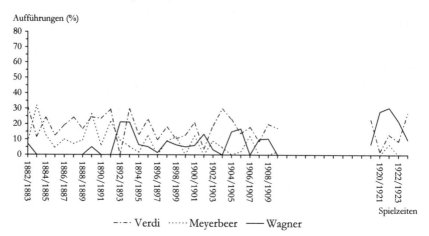

Abb. 7: Spielzeiten des TSC 1882–1910 und 1919–1924

Komponisten korreliert. Die absteigende Tendenz bei Verdi, noch markanter bei Meyerbeer, und die aufsteigende Tendenz bei Wagner bewirken in den zwanziger Jahren eine genaue Umkehrung der Situation, die in den achtziger Jahren des 19. Jahrhunderts (bis 1890/1891) vorherrschend war (s. Abb. 7).

Da die im São Carlos herrschende Produktions- und Kommunikationsstruktur von einer auf permanent verpflichtete italienische Gastspielensembles gänzlich abgängig war, folgte die Aneignung des Wagnerschen Werkes in Lissabon notwendigerweise der Rezeption an den italienischen Bühnen. Das São Carlos nimmt die italienischen Spätwirkungen der Wagnerschen Reform auf, wenngleich sich diese in Lissabon nur in der Erneuerung des Repertoires des Opernhauses zeigen und keinen weiteren Einfluß auf die Gestaltung des portugiesischen Opernwesens besitzen.

Lohengrin wird 1872 in Bologna, unter Bedingungen, die bereits als »Kriegserklärung« an die kulturpolitische Welt Italiens beschrieben worden sind (Jung 1974: 27), zum erstmals aufgeführten Bühnenwerk Wagners in Italien. Schritt für Schritt erobern jedoch seine Opern in den siebziger Jahren die italienischen Theater. Bis zum Ende des Jahres 1882 findet bereits eine bedeutende Reihe von Aufführungen in verschiedenen Städten statt: *Lohengrin* (Bologna 1871, 1882; Florenz 1871; Mailand 1873; Triest 1876, 1881; Turin 1877; Rom 1878; Genua 1880; Neapel und Venedig 1881), *Tannhäuser* (Bologna 1872, Triest 1878), *Fliegender Holländer* (Bologna 1877) und *Rienzi* (Venedig 1874, Bologna 1876, Rom 1880, Turin 1882). Das Jahr 1883 fällt mit der *Ring*-Erstaufführung in deutscher Sprache in Bologna, Turin, Rom, Venedig sowie mit italienisch-

Abb. 8: Spielzeiten des TSC 1891–1910 und 1919–1924

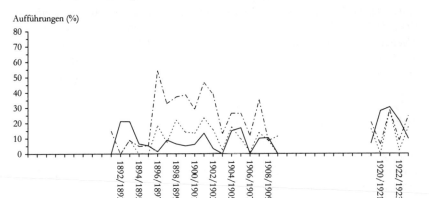

--·-- Verismo   ······ Puccini   —— Wagner

sprachigen Aufführungen der *Walküre* (Turin und Triest) zusammen. Das ›Italienische Theater‹ in Lissabon muß in diesen Kontext eingereiht werden.

Der Erfolg des *Lohengrin* wurde 1872 in Bologna von engagierten Anhängern ebenso wie von Gegnern Wagners derart begünstigt, daß Angelo Mariani 20 Aufführungen dirigieren konnte (Jung 1974: 22 ff.). In Lissabon jedoch verläuft alles ganz ruhig. Nach neun Aufführungen mit Giuseppina De Reszke als Elsa und Enrico Barbaccini als Lohengrin, die erst am Ende der Spielzeit unter Leitung von Eusebio Dalmau stattfanden, kann als Resümee der Wirkung des Werkes auf die Zuschauer der Witz des berühmtesten Karikaturisten dieser Zeit festgehalten werden:

»Es ist ein Meisterwerk! Auf uns hat es die Wirkung gehabt, die der Vortrag des besten Gedichtes von Victor Hugo auf den Geist der Eskimos erwecken muß: wir haben es nicht verstanden, es hat uns aber gefallen!«[194]

Der Erfolg war auf jeden Fall nicht groß genug, um dem Werk zu einer Wiederaufnahme in den nachfolgenden Spielzeiten zu verhelfen. Die im São-Carlos-Archiv verwahrten Akten lassen hier nur Raum für Vermutungen zu, daß z. B. Vertragsbeziehungen mit italienischen Verlagen dabei eine Rolle gespielt haben mögen. Die Rivalität zwischen dem Lucca- und dem Ricordi-Verlag, den Vertretern jeweils von Wagners Autorenrechten und von wichtigen italienischen Kom-

---

[194] Zitiert nach João de Freitas Branco (1976).

ponisten (u. a. Verdi), verursachte zum Teil das Fiasko des *Lohengrin* 1873 in der Mailänder Scala – ein Fiasko, das mit dem Skandal aus Anlaß der *Tannhäuser*-Erstaufführung 1861 in Paris vergleichbar ist und dessen Folge die Verbannung Wagners aus Mailand für 15 Jahre war (Jung 1974: 69 ff.). Es ist anzunehmen, daß Lissabon auf die Rehabilitation des *Lohengrin* 1888 im konservativen Mailand warten mußte, um dasselbe Werk wiederaufnehmen zu können, was dann auch in der Spielzeit 1889/1890 erfolgte.

Diese *Lohengrin*-Wiederaufnahme stellte kein besonderes Ereignis dar: die Aufführungszahl sowie ihr Anteil fiel von der sechsten Stelle (9 Aufführungen) auf die neunte Stelle (5 Aufführungen) herab. Bezüglich der Aufführungszahl von *Lohengrin* und *Carmen* in der Spielzeit 1889/1890, muß die erfolgreiche Karriere des Werkes von Bizet in der Spielzeit seiner Erstaufführung (1885/1886) und der aufeinanderfolgenden (1886/1887) gerade als Kontrast zur Wagner-Rezeption betrachtet werden: *Carmen* zählte insgesamt jeweils 18 bzw. 15 Aufführungen.

Wagners Schaffen fällt in den zwei darauffolgenden Spielzeiten aus. Erst 1892/1893 wird Wagner in stärkerem Maße rezipiert. Neben der Wiederaufnahme des *Lohengrin* gelangen nun *Holländer* und *Tannhäuser* zur Erstaufführung. Verdi überläßt Wagner die Stelle des meistgespielten Komponisten (s. Abb. 7). Glucks *Orpheus* verstärkt den Anteil des Repertoires deutscher Herkunft, dessen Aufführungszahl zum ersten Mal umfangreicher ist als das aus Frankreich und gleich nach demjenigen italienischer Herkunft einordnet (s. Abb. 6). Relevant ist ebenfalls die Verteilung der einzelnen Werke vom Standpunkt des Datums ihrer Entstehung aus[195]. So fällt die erste Spielzeit, in der Wagners Werke eine bedeutende Position im Repertoire des São Carlos erreichen, mit der folgenden Konstellation zusammen:

– mit der Konzentration auf das Repertoire der dreißiger und vierziger Jahre, das aus italienischer sowie französischer Tradition stammt;
– mit der Konzentration auf das Wagnersche Repertoire der vierziger Jahre;
– mit einer entsprechenden Distanzierung von der italienischen und französischen ›Mode‹ der siebziger und achtziger Jahre;
– mit der ›Verbannung‹ von Verdis Opern;
– mit der Wiederbelebung des *Orpheus* von Gluck, der erst 1801 Lissabon erreicht hatte und später nicht mehr zur Aufführung gekommen war.

---

[195] Hier die genaue Verteilung der 1889/1890 und 1892/1893 im São Carlos aufgeführten Opern unter dem Gesichtspunkt ihrer Entstehung: 1889/1890: Werke von vor 1830: *Barbiere di Siviglia*; von 1830 bis 1850: *Robert le Diable*, *Prophète*, *Favorita*, *Lohengrin*; nach 1850: *Étoile du Nord*, *Dinorah*, *Africaine*, *Faust*, *Lakmé*, *Roi de Lahore*, *Mignon*, *Hamlet*, *Carmen*, *Gioconda*, *Mephistophele*, *Rigoletto*, *Trovatore*, *Otello*, *Aida*; 1892/1893: Werke von vor 1830: *Barbiere di Siviglia*, *Orfeo*; von 1830–1850: *Huguenots*, *Juive*, *Sonnambula*, *Norma*, *Puritani*, *Favorita*, *Lucia di Lammermoor*, *Crispino e la Comadre*, *Holländer*, *Tannhäuser*, *Lohengrin*; nach 1850: *Africaine*, *Carmen*, *Gioconda*.

Es scheint, daß der Impresario des São Carlos nach einer Atempause strebte, damit er selbst und die Zuschauer sich der historischen Voraussetzungen bewußt werden konnten, die die Entwicklung von der Oper zum Wagnerschen ›musikalischen Drama‹ bedingt hatten. Die Wiederaufnahme von *Orpheus*, die nach den italienischen Theatern (speziell nach der Aufführung in Rom 1888) erst am Rande einer Bewegung stand, die auf den deutschen Bühnen begonnen hatte (Dresden 1838) und nach Paris (1859), London (1860) und New York (1863) ausstrahlte, konnte die Wagnersche Reform mit der von Gluck in Verbindung bringen. Andererseits waren die italienische und die französische Oper der dreißiger Jahre und insbesondere die Werke Bellinis und Halévys *La Juive* unmittelbare Vorläufer der ersten erfolgreichen Versuche Wagners in den vierziger Jahren. Allerdings wurde die deutsche Entwicklung in diesem Zusammenhang nicht beachtet, nämlich Webers Schaffen, dessen *Freischütz* – 1890 erstmals in Portugiesisch gesungen – zum populären Erfolg in Porto geworden war, aber in Lissabon unbekannt blieb. Jedenfalls erschienen die drei Bühnenwerke Wagners (*Holländer* und *Tannhäuser* als Erstaufführungen, *Lohengrin* zum dritten Mal), als ob sie im Kontext einer Offensive gegen die etablierte Routine des von italienischen Ensembles angeeigneten beliebtesten Repertoires dieser Zeit aufgenommen würden. Daß dies kein Zufall, sondern Absicht war, wird von der Tatsache bestätigt, daß ein neuer Impresario, Freitas Brito, Ende 1892 infolge eines öffentlichen Wettbewerbes den Theaterbetrieb von der Regierung übertragen erhielt. Dieser Impresario war derselbe, der sich zehn Jahre früher mit der Erstaufführung des *Lohengrin* vom São Carlos verabschiedet und der im Laufe seiner ersten fünfjährigen Verwaltungszeit 1880 auch *Don Giovanni* und *Martha* auf den Spielplan gesetzt hatte (Benevides 1883: 382).

Ursache für die Neukonzeption konnten also Kulturansichten einer anspruchsvolleren Schicht der Besucher des São Carlos sein, oder einfach eine Art »Schamgefühl«, wie es Benevides (1883: 408) nannte, weil das Wagnersche Schaffen erst recht spät den São-Carlos-Zuschauern zugänglich geworden war. In diesem Sinne konnte die sprunghafte Entwicklung der Wagner-Aneignung in der Spielzeit 1892/1893 einem erneuten Versuch entsprechen, das São Carlos nach berühmten Vorbildern der ›Zivilisation‹ – London und Paris – zu modernisieren. Dies fällt um so mehr auf, als italienische Ensembles regelmäßig seit den siebziger Jahren *Lohengrin* (EA 1875), *Tannhäuser* (EA 1876) und *Holländer* (EA 1877) in Covent Garden aufführten, Hans Richter hier 1884 die *Meistersinger* (EA) und *Tristan* (EA) sowie andere Werke Wagners und der deutschen Tradition, in deutscher Sprache, dirigiert hatte, und schließlich Gustav Mahler im Frühling 1892 ein deutsches Ensemble leitete, das den *Ring* (EA) vor einem englischen Publikum zur Aufführung brachte (vgl. Rosenthal 1958: 706 ff.). Was Paris anbelangt, hatte die ›Rehabilitation‹ Wagners 1891 mit *Lohengrin* (EA) in der Großen Oper stattgefunden.

»Eine Debatte über Wagner und Verdi«, die eine der Hauptgestalten des Romans *Die Maias* »in Gang bringt« (Eça de Queiroz 1888: II, 206), läßt gerade dieses Element ›europäischer‹ Kultur der Zeit zum Vorschein kommen und wird nicht zufällig von einer Figur vorgetragen, die immer im Ausland gelebt hatte. Übrigens wird Wagner dabei nur noch einmal von dem Komponisten Cruges erwähnt, und zwar als Vertreter des »heiligen Landes« der Musik (Eça de Queiroz 1888: II, 253)[196]. Daß keine Rede mehr von Wagner ist – trotz der wiederholten Nennung des São Carlos und der Opernwelt in diesem 1888 geschriebenen, sich jedoch auf die siebziger Jahre beziehenden Roman – zeugt von einer kulturellen Lücke, die eine selbstbewußte Elite jetzt zu schließen trachtete. Unter diesem Gesichtspunkt war allerdings eine grundsätzliche Veränderung der Kommunikationsverhältnisse in Lissabon entscheidend: die Entstehung der Opernkonkurrenz mit einer wesentlich neuen sozioökonomischen und kulturpolitischen Tragweite.

Wagner-Aufführungen als Moment der Opernkonkurrenz

1890 wird das Theater bzw. der Zirkus ›Coliseu dos Recreios‹ im Zentrum der Stadt Lissabon eingeweiht. Für verschiedene Aufführungszwecke (Zirkus, Operette, Zarzuela, Oper) bestimmt und über einen Zuschauerraum mit etwa 6 000 Plätzen verfügend, ist dieser Saal einer der wichtigsten Bauten des ausgehenden 19. Jahrhunderts in Portugal. Wie riesig er im Vergleich zu den bestehenden Theatern war, und zwar auch im Vergleich zu dem Real Coliseu (dem Königlichen Coliseu), wo man ebenfalls Opern aufführte, haben die o. g. Karikaturist Bordallo Pinheiro und der Schriftsteller Fialho de Almeida treffend beschrieben (*Pontos nos ii* 22. 8. 1890). Die Ingenieurwissenschaft kam aus Frankreich und die riesige Eisenkuppel, welche damals in Lissabon großen Eindruck machte, wurde aus Deutschland importiert (vgl. Covões 1940: 15 f.). Vor allem entsprach aber der neue Zuschauerraum insbesondere bei Opernaufführungen einem bis dahin nie erfahrenen Begriff von ›Massenkultur‹. Es ging dabei nicht nur um eine viel größere Anzahl von Plätzen (etwa die sechsfache Zahl von der des São Carlos), sondern auch um viel geringere Eintrittspreise, die breiten Schichten der Bevölkerung einen wesentlichen Teil des Raums (die ›Geral‹, d. h. die Bankreihen) zugänglich machten[197].

Neben dem Anti-Klerikalismus bildete das Erziehungs- und Kulturprogramm der Republikanischen Partei einen Schwerpunkt der Propaganda. Das neue ›Coliseu dos Recreios‹, das ausdrücklich nicht mehr als ›königlich‹ bezeichnet

---

[196] Vorbild Cruges' im wirklichen Leben war der Komponist und Pianist Augusto Machado.

[197] Vgl. die Eintrittspreise um 1890 – im São Carlos: Logen von 15 000 bis 4 500 *réis*, Parkett 1 500, Galerie 700, ›Varandas‹ 400; im Coliseu: Logen von 4 500 bis 2 000 *réis*, Parkett 500, Galerie 300, ›Geral‹ 200. In der ›Geral‹ konnten noch stehende Zuschauer in unbestimmter Zahl aufgenommen werden.

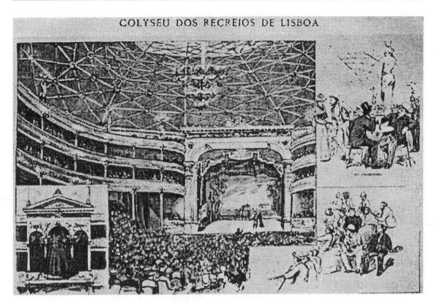

Zuschauerraum des Coliseu dos Recreios bei der Eröffnung 1890 (in: *Occidente* – Reproduktion nach Covões 1940).

wurde, verband ›Ideal‹ und ›Geschäft‹ so, wie sich die führende Klasse der republikanischen Bewegung in der Republik ›Ideal‹ und ›Geschäft‹ vorstellte. In der Tat ging die Gründung des Coliseu als einer Aktiengesellschaft von bekannten Republikanern aus[198], die zum großen Teil zu der Schicht gehörten, die in Lissabon eine Hauptkraft jener Bewegung war: die der Ladenbesitzer[199].

Das Streben nach Macht und nach öffentlicher Anerkennung ihrer führenden Rolle brachten die Erbauer des Coliseu mit Prägnanz auch in der Konzeption des Zuschauerraums zum Ausdruck. Es hat bisher noch nie jemand darauf hingewiesen, aber an und für sich fällt es auf den ersten Blick auf: die Ehrenloge und die zu beiden Seiten angeordneten Logenränge stellen die vergrößerte und vergröberte Abbildung der Konzeption des São-Carlos-Zuschauerraums dar[200]. Das Mittel- und Kleinbürgertum konnte sich jetzt hier – ebenso wie

---

[198] Die Hauptaktionäre hießen: Pedro António Monteiro (Oberschullehrer), António Caetano Macieira (Kaufmann und Hausbesitzer), J. Baptista Gregório de Almeida (Fleischer, Aktionär der Zeitung *A Vanguarda*). Unter den anderen Aktionären des Coliseu gab es vier Hausbesitzer, vier Kaufleute, einen Beamten, einen Lehrer und einen Industriellen.

[199] Über die Rolle der Ladenbesitzer in der republikanischen Bewegung in Lissabon s. Villaverde Cabral (1979: 186).

[200] Knapp 40 Jahre nach der Einweihung des Nationalschauspiels galt das São Carlos wieder als ›unerreichbares‹ Modell.

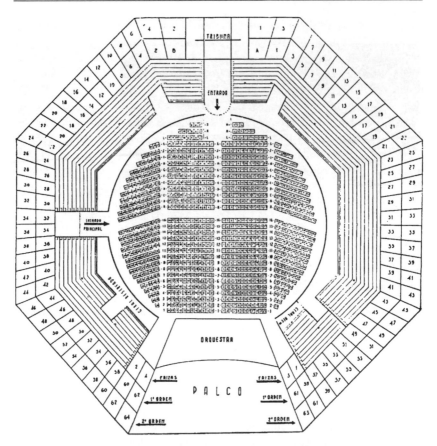

Sitzplan des Coliseu dos Recreios um 1900.

im São Carlos die Aristokratie und die Großbourgeoisie – direkt neben der königlichen Familie zeigen, und zwar bei Galaaufführungen der italienischen Oper. So wie die immer einflußreicher werdende Großbourgeoisie ein Jahrhundert früher das neue Hoftheater für den Absolutismus finanziert hatte, um es später unter dem Liberalismus als führende und geadelte Klasse zu genießen, so schufen die mittleren und kleinen städtischen Schichten der Bourgeoisie am Vorabend der Republik den Aufführungsraum, der einer neuen ›demokratischen‹ Ordnung entsprechen sollte: die Logenränge neben der Tribüne, dem Symbol der Macht, für Industrielle, einflußreiche Ladenbesitzer, Beamte, Offiziere, freiberuflich Tätige, also all die, die danach strebten, politische Macht zu erhalten; das Parkett für niedrigere Vertreter dieser sozialen Gruppen; schließlich die rohen Bankreihen, auf denen sich der ›Pöbel‹ dicht drängte, d. h. wo die Massen, die ›geführt‹ werden sollten, auch als solche sichtbar wurden. Im São Carlos waren den Massen – oder besser gesagt: ihren Spuren – ganze vierzig Platzeinheiten hinter der großen Krone der königlichen Tribüne vorbehalten[201]. Im Coliseu rückten sie, an den ›richtigen‹ Platz der Hierarchie gestellt, in den Vordergrund des Schauwerts des Raumes. Gehörten sie im São Carlos kaum zur Selbstinszenierung der bestehenden Macht, erschienen sie dagegen im Coliseu ausdrücklich als Stütze der künftigen Regierungsform. So entsprach das Coliseu einer bildhaften Vision des *populismo*, d. h. der ›völkischen‹ Politik, die ein Vorläufer des Faschismus, Sidónio Pais, später, in der Zeit der Republik, vorübergehend betreiben sollte[202]. Übrigens fand die Feier zur Ehrung der Republik im Coliseu einen Monat nach dem Putsch genau in einer Atmosphäre statt, die den *populismo* bereits ankündigte. Der Chronist des Coliseu berichtet von »der großen Freude der Volksmassen, die die farbigen Toiletten der Damen in den Logen« – wo sich »die republikanischen Führer« auch befanden – »noch lebendiger machte« (Covões 1940: 81).

Das vollendete Achteck des Coliseu-Zuschauerraums, in dem die Bühne nur zum Teil eine der Seiten einnahm, steigerte den Masseneffekt bei voll ausverkauften Aufführungen. Zugleich schuf diese Konzeption des Saales intensivere Möglichkeiten für die Selbstdarstellung des Publikums. Massenhaft, prinzipiell ›demokratischer‹ als das São Carlos, machte der Coliseu-Zuschaurraum auch das Publikum imposanter, wie uns der o. g. Chronist in naiver Weise zur Kenntnis bringt:

»Es gibt weder einen größeren noch besseren Anblick als die Aufführung derjenigen, die die Aufführung erleben ...« (Covões 1940: 38).

Architektonisch als Aufführungsraum funktional auch für die Oper bestimmt, bildete also das Coliseu das absolute Gegenteil zu jenem von Wagner konzipierten Festspieltheater für eine ›Zuschauergemeinschaft‹, wie es das etwa 15 Jahre früher begonnene Bayreuther Unternehmen idealtypisch sein sollte[203]. Außerdem waren andere Musiktheater-Voraussetzungen nicht zufriedenstellend genug: Ein Orchestergraben war nicht vorhanden, die Akustik und die Sicht waren sehr mangelhaft, die Bühnenkonstruktion wies im wesentlichen keinen technischen Fortschritt auf[204].

---

[201] So versteckt waren diese Plätze, daß ausländische Chronisten wie Heeringen (1838) bzw. Ruders (1808) sie nicht einmal bemerkt haben.

[202] Über Sidónio Pais und den *sidonismo*, wie seine Politik genannt wird, s. Telo (1977).

[203] Es handelt sich nicht um den Vergleich mit der Bayreuther Praxis, sondern mit dem Wagnerschen Theaterwunschbild.

[204] Im apologetischen Werk von Ricardo Covões (1940: 38) ist nur die Rede von der Größe der Bühne.

Unter diesen räumlichen Bedingungen, die keine illusionistische Bühne ermöglichten, mußte der Kommunikationsprozeß der Oper eine Vermischung der Begriffe ›Demokratie‹ und ›Demagogie‹, die sich bei der siegreichen republikanischen Bourgeoisie auch angesichts ihrer späteren Ausübung der Macht zeigte, nach sich ziehen. Oper zur ›Opernmusik‹ degradiert, italienische Gesangstars als ›Instrumente‹ dieser ›Opernmusik‹, Vereinfachung des Opernapparates (um ein optimales Verhältnis von Kunsttauschwert, Kapitalanlage und Ertrag zu erreichen), darin bestand das für breite Sozialschichten bestimmte Opernprogramm des Coliseu. Unter dem Schein einer Demokratisierung wurde die reale Abwertung der Oper als Ganzes, ihre Disqualifizierung zur Kunstdemagogie verdeckt. Ähnlich wie die Architektur des Zuschauerraums verschärfte der Kunstbetrieb des Coliseu das Gegenbild zum Opernbegriff der bürgerlichen Aufklärung und dessen Weiterentwicklung bei Wagner.

All dies bedeutete auch die Zuspitzung der traditionellen Opernpraxis, wie sie sich im São Carlos entwickelt hatte: Der Opernbetrieb im Coliseu vergrößerte und vergröberte, wie die Architektur des Zuschauerraums, das Unterhaltungsmodell des São Carlos.

Bereits von Juni bis August 1892, einige Monate bevor die Regierung die Wettbewerbe zur Lizenzvergabe in Bezug auf das São Carlos eröffnete (vgl. Benevides 1902: 82), fand im Coliseu zum ersten Mal eine Spielzeit mit italienischsprachigen Opern – vermutlich in Zusammenarbeit mit dem königlichen Theater von Madrid – statt. Das Repertoire bestand aus bereits ›populär‹ gewordenen Werken[205].

Der Erfolg dieses ersten Versuches ermutigte den Coliseu-Impresario, eine Reihe von italienischen Opern für die nachfolgende Spielzeit zu planen und sie sogar in das São Carlos zugleich zu übernehmen. Die Konzession des São Carlos wurde aber dem o. g. Freitas Brito erteilt.

Ein Konkurrenzpkampf entbrannte. Für den auch nicht mehr von der Regierung finanziell unterstützten São-Carlos-Impresario (Benevides 1902: 85) war klar geworden, daß die angebotene Ware veredelt werden mußte. Das vornehme Publikum des São Carlos sollte den entsprechenden Unterschied zum Coliseu bemerken.

Nicht nur die Qualität der Darsteller, sondern auch die Auswahl des Repertoires mußte dazu beitragen. Diese Hypothese für das Verständnis der Spielzeit-Struktur 1892/1893 wird 1893/1894 bestätigt. Diese beiden Spielzeiten zusammengenommen weisen folgende Leitlinien auf:

---

[205] Es wurden die folgenden Opern aufgeführt: *Lucia di Lammermoor, Ernani, Trovatore, Huguenots, Favorita, Sonnambula, Juive, Barbiere, Africaine, Carmen, Dinorah, Puritani, Aida, Faust, Rigoletto, Un Ballo in Maschera, Gioconda, Lucrezia Borgia*. (Covões 1940: 44).

- die systematische Einführung der deutschen Oper, vor allem von Wagners Bühnenwerken;
- die Tendenz, der traditionellen Herrschaft des italienischen Repertoires entgegenzuwirken;
- die Aufführung von Werken mit historischer Bedeutung, die nicht zum üblichen Repertoire gehörten;
- im italienischen Repertoire die Priorität für Erstaufführungen (z. B. *Falstaff, Manon Lescaut*).

In den folgenden Spielzeiten werden jedoch einige dieser Prinzipien aufgegeben. Von den Wagnerschen Bühnenwerken ›überlebt‹ nur der *Lohengrin* bis zur Jahrhundertwende. Einen Höhepunkt, wie in den Spielzeiten 1892–1894, erreicht die Übernahme von Wagners Opern bis zur Schließung des São Carlos 1912 nicht mehr (s. Abb. 7). Die deutsche Oper wird nie mehr einen so gewichtigen Anteil wie in jener Spielzeit erlangen (s. Abb. 6). Im Gegensatz dazu nimmt der Anteil von Verismowerken – im São Carlos gleich nach den italienischen Uraufführungen übernommen – schnell zu: 1896/1897 erreicht er seinen Höhepunkt (mit über 50 % der Aufführungszahl). Diese Tendenz verhält sich umgekehrt zur Übernahme von Wagners Opern (s. Abb. 8). Daraus ist die Schlußfolgerung zu ziehen, daß die neue und erfolgreiche ›Mode‹ aus Italien die unmittelbare Weiterentwicklung der Wagnerschen Aufführungen verhinderte. Puccini z. B. wird bis zur Spielzeit 1907/1908 fast immer viel häufiger aufgeführt als Wagner (s. Abb. 8).

Offenbar mußte das Kriterium der Veredlung der ›Ware‹ des São Carlos bereits nach der Spielzeit 1893/1894 – und gerade wegen der Konkurrenz – seine Priorität verlieren. Die erfolgreiche Rezeption der neuen italienischen Mode hatte den São-Carlos-Impresario dazu führen können, daß er sich vor dem Coliseu systematisch um die Erstaufführung dieses Repertoires bewarb und es ständig in den Spielplan aufnahm. Daher das weitere Sich-Annähern der Spielplan-Strukturen der beiden Theater. Die Prokurastruktur war noch nicht genug differenziert, um den Unterschied zwischen dem Unterhaltungsmodell des São Carlos und dem des Coliseu zu fördern. Der Versuch in den Jahren 1892–1894 im São Carlos setzte, um erfolgreich zu werden, voraus, daß sich eine neue Einstellung zur Oper unter den Zuschauern entwickelt hätte – was aber nicht der Fall war.

Diese neue Einstellung hing mit dem Streben nach der Aneignung von ›Zivilisationsmustern‹ zusammen und wurde von Bordallo Pinheiro in seinem Kommentar über die *Lohengrin*-Erstaufführung vorausgeahnt: Es war der Snobismus.

Opernunterhaltung und Snobismus

Züge des Snobismus tauchen vor allem seit der Jahrhundertwende im Zusammenhang mit den Wagner-Aufführungen im São Carlos auf. Allmählich entwickelt sich, ebenso wie in Frankreich, ein neuer aristokratisch-bürgerlicher Zuschauer-Typus,

> »der Angst hatte, betrogen zu werden, der befürchtete, irgendwo zu fehlen, wo Neuheiten aufgedeckt wurden, der sich sorgte, daß man ihn ungebildet schelten könnte, wenn er etwas Neuem nicht applaudierte.« (Eckart-Bäcker 1965: 140).

Spezifische Bedingungen der Kommunikationssstruktur, wie sie in Lissabon durch die Opernkonkurrenz zwischen São Carlos und Coliseu entstanden waren, konnten dazu beitragen, daß Wagners Bühnenwerke als Kriterium zur Unterscheidung zwischen Gebildeten und Ungebildeten, d. h. zwischen der vornehmen Gesellschaft, die das São Carlos besuchte und Wagner ›verstehen‹ konnte, und dem Volk, dem nur die ›vulgäre‹ Opernpraxis zugänglich war, genutzt wurden. Sichtbar wird jene neue Einstellung gelegentlich bei einigen Chronisten, die die italienische bzw. französische Opernproduktion im Vergleich zu Wagners Schaffen kategorisch abwerten. So stellt einer dieser Chronisten der »trivialen Einfachheit der italienischen« und der »Klarheit« der französischen Musik die »Beschreibungsfähigkeit« der Musik Wagners, die »bis zu einem gewissen Grade von der Zeitdauer absieht«, gegenüber. Dies hält er bei Wagner für einen »Fehler«, der »die mit dem deutschen Orchesterwissen nicht vertrauten Zuschauer ermüdet« und mit dem Schaffen Beethovens vergleichbar sei: In beiden Fällen verwandle sich aber der »Fehler« in eine »Tugend«, wenn man diesen Aspekt unter dem »stillen, erhabenen Gesichtspunkt der Kunst sieht« (*Dia* 23. 1. 1902). Zur gleichen Zeit meint ebenfalls ein Wagnerianer,

> »die *Bohème*, die *Tosca* und die *Pagliacci* besitzen (trotz ihres Wertes) nicht die unerläßlichen Bedingungen, um als Grundlage [...] eines Operntheaters zu dienen, dessen Traditionen und Verantwortung sich heute noch als eines der wenigen Motive [...] künstlerischen Stolzes des portugiesischen Milieus erweisen.« (*Novidades* 22. 1. 1902).

Die *Meistersinger*, die anläßlich ihrer Erstaufführung 1902 derartige Urteile inspirierten, lassen später ähnliche Gedanken wieder auftauchen:

> »Anstatt daß wir uns zu dem erhöhen, was die szenische Musik als das Vornehmste anbietet, kommen wir zur Langeweile der *Lombardi, Macbeth, Semiramis*,

Giuramento und ähnlichen Geschmacklosigkeiten zurück. Anstatt daß man das Publikum auf die vom Glanz des Genies aufgeklärten Wege der Kunst hinweist, stößt man es in die dunklen Gassen einer Musikgattung hinab, die heutzutage abgelehnt wird. Man hat aus ihm einen Beckmesser gemacht ...« (*Dia* 22. 2. 1906).

»Sogar die am weitesten entwickelten und feurigsten Talente, die den Idealen der Beethovenschen Sinfonie und des heroischen Werkes Wagners näherkommen, die von neuen Horizonten unbegrenzter Ausdehnung träumen, lassen sich von den trivialen und routinierten Forderungen der *traditionellen Oper* anziehen [...], deren unsinnige melodische Konzeption, welche von der glänzenden und tyrannischen Genialität Mozarts[206], Rossinis und Meyerbeers herstammt, viele Geister weiter irreführt.« (AM 28. 2. 1906).

Darüber hinaus beruft man sich auf Wagners Kritik an der italienischen Oper und ihrem Publikum. Sie bleibe aktuell, um das Werk von Leoncavallo, Puccini und Cilea zu charakterisieren:

»Mit seiner sanften und melodischen *Bohème* hat Puccini das von Wagner erwähnte Publikum, zu dem die Mehrheit der Besucher des São Carlos gehört, leicht erobern können.« (*Epoca* 24. 1. 1908).

Im selben Sinne beurteilte Rey Colaço (DI 16. 8. 1904) die »ästhetischen Bedürfnisse der portugiesischen Familie«. Jedem neuen »musikalischen Machwerk Italiens« solle man mit Meisterwerken wie *Tristan* antworten (*Novidades* 15. 2. 1908), und dieser »Kunst der Elite« solle eine Elite der Zuschauer entsprechen, welche sich von den »vagen Plattheiten«[207] sowie von dem »vulgären Publikum« fernzuhalten wisse (vgl. AM 15. 8. 1908). Ein Chronist versucht aus Anlaß der *Tristan*-Erstaufführung den Zusammenklang von Werk und Publikum anzudeuten und auf diese Weise dem Elitebewußtsein der Zuschauer zu schmeicheln:

»Zu Ehre und Ruhm des Lissaboner Publikums, das in seiner überwiegenden Mehrheit gar nicht darauf vorbereitet ist, Werke wie *Tristan und Isolde* zu verstehen, müssen wir hier zum Ausdruck bringen, [...] daß es uns den Eindruck ehrerbietigen Schweigens und der Aufmerksamkeit gemacht hat, [...] was uns beweist, daß es sich noch nicht ganz von den vornehmen Traditionen der

---

[206] Die Tendenz, Mozart mit Rossini und der gewöhnlichen italienischen Praxis zu identifizieren, ist in den Presseberichten der Jahrhundertwende sehr verbreitet. Sie zeugt von der Mozart-Ignoranz, die im portugiesischen Kulturmilieu vorherrschte. Hingegen zeigt z. B. Eça de Queiroz (1866/1867: 216 f.; 1867: I, 267 f., 280) gegenüber Mozart und seinem *dramatischen* Genie große Bewunderung.

[207] Sogar Verdi könne sich nicht, so dieser Berichterstatter, »den Wirkungen der Ur-Sünde entziehen«.

ruhmvollen Vergangenheit unseres São Carlos entfernt hat und noch nicht entartet ist.« (*Vanguarda* 12. 2. 1908).

Um »Ehre« und »Ruhm« in jenem Sinne kümmerten sich die Zuschauer des São Carlos aber noch nicht. In der Spielzeit der *Meistersinger*-Erstaufführung (1902) hatten sie konsequent das Opernunterhaltungsmodell verteidigt, indem sie auf den Impresario Druck ausübten und das Werk vom Spielplan absetzen ließen (*Eco* 15. 2. 1923: 7). 1906 kam erneut die »Aufrichtigkeit« des Publikums zum Ausdruck, indem es nicht »Snobismus«, sondern spontan »fast Ekel« bei demselben Werk zeigte – so Adriano Merêa (*Dia* 22. 8. 1906). Für diesen Musikwissenschaftler wiederholte sich die Spontaneität der Zuschauer anläßlich der *Tristan*-Erstaufführung:

»Begeisterung würde seitens der Zuschauer einfach Snobismus bedeuten. [Statt dessen haben sie noch einmal] Aufrichtigkeit und Besonnenheit geoffenbart.« (*Dia* 11. 2. 1908).

All dies läßt uns zu der Schlußfolgerung kommen, daß der ›Snobismus‹ um diese Zeit – 1908 – trotz seiner Förderung in der Presse die Wagner-Rezeption im São Carlos nicht wesentlich beeinflußte. Der überwiegenden Mehrheit der vornehmen Gesellschaft, die ihre Plätze im São Carlos wesentlich teurer als im Coliseu bezahlte[208], genügte offensichtlich die Tatsache, daß sie sich dank des Adels-, Geld- und Machtprivilegs als Elite des Lissaboner Publikums vorführen konnte. Der gelegentlich im Zusammenhang mit Wagner genährte Snobismus wirkte sich nicht sichtbar auf die Einstellung des Publikums aus. Das Unterhaltungsmodell der ›öffentlichen Promenade‹ dauerte fort und man neigte dazu, eher gewisse Bühnenwerke Wagners – nämlich *Tannhäuser* und *Lohengrin* – dort hinein zu integrieren, als das Modell selbst durch die Auseinandersetzung mit jenen Werken in Frage zu stellen.

Erst in der Spielzeit 1908/1909, als Freitas Brito gemeinsam mit Annahory den São-Carlos-Betrieb wieder übernahm, fand eine greifbare Veränderung der Kommunikationsstruktur statt. Es scheint, als ob derselbe Impresario, der seit 1892/1893 unter den neuen Bedingungen der Opernkonkurrenz darauf abgezielt hatte, die ›Ware‹ im São Carlos zu verfeinern, und hierzu in Wagners Bühnenwerken den Hauptbeitrag sah, jetzt die letzten Konsequenzen seiner Konzeption eines ›Theaters der Elite‹ zu ziehen versuchte. In der Tat führte er ein ganz neues Moment ins São Carlos ein: die italienischen Ensembles verloren zum ersten Mal in der Geschichte des Opernhauses das Monopol innerhalb

---

[208] Durchschnittlich waren die Eintrittskarten für das São Carlos mehr als dreimal so teuer wie jene im Coliseu.

einer Spielzeit[209] und französische und deutsche Ensembles wurden von nun an zum festen Bestandteil der Aufführungen. Das bedeutete, daß das Publikum des São Carlos jetzt in jeder Spielzeit Opern in Italienisch, Französisch und Deutsch besuchen konnte[210], was sich sicherlich für eine Elite eignete, die an ähnliche Beispiele aus der Opernpraxis in Paris und London dachte (Arroyo, in *Lucta* 1. 3. 1909) und sich vom ›vulgären‹ Publikum, wie z. B. dem des Coliseu, unterscheiden wollte.

Das »aus München und Bayreuth« kommende deutsche Ensemble führte unter Leitung von Hans Beidler den *Ring* auf[211]. Die Bedeutung dieses Ereignisses weckte überall in der Presse großes Interesse. Analysen und Einführungen erschienen in großer Zahl, darunter eine Broschüre mit einer ausgesprochen oberflächlichen und platten Darstellung des *Ring* (Pinto 1909). Wesentlicher waren aber (was es bisher noch gegeben hatte) die Einführungen in das Werk vor den Zuschauern, bevor jenes auf die Bühne kam. Dies erfolgte durch zwei Reihen von Vorträgen: eine für einen kleineren Kreis[212], bei Rey Colaço, der am Klavier den Redner, Batalha Reis, begleitete; die andere, für ein breiteres Publikum, im Zuschauerraum des São Carlos, von António Arroyo gehalten (mit Ruy Coelho am Klavier).

Inwieweit diese umfangreichen Vorbereitungen als ›Auftakt‹ zum *Ring* gewirkt haben, ist auch an der Resonanz in der Presse zu spüren. So bewegten sich immer größere Zuschauermassen ins Theater, um in den *Ring*, d. h.»das komplizierteste Werk Wagners« eingewiesen zu werden (*Vanguarda* 15. 3. 1909). Die Begeisterung erstreckte sich sogar auf die Provinz – auch auf Porto –, aus der eine große Zahl neuer Abonnenten ausschließlich für die Tetralogie gewonnen wurde (*Vanguarda* 1. 4. 1909). Der Erfolg der Vorträge von Batalha Reis spiegelt sich in der Presse selbst wider (DN 5. 4. und 6. 4. 1909). Die Bemühungen, mit

---

[209] Die ständig für das São Carlos verpflichteten Ensembles waren bisher immer italienische gewesen. Nur ausnahmsweise, wie z. B. 1878, gastierten französische bzw. spanische Ensembles in kurzen Serienaufführungen außerhalb der »normalen« Spielzeit.

[210] Dies bedeutete jedoch nicht, daß das Prinzip der Originalsprache von nun an absolut galt: manche französischen bzw. deutschen Opern wurden vom italienischen Ensemble selbstverständlich auf Italienisch gesungen.

[211] Darsteller waren u. a. Salzmann Stevens, Emmy Zimmermann, Ottilie Fellewock, Konrad von Zavilowsky, Franz Costa, Alois Pennarini, Joachim Kromer, Franz Schuler, Willy Tauber und Ludwig Frankel.

[212] Batalha Reis behauptete in einem noch unveröffentlichten Brief an Vianna da Motta, die ganze Gesellschaft Lissabons, die die Logen des São Carlos füllte, habe seinen Vorträgen beigewohnt. Reis, der sich in diesem Brief für einen Republikaner hält (im Gegensatz zu Arroyo, der monarchistisch sei), bedauert, daß die Presse vor allem Arroyo Aufmerksamkeit geschenkt habe (vgl. in seinem Nachlaß an die Biblioteca Nacional in Lissabon, Kiste Nr. IV, 69/11, den Brief vom 12. Februar 1923). Batalha Reis' Vorträge wurden nur teilweise in der Zeitung *Diario de Noticias* (die immer in Verbindung zur bestehenden Macht stand) veröffentlicht, während die von Arroyo in der republikanischen Zeitung *A Lucta* vollständig erschienen. Ob der Monarchist zum Republikaner und der Republikaner zum Monarchisten wird in den zwanziger Jahren, sollte noch aufgeklärt werden.

Wagner vertrauter zu werden, bedeuteten zwar einen wichtigen Schritt hin zum
Verstehen seiner Bühnenwerke, sie hingen jedoch zugleich mit der Verbreitung
snobistischer Tendenzen zusammen:

> »Entweder dank des Snobismus oder dank des Einflusses der Mode wächst
> die große Zahl der Zuschauer [für die *Ring*-Vorträge] immer mehr, was nie-
> mand erwarten konnte.« (*Vanguarda* 13. 3. 1909).

Hat diese neue Einstellung einerseits zur Wagner-Rezeption beigetragen, so
scheint sie andererseits nicht überwiegend durch die Wagnerschen Bühnenwerke
bedingt gewesen zu sein: Die drei geplanten *Ring*-Aufführungen fanden nicht statt
(Abonnenten gab es für zwei Serien; *Walküre* und *Siegfried* gelangten tatsächlich
zu drei Aufführungen) und in der darauffolgenden Spielzeit wurde kein Wagner-
sches Werk einbezogen. Wichtiger Faktor des Snobismus wäre also zu dieser
Zeit die Einführung des neuen Prinzips, das viel später, unter dem Faschismus,
zur Komponente des São-Carlos-Opernbetriebes wird: Opern prinzipiell in
Originalsprache vorzustellen.

2. Das Bewußtwerden von ›Oper‹ und ›Drama‹

Die Bilanz anläßlich der *Lohengrin*-Erstaufführung 1883

Der erste Teil des Werkes von Benevides über das São Carlos erschien im Jahre 1883 in unmittelbarer zeitlicher Nachbarschaft zur *Lohengrin*-Erstaufführung, die im März des gleichen Jahres, d. h. bereits nach dem Tode Wagners stattfand. Hier plädiert der Verfasser immer wieder für die Einführung der »deutschen Meister« in das São-Carlos-Repertoire (Benevides 1883: 133, 157, 176 usw.), was seine Begeisterung für die *Lohengrin*-Erstaufführung, die er als das bedeutendste Erlebnis der entsprechenden Spielzeit bezeichnet, erklärt (*ebd.*: 408 f.). Nur die Musik und ihre Entwicklung an sich verdienen jedoch Benevides' Aufmerksamkeit und, was *Lohengrin* betrifft, hebt er allein »die Schönheiten der Instrumentation«, »die reichste bisher geschaffene« hervor, welche »das Publikum von Lissabon endlich genießen konnte« (Benevides 1883: 408). Hier – in der scheinbaren Akzeptanz Wagners – zeigt sich Benevides' eigentliche Abstammung vom französischen Positivismus und dementsprechend seine echte Vorliebe für die italienische Oper, seine völlige Übereinstimmung mit der von Wagner verurteilten Tradition der Musik »zum Zwecke« des Dramas (Wagner 1851a: III, 231)[213].

Italianismus und Positivismus befinden sich in der Tat auf der einen Seite des Zwiespalts, den die Auseinandersetzungen um die Wagnersche Opernästhetik und -kommunikationsstruktur verursachten. Der Einfluß der positivistischen Musikgeschichtsschreibung machte sich in Portugal vor allem durch zwei Namen Geltung: François Joseph Fétis und Paul Scudo, beide bekannte Antiwagnerianer[214]. Fétis wird immer wieder von Benevides selbst erwähnt und Paul Scudos *Histoire de la Musique* war in Portugal sehr verbreitet[215]. Obwohl sich Benevides (1883: 268) ausdrücklich nicht als Antiwagnerianer bezeichnet und sogar die »aktuelle Entfernung Frankreichs gegenüber der Wagnerschen Kunst« bedauert, schreibt er weder im ersten noch im zweiten Teil seines Werkes (Bene-

---

[213] Ein Produkt des Positivismus ist ebenso in der Methodik seines Werkes über das São Carlos zu finden, in dem zahlreiche Fakten aneinandergereiht werden.

[214] Über den Einfluß von Fétis und Scudo in der Entwicklung des Anti-Wagnerismus in Frankreich s. Eckart-Bäcker (1965: 78 ff. u. 85 ff.).

[215] Zur Karikatur des typischen Musikkritikers Lissabons dieser Zeit, mit der Eça de Queiroz vielleicht Lopes de Mendonça und dessen Berichte in der *Revolução de Setembro* meint, gehört notwendigerweise Scudos *Histoire de la Musique* (es geht um die Person von Marcos Vidigal, vgl. Eça de Queiroz 1900).

vides 1902) über den Inhalt bzw. die Bedeutung von Wagners Bühnenwerken ein einziges Wort. Von Konsequenzen, die für die Entwicklung des portugiesischen Opernwesens daraus zu ziehen wären, ist bei ihm keine Rede. Im Gegenteil, wenn er Wagner ein paar Zeilen im zweiten Band widmet, schließt er sich den alten Abonnenten des São Carlos an und wertet die *Meistersinger* ab (Benevides 1902: 171). Benevides hat nie im Laufe seines Werkes die Einführung der »deutschen Meister«, darunter Wagner, als Bestandteil musiktheatralischer Ansprüche oder einer Reform der São-Carlos-Opernpraxis sowie der Entwicklung neuer Operneinstellungen des Publikums – nämlich im Sinne des Bewußtwerdens vom »Drama zum Zwecke der Musik« – gesehen.

Der Positivismus bildet auch den Hintergrund der 1883 aus Anlaß der *Lohengrin*-Erstaufführung veröffentlichten Schriften von Angelo Frondoni. Dieser berühmte italienische *maestro*, seit langem in Portugal ansässig, sehr eng mit dem Liberalismus und dessen Kämpfen verbunden, lehnt kategorisch das gesamte Schaffen Wagners ab, das er erst zu diesem Zeitpunkt kennengelernt hatte. Dementsprechend vertritt er kohärent die ›konservative‹ Opernpraxis:

»In der Musik gibt es keine Wahrheit [...]. Die dramatische Musik ist nichts als eine Illusion, eine Sinnestäuschung [...], eine köstliche Sinnestäuschung, die uns Spaß bringt, die uns erregt, bezaubert und erschüttert. [...] Wer besucht die Oper, um Dichtkunst anzuhören? Keiner. Alle gehen aber ins Theater, um Musik zu hören.« (Frondoni 1883: 37).

»Das Vergnügen des Hörens soll die Ausdruckswahrheit in den Hintergrund drängen« (*ebd.*: 41).

»In den [Situationen], die das Gefühl betreffen, gibt es [in Wagners Musik] keine Leidenschaft, keine Begeisterung, keine Erregung, die die Empfindungen der Seele ausdrücken. Kurzum, seine Musik rührt das Herz nicht. In ihr gibt es ein Zuviel an Überlegung und ein Zuwenig an Inspiration. [...] Gefallen ist die erste Pflicht eines Komponisten: durch Erregung der Seele in der Großen Oper, durch Erfreuen des Geistes in der Komischen Oper.« (*ebd.*: 48).

So bedeute die Wagnersche Philosophie »die Vernichtung der Musik« (Frondoni 1883: 37).

Auf diese Weise verteidigt einer, »dessen musikalische Begeisterung« – so Pinheiro Chagas – »der liberalen Revolution in Portugal ein Echo der Marseillaise gegeben hat« (in: Frondoni 1883: 6), den *status quo*, gegen den sich auch die Lebensstrategie Wagners und nicht nur sein Werk wandte (vgl. Kaden 1979). Hier spiegelt sich der Konflikt zwischen Konservativismus und Modernität wider, der dem zwischen Stabilität und Bekämpfung der bestehenden Kommunikationsstruktur, zwischen Erhaltung und Veränderung der Gesellschaftsordnung selbst entspricht.

Lohengrin-Erstaufführung im São Carlos, mit Bühnenbildern von Luigi Manini (nach dem Entwurf von Raphael Bordallo Pinheiro in: *Antonio Maria* 15. 3. 1883).

Minister Fontes Pereira de Melo als Lohengrin fährt in den Mund des »John Bull«, den englischen Menschenfresser (*Papão*), wobei der Streit um afrikanische Kolonialgebiete den politischen Zusammenhang bildet (Raphael Bordallo Pinheiro in: *Antonio Maria* 15. 3. 1883).

Deshalb hat der Begriff ›Illusion‹ bei Frondoni nichts zu tun mit der auf die bürgerliche Theaterreform der Aufklärung zurückzuführende Illusion, deren Vervollkommnung im Bayreuther Festspieltheater angestrebt wurde. Hier zielte sie darauf ab, eine auf der Bühne durch das Können der Darsteller eingerichtete menschliche ›Wahrheit‹ bzw. ›Gegenwelt‹ zu vermitteln, die ja die »Physiognomie der Gegenwart trug« (Rienäcker 1983), aber als Ablehnung des gegebenen Alltags und nicht nur des Opernbetriebs gelten sollte.

Durch Wagners Tod und die *Lohengrin*-EA wirkte über Vermittlung des französischen Positivismus Wagnersche Gedankengut auf das portugiesische Kulturmilieu ein. Die Polemik über Wagner wird zwar in Lissabon nicht weitergeführt, aber eine Reihe von Aufsätzen von Batalha Reis, die im März 1883 in der Zeitschrift *O Occidente* erscheinen[216], kann als Stellungnahme einer gebildeten und weltbürgerlichen Elite gelten, die zumindest mittels französischer Quellen in Wagners Schaffen ein Symbol der Modernität und des Fortschritts sah. Gleich im ersten Aufsatz wird der Zusammenhang der »idealen und revolutionären Kunstlehre« Wagners mit den »Veränderungen in der Politik und Soziologie« zum Ausdruck gebracht, dies außerdem im Kontext einer scharfen Kritik gegen »die offizielle Welt« in Frankreich, dessen Hauptstadt als »Rom des Konservativismus und der anerkannten Konventionen« bezeichnet wird (*Occidente* 1. 3. 1883: 50). Hier spürt man durch französische Vermittlung (E. Schuré wird später zitiert) deutlich die Übernahme von Standpunkten Wagners, sowohl aus seinen früheren Pariser Schriften (Wagner 1840/1841: 90 ff.) als auch aus denen, die später infolge seiner bitteren Enttäuschung über das französische Publikum entstanden sind (Wagner 1861: 138 ff.). Ebenfalls wird die Teilnahme Wagners an der Revolution 1849 in Dresden »gegen die konservativen Parteien« hervorgehoben (*Occidente* 11. 3. 1883: 59). Solche Beziehungen faßt der Autor schließlich mit folgenden Worten zusammen:

»Die Kunsttheorien mußten in [Wagners] Denken bloß ein besonderer Fall einer breiteren Theorie sein, welche die Gesellschaft und die Welt umfaßten.« (*Occidente* 21. 3. 1883: 67).

So wird die Kritik gegen den traditionellen Opernbetrieb in diesem Rahmen deutlich als Sozialkritik dargelegt. Konsequent im Sinne der Wagnerschen Anschauungen, lehnt der Verfasser die Oper als Unterhaltung ab, verteidigt die Konzeption von Theatervorstellungen als »echte Feierlichkeiten« und die Idee eines neuen Theaterraums, der die Aufmerksamkeit der Zuschauer auf das aufgeführte Kunstwerk voll und intensiv konzentriert (*Occidente* 1. 4. 1883: 78).

---

[216] Die Aufsätze werden mit *V. de D.* unterzeichnet. Die Information, es handele sich dabei um Batalha Reis, ist Maria Manuela Delile (1984) zu verdanken.

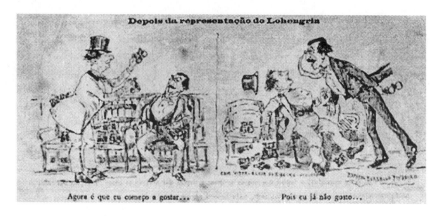

Zuschauer des São Carlos streiten um den *Lohengrin* (Raphael Bordallo Pinheiro in: *Antonio Maria* 15. 3. 1883).

Daher verteidigt er die Bayreuther Festspielkonzeption und erklärt die Notwendigkeit des verdeckten Orchesters als Voraussetzung zur Wirkung des »musikalischen Dramas«[217]: gerade dadurch werde »die möglichst größte Illusion« erzielt (*Occidente* 1. 4. 1883: 78) – eben im Gegensatz zum Illusionsbegriff Frondonis[218]. Eine Aneignung von Wagners Konzepten sollte also nach dieser Ansicht die Veränderung der gesamten Opernkommunikationsstruktur nach sich ziehen.

Der hier dargestellte Zwiespalt um Wagner prägt bis zum Zerfall der Monarchie die Presseberichte. Durch die Wagner-Rezeption wird aber die gesamte Opernpraxis grundsätzlich immer mehr in Frage gestellt. Das São Carlos, seine Produktions- und Kommunikationsstruktur, sein ererbtes Modell als »öffentliche Promenade«, seine Bedeutung als Institution geraten in eine Krise, die mit der Krise des monarchistischen Liberalismus zusammenfällt. Die Aufführungen von Wagners Bühnenwerken werden in diesem Kontext zu äußerst anregenden Faktoren der Auseinandersetzungen, zum Prüfstein des Bewußtwerdens von Grundoptionen, zum differenzierenden Maßstab entgegengesetzter Lager: dem des ›Konservativismus‹ und dem des ›Fortschritts‹.

Kunst ›mit Ideen‹ und ›ohne Ideen‹

Die Berichterstatter beider Fraktionen einigen sich in einer Frage: der Forderung nach »Verstand«, um sich den Bühnenwerken Wagners überhaupt zu nähern.

---

[217] Dabei zitiert der Verfasser Edmond Schuré.
[218] Dafür gibt Frondoni in seinem Text sozusagen das ›theoretische Fundament‹.

Karikatur der Hauptdarsteller bei der *Lohengrin*-Erstaufführung (Raphael Bordallo Pinheiro in: *Antonio Maria* 15. 3. 1883) – s. Übersetzung des Kommentars S. 168.

Der »dritte Versuch«, im São Carlos den Wagnerschen Stil einzuführen (CdN 2. 1. 1893) gibt zu einer Vielzahl von Äußerungen Anlaß, die dieses bestätigen. *Lohengrin* gehe »sowohl vom Gefühl als auch von der Intelligenz« aus (*Dia* 2. 1. 1893), sei »so transzendent, daß nur jene, die in Gnade sind, ihn verstehen können« (*Folha* 6. 3. 1893). Den *Holländer* hielt man für »nicht leicht verständlich« (*Seculo* 5. 3. 1893), es sei »wissenschaftliche Musik« (*Reporter* 5. 3. 1893) bzw. »Musikwissenschaft« (CdM 5. 3. 1893), das Werk rufe »eine zugespitzte Spannung der Gefühle und des Intelligenzvermögens« hervor (*Dia* 6. 3. 1893). *Tannhäuser* solle »mit Aufmerksamkeit, Intelligenz« angehört werden (*Economista* 20. 3. 1893), sei »alles, was die menschliche Intelligenz am vollendetsten erfinden konnte« (CdN 22. 3. 1893), richte sich vor allem an das Denken, an die Intelligenz (*Vanguarda* 30. 3. 1893). Urteile dieser Art wiederholen sich in den darauffolgenden Wagner-Spielzeiten:

»[Die Musik von *Tannhäuser* ist besser] geeignet, verstanden zu werden, als emotionsgierige Nerven beben zu lassen« (*Dia* 22. 12. 1900).
»[*Die Meistersinger* verlangen] intellektuelle Anstrengung« (*Mundo* 6. 2. 1902), »[werden] vom Publikum des São Carlos nicht richtig verstanden und geschätzt« (*Echos* 25. 2. 1906).

»[Im Gegenteil zur italienischen Oper vertreten Wagners Bühnenwerke] den Sieg des philosophischen Geistes über die Impulsivität und der tiefen Wissenschaft der Leitmotive über die Vokalakrobatik.« (AM 28. 2. 1906: 37). »[*Tristan* ist] ein Werk zum Nachdenken, zum Studieren« (AM 31. 1. bzw. 11. 2. 1908), »[aus dessen] Komplexität sich eine Verstehensschwierigkeit sogar für die Gebildetsten, für die Berufsmusiker selbst ergibt« (NL 11. 2. 1908).

Die auf diese Weise bezeichneten »Schwierigkeiten, mit Wagner zu kommunizieren«, werden von jeder der entgegengesetzten Tendenzen unterschiedlich begründet. Für die konservativen Kreise, die unter Einfluß des französischen Positivismus und des in der São-Carlos-Opernpraxis gewährleisteten Italianismus stehen, verursacht vor allem die »Physiologie« der »lateinischen Rasse« die Schwierigkeiten (*Novidades* 7. 3. 1893). Wagners Bühnenwerke seien nur teilweise, d. h. in bestimmten Abschnitten, oder gar nicht an »die südlichen Temperamente« gerichtet[219]. Ein solcher Standpunkt dient noch 1908 einem Wagnerianer dazu, zwischen Wagner und Puccini zu unterscheiden (*Epoca* 24. 1. 1908).

Dieselbe Frage erläutern aber die Wagnerianer in der Regel ganz anders. Die Forderung nach Verstand stoße mit dem Mangel an Erziehung des Publikums zusammen (AM 28. 2. 1906: 40). In Lissabon herrsche die Ignoranz der europäischen zeitgenössischen Kunstbewegung, überwiege der durch den traditionellen Italianismus seit langem entfaltete Geschmack (*Correio Nacional* 7. 3. 1893; *Mundo* 22. 12. 1900). Die Rezeption Wagners setze »Gehörausbildung« und »Geisteskultur«, d. h. Anstrengungen voraus (JC 24. 12. 1893), die allerdings dem São-Carlos-Publikum zuwider seien (DI 12. 2. 1908). Die Notwendigkeit eines »Studiums« der Wagnerschen Werke »im voraus«, um sie zu verstehen, könne in dieser Hinsicht Grund genug dafür sein, Widerwillen zu erwecken (AM 30. 3. 1908). Dies scheint tatsächlich unbestritten, wenn wir z. B. anläßlich der *Tristan*-Erstaufführung auf eine Erläuterung folgender Art stoßen:

»Besonders unter unseren Zuschauern ist nicht leicht ein Narr zu finden, welcher die musikalische Manie in so hohen Grad entwickelt, daß er ein Libretto liest bzw. eine Partitur studiert und von jeder Zerstreuung, die das Gehör schädigen kann, absieht, um sich voll und ganz der Empfindung hinzugeben, die ihm eine Erstaufführung [*Tristan*] verschaffen kann.« (NL 11. 2. 1908).

Die Ignoranz des Inhaltes der Libretti bzw. der Mythen und Sagen wurde bereits früher als Hauptursache der Ablenkung von den Wagnerschen Bühnenwerken

---

[219] Zahlreiche Berichte vertreten diesen Standpunkt: *Folha* 2. 1. 1893; CdM 5. 3. 1893; *Tarde* 20. 3. 1893; JC 21. 3. 1893; *Vanguarda* 30. 3. 1893; *Dia* 22. 12. 1900; JC 8. 1. 1905.

bezeichnet: Die Mehrheit der Zuschauer zeige überhaupt kein Interesse daran, »die echte moralische Absicht jedes Werkes zu erfassen« (DP 25. 12. 1983). Ein weiterer Berichterstatter stellte aber die Einstellung des Publikums noch kategorischer in Frage, als er meinte:

»Das Publikum weiß zum großen Teil gar nicht, worum es geht, wenn es einer Oper zuhört ...« (*Tarde* 26. 12. 1893).

So zur ›Opernmusik‹ degradiert, wirkten die Bühnenwerke Wagners für die Mehrheit langweilig:

»Das Publikum [...] erträgt [*Lohengrin*] bis zum Ende selbst heute noch schwer, ohne zu gähnen bzw. ohne die Augen zu drehen und zu verdrehen, es läßt sich von dem schrecklichsten und kompromittierendsten Schlaf angreifen.« (*Tarde* 2. 1. 1893).

Vom »Betäubungseffekt« des *Holländer* ist ebenfalls die Rede bei einem Kommentator, der seinen Mut, dies einzugestehen, selbst lobend hervorhebt (*Reporter* 5. 3. 1893). Adjektive wie »lässig«, »weitschweifig« (JC 21. 3. 1893), »eintönig« und »schwer« (*Dia* 20. 3. 1893) zieht der *Tannhäuser* an sich. Die *Meistersinger*-Wiederaufnahme 1906 veranlaßt dazu, den »Ekel des Publikums« zum Ausdruck zu bringen (*Dia* 22. 2. 1906). Schließlich werden die »zu ausgedehnten Szenen« des *Tristan* beklagt (*Vanguarda* 26. 1. 1908; JC 11. 2. 1908).
Die Polemik gegen das herkömmliche São-Carlos-Modell entwickelt sich aber zur gleichen Zeit. Die Idee vom ›Drama‹ als Schlüssel zum Verständnis der Wagnerschen Bühnenwerke und als Ausgangspunkt neuer Ansprüche, die der Opernbetrieb auf sich nehmen sollte, tritt auf. Das ›Drama‹ wird der ›Opernmusik‹, ausdrücklich mit Bezug auf *Lohengrin* und *Tannhäuser* gegenübergestellt:

»[Das Publikum zeigt] Widerwillen gegen Verfahrensweisen [wie z. B. des *Lohengrin*], die modern sind, genauer, sich mit der Idee des Dramas besser reimen, aber weniger geeignet dafür sind, ins Gehör die Wirkung einzuflößen, die es am besten verführt: die Sequenz der Melodie.« (CdN 2. 1. 1883).
»Die Musik des *Tannhäuser* versinkt tiefer in philosophische Betrachtungen und gibt sich besonders der Beschreibung dramatischer Situationen hin, so daß sie unruhige und schaudererregende Melodien darstellt, die nicht so sehr dem Gehör Genuß bereiten.« (CdT 21. 12. 1893).

Die Idee, daß Text und Musik sich an Bedeutung gleichen, drückt ein Chronist der *Tristan*-Erstaufführung aus (*Popular* 11. 2. 1908). Dieses beginnende Bewußtsein von einem Drama »zum Zwecke der Musik« gewinnt durch die Gegenüberstellung eines Antiwagnerianers und eines Wagnerianers, die in ihrer Meinung über das Publikum konvergieren, an Prägnanz. Der erste meint, daß

»das Publikum, seinem südlichen Temperament gemäß, sich allein im Theater entweder begeistern oder langweilen kann und weder die Geduld zum Nachdenken noch die Tendenz zur Konzentration hat.« (*Novidades* 7. 3. 1893).

Der zweite stellt fest, daß

»der Begriff Tonkunst sich für die überwiegende Mehrheit der Einheimischen auf die Gehörempfindung – so wie die Malerei auf den visuellen Eindruck beschränkt. Denken ist Sterben für all diese.« (*Mundo* 6. 2. 1902).

Die Konsequenzen, die daraus zu ziehen wären, sind aber für den Wagnerianer weitreichender:

»Ich gehe ins Theater, um mich zu unterhalten!‹ – so sagen sie [die o. g. Zuschauer], wenn jemand den Mut hat, ihnen vorzuwerfen, daß die Kunstwahrnehmung eine Geistestätigkeit erfordert, die unabhängig von der von den Sinnen aufgenommenen Empfindung ist. Nun, da sich ihre Exzellenzen nicht unterhalten können, sofern sie zum Denken gezwungen werden, soll das Ideal der Kunst, das ihnen zu vermitteln ist, die Kunst ohne Ideen sein, d. h. die Einführung von Verfahrensweisen in die Musik [...], welche die Herren José Luciano bzw. Hintze Ribeiro[220] so erfolgreich in der Politik betreiben.« (*Mundo* 6. 2. 1902).

Wahrscheinlich ohne Bernard Shaw gelesen zu haben, wird dieser Chronist durch die Rezeption Wagners dazu herausgefordert, eine Schlußfolgerung für die portugiesischen Zuschauer zu ziehen, welche zu vergleichen ist mit der des berühmten Verfassers von *The perfect Wagnerite*, die dieser kurz vorher für gewisse englische Besucher in Bayreuth gezogen hatte:

»Roughly speaking, people who have no general ideas [...] cannot enjoy the *Rhine Gold* as a drama. [...] If their capacity for music should be as limited as their comprehension of the world, they had better stay away.« (Shaw 1898: 28).

---

[220] Beide waren Minister der bestehenden Regierung. Hintze Ribeiro war sogar der berühmte Ministerpräsident, der eine portugiesische Nationaloper auf dem Papier gegründet hat.

In beiden Fällen handelt es sich um eine Stellungnahme für eine Kunst ›mit Ideen‹, die mit einer allgemeinen Weltanschauung, darunter auch einer ›Politik mit Ideen‹, zusammenhängen sollte.

Die italienische Darstellungspraxis

Der Umgang mit Wagnerschen Bühnenwerken wird durch den Stil der Darstellung entscheidend geprägt. Einerseits erleichtert die italienische Praxis angeblich deren Rezeption als ›Opernmusik‹, andererseits vertieft sie aber noch den Abgrund des Mißverständnisses, der die musikdramatischen Vorgänge und die Zuschauer voneinander trennt. Die Presse spiegelt die überwiegenden Einstellungen hierzu wider.

Die *Lohengrin*-EA stelle zwei Stile der Darstellung gegenüber: den einen durch Masinis Lohengrin, den anderen durch Arkels Elsa personifiziert. Angelo Masini habe die Gelegenheit benutzt, seine »entzückendste« Stimme zur Geltung zu bringen, und dies auf Kosten der Wagnerschen Partitur, während Thereza Arkel dank der »dramatischen Intensität« ihres »künstlerischen Temperaments« am besten verstanden habe, »daß es nicht dasselbe ist, eine Oper Wagners und eine italienische Oper zu singen«. Natürlich haben die Zuschauer Masini mehr gefeiert (JC 1. 1. 1893).

Die Gegenüberstellung zwischen Masini und Arkel wird so verallgemeinert:

»In anderen Theaterpartituren genügt es, daß man gut singt [...], in den Opern Wagners ist es nicht so; sie erfordern den vollkommenen Sänger und den Schauspieler *hors ligne*.« (CdN 2. 1. 1893).

Zugleich wird jedoch auch erkannt:

»Manche sagen, er [Masini] entstelle Lohengrins Gestalt [...], sicher ist aber, daß er den ganzen Nutzen aus der Art und Weise zieht, wie er den Gralsritter vor den Zuschauern darstellt [...], die die Vokaleffekte lieben, deren Geheimnis nur er besitzt.« (CdN 2. 1. 1893)[221].

›Gut singen‹ im Sinne des italienischen Darstellungsstils konnte also dazu beitragen, Wagners Bühnenwerke nach dem Geschmack der São-Carlos-Zuschauer zu verschönen, d. h., sie auf Belcanto zu reduzieren, um sie ›erträglich‹ zu machen. Eben deshalb müsse »die Sympathie« des Publikums »noch kleiner« werden,

---

[221] In *Amphion* (16. 1. 1893) wird diese Darstellungsweise Masinis scharf kritisiert.

»wenn die Opern Wagners in unserem Theater bzw. in jedem der südlichen Länder mit der traditionsgemäßen Genauigkeit, mit dem Puritanismus [der Wiedergaben] von Bayreuth, München und Wien unter Leitung von Hans von Bülow, Hans Richter, Hermann Levy [...] [aufgeführt würden].« (CdN 2. 1. 1893).

So schrieb auch António Arroyo 1903 (vgl. JC 21. 4. 1931), er habe im São Carlos erlebt, wie »Bayreuther Darsteller nach italienischer Weise sangen«, weil sie das Publikum kannten und ihm schmeicheln wollten, um gefeiert zu werden, »um ihren Lebensunterhalt zu verdienen«.

In der Tat herrschte noch die Tendenz vor, der Gesangskunst jede Dramaturgie unterzuordnen: »Die absolute Abwesenheit der Soprane« wirke im ersten Akt des *Holländer* seltsam (*Economista* 5. 3. 1893). *Tannhäuser* tauge in keiner Weise zur Darstellung der Vokalbegabungen der Sänger (*Seculo* 24. 12. 1893), sei kaum dazu geeignet, Sänger vorzustellen (*Alfândegas*, Dez. 1893). Eine Sängerin finde in der Rolle der Venus keine Möglichkeit, Nutzen zu ziehen (CdN 24. 12. 1893) und dies genüge um auszuschließen, daß eine Primadonna wie Thereza Arkel jene Rolle neben der von Elisabeth übernehme[222]. Einzige Ausnahme sei die Partie des Wolfram, »dessen Romanze dank der unvergleichbaren Gesangsmethode des Darstellers« einen großen Erfolg erlangt habe (CdN 26. 12. 1893). Die Aufmerksamkeit der Zuschauer und Berichterstatter konzentrierte sich überwiegend auf die ›Nummern‹, die ihnen im Laufe jeder Aufführung auffielen. Wenn man an bestimmten Stellen glaubte, die Absicht erkannt zu haben, daß die Stimmen in den Vordergrund treten, zum Zwecke der Aufführung werden, so fand man solche ›Nummern‹ leicht verständlich. Im *Holländer* galten z. B. »die Seeleute- und Spinnerinnenchöre«, »der Duettschluß des Basses und des Baritons« (1. Akt) und »Sentas Ballade« als »einfache Melodien«, »in denen die Gestaltung der Stimme überwiegt« (*Novidades* 7. 3. 1893). Gerade in diesen Szenen, in denen »die besten Harmonien, die inspiriertesten und am leichtesten verständlichen Melodien« erkennbar seien, gebe es aber für einen Wagnerianer das, was »das am wenigsten Wagnersche ist ...« (*Tarde* 7. 3. 1893). Zugleich wendet man sich gegen

»die Monotonie des Rhythmus und die Förmlichkeit des Satzes, die fast alle Nummern ununterbrochen begleiten, gegen den Exzeß des Orchestrierens, das Drängen der beschreibenden Einzelheiten, die ungewöhnliche Bedeutung der Chormassen und die entsprechende Verachtung der Hauptsänger.« (*Novidades* 7. 3. 1893).

---

[222] In der vorgehenden Spielzeit hatte Arkel die beiden Rollen im *Tannhäuser* dargestellt.

Noch 1908 wurden die ›Nummern‹ sogar im *Tristan* gesucht und besonders geschätzt: die Vorspiele zum 1. und 3. Akt, das Lied des Matrosen, das »Liebesduett«, Isoldes Liebestod.

»Die ganze Szene des Tristan (3. Akt) ist zu ausgedehnt und uns jetzt noch wenig verständlich, dagegen entzücken aber Isoldes Tod sowie das Duett – die schönsten Seiten des größten Werkes von Wagner – die rebellischsten Ohren.« (DI 11. 2. 1908).

Zu dieser Tendenz gehörte eine Abwertung des Ganzen, so daß Kürzungen überall nicht nur gern angenommen, sondern auch als Vorbedingung empfohlen wurden, um die Zugänglichkeit zu den Bühnenwerken Wagners zu erleichtern (vgl. z. B. JC 21. 3. 1893; 11. 2. 1908). Und wenn ein neuer Abschnitt entdeckt wurde, fiel die ›Opernmusik‹ als Maßstab wieder auf:

»Herr Mancinelli hat die [gewöhnliche] Kürzung zu Beginn des letzten Aufzugs [des *Lohengrin*] nicht gestattet und ließ uns so einen Marsch anhören, in dem die Orchesterarbeit grandios ist und die außergewöhnlichen Eigenschaften von Wagner als Komponist [...] zum Vorschein kommen.« (*Diario* 22. 12. 1905).

Kurzum, Opernkritiker und -zuschauer zeigten sich vor allem mit den *pezzi lirici* zufrieden, was nach einer Metapher Vianna da Mottas bedeutete,

»einer Statue einen Finger, einer anderen ein Ohr abzureißen, und zu glauben, daß man mit diesen Stücken das Kunstwerk besitzt.« (Vianna da Motta 1917: 117).

Die Charakterisierung der Szene

Die Berücksichtigung der musikdramatischen Darstellungskohärenz taucht trotzdem in zeitgenössischen Zeugnissen auf.

Der Mangel an technischen Einrichtungen im São Carlos, die zur Aufführung der »phantastischen Opern« Wagners notwendig wären (CdT 6. 3. 1893), wird mehrmals erwähnt. Die szenischen Vorgänge hätten in der *Holländer*-Erstaufführung nicht nur lächerlich gewirkt, wie es gar in einer Karikatur des *Antonio Maria* (9. 3. 1893) zum Ausdruck gebracht wird, sondern auch zum großen Teil das Fiasko des Werkes mit verursacht (z. B. *Tempo* 5. 3. 1893; CdM 5. 3. 1893; *Correio Nacional* 7. 3. 1893). Auch die *Tannhäuser*-Erstaufführung habe das São Carlos

Bühnenbild von Manini für *Tannhäuser*, 1893 (Reproduktion nach Pereira Dias 1940).

vor szenische Probleme gestellt. Einerseits lobte man die neuen Bühnenbilder von Luigi Manini (*Dia* 20. 3. 1893; *Amphion* 1. 4. 1893), andererseits erhob man gegen das Durcheinander der szenischen Ausstattung Einspruch. Beleuchtungseffekte und Requisiten stimmten weder mit den Bühnenbildern noch miteinander überein, die technische Ausrüstung versagte (JC 21. 3. 1893)[223]:

>»All diese Einzelheiten, so zweitrangig sie auch scheinen, haben eine Hauptbedeutung in den Opern Wagners.« (JC 21. 3. 1893).

Die Notwendigkeit einer Reform wird in diesem Zusammenhang betont:

>»Eine der ersten Reformen, die das São Carlos braucht, besteht in einer adäquaten szenischen Leitung. Daß jedes beliebige Theater der Hauptstadt in der Vollkommenheit der Szene und in deren Verwandlungen unser erstes Theater beschämt, können wir nicht hinnehmen.« (*Novidades* 7. 3. 1893).

Die erwünschte Reform sollte aber nicht stattfinden. Szenische Kohärenz erreichten erst 1909 die *Ring*-Aufführungen, die aus Deutschland als Ganzes importiert wurden. Dann freilich zeigte die Presse (z. B. *Vanguarda* 14. 4. 1909), angesichts einer in Lissabon völlig unbekannten Bühnentechnik, die das deutsche Ensemble mitgebracht hatte, große Bewunderung. Die größte Bedeutung der szenischen Leistung bestand für sie jedoch in ihrer Wirkung: als »vollkommener Illusion« (CdN 2. 4. 1909).

---

[223] Deshalb wollte Luigi Manini nicht den Applaus des Publikums entgegennehmen (CdM 20. 3. 1893). In *Amphion* (1. 4. 1893) steht aber, daß die Zuschauer die Bühnenbilder gar nicht beachtet und für Manini keinen Beifall übrig hatten.

Die Qualitäten des Orchesters

Die Rolle des Orchesters wird immer mehr hervorgehoben. Der Mangel an bestimmten Klangmassen bzw. an der Qualität verschiedener Instrumentalisten, den die Wagnerschen Aufführungen zum Vorschein kommen ließen, wurde bereits 1893 relevant (*Economista* und *Reporter* 5. 3. 1893; *Folha* 2. 1., 6. 3., 20. 3. 1893) und zwang in der darauffolgenden Spielzeit zu einer Verstärkung des Orchesters mit spanischen Professoren (CdN u. *Seculo* 24. 12. 1893).

Während Esteves Lisboa noch 1906 anerkannte, Luigi Mancinelli habe das Orchester in den *Meistersingern* zu einem überraschend hohen Niveau geführt und dergestalt gezeigt, wie es möglich sei, den Geschmack des Publikums allmählich zu erziehen (AM 2. 2. 1906: 40), meinte Adriano Merêa hingegen, das Orchester entspreche keineswegs den notwendigen Bedingungen, die das Werk erfordere (*Dia* 22. 2. 1906).

Die dramatische Bedeutung des Orchesters wurde in diesem Zusammenhang entdeckt:

»Das Orchester bestimmt oft die Situationen [im *Tannhäuser*]. Jede Klangmasse ist einer Gestalt ähnlich, die denkt, empfindet und ihre Emotionen gleichzeitig neben den Stimmen ausdrückt.« (*Vanguarda* 20. 3. 1893).
»Das Orchester spielt [im *Tannhäuser*] die Hauptrolle. Der Gesang folgt nach.« (CdN 22. 12. 1900).
»Die *Meistersinger* sind tatsächlich die glänzendste der sinfonischen Dichtungen, in der die Gestalten und die Chöre als Instrumentalpartien höheren Wertes zur Verwirklichung des erreichten Ideals beitragen.« (*Mundo* 4. 2. 1902).

Mit inbegriffen war die Funktion des Orchesters als Hauptträger der Leitmotive:

»Man kann die dramatische und musikalische Handlung nicht mehr ohne die Leitmotivkette konzipieren, die [...] die tiefere Physiognomie eines Wesens, einer Gruppe von Wesen bzw. einer Gesamtheit dramatischer Verhältnisse darstellt.« (AM 31. 7. 1908).

Der Versuch, eine Dramaturgie der Orchesterkomponente präzise zu entwickeln, gewinnt ebenfalls gelegentlich an Geltung:

»Im Schlußteil der *Tannhäuser*-Ouvertüre greifen Blechinstrumente den mystischen Chor der Pilger auf, [während] die Streichinstrumente in knisternden

Tonleitern eine unwiderstehliche Welle irdischer Liebe beschreiben ...« (CdN 22. 12. 1900).

Arroyo sah seinerseits im Walhall-Motiv »die anerkannte Majestät der etablierten Macht, einer Zivilisation und einer Religion« (*Lucta* 2. 4. 1909), und Batalha Reis definierte den Beginn des *Rheingold*, mit dem aus dem tiefen Es der Kontrabässe hinauswachsenden Akkord, als »das tönend gewordene Weltall in seinem Urzustand« (DN 5. 4. 1909).

Noch bemerkenswerter ist aber das Bewußtwerden der Notwendigkeit einer »Erziehung«, die dem Zuschauer nur durch die sinfonische Konzertmusik zugänglich sei (*Mundo* 6. 2. 1902).

Die Entdeckung der Fabel

Auf Erzählstrukturen achtet man in wachsendem Maße seit der Jahrhundertwende. Gestalten und Situationen werden in der Presse häufiger in ihrem Zusammenhang mit der Fabel erwähnt. Die Idee, daß die alten Sagen und ihre Gestalten symbolisch zu verstehen seien, wird anläßlich einer *Lohengrin*-Wiederaufnahme sogar deutlich ausgesprochen:

> »Werden die Gestalten Wagners auch für Symbole gehalten, so sind sie keineswegs außerirdische bzw. unmenschliche Wesen, weil sie eben das Menschlichste verkörpern, das Wagner gefiel oder ihm zuwider war.« (*Mundo* 22. 12. 1901).

Diese sicher von Rodrigues (1897) beeinflußte Interpretation taucht in den Presseberichten über die São-Carlos-Aufführungen hier zum ersten Mal auf. Trotz gelegentlicher Bemerkungen über eine symbolische Wirkung dieser oder jener Gestalt bzw. der im Ganzen gefaßten Bühnenwerke, wie es mit der autobiographischen Interpretation des *Lohengrin* und des *Tannhäuser* der Fall gewesen war (DP 25. 12. 1893), lehnte man bisher den Fabelstoff überwiegend ab:

> »Jene mystischen Lieben dauern lange und sind kalt, vor allem kalt ...« [*Holländer*-EA] (CdM 5. 3. 1893).
> »Diese Opern von Wagner haben einen besonderen Geschmack [...], mit ihren Christen, die aber in ideale Wesen verliebt sind [...]. Wir müssen uns hier alles als ideal, sagenhaft, unwahrscheinlich vorstellen.« [*Lohengrin*-WA] (DN 27. 12. 1893).
> »Das, was wir wünschten, wäre ein anderes Libretto. Die Zauberstücke erscheinen uns abscheulich. Wir hätten gerne das Drama, die menschliche,

wahrhafte, naturgemäße Tragödie, damit wir die musikalische Ausdrucksweise besser schätzen könnten und damit unsere Empfindsamkeit erregt würde. So etwas wie Schwäne, ein Fliegender Holländer, die Venus und andere Phantasmagorien können in einer Zeit naturalistischer Tendenzen gar kein seriöses Interesse wecken.« [*Tannhäuser*-EA] (*Novidades* 20. 3. 1893). »*Tannhäuser* wendet sich von der Beobachtung der Realität ab [...], entstammt einer entschiedenen Zuneigung zum Idealen.« (CdN 22. 12. 1900).

Demonstriert man mit Einwänden dieser Art, die Schwierigkeiten, sich Wagner anzueignen, so begründet man mit entgegengesetzten Einwänden eine ganz andere, in den *Meistersingern* enthaltene »Merkwürdigkeit«:

»Die Musik der *Meistersinger* ist zu schön, zu übertrieben schön und zu grandios für einen Stoff, der viel Historisches enthält und tief menschlich ist, aber nicht die Erhabenheit, den Mystizismus, das Überirdische der anderen Werke des Autors besitzt.« (JC 4. 2. 1902).
»Die *Meistersinger* können [...] als Beweisstück gegen Wagner selbst dienen, das vielleicht glänzendste und vollendetste seiner Werke widerspricht einem der Kunstprinzipien, die ihm am meisten am Herzen lagen [nämlich: das Drama zum Zwecke der Musik zu erklären].« (*Mundo* 4. 2. 1902).

Die *Meistersinger*-Erstaufführung gibt jedoch auch Anlaß zu tieferen Auseinandersetzungen mit der Fabel. Man bemerkt, daß sich

»das innere Drama der Sehnsüchte und des Verzichts von Hans Sachs neben der äußerlich sichtbaren und auffallenden Handlung entwickelt, und diese Konstellation ist gerade diejenige, die mit den Prinzipien [...] der Wagnerschen Philosophie übereinstimmt ...« (*Mundo* 4. 2. 1902).

Das Motiv des Verzichts von Sachs, derart in den Mittelpunkt der Handlung gestellt, sogar für ihren tieferen Inhalt genommen, wird in den außerordentlich zahlreichen Aufsätzen und Kommentaren, die zum Zweck der Vorbereitung für das portugiesische Publikum erschienen, vielfach wiederholt (vgl. z. B. DN 7. 1. 1902)[224]. Inwieweit dies bemerkenswert ist, wird im Vergleich mit den Auseinandersetzungen um das Werk in Italien deutlich, wo hiervon zur gleichen Zeit noch überhaupt keine Rede ist (Jung 1974: 225). Und noch 1909 konnte ein hervorragender Wagnerianer wie António Arroyo (*Lucta* 5. 3. 1909) schreiben, die Liebe trete in den *Meistersingern* »nur episodisch« auf.

---

[224] Die Quelle war vielleicht das Werk von Dinger (1892), das von einem der Berichterstatter erwähnt wird.

Andere Elemente der Fabel und ihres historischen Hintergrundes werden eben-falls wiederholt und sehr kontrovers glossiert. So befaßt man sich mit dem Kampf des Fortschritts gegen die Routine, mit »der Versöhnung von Volk und Aristokra-tie«, mit der Verwandlung der Ritterwaffen in Poesie, die Walther dazu diente, Eva zu gewinnen usw. (*Mundo* 22. 1. 1902). Allerdings konturiert sich in diesem Zusam-menhang auch der unüberwindliche Widerspruch zwischen den mühevollen Ver-suchen, die *Meistersinger* verständlich zu machen, und der überwiegenden Einstel-lung des Publikums, nämlich der Abonnenten, die 1902 in einer Bittschrift an das Unternehmen forderten, das Werk vom Spielplan zurückzuziehen (*Eco* 15. 2. 1923).

Die Auseinandersetzungen um die *Tristan*-Erstaufführung scheinen dagegen unter dem Gesichtspunkt der Fabel-Interpretation nicht so umfangreich und so sachbezogen zu sein. Was z. B. die Bedeutung des Trankes angeht, wird er so-wohl im Sinne eines Symbols der bereits vorher existierenden Liebe (*JC*, *Dia*, *Liberal* 11. 2. 1908) als auch im Sinne ihren wahren Auslösung aufgefaßt (*Popular* 11. 2. 1908; IP 13. 3. 1908). Und auch wenn die Liebe als schon vorher existent verstanden wird, so stets einseitig: d. h. ausschließlich auf Seiten Isoldes, wäh-rend sich Tristan *erst nach dem Trank* verliebt[225]. Im übrigen spielt dieses Motiv für die Mehrheit der Rezensenten überhaupt keine Rolle.

Die Berücksichtigung der Fabel innerhalb des Rezeptionsprozesses gewinnt allerdings erst anläßlich der *Ring*-EA 1909 wirklich an Bedeutung. In diesem Kontext wird sie zum ersten Mal für die Gemeinschaft der Zuschauer hinsicht-lich ihrer dramaturgischen Funktion dargestellt. In mehreren, im Zuschauer-raum des São Carlos gehaltenen Vorträgen beschäftigt sich António Arroyo ausführlich mit der Fabel des *Ring* und versucht ihre Symbolik zu erläutern. Schwerpunkte seiner Deutung waren u. a. die folgenden:

– Die Bedeutung des Werkes stützte sich auf Wagners »Haß gegen das Kapital, das Geld« (*Lucta* 2. 4. 1909) sowie gegen die Politik und die Politiker, welche Wotan als ein Experte des Wortbruchs vertrete (*Lucta* 3. 3. 1909).

– Wotan und Fricka seien Symbole des ursprünglich Bösen, indem sie »das Leben in der Natur […] durch die künstliche Zivilisation, die vom sinnlichen Streben nach Macht und Pomp« beherrscht werde, durch die Erbauung vom Walhall, ersetzen (*Lucta* 2. 4. 1909).

– Fricka personifiziere die »selbstsüchtige bürgerliche Besonnenheit, die klein-liche Moral der gesellschaftlichen Frömmigkeit, die etablierten Sitten, die Ge-setze, das Prinzip der Bestrafung« (*Lucta* 4. 4. 1909).

– Die Liebe zwischen den Geschwistern Siegmund und Sieglinde gehe von den Naturkräften aus, sei absolut, also die Urliebe (*Lucta* 3. 4. 1909).

---

[225] Adriano Merêa (*Dia* 11. 2. 1908) ist wahrscheinlich der einzige Autor, der in Bezug auf die Liebe von Tristan und Isolde und deren »gemeinsames Streben nach dem Tod« philosophische Quer-verbindungen (nämlich zu Schopenhauer) sieht.

- Wotans Speer sei das Symbol der alten gesellschaftlichen Gesetze (»Runen«), und dessen Bruch durch Siegfried bedeute die Notwendigkeit der Schaffung neuer Gesetze für eine neue, humane Lebensform (*Lucta* 20. 3. 1909).
- So verkörpere Siegfried die Konzeption »einer neuen Humanität, einer neuen Zivilisation, einer von der reinen Liebe beherrschten Welt«, also »die Befreiung der Humanität«; dies sei »das politische Ideal von Wagner selbst« (*Lucta* 18. 3. 1909).
- Der Konflikt zwischen Wotan und Siegfried sei auch von der Eifersucht des ersteren, der sich die Liebe zwischen Siegfried und Brünnhilde nicht vorstellen könne, geprägt (*Lucta* 20. 3. 1909).
- Die Gibichungen, Gunther und Hagen, vertreten das vulgäre Handeln, den Pragmatismus aller organisierten Gesellschaften (*Lucta* 11. 4. 1909).
- Der Schluß der Götterdämmerung kündige die Herrschaft der Liebe auf einer neuen Welt an (*Lucta* 15. 4. 1909).

Trotz der Vorbehalte des Referenten gegenüber Wagners Beteiligung an der Dresdner Revolution von 1849, die Arroyo nicht ernst nahm, obwohl er Wagners politische Tätigkeit nicht »lächerlich« fand (*Lucta* 2. 3. 1909), wurden die Zuschauer des São Carlos also ganz im Sinne einer Feuerbachschen Lesart des *Ring* belehrt. Die Einheit des Werkes und der innere Zusammenhang seiner dramatischen Entwicklung als Ausdruck einer Weltanschauung und als Herausforderung an den Rezipienten, über den Inhalt des Werkes nachzudenken, machte sich in den Vorträgen Arroyos deutlich bemerkbar. Nie zuvor waren die São-Carlos-Zuschauer, zumindest teilweise, als eine Gemeinschaft dazu geführt worden, sich Opern auf eine derart intensive Weise anzueignen. Sechzehn Jahre zuvor lehnten sowohl sie als auch die Presse die Fabel des *Tannhäuser*, des *Holländer* und des *Lohengrin* schlechterdings ab, sieben Jahre zuvor hatten sie die *Meistersinger*, offenbar aus einer Mißdeutung der Fabel heraus, zurückgewiesen – und dies war nichts weniger als ein Vorwand für die Rechtfertigung des alten Kommunikationsmodells der Oper als Unterhaltung. Nun aber trat die Notwendigkeit, die Fabel ernstzunehmen, sehr rasch in den Vordergrund.

Über die Fähigkeiten und Fertigkeiten der Darsteller

Der Auftritt des Spaniers Francisco Viñas als *Lohengrin* (1904/1905, 1905/1906), *Tannhäuser* (1904/1905, 1905/1906) und *Tristan* (1908) korrespondiert mit einer besonderen Phase im Aneignungsprozeß der Wagnerschen Bühnenwerke. Trotz der Meinungsverschiedenheiten angesichts seines Darstellungsstils, der sich der Wagnerschen Intentionen verpflichtete, sind sich alle Chronisten in der Feststellung einig, daß er jedesmal eine aus der Auseinandersetzung mit der gesamten

Partitur entwickelte Konzeption der Gestalten vorzustellen versuchte. Zugleich hat seine künstlerische Arbeit bei den Zuschauern außerordentlichen Erfolg. Zu dieser Zeit gab es unbegrenzte Begeisterung für den *Lohengrin* und den *Tannhäuser* (bei *Tristan* verhielt es sich anders ...):

»Viñas erscheint in dieser Oper (*Lohengrin*) als ein bewundernswerter Darsteller. Man wird vielleicht einwenden, er sänge Wagners Text auf eine markant südliche Weise [...], es ist aber die einzige Interpretation, die fast von allen Zuschauerschichten angenommen wird. Was niemand bestreiten kann, ist sein anspruchsvolles Studium der Gestalt, seine ausführliche Kenntnis der Partitur, die einwandfreie Art und Weise, wie er die verschiedenen Seiten des musikalischen Texts hervortreten läßt.« (*Echos* 8. 1. 1905).

»Die Interpretation der mystischen und gleichzeitig menschlichen Züge des *Lohengrin* [...] hat die tiefe, ja intelligente Analyse offenbart, die es Viñas ermöglichte, diese doppelte Seite der Gestalt zur Geltung zu bringen [...]. Für alle wurde der Unterschied bemerklich zwischen jenem Lohengrin, der kommt, um eine göttliche Mission zu erfüllen, bzw. der sich nach deren Erfüllung in sein geheimnisvoller Herkunftsland zurückzieht, und demjenigen, der als Elsas Gemahl gezwungen wird, aus ihren Armen widerwillig zu entfliehen.« (JC 8. 1. 1905).

»Das Publikum des São Carlos konnte damit zum ersten Mal Tannhäuser *verstehen* und auch *empfinden*, weil er tatsächlich zum ersten Mal *verständlich* und *empfindsam* dargestellt wurde ...« (*Novidades* 16. 1. 1905).

In der darauf folgenden Spielzeit wiederholten sich in der die Presse solche Urteile. Adriano Merêa z. B. betont die Intelligenz, mit der Viñas die ›Erzählung‹ des Lohengrin »detailliert« habe, so daß er »jeder Phrase in ihrer Intention gerecht wurde« (*Dia* 22. 12. 1905). An Viñas Tannhäuser schätzte derselbe Musikwissenschaftler vor allem die »Stellen der lyrischen Deklamation« und meinte, er ließe Tannhäusers Gestalt »von Menschlichkeit beben« (*Dia* 2. 1. 1906). Bei der *Tristan*-Erstaufführung (10. 2. 1908) trat zum ersten Mal Viñas in dieser Titelrolle auf. Er hatte die Partitur im Laufe von sieben Monaten studiert und war bei jeder Probe des Orchesters unter Leitung von Luigi Mancinelli anwesend gewesen (DI 11. 2. 1908). Seine Arbeit wird auch diesmal von der Presse hoch gelobt. Genauigkeit, Analyse und darstellerisches Können sogar in der Wahl des von ihm selbst ausgesuchten Kostüme (*Popular* 12. 2. 1908) werden noch einmal bestätigt: »Viñas bot uns einen sehr durchdachten Tristan dar« (*Vanguarda* 12. 2. 1908). Im Gegensatz dazu verschaffte ihm aber das Werk keinen so großen Erfolg wie es im *Lohengrin* und *Tannhäuser* der Fall gewesen war: Der *Tristan* klang dem São-Carlos-Publikum noch zu fremd.

So ist Viñas vielleicht das auffälligste Beispiel für einen Sänger, der sich darum bemühte, sein Können trotz aller unzureichenden künstlerischen Bedingungen des São Carlos – unzureichend selbst wenn hervorragende Dirigenten wie Mancinelli die Leitung übernahmen – zu entwickeln. Er respektierte das ganze Werk, wenn er Einzelfiguren wie Lohengrin, Tannhäuser und Tristan verkörperte. Er analysierte die Werke und gelangte zu einer geschlossenen Konzeption. Seine Leistungen konnten mit denen anderer Darsteller bzw. jener des Dirigenten zusammenwirken oder von diesen gegebenenfalls auch profitieren. Es bestanden aber im São Carlos keine Voraussetzungen für eine dauerhafte Ensemble-Arbeit. Das spezifische Leistungsvermögen von Viñas wirkte also eher isoliert denn als Faktor eines Prozesses der Integration verschiedener Darstellungskomponenten.

Außerdem tritt dem Können des Darstellers ein unüberwindbares Hindernis entgegen: die Grenze der Sprache. Selbst wenn er alle Vorgänge seiner Gestalten szenisch und musikalisch bis ins Detail beherrscht hätte und, nach strikter Realisierung seiner Konzeption, zu einem optimalen Ergebnis auf der Bühne gelangt wäre (was schon unter den Bedingungen der gängigen São-Carlos-Praxis auszuschließen ist), so hätte er immer noch in einem wesentlichen Punkt versagen müssen: und zwar darin, die »innerste Verschmelzung der Musik und des Wortes« zu vergegenwärtigen. In der Tat konnte die italienische Sprache nur ausnahmsweise, für diesen oder jenen Zuschauer, vollkommen verständlich sein und eigentlich nicht dazu beitragen, eine derartige Verschmelzung von Wort und Ton zu prägen, von der ein Chronist sprach (*Novidades* 15. 2. 1908). Auf Italienisch gesungen, mußten Wagners Bühnenwerke entsprechend den Hörgewohnheiten der São-Carlos-Zuschauer so klingen, als sei der Unterschied zwischen Wagner und dem gewöhnlichen Repertoire auf die Frage nach dem Stilunterschied zwischen verschiedenen ›Opernschulen‹ reduziert. Man war nicht in der Lage, aus der Notwendigkeit, »keinen Buchstaben des Dialogs zu verpassen« (*Popular* 11. 2. 1908), jene Konsequenzen zu ziehen, die zur Veränderung der Kommunikationsstruktur, als einer Vorbedingung für die Aneignung des Wort-Ton-Dramas, hätten führen können. Aus der Wiedergabe der Lohengrin-Erzählung auf Spanisch, mit der Viñas vor dem Madrider Publikum Erfolg hatte, zog man nämlich keine Nutzanwendung für die portugiesischen Verhältnisse.

Die *Ring*-Aufführungen des Jahres 1909 bringen den São-Carlos-Zuschauern einen Darstellungsstil nahe, der in Lissabon völlig unbekannt war. Arroyos Meinung nach bedeutete dieser Schritt »das größte künstlerische Ereignis in der gesamten Geschichte des São Carlos«, weil das Organische der Darstellung zum ersten Mal auf der Bühne realisiert wurde. Entscheidend für das Verständnis der Wagnerschen Bühnenwerke sei das Können deutscher Darsteller, die den Text in deutscher Sprache vortrügen. Das Nationalkolorit der Sprache und des Darstellungsstils sei eine unentbehrliche Vorbedingung für die richtige Aufführung jeder Oper. So entspreche die Oper in Originalsprache dem Prinzip des Nationalismus in der Kunst, das z. B. der Spanier Pedrell verteidige und das sich in Europa verbreitet habe: Wagner solle also auch in Lissabon durch deutsche Darsteller und Dirigenten in seinem ganzen nationalen Wesen bekannt werden (*Lucta* 1. 3. 1909). Der Widerspruch zwischen der Verabsolutierung dieses Standpunktes und dem Prinzip des Wort-Ton-Dramas wurde bei Arroyo gar nicht erst artikuliert. Er deckte jedoch selbst auf, inwiefern seine Konzeption des Nationalismus problematisch war: Auf die Frage, warum auch das Orchester nicht ebenfalls ein deutsches sein sollte, antwortete er, daß die Chance, die Tetralogie zu spielen, zur Qualifizierung der portugiesischen Musiker beitrüge und dem Orchester nicht vorzuenthalten sei. Natürlich konnte er zu dieser Zeit keine portugiesischen Sänger für eine *Ring*-Aufführung namhaft machen, er stellte aber auch nicht einmal die Frage nach einer Übersetzung ins Portugiesische. Er erkannte also nicht, daß, selbst wenn seine Einführungsvorträge wesentlich zum Verständnis der Fabel beitragen mochten, und selbst wenn die deutschen Darsteller Gestalten und Handlung mit besonderer Prägnanz vorführten, keiner dieser Faktoren die Tendenz zur Reduktion des Wort-Ton-Dramas auf reine ›Opernmusik‹ bei den Rezipienten verhindern konnte. Für das Theatermilieu war zwar bereits klar geworden, daß man einen künstlerischen Nationalismus im Operntheater anstrebte (deshalb wurde Keils *Serrana* im selben Jahr zum ersten Mal in der Originalsprache, Portugiesisch, im Trindade-Theater aufgeführt); die Konzeption einer nationalen Opernkunst setzte zugleich aber voraus, daß man, nach den vorherrschenden Ansichten, originalsprachliche Aufführungen generalisierte.

So widerspruchsvoll die Bewertung der Fähigkeiten und Fertigkeiten der Darsteller auch war, wirkte sie auf jeden Fall als ein Schritt auf dem Weg zur Veränderung der von der Romantik ererbten Kommunikationsstruktur. Das, was jetzt überwiegend beachtet wurde, war nicht mehr die Gesangskunst (zum Zweck der Darstellung) bzw. die Persönlichkeit der Darsteller im Kontext der engen Beziehungen zwischen Bühne und Zuschauerraum, sondern das Vermögen, das Drama in den Mittelpunkt der Aufführung zu stellen. Die Tendenz zur Auflösung der Selbstdarstellung[226] bzw. zur Entwicklung einer echten Dar-

---

[226] Als Beispiel für die doch noch bestehende Aufführungspraxis gilt das Zeugnis eines Musikkritikers der Jahrhundertwende, der sich über das Verhalten des *primo uomo* Masini (bei einer Aufführung von Donizettis *Elisire d'Amore* in der Spielzeit 1894/1895) empörte – nämlich: ein von der Selbstdarstellung geprägtes Verhalten, sei es in der Übertreibung der Ornamentation »mit *grupettos* und *ficelles*«, sei es in der offensichtlichen Verachtung der dramatischen Handlung: »Ist es künstlerisch, sich um die Darstellung der dramatischen Person nicht zu kümmern, und immer wieder die Augen in Richtung der Zuschauer zu blinzeln, den Kollegen zu applaudieren, mit den Fingern zu schnalzen?« (An-Drad, 1895: 41).

bietungsstruktur wird in den oben erwähnten Beispielen deutlich spürbar. Nach den Erfolgen von Viñas krönte das Gastspiel des deutschen Ensembles von 1909 diese Entwicklung.

Zum Gesamtkunstwerk

Die *Tristan*-Erstaufführung hatte schon stattgefunden, als Vianna da Motta einen Aufsatz veröffentlichte, in dem er der traditionellen Opernproduktion das Bayreuther Modell gegenüberstellte. »Der neue Stil« von Bayreuth ließe sich nicht mit den »besten Theatern der Gegenwart« vergleichen, in denen der Höhepunkt der Kunst allein das Bemühen um eine »aufsehenerregende Oper« sei:

> »Der Geist Meyerbeers herrscht noch. Nun erscheint Wagner als dessen Antipode. Meyerbeer wünschte die ›Schau‹, Wagner das ›Drama‹. Und das Drama, vor allem das symbolische Drama kann kein zeitgenössisches Theater aufführen [mit Ausnahme von Bayreuth].« (AM 30. 9. 1908).

Als Beispiel des »neuen Stils« zitiert der Autor die *Lohengrin*-Aufführung vom Sommer 1908. Durch die Darstellung einiger besonders auffallenden Vorgänge dieser Inszenierung versucht er zu zeigen, inwieweit die echte Bedeutung des »musikalischen Dramas« von der Übereinstimmung zwischen Szene und Musik abhänge. Diese Übereinstimmung betreffe nach seiner Auffassung die musikalisch-szenische Komposition der Gestalten und Situationen. So ergeben sich die szenischen Vorgänge strikt aus der Musik, z. B. werden die Chorbewegungen in Bayreuth exemplarisch inszeniert, indem sie der »realistischen« Darstellung dienen, die von der Partitur gefordert werde. Deshalb entsprechen sie *szenisch* der durch den Raum bedingten dynamischen Tonkomponente. Die Notwendigkeit der musikdramaturgischen Analyse als Ausgangspunkt des Inszenierungsprozesses war im Bericht Vianna da Mottas mit einbegriffen (AM 30. 9. 1908). Das Organische der verschiedenen Darstellungskomponenten kam aber bereits vorher bei ihm zum Ausdruck, und zwar im Zusammenhang mit dem Begriff ›Gesamtkunstwerk‹ bzw. ›Gesamtkunst‹, der der Bayreuther Praxis zu verdanken sei und der »die Einheit der ganzen Aufführung vom Orchester bis zum Maschinisten« fordere (AM 31. 8. 1904). Diesem Begriff verlieh er zugleich eine sozusagen ›transzendente‹ Bedeutung:

> »Gesamtkunst ist die sich an alle Sinne richtende Universalkunst, die uns innerlich rührt; eine Kunst, die uns die Suggestion eines *vortrefflichen Lebens* gibt.« (AM 31. 8. 1904).

Nur die »Atmosphäre« von Bayreuth könne die Kommunikation mit solcher Kunst ermöglichen:

»Hier gehen wir nicht spätabends nach einem anstrengenden Arbeitstag [...] ins Theater, wir gehen nicht durch die geräuschvoll und lebenseilig betäubenden Straßen, wir sind nicht im Mittelpunkt eines Lebens reich an Sorgen und Leiden. *Wir sind außerhalb von all dem, was das gewöhnliche Leben darstellt*[227]: wir fühlen uns, als würden wir mit Fremden in der gemeinsamen Absicht verbunden, einer Feier beizuwohnen; keine Beschäftigung, keine Sorge lenken das Denken und das Gefühl ab; [...] alles ist festlich.« (AM 31. 8. 1904).

Anläßlich der *Ring*-Erstaufführung in Lissabon versucht man das ›Drama‹, das ›Gesamtkunstwerk‹, und Elemente der entsprechenden Rezeptionsbedingungen, so wie sie Vianna da Motta hier definiert hatte, ins São Carlos einzuführen. Arroyos Vorträge trugen dazu bei, und zwar auf verschiedenen Ebenen: als Einführung in Wagners Konzeption des musikalischen Dramas[228]; als Vermittlung der Wagnerschen Kritik an die in den Operntheatern herrschenden Kommunikationsstrukturen, wo »die Aufführung, die im Zuschauerraum eigentlich stattfindet, eine Verlängerung des Hofsalons ist« und auf welche Bayreuth, »ein gedecktes griechisches Theater«, antworte (*Lucta* 19. 3. 1909); als Forderung zur Wahrnehmung und zum Verständnis des Ganzen; als Bildung einer unter den Zuschauern des São Carlos zusammengefügten ›Gemeinschaft‹, die sich an der neuen Einstellung, wenn auch teilweise aus Snobismus, beteiligen wollte. Andererseits wurde die Aufführungspraxis im São Carlos spezifisch für den *Ring* ganz neu gestaltet. Erstens wurde die Tetralogie nur als Ganzes verkauft: Eintrittskarten gab es nur für alle vier Aufführungen zusammen[229]; auch Striche unterblieben (*Lucta* 1. 3. 1909). Zweitens wurde zum ersten Mal in der Geschichte des São Carlos im Zuschauerraum während der Aufführung keine Beleuchtung zugelassen; dadurch wurde die Trennung zwischen Bühne und Zuschauerraum deutlich hervorgehoben. Auf diese Weise sollte die gesamte Aufmerksamkeit der Zuschauer trotz des elliptischen Formats des Zuschauerraums, das die Selbstdarstellung begünstigte, auf die Bühne gelenkt werden. Drittens verbot man zum ersten Mal im São Carlos jedes Betreten des Zuschauerraums »nach

---

[227] Dieselbe Idee drückt Vianna da Motta im Zusammenhang mit der Verteidigung der Exklusivität des *Parsifal* für Bayreuth aus (AM 15. 7. 1911).
[228] Arroyo (*Lucta* 18. 3. 1909) rezipiert dabei die Spätentwicklung Wagners unter dem Einfluß Schopenhauers: Die Musik beinhalte, so Arroyo, »das ganze Drama, die ganze Handlung«. Es war die Idee der ›absoluten Musik‹, so wie sie Wagner (1870: 66 ff., 76 f.) in der Beethoven-Abhandlung entwickelt hatte (vgl. Dahlhaus 1978: 36 ff.).
[229] Der ganze Zyklus wurde zweimal aufgeführt. Daneben fanden je zwei gesonderte Aufführungen der *Walküre* und des *Siegfried* statt.

dem zweiten Zeichen zum Beginn der Aufführung« (»so wie in Bayreuth und München«). Auf diese Weise wurde ein wichtiger Teil der »öffentlichen Promenade« mit einem Schlag aufgelöst[230]. Schließlich verschwand auch die Hofrepräsentation, und das offizielle Protokoll wurde der Aufführung untergeordnet: Beim *Rheingold* »verständigten« sich Zuschauer und Dirigent, pünktlich die Aufführung zu beginnen, sogar ohne auf den König zu warten; und als dieser verspätet eintraf, wurde die Aufführung im Unterschied zur gewöhnlichen Praxis (prinzipiell sollte das Orchester die Hymne der Verfassungsurkunde spielen …) nicht mehr unterbrochen – was zugunsten der republikanischen Bewegung eine unmittelbar politische Demonstration darstellte (*Vanguarda* 6. 4. 1909)[231].

Mit der *Ring*-Erstaufführung erreicht der Prozeß der Bewußtwerdung des Dramas – im Gegensatz zur Oper im traditionellen Sinne – einen unzweifelhaften Höhepunkt. Wichtige Elemente, die bisher die Kommunikationsstruktur des São Carlos geprägt hatten, wurden in diesem Zusammenhang aufgegeben und tendenziell von ihnen entgegengesetzten Elementen ersetzt: durch Darbietung statt Selbstdarstellung; durch die Berücksichtigung des Dargestellten als Ganzes statt der fragmentarischen Wahrnehmung und der Reduktion auf Opernmusik bzw. auf Gesangskunst; durch Illusion im Wagnerschen Sinne statt der ›doppelten Entfremdung‹; durch die Befriedigung von Kulturbedürfnissen, die Trennung von Bühne und Zuschauerraum, die Entfernung vom Alltag – und zugleich Anregung der Zuschauer angesichts des Theatererlebnisses, über die gesellschaftlichen Verhältnisse bzw. über große Fragen der Menschheit nachzudenken – anstelle der Opernunterhaltung, der engen Beziehungen zwischen Bühne und Zuschauerraum, der ›öffentlichen Promenade‹, der Unterordnung der Aufführung unter den Alltag bzw. der Theatralisierung des gesellschaftlichen Lebens. Die Rezeption des ›Gesamtkunstwerkes‹ unter diesen Bedingungen implizierte schließlich eine kulturell-praktische Ablehnung der ›romantischen Gesellschaft‹, deren Kommunikationsmodell weit über die allgemein anerkannten zeitlichen Grenzen der portugiesischen Romantik hinaus überlebte. Das, was Offenbachs Theater vierzig Jahre zuvor außerhalb des São Carlos und gegen dieses erreicht hatte, erreichte Wagners Theater jetzt von innen. Es ist kein Zufall, daß eine katholisch-konservative Zeitung (*Portugal* 14 4. 1909),

---

[230] Vgl. die ›Regelung der Aufführungen des deutschen Ensembles‹ (›Regulamento dos Espectáculos da Companhia Allemã‹), im Heft *Real Theatro de S. Carlos. Elenco das Companhias de Opera Franceza, Italiana e Allemã*, Lissabon, 1909.

[231] All dies gilt zugleich als Zeugnis für die subjektive Befindlichkeit der obersten Schichten, die im São Carlos zusammentrafen. Die Monarchie diente nicht mehr deren Interessen. Der Kreis um die Krone hatte sich ziemlich verkleinert. Unter dem Titel »Gestern hat das Parkett den Hofleuten einen Verweis erteilt« behauptete *A Vanguarda* (6. 4. 1909), daß »sogar die Besucher des lyrischen Theaters zeigen, daß sie zur Revolution fähig sind …« Das Parkett (in dem die Republikaner saßen) wandte sich gegen die Logen (wo die Monarchisten vorherrschten).

sich den Thesen Max Nordaus anschließend, Wagner und Offenbach anläßlich der *Ring*-Erstaufführung miteinander verglich und gleichermaßen radikal ablehnte[232].

Die künftige Entwicklung sollte sich auf die Intensivierung zweier Prozesse stützen, die im folgenden analysiert werden: die Aneignung der ›absoluten Musik‹ und die kulturideologische Wirkung Wagners.

---

[232] Bezugnehmend auf die Eröffnung der Bayreuther Festspiele hatte Ramalho Ortigão bereits in *As Farpas* (1876) Offenbach und Wagner in Zusammenhang gebracht. Hier handelte es sich aber, im Gegenteil, um eine Lobrede, die die Kritik der herrschenden Theaterverhältnisse in Lissabon im Visier hattte (s. Vieira de Carvalho 1993b).

3. Die Aneignung der ›absoluten Musik‹

Zur Entwicklung des Konzertwesens

Abgesehen von den zum Teil gescheiterten Bemühungen Bomtempos reicht der erste Versuch, regelmäßig Konzertreihen in Lissabon durchzuführen, in das Jahr 1860 zurück. Eine populäre Konzertgesellschaft wurde von Guilherme Cossoul gegründet und führte im Zeitraum von drei Jahren 70 Konzerte durch. Der nächste Versuch im Jahre 1879 ist auf Mißstimmigkeiten zwischen der 1870 gegründeten Gesellschaft ›24 de Junho‹ und dem São-Carlos-Impresario zurückzuführen: Alle Professoren des São-Carlos-Orchesters, die Mitglieder der ›24 de Junho‹ waren, schieden daraufhin beim Theater aus und veranstalteten Reihen sinfonischer Konzerte im Trindade-Saal und später im Zirkus Price, jeweils unter Leitung des Spaniers Francisco Barbieri und des Österreichers Ludwig von Brenner. Vom Erfolg dieser Konzerte zeugt die Tatsache, daß die 6. Sinfonie Beethovens, die zusammen mit der 5. Sinfonie 1879 zur Erstaufführung gelangte, dreimal nacheinander vor einem gänzlich ausverkauften Hause gespielt wurde. Zum Repertoire des in den darauf folgenden Spielzeiten von Colonne (1881, 1882), Dalmau (1883), Breton (1885) und Rudorff (1887) geleiteten Orchesters gehörten u. a. auch Werke von Haydn, Mozart, Weber, Mendelssohn, Glinka und Saint-Saëns. Die Konzertreihe unter Leitung von Rudorff fand 1887 im São Carlos statt und war nicht zufällig die letzte bis zur Jahrhundertwende. Die Konzerte zogen jedoch noch nicht genug Zuhörer an, insbesondere nicht das traditionelle São-Carlos-Publikum[233].

In der Tat war die Elite, die das São Carlos besuchte, kaum an der Institutionalisierung des Konzertwesens beteiligt. Sie verkannte weiterhin jene Tradition der bürgerlichen Aufklärung, die durch »die Umwandlung eines religiösen in ein ästhetisches Muster der Identifikation« (Jauß 1977: 29) eine Alternative zur Unterhaltungskultur des *ancien régime* entwickelt hatte. Die Bildung

---

[233] Vgl. Benevides (1883: 346, 373, 415 f.); Neuparth (1911: 204 f.); João de Freitas Branco (1959: 156 ff.). Es existieren noch Berichte über die Bildung verschiedener Vereine bzw. Akademien von Amateuren, wie z. B. Academia Melpomenense (die einige Konzerte zwischen 1848 und 1853 gab) und Sociedade de Concertos Clássicos (1874), beide von João Guilherme Daddi gefördert, sowie der 1884 gegründeten Real Academia de Amadores de Música, die ein eigenes Orchester besaß, dessen Leitung der Deutsche Victor Hussla 1887 übernahm. Daddi veranstaltete eine Reihe öffentlicher Konzerte um 1863 im Teatro D. Maria II., die mit Werken von Mozart, Beethoven und Weber eröffnet wurde.

einflußreicher Konzertvereine, welche die Entfaltung großer Orchester unterstützten und Konzertsäle als »Realisierungsorte autonomer Musik« (Heister 1983: 41 ff.), wie das Gewandhaus in Leipzig, das Concertgebouw in Amsterdam bzw. das Gebäude des Musikvereins in Wien, erbauen ließen, setzte eine mächtige und selbstbewußte Bourgeoisie voraus, die ein eigenes »Kunstwollen« (Riegl, zit. in: Blaukopf 1982: 198 ff.) pflegte – was in Lissabon nicht der Fall war. Hier übernahm die bürgerliche Elite für sich selbst die aristokratische »Rollendistanz«: Ihr war noch völlig fremd, einen Konzertsaal mit der Einstellung zu betreten, er sei ein ›Tempel der Kunst‹, in dem sich das Ritual abspielte, der Musik in *devotio* zuzuhören. Eça de Queiroz' Karikatur einer Konzertdarbietung des Pianisten und Komponisten Cruges im Trindade-Saal dient als Beispiel für einen sozialen Umgang mit der ›absoluten Musik‹, der um so mehr mit jener in Nordeuropa ausgeprägten Umgangsform kontrastiert, als es Cruges' Ideal wäre, nicht nach Italien (da sei »alles Kontertänze!«), sondern nach Deutschland zu fahren«, »jenes heilige Land seiner Götter zu bewundern, das Land eines Beethoven, eines Mozart, eines Wagner« (Eça de Queiroz 1988: I, 253):

»Cruges … Dieser Name machte unter den Damen die Runde, sie kannten ihn nicht. War das eine Komposition von ihm, dieses trauriges Stück?
›Das ist von Beethoven, Senhora Dona Maria da Cunha, die ›pathetische‹ Sonate‹.‹
Eine der beiden Pedrosos hatte den Namen der Sonate nicht richtig verstanden. Und die Marquesa de Soutal, eine sehr ehrbare und schöne Frau, roch sacht an einem Riechfläschchen und sagte, daß das die ›Pastetensonate‹ sei. Durch die Bankreihe lief unterdrücktes Gelächter. Die ›Pastetensonate‹! Einfach köstlich! Am äußersten Ende reckte der dicke Vargas, der vom Pferderennen, den Kopf; sein massiges, bartloses mohnfarbenes Gesicht blickte herüber.
›Sehr gut, Senhora Marquesa, sehr hübsch!‹
Und sogleich gab er den Witz an die anderen Damen weiter, die sich umdrehten und der Marquesa unter dem Rascheln ihrer Flächer zulächelten. Sie genoß ihren Triumph [...]
Inzwischen nahm das Gemurmel im ganzen Saal zu. Die Erkälteten husteten, ohne sich Zwang anzutun. Zwei Herren hatten den ›Tarde‹ [eine Zeitung], auseinandergefaltet. Und tief über die Klaviatur gebeugt, kämpfte der arme Cruges, schwitzend und von jener geräuschvollen Unaufmerksamkeit benommen, verzweifelt mit den Noten.
›Ein komplettes Fiasko‹, meinte Carlos, der sich Ega und den anderen genähert hatte.« (Eça de Queiroz 1988: II, 291 f.).

»Die unglaublichen Berliner Philharmoniker« (Raphael Bordallo Pinheiro in: *Parodia* 15. 5. 1901).

Historische Bedeutung erwarben die zwei Konzerte der Berliner Philharmoniker 1901 unter Leitung von Arthur Nikisch. Die Konzerte dieses ersten großen europäischen Orchesters, das Lissabon besuchte, erregten als Darbietungen instrumentaler Musik außerordentliches Aufsehen – als hätten sie das Publikum für eine wirkliche Kultur des Hörens geweckt – und bildeten den Auftakt zu einer bedeutenden Reihe von Gastkonzerten, die aufeinanderfolgend bis 1910, vor allem im Theater Dona Amélia, stattfanden. Die Gastensembles kamen aus Frankreich (das Colonne-Orchester, das Lamoureux-Orchester, letzteres unter Leitung von Camille Chévillard) und aus Deutschland (die Berliner Philharmoniker unter Leitung von Richard Strauss, die Münchner Philharmonie unter Leitung von Joseph Lassalle). Diese Welle von Konzerten machte das Lissaboner Publikum mit zahlreichen ihm noch unbekannten Werken vertraut – nämlich von Bach, Händel, Haydn, Mozart, Beethoven, Weber, Mendelssohn, Berlioz (*Symphonie fantastique*, EA 1910), Liszt, Schumann, Tschaikowski, Saint-Saëns,

César Franck, Lalo, Debussy, Dukas, D'Indy, Richard Strauss (*Tod und Verklärung*, EA 1901; *Till Eulenspiegel* und *Don Juan*, EA 1908) und – wie gezeigt werden soll – insbesondere Wagner.

Begeistert mit dem scheinbaren Erfolg, bemühte sich Michel'Angelo Lambertini gleichzeitig darum, ein ›Portugiesisches Großorchester‹ ins Leben zu rufen. Es bestand aus neunzig der besten portugiesischen Musiker und sollte selbständig wirken. Das erste Konzert fand am 2. Dezember 1906 im Trindade-Theater statt. Lambertini gelang es aber nur wenig überzeugend, noch zwei weitere Konzerte zu dirigieren. Das Orchester wurde bald aufgelöst.

Ein neuer Versuch – unternommen von Vianna da Motta, dem Schüler Liszts, und Pedro Blanch, einem spanischen Dirigenten, beide Wagnerianer – fand erst nach Errichtung der Republik 1910 statt. Im ehemaligen Theater Dona Amélia, nunmehr umbenannt in Theater der Republik, wurde erfolgreich die erste Konzertreihe des Orquestra Sinfónica Portuguesa am 26. November 1911 begonnen. Von diesem Zeitpunkt an ständig unter Leitung von Pedro Blanch konzertierend, ist eigentlich dieses Orchester als Begründer regelmäßiger Konzertreihen in Lissabon zu bezeichnen (*Contemporânea* 1923: 140).

Der Erfolg und der entsprechende Besuch dieser Konzerte waren schon in der zweiten Spielzeit dermaßen groß, daß ein portugiesischer Dirigent, David de Sousa, der in Leipzig studiert hatte und kurz zuvor von einer Gastspielreise nach Rußland zurückgekommen war, ein zweites selbständiges Orchester gründete und 1913 mit einer ebenfalls erfolgreichen Sonntagskonzertreihe im Politeama-Theater begann.

In Porto stabilisierte sich jedoch das Konzertleben früher als in Lissabon – was einer genauen soziologischen Untersuchung noch bedarf. Bernardo Moreira de Sá stand an der Spitze einer Reihe von Initiativen, die dazu beitrugen: 1874 gründete er eine Gesellschaft für die Pflege von Streichquartettmusik (Sociedade de Quartetos), 1883 einen Kammermusikverein und 1884 ein über 30 Jahre hinweg tätiges Quartett (er spielte die erste Violine), welches alle Streichquartette von Beethoven zur Erstaufführung brachte. Zudem gründete Moreira de Sá den Musikverein Orpheon Portuense (mit Orchester und Chor), der regelmäßig Konzertreihen veranstaltete, und leitete seit 1900 im Theater Águia d'Ouro die sinfonischen Konzerte der Associação Musical de Concertos Populares sowie seit 1906 die Kammerkonzerte des Vereins der Streichinstrumentisten von Porto (vgl. Borba und Lopes-Graça 1956: II, 259 ff.). Ohne diese Tradition wäre beispielweise die künstlerische Entwicklung der weltberühmten Guilhermina Suggia (vgl. Schwab 1971: 160 f.) gewiß undenkbar: Mit sieben Jahren stellte sie sich in der Öffentlichkeit als Cellistin vor, mit zwölf Jahren übernahm sie die Leitung der Cellisten im Orchester des Orpheon Portuense und ein Jahr später (1898) wurde sie zum Mitglied des Streichquartetts von Moreira de Sá.

Wagners Schaffen in konzertanter Popularisierung

Die erste bisher bekannte konzertante Aufführung Wagnerscher Musik fand 1880 in Coimbra statt. Sie bestand in dem Pilger-Marsch aus dem *Tannhäuser*, der vom Akademischen Gesangsverein und Orchester unter Leitung Arroyos aufgeführt wurde. Für die Zeit vorher gibt es nur Hinweise auf Prima-vista-Vorträge am Klavier aus *Tannhäuser* und *Lohengrin*, die seit 1872 im Kreis von Joaquim de Vasconcellos, Moreira de Sá, Michel'Angelo Lambertini und Marques Pinto (letzterer ein Geiger im São-Carlos-Orchester) stattfanden[234]. Zumindest seit 1891 wurden bei gelegentlichen Konzerten oder verstreut in den Programmen einzelner musikalischer Veranstaltungen unterschiedlichster Art Teile aus den Bühnenwerken Wagners im São Carlos aufgeführt: die *Rienzi*-Ouvertüre (EA 1891, 1898), die *Lohengrin*-Vorspiele (1892, 1893, 1899), die *Meistersinger*-Vorspiele (EA 1896), der *Walkürenritt* (EA 1899), *Isoldes Liebestod* (EA 1899), der *Feuerzauber* (EA 1901).

Im Programm der beiden Konzerte der Berliner Philharmoniker, die Nikisch 1901 dirigierte, standen das *Waldweben* (EA) aus *Siegfried*, die *Tannhäuser*-Ouvertüre und das *Meistersinger*-Vorspiel (vgl. Benevides 1883; 1902). Wagners Musik wurde ebenso von den anderen ausländischen Orchestern in den Mittelpunkt der Programme gestellt. Colonne dirigierte 1903 das *Tristan*-Vorspiel (EA), die *Tannhäuser*-Ouvertüre, den *Walkürenritt* und *Isoldes Liebestod*; Chévillard 1905 den *Karfreitagszauber* (EA), das Vorspiel zum 3. Akt des *Tristan* (EA), das *Meistersinger*-Vorspiel, den *Venusberg*, *Isoldes Liebestod*, die *Tannhäuser*-Ouvertüre; Richard Strauss 1908 den *Venusberg*, das *Meistersinger*-Vorspiel, die *Tannhäuser*-Ouvertüre, den *Karfreitagszauber*, das *Tristan*-Vorspiel, die *Holländer*-Ouvertüre, das *Lohengrin*-Vorspiel; Joseph Lassalle 1910 die *Tannhäuser*-Ouvertüre (in einem Konzert wiederholt, im anderen als Zugabe verlangt), das Vorspiel zu *Tristan* und *Isoldes Liebestod*, das *Meistersinger*-Vorspiel, den *Karfreitagszauber*, den *Huldigungsmarsch* (EA).

Der Wagnerismus von Lambertini kam in der Premiere des Großen Portugiesischen Orchesters ebenfalls zum Vorschein: Die Presse erwähnte die Tatsache, daß das Programm von Wagnerschen Werken begrenzt wurde: das *Meistersinger*-Vorspiel erklang zu Beginn, der *Kaisermarsch* (EA) zum Schluß.

Mit der Stabilisierung des Konzertwesens gewann Wagners Musik immer mehr Raum in den Programmen und verstärkt Anhänger unter den Konzertbesuchern. Schon 1911 zeigte das Publikum bei der Aufführung der *Tannhäuser*-Ouvertüre als Eröffnungsstück der Blanch-Konzertreihe große Begeisterung,

---

[234] Vgl. Manuel Ramos (*Contemporânea* 1923: 138); Benevides (1883: 372). Im Jahr 1875 veröffentlichte Platon de Waxel, der russische Konsul in Lissabon, eine kleine Broschüre in portugiesischer Sprache, in der »persönliche Erinnerungen« an Wagner und Liszt gesammelt wurden; die Auflage betrug nur 50 Exemplare, s. Waxel (1875).

die gleichzeitig auch eine Anerkennung der Leistung des Orchesters bedeutete. Als Ausdruck der Rivalität zwischen diesem Orchester und jenem von David de Sousa gab Wagners Musik, neben ihren häufigen Wiedergaben in den normalen Programmen, sogar Anlaß zu »Großartigen Festspielkonzerten« (*Grandiosos Festivais Wagnerianos*), welche jedes Jahr in den beiden Theatern und manchmal am selben Sonntag stattfanden. Als Beispiel sei das am 17. Februar 1918 von Blanch geleitete Programm genannt:

1. Teil: *Meistersinger-* und *Parsifal-*Vorspiel; *Tristan-*Vorspiel und *Isoldes Liebestod*; *Rienzi-*Ouvertüre;

2. Teil: *Albumblatt*; *Waldweben*; *Tannhäuser-*Ouvertüre;

3. Teil: Preislied aus den *Meistersingern* (in einer Bearbeitung für Violine und Orchester), Trauermarsch aus der *Götterdämmerung, Walkürenritt.*

Derartige Festspiele konnten mehrmals innerhalb derselben Spielzeit stattfinden. So geschah es beispielsweise zwischen Januar und April 1911: Die Serie bestand aus acht Konzerten, unter denen sich ein Beethoven- und zwei Wagner-Festspiele (einschließlich der Erstaufführung der *Faust-*Ouvertüre aus Anlaß des 33. Todestages des Komponisten) befanden. Daneben verbreiteten sich die Wagnerschen Werke durch Philharmonische Volksgesellschaften sowie Militärkapellen immer stärker. Artur Fão pflegte sie als Leiter einer Militärkapelle, die regelmäßig den unteren Volksschichten Gratiskonzerte darbot, ebenso intensiv wie in den Konzerten im Politeama-Theater, deren Leitung er schon vor 1920 übernahm. Die Presse notiert jedoch auch die Gegenwart von ›Volkszuschauern‹ unter den Besuchern der Theaterkonzertreihen – eine Konsequenz der Entwicklung der Kulturbedürfnisse nach dem Volkserziehungsprogramm der Republik. Zeichen der wachsenden Popularität Wagners sind zugleich die von den streikenden Theatermusikern 1919 durchgeführten Arbeiterkonzerte: Zu den »leicht verständlichen Stücken« (*Batalha* 14. 7. 1919), die das Programm bildeten, damit sich »die Arbeiterklasse in großer Menge« angezogen fühle (*Batalha* 19. 7. 1919), zählten die *Rienzi-*Ouvertüre, das *Lohengrin-*Vorspiel, die *Tannhäuser-*Ouvertüre und das *Albumblatt.*

»Von pracht- und schmuckvoll gekleideten Amateuren« gesungen und gespielt, dringt Wagners Musik schließlich in die Salons der vornehmsten Gesellschaft ein (DL 26. 2. 1923). Diese Entwicklung führt dazu, daß Wagner in den zwanziger Jahren in Lissabon zum beliebtesten und meistgespielten Komponisten wird:

»Es ist klar bewiesen, daß Wagner der Lieblingskomponist des Publikums von Lissabon ist.« (*Eco* 10. 3. 1919).
»Das Gefolge der Fanatiker des Bayreuther Meisters [...] erweist seinen Eifer immer aus Anlaß der Festspiele, welche unsere Orchester jährlich durchführen,

weil das Publikum ausreicht, um sogar zwei Theater voll zu besetzen, wenn die entsprechenden Festspiele zur gleichen Zeit stattfinden, wie es gestern geschehen ist …« (Oliva Guerra in: DL 20. 2. 1923).
»Die Wagnerschen Festspiele, die zu jeder Spielzeit unserer beiden Orchester notwendigerweise gehören, sind die Konzerte, die mehr Zuhörer anziehen …« (Oliva Guerra in: DL 22. 1. 1924).

Opernbetrieb und sinfonisches Erbe

Daß das Konzertwesen und das dadurch vermittelte Erbe (und zwar die Wiener Klassik, insbesondere Beethoven) für Wagner selbst eine Hauptvoraussetzung war, um den Weg der ›absoluten Musik‹ zur dialektischen Ausprägung des Wort-Ton-Verhältnisses im musikalischen Drama zu ebnen, ist bekannt[235]. Die Vertrautheit des Publikums mit dem Konzertwesen war jedoch von keinesfalls geringerer Bedeutung, um ihm das ›musikalische Drama‹ verständlich bzw. zugänglich werden zu lassen. Überall begünstigte dieser Faktor die Rezeption Wagnerscher Bühnenwerke (die einzige Ausnahme blieb vermutlich Paris), und der Komponist selbst erfuhr, wie sich die Einführung von Abschnitten seiner eigenen musikalischen Dramen ins Konzertwesen auch wirkungsvoll auf die Verbreitung seines gesamten Bühnenschaffens auswirkte.

Das Spezifische der Entwicklung in Lissabon besteht darin, daß das ›vorausgesetzte‹ sinfonische Erbe der Klassiker erst zur Rezeption gelangte, als Wagner selbst bereits als ›Sinfoniker‹ akzeptiert war, so daß Wagner nicht nur als ›Sinfoniker‹, sondern auch als Bühnenkomponist zeitlich vor einigen Klassikern des sinfonischen Repertoires nach Lissabon kam: Die *Parsifal*-Erstaufführung (1921) fand vor der Erstaufführung von Beethovens *Neunter Sinfonie* (1925) statt[236]. In Lissabon *wurde die Zeit zum Raum* …

Zwischen 1883 und 1910 konnten Wagners Bühnenwerke einem dem Konzertwesen entfremdeten Publikum des São Carlos nicht recht gefallen. Wie alle vorhergehenden Versuche seit Bomtempo – veranstaltet entweder im Gegenlager des São Carlos oder verknüpft mit dessen eigenen Krisen – stießen auch die Bemühungen von Michel'Angelo Lambertini, die Instrumentalmusik noch kurz vor dem Zerfall der Monarchie institutionell einzuführen und fest zu

---

[235] Rosen (1972) zeigt, wie die Sonatenform aus der Theatermusik entstand. Den Widerspruch zwischen dem dramatischen Potential des Sonatenverfahrens, so wie es sich in der von der Oper ›abgelösten‹ Instrumentalmusik entwickelt hatte, und der traditionellen Struktur der Opernlibretti haben Mozart und Beethoven bemerkt. Wagner seinerseits erkannte den Widerspruch und versuchte, im ›musikalischen Drama‹ dem Wort-Ton-Verhältnis neue Maßstäbe zu setzen.
[236] 1912 war die Neunte Sinfonie (ohne den 4. Satz) in einer Fassung für zwei Klaviere in Lissabon dargeboten worden.

verankern, auf den Widerstand des traditionell eingewurzelten Unterhaltungs-
modells und der entsprechenden Einstellungen des Publikums:

»Das Publikum möge diese Konzerte [von Lambertini] besuchen, nicht aber
zum Zwecke der Selbstdarstellung, sondern aus ehrlicher Neigung. [...] Die
São-Carlos-Zuschauer, die lesen, sich miteinander unterhalten, lächeln, sich
verlieben, kurz, alles machen außer zuzuhören, verwirklichen sicher nicht das
Ideal der Tonkunst.« (*Mundo* 3. 12. 1906).

Das bedeutet, daß das bereits seit dem ausgehenden 18. Jahrhundert im São
Carlos existente Selbstdarstellungsmodell noch am Anfang des 20. Jahrhunderts
in Lissabon dem Modell der ›Darbietungsmusik‹ Widerstand leistete. Das auf-
kommende Interesse an ›absoluter Musik‹ stieß auf die alten Gewohnheiten der
überwiegenden Mehrheit der São-Carlos-Zuschauer[237]. Daß dieses neue, im Gegensatz zum São-Carlos-Betrieb entwickelte Bewußtsein mit der Rezeption Wagners zusammenhing, wurde seinerzeit selbst deutlich zum Ausdruck gebracht,
indem man hervorhob, Wagners Bühnenwerke setzten das Vorhandensein eines
qualitativ neuen, d. h. besseren und gut organisierten Orchesters voraus, welches
das São Carlos bisher gar nicht anzubieten hatte (TS 31. 12. 1906). Andererseits
wirkte Wagners Schaffen im Innere der etablierten Opernpraxis zumindest als
ein störendes Moment:

»Die neuen vom Wagnerschen Schaffen in der Theatermusik durchbrochenen
Horizonte [führten zu] Ratlosigkeit [und] Unruhe [beim traditionellen Opern-
publikum].« (*Atlântida* 15. 1. 1916: 286).

Die Stabilität der herkömmlichen Kommunikationsverhältnisse, die die *Ring*-EA
bereits in Frage gestellt hatte, wurde erst mit der Errichtung der Republik erschüttert. Das alte Hoftheater mußte für die Oper schließen, damit die Konzertmusik und dadurch auch Wagners Schaffen konzertant und auf der Bühne
triumphieren konnten. Bei der Wiedereröffnung des São Carlos 1920 hatte der
›Erziehungsprozeß‹ von der ›Opernunterhaltung‹ zur ›Darbietungsmusik‹, den
sogar ein dem alten Adel angehöriger Musikkritiker, Cunha Menezes (CdM
26. 1. 1924), in einer monarchistischen Zeitung als Errungenschaft der Republik
anerkannte, ein teilweise neues Publikum mit neuer Einstellung zur Oper geschaffen. Die Klangwelt des musikalischen Dramas sollte hier jetzt bewußt wirken,
und dies galt nicht nur für das Parkett, sondern auch für den Orchestergraben,
wo sich das ›Können‹ inzwischen wesentlich verändert hatte: Cunha Menezes

---

[237] Zur Entwicklung des Konzertwesens in Europa und deren Bezug auf die Entfaltung einer bürgerlichen Kultur s. Heister (1983).

(JC 6. 1. 1920) schrieb anläßlich der Wiederbelebung der São-Carlos-Opernspiel-
zeiten 1920, er habe seit 40 Jahren nie ein besser organisiertes Orchester im
Graben gesehen (vgl. auch u. a. JC 2. 2. 1923).

›Absolute Musik‹ und ›musikalisches Drama‹

»Das Ideal der Tonkunst«, von dem einer der Chronisten spricht (*Mundo* 3. 12.
1906), wird dem der Oper entgegengestellt. Die ›Tonkunst‹, d. h. die Instrumentalmusik, sei die erhabene, die Oper die minder qualitätvolle Kunst. Diese
Ansicht gewinnt mit der Entwicklung des Konzertwesens immer mehr an Bedeutung. Dadurch wird die Musiktheaterentwicklung in Lissabon begünstigt und
zugleich benachteiligt.
So schreibt Vianna da Motta (1917: 117 f.):

> »Die Schließung des São Carlos in Lissabon und des Teatro de São João in
> Porto war kein Schaden, sondern ganz im Gegenteil eine Wohltat für die Mu-
> sik in Portugal, weil sie uns von diesem verderblichen Einfluß [»dem unheil-
> vollen Übergewicht der Oper«] befreite und die sinfonischen Konzerte, die
> wahrscheinlich ohne das Nichtvorhandensein der Oper nicht bestehen konn-
> ten, begünstigte.«

Vianna da Motta befaßt sich hier mit einer erforderlichen Reform des Konservatoriums und betont, indem er sich auf die Beispiele von Schumann, Liszt
und Wagner beruft, die Notwendigkeit einer »allgemeinen Kultur« für all jene,
die Musiker werden wollten. »Sinfonische Musik« und »Wagner« werden hier
also in eins und dem Opernbetrieb entgegengesetzt. Aus Anlaß der Wiedereröffnung des São Carlos 1920 berührt Vianna da Motta erneut diese Frage und
äußert, die Oper sei eine »minderwertige Kunst«, in der jede der mit einbezogenen
Künste (Dichtkunst, Musik und Malerei) degradiert werde. Nichts bringe besser
»die Minderwertigkeit der Oper« zum Vorschein als »die Notwendigkeit, sie immer
wieder reformieren zu müssen«, wie »die Meisterwerke der größten Genies
(Gluck, Mozart, Weber, Wagner) zeigen«. Negative Beispiele der Degradierung
seien dagegen *Tosca*, *Butterfly*, *André Chénier* und *Thaïs* – die letztere zum Eröffnungsstück der Spielzeit 1920 ausgewählt und von Vianna da Motta bezüglich
des Librettos und der Musik entsprechend scharf kritisiert (DN 3. 1. 1920).
Den gleichen Standpunkt teilen auch andere Wagnerianer. António Arroyo (1917:
250) meint, *Tosca*, *Mignon*, *Cavalleria Rusticana*, *Bohème* seien »überarbeitete Fassun-
gen ein und derselben Oper«, in denen jede »strukturelle Konsistenz fehlt«.
Humberto de Avelar (*Atlântida* 1916: 315) hebt ebenso Wagner als Gegenbeispiel

zu Puccini hervor (vgl. auch Nogueira de Brito, in *Batalha* 23. 2. 1924). Diese
Kritiker stehen für eine Konzeption der Musikentwicklung, die Wagner als Blüte
der sinfonischen Tradition, als den eigentlichen Nachfolger Beethovens be-
trachtet. So schreibt Arroyo (*Atlântida* 1917: 297), Wagner habe »die Dimensionen der Beethovenschen Sinfonie gesteigert« und sie zur »Kuppel des Baus«
verwandelt, »in dem er auch das Shakespearesche Drama und all die bildenden
Künste einzubeziehen versuchte«. Avelar (*Atlântida* 1916: 314 f.) akzentuiert den
Primat der »absoluten Musik« und verteidigt Wagners Schaffen gegen Brahms.
Aarão de Lacerda (1916: I, 115 ff.), der das »musikalische Drama« als »sinfonische
Oper« bezeichnet, erwähnt immer wieder den Zusammenhang zwischen Beethoven und Wagner (1916: I, 151 f., 139, 181 f.). Bei Esteves Lisboa (AM 15. 9.
1915) sollte das »verdeckte Orchester« von Bayreuth als Modell für jede Darbietung instrumentaler Musik gelten: nur ein »unsichtbares Orchester« in einem
»verdunkelten Saal« könne eine adäquate Wahrnehmung der Musik – nämlich
eine »wirklich mystische« – ermöglichen[238]. Kurzum: das, was die »absolute Musik«
bedeutete, ließ sich für diese Wagnersche Richtung nur mit Bezug auf das
»musikalische Drama« verstehen. Sie wertete die italienische Oper ab, nicht aber
das Erbe der »größten Reformatoren« der dramatischen Musik, u. a. Gluck,
Mozart, Weber, Wagner. Vor allem galten das sinfonische Erbe und Wagners
Schaffen hierbei zugleich als Komponenten einer Konzeption der Musik, die
diese in alle Zweige der Kultur, der Kunst, des Denkens ausstrahlen ließ. Vianna
da Mottas Kritik an der portugiesischen Musikentwicklung sowie am Konservatorium ist von diesem Standpunkt aus zu verstehen:

»Das unheilvolle Übergewicht der Oper in Portugal bewirkt, daß diese Gattung heute noch für die erhabenste und die einzige gehalten wird, die es verdient, daß ein Sänger sie in Anspruch nimmt. Das höchste Streben eines portugiesischen Komponisten besteht darin, eine Oper zu schaffen: lächerlicher
Beweis des Geistes unserer Sänger und Musikliebhaber, die sich für Opern-
fragmente begeistern und dadurch zeigen, daß sie den wertvollsten Teil der
dramatischen Literatur, und zwar die Komposition einer Gestalt, eines Dramas, überhaupt nicht verstehen.« (Vianna da Motta 1917: 117).

Die Stellungnahme gegen die Oper gewinnt bei Francisco de Lacerda, dem berühmten Dirigenten, der kurz vor dem ersten Weltkrieg seine internationale
Karriere unterbrochen hatte, eine ganz andere Bedeutung. Als er sich 1922 für das

---

[238] Esteves Lisboa knüpft dabei an einen Beitrag von Philipp Wolfrum an, dessen Übersetzung in
einer vorhergehenden Nummer der *Arte Musical* (15. 8. 1915) erschien. Als Universitäts-Musik-
direktor in Heidelberg hatte Wolfrum bereits 1903 im Saal der »Stadthalle« Konzerte mit verdecktem Chor und verdecktem Orchester veranstaltet und dirigiert (vgl. Schwab 1971: 186 f.).

Projekt einer »portugiesischen Philharmonie« engagierte und Konzertreihen unter
seiner Leitung im São Carlos ankündigte, meinte er, es gebe »gewiß mehr Musik
in einer guten Sinfonie als in drei Akten der besten Oper« (DL 15. 5. 1922).
   Diese Erklärung erscheint in der Presse schon nach dem Ende der dritten
von Ercole Casali organisierten Spielzeit, als z. B. *Parsifal* bereits 15 Aufführungen erreicht hatte. Aus diesem Grund mag Lacerda einschränkend bemerkt
haben, die Oper sei trotzdem notwendig, »so wie sie vom aktuellen Impresario
des São Carlos betrieben und durchgeführt wird«. Er setzte aber fort,

> »die beste der lyrischen Spielzeiten kann den unschätzbaren erzieherischen
> Einfluß, der zu einer Reihe schöner sinfonischer Konzerte gehört, gar nicht
> haben – und sie hat auch keinen.« (DL 15. 5. 1922).

Hier ist die Abwertung des »musikalischen Dramas« zweifellos implizit vollzogen. Werden die kulturellen Ziele noch unter dem Begriff des »erzieherischen
Einflusses« zur Geltung gebracht, wobei der Kunstbegriff der Aufklärung fort-
wirkt, so stimmen sie gleichzeitig nicht mit denen überein, die sich Vianna da
Motta, António Arroyo und Aarão de Lacerda vornahmen. Bei Francisco de Lacerda spürt man vielmehr die Entwicklung, die zur ›Verdinglichung‹ der ›absoluten Musik‹ im Sinne Hanslicks führt, d. h. einer Musik, die nicht mehr für eine
Tonsprache, sondern für einen »Selbstzweck« gehalten wird (vgl. Hanslick 1854:
39 f.). Das entspricht zweifellos bestimmten Zügen von Lacerdas Karriere als
Kapellmeister, z. B. seiner Neigung zu konzertanten Aufführungen szenischer
Werke (u. a. von Monteverdis *Orfeo* und Wagners *Parsifal*)[239], ist aber vor allem
ein Zeichen des Zeitgeistes in Frankreich, der durch den Einfluß von Satie und
der *Groupe des Six*, der ›neoklassischen‹ Wendung Strawinskys (deren ästhetische
Grundlagen dieser 1939 in seiner *Poétique Musicale* entwickelt hat – vgl. Strawinsky 1946), kurzum: der ›antiromantischen Reaktion‹ und der Suche nach einem neuen ›Klassizismus‹ bzw. nach der Restauration einer ›reinen Tonkunst‹,
bestimmt wird. Diese Tendenz wird in den zwanziger Jahren auch in Portugal,
und zwar von dem Komponisten Luiz de Freitas Branco vertreten. Sie findet in
seiner 1. Sinfonie (1924) ihren Niederschlag und kommt in seiner Stellungnahme
gegen Wagner und für eine »echte«, von den »nicht musikalischen Künsten –
Literatur, Dichtkunst, Drama« – »abgelöste Musik« deutlich zum Ausdruck
(*Eco* 13. 2. 1928; vgl. auch *Seculo* 4. 1. 1927).
   Neben der Aneignung der auf Wagner, Nietzsche und Schopenhauer gestützten Tradition der »absoluten Musik« wirkt also die von Hanslick auf den
Weg gebrachte Gegenströmung in der Öffentlichkeit gleich zu Anfang der

---

[239] Konzerte in den zwanziger Jahren in Frankreich (vgl. Borba und Lopes-Graça 1956: II, 90).

zwanziger Jahre in Lissabon. Entsprechend dem noch unveröffentlichten Briefwechsel zwischen Batalha Reis und Vianna da Motta läßt sie sich aber nahezu fast auf die Jahrhundertwende zurückführen. Batalha Reis verteidigte damals kategorisch die »Töne« als Selbstzweck der Musik und behauptete, die Wagnerschen Werke seien Sinfonien, die kein Drama brauchten und im Konzertsaal ihren richtigen Platz fänden, während Vianna da Motta ihm widersprach und meinte, Batalha Reis habe alle Musiker von Bach bis Wagner gegen sich (Briefe vom 1. 7. 1904 und 7. 8. 1904)[240]. Diese von Hanslick stammende Gegenströmung, die später mit weiteren kulturideologischen Entwicklungen zusammenfällt[241], wirkt auf diese Weise selbstverständlich der Rezeption des ›Wort-Ton-Dramas‹ entgegen[242].

---

[240] S. den Nachlaß von Batalha Reis an der Staatsbibliothek (Biblioteca Nacional) in Lissabon (Kiste Nr. IV, 69/2).
[241] Siehe unten ›Neothomismus gegen Rationalismus‹.
[242] Zur Rezeption des Begriffs der ›absoluten Musik‹ in der portugiesischen Literatur s. Vieira de Carvalho (1990c; 1994; 1996e).

4. Wagners kulturideologische Wirkung

Wagners Eindringen in die Literatur und die Presse

In den zwanziger Jahren löst Wagner im Bereich der Literatur und der Presse umfangreiche Debatten und Überlegungen, vielfältige Äußerungen und Berichte, ästhetische, philosophische und politische Kontroversen aus. Eine monarchistische Zeitung bezeichnet den Justizminister der Republik, Afonso Costa, als Lohengrin (*Dia* 28. 3. 1923), Präsident Sidónio Pais wird von einer rechtsorientierten Schriftstellerin als Parsifal bezeichnet (DL 28. 5. 1921). »Götterdämmerung« dient als Schlagzeile eines politischen Leitartikels zur Kennzeichnung des höchsten Schicksals, das das Handeln der Menschen leite (DN 14. 11. 1920). »Tragische Tetralogie« wird zum zusammenfassenden Titel einer die Wiedereinrichtung des monarchischen Absolutismus fordernden Vortragsreihe (*Dia* 11. 1. 1923).

»Meine Götter des Meeres, welch' ein Ruhmeswalhall;
Meine in der Geschichte lebenden Nibelungen ...«

– so besingt Lopes Vieira (1922a: 269 ff.) in einem nationalistischen Gedicht von 1919 die portugiesischen Helden, d. h. »die tausend Siegfriede, die von wirklichem Wert sind ...«, und mit denen der »deutsche Siegfried, kurzum: ein einfacher Tenor«, nicht zu vergleichen sei. Bei den Anarchosyndikalisten inspiriert Siegfried dagegen das Symbol eines Kampftages der Arbeiterbewegung (*Batalha-Supl.* 1. 5. 1926). »Vaisseau Fantôme«[243] nennt eine in Portugal lebende französische Dichterin das Flugzeug, mit dem Gago Coutinho und Sacadura Cabral 1922 die erste Flugreise über den Südatlantik unternahmen (*Dia* 24. 5. 1923). Den Namen Parsifal wählt der spätere faschistische Historiker João Ameal für den Flieger-Helden seiner von derselben Überfahrt inspirierten Novelle *Die Religion des Raumes* (1923). Die Idee, daß die Mission des Künstlers »nach dem Gebot Wagners« sei, »dem Volk das unbewußt geschaffene Kunstwerk zu entnehmen«, wird von António Sardinha, dem Theoretiker des ›Integralismo Lusitano‹[244] im

---

[243] *Vaisseau Fantôme*, französische Übertragung des *Fliegenden Holländers*.
[244] ›Integralismo Lusitano‹: Diese politische Bewegung, die an die Gegenrevolution des 19. Jahrhunderts in Portugal anknüpfte, entstand unmittelbar nach der Errichtung der Republik im Umfeld der reaktionärsten Kreise der Universität von Coimbra. Die ›Action Française‹ und Charles Maurras zählten zu deren wichtigsten ideologischen Quellen (vgl. Braga da Cruz 1982).

Zusammenhang mit Lopes Vieiras Dichtkunst zum Ausdruck gebracht (*Monarquia* 12. 7. 1917). Von Wagner inspiriert sind auch »die ersten ›Musiker‹ der Wortkunst«: Gabriele d'Annunzio und der portugiesische Symbolist Eugénio de Castro (Dario 1919: 23). Den damals noch eng mit dem Futurismus verbundenen António Ferro bringt ein Reitpferd auf den Gedanken, es sei ein Pferd, »rasch wie ein Violinen-Bogenstrich aus dem Walkürenritt entflohen …« (DL 17. 6. 1921).

Die Sache der Musik behandelnd, zeichnet derselbe Schriftsteller den jungen Komponisten Ruy Coelho als »Meistersinger« (*Capital* 8. 5. 1923), »der in Wagner seinen Vorläufer, seinen älteren Bruder sucht« (*Capital* 20. 2. 1923).

Die kulturideologische Konstellation zu dieser Zeit verdient es also, in Bezug auf die Wagner-Rezeption weiter erforscht zu werden. Die Behauptung Borchmeyers (1982: 9), das Werk Wagners sei »der wirkungsmächtigste Beitrag des deutschen 19. Jahrhunderts zur Weltliteratur«, besitzt offenbar auch für Portugal Gültigkeit. In der vorliegenden Arbeit können aber nur einige Leitgedanken hervorgehoben werden, die die wesentlichsten Züge der geistigen Strömungen, im Zusammenhang mit dem spezifischen Kontext des São-Carlos-Opernbetriebs, verdeutlichen. Daß die Werke Wagners in den zwanziger Jahren auch zum Mittelpunkt des Repertoires werden, rechtfertigt diese Untersuchung, die einen Zeitraum von etwa vier Jahrzehnten (seit der Jahrhundertwende) berücksichtigt. In diesem Zeitraum vollzieht sich die Entwicklung vom Nationalgefühl der Dekadenz bis zur Akzeptanz des Führerprinzips als vorherrschender kulturideologischer Erscheinung.

Vom Nationalgefühl der Dekadenz bis zum Führerprinzip

Das Gefühl der Dekadenz, das z. B. im Werk der Dichter Guerra Junqueiro und António Nobre sich äußert, 1890 auf Grund des englischen Ultimatums das nationale Bewußtsein insgesamt erfaßte, 1893 eines der seltenen Meisterwerke der portugiesischen Musik dieses Jahrhunderts – die dem Vaterland gewidmete und offenbar von Wagner beeinflußte Sinfonie Vianna da Mottas – prägte, und sich weiter über die Jahrhundertwende hinaus entwickelte, gewann nach der Errichtung der Republik, zu der Zeit, als es sich auch in seinem ideologischen Substrakt veränderte, zunehmend an Bedeutung. Eine der wichtigsten Erscheinungen, die dieses Nationalgefühl kennzeichnet, ist die Wiedergeburt des sogenannten ›Sebastianismo‹. Der 1578 in Nordafrika aus Anlaß eines Kreuzzuges gegen die ›Ungläubigen‹ verschollene, in den Nebeln des erträumten fünften Reiches verlorene König Sebastian, ›Der Verhüllte‹ genannt (*O Encoberto*) oder ›Der Erwünschte‹ (*O Desejado*), dessen Kult der Historiker Oliveira Martins 1879 zum ersten Mal analysierte (vgl. Joel Serrão 1969: 19), war 1580 mit dem Verlust der nationalen Unabhängigkeit zum populären ›Messias‹ geworden:

»Das Volk verlor das Gefühl seiner Wirklichkeit als Ganzes und als Kraft und erwartete hingebungsvoll die Rückkehr des Messias – des Königs Sebastian, des bezaubernden Prinzen, des göttlichen Knaben, [...] der gewiß zurückkommen würde, um die Nation zu erlösen! [...] Das Volk kristallisierte seine Ideale, indem es diesen Menschen im Symbol seiner Hoffnungen und Wünsche verklärte.« (Oliveira Martins 1879: 368).

Das Kulturmilieu eignet sich diese Tradition im ausgehenden 19. Jahrhundert wieder an. Bei den Dichtern António Nobre (Joel Serrão 1978: II, 173 ff.) und Lopes Vieira (Medina 1980) verschmilzt das Motiv dann mit vagen Träumen von Sozialismus bzw. Anarchismus, kurzum: mit Forderungen nach Veränderung der gesellschaftlichen Verhältnisse, die bei dem Philosophen Sampaio Bruno mehr Konsistenz erhalten (Lopes Vieira 1925: 59; Sampaio Bruno 1904). Intensivierte die Arbeiterbewegung nach der Errichtung der Republik den Klassenkampf, so erschöpften die jetzt herrschenden bürgerlichen und kleinbürgerlichen Republikaner dagegen im Kampf gegen die katholische Kirche und den Monarchismus ihre Energien, ohne die sozioökonomische Struktur neu zu gestalten[245]. Trotz neuer Erziehungs- und Kulturprogramme fand keine umfassende Änderung der Mentalität statt, insbesondere nicht unter den Massen des Inlands, deren traditionelle Ignoranz und Armut die lokalen Kaziken (Groß- und Kleingrundbesitzer, alter Adel) und vor allem der Klerus, der von Mai bis Oktober 1917 rechtzeitig und unverzüglich das ›Wunder‹ von Fátima inszenierte (vgl. Telo 1977: 130), aufrechterhielten. Die wachsende Enttäuschung breiter Schichten der Gesellschaft (nicht nur der Arbeiterklasse), die Inkonsequenz der von den republikanischen Parteien betriebenen Demagogie, die Verwandlung des Parlaments in eine Kampfarena, in der jede Regierung leztlich kurzlebig war, kurzum: die ständige ökonomische und politische Krise begünstigten eine Wiederbelebung des Messianismus, der sich in verschiedene rückschrittliche Richtungen manifestierte. Der Sebastianismo wurde annektiert vom ›Saudosismo‹[246] der *Renascença Portuguesa* (vgl. Joel Serrão 1969: 20), vom monarchistischen Restaurationismus[247] von dem aus der ›Action Française‹ stammenden ›Integralismo Lusitano‹, vom Klerus (der in Fátima durch die ›heilige Jungfrau‹ einen

---

[245] Die republikanische Revolution war keine ›Volksrevolution‹ im Sinne eines Strebens nach Umwandlung sozialer Verhältnisse. Nicht zuffällig hat sich selbst Lenin damit beschäftigt und erkannt, »die ungeheure Mehrheit des Volkes« sei nicht »aktiv, selbständig, mit ihren eigenen wirtschaftlichen und politischen Forderungen sichtbar hervorgetreten« (Lenin, *Werke*, 25. Bd., S. 429).

[246] Saudosismo: abgeleitet von *saudade* (Sehnsucht). Diese Bewegung wurde von Teixeira de Pascoaes vor allem durch die Zeitschrift *Renascença Portuguesa* entwickelt – vgl. Teixeira de Pascoaes (1915).

[247] Ein treffendes Porträt des monarchistischen Sebastianismo in dieser Zeit ist die Gestalt von João Silveira im Roman *Amor Creoulo* von Botelho (1919); vgl. auch die Satire von Eça de Queiroz (1901) in *Stadt und Gebirg*.

›Messias‹ ankündigen ließ) und von anderen Tendenzen bzw. Vertretern kulturideologischer Bestrebungen, die, vom Nationalismus ausgehend, eine ›Erlösung‹
bereits im Sinne des Faschismus erwarteten[248]. Dieser Prozeß fällt mit der Neu-
belebung des mittelalterlichen Erbes, mit der Wiederentdeckung der alten Ritter-
Sagen, mit der Suche nach einem Helden-Typus in der weit entfernten nationalen Vergangenheit zusammen[249]. Ein solcher Helden-Typus sollte als Vorbild
des portugiesischen Menschen, als Zeuge des »Wertes seiner Rasse«[250] für die
Gegenwart gelten.

Aus der Konvergenz, Verschmelzung und Wechselwirkung dieser Tendenzen
entstand das Führerprinzip allmählich als kulturideologisches Phänomen[251]. König Sebastian war ein ›Verlierer‹. Das, was gefunden werden mußte, war ein
vorbildlicher ›Gewinner‹. Viriato, der sagenhafte Führer des Keltenstammes der
Lusitaner, der die ersten Einwanderungen der Römer bekämpft hatte, konnte
von der Rassentheorie Sardinhas (1915) sehr gut assimiliert werden, und Luiz de
Freitas Branco, zu dieser Zeit ein Angehöriger des Integralismo, feierte ihn in
einer Trauermusik (1915), über der die Atmosphäre des Siegfried-Trauermar-
sches liegt[252]. Verräterisch ermordet wie Siegfried, war er jedoch kein ›Erlöser‹;
zudem ließ er sich nicht im geringsten mit der schönen Rittertumsymbolik
schmücken, die nicht zufällig ein paar Jahre später in Deutschland als Hitlers

---

[248] Über die Beziehungen zwischen Sebastianismo und Sidonismo (abgeleitet von Sidónio Pais) s.
Joel Serrão (1980: 55 ff.). Ferro widmet eben »Dem Verdeckten« – er meint König Sebastian –
sein Buch über die faschistischen Diktaturen: *Viagem em torno das Ditaduras*, d. h. ›Reise durch die
Diktaturen‹ (Ferro 1927). Zum ›Wunder von Fátima‹ 1917 soll die Rolle der katholischen
Intellektuellen hervorgehoben werden – nämlich einer 1903 an der Universität von Coimbra
gegründeten Organisation (CADC, d. h. ›Centro Académico de Democracia Cristã‹), die 1912 den
künftigen Dikator Salazar zum Vorsitzenden wählte. Führenden Mitgliedern dieser Organisation
wäre der Erfolg des ›Wunders‹ zu verdanken – ein ideologischer Erfolg unter den ›Massen‹ des
Innenlands, mit dem keine andere kulturpolitische Bewegung rivalisieren konnte. Noch durch
einen ehemaligen Mitglied des CADC und Professor an der Universität von Coimbra, Kardinal
Cerejeira, sei Fátima zum »Herzen« des »nationalen Katholizismus« geworden (Ramos 1994:
559 f.).

[249] Vgl. Braga (1914), Lopes Vieira (1922a; 1922b; 1925; 1926), Casimiro (1922), Tavares de Carvalho
(1922), Eugénio de Castro (1968–1971), insbesondere die hier gesammelten Dichtungen aus der
Jahrhundertwende *Dona Briolanja, Rei Galaor, Constança* und *Cavaleiro das Mãos Irresistíveis*. Hinzu
kommen noch Aarão de Lacerda (1917: 185 ff.), D. João de Castro (DL 8. 8. 1923: *Ode a D.
Sebastião*), Ferro (DL 23. 2. 1922 u. 30. 7. 1924), usw.

[250] Sardinha (1915) eignet sich in seinem Werk *O Valor da Raça* (›Der Wert der Rasse‹) Gobineaus und
H. S. Chamberlains Lehre an, Mitkomponente der Ideologie des deutschen Faschismus (vgl.
Lukács 1962: 579 ff., 605 ff.) sowie der Nazi-Wirkung Wagners (vgl. Karbaum 1976).

[251] Casimiro (1922: 19 f.) widmet in *O Livro dos Cavaleiros* (›Das Buch der Ritter‹), erschienen im Verlag der demokratischen Zeitschrift *Seara Nova*, ein Kapitel dem »Führer« (»Chefe«). Hier werden
»die Liebe zur Freiheit« als »Streben nach den guten Tyranneien«, der freie Mensch als »der, der
am besten gehorcht«, und das »freie Sinn« als »befehlswillig« bezeichnet …

[252] Das Werk heißt *Funerais de Viriato* (›Viriatos Trauer‹) und wurde über eine Erzählung von Hipólito
Raposo geschrieben. Die Erzählung und die Reproduktion der ersten Seite der handschriftlichen
Partitur erschienen in *Atlântida* (15. 2. 1916: 277 ff.).

Nun'Álvares Pereira. Stich aus der *Coronica do Cõdestabre de Portugal* 1526 (Fototeca, Palácio Foz, Lissabon), reproduziert in Zeitungen der zwanziger Jahre.

Gewand gelten sollte[253]. Allmählich entdeckte man den zweckmäßigen Helden: den Heiligen und Krieger, Asketen und Ritter, Verteidiger des Glaubens und Wegbereiter des Reiches, Sieger über die Spanier in der berühmten Schlacht von Aljubarrota (1385), kurz, den damaligen Oberbefehlshaber der Armee (›Condestável‹), Nun'Álvares Pereira[254].

Der aus dem Sebastianismo und dem Rittertum stammende Kreuzzugsgeist wurde 1920 in der Gründung des ›Nationalen Kreuzzuges Nun'Álvares Pereira‹, einer nationalistischen Bewegung faschistischer Prägung, die sich über allen Parteien stehend wähnte, deutlich. In ihrem 1921 veröffentlichten Manifest wurde deklariert:

»Für Nun'Álvares, das Symbol der Rasse [...]
Ordnung auf der Straße! Ordnung in den Köpfen!
Ordnung im Hause!« (*Epoca* 30. 3. 1921).

---

[253] Im Bild von Hubert Lanzinger »Bannerträger Hitler« (vgl. Wulf 1963b: 211, 270).
[254] Vgl. Lopes Vieira (1922a: 241 ff.) über die Überführung der sterblichen Hülle von Nun'Álvares Pereira 1918 ins Hieronimus-Kloster. Vom »heldenhaften Mystizismus« des ›Condestável‹ war die Rede bei Aarão de Lacerda (1916: 138). Zum Zusammenhang zwischen dem ›Wunder von Fátima‹ und Nun'Álvares Pereira, dessen Kult 1918 vom Vatikan anerkannt wurde, s. Ramos (1994: 611).

Zu ihren Anhängern zählte der General Gomes da Costa, der am 28. Mai 1926 an der Spitze eines Militärputsches dem Faschismus den Weg ebnete. Raul Proença verurteilte am Vorabend des Putsches in der Zeitschrift *Seara Nova* kategorisch und scharf den ›Kreuzzug Nun'Álvares Pereira‹ als Beginn einer dem italienischen Faschismus nahestehenden Bewegung in Portugal. Er wandte sich dabei gegen

> »den Größenwahn, die krankhafte Erregung [...] der Persönlichkeit, den Gewaltkult, die Vorherrschaft der Kräfte des Instinkts über die Vernunft, den moralischen Sadismus, die Neigung zu Krieg und Herrschaft.« (SN 6. 3. 1926).

Als Beispiele »einer instinktiven und nationalistischen Kunst« galten die Klänge einer ›Sinfonischen Dichtung‹ von Ruy Coelho, die dem Helden gewidmet war (DL 18. 4. 1922)[255]. Nun'Álvares, »sagenhaftes Symbol der keltischen Gestalten des Rittertums«, »größter Held des Vaterlandes«, »Geist der Rasse« (DL 15. 8. 1921), inspirierte außerdem noch den Maler Teixeira Lopes zu einem Triptychon (1923) wie auch den militantesten Musiktheoretiker des Faschismus in Portugal, Sampayo Ribeiro, zu einer *Marcha do Santo Condestabre* (1924). Indem Nun'Álvares Pereira die Einheit des »Kreuzes« und des »Schwerts« verkörperte, von denen bei Sardinha (1915: S. VII) die Rede war, entsprach er genau der zukünftigen Definition der portugiesischen faschistischen Partei wie sie in den dreißiger Jahren vom damals jungen Ideologen und späteren Nachfolger Salazars, Marcelo Caetano, formuliert wurde:

> »Die politische Tätigkeit, der die geistige Anleitung der Nation [...] zukommt, soll einer Elite von Bürgern gehören [...], in deren Seelen das asketische und militärische Lebensgefühl herrscht ...«[256].

Zu dieser Zeit ehrte António Ferro (1935: 7 f.) in einer offiziellen Rede über »Glauben« und »Reich« den Mystizismus des »Condestável«, dessen Statue als Hauptkomponente eines geplanten, in einigen Teilen ausgeführten, aber nie vollendeten grandiosen Denkmals ganz Lissabon von oben »schützen« sollte[257].

---

[255] »Die Zeit fordert jede Propaganda so gesund wie diese« – heißt es in einer Zeitungsrezension. Da wird der ›Condestável‹ als adäquates Thema für die portugiesischen Komponisten gewürdigt und die Uraufführung des Werkes von Ruy Coelho im Coliseu gefeiert. In der Rezension ging es um ein Buch von Alfredo Pinto, »Joanna d'Arc in der Musik«, in dem »die Verbindung von Musik und Glauben« gezeigt werde (*Epoca* 14. 3. 1921).

[256] Zitate nach Piteira Santos (1982: 16).

[257] Am Hügel des Parks ›Eduardo VII‹.

Parsifal versus Siegfried

Die »Langeweile« (›tédio‹), die innerhalb der Dekadenz-Weltanschauung des ausgehenden 19. Jahrhunderts bei António Nobre den Sebastianismo und bei Manuel Laranjeira die Sehnsucht nach dem Übermenschen hervorgebracht hatte, der die Größe eines Ideals verkörpern könnte (Joel Serrão 1978: II, 173 ff., 198 ff.), spiegelt sich unmittelbar in Wagners Wirkung wider:

> »Aus seinem [Wagners] unsterblichen Mund [...] kam der erste Schrei der gesamten modernen Geistesbegierde, die ich als ›Zivilisationsmüdigkeit‹ oder ›Sehnsucht nach den Göttern‹ bezeichne!« (J. J. Rodrigues in: *Diónysos* 22. 5. 1913: 7).

Ebenfalls fällt die Erstaufführung von Wagners *Parsifal* (1921) mit der tendenziellen Entwicklung zum Führerprinzip zusammen. In Parsifals Gestalt erkannten die konservativen Monarchisten denselben Gralsritter, der sowohl 1917 im König Sebastian (Aarão de Lacerda 1916: II, 145) als auch 1918 im »heiligen Condestável« (Lopes Vieira 1922a: 242) entdeckt worden war. Ihnen erschien Parsifal eindeutig als Symbol des »Erlöser-Königs«, wie ihn Pedro de Freitas Branco (der später als Dirigent berühmt werden sollte) in einem Bericht nannte, der die portugiesische Urheberschaft für die Entstehung der Gralssage beanspruchte (*Epoca* 15. 2. 1922).

Daß der wiedergeborene Kreuzzugsgeist sich auch Parsifal zu Nutzen macht, erscheint beinahe selbstverständlich. Am Vorabend der ersten *Parsifal*-Spielzeit bezeichnete Ruy Coelho seine Gegner oder, besser gesagt, all diejenigen, die er für Nichtnationalisten und zugleich Feinde der Wiedereröffnung des São Carlos hielt, als ›Moirama‹ (etwa ›Maurenbanden‹)[258]. Ihnen stellte er als Höhepunkt der »zivilisatorischen Initiative« des São-Carlos-Lizenzträgers den *Parsifal* gegenüber (*Epoca* 27. 12. 1920). Unterdessen wurde Parsifal von einem anderen Berichterstatter als »großer Gralskreuzritter« bezeichnet (*Tempo* 4. 2. 1922).

Aber schon im Jahre 1916 verglich der bekannte Wagnerianer, Schriftsteller und Literaturwissenschaftler Aarão de Lacerda König Sebastian mit Parsifal (1916: II, 165)[259]. Die beiden Gestalten erschienen erneut miteinander verbunden,

---

[258] Es wäre zu naiv, in dieser Ausdrucksweise bloß eine lächerliche Übertreibung der Sehnsucht nach dem Mittelalter zu sehen. Ganz im Ernst schreibt Theotónio Pereira, ein künftiges Mitglied der Regierung von Salazar (*Epoca* 17. 1. 1925), im Gedenken von António Sardinha, dieser sei »der Hauptgrenzverteidiger des katholischen Denkens gegen die rote Barbarei aus dem Osten und gegen den neu-heidnischen Wahnsinn«. Beide, Ruy Coelho und Theotónio Pereira, sahen die Gegner, genauso wie die Christen im Mittelalter, als ›Ungläubige‹ ...

[259] Bereits Sampaio Bruno (1904: 258) verglich ironisch Lohengrin mit König Sebastian.

König Sebastian als Ritter (Gemälde von Cristóvão de Morais, Museu de Arte Antiga, Lissabon) (Reproduktion: Arquivo Nacional de Fotografia, Lissabon).

als sich die Idee einer politischen Erlösung und die Herausbildung des Führerprinzips zum ersten Mal in der Praxis verwirklichten: mit dem Aufstieg und dem Tod des Diktators Sidónio Pais.

Zum Andenken an den ermordeten Präsidenten rief António Ferro im Jahr 1919 seine erste Begegnung mit ihm in Erinnerung. Sie habe im São Carlos stattgefunden und er könne »die Eleganz des in seiner Loge eingerahmten Führers«[260] nie vergessen. Er sei »der heilige Präsident«, »der Bewacher des ganzen Traumes der Rasse«, »der Diktator, der immer noch notwendig« sei … »Ob aber dieser Diktator noch kommen wird?« Er bejahte die Frage und meinte: »Der Sebastianismo ist die Religion der Rasse« (*Jornal* 5. 12. 1919). Und »die Religion der Rasse« führte eben dazu, in Sidónio Pais selbst die Figur des Parsifal zu erkennen: er sei »der Parsifal *raté* unserer Dekadenz« – so die Schriftstellerin Veva de Lima im Gespräch mit Ferro, der entgegnet habe, es sei besser, »Parsifal *raté*« als »ein *raté* zu sein, der niemals Parsifal gewesen ist« (DL 28. 5. 1921). Mit dieser Darstellung des »heiligen Präsidenten«, des »heiligen ›Condestável‹ der Republik«, wie Sidónio Pais auch genannt wurde (França 1992: 17), stimmte außerdem Parsifals Bild als Gott bzw. Christus selbst überein, als eine Messias-Gestalt ähnlich wie die des zur Rettung Portugals von der ›heiligen Jungfrau‹ in Fatima bestimmten katholischen ›Erlösers‹. Eben deshalb sahen die Massen der armen Bauern in Sidónio Pais, neben Fátimas ›heiliger Jungfrau‹, wirklich einen Messias, d. h., ein Kultobjekt, das sie ähnlich wie ehemals den König des Absolutismus Miguel I. auf den Altären verehrten (Oliveira Martins 1881: I, 200; Telo 1977: 130).

Fernando Pessoa, der in einem Gedicht um 1920 den mythischen König Sebastian und den »Präsidenten-König« Sidónio Pais vereinte, suchte seit 1912 den »Super-Camões«, eine Art »Übermensch« im Nietzscheschen Sinne (Joel Serrão 1980: 33 ff.), der sich letzten Endes in der Identifizierung mit dem König Sebastian selbst verwirklichte (*ebd.*: 59 f.). Kurz vor dem faschistischen Putsch verkörperte nun Parsifal diesen »ersehnten Übermenschen«, wie es bei einem der leidenschaftlichsten Anhänger des Sebastianismo, Malheiro Dias (1925: 55), zum Ausdruck kommt. Im Feuer seiner Polemik mit António Sérgio kennzeichnete er den Sebastianismo als »latente Hoffnung der Nation«, »Ausdruck des portugiesischen Glaubens«, als »Heldengefühlskult«, als »das den Rationalismus ablehnende nationale Prinzip schechthin« (*ebd.*: S. LXX, LXXIII) und schloß seine Rede *Exortação à Mocidade* (›Ermahnung an die Jugend‹) mit den folgenden Worten ab:

»Jugend! Wenn Du, mit ungebrochenem Glauben gerüstet, morgen von diesem geistigen Hügel hinabsteigst[261], hoffe ich, daß Du den Versuchungen der Zauberin so wie Parsifal in den verderblichen Gärten Klingsors widerstehst, und daß es Dir gelingt, den wunderbaren Speer, dessen Berührung die Wunde des Vaterlandes heilen wird, mit jugendlichem Mut den Händen der Ignoranz zu entreißen.« (Malheiro Dias 1925: 64).

---

[260] Das São Carlos wirkte immer noch als Schaufenster … – s. S. 86.
[261] Gemeint war der Hügel, auf dem sich die Universität von Coimbra befindet.

Der portugiesische Faschismus wies natürlich Sidónio Pais' Erbe nicht zurück, vielmehr versuchte er mit nationalistischem Stolz daraus historische Konsequenzen für ganz Europa zu ziehen. Die »knapp ein Jahr dauernde Diktatur« des Sidónio Pais sei »der erste europäische Versuch einer Verwirklichung des Führerprinzips« – so äußerte sich der ehemalige Erziehungsminister Cordeiro Ramos, als er sich mit Mussolini, Hitler und Salazar im Vorwort zu der mit einem Geleitwort von Goebbels 1938 erschienenen deutschen Auflage ausgewählter Schriften Salazars befaßte (vgl. Salazar 1938: 3). Daher ist es kein Wunder, daß man sich Salazar auch im Gewand Parsifals vorstellte: Die Berichte einer Musikliebhaberin der höheren Gesellschaft über die Bayreuther *Parsifal*-Aufführungen des Sommers 1937 wurden dem portugiesischen Diktator gewidmet (*Voz* 9. 1. 1938). »Die Sehnsucht und die Hoffnung nach dem Verhüllten« (*O Encoberto*), denen Ferro ein Werk über die europäischen Diktaturen gewidmet hatte (Ferro 1927), konnten endlich in Erfüllung gehen. In Salazar erkannte man *O Encoberto*, den erwarteten Erlöser, den von *manu militari* gestützten Asketen, die Personifizierung der »Mystik des nationalen Interesses« und, kohärent mit der Aneignung Wagners, einen Parsifal-Typus: genauso wie die vom Bayreuther Kreis ausgehende nationalsozialistische Propaganda in Hitler einen Parsifal-Typus sah (vgl. Karbaum 1976: 61 ff.).

Überwog zunächst diese kulturideologische Konstellation, die wesentlich dazu beitrug, *Parsifal* zur Lieblingsoper der São-Carlos-Spielzeiten in den zwanziger Jahren zu machen, so entwickelte sich andererseits eine entgegengesetzte Aneignungslinie parallel dazu, die auf die republikanisch-demokratische Bewegung um 1900 zurückgriff, die soziale Frage akzentuierte, und die anarchosyndikalistischen Tendenzen miteinbezog.

Die Idee, durch die Kunst Gegenwelten zu schaffen, dient Moreira de Sá 1900 zur Kennzeichnung des Wagnerschen musikalischen Dramas:

»Die moderne Gesellschaft steht so weit im Widerspruch zu der wahren Gesellschaftsordnung, daß sich die Kunst von jener distanziert, ähnlich wie von etwas, was unsauber ist.« (Moreira de Sá 1900: 10).

Diese Bemerkung erscheint im Zusammenhang mit einer Diskussion über die Konzeption des Dramas jeweils bei Victor Hugo und bei Wagner. Moreira de Sá sah in den Wagnerschen Bühnenwerken – im Gegensatz zu den Dramen von Victor Hugo – eine radikale Ablehnung der »modernen Gesellschaft«, wobei er in Wagners Kunstbegriff einen ideologischen Hintergrund erkannte, der auf die Gesellschaftskritik von Rousseau zurückgeführt werden kann (vgl. Vieira de Carvalho 1986b; 1988).

Aus Anlaß der *Ring*-Erstaufführung 1909 im São Carlos manifestierte sich diese Rezeptionslinie Wagners in einer Feuerbachschen Deutung des Werkes.

Sie erschien z. B. in der republikanischen Zeitung *A Vanguarda* (21. 4. 1909), vor allem aber in den Einführungsvorträgen von António Arroyo und in den Texten von Esteves Lisboa, der sogar die Urfassung der Schlußansprache Brünnhildes (Wagner 1852: 255), in der das Feuerbachsche Konzept des Werkes zusammengefaßt ist (vgl. u. a. Dahlhaus 1971b; Wolf 1978), für den endgültig durchkomponierten Schluß hielt (AM 28. 2. 1909). Im Zusammenhang damit unterstrich Esteves Lisboa die Beziehung Wagners zur Dresdner Revolution 1849 und seinen Umgang mit Roeckel (AM 15. 2. 1909). Den *Ring*, »erhabenes Werk der Universalbefreiung«, hielt er für den vollendeten Ausdruck der Weltanschauung Wagners per se. Seine »revolutionäre These« ebne dem »transzendenten und reinsten Sozialismus« den Weg (AM 28. 2. 1909). Die Absicht, die Wirkung des Werkes auf die portugiesische politische Realität zu übertragen, trat zwischen den Zeilen hervor. Das Streben nach Veränderung der Welt stimmte mit der in Portugal aus dem Niedergang der monarchistischen Institutionen entstandenen Krise überein, die im darauffolgenden Jahr zum Triumph der republikanischen Bewegung führte. Das politische Engagement verhehlte Esteves Lisboa nicht: Die Art und Weise, wie er 1908 die Ermordung des Königs und Kronprinzen in einem Bericht über die *Tristan*-Erstaufführung erwähnt, läßt die Haltung erkennen, daß die Ermordeten »bestraft« worden seien. Dieses Engagement widersprach der offiziellen Haltung der Zeitschrift, die sich darum bemühte, »nur in der Welt der Tonkunst zu leben«, und bei jeder Gelegenheit die musikalischen Unternehmungen der königlichen Familie guthieß (AM 15. 2. 1908).

Zehn Jahre nach der *Ring*-Erstaufführung wird die *Götterdämmerung* zur Allegorie des Untergangs des »Deutschen Reiches« (*Águia* 1919: 37). Zu diesem Zeitpunkt war der Opernbetrieb zwar im São Carlos noch nicht wieder aufgenommen, Wagner wirkte aber schon im Kulturmilieu, wie bereits gezeigt, als Lieblingskomponist, aber auch als Revolutionär sowohl für die Republikaner (vgl. *Vanguarda* 21. 4. 1909), die sich jedoch nach der Errichtung der Republik überwiegend an die mystische bzw. antimaterialistische Rezeption Wagners anschlossen, als auch später für die Anarchosyndikalisten, die nach der sozialen Revolution strebten. Letztere formulierten:

»Wagner ist es gelungen, in der Musik das zu verwirklichen, was der moderne Revolutionsgeist im Gesellschaftswesen aufzubauen versucht.« (*Batalha* 2. 2. 1921).

Derartige aus Anlaß der *Parsifal*-Erstaufführung geschriebene Zeilen müssen im Kontext der gesamten Äußerungen der Arbeiterzeitung *A Batalha* zum Verhältnis von Kunst und Revolution interpretiert werden:

»Die Seele eines Künstlers und die eines Revolutionärs sind Schwestern: sie gehen im Streben nach Schönheit denselben Weg.« (*Batalha* 9. 2. 1921).

Siegfried als Arbeiter-Held (*A Batalha* 1. 5. 1926) (Biblioteca Nacional, Lissabon).

Das bedeute, daß »der Künstler keine Verwandtschaft mit der Bourgeoisie hat« und sich deshalb von vornherein den Revolutionären anschließen solle (*Batalha* 9. 2. 1921). So könne die Kulturrevolution zur Sozialrevolution beitragen und ihr den Weg ebnen. Die Oktoberrevolution sei ein Beispiel dafür: Die Kulturrevolution habe die sozialokönomische Revolution vorbereitet und eine ihrer Komponenten sei eben die Musik gewesen[262], wie an dem, vor allem von Wagner beeinflußten, ›mächtigen Häuflein‹[263] ablesbar sei (*Batalha* 6. 3. 1923).

Gedanken dieser Art finden sich immer wieder in den Kolumnen der anarchosyndikalistischen Zeitungen. Nogueira de Brito (*Batalha* 2. 2. 1921), Mário Domingos (*Batalha* 9. 2. 1921, 6. 2. 1923), Julião Quintinha (*Batalha* 13. 4. 1925), vor allem Ferreira de Castro, einer der größten portugiesischen Schriftsteller dieses Jahrhunderts, verfaßten die Aufsätze. Von seinem Kampf für den sozialen Roman gegen die sogenannte »weiße Literatur« ausgehend (z. B. *Batalha-Supl.* 19. 4., 3. 5., 28. 6. 1926), kommt Ferreira de Castro zu der Konzeption, »allein die Arbeit« sei »heutzutage episch«, die Arbeiter seien »die echten zeitgenössischen Helden« (*Batalha-Supl.* 22. 1. 1926). Diese Idee, die sich an anderen Stellen wiederfindet (z. B. *Batalha-Supl.* 9. 3. 1925: 6), hängt mit der Auffassung und Rezeption der

---

[262] »Mit dem Sozialismus als Idee taucht die moderne russische Musik auf« – schreibt Croner de Vasconcelos (*Musica*, Nr. 2, August 1930: 11).

[263] Kreis um Mili Balakirew, zu dem, neben dem Literaten Wladimir Stassow, Alexander Borodin, César Cui, Modest Mussorgski und Nikolai Rimski-Korsakow gehörten.

Gestalt des Siegfried zusammen. Sie steht bereits im Hintergrund der Berichte von Nogueira de Brito über *Die Walküre* und *Siegfried* (*Batalha* 2. 2. und 27. 2. 1923), verwirklicht sich aber am treffendsten in der Zeichnung, die 1926 aus Anlaß des 1. Mai die erste Seite der Zeitung ausfüllt (*Batalha-Supl.* 1. 5. 1926): Hier wird eine heldenhafte Arbeitergestalt dargestellt, die mit einem Hammer (Vergegenwärtigung des Speers) einen riesigen Drachen vernichtet. Die inspirierende Quelle ist eindeutig: Wagners Siegfried, den António Joyce als »sozialistischen Erlöser des hassenswerten und niederträchtigen Imperiums des Kapitals« bezeichnet hatte (*Seculo* 25. 2. 1923), und der früher bei Arroyo als Symbol jeder Revolution, nämlich der Französischen Revolution und der liberalen Revolution in Portugal, galt (*Lucta* 20. 3. 1909).

So wurden zwei gegensätzliche Rezeptionslinien Wagners tendenziell im Parsifal und Siegfried polarisiert. Dieser Gegensatz, in dem sich die in diesen Jahren in Portugal vervollkommnenden und nach dem Machtantritt des Faschismus weiterentwickelten kulturideologischen Vorstellungen, sozialen Optionen, politischen Projekte, kurzum: Weltanschauungen widerspiegelten, weitete sich auf andere kulturideologische Auseinandersetzungen aus, die *auf* und *durch* die Wagner-Rezeption wirkten, nicht aber linear von dieser oder jener Heldengestalt determiniert wurden. Um die Gesamtkonstellation des zu berücksichtigenden Zeitraumes erfassen zu können, muß man die wichtigsten dieser Auseinandersetzungen betrachten.

Christentum, Schopenhauer und Gobineau – versus Feuerbach

Die mystisch-katholischen und die pessimistisch-Schopenhauerschen Denkansätze fallen in dieser Zeit besonders auf. Sie dienten dem Zweck, »den Materialismus« zu bekämpfen. J. J. Rodrigues (1897: 40, 63, 65) hielt Wagners Kunst für die Vertreterin einer »Vergeistigung der modernen Gesellschaft«, die den Materialismus immer mehr ablehne und »in den moralischen Phänomenen, im Glauben und im geistig Okkulten«, »in der Intuition überweltlicher Mysterien«, »in der Notwendigkeit, in die Nacht des Bewußtseins tiefer einzudringen«, ein Gegengewicht zu »wissenschaftlicher Erkenntnis« und »zum zivilisatorischen Prozeß« suche[264]. In diesem Sinne deutete er den Schluß des *Ring* – »das Aufflammen des großen und befruchtenden Lichtes der Liebe« – als »Fackel einer neuen Religion« (J. J. Rodrigues 1897: 337).

---

[264] Rodrigues (1897: 385 ff.) kritisierte in diesem Zusammenhang die Lehre von Max Nordau und dessen Vorläufer in der Kriminologie, Cesare Lombroso, die gewisse soziale Erscheinungen, auch Tendenzen der Kunst, einschließlich Wagners Musik (vgl. Eckart-Bäcker 1965: 86), als *Entartung* bezeichneten. Natürlich ging es sowohl bei Rodrigues als auch bei denen, die er für Koryphäen der Wissenschaft hielt, um die Ablehnung der Gesellschaftswissenschaften, die sich zu stark auf die Methodik von Marx und Engels stützten.

Auch Vianna da Motta sprach von »Religion«, »transzendentem Mystizismus«, »Übernatürlichem« in Bezug auf die »Kunst von Bayreuth« (AM 30. 9. 1908) und schloß eine materialistische Deutung der *Tetralogie* kategorisch aus. Das christliche Rittertum gebe im *Parsifal* die Antwort auf den in der *Götterdämmerung* dargestellten Untergang des Heidentums – so Vianna da Motta (1897: 10) in einer vom Bayreuther Kreis gebilligten Abhandlung. In Übereinstimmung damit interpretierte Vianna da Motta (1897: 15 f.) Sinnlichkeit und Materialismus als Gegenwerte zur »erlösenden Macht« Parsifals und diesen als »einen würdigen Nachfolger Christi«. Kein Wunder also, daß er die Thesen von Henri Lichtenberger gern aufnahm, als es darum ging, den Schlüssel für die Weltanschauung Wagners im Laufe seines gesamten Wirkens nicht bei Feuerbach, sondern allein bei Schopenhauer zu suchen – und dies in einer Rezension, die gerade in den *Bayreuther Blättern* (BB, XXII [1898]: 28) erschien. Obwohl die Idee von den Wagnerschen Gegenwelten im Kontrast zur realen Welt bei Vianna da Motta (1897: 16) ebenfalls erwähnt wurde, gestattete es seine Weltanschauung nicht, die Welt selbst als veränderlich zu erkennen. Luiz de Freitas Branco und zu dieser Zeit auch António Arroyo schlossen sich ebenfalls der Schopenhauerschen, mystisch-religiösen, also antimaterialistischen Deutung Wagners an. Bei Arroyo sei das »Hauptmotiv des *Ring*« (im Gegensatz zu seiner früheren Interpretation) und des *Parsifal* die Entsagung »im christlichen Sinne« (*Diónysos* 22. 5. 1913: 4), während Luiz de Freitas Branco *Parsifal* als das vollkommenste Beispiel der »Latinität innerhalb des Wagnerschen Schaffens«, welches dem deutschen Materialismus entgegenzusetzen sei, kennzeichnete. Wagner habe sich »vor allem darum bemüht«, »den religiösen Charakter des Stoffes zu bewahren«:

> »Sogar in der Zeit seiner revolutionären Begeisterung, als er sich stark unter dem Einfluß des materialistischen Philosophen Feuerbach befand, stellte Wagner die geistigen Werte immer an die erste Stelle. [...] Wenn wir uns die Philosophie des deutschen Materialismus zu eigen machten, gelangten wir zur Verehrung der rohen Gewalt, die jede Idee von Zivilisation zerstört, [...] [und zwar] die echte Zivilisation, die die Rechte der Intelligenz schützt [und] von einem moralischen Prinzip angeleitet werden muß.« (DN 10. 12. 1920).

Schopenhauer hatte aus Sicht von Croner de Vasconcelos für das gesamte Schaffen Wagners prägende Bedeutung. Wagner sei dem Sozialismus als Idee, die »zur zeitgenössischen russischen Musik führte«, gegenüberzustellen (*Música*, August 1930: 11).

Manche Autoren bemühten strengere christliche Deutungen. *Parsifal* sei bei Oliva Guerra ein Kapitel der »Nachahmung Christi« (DL 28. 2. 1922). »Erlösung dem Erlöser« sei für Vianna da Motta (1897: 23) »ein echtes reformatorisches Wort«.

Vom »endgültigen und souveränen Sieg des Christentums« sei bei J. J. Rodrigues (1897: 212) in Bezug auf den *Tannhäuser* die Rede. Für Luís Moita seien sowohl Parsifal (*Contemporânea*, X [1923]: 38 f.) als auch Siegfried Träger von katholischen Prinzipien:

»Siegfried ist das beste Lob der göttlichen Schöpfung, weil er unbestreitbar jene Kunstgestalt ist, in der sich die Genesis, das Prinzip der Liebe verwirklicht, bevor die Nacht des Sabbat beginnt.« (*Contemporânea*, VIII [1923]: 81).

Auf Wagners Schaffen bezugnehmend, meinte Cabral de Lacerda seinerseits, »die Tradition Christi« sei »die vollendetste Synthese aller Wahrheiten des Lebens« sowie »der höchste Ausdruck des romantischen Geistes«. Damit wandte er sich gegen die »materialistischen Prinzipien« (DL 16. 7. 1921). Diese Art christlicher bzw. mystischer Annäherungen spiegelte sich einzigartig in dem aus Wagners Werken entnommenen Bild des Verhältnisses Mann-Frau wider. Bei Vianna da Motta (1908: 183) werden in Lohengrin und Elsa jeweils göttliches Ideal und menschliche Wirklichkeit verkörpert. Hier sei das Menschliche wertvoller als das Göttliche: Elsa sei *mehr* als Lohengrin, weil sie die »ungeschiedene (naive) Einheit von Sinnlichkeit und Geist« vertrete. Diese Idee entwickelten die Anarchosyndikalisten weiter, die eine große Kampagne für die Gleichberechtigung der Frau in ihrer Zeitung führten, indem sie die weiblichen Gestalten Wagners zum Symbol des »Kampfes für die Wirklichkeit« und »gegen den Mystizismus«, dessen Träger die männlichen Gestalten seien, erhoben (*Batalha-Supl.* 7. 1. 1924). Dies führte sogar so weit, daß sie die Frau als Hauptgegenstand der Wagnerschen Bühnenwerke betrachteten. Jedoch wurden nur Elsa, Isolde und Brünnhilde genannt, während z. B. Sieglinde, in der bereits Esteves Lisboa (AM 28. 2. 1909) ein Symbol gegen »die Sklaverei, die mit dem pompösen Namen der Ehe geschmückt ist«, sah, nicht einbezogen wurde. Kundry war bei Vianna da Motta (1897: 19) ebenfalls eine Figur der Wirklichkeit, nicht mehr aber im »positiven« Sinne, sondern im Sinne einer traditionellen christlichen Anschauung: als »Urteufelin«, als »Personifizierung der Sünde«.

Die Rassentheorie Gobineaus fand in der Wagner-Rezeption, verglichen mit der christlichen Tradition und der Philosophie Schopenhauers, kaum Eingang. António Sardinha (1915: 55) berief sich zwar auf Gobineau und Houston S. Chamberlain im Zusammenhang mit der Gesamtdarstellung seiner auf Portugal angewandten Rassentheorie. In den Auseinandersetzungen um Wagner aber spiegelte sich diese Komponente, die vor allem durch Houston S. Chamberlain das Wagner-Bild im NS-Staat prägte, kaum wider. Sie erschien zuerst bei dem damals mit den »Bayreuther Gralshütern« vertrauten Vianna da Motta (BB, XXII [1898]: 29) in seiner Rezension eines Werkes Lichtenbergers sowie später in seinem Aufsatz aus Anlaß der *Parsifal*-Erstaufführung im São Carlos, der in der

portugiesischen Presse veröffentlicht wurde (*Radical* 14. und 15. 12. 1920). Um-
fassender geprägt von Gobineau war jedoch das Wagner-Bild von Luiz de Frei-
tas Branco, der sich im Jahre 1940 deutlicher – obwohl mit kritischer Distanz –
von der im ›Bayreuther Kreis‹ entwickelten Wagner-Rezeption beeinflussen ließ.
In einem kleinen Aufsatz über die Beziehungen zwischen Kaiser Pedro II. von
Brasilien und Wagner meinte er, der Komponist sei just am 13. August 1876, am
Abend der Eröffnung der Bayreuther Festspiele, von dem südamerikanischen
Monarchen in die Theorie Gobineaus eingeführt worden – und hob hervor:

> »Gewiß war die nationalistische Überzeugung schon vor dem Einfluß der
> Ideen Gobineaus im Denken Wagners vorhanden, aber diese Ideen, die die
> Basis der modernen Rassentheorien bilden, haben dem Wagnerschen Natio-
> nalismus und dadurch dem Kunstwerk des Verfassers der Tetralogie zweifel-
> los ihre vollkommene kulturelle und politische Bedeutung gegeben.«[265].

Emotion versus Verstand

Das Verhältnis von Emotion und Verstand, im Kunstschaffen wie in der Kunstrezeption, spielt in den kulturideologischen Auseinandersetzungen um Wagner
eine nicht unbedeutende Rolle. Die Frage, ganz allgemein betrachtet, findet ihre
vollendete Verkörperung in einer Zentralfigur der portugiesischen Kultur dieses
Jahrhunderts: dem Dichter Fernando Pessoa. Im Jahre 1924 bringt er persönlich
in seiner Zeitschrift *Athena* den Zwiespalt der beiden entgegengesetzten Tendenzen zum Ausdruck: die eine läßt er unter seinem tatsächlichen Namen Fernando
Pessoa sprechen, die andere unter seinem Heteronym Álvaro de Campos[266]. Der
›echte‹ Pessoa geht von dem aus, was er als aristotelisches und apollinisches Konzept definiert. Die Kunst werde »von der Empfindsamkeit« inspiriert. Dieses
Prinzip sei eine elementare Voraussetzung, könne aber nicht allein Kunst hervor-
bringen. Die Komponente Verstand müsse hinzugefügt werden. Kunst sei also
»Ausdruck eines Gleichgewichts zwischen der Subjektivität der Emotion und der
Objektivität des Verstandes, die sich als Emotion und Verstand, als subjektiv und
objektiv entgegenstehen und deshalb, wenn sie sich miteinander verbinden, im
Gleichgewicht befinden«. Es handle sich aber nicht nur um eine Verbindung, son-

---

[265] Im Sinne der ideologischen Entwicklung von Luiz de Freitas Branco in den dreißiger Jahren wird
Wagner hier sicher als Wegbereiter des Faschismus gesehen. Bereits 1934 hatte er (*Diabo* 5. 8., 19. 8. u.
25. 8. 1934) in einer Reihe von Aufsätzen gegen die NS-Musikpolitik den Wagnerismus als Komponente der Nazi-Ideologie bezeichnet (s. unten: *Antifaschistischer Widerstand und Politisierung der Kunst*).
[266] Fernando Pessoa hat sein literarisches Werk unter verschiedenen Pseudonymen verfaßt, die eine
erstaunliche Autonomie aufweisen, so als handle es sich tatsächlich um unterschiedliche Personen;
daher der Begriff *Heteronym*, unter dem man jeden seiner ›Namen‹ versteht.

dern um eine echte Verschmelzung (Pessoa 1924a: 141). Auf diese Stellungnahme entgegnete Álvaro de Campos in einer der folgenden Nummern der Zeitschrift (Dezember 1924):

»Wie in der Politik und der Religion, so in der Kunst. Es gibt eine Kunst, die herrscht, indem sie fesselt, und eine andere, die herrscht, indem sie bezwingt. Die erste ist die Aristoteles angemessene Kunst, die zweite die Kunst, die ich verteidige. Die erste beruht natürlich auf der Idee von *Schönheit*, weil sie auf dem beruht, was gefällt; sie beruht auf der *Intelligenz*, weil sie auf dem beruht, was, eben deshalb weil es allgemein ist, verständlich und deswegen gefällig ist; sie beruht auf der künstlichen, d. h. *konstruierten* und unorganischen, also *sichtbaren* Einheit, ähnlich wie die einer Maschine, und folglich *schätzenswert* und *gefällig*. Die zweite beruht natürlich auf der Idee von *Kraft*, weil auf dem beruht, was *bezwingt*; sie beruht auf der *Empfindsamkeit*, weil die Empfindsamkeit das ist, was persönlich ist, und wir herrschen mit dem, was in uns eigentümlich und persönlich ist [...]; und sie beruht auf der spontanen und organischen, d. h. der *natürlichen* Einheit, die empfunden oder nicht empfunden werden kann [...]. [Der aristotelische Künstler ordnet seiner Intelligenz seine Empfindsamkeit unter, während] der nichtaristotelische Künstler alles in Substanz der Empfindsamkeit umwandelt, [so daß er] die anderen dazu zwingt – ob sie wollen oder nicht – das zu empfinden, was er empfunden hat, so daß er sie durch die unerklärliche Kraft beherrscht, so wie der stärkere Athlet den schwächeren beherrscht, so wie der geborene Diktator das ganze Volk bezwingt [...], so wie der Gründer von Religionen [...] die fremden Seelen dogmatisch und absurd bekehrt.« (Pessoa 1924b: 257 f.).

Vorherrschend in dieser Zeit war natürlich die von Álvaro de Campos vertretene Tendenz, die z. B. konservative Denker, wie Alfredo Pimenta (*Tempo* 9. 8. 1920), in dem Satz zusammenfaßten: »Von der Kunst wollen wir nur Emotion haben«, oder António Sardinha (*Monarquia* 12. 7. 1917), der meinte, die Dichtkunst sei, »den Philosophien der Intuition entsprechend, kein Werk der Intelligenz«. Als Bestandteil seiner antimaterialistischen Vorstellungen behauptete Cabral de Lacerda (DL 16. 7. 1921), die Kunst sei an »die Sinne, nicht an den Verstand gerichtet«. Magalhães de Lima (DL 1. 8. 1922) entwickelte diese Anschauung weiter: Nicht nur die Kunst, sondern auch das Leben sei »Gegenstand des Sensuellen, kein Objekt des Verstandes«, sie sei »nicht durch die Vernunft zu erreichen, sondern durch Intuition zu entdecken«.

Bei Sardinha (*Monarquia* 12. 7. 1917) galt Lopes Vieira als ein »Erzieher der portugiesischen Empfindsamkeit«, bei Ferro (*Capital* 8. 5. 1923) Ruy Coelho als »Meistersinger der portugiesischen Emotion«, bei Oliva Guerra (DL 3. 3. 1923)

Beethoven als »ein Riese des Gefühls«, bei Alfredo Pinto (JC 27. 12. 1922) die ganze Musik eigentlich als »die Kunst der Empfindung«, »des Herzens«, bei Ruy Coelho (DM 11. 11. 1937) das Operntheater als »die beste Schule der Empfindsamkeit«.

Die These des ›echten‹ Fernando Pessoa tritt in der öffentlichen Meinung dagegen kaum in Erscheinung. Ihr hervorragendster Repräsentant ist zweifellos António Ségrio, ebenfalls eine Zentralfigur der portugiesischen Kultur, der als Apostel der Vernunft und des »kritischen Geistes« auftritt und sich auf dem Gebiet »der sozialökonomischen Kritik«, trotz seiner umfassenden idealistischen Weltanschauung, für einen Marxisten hielt (Sérgio 1952: II, 8)[267]. In seinem Essay-Band von 1920 heißt es:

»... sind das Gefühl und die Inspiration der erste Faktor jeder Kunst, so gibt ihr nur die Vernunft die Struktur, die Konsistenz, die Kraft.« (Sérgio 1920: I, 71).

Diese Stellungnahme gehört zu seinen immer wiederholten Aufrufen zur Vernunft gegen die wachsende anti-intellektualistische Offensive: gegen den Sebastianismo (Sérgio 1920: 239 ff.) gegen den Saudosismo (in: *Águia* 1913–1914), gegen den Integralismo Lusitano (z. B. Sérgio 1920: I, 66 ff.), gegen die Rassentheorien, gegen den Bergsonschen Intuitionismus (vgl. Magalhães Vilhena 1964: 17 f.), kurz, gegen alle Tendenzen dieser Art, die zur Mode geworden waren, und demzufolge auch gegen das Führerprinzip, das nicht zufällig – dies muß unterstrichen werden – im zitierten Text von Álvaro de Campos auftaucht. Die Zeitströmung war aber stärker. António Sérgio versuchte, gegen den ›Strom‹ zu schwimmen, es gelang ihm jedoch nicht, wie beabsichtigt, einen ›Gegenstrom‹ ins Leben zu rufen. Darstellungen, die eindeutig mit der Ansicht des ›echten‹ Pessoa und der von Sérgio übereinstimmen, gibt es nur selten. Vianna da Motta setzte auf eine Wechselwirkung von Gefühl und Verstand und berief sich dabei auf Wagner selbst:

»[Man] muß ja auch der Reflexion ihr Recht lassen; denn wie der Meister selbst betonte, erst sagt uns das Gefühl: so muß es sein, dann aber fügt der Verstand hinzu: so ist es. Und erst dann, wenn eins das andere bestätigt, sind wir befriedigt und beruhigt.« (Vianna da Motta 1908: 180).

---

[267] Sérgios Stellungnahme lautet wörtlich: »In dem, was die sozialökonomische Kritik betrifft, bin ich Marxist (bzw. bin ich fast vollständig Marxist), ich bin es aber nicht auf der Ebene der Metaphysik, auf der Ebene der Erkenntnistheorie« (Sérgio 1952: II, 8). Einer der wichtigsten portugiesischen Theoretiker des Marxismus, Magalhães Vilhena (1964: 163), bezeichnet das Werk von António Sérgio als »Ausdruck des letzten ideologischen Kampfes der fortschrittlichen Bourgeoisie auf portugiesischem Boden«.

Seinerseits engagierte sich Lopes-Graça gegen die überall verbreitete Tendenz, in der Musik die Überlegenheit des Gefühls zur Geltung zu bringen:

»[Was den Musiker ausmacht,] ist keineswegs der blinde und unbewußte Instinkt: es ist der Wille und die Intelligenz, sich als *Organisator, Koordinator* des Chaos seiner Gefühle und Ideen, zu betätigen ...« (Lopes-Graça 1933: 43).

Die Wagner-Rezeption spiegelt diesen ideologischen Horizont wider. Wird Wagners Schaffen 1893 noch als »fortschrittlicher Weg der Vernunft zur Entwicklung des musikalischen Dramas« bezeichnet[268], sowie als eine »hauptsächlich auf die Intelligenz, nur sekundär auf die Empfindung gerichtete Kunst« (*Vanguarda* 30. 3. 1893), um die Wende des Jahrhunderts, wie gezeigt, sogar für blanke »Ideen-Kunst« gehalten, später als »Gegenstand der Reflexion« (Merêa in: *Pátria* 21. 3. 1921), als »Ära der Vernunft, der rigorosen Besonnenheit, der vollendeten Logik« (Joyce in: DN 1. 3. 1923) beschrieben, d. h. als rationelles Gegen-Konzept im Sinne António Sérgios zu der vom Coliseu-Opernbetrieb vertretenen Gefühlsästhetik (Pedro Nascimento in: SN 5. 12. 1925), ja als regelrecht architektonische Konstruktion (Vieira de Almeida in: *Música*, Juni 1930: 2), so verhält es sich bei der großen Mehrheit der Presseberichte, Kommentare, Analysen gänzlich umgekehrt. Bereits J. J. Rodrigues (1897: 391) faßt Wagners Musik als »höchsten und letzten Punkt der Emotion« bzw. »als eine vom Wesen der Emotionen geschaffene Musik« auf (*ebd.*: 82). *Parsifal* besänftige die Seelen (*Tempo* 5. 3. 1921), dränge »ins Innerste der Seele ein« (*Eco* 10. 2. 1921), ließe »das Marker schaudern« (*Republica* 8. 2. 1922). Von »physischem Leid« und »reiner Emotion« ist die Rede bei Luiz de Freitas Branco, wobei er sich auf *Tristan* (DN 31. 12. 1921) bzw. *Parsifal* bezieht (DN 3. 2. 1922). Er artikuliert nämlich ausdrücklich

»seinen Widerwillen gegenüber den gewöhnlichen Analysen von Poesie und Musik, die jeden Kunsteindruck, jede Emotion [...] töten« (DN 3. 2. 1922).

Luís Moita findet in Wagners Schaffen »eine unmittelbare und einfache Beziehung zu unserer Emotion und unserem Katholizismus« (*Contemporânea*, X [1923]: 38), in *Siegfried* »eine unendliche Bewegung der Emotion« (*Contemporânea*, VIII [1923]: 81). Bei António Ferro (*Capital* 8. 5. 1923) bezwingen sowohl Ruy Coelhos Musik als auch *Lohengrin* die Gefühle, während bei Oliva Guerra *Siegfried* sich als Bezwinger erweist:

---

[268] So steht es im Kommentar zur portugiesischen Zusammenfassung des Librettos des *Fliegenden Holländer* (Wagner 1893: 24).

»Von Siegfried lasse ich mich lieber überwältigen als rühren, was für das weibliche Gefühlsleben absolut nicht gleichgültig ist.« (DL 27. 2. 1923).

Schließlich wird das Wagnersche Musik-Drama für Ruy Coelho beispielgebend als Erzieher der Empfindungen (DM 11. 1. 1937). Diese Tendenz war so prägnant, daß sie der Arbeiterzeitung *A Batalha* Anlaß gab, den derart orientierten, modischen Intellektuellen-Typus in einem Text unter dem Titel *O Apóstolo da Sensibilidade* (›Der Apostel der Empfindsamkeit‹) zu karikieren. Ganz selbstverständlich gehörte Wagners außerordentliche Wirkung auf die Gefühlskultur zu dieser Karikatur (*Batalha-Supl.* 24. 8. 1925).

Von den 1880er bis zu den 1920er Jahren hatte sich in Bezug auf die Wagner-Rezeption eine Umkehrung von Verstand und Emotion vollzogen. Frondoni verteidigte noch 1883 aus Anlaß der *Lohengrin*-Erstaufführung den konservativen italienischen Standpunkt, nach dem Wagners Musik unfähig sei, »das Herz zu rühren« (Frondoni 1883: 48). Ungefähr 25 Jahre später gaben sich die Zuschauer des São Carlos, als sie in großen Scharen die *Ring*-Vorträge von António Arroyo besuchten, viel Mühe, das Werk zu *verstehen*, bevor sie es auf der Bühne sahen. Aber wenn man schon mit Wagners Schaffen so ›vertraut‹ war, daß man es entweder als ›Opernmusik‹ oder als ›absolute Musik‹ *empfinden* konnte, dann waren zusätzliche Bedingungen geschaffen, auf die sich seine weitere Verbreitung stützen konnte. Die »große Mehrheit des Publikums« suchte in den zwanziger Jahren nichts anderes im Theater als »den Charme und die Emotion« (JC 10. 1. 1920). So gelang es Wagner, nicht durch den Verstand, sondern überwiegend durch die Wirkung der Emotion, zum Lieblingskomponisten in Lissabon zu werden.

Neothomismus versus Rationalismus

Der von der katholischen Kirche und besonders von den Jesuiten entwickelte Neothomismus, der schon durch den Integralismo Lusitano neben dem Intuitionismus und den Rassentheorien präsent gewesen war, erreichte in Portugal seine volle Blüte, als die reaktionärsten Schichten der Großbourgeoisie (darunter die teilweise aus dem alten Adel hervorgegangenen Großgrundbesitzer) 1926 durch einen Militärputsch die Macht ergriffen. Der Neothomismos wurde zur ideologischen Grundlage des portugiesischen Faschismus, der sich immer als ein enger Verbündeter der katholischen Kirche erwies, verlor aber in den dreißiger Jahren durch das ›kluge‹ und ›berechnende‹ Wirken des bei den Jesuiten erzogenen Diktators Salazar an polemischer Angriffslust. Die Arroganz prägte unterdessen den ideologischen Kampf der katholischen Elite.

Nur zwei Monate vor dem Putsch erschien die Zeitschrift *Ordem Nova* (›Neue Ordnung‹), in deren Spalten der Neothomismus seine extremste bzw. »mittelalterlichste‹ Ausprägung in Portugal fand. Die Rückkehr zum Mittelalter stand dabei durchaus im Gegensatz zu der Tradition der portugiesischen Frühromantik sowie zu den Haupttendenzen der vom Geist des Rittertums beeinflußten Literatur der ersten zwanzig Jahre unseres Jahrhunderts. Bildete z. B. der Symbolist Eugénio de Castro eine Brücke zwischen Garrett und der erwähnten Renaissance von ritterlichen Sujets, so versuchten die Ideologen der *Ordem Nova* jetzt alle Verbindungen mit der Romantik abzubrechen.

Gonçalves Rodrigues, der später, in den sechziger Jahren, als Dekan der Philosophischen Fakultät an der Lissaboner Universität amtierte, kommt das Verdienst zu, in einem Aufsatz *Gegen die Romantik* (ON Mai 1926: 73 ff.) die wichtigsten kulturideologischen Voraussetzungen und Zusammenhänge dieser Denkweise enthüllt zu haben. Bestimmend sei »die Stimme der Kirche, Wächter ewiger Weisheit«. Vernunft sah er als »schwach und impotent« an, deshalb solle sich die Vernunft »auf die feste und ewige Kolonnade des Evangeliums stützen«. Zu befolgen sei das »von Gott aufgezwungene objektive Gesetz, vor dem die Romantik systematisch flieht« (*ebd.*: 80). Romantik hänge ihrerseits zusammen mit »Gefühlskrankheit« (*ebd.*: 73), »innerlichem Beschädigt-Sein«, »krankhafter Erscheinung moralischer Disziplinlosigkeit«, »Unterordnung der Intelligenz unter die Empfindung« (*ebd.*: 74). »Die romantische Erbkrankheit« werde vor allem »vom primitiven Menschen, vom Wildmenschen, vom Kind und von der Frau – auch »vom Mann selbst, aber nur während seiner Jugend«, d. h., »von gewissen Zuständen physischer und moralischer Kindheit« bzw. »gefühlvollen Zuständen kultiviert« (*ebd.*: 74). Dabei regiere »die Empfindung anstatt der Vernunft« und die Romantik sei nichts anderes als diese »gewalttätige Umkehrung der eigentlichen Hierarchie«, d. h. »die Rückkehr zur Barbarei, zum Primitivismus, zur Geisteskindheit«, »die Verweiblichung des Männlichen« (*ebd.*: 75), das »Imperium der weiblichen Elemente über die männlichen Geisteselemente« (*ebd.*: 76). Das »romantische Virus«, das zur »Entartung« führe, die Romantik als »Gegenstand der Krankheitslehre« (*ebd.*: 77), seien von der Aufklärung, besonders von Rousseau, ins Leben gerufen (*ebd.*: 75).

Ein derartiger Angriff auf den Rationalismus des 18. Jahrhunderts enthüllt die wahre Natur dieser Ideologie. Es handelte sich nicht darum, die Vernunft vor dem Gefühl zu schützen, sondern die alten Kategorien des Thomismus wiederherzustellen, die Autorität der katholischen Lehre allen Bereichen des Lebens aufzuzwingen. Daher die Feindseligkeit gegenüber den Intellektuellen, der Aufruf, sie »wie im Italien Mussolinis wegzufegen«, das Loben der Gewalt als »Tugend, die die Nation heilen kann« – so Marcelo Caetano (ON, November/ Dezember 1926: 267 ff.). Die jungen Ideologen hielten sich nicht unmittelbar beim Kampf gegen den Materialismus auf, sie gingen weiter zurück, setzten den

Anfang des ›Bösen‹ schon ins 15. Jahrhundert (Reformation und Renaissance miteinbegriffen), lehnten »den gewaltsamen Ausbruch des 18. Jahrhunderts« entschieden ab (ON, Mai 1926: 75), träumten davon, die feudalen Verhältnisse zu restaurieren. Den Materialismus zu bekämpfen, setzte für sie voraus, das Mittelalter gegen die französische Revolution, den Thomismus gegen den Rationalismus der Aufklärung zu verteidigen.

Und dies so weit, daß sie auch für die Musik die entsprechenden Konsequenzen zogen. *O diabo feito músico* (›Der Teufel in Musik verwandelt‹) ist der Titel eines Aufsatzes, in dem die mittelalterliche Lehre der Kirche, nämlich der Zusammenhang zwischen (weltlicher) Musik, Teufel und Frau ohne Umschweife übernommen wurde (ON, April 1926: 316 ff.). Ein darauffolgender Kommentar, unter dem Titel *O veneno musical* (›Das musikalische Gift‹) gab Anlaß, diese »moderne scholastische Erneuerung« zu begrüßen (ON, November/Dezember 1926: 316 ff.). Da wurde der alte Gegensatz zwischen *Numerus* und *Affectus* wieder aufgenommen: Die Musik sei zum Phänomen des »weiblichen Aufstandes« geworden, erweise sich folglich als »Feind des Geistes« und »verderblich« (*ebd.*: 319); sie sei »die Stimme des Versuchers«, »eine ganze blutrote Sündenwelt«, »ganz leibliche Emotion« (*ebd.*: 320). Man solle ihr deswegen den ursprünglichen Platz als Disziplin des Geistes innerhalb des Quadriviums zurückgeben (*ebd.*: 319 f.).

In beiden Texten wurde die von Pius X. erneuerte Kirchen-Lehre erwähnt. Im Hintergrund stand sicher auch der Einfluß der Action Française, jener Ideen von Henri Massis und Maurice Barrés, die sich in ähnlichen Worten gegen die Musik engagierten. Mit Massis' Stellungnahme (gegen Romain Rolland) setzte sich Luiz de Freitas Branco 1930 auseinander. Anstatt aber die musikalische Entwicklung zu verteidigen, versuchte er zu demonstrieren, daß der Standpunkt Massis' antikatholisch sei, da er von der Kirchenmusik bis zum 18. Jahrhundert absehe (*Música*, August 1930). Dieser Versuch, der Romantik die Werte der vor dem 18. Jahrhundert geschaffenen Musik gegenüberzustellen, findet sich jedoch bei Luiz de Freitas Branco bereits früher – und zwar überraschenderweise in einem kleinen Wagner-Aufsatz von 1928, dessen Inhalt seine auf die Basis der »Emotion« gestellte Wagner-Rezeption in einem ganz neuen Licht ercheinen läßt. Hier ist gleichfalls die Feindseligkeit gegenüber der französischen Aufklärung der Ausgangspunkt:

»Der revolutionäre und antiklassische Geist im schlechtesten Sinne, der mit Rousseau und den Enzyklopädisten entsteht, hat die Musiker von der intellektuellen Spekulation um ihre Kunst entfernt, indem er die Musikwissenschaft zusammen mit Pythagoras und Aristoteles aus den Universitäten verbannt hat. Was blieb dem romantischen Musiker, um seine Intelligenz zu beschäftigen? Die nichtmusikalischen Künste: Literatur, Dichtkunst, Drama.« (*Eco* 13. 2. 1928).

Dementsprechend gelte Wagner als der höchste Vertreter der musikalischen Romantik, d. h. der Tendenz, »sich von Eindrücken, die der eigenen Kunst fremd seien, beeinflussen zu lassen«. So gelte er auch als »ein äußerliches und theatralisches Genie«, das »den dichterischen Inhalt über die musikalische Substanz setzt«. Daher sei »das musikalische Drama tot« im Gegensatz zu der »lebendigen Oper«. Die »Wagnersche Sprache« – meinte Luiz de Freitas Branco zum Schluß – sei

> »unvereinbar mit spezifisch musikalischen Erfindungseigenschaften, welche der echte Musiker unversehrt bewahren soll, und zwar vor allen anderen, literarischen, philosophischen bzw. dramatischen.« (*Eco* 13. 2. 1928).

Dieses Zeugnis kann im Lichte der Aneignung von ästhetischen Standpunkten Hanslicks, der »neuen Ästhetik« Busonis[269], aber auch der französischen antiromantischen Reaktion, der Suche nach einem neuen Klassizismus, in dem sich Luiz de Freitas Branco selbst als Komponist engagiert hatte, gedeutet werden. Es läßt sich sogar aus einem Leitgedanken von Antero de Quental, mit dessen dichterischem und philosophischem Schaffen sich Freitas Branco gründlich auseinandersetzte, herleiten. In seiner Abhandlung O *Futuro da Música* (›Die Zukunft der Musik‹), in der der Einfluß Hegels spürbar ist, meinte nämlich Antero de Quental (1866), die Musik als Hauptkunst der Romantik sei ausschließlich Ausdruck des Gefühls bzw. der Leidenschaften und müsse in einer zukünftigen »Ära der Vernunft« zugrunde gehen. Schließlich kann man Freitas Brancos Stellungnahme aber auch im Lichte des damals in Portugal auf die Spitze getriebenen Neothomismus betrachten. Wagners Schaffen wirkte auch hier *auf* und *durch* eine kulturideologische Auseinandersetzung von zentraler und umfassender Bedeutung, so daß seine Rezeption insgesamt noch widerspruchsvoller wurde.

In der Tat kann man feststellen, daß das Verständnis des *Parsifal* als wesentliche Konstituente des Führerprinzips denjenigen Wegbereitern des Faschismus nicht mehr genehm war, die durch die *Ordem Nova* bewußt den Neothomismus vertraten und das romantische Erbe ablehnten. Obwohl die These von Luiz de Freitas Branco über Wagner keiner unmittelbaren Ansicht dieser politischen Gruppe entsprach, erlaubt sie uns, eine solche Schlußfolgerung zu ziehen.

Außerdem ist, wie schon erwähnt, zu beachten, daß die »Entartung«, von der Gonçalves Rodrigues sprach, mit der von Max Nordau ausgehenden Anwendung der Pathologie zur Beurteilung gewisser Kunsttendenzen zusammenhing. Sicher bezog Gonçalves Rodrigues unter dem Begriff des ›Krankhaften‹ auch Wagners

---

[269] Freitas Brancos Vergleich, an anderer Stelle im selben Text, zwischen der Entwicklung der musikalischen Ideen und dem Anwachsen eines Baums kommt einer Metapher von Busoni nahe (vgl. Busoni 1907: 55).

Kunst ein, so wie es übrigens im katholisch-konservativen Denken, zumindest seit dem Jahre 1909 (anläßlich der *Ring*-EA), Tradition wurde[270]. Damals griff die Kirche in der Tat unerbittlich durch die Zeitung *Portugal* Wagner und Wagners Kunst (nach dem *Lohengrin*) als Krankheitserscheinungen an und glaubte, damit die von der Zeitung *A Vanguarda* vertretene Freimaurerei zu bekämpfen (vgl. *Portugal* 8. 4., 11. 4., 13. 4., 14. 4. und 15. 4. 1909). So entfernten sich die portugiesischen Neothomisten von dem Begriff der »entarteten Kunst«, den die Nazi-Bewegung gegen den Expressionismus, den Modernismus, den ›Bolschewismus‹ entwickelte, und der von Rassismus geprägt war (vgl. Wulf 1963a: 330 ff.; 392 ff.; 414 ff.). Denn: Galt Wagner, den man für einen Träger der Romantik hielt, bei den portugiesischen Neothomisten unzweifelhaft als Symbol der ›Entartung‹, so war er den Nationalsozialisten der Inbegriff ›reiner Kunst‹ schlechthin.

---

[270] Zur Bezeichnung der Wagnerschen Kunst als ›pathologische‹ Erscheinung, nämlich in Frankreich, vgl. Eckart-Bäcker (1965: 86).

5. Das Teatro de São Carlos in den zwanziger Jahren

Kulturbedürfnis und Snobismus

Die Schließung des alten Hoftheaters kurz nach dem Zerfall der Monarchie war eine unvermeidliche Konsequenz der Auflösung soziokommunikativer Verhältnisse, die einst die Stabilität seines Publikums und seiner Praxis bewahrt hatten. Die Ernennung einer Kommission zur Reform des São Carlos 1911 zeigt[271], daß die neuen Machthaber ein solches Erbe zugleich zurückwiesen und scheinbar an eine Alternative dachten. Die Republikaner, ähnlich wie die liberale Bourgeoisie, die die Revolution 1820 geführt hatte, entwickelten aber kein neues Modell. Sie erwiesen sich als unfähig, das São Carlos in ihr demokratisch orientiertes Erziehungs- und Kulturprogramm zu integrieren. Sie machten sich einfach den Vorstellungsraum des Coliseu, in dem sie den ›republikanischen‹ Gegensatz zum höfischen São Carlos sahen, zu eigen.

Natürlich kam der Coliseu-Opernbetrieb, wenn man es oberflächlich betrachtet, den demokratischen Bestrebungen entgegen, die gleich nach der Errichtung der Republik überall in einer Explosion von erzieherischen und kulturellen Initiativen aller Arten ihren Niederschlag fanden. Populäre Universitäten, freie Lehrgänge, Volkskulturgesellschaften, Verbreitung billiger Ausgaben jeder literarischen Gattung, Vermehrung der freien Presse, selbstverständlich auch die gesamte Reform des Erziehungswesens und der Kampf gegen das Analphabetentum müssen in diesem Zusammenhang erwähnt werden. Dem dadurch geförderten kollektiven Bewußtsein von der Notwendigkeit der Kultur als lebenswichtiger Voraussetzung »für den Fortschritt und das Überleben der Nation selbst« (Oliveira Marques 1981: III, 232 ff.), ist auch der Impuls zur Entwicklung und Vervielfältigung des Konzertwesens zu verdanken. Die Musik, schrieb Aarão de Lacerda 1914,

---

[271] Zur Kommission gehörten: José Vianna da Motta (Komponist), José da Costa Carneiro (Vertreter der Regierung am São Carlos), zwei Vertreter der Musikschule des Konservatoriums von Lissabon, ein Vertreter der Berufsmusiker, Francisco d'Andrade, António d'Andrade, Maurício Bensaúde und Arthur Trindade (alle als Operndarsteller), Michel'Angelo Lambertini (Dirigent), Adriano Merêa, Francisco Guedes Coutinho Garrido, António Arroyo und José Júlio Bettencourt Rodrigues (sämtlich als Musikkritiker) (DG 27. 4. 1911). Arthur Trindade hatte kurz davor in einer Veröffentlichung das herkömmliche Modell des São Carlos in Frage gestellt (Trindade 1910).

»nimmt an dieser Bewegung umfassender Kultur teil und wird dementsprechend dank ihrer einzigartigen Position in der Skala der Künste zur ersten,
die sich ausbreitet und die Gesellschaft durchdringt.« (Lacerda 1916: I, 73).

Unter dem Einfluß dieses sich in der Öffentlichkeit immer mehr verbreitenden
Bewußtseins entwickelte sich das Kulturbedürfnis als Erwartungshaltung der zum
großen Teil neuen Zuschauer, die seitdem Konzerte und Opernaufführungen
besuchten. Hervorzuheben ist auch die Konsequenz, mit der die Arbeiterbewegung die kulturellen Fragen in den Klassenkonfrontationen zu integrieren versuchte, indem sie auch das Musik- und Theaterwesen als Ort der Klassenauseinandersetzungen betrachtete und für unerläßliche Bestandteile der Arbeitererziehung
hielt. *A Batalha* lehnte die leichten Revue-Theater ab, von dessen Besuch das Volk
durch Aufführung populärer Konzerte abgehalten werden sollte (*Batalha* 30. 5.
1919). Zugleich sprach dieselbe eitung von den »Errungenschaften« der Oktoberrevolution, z. B. durch eine Gegenüberstellung des Theaterspielplans von Moskau
und den »Modestücken« in Paris, London bzw. Lissabon. Der Kontrast sei »für die
westliche Zivilisation wirklich kränkend« (*Batalha* 30. 11. 1919). Auch die soziale Zusammensetzung und die Einstellungen des neuen sowjetischen Publikums, das
nicht in die Oper gehe, »um ein gutes Abendessen zu verdauen oder Toiletten zur
Schau zu tragen«, sondern um die Aufführung aufmerksam zu verfolgen, wurden
in diesem Zusammenhang unterstrichen (*ebd.*). So wurden die Arbeiter dazu auf-
gerufen, »die erzieherische Funktion des Theaters zu verteidigen« (*Batalha* 24. 2.
1926), das Theater »nicht denen zu überlassen«, welche »die Geistes- und ethische
Erziehung des Volkes verfälschen« (*Batalha-Supl.* 19. 4. 1926). Im übrigen darf die
Regelmäßigkeit, mit der diese Zeitung in ihrer Kulturbeilage von Musik-, Theater-
und Opernwesen in Lissabon berichtete, obwohl einige dieser Ereignisse und vor
allem die São-Carlos-Aufführungen der Masse ihrer Leser aus ökonomischen
Gründen nicht zugänglich waren, als Demonstration einer offenen Haltung gegenüber der Übernahme des bürgerlichen Kulturerbes in der revolutionären Kulturentwicklung betrachtet werden.

Im Gegensatz zum Kulturbedürfnis war jedoch die Selbstdarstellung, die
zwar auch im Coliseu-Milieu begünstigt wurde, eine von der Monarchie ererbte
und von den neuen mächtiger gewordenen Schichten der Bourgeoisie angeeig-
nete Motivation. Während in den Kolumnen der monarchistischen Zeitungen,
die sich bis zum Zerfall der Monarchie mit der *grand monde* des São Carlos beschäftigten, jetzt vorzüglich von aristokratischen Salons berichtet und durch dieses Echo die Sehnsucht der vornehmen Gesellschaft, die ins Privatleben verbannt war, nach dem öffentlichen Glanz der São-Carlos-Abende artikuliert wird,
förderten zugleich republikanische Zeitungen ihrerseits ähnliche Prestige-Bestre-
bungen unter den Abonnenten der Logenränge bzw. des Parketts des Coliseu,

und dies oft anläßlich der sogenannten ›Modeaufführungen‹, die hier regelmäßig stattfanden. Konzertreihen und Kunstausstellungen gaben ebenfalls Gelegenheit zu solcher Selbstdarstellung und ihrer Erwähnung in der Presse.

Die Wiedereröffnung des São Carlos im Jahr 1920 entspricht den wachsenden Bedürfnissen dieser Art vielmehr als jeder anderen Kulturmotivation. Übrigens fällt sie nicht mit einer ›Revolutionsregierung‹, sondern mit einer ›Restaurationsregierung‹ zusammen: Es war Sidónio Pais, der sie ermöglichte, indem er einer ›patriotischen‹ Handelsgesellschaft (die nicht zufällig ›Gesellschaft für die Propaganda von Portugal‹ genannt wurde) durch eine unentgeltliche Konzession das São Carlos übergab. Für Sidónio Pais' Regierung – wie später auch unter dem Salazarismus – zählte tatsächlich das Ansehen mehr als etwa das Bemühen um die Mission des São Carlos als Kulturproduzent, was im übrigen gewisse Zeitungen enthüllten:

»Das geschlossene São Carlos ist der Mißkredit, die Bestätigung der ständigen Störung der öffentlichen Ordnung. Das geöffnete, glänzende, ganz volle São Carlos ist die energischste, kategorischste, mächtigste Verneinung all dieser Mißstände!« (Maria Júdice in: *Capital* 13. 12. 1920).
»Ein Theater wie das São Carlos aufrechtzuerhalten [...] bedeutet, der Stadt diesen *Chic* der Zivilisation – die Oper – zu geben ...« (*Tempo* 2. 2. 1921).

Selbst der Verwaltungsrat der São-Carlos-Handelsgesellschaft teilte im Rundschreiben vom 31. Dezember 1919 den Abonnenten mit,

»Diese Gesellschaft ist unter Anregung der verdienstvollen Gesellschaft für die Propaganda von Portugal gegründet worden und wird von weiteren Vereinigungen, Handelsunternehmen und ergebenen Opernliebhabern mit dem Ziel unterstützt, den Opernkult in dem dafür geeigneten und mit den würdigsten Traditionen [...] verbundenen Tempel zu restaurieren.«

Eine einfache Rückkehr zur Wiederherstellung der monarchistischen Ordnung und ihrer Privilegien konnte aber weder in der Politik noch im Kunstbetrieb »Restauration« bedeuten. Diejenigen, die sich um das São Carlos bewarben – eher um den gewünschten repräsentativen Raum wiederzubeleben, als ihn als Geschäft zu betreiben –, waren zumeist Vertreter der Bourgeoisie, und zwar überwiegend aus Schichten, deren Aufstieg durch die Republik und später durch den Krieg begünstigt war. Unter den Teilhabern der Lizenzgesellschaft des São Carlos sind 1921 Vertreter der folgenden sozialen Schichten auf einer Liste mit 43 Namen erfaßt, die hier als Muster dienen möge[272]:

---

[272] Nach Kassendokumenten des São-Carlos-Archivs.

	Anzahl	Anteil (%)
Geschäftsleute	12	27,9
Haus- und Grundbesitzer	12	27,9
Freiberuflich Tätige	9	20,9
Beamte	5	11,6
Andere	5	11,6

So stellen wir fest, daß 76,7 % der auf dieser Liste verzeichneten Mitglieder gerade die Schicht der kleinen und mittleren Bourgeoisie vertreten, die, da sie nicht von festem Einkommen lebten, durch den Krieg nicht geschädigt worden waren bzw. sogar an ihm verdient hatten. Unter den Geschäftsleuten und Haus- bzw. Grundbesitzern (auf der Liste mit 55,8 % vertreten) waren sicherlich viele ›Neureiche‹ zu finden, die ihren Wohlstand der Spekulation im Zusammenhang mit einer immer tieferen ökonomischen Krise ihren Wohlstand verdankten (vgl. Telo 1977: 78 f.; Oliveira Marques 1978: 95). Ihnen mußte das São Carlos in den zwanziger Jahren als eine Art besonders raffinierter Raum, der vor allem zur Selbstbespiegelung bestimmt war, erscheinen, in dem neben den teuersten Nachtbars von Lissabon die Bedürfnisse nach Prestige- bzw. Luxusdemonstration ergänzt werden konnten. Diese Ansicht wird in einer zu dieser Zeit für Sidónio Pais' ideologisches Erbe eingesetzten Zeitung ausgedrückt: »Ohne das São Carlos verkümmerte die Luxusindustrie« – wird in einem Bericht gemeint, der unter dem Titel »Wo sich Lissabon amüsiert« das São Carlos neben den kostspieligsten Nachtbars vorstellt (*Vanguarda* 24. 12. 1921). In der Tat sprechen die Kolumnen immer wieder von dem Luxus und der Eleganz des Publikums. »Oper im S. Carlos« kann wie eine anziehende Zeitungsanzeige für Schuhe und Brokat gelten, deren Nachfrage »der Pracht der Spielzeit entspricht« (DN 11. 1. 1924). »In großer Toilette für das São Carlos« ist ein Thema der den Frauen gewidmeten Presse-Beiträgen (z. B. *Seculo* 27. 12. 1921). »Fabelhaften Schmuck« tragen überwiegend die »Neureichen« zur Schau (DL 5. 2. 1924), was in empörendem Widerspruch zu den Massen des barfüßigen ›Pöbels‹ auf der Straße steht, wie es H. G. Wells konstatierte (DL 12. 4. 1924).

Das Auftreten der »Neureichen« in dem »verschiedenartigen und wechselnden Publikum« des São Carlos zu dieser Zeit (*Batalha* 12. 2. 1924) wird von anderen Zeitungen bestätigt und bildet auch z. B. in dem bewundernswerten Roman *O milagre segundo Salomé* (›Das Wunder nach Salome‹) von Rodrigues Miguéis (1975) – einem der vollkommensten Meisterwerke der portugiesischen Literatur und zweifellos dem besten über die gesellschaftliche, politische und kulturideologische Entwicklung von der Jahrhundertwende bis zu den zwanziger Jahren – ein relevantes Motiv der Darstellung[273]. Neureiche mischen sich jetzt mit

---

[273] Ein Beispiel: Die Abonnements im São Carlos dienten automatisch den Zeitungen, die Namen der Abonnenten immer wieder an die Öffentlichkeit zu bringen, selbst wenn sie den Aufführungen nicht beigewohnt hatten …

»Musikalisches Urteil: Neureiche im São Carlos:
– Gefällt Dir denn, Elvira, diese Arie?
– Ich mag lieber das *Fado Liró*!«
(Karikatur aus den zwanziger Jahren, Reproduktion nach António Reis 1990: III, 344).

der alten Aristokratie in den Logen und im Parkett des São Carlos (*Capital* 6. 3. 1922; DL 31. 12. 1921, 5. 2. 1924) und ahmen sie nach, indem sie ebenso erst nach Beginn jeder Aufführung das Theater betreten (DL 10. 3. 1923). Sie streiten um den Vorrang im São Carlos.

In der letzten Zeit der Monarchie war die »mit Geld gespickte Bourgeoisie« noch untergeordnet:

»Das São Carlos gehört der Aristokratie. Nur diese hat das Recht, es zu besuchen [...]. Wenn das Unternehmen die sogenannten populären Vorstellungen durchführt, fühlt sich die Aristokratie zu erniedrigt, um sie zu besuchen! Dann kommt die reiche Bourgeoisie dorthin. Das Volk bleibt ja immer wieder draußen!« (Salvador Mascarenhas 1911).

»Das Volk draußen« ist auch die Konstante in den zwanziger Jahren. Unterdessen hatte sich die Aristokratie nach der Errichtung der Republik überwiegend ins

Privatleben – in ihre Salons – zurückgezogen. Nur allmählich, wie es scheint, kehrt sie ins São Carlos zurück. Oliva Guerra stellte zu Beginn der dritten Spielzeit nach der Wiedereröffnung des São Carlos fest:

»Das São Carlos vertritt bei uns die Tradition. So sehr die *parvenus*, die Reichen von heute, auch mit ihrem unverschämten und prunkhaften Luxus einige Logen füllen und den bürgerlichen Ton an mehreren Orten im Parkett verstreuen, dauert die aristokratische Atmosphäre fort, und der Geist, der, in Seide wogend, vor Schmuck leuchtend, von Parfümen imprägniert, dahinweht, ist der Geist der alten Gesellschaft, die Seele der Vergangenheit.« (DL 31. 12. 1921).

Später stellte sie weiter fest:

»Von Abend zu Abend wird das São Carlos immer mehr von den adeligsten Figuren unserer Gesellschaft bevölkert« (DL 27. 1. 1922).

Andererseits betonte man anfangs der zweiten Spielzeit:

»Nicht nur die Neureichen, sondern auch viele aus den alten Zeiten, viele von denen, die als hoch, adlig und *chic* in der alten portugiesischen Gesellschaft galten, sind Abonnenten der neuen Spielzeit ...« (*Ridiculos* 27. 11. 1920).

Das zu vermutende Übergewicht der ›Neureichen‹ zumindest während der ersten Spielzeiten wird von der Tatsache bekräftigt, daß eine der monarchistisch-konservativen Zeitungen, *Correio da Manhã*, 1924 noch nichts von der Eröffnungsaufführung der São-Carlos-Spielzeit in ihren Kolumnen zum »mondänen Leben« berichtet. Jeden Tag beschäftigt man sich aber in denselben Spalten fast ausschließlich mit den »Salons«.

Konnte die überwiegende Einstellung des São-Carlos-Publikums, das dem Unterhaltungsmodell gemäß erzogen war, in der Zeit der Monarchie der Tendenz zum Snobismus widerstehen, so mußten die Entwicklung und die soziale Verbreitung der Kulturbedürfnisse in der Zeit der Republik geradezu den Snobismus fördern und, wie *A Batalha* meinte, vom Snobismus gefördert werden (*Batalha-Supl.* 27. 5. 1925). Sich auf Jules de Gaulthier berufend, enthüllte Raul Proença bereits 1921 die vorherrschende Tendenz in der jungen Generation zeitgenössischer Schriftsteller und Künstler (DL 8. 6. 1921). Er zitierte keinen Namen, aber das überzeugendste Beispiel eines literarischen Snobismus war wahrscheinlich António Ferro: als Journalist (in vielen seiner Berichte, darunter einigen der hier bereits erwähnten), als Schriftsteller (z. B. in seinem Roman

Leviana, 1921), als Dramatiker (in seinem Stück *Mar Alto*, im São Carlos 1921 uraufgeführt), als Verfasser eines Buches, dessen Titel die snobistischen Ansprüche besonders beredt ausdrückt: *D'Annunzio e Eu* (›D'Annunzio und Ich‹) (1922), kurzum, als ›Erfinder‹ der *Teoria da Indiferença* (›Theorie der Gleichgültigkeit‹) (1921), in der der Snobismus als eine Art allgemein geltender Philosophie, durch einen seiner Aphorismen, umrissen wird:

»Die Kunst ist die Lüge des Lebens. Das Leben ist die Lüge der Kunst. Die Lüge ist die Kunst des Lebens.« (Ferro 1921).

Im Zusammenhang mit der Förderung der äußeren Selbstdarstellung hält Ferro (1921) eindeutig fest:

»Die Kleidung ist das Plakat des Körpers.
Die Frivolität ist die *maquillage* des Lebens.
Die neuen Bücher sind die neuen Anzüge des Geistes.
Bei der heutigen Frau sowie in der heutigen Kunst ist der Körper einfach Vorwand für die Kleidung.«

Es handelte sich darum, den Schauwert, den jeder entfalten konnte, zu pflegen. Das Prinzip sollte sogar einem ganzen Volk aufgedrängt werden:

»Die Literaturschaffenden machen ja die größere Toilette des Geistes eines Volkes und wie sie ihn sozusagen kleiden, so erscheint dieser Geist vor den Augen der Fremden ...« (Vortrag des späteren Ministers des Salazarismus, Emygdio da Silva in: DN 28. 2. 1925).

Man spricht von ›kleiden‹, meint aber ›verkleiden‹, wie es sich für den Snob gehört: er »führt die anderen, um sie auszubeuten« dazu, von ihm selbst eine falsche Meinung zu haben«, er versucht dadurch zugleich jedoch »sich selbst von seiner Überlegenheit zu überzeugen« (vgl. DL 8. 12. 1922). Zu den Theatern gehöre die Mission, diese »Kunst« zu lehren: sie seien »nicht mehr eine Schule der Sittlichkeit, sondern eine Schule der Eleganz« (*Eva* 25. 4. 1925). Eleganz bedeute für die Frauen Schönheit, daher »sehen sie am schönsten im São Carlos aus« (Oliveira Guimarães in: *Mundo* 9. 4. 1924), während die nicht richtig ›verkleideten‹, d. h. die nicht eleganten Frauen verächtlich für Volksgestalten und für dementsprechend häßlich gehalten wurden – so die Zeitung der Verehrer von Sidónio Pais (*Vanguarda* 19. 7. 1921). Eleganz bedeutete aber vor allem ›raffiniert‹ zu scheinen, auch ›raffinierte‹ Kultur auszustrahlen. Daher waren Eleganz und ›Neureichtum‹ unvereinbar. Eines wird immer dem anderen gegenübergestellt.

Eben deshalb ist nicht auszuschließen, daß der von der Presse widergespiegelte Eindruck eines Rückgangs der Anteilnahme von ›Neureichen‹ unter den Zuschauern des São Carlos in den zwanziger Jahren eigentlich der Etablierung des Snobismus entspricht: Die ›Neureichen‹ mußten nicht als solche auftreten, um ihren Schauwert zu entwickeln, sondern sich auf die Art und Weise der alten vornehmen Gesellschaft verkleiden, die jetzt als Trägerin einer echten Kultur – und zwar der Opernkultur – gelten wollte. Sie, die für ihre gesellschaftlichen *gaffes* und ihren »Mangel an Kultur« bekannt geworden waren (Telo 1977: 78 f.), hätten den höchsten Grad der Eleganz lernen müssen: gebildet zu scheinen. Dafür allerdings war der Besuch des São Carlos eine zwar notwendige, nicht jedoch hinreichende Bedingung.

Das São Carlos wird also in den zwanziger Jahren zum Treffpunkt derer, die in der Öffentlichkeit nicht nur für reicher bzw. mächtiger, sondern auch allgemein für gebildeter bzw. raffinierter gehalten werden wollten. Erst dann spielt der Snobismus eine qualitativ neue Rolle, die außerdem durch die Opernkonkurrenz zwischen dem São Carlos und dem Coliseu begünstigt wird. Erst dann auch wird die Wagner-Rezeption im São Carlos wesentlich vom Snobismus mitbestimmt.

Kulturbedürfnis und Snobismus konvergierten in einer Veränderung der soziokommunikativen Struktur. Die Selbstdarstellung verkleidete sich jetzt in ein Darbietungsmodell, und die Opernunterhaltung (im Dienste der Luxusindustrie …) in die Befriedigung von Kulturbedürfnissen. Auch wenn man ins São Carlos ging, allein um eine Toilette zu zeigen, mußte man sich als ›Kenner‹ verhalten und in die Darbietungsstruktur integrieren, bzw. im besten Fall sogar sich an den kulturideologischen Auseinandersetzungen beteiligen.

Der wirtschaftliche Erfolg von Wagners Werken im Rahmen der italienischen Opernpraxis

Die Lizenzträger des São Carlos entschieden sich schlicht für die Wiederbelebung des traditionellen Modells, das auf der Mitwirkung von italienischen Ensembles beruhte, und verpflichteten dementsprechend einen italienischen Impresario, der die ganze Verantwortung für die Organisation der Spielzeiten übernehmen sollte. Wieder an die Konzeption eines Italienischen Theaters geklammert, läßt sich der São-Carlos-Spielplan in den zwanziger Jahren und insbesondere in den Spielzeiten 1920 bis 1924 nur entsprechend der Gesamtkonstellation verstehen, die von der Entwicklung des Konzertwesens, der kulturideologischen Ausstrahlung Wagners und dem Wechselspiel von Kulturbedürfnissen und snobistischen Tendenzen bestimmt ist.

Programmheft des São Carlos
in der Spielzeit 1921/1922.

Nicht zuletzt wirkte auch ein zusätzlicher und in gewissem Maße sogar zufälliger Faktor, der zur Prägung des São-Carlos-Betriebes entscheidend beitrug: Die Wahl des Lizenzträgers fiel auf Ercole Casali, eben jenen Unternehmer, der im Teatro Communale di Bologna – einem Zentrum des Wagnerismus in Italien (Jung 1974: 15 ff.) – während der Spielzeit 1913/1914 *Parsifal* zur europäischen Erstaufführung auf einer Bühne außerhalb Bayreuths gebracht hatte und damals wegen »Überbewertung des deutschen Komponisten gegenüber Verdi« von der rechtsgerichteten italienischen Presse angegriffen worden war (Jung 1974: 48).

Ercole Casali war ein erfahrener Impresario, dem das Spezifische des Opernbetriebes in Lissabon nicht entgehen konnte. In der Spielzeit 1916/1917 wurde er bereits vom Unternehmer des Coliseu verpflichtet, und dieser erste Kontakt mit dem portugiesischen Milieu machte ihm die Bedürfnisse und Erwartungen des Publikums, die künstlerisch-technischen Bedingungen der zur Verfügung stehenden Bühnen und Zuschauerräume, den sozialökonomischen Hintergrund, kurzum: die Struktur von Angebot und Nachfrage bewußt.

In dieser Spielzeit ließ er im Coliseu Wagners *Lohengrin* neben beliebten Werken des italienischen und französischen Repertoires aufführen[274]. *Lohengrin* und *Tannhäuser* hatten bereits in diesem Theater ihre Erstaufführung sowie mehrere Reprisen erlebt[275], was von der wachsenden Popularität und ›Rentabilität‹ der Wagnerschen Aufführungen unter den Bedingungen einer explizit italienischen Darstellungspraxis zeugt. Nicht zufällig aber brachte die Casali-Spielzeit 1916/ 1917 die letzte Wagner-Aufführung, die vor Ende der zwanziger Jahre im Coliseu stattfand. Mit der Wiedereröffnung des São Carlos differenzierten sich das Repertoire und die Praxis beider Häuser wieder voneinander.

Als Casali 1919 das São Carlos übernahm, unterschied er schon im voraus zwischen dem für dieses Theater und dem für den Raum und das andersartige Publikum im Coliseu geeignete Spielzeit-Profil. Orientierte sich die Spielzeit 1916/1917 an einem in Lissabon und im Coliseu bereits populär gewordenen und zur Routine erstarrten Repertoire, entsprach dagegen das Spielplanangebot im São Carlos dem Bewußtsein, daß eben dieses ein Theater der Elite war und daß der ökonomische Erfolg seines Opernunternehmens strikt von einer Abgrenzung gegenüber der Praxis im Coliseu abhing. So bildeten die fünf Spielzeiten unter Casali eine Einheit, die ihre Autonomie gegenüber der Gesamttätigkeit des São Carlos in den zwanziger Jahren völlig rechtfertigt[276].

Neben Erstaufführungen anderer Komponisten – Montemezzis *Amore di tre Re* (1920), Wolf-Ferraris *Segreto di Susanna* und *Donne Curiose* (1921, 1924), Mussorgskis *Boris Godunow* (1923), Strauss' *Rosenkavalier* (1924) – prägen vor allem die *Parsifal*-Erstaufführung 1921 und die darauffolgenden Wiederaufnahmen 1922 und 1924

---

[274] Diese Spielzeit im Coliseu (1916/1917) präsentierte folgende Opern: *Lohengrin, Aida, Otello, Rigoletto, Il Trovatore, La Traviata, La Bohème, Tosca, Don Pasquale, La Favorite, Lucia di Lammermoor, Sonnambula, I Puritani, La Gioconda, I Pagliacci, Cavalleria Rusticana, Les Huguenots, Faust.*

[275] *Lohengrin*-Erstaufführung im Coliseu 1905; Wiederaufnahme 1906, dann jährlich von 1910 bis 1914. *Tannhäuser*-Erstaufführung im Coliseu 1913, Wiederaufnahme 1914.

[276] Die Spielzeiten von 1925 (Gastspiel eines französischen Ensembles, das Debussys *Pelléas et Mélisande* einbezog – zwei Aufführungen) und 1926/1927 (Gastspiel eines italienischen Ensembles, mit der Erstaufführung von Pizzettis *Fedra*) bleiben in diesem Zusammenhang unbeachtet. Vom Impresario des Coliseu im São Carlos veranstaltet, entsprechen sie weder einer Weiterentwicklung der Casali-Spielzeiten noch der Wende zu einer neuen Richtung. Sie wirken eher als akzidentell, scheinen die ihnen folgende Schließung des São Carlos für regelmäßige Opernspielzeiten anzukündigen. Drei Opern von Ruy Coelho, die 1927 unter seiner Leitung uraufgeführt wurden (*Inês de Castro, A Freira de Beja, O Cavaleiro das Mãos Irresistíveis*), reihen sich selbstverständlich in die oben erwähnte Strömung des Nationalismus ein. Ihre Wirkung war genauso bescheiden wie die seiner vorhergegangenen Opern.

das Profil des gesamten São-Carlos-Opernbetriebes in dieser Zeit. *Parsifal*, den das São Carlos wesentlich schneller als andere Wagnersche Werke aufnimmt (weil die Freigabe der Inszenierungen außerhalb von Bayreuth 1913 erfolgt war und auf viele Bühnen in Europa besonders attraktiv wirkte), sowie Wagners Schaffen insgesamt werden nach der ersten Spielzeit, in der das Rezeptionsverhalten des spezifischen Milieus sondiert wurde, zur Grundlage des Repertoires.

In der Tat lassen sich die Spielzeiten unter Casali folgendermaßen charakterisieren:

– Die Bühnenwerke Wagners stehen an der Spitze der Aufführungen (45 Aufführungen), ihnen folgen Verdi (31), Puccini (28), Massenet (20), Rossini und Bizet (je 12).

– *Parsifal* ist das meistgespielte Werk der fünf Spielzeiten (19 Aufführungen) und jenes, das in einer Spielzeit die höchste Aufführungszahl erreicht (9 Aufführungen im Jahre 1921).

– drei Bühnenwerke Wagners befinden sich unter den zwölf meistgespielten Opern (d. h. unter denen, die eine bedeutende Aufführungszahl in allen fünf Spielzeiten erreicht haben); sie zählen insgesamt 35 (von insgesamt 231) Aufführungen, während die von anderen Komponisten eine wesentlich niedrigere Aufführungszahl erlangen: Massenet 20, Puccini 19, Verdi 18, Bizet 12.

– Wagner erreicht einen höheren Anteil als jeder andere Komponist und als der Verismo in den Spielzeiten 1920/1921, 1921/1922 und 1922/1923; in den drei letzteren Spielzeiten übertrifft er auch den Anteil der französischen Opernkomponisten insgesamt.

Inwieweit die gekennzeichneten Einstellungen des Milieus ein derartiges Profil des São-Carlos-Spielplans mitbedingten, läßt sich im übrigen aus der Presse ersehen.

Die bereits oben zitierte Stellungnahme von Pedro Nascimento in der Zeitschrift *Seara Nova* unterschied deutlich zwischen zwei Opernpraktiken. Im São Carlos entspreche die Oper, vor allem die Wagnersche, dem Kulturbedürfnis, während sie sich im Coliseu in die *smorzandi* und *pianissimi* der großen Stars auflöste (SN 5. 12. 1925). Adriano Merêa (*Dia* 23. 1. 1923) verglich mit den Kommunikationsverhältnissen der zwanziger Jahre die alte Aufführungspraxis des São Carlos, wobei bei bestimmten Opern (wie z. B. in *Sonnambula, Lucia, Ernani, Traviata*) in Dutzenden von Aufführungen dieselbe Koloratursopranistin auftrat. Die Wiederaufnahme von solchen Opern, die unterdessen in das Coliseu-Repertoire eingegangen waren, könne jetzt im São Carlos nur ausnahmsweise gerechtfertigt werden. Isidro Aranha (*Pátria* 1. 1. 1922) hielt Wagners Bühnenwerke für Paradigmata der erzieherischen Mission der Kunst und erwähnte als Beispiel in diesem Zusammenhang den wiederaufgenommenen *Parsifal*. Vianna da Motta (DN 3. 1. 1920) und Nogueira de Brito (*Batalha* 23. 2. 1924) setzten ausdrücklich »Kulturbedürfnisse« und den Verismo bzw. Puccini gegeneinander. Kurzum: das São Carlos sollte vom Publikum und das Publikum vom São Carlos qualitativ mehr erwarten, oder, anders gesagt, so sollte es zumindest scheinen ...

Deshalb bemerkte Malhoa Miguéis, die Zuschauer hätten einerseits beim *Tristan* große Begeisterung und dadurch auch »ihr künstlerisches Niveau« (*Republica* 1. 1. 1922), andererseits beim *Faust* Indifferenz gezeigt. So stellte der Berichterstatter die Frage:

> »Ist das künstlerische Gefühl [des Publikums des São Carlos] bereits so raffiniert, daß nur die unbestreitbar wertvollen Werke seinen Beifall verdienen?«
> (*Republica* 17. 1. 1922).

In diesem Zusammenhang diagnostizierte Luiz de Freitas Branco Snobismen. Anläßlich der *Aida*-Wiederaufnahme verteidigte er seine neue Ansicht,

> »die komplizierten philosophischen Interpretationen, d. h. den literarischen Snbismus der ersten Wagner-Rezeption, sowie die Suche nach dem ›modernen‹ Akkord [in der Furcht, nicht der Mode zu entsprechen], d. h. den musikalischen Snobismus der Debussyschen Ära [...] zu verachten.« (DN 26. 1. 1922).

Eine Konsequenz des Snobismus sei seiner Meinung nach die Abwertung des Schaffens von Verdi und von anderen Meisterwerken der italienischen Tradition, wie z. B. des *Barbiere di Siviglia*, den die Snobs nur akzeptierten, weil Berlioz seinerseits das Werk lobe (DN 26. 1. 1922). Diese Diagnose ergänzen andere Berichterstatter, indem sie die Glaubwürdigkeit des Wagner-Enthusiasmus für einen Großteil des Publikums in Frage stellen (JC, 22. 11. 1921, 18. 2. 1922; CdM 26. 1. 1924). Nur bei einer Minderheit wäre der Enthusiasmus aufrichtig: Cunha Menezes (CdM 4. 1. 1922) erzählt, viele Familien hätten gemeinsam die »Psychologie des kolossalen Werkes« (*Parsifal*) im voraus studiert; die *Illustração Portugueza* behauptet, das Publikum sei begeistert gewesen »ohne Snobismus« (*Parsifal*-EA); und Alfredo Pinto unterscheidet zwischen »der neuen Schicht der Wagnerianer, [...] die die Libretti und Partituren lesen und Notizen machen« und »gewissen neuen Zuschauern, die immer wieder den Zuschauerraum betreten und lärmen« (*Siegfried*-WA) (JC 2. 2. 1923).

Diese verschiedenen Haltungen spiegeln sich in der Spielplangestaltung der Casali-Ära deutlich wider, welche auf sie einging, sie potenzierte und nicht zuletzt in finanziell rentabel umzusetzen trachtete. Anspruchsvollere Produktionen unter Leitung u. a. von Vittorio Gui, Tullio Serafin, Sergej Kussewitzky und Ludwig Kaiser[277], in denen die mitwirkenden Darsteller, Orchester, Bühnenbilder, Ausstattung zudem höhere Kosten verursachten, mußten mit routinierten und billigeren Inszenierungen kombiniert werden. Durch das Ungewöhnliche, das Raffinierte, das, was den *mainstreams* der Kultur (vor allem dem Wagnerismus) entsprach, sollten Abonnenten gewonnen werden, die sich selbst für eine Elite hielten und als solche auftreten wollten, sowie zusätzlich ein Teil des wechselnden Publikums, das ebenfalls ›Kulturbedürfnisse‹ artikulierte bzw. dem Snobismus verfallen war. Zugleich mußten aber die Strukturen des bereits gewohnten Opernmodells beibehalten werden, um buchstäblich alle möglichen Schichten des zahlungsfähigen Lissaboner Publikums anzuziehen.

Das Vorhandensein von Abrechnungen der Theaterkasse im Archiv des São Carlos, welche die Einnahmen jeder Aufführung der Spielzeiten von 1920/1921 bis 1922/1923 enthalten (ohne die Abonnements, deren Ertrag unbekannt bleibt), läßt uns ziemlich genau erkennen, wie der Besuch eines wechselnden Publikums die finanzielle Rentabilität der Opern garantierte:

Oper	Einn. (%)	Auff. (%)	Auff.-Zahl	Einn. pro Auff.
1. *Parsifal*	26,49	18	9	3 605$
2. *Barbiere di Siviglia*	10,82	6	3	3 707$
3. *Manon*	9,92	8	4	2 537$
4. *Lohengrin*	8,60	10	5	1 768$
5. *Gioconda*	7,67	10	5	1 577$
6. *Lucia di Lammermoor*	6,34	4	2	3 260$
7. *Faust*	5,07	6	3	1 739$
8. *Thaïs*	5,06	6	3	1 300$
9. *Traviata*	4,97	2	1	5 108$
10. *S. di Susanna*	4,37	8	4	1 124$
11. *Samson et Dalila*	3,11	6	3	1 066$
12. *Pagliacci*	3,10	6	3	1 063$
13. *Norma*	2,83	6	3	972$
14. *Auto do Berço*	1,37	27	1	1 412$

Dieser Übersicht ist zu entnehmen, daß die bedeutendste Produktion der Spielzeit (*Parsifal*), für die der Unternehmer gewiß größere und aufwendigere Mittel eingesetzt hatte, auch diejenige war, welche die höchste Rentabilität im Sinne der günstigsten Balance zwischen Aufführungszahl und Einnahmeanteil erreichte. In der Tat wies sie wesentlich mehr Aufführungen als die anderen Opern auf,

---

[277] *Parsifal* wurde z. B. von Vittorio Gui (1921, 1922) und Tullio Serafin (1924) dirigiert; *Walküre* und *Siegfried* 1923 von Ludwig Kaiser; *Boris Godunow* 1923 von Sergej Kussewitzky; *Rosenkavalier* 1924 von Tullio Serafin.

Bühnenbild von Ercole Sormani für *Tristan und Isolde* (Reproduktion nach Pereira Dias 1940).

Bühnenbild von Renato Testi und Vincenzo Pignataro für die *Parsifal*-Erstaufführung 1921 (Reproduktion nach Pereira Dias 1940).

erreichte eine sehr hohe Besucherzahl pro Aufführung und brachte mehr als ein Viertel der Einnahmen der gesamten Spielzeit (14 Opern, 50 Aufführungen) ein. Um das Risiko des Unternehmers zu ermessen, muß zur Kenntnis genommen werden, daß allein das Verwandlungsbühnenbild (von Renato Testi und Vincenzo Pignataro gestaltet), das überall in der Presse gelobt wurde, 21 000 Escudos gekostet hatte. Die folgenden Spielzeiten sollten natürlich diese große Investition amortisieren. Daß aber Casali in Bezug auf das *Parsifal*-Unternehmen so selbstsicher gewettet und die Wette gewonnen hat, spricht unbestreitbar für seine Fähigkeit als Impresario, die Bedürfnisse der Zuschauer zu erkennen, darauf zu reagieren, schließlich in finanziellen Erfolg umzumünzen.

Konkurrierten *Traviata, Lucia, Barbiere di Siviglia, Manon* (und das entsprechende Modell der ›Oper für Gesangsstars‹) noch um die Gunst des Publikums, so erwies sich das Wagnersche Schaffen hinsichtlich der durchschnittlichen Einnahmen pro Aufführung gewinnbringender als das italienische und französische Repertoire:

Repertoire	Einn. pro Auff.	Einn. (%)	Auff.-Zahl	Auff. (%)
Wagner (*Parsifal* u. *Lohengrin*)	2 575$	35,09	14	28
	(2 054$ = durchschnittliche Einnahme)			
Italienische Komponisten	1 950$	39,88	21	42
Französische Komponisten	1 578$	21,51	14	28
Portugiesische Komponisten	1 412$	1,37	1	2

Diese Tendenz festigt sich in den folgenden Spielzeiten, von denen uns ähnliche Angaben zur Verfügung stehen.

Die Struktur der Nachfrage hatte sich inzwischen gegenüber dem traditionellen Opernunterhaltungsmodell des São Carlos bzw. des Coliseu wesentlich verändert. Mit dem Übergang von der Selbstdarstellung zum Darbietungsmodell – was mit der Aneignung der ›absoluten Musik‹ und der Wechselwirkung von

Kulturbedürfnis und Snobismus zusammenhing – waren neue Effektivitäts-kriterien der italienischen Praxis eines »Theaters für die Elite« entstanden. Wag-ners Repertoire, dessen kulturideologische Wirkung das Lissaboner Milieu um-fassend prägte, war zum Hauptfaktor des finanziellen Erfolges geworden. Casali gelang es demzufolge, im Rahmen des italienischen Opernbetriebes von der all-gemeinen Beliebtheit Wagners zu profitieren.

Weitere Entwicklungen in den Auseinandersetzungen um ›Oper‹ und ›Drama‹

Noch vor der Wiedereröffnung des São Carlos 1920 werden die Wagnerschen Ideen um ›Oper‹ und ›Drama‹ in Literatur und Presse ausgiebig diskutiert.

In einer Wagner gewidmeten Sondernummer der Zeitschrift *Diónysos* aus dem Jahre 1913, die Aarão de Lacerda herausgab, und deren Name und Inhalt nicht selten einen direkten Einfluß von Nietzsches *Geburt der Tragödie* erkennen lassen, erschienen u. a. Abhandlungen von António Arroyo und Veiga Simões, in denen einige zentrale Begriffe der Wagnerschen Theorie des ›musikalischen Dramas‹ untersucht wurden. Gedankliche Schwerpunkte sind die weibliche Natur der Musik, die vom Gedicht befruchtet werde[278], sowie die Idee des Mythos als eines vollständigen Ausdrucks des Menschlichen (*Diónysos* 25. 5. 1913: 2 f. und 9 ff.). Während sich António Arroyo (*ebd.*: 3) aber, von *Oper und Drama* ausgehend, dem späteren Begriff Wagners annähert und das musikalische Drama als »das im Geiste der Musik konzipierte Drama« faßt[279], bleibt Veiga Simões (*ebd.*: 9) enger mit der theoretischen Schrift selbst verbunden und behauptet, das Drama sei »wichtiger als die Musik«, die »nur ein Mittel des Ausdrucks ist«.

Die Idee des Dramas als eines »organischen Ganzen« gewinnt bei Veiga Simões (*ebd.*: 8 f.) an polemischer Bedeutung, wenn er sich gegen diejenigen wendet, die in Wagner »nur den Musiker« sahen; gegen das Publikum, das nur »den Komponi-sten wahrnahm«; gegen die Tatsache, daß »nur der *Musiker* Wagner auf die zeit-genössische Kunst Einfluß ausübte«. Und wenn er zugleich den Standpunkt ver-teidigt, Wagner sei »vor allem der Schriftsteller, der Literatur- und Theaterschaffen-de«, stellt er sich aller positivistischen Musikgeschichtsschreibung radikal entgegen.

In seinem 1917 erschienenen Buch sieht auch António Arroyo das Wagnersche Schaffen vor allem als Theater[280]. Es geht hier insbesondere um den Vergleich

---

[278] Hierzu vgl. Wagner (1851a: III, 316 ff.). Zur Diskussion dieser Metapher als einer geschlechts-bezogenen Kategorie, s. Vieira de Carvalho (1998b).
[279] ›Das im Geiste der Musik konzipierte Drama‹ taucht bereits in Briefen von Wagner aus den Dresdner Jahren (vgl. z. B. Wagner 1967: II, 58; und Vieira de Carvalho 1988).
[280] In einer Abhandlung von 1899 über Garretts *Frei Luís de Sousa*, die 1917 in dieser Ausgabe wieder erschien, hatte Arroyo bereits Garretts Theater mit Wagners Theater verglichen.

von Garrett und Wagner, was schon eine neue Qualität bedeutet. Wagner gilt jetzt als Schlüssel zum Verständnis des größten portugiesischen Dramatikers und Theaterreformators des 19. Jahrhunderts. Arroyo (1917: 99 ff.) findet die Passagen heraus, in denen Garrett sozusagen »Wagnersche« Prinzipien entwickelte, und versucht dadurch nachzuweisen, daß Garrett die Konzeption des Wagnerschen Dramas vorweggenommen habe[281]. Hierzu tritt aber ein noch wichtigeres Argument in einer anderen Abhandlung von ihm, der diese Darstellung ergänzt: Garrett hätte beim dramatischen Aufbau seines Hauptwerkes (*Frei Luís de Sousa*) versagen müssen, weil er sich von der italienischen Opernpraxis im São Carlos habe verführen lassen. Garretts Streben nach unmittelbarem Erfolg, der Einfluß der Einstellung zur Oper bei der vornehmen Gesellschaft, seine Neigung zu Konventionen und Äußerlichkeiten des mondänen Lebens, hätten ihn, so Arroyo, dazu gebracht, dem herrschenden Geschmack des Publikums entgegenzukommen. Dies finde in der Bearbeitung des Schlusses des genannten Dramas seinen äußeren Niederschlag, indem Garrett dabei auf Kosten der dramatischen Zusammenhänge und entgegen seiner ursprünglichen Absicht den konzertante Stil der italienischen ›Finali‹ ins Schauspiel eingeführt habe. Arroyo (1917: 124 f.) vergleicht diesen neuen Schluß mit dem von Donizettis *Favorita*, die kurz vor der Abfassung von Garretts Stück zu einer der Lieblingsopern des São Carlos geworden war[282].

Arroyo findet zwischen den beiden Gesichtspunkten seiner Analyse, einerseits der von Garrett unbewußten Übereinstimmung mit Wagnerschen Konzeptionen, andererseits den von ihm vorzugsweise übernommenen Elementen der italienischen Oper keinen eindeutigen Zusammenhang. Seine Feststellungen heben einen Widerspruch hervor, der sich aus der Wechselwirkung zwischen soziokommunikativen Systemen und Kunst- und Lebensstrategien im Theaterschaffen Garretts erklärt. In der Tat können wir aus diesem Widerspruch folgende Schlußfolgerungen ziehen:

– Der São-Carlos-Opernbetrieb stand sowohl dem Schaffen Wagners als auch dem Garretts prinzipiell entgegen.
– Wagner als Theaterschaffender verwirklichte in der Praxis seine Konzeption des »musikalischen Dramas« gegen den traditionellen Opernbetrieb, gegen die »Anforderungen des öffentlichen Kunstgeschmacks«, gegen die Opernunterhaltung als Teil der »Lebensgenüsse« seiner »modernen Welt« (Wagner 1851b: 278), während Garrett als Dramatiker sein theoretisches System auf der Suche nach unmittelbarem Erfolg teilweise und bewußt dem Publikum opferte.

---

[281] In der Tat handelt es sich um gemeinsame Quellen aus der Aufklärung, die Garrett jedoch nicht so weitreichend wie Wagner entwickeln sollte.
[282] Die *Favorita*-Erstaufführung im São Carlos fand 1842 statt.

– Die Grenzen der Theaterreform Garretts (die die Oper und das São Carlos nicht mit einbezogen hatte) wirkten auf sein eigenes Schaffen als Dramatiker zurück.

Das Buch von António Arroyo enthält also Anregungen zur Diskussion der Reproduktion und Kommunikationsstruktur des Musiktheaters in Lissabon, die – wäre seine Argumentation wirklich gelesen und verstanden worden – am Vorabend der Wiedereröffnung des São Carlos führende Kreise des Kulturmilieus von der Notwendigkeit einer grundsätzlichen Reform dieser Institution durchaus hätte überzeugen können. Die notwendige Reform sollte jetzt aber in der Zeit der Republik nicht weniger bedeuten, als die Übertragung der Prinzipien eines nationalen Theaters, die bereits seit acht Jahrzehnten für das Schauspiel galten, auf das Gebiet der Oper. Kurzum, es handelte sich um die Vollendung einer Reform, die von Garrett nur unvollständig durchgeführt worden war.

Im Gegensatz dazu ist jedoch die Wiederbelebung der konservativen Positionen der italienischen Tradition dasjenige Element, das kurz danach, in einem Buch über *A música e o teatro* (›Die Musik und das Theater‹) sich Geltung verschafft. Der Verfasser, Reis Gomes (1919), versucht das Schaffen Wagners völlig abzuwerten: Die Mythen seien absolut uninteressant für die Gegenwart (*ebd.*: 262); weder die Gestalten noch die Handlung seien verständlich (*ebd.*: 264); alle Vorgänge und Situationen seien »unwahrscheinlich« (*ebd.*: 255 ff.); sie stellten keine menschliche, sondern eine göttliche Welt dar, deren »Ideen und Gefühle uns restlos entgehen« (*ebd.*: 270 f., 276); die Musik Wagners sei keineswegs »Mittel des Ausdrucks« – zum Zwecke des Dramas – sondern eigentlich Gegenstand der ganzen Aufmerksamkeit der Zuschauer wie in der italienischen Oper (*ebd.*: 209); Wagner habe das Wort abgewertet, indem er es zur bloßen »musikalischen Deklamation« herabwürdigte und »von den glänzenden Leistungen der Gesangskunst« z. B. bei Meyerbeer nicht profitierte (*ebd.*: 291 f.); aus diesem Grunde entziehe das musikalische Drama – gleichsam in »eine große und komplizierte Sinfonie« verwandelt – dem Sänger »seine Persönlichkeit und seinen Primat« als »einziger Darsteller der Handlung«, reduziere ihn auf die Rolle eines Orchesterinstruments wie der Violine oder der Klarinette (*ebd.*: 299 f.); Wagner sei demzufolge ein Sinfoniker (*ebd.*: 304 f.), der versuche, die Musik durch die Einführung der Leitmotive in eine Art »Sprache« zu verwandeln, was ihr Zusammengehen mit »der eigentlichen Sprache« – der der Dichtung – überflüssig mache (*ebd.*: 306 ff.). Hier verbindet Reis Gomes Elemente der Ansichten des alten Angelo Frondoni sowie das Streben nach Verismo mit der positivistischen Rezeption des musikalischen Dramas als ›Opernmusik‹ und mit der Idee der ›absoluten Musik‹ im Sinne Hanslicks – all dieses mit dem Ziel, die Überlegenheit der Oper gegenüber dem musikalischen Drama nachzuweisen.

Das Pendeln zwischen diesen beiden extrem entgegengesetzten Positionen kennzeichnet weiterhin die Rezeption der Oper in den zwanziger Jahren in Lissabon. Der »traditionellen Oper« stellt António Joyce 1923 anläßlich der *Walküre*-Wiederaufnahme das »musikalische Drama gegenüber«. Die Merkmale, die er jeder der Gattungen verleiht, können folgendermaßen klassifiziert werden:

Musikalisches Drama:
Die Musik vereint sich mit der Dichtung, sucht den genauen Ausdruck des Lebens, die Bewegung, die Gefühlsmotivationen einer menschlichen Handlung. Alle Elemente, die dem Theater zur Verfügung stehen, sollen so intensiv wie möglich zur Entfaltung der Handlung beitragen. Die Sinfonie erklärt die innersten Gedanken der Gestalten, drückt ihre Motivationen aus, kennzeichnet ihre Charaktere, beschwört die Wirklichkeit durch phantasievollste Bühnenbilder.

Oper:
Die Gesänge werden zu isolierten Fragmenten. Gezwungene, unlogische und lächerliche Bewegungslosigkeit der Darsteller. Gegen das Theater. Das Orchester ist fügsam und wird zur Sklavin des Gesangs, begleitet die Stimme, spielt *ritornelli* oder, bei den Rezitativen, einfache Dreiklänge, legt nur selten (in der Ouvertüre) Gedanken und Fakten dar (DN 1. 3. 1923).

Pedro Nascimento (SN 5. 12. 1925) kritisiert vor allem in der traditionellen Oper »den übertriebenen Kult des großen Sängers«. Die Coliseu-Praxis sei dafür ein Beispiel, daß keine andere Kunst bzw. kein Künstler von der großen Mehrheit des Lissaboner Publikums verdiene beachtet zu werden. Den Kontrast bildet für ihn der *Parsifal*:

»Im *Parsifal* hören wir auch die Hauptsänger, jedoch nicht vom Orchester begleitet, sondern als Bestandteile eines Ganzen, in dem Orchester, Solist und Chöre sich vereinigen und die Idee des Wagnerschen Dramas vergegenwärtigen ...« (SN 5. 12. 1925).

Diese Auffassung spiegeln im allgemeinen auch die Rezensionen über die Aufführungen der Spielzeiten unter Casali im São Carlos wider, was von den Bemühungen des Unternehmens, besonders die Wagnerschen Bühnenwerke zu pflegen, zeugt. Tatsächlich beachtet man jetzt wesentlich mehr das Können der Darsteller, die szenischen Vorgänge und die Ausstattung, die Schlüssigkeit der Fabel, die Chor- und Orchesterkomponenten, die Rolle des Dirigenten als Momente einer Ganzheit, eines ganzheitlich Dargestellten. Der São-Carlos-Opernbetrieb tendiert nun zur Konsolidierung des Darbietungsmodells im Sinne des Identifikationsmusters der Aufklärung, so wie es 1909 anläßlich der *Ring*-Erstaufführung charakterisiert worden war[283]. Wird diese Tendenz zur Veränderung der Kommunikationsstruktur von den erwähnten Faktoren – dem Bewußtwerden von ›Oper‹ und ›Drama‹, dem Vertrautwerden mit der ›absoluten Musik‹, der Ausstrahlungskraft des Wagnerschen Schaffens, der parallelen Entwicklung des Kulturbedürfnisses und des Snobismus – systemhaft-komplex bedingt, so widerstrebte man ihr aber zugleich durch Beharren auf dem Modell einer italienischsprachigen bzw. auf fremdsprachige Gastspielensembles gestützten Aufführungspraxis. In den Mittelpunkt der Auseinandersetzungen um die Aneignung des ›Wort-Ton-Dramas‹ muß also die Frage nach dem Wort-Ton-Verhältnis gestellt werden.

Im Prozeß der Rezeption, so wie er sich im São-Carlos-Zuschauerraum ereignete, sollte das musikalische Drama entweder als ›Opernmusik‹ oder als ›absolute Musik‹ wahrgenommen werden. Die alte positivistische Einstellung wird vor allem in den Berichten von Cunha Menezes, einem Vertreter des traditionellen aristokratischen Publikums, dokumentiert[284], und von Humberto de Avelar (*Capital* 4. 2. 1924) für die Mehrheit der Zuschauer verallgemeinert: Die Gattung Oper sei noch in dieser Zeit einfach die angenehmste Art und Weise, »die Musik zu ertragen«. Die Aneignung des musikalischen Dramas als ›absolute Musik‹ kommt am treffendsten in einem Bericht über die *Parsifal*-Wiederaufnahme 1922 zum Ausdruck:

»Wir haben den Eindruck, daß die Darsteller, von den vielfältigen Licht- und Szeneneffekten unterstützt, nur darauf abzielen, das, was das Orchester ausdrückt [...], in Gang zu setzen. Daher [...] werden die Werke von Wagner, nämlich *Parsifal*, zu großartigen und echten sinfonischen Dichtungen ...« (*Eco* 10. 2. 1922).

Wurde also das Wort als Komponente des musikalischen Dramas von den ›normalen‹ Zuschauern nicht anerkannt, so wurde es erst recht bei den Wagnerianern, die sich theoretisch damit beschäftigten, abgewertet. Alfredo Pinto, der 1913 (*Diónysos* 25. 5. 1913) einen portugiesischen Wagner-Verein ins Leben rufen wollte, bezieht zum Wort-Ton-Verhältnis den folgenden Standpunkt:

»Man streitet um die Frage, ob die Opern Wagners ihr psychisches Wesen verlieren, wenn sie nicht in Deutsch, sondern in anderen Sprachen gesungen werden. Unter den verschiedenen Auffassungen [...] überwiegt die Idee, daß sich die italienische Sprache mit der des großen Meisters wunderbar verbinde.

---

[283] Vgl. z. B. DN 5. 1. 1920 u. 2. 2. 20; JC 8. 2. 1921 u. 27. 2. 1923; *Tempo* 27. 1. 1921; *Eco* 10. 3. 1922 u. 15. 1. 1923; *Mundo* 3. 2. 1920; *Radical* 19. 1. 1922; *Pátria* 21. 3. 1921; *Seculo* 30. 1. 1923, usw.
[284] *Parsifal* würdigt er vor allem wegen der »rein musikalischen« Eigenschaften der Partitur (JC 17. 2. 1920).

Die deutsche Sprache ist anti-ästhetisch für den Gesang, und da die italienische Sprache an sich die ganze Skala der reinsten Melodie enthält, vereint sich die Musik geistig mit dem Wort ohne den geringsten Mißklang. Deshalb gewinnen *Parsifal, Lohengrin, Meistersinger* usw. sehr viel, wenn sie in Italienisch gesungen werden.« (JC 4. 2. 1922)[285].

Bereits sein Vorgänger, der oben zitierte Cunha Menezes (JC 6. 1. 1920), hatte in derselben Zeitung einen merkwürdigen Vergleich angestellt: zwischen einer französischen Darstellerin, die in ihrer Muttersprache die Hauptrolle der *Thaïs* und der *Salome* (letztere in Madrid) gesungen hatte (während alle anderen Darsteller in denselben Opern das Italienische benutzten) und dem berühmten *portugiesischen* Sänger Francisco d'Andrade, der in der Berliner Oper stets auf *Italienisch* gesungen habe ...

Vianna da Motta produziert in diesem Zusammenhang ebenfalls einen Widerspruch: Einerseits kritisierte er die schlechte Sprechtechnik der Darsteller im *Tristan* und hob hervor, daß man hier alles verstehen müsse (DN 16. 2. 1920), andererseits trat er aber dafür ein, daß ein Vokalstück nicht übersetzt werden solle (DN 26. 2. 1920). Bei ihm wird das Wort-Ton-Verhältnis natürlich gewissenhaft betrachtet, aber er sieht es kaum unter dem Gesichtswinkel seiner dramatischen Wirkung auf die Zuschauer. Die Vergegenwärtigung des Wort-Ton-Dramas mußte dem originalen Wort-Ton-Klang geopfert werden, wenn die Aufführungen vor fremdsprachigen Zuschauern stattfanden[286].

Allein Ruy Coelho vertritt eine konsequente Auffassung, wenn er meint, daß »die Ignoranz der Sprache, die im allgemeinen in unseren Theatern herrscht« die Unkenntnis nämlich des Italienischen – »die Zuschauer nicht das Ganze, d. h. Wort und Ton, verfolgen läßt«. »Jedes von den Gestalten gesungene Wort« müsse aber notwendigerweise wahrgenommen werden, was für portugiesische Zuschauer voraussetze, daß sie jedes Bühnenwerk in portugiesischer Sprache hörten:

»In Portugal ist es höchste Zeit, die Oper dergestalt aufzuführen, daß das Publikum ihre ganze ästhetische Bedeutung wahrnimmt, und nicht so wie es bisher geschieht, als ob die Oper Konzertmusik wäre, in der die Stimmen bloß als Vokalinstrumente wirken und nicht als das, was sie eigentlich sind: *das gesungene Wort der dramatischen Handlung.* [...] In Portugal ist die Darstellungs-Sprache im Schauspiel bisher stets die portugiesische gewesen, das sollte im gesungenen Theater nicht anders sein.« (DN 17. 6. 1925).

---

[285] Dazu s. *Ridiculos* (3. 2. 1923).
[286] Vianna da Motta lehnte das Prinzip der Übersetzung entschieden ab. Im Gegensatz dazu kritisierte Wagner (1851a: IV, 212 ff.) die schlechten Übersetzungen, nicht aber das Prinzip. Zur Opernübersetzung s. Honolka (1978).

Ruy Coelho berief sich dabei auf die deutsche Musiktheaterpraxis. Vianna da Motta, ein Wagnerianer von höherem Rang, dessen Vertrautheit mit der deutschen Kultur durch wesentlich dauerhaftere und tiefere Erfahrungen konsolidiert worden war, wies dagegen auf das Beispiel der englischen und amerikanischen Theater hin, die überwiegend Opern in Originalsprache aufführten (DN 26. 2. 1920).

Zum Kampf um ein nationales Operntheater gehörte aber gerade auch die Wagner-Rezeption seit dem 19. Jahrhundert in England. Hier beginnt man mit englischen Übersetzungen der Wagnerschen Dramen bereits 1880 (*Lohengrin*). Bis zur Jahrhundertwende werden *Tannhäuser* (1882), *Meistersinger* (1897) und *Tristan* (1898) in englischer Sprache aufgeführt. Percy Pitt als Manager und Hans Richter als erster Kapellmeister des Covent Garden verwirklichen schließlich 1911 trotz der *leading patrons* des Opernhauses, die immer den englischen Sängern Widerstand geleistet hatten, ein seit langem gemeinsam gehegtes Projekt: die *Ring*-Erstaufführung in englischer Sprache, die als eine Wende in der Entwicklung des Opernwesens in England betrachtet wird (vgl. Rosenthal 1958: 278, 319). Ähnliches wäre in Lissabon nicht möglich gewesen[287]. Für führende Kreise des Kulturmilieus ebenso wie für die Zuschauer ganz allgemein blieb das Wort-Ton-Verhältnis im Sinne der Vergegenwärtigung des musikalischen Dramas eher bedeutungslos und wurde nicht eigens reflektiert.

---

[287] Das trifft auch dann zu, wenn die Quantität und Qualität der portugiesischen Sänger zur selben Zeit zureichend gewesen wäre. Eine genaue Einschätzung der Chancen, in den zwanziger Jahren ein stabiles portugiesischen Opernensemble zu bilden, kann hier jedoch nicht vorgenommen werden.

Viertes Kapitel

Das tote Wort: Das Teatro de São Carlos unter dem Faschismus

1. Die Wiedereröffnung des Teatro de São Carlos 1940 als ›Empfangssalon Portugals‹

Im prägnanten Begriff vom »Empfangssalon Portugals« (vgl. João de Freitas Branco 1982: 60) hat Salazar die Funktion des alten Hoftheaters als Träger der Errungenschaften des »Neuen Staates« (»Estado Novo«), treffend zusammengefaßt. Dieser Begriff ging auf das Repräsentationsideal des Bürgertums des ausgehenden 19. Jahrhunderts und auf den Snobismus der zwanziger Jahre zurück. Eine Seite der »häuslichen Knauserei« der Lissaboner Bourgeoisie um die Jahrhundertwende manifestierte sich gerade in der Funktion des Empfangssalons bzw. des ›Besucherzimmers‹ in den neuen Mietsgebäuden:

»... schlechte Schlafzimmer neben dem Luftschacht und schlechte Gesundheitsbedingungen, aber ein aufgemöbelter Empfangssalon ...« (França 1966: II, 16).

Das heißt: Während das am besten beleuchtete, luftigste, geräumigste Zimmer für den Empfang der Besucher gleichzeitig nur selten bewohnt wurde, verbrachte man normalerweise am Luftschacht seinen Alltag. Der Empfangssalon war die Fassade, mit der die kleine und mittlere Bourgeoisie ihre Ärmlichkeit verkleidete. Im Opernhaus verkörpert, galt dieser Begriff jetzt für das ganze Land: Das São Carlos sollte als dessen ›Fassade‹ dienen. 1932 deckte der spätere ›Sekretär für die Nationalpropaganda‹ unfreiwillig diese kulturpolitische Intention auf, als er im Rahmen der ersten bedeutenden Pressepropaganda-Operation von Salazar dem Diktator die Frage nach dem Wert der Kultur stellte:

»Für die Entwicklung der Literatur und der bildenden Künste, die ersticken, ohne ihre Horizonte im Luftschacht unseres Kulturmilieus erweitern zu können, ist bisher nichts getan worden. Das traditionsreiche São Carlos bleibt für die Musik geschlossen.« (Ferro 1933: 87).

Die bloße Zusammenfügung von mehreren abstrakten Kulturbereichen unter Nennung einer konkret erwünschten Maßnahme – der Eröffnung des São Carlos –, die unter anderen als vordringlich erschien, läßt dasselbe Verhältnis zwischen ›Luftschacht‹ und ›Empfangssalon‹ erahnen, das später die gesamte Kulturpolitik des Faschismus prägen sollte. Das portugiesische Kulturleben wird zum ›Luftschacht‹, zu dem das São Carlos den ›Empfangssalon‹ bildet.

Das Teatro de São Carlos 1940 (Fototeca, Palácio Foz, Lissabon).

Die andere Komponente des salazaristischen Begriffs von Oper und Opernhaus – der Snobismus – tritt ebenso ausdrücklich bei Ferro (1933: 88) hervor. Er behauptet, die Kunst sei für Salazar der »Abendfrack«, eine Formel, in der die Variante dessen, was Emygdio da Silva (DN 28. 2. 1925) als »geistige Toilette« eines Volkes bezeichnete, erkennbar ist. Jener Kult der Toilette, den Ferro bereits 1921 in seiner *Teoria da Indiferença* in Aphorismen pflegte, war im Bereich der Kultur und sogar der Politik keine unwichtige Metapher, sondern durchaus ernst gemeinter Bestandteil der faschistischen Ideologie. Mussolini selbst erklärte, daß die Kleidung die Hierarchie bestimme: »Das Volk liebt die Hierarchie« und nicht den, der sich »schlecht kleidet« (zitiert in: Ferro 1927: 72). Salazar zog die Konsequenzen, und die Abendgarderobe wurde obligatorisch für jede Art von Aufführungen im São Carlos[288]. Schlecht gekleidete Leute wurden dort nicht zugelassen bzw. durften nur dort, wo sie nicht sichtbar waren, auf den hinteren Rängen, Platz nehmen und die Foyers nicht betreten (vgl. z. B. *Seculo* 5. 12. 1940). Die Kuppel des São Carlos krönte den Empfangssalon des Landes, in dem nur gut gekleidete Leute ›existieren‹ durften. Anläßlich der Wiedereröffnung am

---

[288] Erst 1955 wurde dieser Zwang für die Aufführungen, die nachmittags stattfanden, aufgehoben.

1. Dezember 1940 im Rahmen der Hundertjahrfeier der Gründung und der Restauration der nationalen Unabhängigkeit, die die faschistische Regierung in eine gigantische Propaganda-Offensive verwandelte, bestätigen die Presseberichte, daß sich das hier beschriebene Opernmodell und dessen Funktion ausgeprägt hatte. Obwohl Ruy Coelho, ein engagierter Anhänger des ›Neuen Staates‹, eine neue Oper, *D. João IV*, für diesen Anlaß komponierte, beschäftigte sich die Presse kaum damit. In manchen Berichten wird das neue Bühnenwerk in drei Akten, das als Ausdruck einer nationalistischen Kunst gelten sollte, nicht einmal erwähnt. Auch Bühnenphotos sind in der Presse kaum zu finden. Im Gegensatz dazu werden zahlreiche Aufnahmen der ehemaligen königlichen Ehrenloge wiedergegeben – nun in die ›Präsidentehrenloge‹ verwandelt – sowie der erstrangigen Logen, des Parketts und der Foyers während der Pausen. Die in den Dienst der Regierung gestellte Zeitung *Diário de Notícias* (3. 12. 1940) notiert, das Bühnengeschehen habe »als Kunstausdruck die Galaaufführung insgesamt aufgewertet«, und dem *Diário de Lisboa* (3. 12. 1940) gelingt es, das, was in allen anderen Beiträgen implizit ist, vollends beredt zum Ausdruck zu bringen:

»Das São Carlos hat seiner glänzenden Geschichte noch ein Kapitel hinzugefügt! Wie der Phoenix ist es aus der Asche wiedererstanden. [...] Die große Aufführung fand im Zuschauerraum statt [...] [und die] lyrische Vorstellung war ein purer Vorwand, um dafür die Gelegenheit zu schaffen.«

Und so wie die Photos berichten auch die Zeitungstexte ausführlich vom Zuschauerraum und den Foyers, von den anwesenden Diplomaten der kriegführenden Mächte, von den Toiletten und Juwelen der Damen aus der alten und neuen Aristokratie der Politik und der Hochfinanz[289], vor allem aber vom großen Eindruck, den die Anwesenheit des Diktators Salazar, des Präsidenten Carmona und weiterer Regierender des ›Neuen Staates‹ hervorgerufen habe. Die katholische Zeitung *Novidades*, Organ des Patriarchats, bekundet ihren Jubel über die großen Leistungen der vorangegangenen Feiertage, die in der Galaaufführung des São Carlos den Höhepunkt erreicht hatten:

»Warum sollten wir nicht gestehen, daß die Korrektheit, das hieratische Profil, die Ausgeglichenheit, die elegante und ehrenvolle Ordnung all dieser Paraden [gemeint sind die Festlichkeiten] eine Wiederbelebung des alten hochrangigen gesellschaftlichen Lebens bedeutet, die sowohl in der allgemeinen Verwirrung als auch in der Ausschweifung der Sitten – als Ergebnis der in die

---

[289] Die sogenannten ›Seiten für die Frau‹ in der Presse beschäftigten sich z. B. mit der »Auswahl des Kleides für die Oper im São Carlos« (*Seculo* 10. 1. 1959).

portugiesischen Gesellschaft eingedrungenen Herabsetzung der Ideen – verlorengegangen war?
Nein: Niemand darf behaupten, daß dieser Schein nicht markant ist und diese Äußerlichkeiten nicht charakterisieren. Wir zählen uns zu denjenigen, die denken, daß sie eine Epoche prägen und daß sie in dem, was man sieht, Ausdruck dessen sind, was man eigentlich wieder ist.
Die Vornehmheit unserer Rasse ist uns wieder bewußt geworden.« (*Novidades* 3. 12. 1940).

Dies bedeutete die Entfaltung des Snobismus (dessen Wesen darin besteht, anders zu scheinen als man wirklich ist) zu einer Art Nationalphilosophie. So wie bereits die Anhänger von Sidónio Pais, dem Vorläufer des Faschismus, zwanzig Jahre früher in einem tätigen und »glänzenden« São Carlos das Symbol des Wohlergehens der ganzen Nation gesehen hatten, erblickten jetzt die sozialen Kräfte, die den portugiesischen Faschismus unterstützten, darunter die katholische Kirche, in der Abendgarderobe der São-Carlos-Besucher den Beweis für das Wohlergehen eines jener Völker, die unter verschiedenen sozialökonomischen und kulturellen Kriterien den letzten Platz in Europa einnahmen (vgl. Cunhal 1966: 14 ff.). Der Schein sollte als Wirklichkeit gelten, so wie es der Diktator am 26. Februar 1940 in einer Rede über die Ziele und die Notwendigkeit der Propaganda gelehrt hatte: »Was in der Politik scheint, ist.« (Salazar 1935: III, 196). Auch unter dem Gesichtspunkt einer Affirmation der Hierarchie wurde die Parade der Eleganz anläßlich der Wiedereröffnung des São Carlos gefeiert. Für den *Diário da Manhã* (3. 12. 1940), das offizielle Organ der faschistischen Partei, der ›Nationalen Vereinigung‹ (›União Nacional‹), war die Aufführung im Zuschauerraum »wie ein Traum« für eine Regierungsform der Eleganz« ankündige. Gemeint war die »Negation der Demokratie«, wie ausdrücklich in der katholischen Zeitung *A Voz* (15. 12. 1940) zu lesen war, die gleichzeitig der NS-Besetzung von Paris applaudierte:

»Erst nach 1930 hat die Fieber der Demokratisierung – mit freiem und beschleunigtem Kurs in Frankreich – die Hose aus Köper und die Gabardine in dessen ersten Operntheater zugelassen [...].
Dieser Wind der Demokratisierung, der von Paris herwehte – von der ewigen Stadt des Lichtes, wie sie die Intellektuellen bis vor kurzem nannten – hat uns, obwohl entkräftet, bereits erreicht [...].
Empfehlenswert in diesen Zeiten verdächtiger Tendenzen ist es, den Marsch zu stoppen. Das Gegenteil würde nicht jenem konstruktiven Sinne entsprechen, der das ganze Werk der in Portugal bestehenden Staatsregierung charakterisiert.«

Foyer des São Carlos 1940 (Fototeca, Palácio Foz, Lissabon).

So antwortete diese Zeitung auf eine Kritik am Zwang zur Abendgarderobe im São Carlos, die trotz der Zensur in *Os Ridiculos* (7. 12. 1940) und *Diario de Lisboa* (14. 12. 1940) erschienen war[290]. Akzeptierte *A Voz* jedoch noch die Aufhebung dieses Zwangs unter der Bedingung, daß sie sich nur auf gewisse Tage in der Woche beschränkte, so stellte dagegen der Musiktheoretiker Sampayo Ribeiro (*Ocidente*, Januar 1941), der sich stets durch extrem pro faschistische Stellungnahmen auszeichnete, den Zwang der Abendgarderobe für jede Art von Aufführungen im São Carlos absolut außer Frage. Inwieweit die Musikpolitik der Zeit sich um eine solche äußerlichen Demonstration der Hierarchie besorgte, wurde unterdessen am Konservatorium sichtbar: Ivo Cruz, ein Mitbegründer (neben Sampayo Ribeiro) des ›Renascimento Musical‹ 1924[291], der sich 1938 zum Direktor des Konservatoriums worden war, hatte neben der Abschaffung wichtiger früherer Bildungsreformen von Vianna da Motta und Luiz de Freitas Branco auch strenge ›Kleidungsreformen‹ für Lehrer und Studenten eingeführt ...

[290] Diese Kritik erscheint weiterhin in der Presse: vgl. z. B. Ferreira d'Almeida (*Republica* 14. 4. 1948), Igrejas Caeiro (*Ver e Crer*, Oktober 1949), Reynaldo dos Santos (DN 22. 1. 1958).
[291] ›Nationalistische‹ Gruppe für die Pflege der portugiesischen Musik, der sich auf den ›Integralismo Lusitano‹ bezog.

Zuschauerraum des São Carlos 1940 (Fototeca, Palácio Foz, Lissabon).

(vgl. J. Freitas Branco 1982: 57). Ebenso bezeugten die Umgestaltungsarbeiten des São Carlos unter der Oberaufsicht des Ministers Duarte Pacheco denselben Kultus der Hierarchie, der sich jetzt besonders in der Konzeption des Theatergebäudes ausdrücken sollte. Man kümmerte sich um den Glanz des Zuschauerraums und des Foyers. Man ersetzte sogar die ursprünglichen gewölbten Treppen der Gänge zum Zuschauerraum, deren architektonische Konzeption sehr geschätzt wurde (vgl. u. a. Benevides 1883: 27), durch eine neue, ›prächtigere‹ und für die Repräsentation besser geeignete Treppenanlage. Man befaßte sich also mit dem Dekor der gut gekleideten Zuschauer, jedoch weder mit der Bühne noch mit den akustischen Bedingungen[292] – ganz zu schweigen von den wesent-

---

[292] Die Frage, ob die Renovierung des São Carlos der Akustik geschadet hat, bleibt offen. Auf jeden Fall wurden die Fehler, die bei den Bauarbeiten des 19. Jahrhunderts aufgetreten waren (vgl. Benevides 1883: 26), nicht korrigiert, und eine Überzahl an Teppichen und Überzugsstoffen spricht ebenso gegen die Berücksichtigung der Akustik. Nicht zuletzt dürfte sich die Zerstörung des ursprünglichen Treppensystems ebenso nachteilig auf den Zuschauerraum als ›Resonanzboden‹ auswirken. In der Mailander Scala z. B. mußten die ursprünglichen Treppen wieder aufgebaut werden. Noch wichtiger ist aber die Tatsache, daß selbst die Bühne ihren ursprünglichen Resonanzboden verlor und keine gesamte Modernisierung ihrer technischen Anlage stattfand (eine Lichtorgel und ein Bühnenhimmel wurden jedoch eingerichtet).

lichen Fragen, welches Ensemble dort spielen sollte, und *was* und *wie* dort zu spielen wäre. Gegen diese Umkehrung der Werte, die die Unterordnung der szenischen Darstellungsmittel unter die im Zuschauerraum vergegenwärtigte Sozialhierarchie bedeutete, erhoben sogar Anhänger der Regierung, wie z. B. Sampayo Ribeiro (1947: 91), Einspruch. *Auch im Innern des Theatergebäudes* manifestierte sich dieselbe Logik wie in den Mietsgebäuden des Bürgertums: Bühne und Zuschauerraum verhielten sich zueinander wie der *Luftschacht* zum *Empfangssalon* … Aber in Übereinstimmung mit der Fassaden-Kulturpolitik der Regierung hielt die Presse nach Abschluß der Bauarbeiten das São Carlos in großen Schlagzeilen für das beste Theater ganz Europas! (DL 28. 10. 1940; DM 29. 10. 1940).

Als Empfangssalon diente das São Carlos, das zum Haupttheater des ›Neuen Staates‹ geworden war, nicht einem breiten Publikum, sondern einer »Familie«. Es gehe um »eine einzige und sehr einige Familie«, deren »sämtliche« Mitglieder »sich wohlfühlten« und »die Verehrung von allen anderen verdienten« (DM 3. 12. 1940). Konkret verstand man darunter die Leute, die sich an dem in den Banken akkumulierten Kapital beteiligten und folglich die regelmäßige Tätigkeit eines Luxus-Theaters, wie es das São Carlos darstellen sollte, bezahlen konnten. Im Zusammenhang mit der erwünschten Eröffnung des São Carlos für Konzertreihen mit dem kurz zuvor gegründeten Sinfonischen Nationalorchester unter Leitung von Pedro de Freitas Branco schrieb *A Voz* (28. 1. 1942):

> »Gibt es nun oder gibt es nicht in Lissabon ein zahlungsfähiges Publikum, um die Plätze [im São Carlos] zu erwerben, wenn im letzten Bericht der Banco Espírito Santo steht, daß diese Einrichtung Konten im Werte von einer Milliarde und 22 Millionen Escudos beherbergt, die zudem ein Prozent Zinsen erbringen?«

Die »Familie« bestand also aus der Elite des Geldes, die sich seit 1926 mit dem Aufstieg des Faschismus herausbildete. Dank der Zensur, des politischen Zwangsapparates (einschließlich der Geheimpolizei), des Arbeitsgesetzes, der korporativen Organisationen, der Propaganda und des Segens der Kirche festigte das Großkapital seine Herrschaft und akkumulierte in »unerhörter Disproportion angesichts der Dimensionen des Landes« (Oliveira Marques 1981: III, 482 ff.) immer mehr Kapital. Die Geschichtswissenschaft stimmt in dieser Hinsicht mit den Stellungnahmen einiger Widerstandskämpfer der Zeit überein. Kurz nach seiner Flucht mit anderen Kampfgenossen aus dem Gefängnis in Peniche (1961), in dem er über elf Jahre verbracht hatte, schrieb z. B. Álvaro Cunhal, der Generalsekretär der verbotenen Portugiesischen Kommunistischen Partei, in einem seiner umfangreichen Berichte über den Zustand des Landes:

»Der Militärputsch von 1926, der zur Errichtung der faschistischen Diktatur führte, wurde von den reaktionären Kräften des Großkapitals und der Großagrarier vorbereitet und durchgeführt. Das Ziel war, den Staatsapparat in ihren Dienst zu stellen, die kleine und die mittlere Bourgeoisie von der Macht zu verdrängen und die Arbeiterbewegung zu stoppen. Im Jahre 1926 hatte die mittlere Bourgeoisie in der Industrie sowie im Bankwesen und im Handel noch ein beachtliches Gewicht. In den meisten Industriezweigen gab es noch keine Herrschaft des Monopolkapitals. Industrie- und Bankkapital waren noch nicht so eng verschmolzen, daß es die Kontrolle des Wirtschaftslebens des Landes hätte sichern können. Mit Einsetzung der faschistischen Regierung ging das Großkapital dazu über, mit der Gewalt des Staates seine Interessen durchzusetzen. [...] Die ganze Tätigkeit der faschistischen Regierung bestand [...] darin, die Ausbeutung der Arbeiterklasse und der anderen arbeitenden Klassen zu intensivieren, um der Bourgeoisie mehr Profit und die schnellste Akkumulation des Kapitals zu ermöglichen. [...] So sind die Zentralisierung, die Konzentration und das Monopol nicht nur das natürliche Ergebnis der freien Konkurrenz auf lange Sicht gewesen. Durch die Politik der faschistischen Regierung erfolgte und erfolgt die Errichtung der Monopole gewaltsam, zwangsweise, kurzfristig, mit den Mitteln der Gesetzgebung, durch Ministerialerlässe, durch Gewalt und Terror, die den Widerstand bezwingen und die Pläne des Großkapitals durchsetzen.« (Cunhal 1966: 21 f.).

Nur eine »kleine Familie«, in der sich die ökonomische und politische Macht konzentriert hatte, konnte sich neben der Abendgarderobe die Eintrittskarten für das São Carlos leisten. Gerade dieser Punkt müßte noch gründlich erforscht werden; es ist aber davon auszugehen, daß der Preis der Eintrittskarten in der ganzen Geschichte des São Carlos nie so hoch – in Bezug auf die durchschnittliche Kaufkraft der Bevölkerung – war[293]. Mit Ausnahme derjenigen Plätze, von denen aus die Bühne auch kaum sichtbar war, war das São Carlos ausschließlich

---

[293] Der Vergleich zwischen den statistischen Angaben aus den Jahren 1947 und 1927 läßt einerseits die Preissteigerung von lebenswichtigen Produkten erkennen (in einigen Fällen sind sie um das dreifache teurer geworden), andererseits die Stagnation und sogar den Rückgang der Arbeitslöhne. Die Eintrittspreise des São Carlos sollten in diesen Rahmen einbezogen werden. Für manche Plätze waren die Preise von 1946/1947 um das Fünffache, in manchen Fällen sogar beinahe um das Zehnfache höher als jene von 1922/1923 (letztere in Parentese angegeben): Parkett, 150$00 bzw. 200$00 (35$00); Logen bis zum 3. Rang, von 400$00 bis 900$00 (von 120$00 bis 300$00); Logen im 4. Rang bzw. ›Torrinhas‹, von 280$00 bis 450$00 (100$00 bzw. 120$00); Galerie bzw. ›Varandas‹, 35$00 bzw. 50$00 (6$00). Zum Vergleich wird der durchschnittliche Tagelohn der Metallarbeiter in Lissabon genommen: 6$35 esc. (1947) gegen 6$28 (1922), 6$92 (1923) bzw. 7$45 (1924) (vgl. *Anuário Estatístico de Portugal* für die entsprechenden Jahre). Um 1940 erhielt ein Industriearbeiter durchschnittlich 13$00 als Tagelohn, was nur 72 % der Nährbedürfnisse seiner Familie und etwa einem Drittel des »strikt Notwendigen«, um »anständig und so bescheiden wie möglich zu leben«, entsprach (vgl. Rosas 1994: 94 f.).

»den hohen Beamten, den Kapitalisten und ihren Gattinnen« zugänglich (Lopes Vieira 1942: 311). Hier, in ihrem gemeinsamen und von ihrem Staat nunmehr direkt verwalteten Empfangssalon, wurde sich die »sehr einige portugiesische Familie« seit dem Beginn der regelmäßigen Opernspielzeiten 1946 präsentieren. Hier wurde sie im Gegensatz zu den Verhaltensmodellen, die in anderen europäischen Milieus der Nachkriegszeit (wie z. B. in der Bundesrepublik Deutschland während der wirtschaftlichen Blüteperiode) überwogen, Luxus und Reichtum ohne »Angst vor dem Potential des Konflikts mit den Massen« zur Schau stellen[294]. Nicht nur in den Logen, sondern auf jedem sichtbaren Platz des Zuschauerraums wurden ihre Mitglieder im Laufe der Zeit zu »Gespenstern« (vgl. Adorno 1958b: 314). Unabhängig vom Repertoire, dessen Aufführungsstruktur sehr gleichförmig wurde[295], und von den verpflichteten Gaststars, auf die sich jede Spielzeit stützte, erneuerte dieselbe »Familie« ihre Abonnements und besuchte das São Carlos, als hätte sie dort ein Machtritual zu zelebrieren. Und so wie die ökonomisch-politische Macht wurden auch die Plätze im São Carlos zum erblichen Eigentum (vgl. J. Freitas Branco 1982: 61). Opern portugiesischer Komponisten in der Landessprache gab es nur einmal, und dies nur in einigen Spielzeiten, um gleichsam eine patriotische Pflicht zu erfüllen. In diesem Fall verlor aber die Darstellung an ›ornamentaler Vornehmheit‹, und das Publikum erschien nicht zur Vorstellung, obwohl es die Abonnements für die ganze Saison bezahlt hatte.

Der Begriff ›Empfangssalon‹ im Sinne des privilegierten Ortes der Selbstdarstellung der Machthaber setzte aber eine Funktion voraus, die unter den spezifischen Bedingungen des portugiesischen Faschismus überwiegend gerade im São Carlos realisiert wurde: die Ästhetisierung der Politik.

---

[294] »Der neue Luxus [...] scheut die Ostentation – schrieb Adorno (1962: 264) zum Opernpublikum der Nachkriegszeit:»Die Gesellschaft nach dem Zweiten Krieg jedoch ist, wie sattsam bekannt, ideologisch viel zu nivelliert, als daß sie es wagte, ihr kulturelles Privileg den Massen so kraß vorzuführen«. In Portugal aber wagte sie es weiter, vielleicht weil die ›Massen‹ hier noch kaum sichtbar waren ...

[295] Ab 1948 finden regelmäßig Aufführungen deutscher Ensembles neben denen italienischer Ensembles in den entsprechenden Sprachen (manchmal in Übertragungen) statt: jede Oper zählt zwei Aufführungen pro Spielzeit. Französische Ensembles erscheinen regelmäßig im Spielplan erst ab 1960 (bisher übernahmen die italienischen Darsteller das französische Repertoire). Ab 1959 findet eine zusätzliche Aufführung pro Oper des italienischen Repertoires im Coliseu statt, die in Zusammenarbeit mit der FNAT (›Federação Nacional para a Alegria no Trabalho‹ – das portugiesische Äquivalent für die NS-Organisation ›Kraft durch Freude‹) veranstaltet wird.

2. Oper als Ästhetisierung der Politik

Ein ›völkisches‹ Kommunikationsmodell

Während die Republik 1931 in Spanien triumphierte, gründete Salazar in Portugal die faschistische Partei und versuchte, den ›Neuen Staat‹ zu konsolidieren. 1931 war auch das Jahr der Uraufführung des Oratoriums *Fátima* von Lopes Vieira (Text) und Ruy Coelho (Musik) im São Carlos. Der Feier des ›Wunders‹ der heiligen Jungfrau (1917) gewidmet, erschien dieses Werk in der richtigen Stunde. So wie das ›Wunder‹ eine großangelegte Propaganda-Aktion des Klerus gegen die laizistische und aufklärerische Republik darstellte und auf einen ›Erlöser‹ faschistischen Typs hinwies (seinerseits in unmittelbarer Verbindung mit dem Aufstieg des Diktators Sidónio Pais im Dezember 1917), so war das Oratorium *Fátima* eine musikdramatische Vergegenwärtigung des großen nationalen Schicksals, das Portugal unter Führung seines von der Vorsehung gesandten ›Führers‹ (›Chefe‹) erfüllen sollte. Die Presse und insbesondere der *Diário da Manhã* stellten die Uraufführung so dar, als wäre sie ein äußerst bedeutendes historisches Ereignis in der Kulturgeschichte Portugals, der Gipfel der portugiesischen Literatur und Musik, zugleich das am meisten nationalistische unter den Werken der nationalen Musikliteratur[296]. Mit umfangreicher Unterstützung der Presse gelangte das Werk vom 26. April bis zum 24. Mai zu sieben Aufführungen. Unterdessen fanden öffentliche Veranstaltungen zu Ehren der beiden Verfasser und sogar die erste Hauptversammlung der jüngst gegründeten faschistischen Partei – zufällig auch im São Carlos – statt (18. 5. 1931). Im Kontext dieser massiven kulturideologischen und politischen Offensive des in Portugal eng mit der katholischen Hierarchie verbundenen Faschismus gewinnt die Stellungnahme von Lopes-Graça in der linksorientierten Zeitschrift *Seara Nova* (13. 4. 1931) an Bedeutung. Sie gilt einerseits als mutiges Widerstandsdokument, andererseits charakterisiert sie genau das São-Carlos-Modell, so wie es in den Dienst einer faschistischen ›Kunstmilitanz‹ gestellt werden sollte. Unter dem Titel »Das Wunder, das Fátima nicht vollbracht hat« zeigt Lopes-Graça die künstlerische Scharlatanerie des Oratoriums von Lopes Vieira/Ruy Coelho auf, das in einer kitschigen »Kerzenprozession«, mit vollständiger Unisono-Übertragung des »entsetzlichen *Ave*« von Fátima (das aus Lourdes entliehen

---

[296] Vgl. z. B. DM 14. 4., 17. 4. u. 18. 4., täglich von 20. 4. bis 26. 4., 28. 4, 30. 4., 1. 5., 5. 5., 6. 5., 7. 5., 12. 5., 13. 5., 16. 5., 19. 5., 23. 5., 24. 5., 30. 5. u. 19. 12. 1931.

war[297]), kulminierte. Das Versagen des Komponisten wirke lächerlich, und dies um so mehr, als er selbst vor der Uraufführung angekündigt hatte, »er wolle den strengen Kirchenstil des 16. und 17. Jahrhunderts neu beleben«, sich von Palestrina inspirieren lassen. Darüber hinaus behauptete er, sein Werk sei mit *L'enfance du Christ* von Berlioz, der Messe in D von Beethoven, dem *Deutschen Requiem* von Brahms und mit der Kirchenmusik von Händel und Bach vergleichbar! ... Es genügt eine Lektüre des Klavierauszuges und das Anhören des im Archiv des portugiesischen Rundfunks existierenden Aufnahme, um das Urteil von Lopes-Graça bestätigt zu finden: »Die Armut der Ideen, die harmonische Magerkeit, die ausgesprochen schlechten Orchestrierung und Vokalsatz, die sehr fehlerhafte Prosodik, der Mangel an Einheit, an Struktur, an Logik« und die »musikalischen Tricks«, die diese und andere Schwächen verdecken sollten, kurzum, der Kitsch, der zugleich auch in Lopes Vieiras Text manifest ist – all dies steht bei einer heutigen und nicht einmal polemischen Auseinandersetzung mit dem Werk außer Frage[298]. Die politisch engagierte Botschaft aber, auf die die Verfasser durch derartige künstlerische Mittel abzielten, wurde trotzdem (oder eben deshalb ...) völlig verstanden, so wie es der ausgeprägt harte, aber meisterhaft geschriebene Bericht von Lopes-Graça bezeugt:

»Die Beschreibung des Abends [der Uraufführung des Oratoriums *Fátima*] ... Die *sui generis* Atmosphäre einer reaktionären Parade; der aufgeblasene und festliche Luxus der Chorsänger, der in Kontrast trat zu der gewollten Feierlichkeit der frommen Zeremonie und zum Ernst der im São Carlos in Scharen versammelten Soutanen; die mystische Schlüpfrigkeit, die die normalerweise ausdruckslosen Gesichter belebte; die seltsame Gestalt eines paralytischen und schwachsinnigen Herrn Bischof aus Leiria[299], der ausschließlich gekommen war, um der Zeremonie beizuwohnen; die Schlitzohrigkeit Herrn Rui Coelhos, der mit genießerischem Auge die [...] Menge betrachtete [...]; die Koketterie von Herrn Lopes Vieira [...], der in seinem Vortrag – von *bravos* und *apoiados* [Beifallsstimmen] der Zuhörerschaft unterbrochen – [...] die Tugenden der Jungfrau pries und ihre besondere Vorliebe für die Portugiesen hervorhob [...] [sowie] [...] ankündigte, sie werde Portugal in jetziger Stunde retten; die Inbrunst, mit dem jene einfachen und unwissenden Seelen die Torheiten des Herrn Rui Coelho anhörten; schließlich, die tosende Begeisterung, nachdem der Chor und das orchester *una voce* das *Ave* von

---

[297] Auch das Wunder von *Fátima* wurde sozusagen aus Lourdes entliehen.
[298] Von einem Musiktheoretiker des nationalistischen Lagers kam sogar ein nicht weniger scharfer Angriff gegen das *Fátima*-Oratorium (Sampayo Ribeiro 1931).
[299] Er war der unmittelbar Verantwortliche für das Wunder, das in seiner Diözese stattfand.

Fátima gegrölt hatten [...], die hysterischen Ohnmachtsanfälle einiger alter Betschwestern, das frömmlerische Lächeln mystischer Geilheit der Epheben-Seminaristen und Chorknaben [...], die Rufe »es lebe die Heilige Religion und Portugal«, »Nieder mit Spanien«, [...] »es lebe der König der portugiesischen Komponisten« Herr Rui Coelho, der [...] sich selbst innerlich gratulierte, weil er einen neuen Hof von Einfaltspinseln entdeckt hatte ...« (Lopes-Graça 1931a: 133 f.).

Bei den bekennenden Anhängern des Faschismus, die für namhafte Intellektuelle gehalten wurden – also nicht nur bei den »Unwissenden« – fand das Werk jedoch ein großes Echo. Anläßlich eines Banketts für Lopes Vieira und Ruy Coelho erklärte z. B. António Ferro:

»Der Chor der Pilger [des Oratoriums *Fátima*] ist der Chor von uns allen, ist der Chor der Kranken, die Unsere Herrin des Paternosters, Unsere Herrin von Fátima darum bitten, sie möge Wunder tun, all unsere Landeskinder versöhnen und vereinigen im selben Ideal.« (Zitat nach Lopes-Graça 1931b: 146 f.).

In diesem Zusammenhang sind folgende Merkmale auffallend:
– Künstlerische und politische Demagogie versammeln ein ›völkisches‹ Publikum im São Carlos.
– Das auf der Bühne dargestellte Werk wirkt auf das Publikum agitatorisch, manipuliert es für den politischen Einsatz.
– Bühne und Zuschauerraum gehen ineinander über, die Aufführung verwandelt sich in eine politische Demonstration, eine politische Kundgebung.
– So entsteht ein Darbietungsmodell mit starker Rückkopplung, das paradoxerweise auf die kommunikative Tradition der Volkstheaterkultur zurückgreift.
– Der politische Erfolg der Aufführung wird, sowohl vorher als auch nachher, in seiner politischen Bedeutung von den Massenmedien mit organisiert, durchgesetzt, verbreitet und verstärkt, die Kunst wirkt unmittelbar als Propaganda (obwohl zu dieser Zeit das ›Sekretariat für Nationalpropaganda‹ noch nicht gegründet war).
– Die faschistische Kunst erscheint als kämpferisch, offensiv, populär, keineswegs aber als repräsentativ; sie ist der Gegensatz zum *l'art pour l'art*.
– Das São Carlos wird in solch eine Konzeption integriert, verwandelt sich in ein ›völkisches‹ Theater, in ein Theater des ›Populismo‹.

Exkurs: Zum Aufstieg des Faschismus in Portugal

Die Weiterentwicklung des São Carlos in dieser Richtung setzte jedoch Züge der faschistischen Bewegung voraus, die sich in Portugal dergestalt nicht nachweisen lassen. Die gering entwickelten kapitalistischen Verhältnisse entfalteten sich zwar am Vorabend des Putsches weiter, die Industrialisierung befand sich jedoch, im Vergleich zum übrigen Europa, erst am Anfang. Stellte sich der Faschismus sonst unter den Bedingungen eines rückständigen Landes als Hauptaufgabe die Beschleunigung des »zur Zentralisation, zur Konzentration, zum Monopol führenden Prozesses der Entwicklungsgesetze des Kapitalismus« (vgl. Cunhal 1966: 21), so sollte der portugiesische Faschismus sein Programm auf dem Prinzip der Gewährleistung einer hohen Rentabilität des Kapitals *ohne* volle Entfaltung des Produktionspotentials erfüllen, was nur durch das Verbot jeder Gewerkschaftsbewegung und die Reduzierung der Arbeitslöhne auf das Überlebensniveau möglich war (Castro 1979: 166 f.). Daher kommt die Verzögerung der Industrialisierung, die noch 1950 die ökonomische Struktur des Landes charakterisierte: Zu dieser Zeit beschäftigte die Industrie nur 24,6 % der Werktätigen (vgl. Castro 1979: 146 f., 153, 163, 267). Während des Aufstiegs des Faschismus war die Zahl der in der Industrie Beschäftigten (also nicht nur der Arbeiter) weitaus geringer: 450 000 Personen, d. h. 10,13 % aller Werktätigen[300]. Charakteristisch für das Land war also »die massive Vorherrschaft der traditionellen Agrartätigkeit« (Joel Serrão 1975: 233). Um die sozialökonomische Skizze in dieser Hinsicht zu ergänzen, sei die Zahl der Arbeitslosen um 1930 genannt: knapp 50 000, die fast alle im folgenden Jahrzehnt durch eine Politik der öffentlichen Bauarbeiten Beschäftigung fanden (vgl. Oliveira Marques 1981: III, 466 ff.).

Wenn Villaverde Cabral (1982: 22 ff.) den Unterschied zwischen dem Faschismus als ›Bewegung‹ und dem Faschismus als ›Regierungsform‹ akzentuiert und die Schlußfolgerung zieht, daß erstens in Portugal das Nichtzustandekommen einer faschistischen Partei vor dem Putsch eher auf konjunkturelle als auf strukturelle Determinanten zurückzuführen sei, und daß zweitens Vereine wie der ›Nationalkreuzzug Nun'Álvares Pereira‹ bzw. der Arbeitgeberbund die Funktionen des Faschismus als ›Bewegung‹ ersetzt hätten, so übersieht er vielleicht gerade das, was zum Verständnis der portugiesischen Entwicklung ausschlaggebend ist, nämlich ein äußerst wichtiger struktureller Faktor: die Verzögerung der Industrialisierung und das Nichtvorhandensein proletarisierter Massen großer Dimension, und – daraus folgend – die Unnötigkeit der Bildung einer authentisch faschistischen Partei, die diese Massen aus der revolutionären

---

[300] Um 1930, vgl. *Anuário Estatístico de Portugal* (1937: 21–23).

Bewegung hätte herauslösen und gegen die revolutionäre Bewegung mobilisieren müssen. Der sonst spürbare »Unterschied zwischen dem sozialen Umfang der faschistischen Bewegung« (»nach oben und nach unten weit über das Kleinbürgertum« hinausgehend) und »dem organisatorischen Umfang der faschistischen Partei«, welche »wesentlich die Interessen von Teilen der Bourgeoisie, die ihr organisatorisch nicht angehören«, mit repräsentiert (Sering 1936: 41), entspricht nicht eigentlich dem Wesen der portugiesischen Entwicklung. Bereits die Art und Weise, wie die ›União Nacional‹ entstand, läßt den spezifischen Charakter der nach der Machtergreifung gebildeten faschistischen Partei in Portugal verständlich werden. Diese wurde 1930 verwaltungsmäßig von der Regierung gegründet und vom Innenministerium organisiert. Obwohl als Vorbilder (mit denen sich die neue Organisation offiziell identifizierte) die aus echten Massenbewegungen hervorgegangenen Parteien in Italien, Deutschland und Spanien fungierten (Piteira Santos 1982: 15 f.), schloß der Entstehungsprozeß der ›União Nacional‹ ›die plebeiische Komponente‹ mit Sicherheit aus, die die anderen Parteien einbezogen. Unter den Kongreßteilnehmern der ›União Nacional‹ (1931) befand sich kein einziger Proletarier; 65 % vertraten das Bündnis zwischen der Armee und der ›Intelligenzia‹, 35 % gehörten zum Staatsapparat (Parreira 1982: 214 f.). Armando Castro (1979: 158 f.) hält den unmittelbaren Übergang von Führungskräften des Monopolkapitals in führende Stellen des ›Neuen Staates‹ fest, und Oliveira Marques (1981: III, 481) bezieht in die »Klassen«, die sich in Portugal am faschistischen Machtblock beteiligten, »Großgrundbesitzer, Großindustrielle, Bankiers, Teile der hochgestellten Dozenten der Universitäten, die Mehrheit der Kirchenhierarchie, die zivilen und hohen Beamten des Militärs« ein. Außerdem fiel die Gründung der ›União Nacional‹ mit dem endgültigen Zusammenbruch der ›Nationalsyndikalisten‹ (›blauen Hemden‹) von Rolão Preto zusammen, deren Organisation nicht mehr anerkannt wurde und die 1934 sogar einen Putsch gegen Salazar wagten (Oliveira Marques 1981: III, 374 f.; Medina 1979). In diesen Gruppen könnte man vielleicht den Kern der faschistischen Bewegung finden, den Sering (1936: 38) in der Weimarer Republik als »Volksgemeinschaft des Bankrotts« bezeichnete und der eine an das Soziale und Proletarische angenäherte Redeweise verlangte, die an und für sich zum Wesen der faschistischen Demagogie gehörte (vgl. Black 1975; Eichholz 1980: 99 ff.). Die deutsche Nazi-Partei (NSDAP) stellte sich als »Arbeiterpartei« und »sozialistische Partei« vor (Black 1975: 285 ff.); die Partei Mussolinis galt ebenfalls als eine ›echte‹ Partei, die alle anderen und insbesondere die Italienische Kommunistische Partei ›ersetzen‹ sollte (vgl. Black 1975: 324 ff., 340, 362 f.); sogar Primo de Rivera hatte 1931 in Spanien die Verwandlung der Arbeitergewerkschaften in Machtorgane angekündigt (Black 1975: 365). Bekannt ist aber auch, wie die Nazis den Kampftag der Arbeiterbewegung (am 1. Mai 1933 in Berlin) als eine ungeheuerliche Propagandakampagne gegen die Arbeiterbewegung inszenierten und wie es ihnen gelang, über eine Million Menschen für diesen dann als »Nationalen Feiertag des deutschen Volkes« bezeichneten »Staatsakt« zu mobilisieren, darunter 100 000 Betriebsarbeiter (Behrens 1980: 82 f.). Eine derartige Demagogie, die eine vom plebejischen Charakter tief geprägte faschistische Bewegung voraussetzte, ist in Portugal nicht zu finden. Weder Salazar, der Ordinarius für Finanzwissenschaft an der Universität von Coimbra, noch sein engsten Mitarbeiter und Gefolgsleute waren übrigens Renegaten der syndikalistischen bzw. sozialistischen Bewegung, im Gegensatz zu denjenigen, die mit zur Führung der faschistischen Parteien in Italien und Deutschland gehörten (vgl. Black 1975: 365; Eichholz 1980: 104 f.). Die Bezeichnung ›Partei‹ wird in Portugal daher vermieden und der »nicht parteiliche« Charakter der ›União Nacional‹ als *Organisation gegen die Parteien* sogar deutlich unterstrichen (vgl. Salazar 1935: I, 94 f.).

Durch die strukturellen Bedingungen, die eine faschistische Massenbewegung verhindert hatten, wurden auch vom ›Neuen Staat‹ keine großen Massenmobilisierungen verlangt. Deshalb wird in Portugal das Programm des Faschismus in einem Stil verwirklicht, der sich vom italienischen und deutschen wesentlich unterscheidet. Die Unterschiede waren Salazar bewußter als anderen Anhängern des ›Neuen Staates‹ wie Rolão Preto oder António Ferro, der in den dreißiger Jahren von kraftvollen Machtinszenierungen nach jenen Mustern träumte. Um seine scheinbare Mäßigung zu rechtfertigen, erklärte der Diktator 1932 im Gespräch mit Ferro:

»Mussolini hatte mit der Haupttriebfeder, der Besetzung der Betriebe, sofort 350 000 ›schwarze Hemden‹ hinter sich. Mit einem solchen Startkapital an Kraft kann man alle Macht erlangen.« (Ferro 1933: 148).

Und weil ihm bewußt war, daß die Durchsetzung der Interessen der im Machtblock vertretenen Klassen und Schichten nicht dem Widerstand »proletarisierter Massen großen Maßstabs« gegenüberstand, bemühte er sich auch nicht darum, letztere demagogisch zu verführen:

»Da wir für niemanden Privilegien wollen, können wir es nicht auch zulassen, daß die Arbeiterschaft zur privilegierten Klasse wird« (Salazar 1935: I, 178).

Selbst anläßlich großer Massenkundgebungen, die zuweilen stattfanden[301], und in denen der Diktator unmittelbar vor die Massen trat, drückte er sich stets in einer hochkultivierten, feinen Sprache aus, die zum demagogischen Gebrauch

---

[301] Sie konnten nur durch eine Mobilisierung nationalen Maßstabs und vor allem durch die Mobilisierung der in der Landwirtschaft Beschäftigten zuwege gebracht werden.

im Sinne Mussolinis oder Hitlers nicht im geringsten geeignet war. Während diese versuchten, so weit wie möglich ›emotional‹ zu wirken, d. h. die von der Szenerie begünstigte ›Emotionalität‹ zu potenzieren (vgl. Grieswelles Zitate in Behrens 1980: 82 f.)[302], zielte der portugiesische Diktator vielmehr darauf ab, einen auf den Intellekt, die Intelligenz und die Fachkompetenz gestützten Paternalismus des Führers durchzusetzen. Auch in den seltenen Augenblicken des unmittelbaren Kontaktes mit den Massen zog Salazar die Plebejer als Adressaten seiner Reden nicht in Betracht. Er sprach immer für die ›Überlegenen‹, ›Vornehmen‹, ›Erhabenen‹, d. h. für die Herren, die ihre »Heterogenität« (vgl. Bataille 1933: 21 f.) vor den Massen nicht aufgeben wollten. Genossen die Erben der ehemals herrschenden Aristokratie die Feinheiten seiner Rhetorik, die von den Gelehrten des 17. Jahrhunderts stammte, so verstand hingegen die überwiegende Masse des unwissenden Volkes (die Analphabetenquote lag 1930 bei 61,8 %) nichts davon; sie konnte sich höchstens wie von einer in Latein gesprochenen Messe ehrfurchtsvoll beeindruckt fühlen.

In einem 1952 erschienenen apologetischen Buch berichtet Christine Garnier von einer gewissen Theorie, die der portugiesische Diktator über seine Art und Weise, mit dem Volk zu kommunizieren, entwickelt hatte. Darin heißt es, er habe die Beredsamkeit in Portugal getötet; sein Beispiel habe die Redner veranlaßt zu überlegen, anstatt sich dem »élan« des Augenblicks zu überlassen; ihm gefiele es überhaupt nicht, vor der Öffentlichkeit eine Rede zu halten; man könne die Volksmassen nicht bezaubern und zugleich regieren; Politik könne man mit dem Herzen machen, regieren aber nur mit dem Kopf; vor der Öffentlichkeit gehe er aber keinerlei Emotionsrisiko ein (Garnier 1952: 21 f., 84). Diese ›Theorie‹ bestätigt Äußerungen, die Salazar bereits zwanzig Jahre früher der Öffentlichkeit durch Ferro vermitteln ließ. Damals hielt er sich gegenüber dem »Exhibitionismus« zurück, der seiner Meinung nach zur Verbindung mit den Massen gehörte. So distanzierte er sich ausdrücklich von Ferro (1933: 83 ff.), der in seinem Aufsatz »Der Diktator und die Volksmassen« den Auftritt Salazars im Stil Mussolinis bzw. Hitlers gefordert hatte. Seine Redekunst – so meinte Salazar auch zu jener Zeit – könne überhaupt keine Leidenschaften in den Massen erwecken, sie sei »unfähig, die Herzen zu bewegen« (Salazar 1935: I, S. XV).

Derartige Geständnisse, in denen der Einfluß des Neothomismus spürbar werden, lassen sich nicht auf die bloße Frage des persönlichen Stils des Diktators reduzieren. Wenn die sozialökonomische Struktur des Landes jener Italiens bzw. Deutschlands geähnelt hätte, wäre auch der ›Führer‹, den die Situation erforderte, sicher kein Salazar, auch kein Sidónio Pais, sondern ein vollkommener Demagoge wie Mussolini bzw. Hitler gewesen. Das übermässig ›intellektuelle‹

---

[302] Behrens wertet diese Feststellung von Griswelle ab, sie gewinnt jedoch in diesem Zusammenhang an Relevanz.

Profil eines Sidónio Pais macht in diesem Zusammenhang klar, warum António Sérgio trotz seiner diagnostischen Fähigkeiten nicht unmittelbar die faschistische Gefahr erkannte (vgl. Villaverde Cabral 1982: 23), welche erst mit dem Aufstieg Mussolinis für ihn offensichtlich wurde. Sérgio, der unbeugsamste aller Kritiker des Bergsonschen Intuitionismus, der eine der Hauptquellen des Führerprinzips in Italien war (Lukács 1962: 21; Black 1975: 332), konnte in Sidónio Pais kaum die *Zerstörung der Vernunft* erkennen. Daß sowohl Sidónio Pais als auch Salazar unter den gemeinsamen Nenner eines Diktators ›intellektuellen Typs‹ gestellt werden müssen, belegt erneut also die Spezifik der gesellschaftlichen Formationen, die in Portugal zur Entwicklung des Führerprinzips beitrugen[303].

In diesem spezifischen Kontext, viel mehr als im Bild des von der Vorsehung gesandten Großen Führers, wie seine treuen Anhänger das zu verbreiten suchten (vgl. Nogueira 1977: III), bzw. aufgrund der internationalen Verbindungen des portugiesischen Großkapitals (vgl. Rosas 1983), ist auch die Nichtteilnahme Portugals am Zweiten Weltkrieg zu verstehen. »Der Krieg, und nur der Krieg« – so Walter Benjamin (1936a: 506) – »macht es möglich, Massenbewegungen größten Maßstabs unter Wahrung der überkommenen Eigentumsverhältnisse ein Ziel zu geben«. In Portugal waren solche Massenbewegungen kaum vorhanden. Durch die öffentlichen Bauarbeiten – ein Mittel, das auch Hitler am 1. Mai 1933 zur Bekämpfung der Arbeitslosigkeit angekündigt hatte (Behrens 1980: 139) und das die ›Fassadepolitik‹ des Neuen Staates charakterisieren sollte (Sérgio 1954; Oliveira Marques 1981: III, 466) – war außerdem die Zahl der Arbeitslosen in Portugal Ende der dreißiger Jahre auf ungefähr 7 000 reduziert worden. In dem herrschenden Bündnis gab es andererseits keine inneren Widersprüche, die die Stabilität der Macht bedrohten. Die Lage des Faschismus, die ihn, »um seine Macht erneut zu stabilisieren«, dazu zwingen sollte, »das Risiko

---

[303] Dies steht nicht in Widerspruch zu der im vorhergehenden Kapitel charakterisierten kulturideologischen Konstellation, die in Portugal zum Führerprinzip führte. Viele Anhänger Salazars hatten zwar in ihm einen Hitler gesehen und ihn sogar am Beispiel Hitlers im Gewand von einem mittelalterlichen Ritter (dem ersten König Portugals, Afonso Henriques) porträtiert. Salazar aber profilierte sich selbst dagegen als einen Gelehrten und setzte sich immer als solches bei den sozialen Schichten durch, die in Portugal den Faschismus unterstützten. In diesem Sinne ist es keine Überraschung, daß Claudio Sánchez Albornoz, der ehemalige Botschafter der spanischen Republik in Lissabon, in einem jüngst veröffentlichten Bericht über sein einziges Treffen 1936 mit dem portugiesischen Diktator – als der Konflikt zwischen beiden Staaten mit dem Beginn des spanischen Bürgerkriegs zugespitzt war – zum Schluß kommentiert, das Gespräch habe wie eine freundliche Unterhaltung »zwischen zwei iberischen Universitätsprofessoren« geendet (vgl. Vicente 1998: 52). Respekt gegenüber seinen Universitätskollegen zeigte jedoch der Diktator sonst nicht: Mit kalter Entschiedenheit ließ er zahlreiche der hervorragendsten Wissenschaftler und Lehrer aller Bereiche von den portugiesischen Universitäten und anderen Einrichtungen des staatlichen Erziehungswesens entlassen. Alle, die sich zu »fortschrittlichen Ideen« (*ideias avançadas*) bekannten – so wurde der Berufsverbot buchstäblich gerechtfertigt (vgl. *Seculo* 20. 1. 1934) –, durften keine Staatsbeamten werden bzw. bleiben.

einzugehen«, »daß sein System der gewaltigen Belastungsprobe des Krieges nicht standhält« (Sering 1936: 54), eine solche Lage kannte Portugal zu dieser Zeit nicht. Die Tatsache, daß der portugiesische Machtblock sich am konservativsten zu den Produktionsmitteln verhielt, so daß er eher die Industrialisierung zu bremsen als zu beschleunigen versuchte (vgl. Castro 1979: 166 f.), unterstützte dies.

Salazar ist es vollständig gelungen, die Interessen des portugiesischen Machtblocks zu vertreten und die Wechselbeziehungen der sozialpolitischen Kräfte (trotz des Widerstands der Arbeiterklasse) zu stabilisieren. Das Spezifikum, das diese Prozesse ermöglichte und ihn dazu führte, zu gewissen Aspekten der italienischen und deutschen Entwicklung Distanz zu wahren, wurde von anderen Repräsentanten des portugiesischen Faschismus nicht verstanden. Diese Divergenz spiegelt sich auch in den kulturpolitischen Auseinandersetzungen wider. Ohne Berücksichtigung der in diesem Exkurs dargestellten gesamten Konstellation bleibt der Unterschied zwischen dem 1931 erprobten und dem in den vierziger Jahren stabilisierten Modell des São Carlos unverständlich.

Ein repräsentatives Kommunikationsmodell

Seit seiner Wiedereröffnung im Jahre 1940 übernahm das São Carlos die Funktion der Staatsrepräsentation. Der ›Neue Staat‹ erneuerte eine Tradition, die weit bis in das *ancien régime* zurückging und sich im 19. Jahrhundert noch verstärkt hatte. Im Gegensatz zum romantischen Modell der ›öffentlichen Promenade‹ mit allen dazugehörigen Elementen, herrschte aber von nun an eine ganz andere Kommunikationsstruktur vor. Ihr Hauptcharakter bestand in systematischer Duplizität: als allgemeines Prinzip galt jetzt, daß der Schein die Wirklichkeit verdeckte. Die Darbietung ersetzte die Selbstdarstellung, die radikale Trennung ersetzte die engen Beziehungen zwischen Bühne und Zuschauerraum. Das bedeutet aber kaum, daß sich die informationelle Kopplung von der Bühne zum Zuschauerraum etwa im Sinne des Identifikationsmusters der Aufklärung verändert hätte. Bereits bei der Wiedereröffnung enthüllt die Presse den eigentlichen Zweck der Aufführung: das Zusammentreffen der »portugiesischen Familie« in ihrem Empfangssalon vor der Öffentlichkeit. Man ging ins São Carlos »um da zu sein«, um sich darzustellen, doch auf eine Art und Weise, die sich wesentlich von jener der romantischen Epoche unterscheidet. Die Presse hebt das »hierarische Gehabe«, die Pose der Zuschauer hervor, als ob sie an nichts anderes dächten als an das Bühnengeschehen. Nach der Entwicklung und dem Einfluß des Snobismus in den zwanziger Jahren war anderes auch kaum zu erwarten. Aber zugleich ist der Unterschied zum Modell der zwanziger Jahre spürbar:

Während die Wechselwirkung zwischen Kulturbedürfnis und Snobismus im wesentlichen die Gestaltung der Casali-Spielzeiten bedingte sowie unmittelbar die Wahrnehmung von gewissen Werken (etwa *Parsifal*) beeinflußt hatte, wurde der Darbietung *an sich* in den vierziger Jahren überhaupt jeder kulturideologischer Sinn entzogen. Die Wiedereröffnung des São Carlos »für die Musik« führte nicht in erster Linie zu dessen Wirken im Dienste einer für den ›Neuen Staat‹ eingesetzten Kunst, sondern wurde als ein Wert *per se* gepflegt, der zum Prestige des Staates gehörte. Wichtiger als das *Was* war das *Wie*. Die Musikbühne wurde zur »ornamentalen Kunst« (vgl. Bataille 1933: 81), die den Dekor des Zuschauerraums als Empfangssalon für Leute in Abendgarderobe ergänzte. Die Darbietung herrschte von nun an als ›Scheinmodell‹ vor.

Von einem São Carlos, das zum Symbol einer nationalistischen und an »breite Massen« gerichteten Kultur würde, konnten Lopes Vieira und Ruy Coelho nun nicht mehr träumen[304]. Die Enttäuschung Vieiras, die die allgemeine Enttäuschung vieler Wegbereiter des Faschismus widerspiegelte, wird im desillusionierten Titel seiner 1942 erschienenen Sammlung von Schriften deutlich: *Neue Suche nach dem Graf*[305]. Hier vergißt er nicht, den Fall des São Carlos zu reflektieren:

»Das São Carlos wird mit neuem Luxus wiedergeboren werden, und das bedeutet: der Tempel der ›Gegensprache‹ und der ›Gegenmusik‹ zum Nutzen von hohen Beamten, Kapitalisten und deren Gattinnen. Wann wird das Lissaboner Volk sein Theater, einen den Volksmassen geschenkten Großen Saal haben, in dem es seine Sprache und seine Musik hören lernt?« (Lopes Vieira 1942: 311).

Besonders anläßlich der Wiedereröffnung 1940 wurde der Unterschied zum Modell der Fátima-Aufführungen von 1931 deutlich. Der Verfasser des Bühnenstücks war wiederum Ruy Coelho und der Stoff (die Restauration der nationalen Unabhängigkeit unter König João IV.) galt zwar auch als besonders instinktiv für den politischen Augenblick (vgl. z. B. Sampayo Ribeiro 1942), aber weder das Publikum noch die Presse schenkten dem Werk die entsprechende Aufmerksamkeit. Die radikale Abwertung der Bühnendarstellung wird dadurch sogar gesteigert, daß ein nationalistisches Werk gegen die ehemalige Herrschaft Spaniens über Portugal zum bloßen Dekor für die öffentliche Lobpreisung der faschistischen Freundschaft zwischen den beiden iberischen Staaten wurde. Zweck der Aufführung, wie die Massenmedien selbstverständlich bezeugen, war die politische Demonstration,

---

[304] Ein nationalistisches Projekt für das São Carlos hegte ebenso Ivo Cruz, der mit der Sociedade Coral Duarte Lobo in den dreißiger Jahren einige Aufführungen von Opern und Oratorien aus dem 17. und 18. Jahrhundert in portugiesischer Sprache veranstaltet hatte und dirigiert hatte, darunter Monteverdis *Orfeo*, Bachs *Matthäus-* und *Johannespassion*.

[305] In *A Demanda do Graal* (›Auf der Suche nach dem Gral‹) hatte Lopes Vieira bereits 1922 seine Hoffnungen zum Ausdruck gebracht. Zwanzig Jahre später mußte er erneut nach ihm Ausschau halten ...

Wiedereröffnung des São Carlos 1940 (Fototeca, Palácio Foz, Lissabon).

die im Zuschauerraum stattfand[306]. Diese Demonstration der anwesenden Elite, die die Macht ausübte, begann mit Hochrufen, die vom obersten Rang kamen (DL 3. 10. 1940). Damit begann die Tradition der von Mitgliedern der Geheimpolizei organisierten ›spontanen‹ Demonstrationen im Zuschauerraum des São Carlos[307]. Am folgenden Tag berichtete die Presse darüber, als hätte die ganze Nation mit ihren Führern daran teilgenommen. Die von der Gesamtgesellschaft abgetrennte Elite ersetzte für diesen politischen Zweck die Volksmassen, die sich nur ›mittelbar‹, durch die Massenmedien, beteiligt fühlen sollten. Anläßlich des offiziellen Besuches des *Caudillo* Spaniens 1949 wird die Funktion des São Carlos, repräsentative Massenkundgebungen zu ersetzen (die die Regierung nur unter Schwierigkeiten zu organisieren gewußt hätte) noch stärker ersichtlich. Das offizielle Organ der ›União Nacional‹ betitelt auf seiner ersten Seite mit den folgenden Worten in Großbuchstaben den Bericht von diesem Zeremoniell:

---

[306] Die politische Tragweite der Aufführung im Zuschauerraum wurde auch von der spanischen Presse hervorgehoben: vgl. z. B. den Bericht *Oper y Política* in der Zeitung *Arriba* (10. 12. 1940) aus Madrid.

[307] Dies bestätigte der Aufseher des São Carlos, António Gruchinho, in einem Gespräch mit dem Verfasser (1982).

»In der Galaaufführung im São Carlos wurden Franco und Carmona[308] von
der Volksmasse, die das Theater füllte, mit tosender Begeisterung gefeiert.«
(DM 25. 10. 1949).

Welche Art von »Volksmasse« (*multidão*) die 1 100 verfügbaren Plätze des São
Carlos besetzte, präzisierte der Berichterstatter sogleich darauf:

»Minister, Mitglieder des Diplomatischen Korps, hohe Offiziere der Armee,
Richter, höhere Beamte, usw. ein Glanz von Garderoben, Uniformen und
Ehrenzeichen, der zu der Großartigkeit unseres ersten Zuschauerraums paßte.«
(DM 25. 10. 1949).

Beispiele für bedeutende politische Ereignisse dieser Art, die im São Carlos ihre
›Schein-Massen-Weihe‹ fanden, mehren sich in den folgenden Jahrzehnten. Aber
außerhalb solcher Höhepunkte hatte bereits die Tatsache politische Relevanz,
daß sich die Machthaber dort regelmäßig während der Spielzeit trafen und sich
für die Öffentlichkeit photographieren, filmen oder in der Presse kommentieren
ließen. Der Besuch des São Carlos wurde zum routinemäßigen Machtritual, was
– wie bereits gesehen – sowohl in der Verteilung der Plätze als auch in der Konzeption des Spielplans zum Ausdruck kam.

Auf diese Weise übernahmen vor allem die Abende des São Carlos in Portugal die Funktion der »Ästhetisierung des politischen Lebens«, die Benjamin
(1936a: 506 ff.) als wesentliche Merkmale des Faschismus charakterisiert. Gip-
felten alle Bemühungen um die Ästhetisierung der Politik im Krieg – so Benjamin – unter dem deutschen bzw. dem italienischen Faschismus, die sich für die
Vergewaltigung von großen proletarisierten Massen hearusbildeten, so mußte
dagegen die Ästhetisierung der Politik unter den spezifischen Charakteristika des
portugiesischen Faschismus in einer Art innerem Scheinfrieden kulminieren, so
wie ihn Franco Nogueira (1977: III, 204), sich auf das Jahr 1940 beziehend,
zusammenfaßt: »Bei der Masse der Portugiesen überwiegt der Eindruck, daß
alles gut läuft«.

»Durch wohlüberlegtes Inszenieren ist alles zu erreichen«, sagte Goebbels, als
er anläßlich des 1. Mai 1933 seine »Strategie der Entmachtung und Zerschlagung
der Arbeiterbewegung« durchzusetzen versuchte (Behrens 1980: 81). Gemeint
war die Inszenierung großer Massenveranstaltungen, in denen es sich vor allem
um die »Disponierung des Publikums für die Rede Hitlers« handelte (Behrens
1980: 82 f.). In Portugal stellte der faschistische Staatsapparat kaum solche
Massenszenerien für die Reden Salazars her. Ab 1940 etablierte er dagegen im

---

[308] Es ging um die beiden Staatsoberhaupter. Salazar, der eigentliche ›Führer‹ in Portugal, war selbstverständlich auch dabei.

São Carlos die ›Szenerie‹, die zum portugiesischen Weg zum Faschismus paßte. Das Publikum war hier nicht mehr die Masse, sondern »die Klasse, die historisch als *überlegen, vornehm* oder *erhaben* definiert wurde« (Bataille 1933: 21), d. h. die von der Gesamtgesellschaft sichtbar abgelösten Adressaten der Reden Salazars. Die Musik bzw. die Oper gehörte zu dieser ›Szenerie‹. So, in einer Art von ›Scheinfrieden‹ für den Eigenbedarf vollendete sich *l'art pour l'art* in Portugal: als Ersatz gleichsam – wenn man an Benjamin (1936a: 508) anknüpft – für die Aufgipfelung der Ästhetik im Krieg.

Nicht zufällig hat die seit der Gründung entwickelte ›Verführungskraft‹ des São Carlos als politische ›Szenerie‹ auf alle drei Führer der Gegenrevolution in Portugal – d. h. Sidónio Pais, Gomes da Costa und Salazar – gewirkt. Nach dem oben zitierten Text von António Ferro strahlte Sidónio Pais durch seine Anwesenheit in einer Loge des São Carlos seine ganze Kraft als Diktator aus. Gomes da Costa präsentierte sich gleich nach dem Putsch 1926 im Zuschauerraum des São Carlos. Schließlich bediente sich auch Salazar dieser Mittel. Und als Ferro 1942 die »Seele des Führers« (*alma do Chefe*) in einem öffentlichen Vortrag darzustellen versuchte, stellte er auch eine Episode im São Carlos dar: der Führer in seiner Ehrenloge, der seine »gute Seele« zeigte, indem er mit den Augen im letzten Rang seine Gesellschafterin suchte (JN 29. 4. 1942) – ein idyllisches Bild, das zugleich auf völlig unterschiedliche Adressaten der jeweils von Goebbels und von Ferro ›inszenierten‹ Führergestalten verweist.

Der Unterschied zwischen diesen zwei Arten der Ästhetisierung der Politik wurde bereits 1938 in der deutschen Auflage der Reden von Salazar (mit einem Geleitwort von Goebbels) offenkundig. Im Vorwort vergleicht der ehemalige Erziehungsminister Cordeiro Ramos Salazar mit Hitler und Mussolini, in der kleinen Biographie zum Nachwort wurde aber der portugiesische Diktator, »der unbestrittene Führer seines Volkes« implizit von den anderen beiden unterschieden: »aus der Stille seines Arbeitszimmers« führe er sein Volk (vgl. Salazar 1938: 384). Das Arbeitszimmer, um zu regieren: Das war der Ausgangspunkt des Stils von Salazar als Diktator. Der Empfangssalon, um zu musizieren: Das war der öffentliche Dekor, der mit diesem Stil als Staatsrepräsentation übereinstimmte. Die Volksmassen blieben draußen, weil er sie weder bewegen wollte noch bewegen mußte. In Portugal sollte der Faschismus, wie es Ferro (JN 29. 4. 1942) schließlich formulierte, als »unwägbare, abwesende Diktatur« inszeniert werden[309].

---

[309] Ganz anders war Ferros Bild der Diktatur Anfang der dreißiger Jahre, als er nach einem ›sichtbareren‹ Führer sehnte, d. h. als er sich Salazars Begriff der Diktatur noch nicht angeeignet hatte.

3. Musikkultur als Staatspropaganda

Als die Fanfare aus Liszts *Les Préludes*, in der Wiedergabe der Berliner Philharmoniker unter Leitung von Hans Knappertsbusch, im Juni 1943 vor dem portugiesischen Publikum erklang, stellten sich bestimmt nur wenige Zuhörer im São Carlos bzw. im Coliseu die Frage, ob die Einbeziehung dieses Stückes in das Programm beabsichtigte, seine Bedeutung als das von deutschen Rundfunkberichten verbreitete Symbol der Siegesmeldungen zu unterstreichen. Auf deutschem Boden, wo das kurz zuvor gegründete ›Orchester des Führers‹ dasselbe Werk auf all seinen Konzertreisen während des Kriegs erklingen ließ, (Prieberg 1981: 173 f.), konnte solch eine Semantisierung (vgl. Knepler 1977: 97 ff.) zur Steigerung des politischen Einsatzwillens beitragen. Im portugiesischen Kulturmilieu dagegen war eine solche bedrohliche Verbindung von Musik und Kriegserleben nur wenigen verständlich. Vielmehr dürfte die Rezeption des Werkes als ›reine Musik‹ unter den portugiesischen Zuhörern vorgeherrscht haben, und je mehr diese Einstellung überwog, desto besser ermöglichte sie es der »übernationalen Sprache der Musik«[310], als Propagandainstrument zu fungieren.

Deutlich entfernt vom deutschen Reich bedurfte Portugal in den dreißiger Jahren vom Standpunkt des NS-Staates aus zunächst keiner musikalischen Infiltration. Erst nach Beginn des Krieges, als Portugal an strategischer Bedeutung gewann und unter diplomatischen Druck Englands geriet, begann das Propagandaministerium des Reiches mit einer systematischen Offensive. Höhepunkte dieser Offensive waren die *Tristan*-Aufführungen der Berliner Staatsoper 1943 im São Carlos[311] sowie die Besuche der Berliner Philharmoniker und des Berliner Kammerorchesters. Die ersteren gastierten zwischen 1941 und 1944 jeweils unter Leitung von Karl Böhm, Clemens Krauss und Hans Knappertsbusch, jährlich in Lissabon (und zwar im São Carlos wie im Coliseu); letzteres gastierte 1941 und 1942 unter Leitung von Hans von Benda nur im São Carlos. Der Erfolg dieser ›musikalischen Musikbotschaften‹ erwies sich als eine große

---

[310] Waldemar Rosen, Auslandsreferent der Abteilung Musik des Propaganda-Ministeriums des Reiches, nach Prieberg (1982: 376).

[311] Diese Aufführungen wurden von der Presse als »Bayreuth im São Carlos« bezeichnet. Die musikalische Leitung übernahm Robert Heger, die Regie Heinz Tietjen. Die Ausstattung wurde nach dem Muster der Bayreuther Inszenierung in Lissabon unter der Leitung von deutschen Technikern gebaut und dem Ministerium für Erziehungswesen in einer offiziellen Veranstaltung vom Botschafter des NS-Staates übergeben. Die im Programmheft (Juni 1943) wiedergegebene Fabel kann als Beispiel für die völlige Sinnentleerung des Werkes gelten.

Propagandaleistung. Im Spiegel der übergroßen Mehrheit der Presseberichte wurden zwei Hauptziele des NS-Staates voll und ganz erfüllt: erstens wirkte die »übernationale Sprache der Musik« dahingehend, daß sie die deutsche Musik als Stellung der deutschen Musik über alle anderen Musikkulturen stellte (so wie die Arier sich über alle anderen Menschen erheben sollten); zweitens *bezwang* sie die Rezipienten – Hitler selbst hatte in einer seiner Reden erklärt, Zweck der Musik sei es,

»... die allgemeinen Gesetze für die Entwicklung und Führung unseres nationalen Lebens auch auf dem Gebiet der Musik zur Anwendung zu bringen, das heißt nicht in technisch gekonntem Wirwarr von Tönen das Staunen der verblüfften Zuhörer zu erregen, sondern in der erahnten und erfühlten Schönheit der Klänge ihre Herzen zu bezwingen.

Nicht der intellektuelle Verstand hat bei unseren Musikern Pate zu stehen ...« (Hitler 1938: 131).

Typisches Zeugnis einer derartigen vorherrschenden Rezeptionshaltung ist ein 1941 veröffentlichtes Gespräch mit Elisa Pedroso, Pianistin und Präsidentin des Círculo de Cultura Musical[312]. Ihre anläßlich des Besuches der Berliner Philharmoniker zum Ausdruck gebrachte Musik- und Weltanschauung verdient, genauer betrachtet zu werden. Ihre Bemühungen, Distanz gegenüber dem Alltag und den politischen Verhältnissen zu bewahren, kamen in naiver Weise, aber äußerst präzis, den Zielen der NS-Musikpropaganda entgegen:

»... ich habe mir ein Leben innerhalb des Lebens geschaffen, und dieses Leben findet in der Musik seine höchste Existenzweise.
[...] Ich lebe für die Musik, für die Kunst, für die Künstler und fühle mich auf diese Weise Gott näher! Denn die Musik schmeichelt nicht nur unseren Sinnen: ihr Zweck ist tiefer, breiter, unendlicher: sie reinigt die Herzen, belebt die edlen und reinen Gefühle, erhebt die Seele über deren elende Natur ...« (DL 30. 4. 1941).

Daneben fallen die Worte des portugiesischen Erziehungsministers bei der Übergabe der *Tristan*-Ausstattung auf:

»Bei solchen Veranstaltungen sind wir alle bereit [...], deren Wert zu schätzen und zu erkennen, daß sie, anstatt die Seele zu verletzen, diese vielmehr besänftigen und die Gefühle versüßen.« (DM 22. 6. 1943).

---

[312] Círculo de Cultura Musical, Sociedade de Concertos de Lisboa: Konzertvereine, deren Mitglieder zu den mittleren und höheren Schichten der Bourgeoisie bzw. zur Aristokratie gehörten.

Die Rückkehr zur Steigerung des emotionalen Erlebens, die sich in diesen Äußerungen offenbart, wird auch von einer progressiven, avantgardistischen, demokratisch engagierten Berichterstatterin, Francine Benoît, in einer ihrer Rezensionen über die Berliner Philharmoniker zum Ausdruck gebracht:

> »Die unendliche und vielfältige Kraft der Musik wird durchaus offenbar, jede Partitur wird zu dem, was sie sein soll: ein Wesen, dem wir uns ohne Widerstand hingeben.« (DL 2. 5. 1941).

»Sich ohne Widerstand hingeben« (*entregar-se sem resistência*): Das Sinnliche und Gefühlvolle, ja das Erotische prägen diesen Ausdruck. Es geht aber hierbei um einen Ausdruck, der im Portugiesischen aus dem Militärwesen entnommen wurde und folgende deutsche Übersetzung verlangt: sich ohne Widerstand *ergeben*. Trotz der Naivität der Kunstrezeption gewinnt das Zweideutige hier an Relevanz. Eine bessere Wirkung, als die Menschen auf fremdem Boden dazu zu führen, »sich ohne Widerstand hinzugeben bzw. zu ergeben«, konnte die Kunstoffensive neben der damals (im Mai 1941) noch scheinbar unaufhaltsamen Militäroffensive des NS-Staates nicht erzielen. Musikbotschaft und Kriegsstrategie reichten sich einander die Hände. Es handelte sich immer noch um den »Vormarsch der Tonkunst des NS-Staates«, der darauf abzielte, »den Boden zu planieren, auf dem seine Soldaten dann bequem marschieren konnten« (Prieberg 1981: 379). In der Tat bestand die Gefahr des Einmarsches der Nazis in Portugal (via Spanien) gerade in dieser Zeit wie nie zuvor und auch nie danach (vgl. Rosas 1983).

Ebenso zweideutig war Elisa Pedroso, wenn sie Begriffe wie »Trophäen«, »Sieg« und »Disziplin« im Zusammenhang mit dem ›reinen‹ Kunsterlebnis gebrauchte:

> »Neue Trophäen geistigen Sieges werden [...] im São Carlos zur Ehrung des Talents und der Disziplin verliehen.« (DL 30. 4. 1941).

Das Kriegswesen durchdrang die Sprache wie ein Schleier. Der Krieg färbte die Kunstrezeption kriegerisch ein. Als Friedensbotschaften konnten solche Gastspiele nicht gelten. Die »übernationale Sprache der Musik«, die »die Herzen bezwingen sollte«, damit sie sich »ohne Widerstand hingäben«, führte sogar im Bewußtsein derer, die ›rein künstlerisch‹ dachten und im Musikbetrieb vom Kriegszustand absehen wollten, zu Begriffsverknüpfungen, die die wahre Funktion dieser Art von Kunstverbreitung als Nebenwirkung der Militäroffensive zum Vorschein kommen ließen: Die Musik war Waffe.

Eine derartige Wirkung wurde außerdem durch die faschistische Presse bewußt verstärkt. Die Lobpreisung der »Disziplin«, »Ordnung« und »vielfältigen

Ruhmestaten« der »deutschen Nation« korreliert mit den Eigenschaften der Musik und deren gefühlvoller Wirkung – geschmückt mit Attributen wie »erdrückend«, »schmerzlich«, »stechender Schrei der Seele«, »verzückend« (*Novidades* 4. 5. 1941, 3. 5. 1941; DN 5. 5. 1941; *Esfera* 20. 5. 1941; DL 4. 5. 1942; JN 10. 5. 1941; *Novidades* 4. 5. 1942). Und Sampayo Ribeiro sprach ganz eindeutig aus, worum es ging:

> »… Ich möchte nicht aufhören, dem Reichspropagandadienst meinen Dank zu sagen. Ich tue es, weil ich weiß, daß viele Leute sich heftig mit der Frage auseinandersetzen, wer von der Regierung offiziell für den großen Dienst ausgezeichnet werden soll, der unserer nationalen Kultur geleistet wurde – ob der Círculo de Cultura Musical oder die Sociedade de Concertos de Lisboa, da jede dieser Gesellschaften den Ruhm für sich in Anspruch nimmt. Kurzum, es war weder die eine noch die andere. Die Tätigkeit jeder einzelnen beschränkte sich darauf, von dem zu profitieren, was ausschließlich vom Reichspropagandaministerium abhing.« (*Ocidente*, Juni 1941: 516).

Dem Propagandaministerium blieben außerdem die Presserezensionen nicht völlig gleichgültig. Es stand offensichtlich hinter einer Zeitschrift, *A Esfera*, in der sich ein zugleich im *Diário da Manhã* tätiger Berichterstatter darum bemühte, besonderes Aufsehen um diese musikalischen Missionen und ihre Nachwirkung zu erregen[313]. Beispielhaft für eine derartige Pressepropaganda ist sein Bericht über den letzten Aufenthalt der Berliner Philharmoniker unter Leitung von Hans Knappertsbusch in Lissabon. Die Begeisterung klingt hier um so übertriebener, als schon damals die Schwierigkeiten der Nazis angesichts des weiteren Voranschreitens des Krieges enorm gewachsen waren. Solche Beiträge vermitteln uns heute das trostlose Phantasma einer, bei den Nazis freundlich gesinnten Völkern, angestrebten Durchsetzung der Überlegenheit des deutschen Genies. Es wird dort sehr viel mehr über das Publikum und seine emotionellen

---

[313] Sogar hervorragende Intellektuellen, die mit Salazars Regierung keinen Kompromiß geschlossen hatten, wurden gewissermaßen in diese Propagandastrategie verwickelt. Vianna da Motta, dessen traditionelle Beziehungen zur deutschen und österreichischen Kultur wohl bekannt waren, und der z. B. 1927 mit einer Einladung von Guido Adler zur Teilnahme als Musikwissenschaftler und Pianist an den Beethovenfestspielen in Koblenz und mit der ›II. Klasse des Ehrenzeichens des Deutschen Roten Kreuzes‹ geehrt worden war, macht der NS-Staat von 1934 an immer wieder den Hof (vgl. J. Freitas Branco 1972: 277 ff.): es geht um Konzertabenden in der Gesandtschaft in Lissabon (1934), ein Rundfunkkonzert in Berlin (1935), die Auszeichnung mit dem ›Verdienstorden vom Deutschen Adler mit dem Stern‹ (1937), ein Ehrenbankett in Lissabon anläßlich der Verleihung (1938), und gerade in den Kriegsjahren als Höhepunkt die Veröffentlichung in portugiesischer Sprache seiner zahlreichen Essays über deutsche Musik und Musiker – einen dicken Band, der mit dem Siegel des Goethe-Instituts in Coimbra erschien (Vianna da Motta 1941).

Erfahrungen als über die ausgeführte Musik selbst gesagt. Bezeichnenderweise ist der Ort der Handlung nicht mehr das São Carlos, sondern das Coliseu. Salazars Empfangssalon-Konzept des Musizierens war zu eng für das Propagandaministerium des Dritten Reiches. Bereits Karl Böhm hatte 1941 bedauert, daß »noch keine echte populäre Aufführung« stattfand, weil alle vier Konzerte im São Carlos veranstaltet worden waren (PJ 7. 5. 1941). Jetzt fand ausschließlich ein Konzert im São Carlos statt und drei im Coliseu. Hier hätten – so wird berichtet – insgesamt 20 000 Zuschauer den Konzerten beigewohnt, bei der letzteren Aufführung seien 8 000 Zuschauer anwesend gewesen (*Esfera*, Mai 1944). Im Coliseu, nicht im São Carlos, war es dem Propagandaministerium des Reiches gelungen, die erwünschte außergewöhnliche Atmosphäre zu schaffen: mit dem Überreichen von Blumen an Knappertsbusch (»dem ewigen deutschen Genie ... von portugiesischen Freunden«), der Verleihung eines portugiesischen Ordens an den Dirigenten, der Übergabe der Einnahmen des letzten Konzerts sowie der Honorare der Orchestermitglieder an das portugiesische Rote Kreuz, dem Erklingen der portugiesischen Hymne zum Abschluß, sowie Bezeugungen der Begeisterung des Publikums, die sich bis auf die Straßen erstreckten (*A Esfera*, Mai 1944). Es handelte sich also um eine ähnliche »indirekte Emotionalisierung der Atmosphäre durch Massenteilnahme«, wie sie in den NS-Thingspielen »den Vorrang hatte« (vgl. Eichberg 1977: 58) und *mutatis mutandis* die Propagandawirksamkeit auch der Musik-Diplomatie mitbedingen konnte und sollte. Kein Wunder, daß alte Gefühle, die unter den portugiesischen Anhängern des Faschismus bereits in den dreißiger Jahren kursierten, dadurch neu belebt wurden. Die Sehnsucht nach einem ›sichtbareren‹ Führer ist zwischen den Zeilen einer von Eduardo Libório gezeichneten Rezension ablesbar:

»... Das Publikum erfuhr seit dem Augenblick, in dem er auf das Podium trat, die gewaltige Macht des Dirigenten [...]. Die reale Wirkung des Führers drängte sich wie ein Imperativ in jeder Gebärde, in jeder Haltung auf.« (*Voz* 11. 5. 1944).

Der Führermythos wurde hier direkt mit der Rolle des Orchesterdirigenten in Zusammenhang gebracht. So wie das Pathos des Führers auf die Masse der emotional aufgeladenen Versammelten, die auf seine Rede eingestellt waren, wirkte (vgl. Behrens 1980: 83 f.), so förderte »die indirekte Emotionalisierung der Atmosphäre durch Massenteilnahme« (Eichberg 1977: 58) als Ziel gewisser ›Kulturveranstaltungen‹ der Nazis die Ausbreitung des Führermythos selbst. In Lissabon paßte das Coliseu am besten zur Kulturstrategie des Reichspropagandaministeriums. So wurde Lissabon zum Ort der Gegenüberstellung zweier Konzeptionen der Staatspropaganda durch die Musik, d. h. des Nazismus und des

Salazarismus, welche jeweils einem der beiden Modelle faschistischer Entwicklung entsprachen: die eine kam 1944 in den Abenden der Berliner Philharmoniker im Coliseu, die andere ab 1940 in den Opern- bzw. Musikveranstaltungen des São Carlos zum Ausdruck.

In einer Rede von 1943 unterstrich António Ferro (RN 31. 10. 1943) die Bedeutung der Kultur als Staatspropaganda »sogar während des Krieges« und nannte als Beispiele die Tätigkeit des British Council und der Berliner Philharmoniker. Eine Art ›Gleichschaltung‹, die es ihm ermöglicht hätte, das gesamte Kultur- und Kunstleben unter seine Kontrolle zu bringen, hat er aber nie erreicht. Salazar ernannte ihn zwar auch zum Präsidenten des Rundfunks, dies bedeutete jedoch keine Erweiterung seiner Kompetenzen als Sekretär für Nationalpropaganda. Einerseits unterstand er als solcher Salazar direkt, andererseits als Präsident des Rundfunks dem Minister für Öffentliche Bauarbeiten und Kommunikationsmittel. Das Sekretariat für Nationalpropaganda sollte dagegen nie zum Ministerium werden und auch nie über einen so umfangreichen Apparat für die Organisation des Kulturlebens[314] wie das Propagandaministerium im Dritten Reich (vgl. Wardetzky 1983: 25 ff.) verfügen. Das São Carlos stand als Institution unter Kontrolle des Ministeriums für Erziehungswesen, während das von Pedro de Freitas Branco geleitete Orchester, das dort normalerweise in Konzert- bzw. Opernveranstaltungen gastierte, zum Rundfunk gehörte und folglich dem Ministerium für Öffentliche Bauarbeiten und Kommunikationsmittel unterstellt war. Eine echte Neuentwicklung des Sekretärs für Nationalpropaganda war allein das Ballettensemble ›Verde Gaio‹, das 1940 anläßlich der Hundertjahrfeierlichkeiten gegründet wurde und seitdem regelmäßig im São Carlos gastierte (vgl. Sasportes 1970: 280 ff.). Später entstand im Rahmen des Rundfunks, auch auf Anregung von António Ferro, das Gabinete de Estudos Musicais, mit dem Ziel, portugiesische Komponisten ausdrücklich zu fördern (Ferro in: RN 17. 12. 1949). Der von António Ferro persönlich unternommene Versuch, eine Art Musikpropaganda auf den Weg zu bringen, die mit dem NS-Stil vergleichbar wäre, beschränkte sich eigentlich auf diese beiden letztgenannten Maßnahmen[315].

Das Ballett D. Sebastião mit der Fabel von António Ferro und der Musik von Ruy Coelho, das 1943 im São Carlos vom Ensemble ›Verde Gaio‹ uraufgeführt wurde, kann als maßgebliches Beispiel für diese Ausrichtung herangezogen werden. Hier wurde der Nationalmythos des Sebastianismo, Bestandteil des Führer-

---

[314] Hier ist jedoch vor allem das Musik- und Theaterwesen gemeint.
[315] Auf der Ebene der Volksmusik förderte Ferro jedoch seit den dreißiger Jahren die sogenannten ranchos folclóricos (folkloristische Gruppen, die die ›Traditionen‹ pflegten, besser gesagt: erfanden, welche das Sekretariat für Nationalpropaganda gut hieß) und das Lissaboner fado als wesentlichste Träger einer ›nationalen‹ Musikkultur. Über die kulturpolitische Konfrontationen um die Folklore zu dieser Zeit vgl. Vieira de Carvalho (1997a).

prinzips, körperlich gegenwärtig. Die Rezeption einer Reihe von mystisch-kriegerischen Szenen, die Glauben und Reich lobpriesen, wurde diesmal in der Presse intensiv hervorgehoben und deren inhaltliche Substanz wurde ebenfalls von den verschiedenen Berichterstattern glossiert. Anläßlich der Uraufführung verlas sogar António Ferro (vgl. RN 24. 1. 1943) an den Mikrofonen des Rundfunks die Fabel des Werkes. Dieses Projekt einer in den Dienst des Faschismus gestellten Kunst, die kämpferisch und belehrend zugleich wirken und im Kontext einer ›auratischen‹ Kommunikation wieder zur Ästhetisierung der Politik beitragen sollte, hatte sich 1931 bereits mit dem Versuch des *Fátima*-Oratoriums verbunden, trat eben deshalb aber zu den erwähnten Charakteristika des salazaristischen Modells in Widerspruch, setzte sich nicht durch, blieb eher eine Ausnahme: Die Regel, daß für die Bühne des São Carlos »ornamentale Kunst« geeignet sei[316], wird dadurch bestätigt.

Offenbar konnte Ferro nicht verstehen, warum die von ihm noch erstrebte Instrumentalisierung der Kunst als Propagandamittel unterdessen vom ›Neuen Staat‹ zunichte gemacht wurde. In der Tat, als Ferro (JN 29. 4. 1942) die »Seele des Führers« geschickt darzustellen versuchte, enthüllte er zugleich mit einer Anekdote, die – wie er glaubte – den Scharfsinn des Diktators unterstrich, den Grund, warum das São Carlos als Opernhaus notwendigerweise zum ›Empfangssalon‹ geworden war:

»Eine Gruppe von Freunden des [verstorbenen] Tenors José Rosa, die ihn lobenswerterweise nach Mailand schicken wollte, damit er hier seine Gesangsausbildung abschließen konnte, versuchte, sich die Unterstützung von Salazar – zu jener Zeit [1932?] Finanzminister – zu erheischen […]. Salazar […] antwortete: ›Ich kann nichts tun. Wenn ich denen, die weinen, nichts geben kann, wie soll ich denen, die singen, etwas geben?‹« (Ferro, JN 29. 4. 1942).

Die Heuchelei des jesuitisch erzogenen Diktators, die sich in dieser Episode herausstellte, wird von Sérgio (1954) durch seine Pädagogik der »lebendigen« und der »toten Steine« in allen Bereichen der Politik des ›Neuen Staates‹ enthüllt. Geld gab es vor allem für öffentliche Bauarbeiten, für die äußerliche Fassade des Staates, jedoch nicht für die Beförderung der Menschen. Im Opernwesen bedeutete dies, den ›Empfangssalon‹ zu errichten, jedoch nicht Opernsänger bzw. ein Opernensemble zu fördern (vgl. Vieira de Carvalho 1978: 295 ff.). Um so größer erscheint die Heuchelei der »scharfsinnigen« Aussage des Diktators insofern, als das São Carlos andererseits seit den vierziger Jahren vom Staat in ungeheuerlicher Disproportion zu anderen Kultur- bzw. Kunsteinrichtungen finanziell

---

[316] Den Begriff der »ornamentalen Kunst« prägte Bataille (1933: 81) in seinen Analysen der faschistischen Ideologie.

gefördert wurde[317]. Gegen solch einen übertriebenen Geldaufwand für das São Carlos, dessen unverhältnismäßig größerer Teil außerdem für ausländische Gäste bestimmt war, die den Grundstock jeder Spielzeit bildeten, erhoben sogar Abgeordnete im faschistischen Parlament Einspruch. Die Debatten griffen auf die Presse über. Die Zeitung *O Seculo* (10. 1. 1949) hob z. B. in einem Leitartikel hervor:

»Während das São Carlos, ein Theater für eine sehr kleine Elite, jährlich [...] 4 198 Millionen Escudos bekommt, um die ausländische Kunst zu unterstützen, [verkümmert] unser Nationalschauspiel, das der nationalen Kultur dienen und auf die Volksmassen wohltuend wirken könnte.« (*Seculo* 10. 1. 1949).

In diesem Rahmen erwiesen sich die offiziellen Stellungnahmen der Regierung anläßlich des 150. Jahrestages des Bestehens des São Carlos im Jahre 1943 bzw. seiner endgültigen Integration ins Ministerium für Erziehungswesen 1946 als so unrealistisch, daß sich einige Stimmen bereits damals in der faschistischen Presse kritisch darüber aussprachen. Der Widerspruch zwischen der Kulturpolitik der Regierung in der Praxis und den im Gesetzblatt verankerten Zielen, die sie verfolgen sollte, war demzufolge offenkundig und empörend. Zum 150. Jahrestag des Bestehens des São Carlos war die Rede von Veranstaltungen, die »für die Kulturpolitik des Neuen Staates rühmlich sind« (vgl. *Voz* 10. 11. 1943). In der Verordnung vom 31. Juli 1946 stand, daß das São Carlos zum »Stützpunkt des portugiesischen Musiklebens« bzw. zum »Ausstrahlungszentrum der künstlerischen, d. h. Lyrik-, Musik- und Ballettkultur« werde.

Solche Formeln wurden obendrein von den haltlosen Versuchen von Ivo Cruz und Ruy Coelho, d. h. von den Fahnenträgern der nationalistischen Musik, diskreditiert. Alle hervorragenden Künstler des Musiklebens (wie z. B. Pedro de Freitas Branco, Vianna da Motta, Luiz de Freitas Branco, Fernando Lopes-Graça) distanzierten sich davon. Der Weg zur Entwicklung einer nationalistisch engagierten Kunst im São Carlos, auch wenn der ›Neue Staat‹ ihn gehen wollte, wurde dadurch erschwert. António Ferro stellte sich als Sekretär für Nationalpropaganda dieser Aufgabe, deshalb versuchte er, die Etablierung des Ballettensembles ›Verde Gaio‹ durchzusetzen und neue, begabtere Komponisten, auch

---

[317] Über ein Drittel der staatlichen Haushaltsbeträge für die sogenannten Einrichtungen für die künstlerische Erziehung bekam allein das São Carlos (*Seculo* 10. 1. 1949). Dies war um so empörender als das staatliche Konzept für das São Carlos als künstlerische Einrichtung nur einen »Leiter«, einen »Verantwortlichen für die Bibliothek, das Archiv und das Museum«, »einen Assistenten des Verantwortlichen für die Bibliothek, das Archiv und das Museum«, »vier Wächter« und »einen Laufburschen« vorsah, die 1943 insgesamt 5 375$00 als Monatsgehalt erhielten (vgl. DG, 1. Serie, Nr. 170, 31. 7. 1946). Künstler gehörten nicht zur ›Institution‹. Das Orchester stellte der Rundfunk zur Verfügung. Chor, Bühnentechniker und andere regelmäßig Mitwirkende hatten keinen gesicherten Vertrag. Das Theater war ein institutionelles Vakuum, dessen Haushaltsplan sich im wesentlichen auf die Finanzierung des Auftritts von ausländischen Gaststars beschränkte.

namhafte Künstler anderer Bereiche für das Unternehmen zu gewinnen. Als Ensemble war aber das ›Verde Gaio‹ unbeständig: in seinen künstlerischen Leistungen wurde es nur ›toleriert‹, indem die Presse seine offenkundigen Schwächen »entschuldigte« bzw. zu seinem Weiterleben als künstlerische Fiktion beitrug. »Es war ein enorme Leere [...], die aus der Propaganda selbst [...] ihre Wirkung bezog« – so Sasportes (1970: 285 f.). Die Funktion des São Carlos als ›Empfangssalon‹, dessen Leitung 1946 außerdem nicht einmal ein Vertrauensmann des Sekretärs für Nationalpropaganda übernahm[318], trug auf diese Weise zur Verschleierung des erbärmlichen Zustandes der Opern-, Ballett- bzw. Musikproduktion bei, die sich für nationalistisch und dem ›Neuen Staat‹ gegenüber für loyal hielt.

Kurzum, der Propagandaapparat des ›Neuen Staates‹ verfügte über keine bereits ›fertiggestellten‹ künstlerischen Darstellungsmittel[319], die wie im Dritten Reich durch politischen Terror in den Dienst der Staatspropaganda hätten gestellt werden können. Das Gastspiel eines Ensemble vom Rang der Berliner Philharmoniker konnte sich im Coliseu auf Grund »der indirekten Emotionalisierung durch Massenteilnahme« als eine große Propagandaleistung erweisen. Ein Ballettensemble dagegen wie das ›Verde Gaio‹ war eine Art *degradierte* »ornamentale Kunst« (Lopes-Graça in: SN 1. 1. 1944), die ihrerseits nur für eine der »ornamentalen Kunst« vorbehaltene Spielstätte geeignet war. Die Propaganda bestand in diesem Fall darin, per Massenmedien die Fiktion zu nähren, daß der ›Neue Staat‹ die portugiesische Musikkultur wesentlich durch die Tätigkeit des São Carlos fördere.

Teil dieser vom Sekretariat für Nationalpropaganda verbreiteten Fiktion waren die Bemühungen, hervorragende Künstler (sogar der Opposition) zu ›verführen‹. Neben dem Verde Gaio verfolgte auch das Gabinete de Estudos Musicais des Rundfunks dieses Ziel. Es sollte *scheinen*, daß die Regierung sich nicht so isoliert gegenüber den Intellektuellen zeigte. Aber daß es sich um bloße Propaganda handelte, gab Ferro selbst zu verstehen:

»Am Schriftsteller bzw. am Künstler interessiert mich vor allem sein Werk. Wenn dieses national ist, wenn dieses nationale Wurzeln hat, habe ich trotz der fortschrittlichen Ideen seines Verfassers keinen Skrupel, mich dieser zu bedienen, das Werk zu nutzen.« (RN 30. 10. 1943)[320].

---

[318] Statt dessen war José de Figueiredo, ein Vertrauter Salazars, vom Erziehungsministerium abhängig.
[319] »Insgesamt lebt Deutschland heute [auf dem Gebiet der Musikkultur] von dem, was bereits vorhanden war; und wenn es da etwas Gutes gibt, so gibt es das, weil etwas von einer musikalischen Organisation, so wie es die deutsche war, übrig bleiben muß – aufgrund der Kraft des Milieus und trotz der zerstörenden Kraft des Staates« (Luiz de Freitas Branco in: *Diabo* 19. 8. 1934).
[320] In dieser Rede wertete Ferro die Leistungen des Secretariado da Propaganda Nacional anläßlich der ›Ausstellung der Portugiesischen Welt‹ (›Exposição do Mundo Português‹) aus.

Unter Kontrolle des Staates, und zwar im São Carlos, konnte das Kunstwerk ›ungefährlich‹ operieren, neutralisiert werden. Im Gegensatz zum Reichspropagandaministerium, das die Modernität – die »entartete Kunst« – bekämpfte, damit die Wechselbeziehung zwischen Musik und theatralischer Szenerie bis zu einer maximalen Niveau die Emotionalisierung steigerte, konnte im bereits charakterisierten Modell der Scheindarbietung die Modernität nicht nur ›toleriert‹, sondern sogar als Propagandamoment wünschenswert werden. Daß das Streben nach Modernität die künstlerische Tätigkeit sowohl von Dirigenten des Ranges eines Pedro de Freitas Branco (vgl. Paes 1964: 389 ff.), als auch von Komponisten wie Luiz de Freitas Branco und Lopes-Graça prägte, macht zugleich verständlich, wie wichtig es für die Strategie der Sekretärs für Nationalpropaganda war, die Fassade der Modernität als eines ›Ästhetizismus‹ zu pflegen – einer Modernität, auf die sich Ferro selbst als ehemaliger ›Futurist‹ immer wieder berief.

Zusammengefaßt: Bedeuteten das offizielle Musikleben des NS-Staates und seine Musik-Missionen den Mißbrauch des musikalischen Erbes eines der traditionsreichsten Länder Europas als Staatspropaganda, so verdeckte die faschistische Regierung in Portugal durch das Modell des ›Empfangssalons‹ ihre wahre Unfähigkeit auf dem Gebiet der Musikpolitik. Das, was im São Carlos aufgeführt wurde, sollte durch die Massenmedien so verbreitet und durchgesetzt werden, daß es die Illusion einer Musik- bzw. Opernkultur schuf, deren Voraussetzungen aber nicht nur nicht vorhanden waren, sondern vom ›Neuen Staat‹ sogar teilweise abgebaut wurden. Das São Carlos wurde also zum Instrument einer *Scheinkultur*, und gerade darin bestand seine propagandistische Funktion. Es sollte nicht ›unmittelbar‹, sondern ›mittelbar‹, als Prestige-Institution durch die lobpreisenden Berichte der Massenmedien – durch die bloße Verbreitung der Idee, es sei eines der bedeutendsten Opernhäusern der Welt –, auf den Alltag wirken.

4. Fremdsprache oder verdeckte Zensur

Luiz de Freitas Branco ist eine Stellungnahme von nicht zu unterschätzender Tragweite zu verdanken, die gleich nach dem Krieg über ein künftiges Modell des São Carlos in der Öffentlichkeit erschien:

> »Da wir den bisher von keiner Nation auf gleiche Höhe gebrachten Vokalglanz der Italiener nicht erreichen, könnten wir im Sinne der Regie arbeiten, Aufführungen vorbereiten, die vom Stil bzw. von der Interpretation her gültig wären, wodurch wir den Vorteil eines ständigen Ensembles[321] [...] hätten.« (AM 25. 6. 1946).

Unter auf ›stil‹-fokussierten Aufführungen verstand er »problematisierende Aufführungen« wie zum Beispiel zwei von Amélia Rey Colaço im Nationalschauspiel inszenierte Versionen des *Frei Luís de Sousa* von Garrett, und fuhr fort:

> »Es genügte eine große Persönlichkeit, ein in der Oper spezialisierter Regisseur, um in wenigen Jahren die Situation des Opernwesens in Portugal zu verändern, und viele solcher Persönlichkeiten würden sich jetzt gern und unter vorteilhaften Bedingungen in Portugal ansiedeln.« (AM 25. 6. 1946).

Was das Repertoire betraf, empfahl Luiz de Freitas Branco Inszenierungen von Werken portugiesischer Komponisten der Vergangenheit, von klassischen Meisterwerken, wie z. B. Mozarts *Don Giovanni*, und von modernen Opern sowie die Beförderung eines neuen Repertoires von portugiesischen Komponisten der jüngeren Generation. Im selben Text hob er die Bedeutung des Dargestellten als Ganzes hervor, und sprach, sich jetzt Wagner emphatisch anschließend, von der Darstellung des »Reinmenschlichen« als dem Wesen des »lyrischen Dramas«[322].

Einige Jahre zuvor, kurz vor der Wiedereröffnung des São Carlos, hatte Luiz de Freitas Branco »die Frage der portugiesischen Sprache«, die er als »eine der Hauptquellen für das Wiedererstehen unseres lyrischen Theaters« betrachtete, in den Vordergrund gerückt:

---

[321] Luiz de Freitas Branco meint hier den Vorteil gegenüber den ausländischen Gastspielen, die in Lissabon stattfanden, und in denen verschiedene, nicht zu einem stabilen Ensemble gehörende Darsteller mitwirkten.

[322] Luiz de Freitas Brancos Anti-Wagnerismus hatte sich noch in den dreißiger Jahren manifestiert.

»Wir sollten [...] in Hinblick darauf arbeiten, daß sogar die fremden Werke in unserem lyrischen Theater in portugiesischer Sprache gesungen werden, wobei wir gleich vom Anfang an die größte Strenge in der Auswahl der Sänger walten lassen müssen. Daher empfehlen wir nicht einen plötzlichen Wandel, sondern die ausschließliche Übernahme der portugiesischen Sprache erst dann, wenn uns Darsteller mit der notwendigen Qualität und in genügender Quantität zur Verfügung stehen.« (Luiz de Freitas Branco in: AM 25. 9. 1940).

Luiz de Freitas Branco verteidigte hier also deutlich das Regietheater als Modell für das São Carlos; dieses gibt unmittelbar den Bezug zum Modell der von Walter Felsenstein 1947 in Berlin gegründeten Komischen Oper zu erkennen. Im Grunde genommen handelte es sich um dasselbe Modell, das in der deutschen Tradition über Wagners Musiktheaterkonzept hinaus bis auf die bürgerliche Aufklärung zurückgriff und – den spezifischen Wirkungszusammenhang der ›Offenbachiade‹ um 1870 in Lissabon ausgenommen – in der portugiesischen Musiktheaterpraxis ansonsten kaum aufgetaucht war.

Die Chance, solch ein derartiges Opernmodell durchzusetzen, war unter dem Salazarismus selbstverständlich nicht gegeben. Denn es wäre geradezu der Gegenentwurf zum São Carlos als ›Empfangssalon‹ gewesen, zur Oper als ›Ästhetisierung der Politik‹ bzw. als ›Propaganda‹ einer ›Scheinkultur‹[323]. Oper wäre ins Theater einbezogen worden, während die Verordnung von 1946 gerade das Theater von den Kulturbereichen, die das São Carlos pflegen sollte, deutlich ausschloß. Nicht zuletzt hätte der Vorschlag ein Übergewicht der Aufführungen in portugiesischer Sprache zur Folge gehabt, während die Sinnentleerung des Bühnengeschehens, d. h. das Eingehen der Oper auf eine Funktion ›ornamentaler Kunst‹, die dem salazaristischen Modell wesensgleich war, mit der Vorherrschaft der Originalsprache, folglich der jeweiligen Fremd-Sprachen[324], sich verknüpfte, als hinge das Sozialprestige des São-Carlos-Zuschauerraums vom Ruf der ausländischen Künstler ab, die auf der Bühne gastierten[325].

---

[323] Am Schluß seines Artikels meint Luiz de Freitas Branco (AM 25. 6. 1946), die Oper sei für die Ausländer das glänzendste »Schaufenster« eines zivilisierten Volkes. Diese Idee entspricht einem Begriff von Oper als Zeugnis einer Kulturentwicklung, die weder mit dem Propagandabegriff des Salazarismus (Propaganda einer ›Scheinkultur‹) noch mit dem des NS-Staats (Oper als Teil der ›Gleichschaltung‹ im Dienste der politischen Manipulation) vereinbar ist.

[324] Für die slawischen Opern z. B. galt Deutsch bzw. Italienisch in den Spielzeiten des São Carlos als ›Originalsprache‹. Ebenso gab es englische bzw. französische Opern, die auf Deutsch vorgetragen wurden. Mozarts *Hochzeit des Figaro* gilt als Beispiel einer original italienischen Oper, die im São Carlos in deutscher Sprache gesungen wurde. Zu den deutschen Operngastspielen in Lissabon in den fünfziger Jahren s. Reiter (1958).

[325] Wie gesehen, fanden die Aufführungen portugiesischer Opern meistens vor einem nahezu leeren Zuschauerraum statt ...

João de Freitas Branco (1982: 60) meint, die Aufführungen des São Carlos seien in dieser Zeit von der Kontrolle der Zensur befreit worden, weil ein Vertrauensmann von Salazar, José de Figueiredo, der zum Leiter des Theaters ernannt wurde, in dieser Hinsicht Geschick bewiesen habe. Statt dessen aber erscheint die lebenslängliche Ernennung dieses Mannes als eine spezielle Garantie der Zensur[326]. Ganz im Unterschied zu einer »großen Persönlichkeit« bzw. zu einem Opern- bzw. Regiespezialisten war Herr José de Figueiredo allein ein ergebener Diener des faschistischen Staatsapparates, in dem er als Absolvent der Rechtswissenschaft eine bürokratische Karriere gemacht hatte. Die Untersuchung der Archive der ›Legião Portuguesa‹, einer Art von SA des Salazarismus, erbrachte, daß er seit 1936 ihr Mitglied war und auch zur ›Brigada Naval‹, einer Abteilung derselben Organisation in der Kriegsmarine, gehört hatte. Alles das aus seinem Lebenslauf empfahl ihn besonders als neuen São-Carlos-Leiter auf Lebenszeit[327].

Hinzu kommt, daß die Zensur somit verdeckt durch das Prinzip der Originalsprache operierte. Dies läßt sich an der *Wozzeck*-Erstaufführung von 1959 unzweifelhaft belegen. Die Episode der unmittelbaren Konfrontation des Leiters des São Carlos mit dem ins Portugiesische übersetzten vollständigen Text des Librettos machte klar, daß Alban Bergs *Wozzeck* während des Faschismus nie in portugiesischer Sprache aufgeführt hätte werden können (so wie es auch mit Büchners *Woyzeck* der Fall war[328]). Hatte der Leiter tatsächlich kurz vor der Premiere einem Privatverleger, Luís Pacheco, erlaubt, eine portugiesische Ausgabe des Librettos unter den Platzanweisern zu verteilen, damit diese sie den Zuschauern verkauften, mußte er hingegen gleich in der ersten Pause seine Entscheidung zurückzunehmen, weil das Libretto angeblich Obszönitäten enthielt die für ein Theater vom Rang des São Carlos nicht akzeptabel seien. Der Vergleich zum Programmheft (verfaßt von Jorge Croner de Vasconcelos) zeigt, daß die Fabel zwar wiedergegeben, aber zugleich – wohl durch ›Selbstzensur‹ des Verfassers – ›gereinigt‹ wurde. Andererseits war die Einführung von Croner de

---

[326] Selbstverständlich veränderte sich die Lage, als João de Freitas Branco selbst 1970 die Leitung des São Carlos übernahm. Da gewann die Tatsache, daß die São Carlos-Aufführungen dem Zwang der Zensur entgingen (eine Ausnahme unter allen öffentlichen Aufführungen), an Relevanz.

[327] Über das Profil von Figueiredo als Vertrauten von Großkapitalisten und Ministern der Zeit, die übrigens seinen Lebensstil als *bon vivant* schätzten, erschien jüngst das Zeugnis eines seiner Freunde, eines Anwalts und Universitätsprofessors für Rechtswissenschaft in Lissabon. Die Anekdoten, die er in seinem Lob erzählt, sagen mehr über den Zusammenhang zwischen den Machtverhältnissen der Zeit, der »vorgestellten Wirkung« des São Carlos und dem ehemals ernannten Leiter als alle andere bisher veröffentlichte Dokumente (s. Ruy de Albuquerque, in: *Semanário* 23. 5. 1998).

[328] Die Zensur hat den portugiesischen Ensembles die Aufführung des *Woyzeck* kaum genehmigt. Unter anderen wurde ein Versuch des ›Grupo Cénico da Faculdade de Direito de Lisboa‹ (Schauspielergruppe der Jurastudenten der Lissaboner Universität), *Woyzeck* zu inszenieren, in den sechziger Jahren von den Behörden verhindert.

Vasconcelos ›rein künstlerisch‹ gedacht, d. h. ohne sich mit der Substanz des Dramas auseinanderzusetzen, während das Vorwort von Manuel de Lima (1959) für Luís Pachecos Ausgabe die soziopolitische und ideologische Thematik hervorhob. Wichtig ist diesbezüglich zu verstehen, wie der faschistische Zensurapparat seine Aufgaben hierarchisierte: Der Text des *Wozzeck* durfte zwar in einer vollständigen portugiesischen Übersetzung zirkulieren, nicht aber im unmittelbaren Zusammenhang mit seiner Aufführung in der Originalsprache und noch weniger selbstverständlich als Komponente der Bühnendarstellung. Curt Meyer-Clason (1979), Leiter des Goethe-Instituts in Lissabon von 1969 bis 1976, erzählt in seinen *Portugiesischen Tagebüchern*, wie diese ›Zensurphilosophie‹ noch in der Zeit von Marcelo Caetano, Salazars Nachfolger, herrschte. Diesmal ging es um einen Brecht-Abend mit portugiesischen Darstellern, den Meyer-Clason vorbereitete und der vom Chef der Zensur nicht genehmigt wurde. Das Gespräch mit diesem wird von Meyer-Clason (1979: 164) so beschrieben:

»»Mich wundert Ihre Einstellung‹, sage ich müde, befremdet. Brecht ist Weltliteratur, er wird in allen Ländern gespielt, in Deutschland wetteifern Shakespeare und Brecht alljährlich um die höchsten Inszenierungsziffern, sie liegen meist bei neunhundert. Übrigens hat Ihr Staatssender unlängst Lieder gebracht, Gulbenkian ein Brechtprogramm mit Eartha Kitt.‹ In welcher Sprache, will der Chef der Zensur wissen. ›Auf Englisch …‹ – ›Das ist etwas anderes.‹ – ›Und die fünf Bände Brechtstücke in portugiesischer Sprache bei der Editora Portugália?‹ – ›Gedruckt ist nicht gespielt.‹

Zugleich teilte der Chef der Zensur dem Leiter des Goethe-Instituts mit, »Opernfilme müssen nicht mehr vorgelegt werden« (Meyer-Clason 1979: 163), was eine generelle Genehmigung für alle in deutscher Sprache gezeigten Opernfilme bedeutete.

Dem Chef der Zensur war also die reale Wirkung der Oper als Theater bewußter als vielen der sogenannten fortschrittlichen Berichterstatter, die wegen der ›künstlerischen‹ Bedeutung einer Erstaufführung wie der des *Wozzeck* die demagogische Seite des São-Carlos-Modells als Propaganda einer Scheinkultur gar nicht erst in Betracht zogen. Es kommt noch hinzu, daß der Staat über Presseorgane und Fachleute verfügte, die bewußt oder unbewußt als Instrument einer solchen Demagogie wirkten, so wie z. B. der damals bereits anerkannte Komponist Joly Braga Santos, der sich in einem Bericht für die Zeitschrift *Panorama* (Juni 1959), den Propagandaorgan des SNI (›Secretariado National da Informação‹, Nachfolgeeinrichtung des ehemaligen Sekretariats für Nationalpropaganda) ausschließlich auf musikstilistische Fragen des *Wozzeck* beschränkte und der das Modell des São Carlos so pries, daß er abschließend feststellte:

»Wir Portugiesen können stolz sein, ein lyrisches Theater zu besitzen, das zu den ersten in Europa zählt«.
Anders verhielt sich João de Freitas Branco (*Seculo* 21. 2. 1959). Der Leiter des São Carlos hatte ihn mit einem kurzen Einführungsvortrag unmittelbar vor dem Aufgehen des Vorhangs am Abend der Premiere beauftragt. Ziel war, die Mehrheit des konservativen Publikums vorzubereiten und zu beruhigen. João de Freitas Branco, der trotz seiner antifaschistischen Haltung auch von einem solchen Publikum als hervorragender Musikwissenschaftler respektiert wurde, übernahm die Aufgabe (es handelte sich immerhin um die *Wozzeck*-EA!) und bemühte sich vor allem, die Bedeutung des Werkes im Rahmen der Kulturgeschichte Europas, der modernen Musikentwicklung und des Panoramas des Musiklebens in Portugal hervorzuheben (vgl. *Seculo* 21. 2. 1959). In seinem Zeitungsbericht über die Aufführung stellte er aber deutlich das Drama in den Vordergrund, präsentierte Wozzeck als Opfer der Sozialstruktur, bezeichnete Bergs Oper als »ein Werk des Realismus und des Protests« und verglich den revolutionären Weg Büchners mit dem revolutionären Weg Wagners (*Seculo* 21. 2. 1959). Eine Analyse des Werkes als Ganzes wurde ferner von Berichterstattern wie João José Cochofel und Humberto d'Ávila jeweils in der *Gazeta Musical e de Todas as Artes* (März 1959) und *Seara Nova* (April 1959) – beides Kulturzeitschriften des demokratischen Widerstands – vorgelegt. Weder der eine noch der andere stellten aber die Praxis der Originalsprache in Frage. Unerwartet erhob nur ein Mitarbeiter der Musikabteilung des Staatsrundfunks, der als Musikkritiker des Presseorgans der Regierungspartei wirkte und eher von einem ›rein künstlerischen‹ Standpunkt ausging, gegen solch eine Aufführungspraxis Einspruch:

»Die Nachteile, die sich für unsere Kultur aus dem Nichtvorhandensein eines fähigen nationalen Opernensembles ergeben, das den *Wozzeck* in Portugiesisch singen könnte [...], haben sich noch einmal bewiesen.« (José Atalaya in: DM 24. 2. 1959).

Diese Nachteile waren jedoch im São-Carlos-Modell immanent. Dazu zählt sogar die Tatsache, daß ein Dirigent vom Range eines Pedro de Freitas Branco, der erfolgreich die *Wozzeck*-Erstaufführung im São Carlos durchsetzte und dirigierte, ein solches Ensemble über Jahre hin hätte prägen können. Das war aber nicht der Fall, und unabhängig davon, ob es im Jahre 1959 genügend portugiesische Darsteller für einen *Wozzeck* gab (wäre die Kulturpolitik der Regierung anders gewesen, so hätten sie sich bereits seit der Wiedereröffnung des São Carlos 1940 in ausreichendem Maße entwickeln können ...), mußte die Aufführung einer portugiesischen Version auf jeden Fall in Konflikt mit der Zensur geraten. *Wozzeck* in Originalsprache oder überhaupt kein *Wozzeck*, das war unter dem Faschismus die Alternative.

Übrigens wiesen manche Berichterstatter, die den reaktionärsten Flügel des Kulturlebens vertraten, das Werk entschieden zurück: vor allem Sampayo Ribeiro (*Ocidente*, April 1959), dessen Haß gegen Bergs *Wozzeck*, ein »Meisterwerk der musikalischen Verirrung«, an Ungeheuerlichkeit nur mit jenem Skandal vergleichbar ist, daß er in der einflußreichen Enzyklopädie *Die Musik in Geschichte und Gegenwart* (MGG) die portugiesische Musikgeschichte des 20. Jahrhunderts und insbesondere Lopes-Graças Schaffen (nicht zuletzt aufgrund politischer Feindseligkeiten) grob abwerten, wenn nicht sogar diffamieren konnte (vgl. Sampayo Ribeiro 1960).

Eine andere Variante manifestierte sich in der Wahrnehmung der ›Neuheit‹ der Musik und in der Ablehnung des Stoffes:

»Die Oper *Wozzeck* hat eine Fabel niedreren Niveaus, [die] unangenehm, amoralisch, sogar empörend, unverständlich für Lateiner [ist] …, [eine Fabel] mit schlüpfrigen, stumpfen oder erbkranken Gestalten …« (DP 23. 2. 1959).

So, wie es Francine Benoît (DL 21. 2. 1959) betonte, war *Wozzeck* jedoch keine »ornamentale Kunst«, sondern ein »Gesamtkunstwerk«, und deshalb paßte er gar nicht zum Publikum des São Carlos, das – so die Zeitung *Diário Popular* (23. 2. 1959) – »die bekannten Arien von Verdi, Puccini, im Geiste gern singt …« In einer impliziten Antwort auf den Bericht von Sampayo Ribeiro verglich João de Freitas Branco (*Colóquio-Artes*, Mai 1959) den Erfolg des *Wozzeck* mit dem der *Lucia* von Donizetti (Gianna d'Angelo in der Titelrolle) und deutete an, die Ovationen seien in der *Lucia* die aufsehenerregendsten der Spielzeit gewesen … Das heißt, im São Carlos herrschte weiterhin das romantische Modell der Reduktion der Oper auf die Opernmusik und auf die Gesangskunst vor. Die Pflege dieser Tradition enthob eine Oper wie den *Wozzeck* ihres Sinnes, d. h. des Theatralischen, und drängte sie also auch zur Funktion ›ornamentaler Kunst‹, die jedoch nicht mehr den vorherrschend ›Geschmack‹ der Zuschauer befriedigen konnte. Das Prinzip der Originalsprache bestimmte diese Art Entstellung des Musiktheaters mit und konnte unter dem Faschismus, wie es mit der *Wozzeck*-Erstaufführung geschah, bis zur *verdeckten Zensur* potenziert werden.

5. Antifaschistischer Widerstand und Politisierung der Kunst

Die Tatsache, daß der Aufstieg des Faschismus in Portugal keine Zersetzung der Arbeiterbewegung durch die Wirkung faschistischer Demagogie mit sich brachte, und daß der ›Neue Staat‹ in Übereinstimmung mit der real vorherrschenden Sozialstruktur des Landes vielmehr unter den Bauern ›Volksunterstützung‹ gesucht hatte, läßt begreiflich werden, weshalb die Arbeiterbewegung bereits in den dreißiger Jahren starken Widerstand gegen die Diktatur leistete. Die Streiks von 1934 gegen das *Estatuto do Trabalho Nacional*[329], das auf die Faschisierung der Gewerkschaften abzielte, besitzen nationale Tragweite (Labaredas 1982: 261), auch revolutionären Charakter, zumal sie mit der Besetzung der Kleinstadt Marinha Grande, einem Zentrum der Glasindustrie – von den streikenden Arbeitern zum Sowjetgebiet erklärt – ihren Gipfel erreichten (Oliveira Marques 1981: III, 374 f.). Die Repression war sowohl grausam als auch gewaltsam: Hunderte Arbeiter wurden festgenommen und verbannt, viele starben durch Folter bzw. die unwürdigen Bedingungen in den Gefängnissen. Im Konzentrationslager Tarrafal (in der heutigen Republik der Kapverden), dem »schrecklichsten Symbol der faschistischen Repression«, kamen viele führende Vertreter der Arbeiterbewegung, unter anderem 1942 Bento Gonçalves, der erster Generalsekretär der Portugiesischen Kommunistischen Partei war, ums Leben (Labaredas 1982: 262 f.)[330].

Mit dem Widerstand der Arbeiter hing der Widerstand der Intellektuellen und anderer sozialer Schichten zusammen. Zeitschriften wie z. B. *Seara Nova* (1921 gegründet) und seit 1934 *O Diabo*, in denen u. a. António Sérgio, Bento Caraça, Rodrigues Miguéis, Luiz de Freitas Branco und Fernando Lopes-Graça publizierten, zählten zu den wichtigsten Presseorganen des demokratisch-antifaschistischen Widerstandes. Natürlich spielte die aktive Teilnahme der Intellektuellen am Kampf gegen den Faschismus eine große Rolle, und sie wurden gleichfalls von der Regierung verfolgt. Lopes-Graça beispielsweise wurde 1931, kurz nachdem er das Kompositionsstudium am Konservatorium mit den besten Leistungen abgeschlossen hatte und nach einem Wettbewerb als Klavierdozent aufgenommen wurde, verhaftet, an einen Ort im Landesinneren (Alpiarça) verbannt, und es wurde ihm verboten, an irgendeiner staatlichen Einrichtung zu

---

[329] Das ›Statut der Nationalen Arbeit‹ wurde von der italienischen *Carta del Lavoro* abgebildet (s. Labaredas 1982: 259 f.).

[330] Bento Gonçalves war seit 1935 in der Verbannung in Tarrafal (Labaredas 1982: 263).

unterrichten[331]. Neben seiner Tätigkeit als Journalist[332] und seinen öffentlichen Stellungnahmen zu verschiedenen Anlässen als Antifaschist war sein Mitwirken in der »Kommunistischen Organisation« von Tomar, die 150 Mitglieder zählte – so die entsprechenden Akten der Geheimpolizei (Nr. 128/SPS, Santarém) – dabei ausschlaggebend.

Die Reorganisation der Portugiesischen Kommunistischen Partei 1942 unter Leitung von Álvaro Cunhal (vgl. Rosas 1994: 381 ff.) sollte die Intensivierung des Kampfes der Arbeiter und der proletarisierten Schichten der Landwirtschaft (vor allem im südlichen Gebiet) und ihre Mitwirkung an der demokratisch-antifaschistischen Bewegung der Intellektuellen und der sogenannten »nicht kommunistischen Opposition« (*ebd.*: 383 ff.) entscheidend beeinflussen und artikulieren. Seit Beginn der vierziger Jahre, sofort nach der großen Propagandaaktion zum 100. Jahrestag Portugals, entwickelte sich der antifaschistische Widerstand in allen Bereichen des sozialen, politischen und kulturellen Lebens – wie es einer der jungen Widerstandskämpfer jener Zeit, der spätere Präsident der Portugiesischen Republik in den achtziger bzw. neunziger Jahren, Mário Soares, in einem zuerst im Exil veröffentlichten Buch hervorhebt (Soares 1972: 25 ff.). Während die Industriearbeiter- und Landarbeiterstreiks von 1942 bis 1944 neue Höhepunkte des proletarischen Widerstandes setzten (vgl. Rosas 1994: 353 ff.), entstanden der Sozialroman, der u. a. von Alves Redol, Soeiro Pereira Gomes, Carlos de Oliveira, Manuel da Fonseca, Fernando Namora, Vergílio Ferreira, Faure da Rose vertreten wurde (vgl. Joel Serrão 1975: 233 ff.), ferner der Sozialprotest in der bildenden Kunst, beispielweise in den Werken von Júlio Pomar, José Dias Coelho und Manuel Ribeiro de Pavia, sowie das Kampflied bzw. Arbeiterlied in der Musik, das bei Lopes-Graça mit anderen Aspekten seiner gesamten künstlerischen Tätigkeit zusammenhing (Vieira de Carvalho 1989; 1992b; 1996b; 1997a). Zugleich vereinigten sich die verschiedenen Flügel der demokratischen Opposition in einer politischen Bewegungen – MUD (Movimento de Unidade Democrática) – die immer mehr nationale Resonanz gewann und 1947/1948 die Stabilität des Regimes ernsthaft bedrohte[333].

Dieser hier lediglich skizzierte Zusammenhang kann behilflich sein, die ideologischen Diskussionen über das Musik- und Opernwesen, die zu dieser Zeit in der Öffentlichkeit geführt wurden, einzuordnen. Ausgangspunkt ist eine Reihe von Aufsätzen von Luiz de Freitas Branco in *O Diabo* (5. 8., 19. 8. und 26. 8. 1934), die scharfe Stellungnahmen gegen die NS-Musikpolitik beinhalten.

---

[331] Später, im Jahre 1954, verbot ihm der Minister für ›Nationalerziehung‹ auch den Privatunterricht.

[332] Er hatte nämlich 1928 eine politische Heimatzeitung (*A Acção*) in Tomar gegründet und bis zu deren Verbot 1930 geleitet.

[333] Eine erste Einheitsfront der demokratischen Kräfte – MUNAF (Movimento Nacional de Unidade Antifascista) – entstand bereits 1943 (Oliveira Marques 1981: 383 ff.; Rosas 1994: 388 ff.).

Zusammenfassend meint Luiz de Freitas Branco:

- Die kreativsten Vertreter der gegenwärtigen deutschen Musik[334] werden entweder zum Exil gezwungen oder unter dem Gesichtspunkt ihres möglichen Einflusses auf die Gestaltung des Musiklebens entmachtet (*Diabo* 5. 8. 1934).

- Die »wissenschaftliche Pädagogik und Ästhetik« von Hans Gal, Hans Mersmann und Alfred Einstein werde im NS-Staat durch Hurrapatriotismus und Empirismus ersetzt: »Man will die objektive griechisch-lateinische Tradition der Musiklehre durch die Romantik der ›deutschen Seele‹ [...] ersetzen, deren Geheimnis nur die Naziprofessoren kennen« (*Diabo* 19. 8. 1934).

- Hans Pfitzner, »Apostel des Nazismus in der Musik«, sei das Beispiel für die Tendenz zur Steigerung der Empfindsamkeit, zur Flucht in den Subjektivismus (»zur subjektiven Romantisierung des Lebens«), die von Wagner ausgehe, sowie dafür, daß Talent und Wissen impotent sind, wenn man nicht innovationsfähig bzw. kreativ sei.

- In der polemischen Auseinandersetzung zwischen Pfitzner und Busoni (vgl. Karbaum 1976: 63) habe Busoni recht: die Tendenz zur Rationalisierung des Lebens, die von der Entwicklung der Kunst selbst seit langem geteilt werde, solle über die Tendenz zur Romantisierung siegen (*Diabo* 19. 8. 1934)[335].

- Ein wesentlicher Fehler der zeitgenössischen Komponisten, der von der Romantik ererbt wurde, sei, »nicht eine Lösung des Problems des künstlerischen Schaffens in seiner Verbindung mit sozialen Trägerschichten zu finden« (wie es z. B. dem portugiesischen Dramatiker des 16. Jahrhunderts, Gil Vicente, gelungen sei), und dies bedeute, weiterhin individualistisch schreiben zu müssen (*Diabo* 26. 8. 1934).

- Hitler vertrete die Förderung des romantischen Individualismus (vom Wagnerismus ausgehend) in der Musik, die dem antiindividualistischen Ideal entgegenwirkte, »der historische Zyklus des Ausdrucks individueller Gefühle« sei aber zu seinem Ende gekommen (*Diabo* 26. 8. 1934), der Hitlerismus könne diese Entwicklung nicht stoppen, nicht einmal verzögern, und so werde »der echte Geist des Kollektiven«, der »mit dem Despotismus, besonders dem metaphysischen und mystischen Despotismus der Verehrer von Wotan und Siegfried unvereinbar ist«, sich immer mehr durchsetzen (*Diabo* 19. 8. 1934)[336].

---

[334] Luiz de Freitas Branco (*Diabo* 5. 8. 1934) zitiert die Namen von Arnold Schönberg, Franz Schreker, Erich Kleiber, Otto Klemperer, Oskar Fried, Fritz und Adolf Busch, Kurt Weill, Ernst Křenek und Karl Rathaus als Musiker, die gezwungen wurden, ins Exil zu gehen, und ebenso die Namen von Richard Strauss, Paul Hindemith, Ernst Toch, Wilhelm Furtwängler und Hans Mersmann als Musiker, die aus wichtigen Positionen des Musiklebens entfernt wurden.

[335] Vielleicht waren die Dokumente der Polemik Luiz de Freitas Branco durch Vianna da Motta vertraut. Busoni hatte sie Vianna da Motta 1917 übersandt (vgl. João de Freitas Branco 1972: 394 f.).

[336] Hier manifestiert sich noch einmal der Anti-Wagnerismus von Luiz de Freitas Branco, der das Wagnersche Erbe für eine Komponente der NS-Ideologie hielt. Gerade in diesem Sinne ist seine Gobineau-Rezeption als Schlüssel zum Verständnis des Wagnerschen Schaffens zu verstehen.

Irrationalismus, Subjektivismus, Verherrlichung der Intuition, aristokratische Erkenntnistheorie, Schaffung von Mythen, Trennung des Individuums vom gesellschaftlichen Leben, all dies sind Merkmale der *Zerstörung der Vernunft* (vgl. Lukács 1962: 15, 19 f., 27, 462 ff.), die Luiz de Freitas Branco in Bezug auf die NS-Musikpolitik diagnostiziert hatte und verurteilte. Freitas Branco war den Weg vom ›Integralismo Lusitano‹ zum antifaschistischen Widerstand gegangen und ging weiter in diesen Texten den Weg seiner ideologischen Veränderung (hierzu João de Freitas Branco 1982: 67). Die wichtigsten Gegensätze, die hinsichtlich der NS-Musikpropaganda in den vierziger Jahren in Lissabon die faschistische und antifaschistische Rezeption entzweiten, wurden damit hier bereits vorausgeahnt. Wie wir gesehen hatten, wirkten die NS-Musik-Missionen um so mehr als Propaganda und Massenmanipulation, je stärker der Einfluß der irrationalistischen Weltanschauung auf die Rezipienten war. Dagegen wurden sie in der antifaschistischen Presse geradezu als Propaganda und Manipulation entlarvt. Bereits über den ersten Besuch der Berliner Philharmoniker schrieb Lopes-Graça (SN 10. 5. 1941):

»[...] Warum spielt man ausschließlich deutsche Musik, schließt sie ein in die chronologischen Grenzen eines Jahrhunderts, von Mozart bis zu Strauss [...], beschränkt sich auf die abgetragenen Gemeinplätze des sinfonischen Repertoires? [...]
Diese sozusagen demagogische Seite der Musikpolitik ist eines der schrecklichsten Zeichen unserer Zeit, ein Zeichen ihres Willens, die Massen zu gewinnen, zu locken, obwohl auf Kosten – oder eben deshalb – einer Beschränkung ihrer Kulturhorizonte, einer Abnahme ihrer Fähigkeit frei zu wählen, einer Verminderung ihrer Neugierde, einer Erstickung ihres Begehrens, über einen bestimmten Zivilisationszustand hinauszugehen. Was für eine Macht die Musik und überhaupt die sinfonische Musik in den Händen derjenigen ist, die sich darum bemühen, die Massen dazu zu führen, auf ihr eigenes Denken und ihre eigenen Bedürfnisse zu verzichten!
Bietet man den Massen jeden Tag die 5. Sinfonie, die *Unvollendete*, die *Meistersinger, Tod und Verklärung* an, so wünschen sie nach gewisser Zeit nichts anderes mehr, da jene Werke, die eine unleugbare Anziehung ausüben und eine gewaltige Erschütterungskraft besitzen, ihnen ausreichen werden, um ihre Bedürfnisse nach Flucht aus dem Alltag zu befriedigen und ihre Kampfinstinkte mit dem Ersatz der lebendigen Aktion durch die geträumte Aktion einschläfern zu lassen. [...] Wie? Schreibt man keine Musik mehr in Deutschland? Wo sind die heutigen deutschen Komponisten? [...] Wie? Beschränkt sich das zeitgenössische Musikschaffen auf das kleine *Rondo* von Rudolf Berger? [...] Wie? Bezieht die Dynamik der Aktion den Tod dieser schöpferischen Dynamik ein?

Wie? Verhindert das Streben nach Macht das Streben nach Wissen? Wie? Ist die Eroberung der Welt mit den Errungenschaften des Geistes unvereinbar? Oh! Wie tragisch, wie schmerzhaft tragisch ist es, daß ein großes Volk, ein Volk, das die Welt durch den Geist beherrschen konnte, sie lieber durch Gewalt beherrschen will, und vergißt, wer am Ende der Großen Schlacht siegt, wer notwendigerweise siegen muß: Es muß der Geist sein, der Geist, nenne man ihn nun Wissenschaft oder Kunst, Gerechtigkeit oder Freiheit, von wo auch immer er herwehen möge ...«

Im Gegensatz zu Luiz de Freitas Branco hob Lopes-Graça (SN 12. 6. 1943) die Entstellung des Wagnerschen und romantischen Erbes im NS-Staat hervor:

»Die Verweigerung gegenüber jeder nachromantischen Musik [...] widerspricht offenkundig der großen deutschen Musiktradition, die in ihrem Wesen und in ihrem Willen, vorwärts zu schreiten – unbekannte Wege der Tonkunst zu bahnen – stets *modern* war. Die Romantiker waren gerade die kühnsten und die modernsten Geister der deutschen Kunstgeschichte, und der größte darunter, Wagner, wurde nach Ansicht aller routinierten und konservativen Köpfe für eine Art Anti-Christus der Musik, einen Anarchisten und sehr gefährlichen Verderber gehalten, dem man die Rückkehr zu den gesunden Traditionsprinzipien entgegensetzen sollte.
Der musikalische Standpunkt des zeitgenössischen Deutschland steht in Widerspruch zu der Versicherung der Einheit und Kontinuität, die zum Wesen der deutschen Kultur gehören.«

Geschichtsbewußtsein gegen Antimodernismus – so rechtfertigte Lopes-Graça Wagners Modernität für dessen und ›unsere‹ Zeit, eine Modernität, die bezeichnenderweise von der NS-Kulturpolitik auf der Wagnerschen Musikbühne negiert wurde (vgl. Wessling 1983: 218 ff.).
Elemente dieser allgemeinen Auseinandersetzung gingen in den vierziger Jahren in die Rezensionen weiterer Musikveranstaltungen ein. Der Antimodernismus von Sampayo Ribeiro, der nicht nur von antisowjetischen, sondern auch von antisemitischen Zügen – in Portugal zu dieser Zeit eine Seltenheit – geprägt war, hing ausdrücklich mit der Ablehnung des Materialismus und des angeblich daraus entstehenden »Imperiums der Technik« zusammen: er sehe z. B. in William Waltons Sinfonie nur Technik und Wissenschaft (*Ocidente*, April 1943). Die Merkmale, die er in den Wiedergaben des Berliner Kammerorchesters hervorhob, »Majestät und Erhabenheit« bei Händel, »Spitzenbesatz und Zauber« bei Mozart, »romantischer Lyrismus« bei Max Bruch, »größte Reinheit« bei Haydn (*Ocidente*, September 1941) – sind auch

beredsame Zeugnisse einer Einstellung, die die musikalische Sprache eigentlich ihres Sinns entleerte. Die Tendenz zur Reduktion auf die ›ornamentale Kunst‹ erscheint als evident. João de Freitas Branco (*Horizonte* 13. 1. 1943; *Microfone* 12. 6. 1943; *Onda,* April 1946) kritisierte immer wieder diese Einstellung, deren Übergewicht er unter den Zuschauern des São Carlos feststellte. Sei es im Zusammenhang mit der Verteidigung der zeitgenössischen Musik, sei es aus Anlaß der Wiedergabe von Klassikern bzw. Romantikern – er rief zu einer mitdenkenden, nicht (oder nicht nur) mitfühlenden Wahrnehmung der Musik auf. Die vorherrschende Einstellung trug aber den Sieg davon, und auf dem spezifischen Gebiet des Musiktheaters bedeutete dies weiterhin dessen Reduktion auf Opernmusik und Gesangskunst – ein Modell, das ja in Portugal von der Romantik herstammte. Diese Tradition war so stark, daß die Idee der Oper als ›absolute Musik‹ in der Aufführungspraxis derart überwog, daß der Textvortrag vernachlässigt wurde, selbst wenn es sich um eine original in portugiesischer Sprache geschriebene Oper handelte. Daher die Kritik von Lopes-Graça (SN 19. 7. 1941) an einer Aufführung der *Leonor Teles* von João Arroyo im São Carlos:

»In einer Oper genügt es nicht, zu singen: das Publikum soll das, was gesungen wird, verstehen. Eine Oper ist eine *musikalische Handlung,* und diese Handlung soll von der Bühne aus erfaßt werden und nicht im Libretto, das am Eingang des Theaters verteilt wird.«[337]

Als eine der Privatgesellschaften (Círculo de Cultura Musical) *Die Geschichte des Soldaten* von Strawinsky im São Carlos zur Erstaufführung brachte, stieß das Stück unvermeidlich auf die Unfähigkeit der Zuschauer, einem solchen Werk adäquat zu begegnen. Die vornehmen Mitglieder des Círculo machten sich, trotz »des überraschend hohen Niveaus der Darstellung« (vgl. beispielsweise Lopes-Graça in: SN 18. 11. 1944), zudem in portugiesischer Sprache, einfach darüber lustig. Luís Francisco Rebello, dessen Rezension in Widerspruch zum politischen Konservativismus seiner Zeitung trat, zog die Schlußfolgerung, daß ein solches Publikum mit dem Theater unvereinbar sei (*Acção* 23. 11. 1944).

---

[337] Außerdem wurden keine vollständigen Textbücher mehr, sondern zumeist fehlerhafte Zusammenfassungen der Fabel am Eingang des Theaters verteilt. Die von Sampayo Ribeiro (1946) veröffentlichte Reihe *Ópera,* die achtzig Operntitel enthielt, galt zwar angeblich als eine besonders ausführliche und ›wissenschaftliche‹ Darstellung des Repertoires, das im São Carlos zur Aufführung kam; in Wirklichkeit wirkte aber die Art und Weise, wie Sampayo Ribeiro die Fabel zusammenfaßte, zugunsten der Rezeption der Oper als ›Opernmusik‹. Die dramatische Aktion wurde dabei fast immer abgewertet, wenn nicht sogar lächerlich gemacht, jede Oper wurde der Handlung enthoben.

Deshalb fanden die Zuschauer des São Carlos weiterhin ebenso kaum einen Zugang zu Mozart (darüber hinaus in deutscher Sprache!). Anläßlich einer Aufführung von *Figaros Hochzeit* 1959 schrieb der bekannte Schriftsteller Jorge de Sena (GMTA, Februar 1959):

»Das pedantisch herausgeputzte Publikum der Abende im São Carlos hat nichts bemerkt, und die Art und Weise, in der es wie irre die Ausgänge stürmte, kaum daß der Vorhang nach dem letzten Akt gefallen war, war eine Beleidigung für Mozart und für die schöne Aufführung, für die es so teuer bezahlt hatte. Gab es da also viele Almavivas des *ancien régime*, denen der Kopf zur Last fällt?«

Schließlich, auf das Verde Gaio bezugnehmend, erfaßte Lopes-Graça (SN 1. 1. 1944) das gesamte im São Carlos verkörperte Kommunikationsmodell:

»... Die Frivolität beherrscht und überschwemmt alles. Von dieser Kunst darf man weder Gedankentiefe noch Emotionalität erwarten. Weder das Lebensdrama, noch die Lebenskomödie werden hier in der Sprache der Gebärde ausgedrückt. Hier handelt es sich nur um die Unterhaltung der Sinne, um eine geckenhafte Unterhaltung, um das aristokratische Amüsement, das für eine Klasse geeignet ist, die die Freuden eines durchweg aus Glanz, Verführung und Glück bestehenden Lebens genießt. Aber die Kunst, die keine Zierde der guten Gesellschaft, sondern kraftvoller Lebensausdruck ist, die Kunst bleibt weit von all dem entfernt.«

Dieser Text thematisiert in der Tat den Inbegriff des São-Carlos-Selbstverständnis als Empfangssalon. Wenn es sich nicht um eine schon dafür eigens produzierte Kunst wie die des Verde Gaio handelte, bewirkte die den Zuschauern innewohnende Einstellung die Reduktion jeder Kunst auf ein und dieselbe Funktion. Teil des antifaschistischen Widerstandes war demzufolge die Entlarvung des gesellschaftlichen und ideologischen Hintergrundes der herrschenden Kommunikationsverhältnisse. Dabei lösten sich die Unterschiede zwischen der Wirkung der NS-Musikpolitik und der Wirkung der sogenannten »Geistespolitik« des ›Neuen Staates‹ unter den spezifischen Bedingungen des portugiesischen Kulturmilieus nicht auf, die weltanschaulichen Gemeinsamkeiten traten aber in den Vordergrund der Auseinandersetzungen, so daß das portugiesische Kulturmilieu tendenziell nur zwei wirklich entgegengesetzte ideologische Konstellationen in den vierziger Jahren aufweist, die jeweils das faschistische und das antifaschistische Lager charakterisierten. Schematisch läßt sich jede dieser Konstellationen mit folgenden Epitheta belegen:

Faschismus	Antifaschismus
Individualismus	Kollektivismus
Subjektivismus	Objektivität
Dominanz des Gefühls	Dominanz des Denkens
Intuition	Vernunft
Mythos	Geschichtsbewußtsein
Antimodernismus	Modernismus
Ornamentale Kunst	Kunst als Lebensausdruck
Musik als Unterhaltung	Musik als Mitteilung
Musik als Massenmanipulation	Musik als »lebendige Aktion«
Oper als Opernmusik	Oper als Theater

Gegen die Theorie und Praxis des faschistischen Lagers traten die Antifaschisten von Kultur und Kunst nicht nur mit Worten auf, sondern auch praktisch durch ihre schöpferische Tätigkeit. Lopes-Graça wird zum Komponisten, der in der Praxis sämtliche Konsequenzen seiner theoretischen Positionen zieht. Er komponiert zwar für den Konzertsaal und erweist sich bald als der prominenteste portugiesische Musiker der jüngeren Generation[338]. Unter dem Gesichtspunkt der Analyse des soziokommunikativen Systems liegt aber sein größtes Verdienst in der Entwicklung einer *Gegenkommunikationsstruktur*, die zum Fokus des antifaschistischen Widerstandes durch Musik wird.

Nichts könnte besser die Widersprüche belegen, mit denen sich Lopes-Graça auseinandersetzte, als eine Episode um die Uraufführung seines Orchesterwerkes *Promessa* im São Carlos 1945. Einerseits bedeutete die Aufführung einen Sieg über den faschistischen Kulturapparat: Pedro de Freitas Branco hatte als Chefdirigent des Nationalen Rundfunkorchesters nur unter der Bedingung, daß er Kompositionen von Lopes-Graça ins Programm einbeziehen könne, zugestimmt, ein Werk von Ruy Coelho zu dirigieren – und dies wurde gegen das von António Ferro als Präsident des Rundfunks befohlene allgemeine Verbot jeder Sendung bzw. jeder Aufführung der Werke von Lopes-Graça durchgesetzt (vgl. João de Freitas Branco 1982: 64 f.). Andererseits neutralisierte das Kommunikationsmodell des São Carlos gewissermaßen die Wirkung, die Lopes-Graça für sein Schaffen anstrebte; die Art und Weise der Rezeption ›kompensierte‹ das umstürzlerische Potential eines Komponisten, der bereits zu dieser Zeit als Symbol des antifaschistischen Widerstands galt. In einem humorvollen Text von

[338] Er wird immer wieder mit den Preisen für Komposition des Círculo de Cultura Musical ausgezeichnet: 1940 (1. Konzert für Klavier und Orchester); 1942 (*História Trágico-Marítima*, für Bariton, Frauenchor und Orchester über Gedichte von Miguel Torga); 1944 (Symphonie); 1952 (3. Sonate für Klavier).

José Gomes Ferreira (SN 12. 5. 1945) wird dieser Widerspruch in Bezug auf die Räumlichkeit des São Carlos selbst beschrieben: Lopes-Graça, der aufgeführte Komponist, der keinen Abendanzug trug, saß im *galinheiro* (›Olymp‹), unsichtbar, wie immer im ›Luftschacht‹, von dem aus er in seiner Eigenschaft als Musikkritiker alles das niederschmetterte, was unten, im ›Empfangssalon‹, vor sich ging …

»Der *galinheiro* gehört von Natur aus zu ihm, und ich werde ihn nicht von dort wegzubringen versuchen, wo die Nachwelt eines Tages einen Gedenkstein mit der folgenden Inschrift aufstellen wird: ›Hier haben die Verehrer des Komponisten Lopes-Graça ihn eines Abends im 20. Jahrhundert auf die Schultern gehoben, damit er den Applaus des dankbaren Parketts entgegennehmen konnte.‹« (Gomes Ferreira in: SN 12. 5. 1945).

Lopes-Graça sollte den *galinheiro* nicht durch das Parkett ersetzen, vielmehr griff er das eine von dem anderen aus an. Der ›Luftschacht‹ organisierte sich musikalisch gegen den ›Empfangssalon‹. 1942 entstand die Sonata, eine Konzertgesellschaft für die Verbreitung zeitgenössischer Musik, deren Veranstaltungen zum Treffpunkt einer kulturellen und politischen Vorhut von Intellektuellen, Künstlern, Studenten und, nicht zuletzt, von antifaschistischen Aktivisten der Arbeiterschaft wurden. Einige Jahre später entstanden der Chor des Grupo Dramático Lisbonense und dessen Nachfolger, der Chor der Academia de Amadores de Música – als »Volksorgan und zur Verbindung mit dem Volk bestimmt«, so Lopes-Graça (vgl. Vieira de Carvalho 1978: 181). Zugleich entwickelte Lopes-Graça ein Repertoire von Konzertliedern, Arbeiterliedern und Chorbearbeitungen von Volksliedern, das er als Konzertveranstalter innerhalb der Sonata, als Pianist und als Chordirigent überall verbreitete: nämlich im fortschrittlichen Kulturmilieu von Lissabon und Porto, auf improvisierten Podien in den ländlichen Gebieten, in Arbeitervereinen der Industriezentren, in den Studentenverbänden …
So wie Hanns Eisler gehörte Lopes-Graça zu den Komponisten, die sich in ihrem Schaffen »die engeren Beziehungen der Musik zum praktischen Leben« wünschten, den Wert der Musik auch daran maßen, »wie weit sie dem Volk bei seinem Kampf (gegen Reaktion und Faschismus) dienen konnte« (vgl. Eisler 1943/1944: 214).
Der Reduktion der Musik auf Gefühl bzw. Emotion (damit sie als Massenmanipulation wie bei den Propaganda-Musikmissionen des NS-Staates wirken konnte) oder auf ›ornamentale Kunst‹ (damit sie als Scheinkultur die repräsentative Funktion erfüllte) im Dienste der ›Ästhetisierung der Politik‹ und der Staatspropaganda setzte Lopes-Graça das Mitdenken der Musikreproduzenten und -rezipienten, das Musizieren als Auseinandersetzung mit der Wirklichkeit, folglich als Bestandteil des sozialen und politischen Widerstandes entgegen. Dem auf der Bühne des São Carlos gesungenen *toten Wort* konfrontierte er das wiederbelebte

Wort-Ton-Verhältnis – das ›lebendige Wort‹ –, das nicht mehr auf der Bühne ›irgend ein Drama‹, sondern ›das Drama‹ des portugiesischen Volkes selbst erzählte oder, besser gesagt, ›mitvollzog‹. Auf die ihres Sinnes enthobene Musik bzw. das seines Sinnes enthobene gesungene Wort antwortete Lopes-Graça mit der Wiederentdeckung der, auf uralte Traditionen zurückgehenden, Stimme des Volkes, die er auf das Kulturmilieu und breite soziale Schichten zurückwirken ließ.

Übrigens war die Übernahme der Volksmusik für verschiedene Zwecke (beispielsweise für touristische Propaganda) der faschistischen Kulturpolitik wesenseigen. Lopes-Graça, der jahrelang (zunächst allein, später gemeinsam mit Michel Giacometti) nach den Methoden Bartóks die portugiesische Volksmusik erforscht hatte[339], stellte in seinem Schaffen das Gegenbild zum faschistischen Volkskulturbegriff heraus. Ein Vergleich der Chorbearbeitungen von Volksmelodien, die Sampayo Ribeiro als Chorinspektor der faschistischen Jugend (›Mocidade Portuguesa‹) verfaßte, mit den Chorbearbeitungen von Lopes-Graça für den Chor der Academia de Amadores de Música genügt, um die Auseinandersetzungen auf dieser Ebene zwischen beiden Lagern zu belegen. Während Sampayo Ribeiro ohne Bezug auf die dem Volkslied entsprechende soziale Umgebung bzw. Funktion – d. h. die »Lebenswelt« im Sinne von Habermas (1981) – sowie auf die ästhetischen und ideologischen Merkmale, die zu dessen Charakter gehören, ganz konventionell ›harmonisierte‹, den Text als bloßen Vorwand zum Chorvortrag nahm, alles, Melodie und Text, in den Dienst nichtiger ›Chorspiele‹ stellte, kurzum, das Volkslied von jeglicher Bedeutung entleerte, es auf eine Art ›ornamentale Kunst‹ reduzierte, ging Lopes-Graça vom musikalischen und literarischen Gehalt aus, bezog ihn auf die dazugehörende ›Lebenswelt‹ und potenzierte kreativ das Wort-Ton-Verhältnis, so daß viele seiner Chorbearbeitungen als musikalische ›Miniaturdramen‹ gelten können, in denen seine ›Kunst‹ als Komponist eben den »kraftvollen Lebensausdruck« wiederhallen ließ, den er in der »ästhetischen Prägung« der von ihm ausgewählten Volkslieder entdeckt hatte[340]. Ein überdeutliches Beispiel dafür, inwieweit sich diese beiden entgegengesetzten Einstellungen radikalisieren konnten, liegt in der Bearbeitung einer Volksmelodie aus der Provinz der Beira Alta: Sampayo Ribeiro hat sie mit einem uninteressanten, ganz unbedeutenden Text übernommen und sie in eine nicht weniger uninteressante und unbedeutende Unterhaltungsmusik verwandelt (*Moda do chapéu ao lado*), während Lopes-Graça in ihr eine latente rhythmische Energie erkannte, die eines ganz anderen Texts, ebenso erfüllt von rhythmischem Potential, bedurfte; und so entstand eine Chorbearbeitung, in der die ursprüngliche Volksmelodie mit dem erhaltenen Text eines alten Schmugglerliedes

---

[339] Eine systematische Forschung ist ebenso Armando Leça und Artur Santos zu verdanken.
[340] Zum Zusammenhang zwischen »ästhetischer Prägung« und »Lebensausdruck« bei Lopes-Graça, der stets hervorhob, er sei kein Musikethnologe, s. Vieira de Carvalho (1996g).

aus derselben Gegend verschmolz – und die auf diese Weise zu einem Kampflied des antifaschistischen Widerstands wurde (*Canta, camarada, canta*) (vgl. Vieira
de Carvalho 1989)[341].

Die kulturideologische und politische Bedeutung der künstlerischen Tätigkeit
von Lopes-Graça spiegelt sich auch im Umfang der Akten wider, die ihm die
Archive der Geheimpolizei widmeten. Zahlreich sind die Berichte der Polizeiagenten, nämlich über die Veranstaltungen des Chors des Grupo Dramático Lisbonense bzw. der Academia de Amadores de Música. Dies trägt zur Aufklärung
des Verhältnisses zwischen Kulturpolitik und Repressionsapparat bei: Einerseits
›durfte‹ die Zensur Volkslieder in den Chordarbietungen von Lopes-Graça kaum
verbieten; andererseits beauftragte die Regierung aber die Geheimagenten mit
deren Überwachung ... In der Art und Weise, wie diese ihre Berichte verfaßten,
wird deutlich spürbar, worin die Gefahr für die faschistische Ordnung lag. Die
›Rezension‹ eines Polizeiagenten über eine Chordarbietung, die am 17. Mai 1952
in einem Arbeiterverein (Caixa Económica Operária) stattfand, lautet:

> »Die einzige Besonderheit, die mir während der ganzen Veranstaltung auffiel,
> weil es mir schien, sie sei von Interesse für die Polizei, war das vom Chor
> gesungene zweite Lied, das den Titel ›Die Männer, die in den Krieg ziehen‹
> (*Os homens que vão prá guerra*) trug, und dessen Text folgendes beinhaltet: ›Die
> Männer, die in den Krieg ziehen, kommen nicht mehr zurück‹ – ›Sie nehmen
> von ihren Eltern Abschied, weil sie sie nie mehr wiedersehen‹.
> Dieses Lied hat auf die Zuhörerschaft so gewirkt, daß man verschiedene Kom-
> mentare hörte, z. B. sagte ein Zuschauer zu einem anderen, der Text dieses
> Liedes sei wirklich wahr; dieses Lied erhielt den meisten Applaus und wurde
> zum Schluß von Professor Lopes-Graça auf Wunsch der Zuhörer wiederholt.«

Os homens que vão prá guerra ist nun in der Tat eine hoch dramatische Bearbeitung,
die vor allem durch Harmonie und Dynamik das Wort-Ton-Verhältnis potenziert und dem ursprünglichen Volkslied eine neue Prägnanz verleiht. Die Zuhörer eigneten sich den Friedensaufruf des Liedes an und reagierten *bewußt* auf
das Ganze. Sie *hörten zu* und *dachten mit.*

In diesen Chorveranstaltungen bildeten sowohl die Chorsänger als auch die
Zuschauer Gemeinschaften. Sie standen einander gegenüber und waren doch
miteinander verbunden. Unter den Chormitgliedern (Amateuren)[342] gab es Intellektuelle, Studenten, Arbeiter und andere Werktätige; manche waren politische
Aktivisten, die bereits in den faschistischen Gefängnissen gelitten hatten. Eine

---

[341] Zur kulturpolitischen Konfrontation um die Folklore in dieser Zeit s. Vieira de Carvalho (1997a).
[342] Lopes-Graça, ein ausgebildeter Berufsmusiker, leitete den Chor ganzjährig und schrieb immer
wieder für ihn, ohne Honorar zu erhalten.

derartige soziopolitische Zusammensetzung der Mitgliedschaft entsprach genau jener der Zuhörer, die an diesen Chorveranstaltungen teilnahmen: Bezeichnenderweise unterstrichen die Polizeiagenten oft »das große Übergewicht der Arbeiterschaft« bzw. die Tatsache, daß die Zuhörerschaft allein aus demokratischen Elementen bestand« (vgl. Berichte vom 16. 12. 1948 und 26. 6. 1950, Prozeß 1585/SR, im Archiv der Geheimpolizei, ›PIDE/DGS‹). In dem Augenblick, wo Chorsänger und Zuschauer zusammentrafen, löste sich die Trennung zwischen den beiden sozialen Gruppen auf: Es bildete sich eine einzige Gemeinschaft. Die jeweiligen sozialen Rollen waren austauschbar: Jener, der heute dem Podium gegenüber saß, konnte morgen auf dem Podium singen, wurde sogar zu einer *singenden* Rückkopplung aufgefordert. Daher wurden diese Chorveranstaltungen nicht selten zu Straßendemonstrationen; die ›Aufführung‹ ging auf die Straße über, wo Zuhörer und Darsteller gemeinsam Volks- bzw. Arbeiterlieder sangen. Im Polizeibericht vom 17. 4. 1946 (*ebd.*) über eine Veranstaltung, die in der Volksgesellschaft Incrível Almadense (in der Umgebung von Lissabon) stattfand, ist vermerkt:

»[…] dann bildeten verschiedene Mädchen und Jungen, die aus Lissabon gekommen waren, einen Chor und sangen Lieder, die einige der Mitglieder des Chores verfaßt hatten, darunter fielen vor allem ›A Papoila‹, ›Ronda‹, ›Marcha‹, und ›Canção do Camponês‹ auf, all diese vom Chordirigenten […] am Klavier begleitet. Im ›Lied des Bauern‹ (›Canção do Camponês‹) lautete der Text, man verhungere, der Weizen werde geerntet, aber den Bauern gleich entnommen; das ›Lied des Mohns‹ (›A Papoila‹) wurde dreimal wiederholt, weil der Text sehr gefiel, [im Text] handelte es sich um die Farbe des Bluts, das auf der Säbelklinge floß [und] […] den Gefühlen [der Sänger] glich, durch die die Morgenröte anbrechen würde […].
Nachdem die Aufführung zu Ende gekommen war und die Leitung der Incrível Almadense dem Dirigenten und dem Dr. Armindo Rodrigues[343] rote Blumensträuße überreicht hatte, lief der Chor, das ›Lied des Mohns‹ singend, durch die Straßen bis zum Dampfschiffanlegesteg […]«

Zwanzig Jahre später hat der Verfasser der vorliegenden Arbeit eine solche Situation erlebt: Nach einer Aufführung des Chors, im Verband der Jurastudenten der Universität von Lissabon, kam spontan eine singende Demonstration auf der Straße zustande: die Zuhörer, die auf diese Weise kommunizierend rückkoppelten, waren hier im wesentlichen Studenten.
  Die Tatsache, daß die Polizei sich ausschließlich auf den Textinhalt der Lieder konzentrierte, hängt offensichtlich mit dem Kriterium der Zensur zusammen,

---

[343] Der Dichter Armindo Rodrigues hatte an der Veranstaltung mit einem Vortrag über »Die Kunst und die Arbeit« teilgenommen (vgl. dieselbe Quelle der Geheimpolizei).

die jede Darbietung in fremder Sprache zuließ (als ›verdeckte Zensur‹). Durfte ein Volkslied in portugiesischer Sprache nicht prinzipiell verboten werden, so sollten dagegen die von verschiedenen Schriftstellern (José Gomes Ferreira, João José Cochofel, Arquimedes da Silva Santos, Joaquim Namorado, Ferreira Monte, Edmundo de Bettencourt, Mário Dionísio, Carlos de Oliveira) verfaßten Texte, die Lopes-Graça (1946) vertonte und die zusammen mit den Noten im ersten in Portugal veröffentlichten Arbeiterliederbuch erschienen, nicht zugelassen werden. Die Ausgabe (bei *Seara Nova*) wurde von der Polizei beschlagnahmt und jede öffentliche Aufführung wurde verboten. Seit 1947 galten sie wie Dutzende andere Arbeiterlieder, die Lopes-Graça daraufhin komponierte, als ein offiziell verbotenes Repertoire, das bei Straßendemonstrationen, antifaschistischen Versammlungen, zu Hause (als Hausmusik) und nicht zuletzt sogar in den politischen Gefängnissen in Erscheinung trat. Übrigens galten sie für die Gemeinschaft von Darstellern und Zuhörern seitdem ebenso auch als beliebte Rückkopplung auf die von der Zensur genehmigten öffentlichen Aufführungen von Volksliedern.

Die Wiederherstellung derartiger Strukturen von ›Umgangsmusik‹ kennzeichneten also das entsprechende soziokommunikative System, entweder unmittelbar – durch das von politischen Veranstaltungen bewirkte aktive Musikverhalten aller Partner der Kommunikation in den Arbeiterliedern (als *canções heróicas* bekannt) – oder mittelbar, d. h. wenn die genehmigte öffentliche Darbietungsmusik des Chors zu jenem aktiven Musikverhalten aufforderte. Außerdem galt es, in den Situationen der Darbietung von für Chor bearbeiteten Volksliedern zwei Aspekte zu unterscheiden: Einerseits entdeckte der Zuhörer in den Liedern seine sozusagen *kulturelle Identität* (diese Musik gehörte zu ihm), andererseits wurde er mit der Botschaft des Komponisten (einer Transformation des Volkslieds) konfrontiert. Die Chorsänger – und natürlich auch Lopes-Graça selbst – agierten auf beiden Ebenen. In der Kommunikationsstruktur balancierten sowohl Darsteller als auch Zuhörer zwischen Identifizierung und ›Verfremdung‹ (nicht selten sogar ›ironischer Distanzierung‹) gegenüber den Liedern, was einer ›epischen Struktur‹ entsprach. Die Resultate, daß nämlich die Rezipienten nachdachten, zur Erkenntnis (und nicht nur zum emotionalen Erleben) sowie zur Aktion aufgefordert wurden, weisen wohl auf einen solchen Zusammenhang hin. Die Lieder von Lopes-Graça konnten dazu beitragen, eine Masse in Gang zu bringen: die Masse setzte sich während der Aufführung kritisch mit den sozialen Erfahrungen, die in den Liedern zum Vorschein kamen, auseinander; und in Bezug darauf fühlte sie sich zur bewußten und »lebendigen Aktion« aufgefordert. Ein spürbarer Gegensatz zu der von den NS-Konzerten im Coliseu bewirkten Massenmanipulation, zum ornamental-repräsentativen Kunstbetrieb des São Carlos und sogar zu der auf dem Paradigma der Autonomieästhetik basierenden traditionellen Darbietungsmusik der Konzertsäle liegt auf der Hand.

Manuel de Lima, der in seinen Musikkritiken die Ignoranz des portugiesischen Kulturbetriebs gegenüber dem Musiktheater von Brecht/Weill, Eisler und Dessau zu verschiedenen Anlässen beklagte, meinte, Lopes-Graça solle einen ähnlichen Weg wie diese gehen, aufgrund der Bedeutung und des Umfangs seiner Vokalwerke aller Art sowie seiner spezifischen Erfahrungen als Komponist von Arbeiter- bzw. Kampfliedern, also einer gewissen Art von »Gebrauchsmusik« (vgl. Eisler 1943/1944: 214)[344]. Deshalb stellte er 1966 Lopes-Graça die Frage, warum der Komponist noch keine Oper geschrieben habe. Die Antwort von Lopes-Graça (vgl. Lima in: SI 7. 5. 1966) zeigt, daß ihm die anstehenden Probleme ihm unlösbar erschienen. Nicht zuletzt verlange ein solches Unternehmen sehr viel Konzentration, die er sich nur unter gesicherten ökonomischen Bedingungen – dies wurde nicht direkt zum Ausdruck gebracht, aber angedeutet – leisten könnte. Lopes-Graça hatte zwar 1938 für das Maison de la Culture der Französischen Kommunistischen Partei in Paris eine Ballett-Revue, *La fièvre du temps*, geschrieben, gemeinsam mit José Gomes Ferreira an ein Opernprojekt gedacht, sich mit verschiedenen Stoffen für ein Werk des Musiktheaters befaßt, all dies stieß aber auf den Mangel an Darstellungsmitteln. Im São Carlos wäre solch eine Aufführung weder erwünscht noch möglich gewesen, und selbst wenn eine andere Institution, wie z. B. die Gulbenkian-Stiftung sich dafür eingesetzt hätte (was zu dieser Zeit ebenfalls zu bezweifeln war – vgl. Vieira de Carvalho 1974), mußte man noch mit der Zensur rechnen. Wenn also Lopes-Graça auch kein eigenes Musiktheater zu dieser Zeit entwickeln konnte, rief er doch eine Gegenkommunikationsstruktur zum São-Carlos-Modell ins Leben; und dadurch ist ihm durchaus das gelungen, was Walter Benjamin (1936a: 508) forderte: die »Politisierung der Kunst« – und zwar wirkungsvoll – als Antwort auf die »Ästhetisierung der Politik«[345].

---

[344] Eine genaue Analyse der Kritiken, in denen Manuel de Lima (der 1976 gestorben ist) diese Thematik behandelt, kann nur nach der Erforschung und Sammlung seiner Schriften erfolgen. Auf jeden Fall vertrat er oft in Gesprächen mit dem Verfasser die hier skizzierten Standpunkte.

[345] Diese Leistung von Lopes-Graça gilt als Paradigma (unter anderen Alternativen, die in diesem Zusammenhang erforscht werden sollten). Zur weiteren Auseinandersetzung mit der Musikkultur und dem antifaschistischen Widerstand in Portugal s. Vieira de Carvalho (1997a). Die Begriffe ›Ästhetisierung der Politik‹ und ›Politisierung der Kunst‹ sind im Zusammenhang mit dem gesamten Denken von Walter Benjamin zu verstehen. Der eine trifft sowohl das im Dienste der politischen Manipulation gestellte Identifikationsmuster der Aufklärung als auch die durch die ›ornamentale Kunst‹ bewirkte ›Aura‹ der Staatsrepräsentation. Der andere entspricht einer vollkommen anderen Kommunikationsstruktur, in der eine kritische bzw. denkende Stellungnahme des Rezipienten gefordert wird. Benjamins Rezeption von Brechts epischem Theater (Benjamin 1936b; 1939) sowie seine hermeneutische Theorie (McCole 1993: 298 ff.), seine Geschichtsphilosophie (Benjamin 1940a; Konersman 1991; Vieira de Carvalho 1996a) und sein im *Passagen-Werk* entwickelter Begriff der »dialektischen Bilder« (Benjamin 1940b; Buck-Morss 1989) müssen herangezogen werden, um zwischen beiden Kategorien zu unterscheiden. Da wird auch die Unvereinbarkeit des Begriffs ›Politisierung der Kunst‹ mit dem immer noch auf dem Identifikationsmuster der Aufklärung basierenden ›sozialistischen Realismus‹ deutlich. Zur weiteren Diskussion – die Auseinandersetzung mit dem ›Aura‹-Begriff einbeziehend – s. noch in der jüngsten Forschung Cooper (1996), Sherratt (1998) und Vieira de Carvalho (1998a; 1998d).

Fünftes Kapitel

Auf der Suche nach dem gesungenen Wort:
Zu den Entwicklungsperspektiven
des Musiktheaters in Lissabon

Mit der Charakterisierung des São-Carlos-Modells im Faschismus, so wie es vor allem in den vierziger Jahren etabliert wurde, soll die kulturgeschichtliche Analyse in der vorliegenden Studie abgeschlossen werden. Unabhängig von der darauf folgenden Entwicklung, die selbstverständlich auch im einzelnen zu untersuchen wäre, knüpft die Gegenwart unmittelbar an das historische Erbe an, das uns das São Carlos als ›Empfangssalon Portugals‹ hinterlassen hat.

Um die aktuellen Widersprüche bzw. Auseinandersetzungen im Rahmen der Musiktheaterverhältnisse zu verstehen, muß man aber die vorhergehenden Jahrzehnte berücksichtigen: erstens, die Stellungnahme gegen das São-Carlos-Modell, die vor allem O Seculo (17. 3. 1959) unter dem Titel »Oper für nur wenige Leute« zusammenfaßte und ab 1959 teilweise zur Einbeziehung des großen Coliseu-Saals in die São-Carlos-Spielzeiten als deren Erweiterung für breitere soziale Schichten führte[346]; zweitens, den öffentlichen Protest von portugiesischen Sängern wie z. B. Tomáz Alcaide und Hugo Casais, die die Bildung eines portugiesischen Opernensembles verlangten. Diese beiden Forderungen – Erweiterung des Zuschauerkreises, Entwicklung der nationalen Kreativität –, die auch unter Anhängern des faschistischen Regimes große Resonanz erhielten, führten 1962 zur Umgestaltung des Trindade-Theaters, in dem von nun an ein festansässiges portugiesisches Ensemble jährlich drei Monate wirkte[347]. Der Diktator Salazar erkannte also die Situation und brachte eine Synthese beider Ansprüche auf den Weg, indem er das Modell des São Carlos im Trindade-Theater zugleich *nationalisieren* und *popularisieren* ließ. Sofern aber hier der italienische Belcanto und das Prinzip der Originalsprache den ›Opernbetrieb‹ weiterhin bestimmten, beschränkte sich die ›Nationalisierung‹ auf die Nationalität der Mehrheit der Darsteller. Und sofern die ›Popularisierung‹ unter Kontrolle der FNAT[348] stattfand, wurde ein ideologischer Rahmen definiert, in dem vor allem Schichten des Kleinbürgertums und Werktätige des Dienstleistungsbereiches die Oper als Ersatz für den ihnen nicht zugänglichen ›Empfangssalon‹ genießen konnten.

---

[346] Diese Entwicklung wurde gewissermaßen nur als eine Konsequenz der großen politischen Unruhe möglich, die die demokratische Kandidatur des General Humberto Delgado anläßlich der Wahl des Präsidenten der Republik 1958 verursachte. Auch die Gründung der Gulbenkian-Stiftung 1956 und ihre ersten internationalen Musikfestspiele, deren Konzerte im Coliseu-Saal stattfanden, haben sicher dabei eine Rolle gespielt (hierzu vgl. Vieira de Carvalho 1992a; 1996c; 1996d).

[347] Die Spielzeiten des Trindade-Theaters fanden jährlich nach denen des São Carlos statt. Das Orchester des Rundfunks (das auch im São Carlos tätig war) und der Chor des São Carlos wurden dann freigestellt, um dort mitzuwirken. Darsteller waren vor allem die portugiesischen Sänger, die im São Carlos fast immer nur ›sekundäre‹ Rollen übernahmen.

[348] Federação Nacional para a Alegria no Trabalho. Es handelte sich um eine Organisation des Korporationsapparats, die mit der deutschen NS-Organisation ›Kraft durch Freude‹ vergleichbar ist. So wie letztere zielte die FNAT darauf ab, »dem Arbeiter Lebensfreude und Genuß zu verschaffen«, ihn zu zerstreuen (s. Richard 1982: 204 ff.) – und zwar von einer Haltung ihm gegenüber ausgehend, die ihn für »den unterlegenen Anderen« hielt (vgl. Vieira de Carvalho 1996g).

So entsprach der Vergleich zwischen dem Trindade-Theater und dem São Carlos überhaupt nicht dem Verhältnis etwa von Sadler's Wells zum Covent Garden in London, oder der Opéra Comique zur Grand Opéra in Paris bzw. von der Komischen Oper zur Deutschen Staatsoper in Berlin (nach dem Zweiten Weltkrieg). Es ging vielmehr um eine soziale und künstlerische ›Abwertung‹: In einem kleineren ›Empfangssalon‹, der die Pracht des São Carlos nachahmte, wurde den Zuschauern der untersten Schichten, die sich das Publikum des São Carlos zum Vorbild nahmen und von dessen in den Opernabenden geprägtem Lebenstil träumten, ein entsprechendes ›zweitrangiges‹ Ensemble präsentiert, welches das São Carlos um das Repertoire, die Aufführungspraxis und seinen Ruf letzlich beneidete. Das Modell des Trindade-Theaters machte jene Aspekte, die stets zum Prinzip der Kulturpolitik des Salazarismus gehörten und auf die Tradition der portugiesischen Romantik zurückzuführen sind, deutlich: den repräsentativen Charakter der Oper im São Carlos und die Unzulänglichkeit der portugiesischen Darsteller, was die Befriedigung des Bedürfnisses nach Prestige anbelangt. Andererseits wurde so an eine Tradition angeknüpft, die bis auf die dreißiger Jahre des 18. Jahrhunderts zurückging, als die portugiesischen Darsteller zum Hof bzw. zum Theater des Adels keinen Zugang besaßen, und nunmehr mit dem zusätzlichen Nachteil, daß nicht einmal ein ›nationales‹ bzw. ein in portugiesischer Sprache aufgeführtes Repertoire den untersten Schichten angeboten wurde. Spuren des alternativen Charakters des ehemaligen Marionetten-Theaters im Bairro Alto und der dort gespielten Opern von António José da Silva, ›dem Juden‹, deren Gemeinsamkeiten mit den Experimenten der *Beggar's Opera* in London auf der Hand liegen, waren im Trindade kaum zu finden.

Galt das Trindade-Theater also auf diese Weise als ein Ort für die Staatspropaganda (im Sinne der Verbreitung der Opernkultur unter den sogenannten ›Werktätigen‹), so war es hingegen nicht für die ›Ästhetisierung der Politik‹ bestimmt, weil es in ihm weder zu politischer Repräsentation noch zu einer damit verbundenen auratischen Ausstattung kommen konnte. Die Selbstdarstellung des Publikums verlor dabei ebenfalls an Gewicht. Auch wenn die Gesangsleistungen der Darsteller bzw. eine fragmentarische Wahrnehmung im Bereich der Ausstattung, der Regie oder der Orchesterkomponente eher die Aufmerksamkeit der Zuschauer fesselte als die dramatische Handlung, tendierte die Oper im Trindade-Theater zum realen Darbietungsmodell.

Die bloße Tatsache, daß ein portugiesisches Opernensemble zumindest in jedem Jahr drei Monate an einem Theater wirken konnte, schuf bereits Bedingungen, die dessen Kreativität begünstigten. In diesem Zusammenhang sei die Wiederentdeckung der *Variedades de Proteu* von António José da Silva und

António Teixeira besonders hervorgehoben[349]. Damit wurde ein deutlicher Bezug zu einem der produktiven Momente der portugiesischen Theatergeschichte hergestellt, der sich jedoch lediglich als eine Ausnahmeerscheinung erwies. Die Erstaufführung der *Zauberflöte* in portugiesischer Sprache (1972) (in einer Inszenierung von Jorge Listopad) zählt ebenfalls zu den Ausnahmen, durch die die Entfaltung eines Gegenmodells zum São Carlos möglich gewesen wäre, hätte nicht der zum Leiter des Trindade-Theaters ernannte Richter, José Serra Formigal, in der Tradition des italienischen Belcanto gestanden und seine politische Treue dem ›Neuen Staat‹ gegenüber für seine Ernennung eine entscheidende Rolle gespielt.

Unterdessen wurde João de Freitas Branco überraschend im Jahre 1970 zum Leiter des São Carlos ernannt, obwohl dessen Gegnerschaft gegenüber dem Regime der Geheimpolizei wohl bekannt war (vgl. Vieira de Carvalho 1990b). Eine solche Entscheidung, vom selben Erziehungsminister getroffen, der gleichzeitig zahlreiche Aktivisten der Studentenbewegung aus der Universität vertrieb und in den Kolonialkrieg schickte, war einerseits ein Zeichen der Schwäche und der inneren Widersprüche des Regimes nach dem politischen Tod Salazars (1968), andererseits ein Beispiel der damals noch geltenden Strategie der ›Liberalisierung‹, durch die der neue Ministerpräsident, Marcelo Caetano, das politische Erbe des sterbenden Diktators zu retten glaubte. Eben deshalb stand kaum zu erwarten, daß der Amtsantritt von João de Freitas Branco zum Bruch mit dem São-Carlos-Modell führen könnte. Als erfahrener Mitarbeiter am Rundfunk, wo er bisher nur toleriert worden war, weil die sogenannte ›ernste Musik‹ als Inbegriff von *l'art pour l'art*, im wesentlichen als eine nicht sozial und ideologisch bezogene Kunst galt, bemühte er sich in seinem neuen Amt um einen produktiven Kompromiß, d. h. er wollte aufgrund seiner langjährigen Tätigkeit als Verfasser von Sendungen musikbezogenen Inhalts von den herrschenden Einstellungen zur Oper profitieren, um eine entgegenwirkende Pädagogik zu entwickeln. War die »Erneuerung in der Kontinuität« das *mot d'ordre* des Nachfolgers Salazars, um die Kontinuität durchsetzen zu können, so wurde es als *mot d'ordre* für das São Carlos von seinem neuen Leiter im umgekehrten Sinne verstanden: Unter dem Schein der Kontinuität wollte er das Modell essentiell transformieren.

Im Entwurf eines neuen Statuts für das São Carlos, welcher der Regierung vorgelegt wurde, wies Freitas Branco auf folgende Maßnahmen hin: Schaffung eines festen Ensembles, das im Wechsel mit ausländischen Ensembles auftreten sollte (es sollte nur das Repertoire übernehmen, das es wirklich beherrschen könne, und das überwiegend aus Bühnenwerken von Monteverdi bis Mozart

---

[349] Das Stück wurde in einer Inszenierung von Artur Ramos und unter der musikalischen Leitung von Filipe de Sousa 1968 aufgeführt. Sousa hatte kurz vorher die Handschriften gefunden und daraus die Partitur rekonstruiert (vgl. Sousa 1974).

sowie von portugiesischen und zeitgenössischen Komponisten bestehen solle); Schaffung eines eigenen Orchesters und einer dramaturgischen Abteilung; Dezentralisierung der Tätigkeit des Theaters auf die Provinz, wo das Ensemble regelmäßig gastieren sollte; Ausweitung des Wirkens auf anderen kulturellen Ebenen, wie z. B. durch Kolloquien und Ausstellungen; Zusammenarbeit mit dem Konservatorium, um Praktika von Studenten des letzten Studienjahres im hiesigen Ensemble bzw. im Orchester zu ermöglichen; Aufhebung des Zwangs zur Abendgarderobe und Beseitigung des Abonnementsystems, das die Plätze im Zuschauerraum zum Erbeingentum machte.

Von all diesen Maßnahmen hat die ›liberal‹ auftretende Regierung nur einer zugestimmt: der Aufhebung der obligatorischen Abendgarderobe, ausgenommen jedoch die Premieren[350]. Die von João de Freitas Branco angestrebte Reform wurde also praktisch zunichte gemacht. Und trotzdem spürte man auf verschiedenen Ebenen eine Veränderung: in einer Erneuerung des Repertoires (Anhang V, 1970–1974); in einer wachsenden Tendenz, das Prinzip der Inszenierung als Ganzes durchzusetzen (vorzugsweise durch Gastspiele ausländischer Ensembles statt eigener Inszenierungen mit bekannten Belcanto-Stars); in zusätzlichen Aufführungen außerhalb des Abonnements, um eine Erneuerung des Publikums zu ermöglichen; in einer höheren Zahl von im Coliseu wiedergegebenen Inszenierungen; in einer Aufwertung der Funktion des Programmheftes als Zugang zu einem dramaturgischen Konzept des Werkes (welches jedoch nicht immer auf der Bühne de facto wurde) im Gegensatz zum gewöhnlich nicht dramaturgisch begründeten Erzählen der Fabel und zur traditionellen Reduktion des Kommentars auf ›rein musikalische‹ bzw. ›musikwissenschaftliche‹ Analysen.

Diese Entwicklung tendierte dazu, das *scheinbare* Darbietungsmodell in ein *wirkliches* Darbietungsmodell übergehen zu lassen, den Wirkungszusammenhang des Kulturbedürfnisses gegen den des ›Empfangsalons‹ in der Praxis durchzusetzen, die ›Ästhetisierung der Politik‹ aufzuheben und, nicht zuletzt, die Zuschauer zum eigenständigen Denken zu erziehen, damit sie sich mit den Bühnenwerken aktiv und kritisch auseinandersetzten. Natürlich stieß dabei die angestrebte Wirkung auf folgende unüberwindliche Schranken: das Übergewicht des traditionellen Publikums; die soziale Grenze für die Erneuerung desselben durch zusätzliche Aufführungen, die nur eine sehr kleine Elite besuchen konnte; die schlechten Bedingungen für die populären Aufführungen im Coliseu, die das Repertoire für kleine Besetzungen ausschlossen und bei denen die Ansprüche an die Inszenierung nachließen.

---

[350] Dies gewann nur an Bedeutung, wenn abends zusätzliche Aufführungen (außerhalb der gewöhnlichen zwei Aufführungen pro Oper) stattfanden. In der Tat war der Zwang zur Abendgarderobe seit 1955 für die zweite Aufführung (nachmittags) aufgehoben.

Ein markantes Beispiel für einen Versuch zur Veränderung der Kommunikationsstruktur in fast allen ihren Elementen ist die Uraufführung der Melodramen-Kantate *Dom Duardos e Flérida* (Text von Gil Vicente) von Lopes-Graça im Jahre 1970, die nicht zufällig außerhalb der offiziellen ›Saison‹ stattfand, um überhaupt zugelassen zu werden. Lopes-Graça brachte damals ›sein‹ Publikum mit ins São Carlos, während die ›gewöhnlichen‹ Zuschauer fast alle verschwanden. Die Inszenierung, an der sich der Komponist beteiligte[351], ging aber nicht von einer nach Maßstäben der Dramaturgie erstellten Analyse aus, die die grundlegende Bedeutung der dramatischen Handlung und ein Konzept des Werkes herausarbeiten konnte[352]. Andererseits war und blieb der Begriff der *Oper als Theater* dem São Carlos fremd, weil kein eigenes Ensemble zur Verfügung stand und es an Arbeitsmethoden mangelte, die den Theateranforderungen entsprachen. Das Werk wirkte unter diesen Umständen eher ›rein musikalisch‹ als szenisch, wurde im Prozeß der Produktion und Rezeption auf die musikalische Komponente reduziert. Elemente der *alternativen* Kommunikationsstruktur, die Lopes-Graça gegen das São-Carlos-Modell entwickelt hatte, gingen in letzteres ein, das theatralische Moment jedoch fehlte, und der Versuch mißglückte. Einerseits bewies die Umarbeitung dieses ursprünglich als Kantate gedachten Werkes, an dem Lopes-Graça seit 1965 gearbeitet hatte, in eine ›szenische Kantate‹ die Annäherung an ein seit langem gehegtes Projekt des Komponisten, dem die Ernennung von João de Freitas Branco zum Leiter des São Carlos und dessen Wunsch, ein Bühnenwerk von Lopes-Graça aufzuführen, entgegenkam. Andererseits verursachte der Mißerfolg eine merkliche Zurückhaltung des Komponisten gegenüber neuen szenischen Projekten, eine Zurückhaltung, die trotz seiner Absicht, weiter für das Theater zu schreiben, bis zu seinem Tod 1994 anhielt. Die *alternative* Kommunikationsstruktur wurde also nicht als solche innerhalb des São Carlos wirksam, sie konnte sich nicht zu einem *alternativen Theatermodell* entwickeln.

Indem der Staat die gesetzliche Umgestaltung des São Carlos nicht zuließ, bestimmte er bereits die Grenzen eventueller Veränderungen. Dadurch kam es zu einer Art ›Beharrungszustand‹, der die konsequente Erneuerung des Kommunikationsmodells weiter verhinderte. Trotz der Maßnahmen, die nach der demokratischen Revolution am 25. April 1974 getroffen wurden: die Ausstattung des São Carlos mit einem eigenen Orchester und die Integration des im Trindade-Theater wirkenden portugiesischen Opernensembles ins São Carlos, wurde die erfolgte Entwicklung der Kommunikationsstruktur des São Carlos sogar rückgängig gemacht. Der neue Leiter, João Paes, den João de Freitas Branco im August 1974 als Generaldirektor für Kulturangelegenheiten ernannt

---

[351] Lopes-Graça begann mit der Inszenierung, Tomás Ribas führte sie zu Ende.
[352] Vgl. hierzu Vieira de Carvalho (1970; 1983).

hatte[353], tendierte eher dazu, das Modell des Salazarismus wiederherzustellen als die bereits von seinem Vorgänger getroffenen Maßnahmen produktiv zu machen. Diese Art eines pedantischen Konzepts erreichte 1981 ihren Höhepunkt mit der *Lulu*-Inszenierung, durch die das São Carlos sich rühmte, eines der zehn ersten Theater in aller Welt zu sein, das die von Friedrich Cerha ergänzte Partitur auf die Bühne brachte. Daß es sich um eine ›eigene‹ Inszenierung in Originalsprache handelte, in der fast keiner der daran Beteiligten ein portugiesischer Künstler war, zeugt von der Wiederkehr der ›Scheinkultur‹ zur Zeit des ›Neuen Staats‹. Man hatte zwar unterdessen Gastspiele ausländischer Ensembles veranstaltet, die hinsichtlich moderner Ansprüche des Musiktheaters als beispielhaft gelten konnten, dies war aber in keinerlei Verbindung mit der Entwicklung eines eigenen leistungsfähigen Opernensembles gestellt. So scheiterte der vielleicht intendierte Übergang von einem auf berühmte Stimmen gestützten Spielplan in eine auf Regieansprüche und Ensemblearbeit gerichtete Produktionsstrategie. Das Streben nach einer Prestigekultur kam dem Prestigebedürfnis der Konsumenten entgegen, hatte aber kaum die Förderung portugiesischer Opernproduzenten im Visier.

Eine Wende erfolgte noch im gleichen Jahr, als der Richter Serra Formigal, der ehemalige Leiter des Trindade-Theaters, die Direktion des São Carlos übernahm. Er versuchte einen Kompromiß mit der Tradition des *star system* zu schließen, indem er z. B. eine *prima donna* wie Mara Zampieri für eine Reihe von erfolgreichen Aufführungen italienischer Opern im São Carlos engagierte und gleichzeitig auch das portugiesische Opernensemble pflegte. Der Begriff eines anspruchvollen Musiktheaters wurde von ihm jedoch weiterhin ignoriert. Mit all diesen Schwächen ermöglichte sein Konzept trotzdem wie früher im Trindade-Theater ein paar wirkliche innovative Momente, darunter 1985 die Erstaufführung von *Aufstieg und Fall der Stadt Mahagonny* von Brecht/Weill in einer portugiesischen Fassung von Vera Sampayo Lemos, José Fanha und João Lourenço, welcher auch Regie führte[354]. Die Inszenierung und deren Konzept ging von einer detaillierten dramaturgischen Arbeit und einer darauf gestützten Übersetzung aus (die auf der Ebene der Prosodie jedoch nicht völlig gelungen war) sowie von einer engen Zusammenarbeit zwischen dem Regisseur, der Dramaturgin (Sampayo Lemos) und dem Bühnenbildner (Jochen Finke)[355]. Vier Monate szenischer

---

[353] João Paes war beruflich Ingenieur und verfaßte Sendungen über Oper am Staatsrundfunk.
[354] Mit Ausnahme der italienischen Libretti von Opern portugiesischer Komponisten und der Erstaufführungen des *Orfeo* von Monteverdi (1932) und der *Geschichte des Soldaten* von Strawinsky (1944) war bis zu diesem Zeitpunkt für das São Carlos keine einzige Oper ins Portugiesische übertragen worden. Dagegen wurden Opern von ausländischen Komponisten häufig nicht in der Originalsprache, sondern in Übersetzungen in eine andere ausländische Sprache (die der jeweiligen Darsteller) wiedergegeben.
[355] Jochen Finke wirkte am Berliner Ensemble mit, wo sich João Lourenço als Regisseur einige Jahre zuvor weitergebildet hatte.

Proben und musikalischer Vorbereitung haben schließlich diese Inszenierung zur einzigen gemacht, die im São Carlos durch die Teilnahme eines eigenen Ensembles (neben dem eigenen Chor und Orchester) als ›Musiktheater‹ wirkte. Der Erfolg der Aufführungen, die ein neues Publikum anzogen und zu deren Wiederaufnahme in der darauf folgenden Spielzeit führten (eine absolute Ausnahme innerhalb der Tradition des São Carlos), bezeugte, daß das Wirkungspotential des Opernwesens auf das portugiesische Kulturleben weitreichender sein konnte als die etablierte Routine es erahnen ließ.

Zu dieser Zeit trafen also zwei entgegengesetzte Tendenzen aufeinander: die eine knüpfte an die Vergangenheit an, entzog dem Theater weiterhin seinen eigentlichen Sinn, setzte die Reduzierung des Publikums auf eine sehr kleine Elite von ›Sachkennern‹ bzw. Pseudo-Sachkennern voraus, schloß ›denkende‹ Zuschauer aus; die andere war auf eine Reform der ererbten Tradition gerichtet, indem sie die Oper als Theater betrachtete, die Bühnenwerke als Anregung der Zuschauer zu einer Auseinandersetzung mit deren komplexen Mitteilungen begriff, und auf eine echte Interaktion des Opernwesens mit der gesamten Kulturentwicklung des Landes abzielte, kurzum, ein eigenes Musiktheater förderte, das sich durch seine lokale Vitalität wie andere portugiesische Künste (Literatur, Filmkunst, Architektur, usw.) auf internationalem Niveau behaupten konnte.

Ein solches Programm verlangte jedoch Maßnahmen, die nicht getroffen wurden: 1. die Wiederherstellung des Wort-Ton-Verhältnisses, folglich die Übertragung von mindestens einem Teil des fremden Repertoires in die Landessprache[356]; 2. die Auswahl des Repertoires primär in Bezug auf die Entwicklungsmöglichkeiten des ansässigen Ensembles; 3. die Wiederentdeckung des traditionellen Repertoires als Ergebnis einer produktiven Lektüre im Sinne der Herausarbeitung der wichtigsten Drehpunkte der dramatischen Handlung für die Entstehungszeit eines Werkes ebenso wie im Sinne ihres Wirkungspotentials unter aktuellen sozialgeschichtlichen Konstellationen (vgl. z. B. *Felsensteins Erbe* 1972 bzw. Rienäcker 1984); 4. die wirkliche Integration des Musiktheaters in das allgemeine Kulturleben, einerseits im Sinne der Herausforderung an die zeitgenössischen portugiesischen Kulturschaffenden, die sich als Darsteller, Komponisten, Librettisten, Regisseure, Dramaturgen entwickeln mußten, andererseits im Sinne der damit zusammenhängenden Umgestaltung des Musik-, Theater- und Erziehungswesens, der strukturellen Reform des São Carlos (hierbei konnte noch der Gesetzentwurf von João de Freitas Branco als Ausgangspunkt für

---

[356] Die seit 1993 ins São Carlos eingeführte elektronische Übertragung des Textes hat kaum etwas mit der Wiederherstellung des Wort-Ton-Verhältnisses im Kommunikationssystem eines anspruchsvollen Musiktheaters zu tun. Sie kann bei Gastspielen bzw. internationalen Festspielen behilflich sein, macht aber bei der Entwicklung einer nationalen Opernkultur die Pflege der *parola scenica* in der eigenen Sprache nicht überflüssig. Zur Auseinandersetzung mit dieser Frage s. Vieira de Carvalho (1995c: 144; 1998a).

deren Diskussion dienen), der Dezentralisierung seiner Tätigkeit, der Förderung eines neuen Publikums; 5. die Bemühungen um ein nicht kostenaufwendig, aber wirkungsvolles und bewegliches Musiktheater, das, bezugnehmend auf die sozialökonomischen Rahmenbedingungen, sich auf eine intelligente Erarbeitung und Entwicklung der lokalen Ressourcen richtete[357]; 6. die Aufhebung des Star-Systems und die Entwicklung einer ganz anderen Kommunikationsstruktur, die selbstreflexiv von einem kritischen Standpunkt aus die Frage der sozialen Interaktion auf den verschiedenen Ebenen – der Produktion, der Rezeption, des Verhältnisses zwischen beiden, des Austausches zwischen ›System‹ und ›Umwelt‹ – berücksichtigt. Nicht der als ›falsches Bewußtsein‹ bzw. Ideologie wirkende ›ästhetische Schein‹, d. h. die verdinglichte ›Qualität‹, die den Zuschauer in einen passiven Konsumenten des »akkumulierten Erfolgs« verwandelt, als wären die Kunstschaffenden »Fabrikmarken« (Adorno 1938: 21 ff.), sondern die soziokommunikative Qualität, die in der sozialen Interaktion innerhalb der Oper und im Umfeld der Oper an einem sozusagen emanzipatorischen Kommunikationspotential (im Sinne von Habermas 1981) zu bewerten wäre, sollte demnach den Ausschlag geben.

Im Jubiläumsjahr 1993 besaß das São Carlos jedoch kein fest ansässiges Ensemble sowie kein eigenes Orchester mehr. So kehrte das Opernwesen in Lissabon gewissermaßen zum Modell der vierziger und fünfziger Jahre zurück, als das Trindade-Theater noch nicht mit seinen Opernaufführungen auf der Basis eines eigenen portugiesischen Ensembles begonnen hatte. Obwohl ein unterdessen gegründetes sinfonisches Orchester (Orquestra Sinfónica Portuguesa) heute wieder als Orchester des São Carlos wirkt, bleibt die Option für ein sich im Sinne des Musiktheaters entwickelndes portugiesisches Ensemble scheinbar in weite Ferne gerückt, wie nie zuvor seit der April-Revolution, was um so weniger Sinn gibt, als junge und begabte Darsteller wiederholt zur Verfügung stehen und die Bedürfnisse nach einem ausgedehnteren und differenzierteren Opernangebot sich steigern.

Mit einem Staatsbudget von etwa 10 Millionen □, das die jährlichen Gehälter der ansässigen Chor- und Orchestermitglieder mit einbezieht, konnte das São Carlos in der Spielzeit 1997/1998 insgesamt nur 20 Opernaufführungen anbieten, die auf verschiedene, durch das Star-System bzw. durch Gastspiele getragene Neuinszenierungen verteilt wurden. Ohne Konzertaufführungen und weitere Veranstaltungen zu übersehen, bedeutet dies – grob eingeschätzt – daß der Staat etwa 250 bzw. 300 □ pro Platz und pro Aufführung bezahlt, während jeder Zuschauer durchschnittlich eine Karte für etwa 30 bzw. 35 □ erwirbt. Dieses

---

[357] Die Aufforderung von Wieland (1775), die gerade den kreativsten Traditionen des portugiesischen Musiktheaters, nämlich dem des António José da Silva, entspricht, bleibt in dieser Hinsicht immer noch aktuell, um so mehr als das Programm der bürgerlichen Aufklärung dem portugiesischen Opernwesen im Laufe von zwei Jahrhunderten im Grunde genommen fremd war.

Verhältnis zwischen dem Betrag der Staatsfinanzierung, der Aufführungszahl und der Teilnahme an den Kosten pro Platz in der Oper, das eine detaillierte Untersuchung verdiente (nämlich seit der Wiederaufnahme regelmäßiger Spielzeiten im Jahr 1946), wurde weder in kulturpolitischen Analysen noch in den Budget-Verhandlungen zwischen der Leitung des São Carlos und dem Staat thematisiert. Würde das São Carlos mit der Herausforderung konfrontiert, seine Gegenleistungen so zu verbessern, daß eine gewisse Proportion zwischen der Staats- und der Zuschauer-Beteiligung an den Kosten pro Platz gewährleistet werden müßte, so hätte es bereits notwendigerweise das Star-System aufgegeben und sich in Richtung eines Repertoire-Operntheaters entwickelt. Eine solche Herausforderung wurde aber dem São Carlos kaum gestellt, sei es als ›öffentliches Unternehmen‹ bzw. als ›Stiftung‹ – Statuten, die seit Anfang der achtziger Jahre unter der regierenden neoliberalen Gesinnung angeblich auf die Selbstfinanzierung des São Carlos abzielten, jedoch mit der Bildung der entsprechend hoch bezahlten Verwaltungsräte nur die ungeheure Erhöhung der Verwaltungskosten bewirkten –, sei es als ›Staatseinrichtung‹, einem erst vor kurzem unter der seit 1995 regierenden Sozialistischen Partei wieder erworbenen Status. Wie dem auch sei: Der bloße Vergleich des heutigen Staatsaufwands im São Carlos mit der sehr geringen Zahl der Opernaufführungen bezeugt die Rückkehr zum Konzept des ›Empfangssalons‹ unter ganz anderen gesellschaftlichen und politischen Bedingungen. Bezugnehmend auf die aktuelle Zahl der potentiellen Besucher (auch wenn nur eine ›kulturelle Elite‹ in Frage kommt), ist der auserlesene Kreis, der zur Oper im São Carlos Zugang hat, weitaus kleiner als jener in den vierziger und fünfziger Jahren, und dies genügt in der Tat, um den bloßen Besuch der Oper, auch wenn der Zwang zur Abendgarderobe heute nicht mehr existiert, in einen besonderen Anlaß zur öffentlichen Darstellung seines Lebensstils zu verwandeln. Diesen Wirkungszusammenhang hat ein in Portugal ansässiger deutscher Unternehmer mit Scharfsinn in einem Werbetext erkannt: Als wäre er mit Bourdieus ›Theorie der Praxis‹ vertraut und hätte den ›feinen Unterschied‹ der São-Carlos-Opernabende genau begriffen (vgl. Bourdieu 1979; Janning 1991), verglich er um 1994 »das Foyer des São Carlos, wenn der Sekt die Augen der prächtig gekleideten Frauen glänzen läßt, deren Brust noch klopft (so rührend war die Stimme des Tenors gewesen)«, mit dem »Salon des Hotel Ritz in Paris«, dem »Tiffany's in New York«, dem »Orient-Express« und dem »Innenraum eines Rolls-Royce« (vgl. Vieira de Carvalho 1995c: 131). Viel größer als der Gebrauchswert ist also wieder der soziale Tauschwert der São-Carlos-Opernabende wieder geworden. Darum, und weil der Staat so großzügig das nötige Geld ausgibt, erinnert diese Praxis an die von Hoftheatern, die den »gut

gekleideten Leuten« im Kontext der ehemaligen *repräsentativen Öffentlichkeit* das Eintrittsprivileg gewährten[358].
So ist die Oper in Portugal Ende des 20. Jahrhunderts auf dem Gebiet des Kulturlebens ein auffälliges Zeichen für atavistische Defizite an strukturellen Voraussetzungen für die vollständige Entfaltung einer *bürgerlichen Öffentlichkeit*. Gleichzeitig ist aber die von Habermas (1962: 337) charakterisierte Tendenz zur »Refeudalisiereung« der heutigen politischen Öffentlichkeit auch in der jungen portugiesischen Demokratie spürbar (vgl. Vieira de Carvalho 1997d). Kurzum: Die Gegenwärtigkeit der Vergangenheit vermischt sich in Portugal mit politischer Regression, die die Aneignung der europäischen Postmoderne für das Land mit sich brachte. Noch bevor es sich im Sinne der Aufklärung bzw. der Moderne völlständig entwickeln konnte, waren diese bereits nicht mehr ›aktuell‹[359].

Die drastische Reduktion der Komplexität des soziokommunikativen Systems des São Carlos[360] entspricht zudem einer Asymmetrie, die Portugal innerhalb der

---

[358] Bei der Bewertung des Staatsbudgets für das São Carlos müssen die sozialen Verhältnisse in Portugal nach Gehältern und Kaufkraft der Bevölkerung berücksichtigt werden. Eben deshalb ist es besonders aufschlußreich, in Vergleich z. B. zu Deutschland einerseits die niedrigeren Gehälter (auch der Chor- und Orchestermitglieder), andererseits die gleichen bzw. höheren Preise der Opernkarten zu konstatieren. In einem Land, wo man weniger verdient, ist die Oper teurer. Indem das gegenwärtige Produktionssystem des São Carlos die Oper zu einem raren bzw. kostbaren Gut macht, fördert es dessen repräsentative Funktion.

[359] Unter Postmoderne wird hier die von Habermas (1980) charakterisierte konservative Richtung verstanden, die die neoliberale Ordnung als ›Ende der Geschichte‹ zelebriert, und die in der Kunst die Suche nach dem Neuen aufgibt. Postmoderne kann aber in einem ganz anderen Sinne verstanden werden, nämlich dem, der das postmoderne philosophische Denken mit dem Geiste der Moderne in der Kunst verbindet (Welsch 1990). Die *Dialektik der Aufklärung* von Adorno und Horkheimer wäre unter diesem Gesichtspunkt eines der grundlegenden Werke des postmodernen Denkens, indem es das Paradigma der *scientia universalis* bzw. den »totalitären« Systemcharakter der *modernen* Wissenschaft kritisiert (Adorno und Horkheimer 1944: 23, 41; Rocco 1995). Selbst Habermas gehörte zu den führenden Vertretern einer so verstandenen »postmodernen Theorie« (Best und Kellner 1991), nicht aber z. B. Luhmann, dessen Systemtheorie zu sehr am aufklärerischen Anspruch auf »Einheit«, auf »das System, aus dem alles und jedes folgt« (Adorno und Horkheimer 1944: 23), hängt; vgl. hierzu auch Wellmer (1985). Eine Bilanz der jüngsten Entwicklung dieser Debatte in Bezug auf die Sozialwissenschaften verfaßte eine Arbeitsgruppe unter Leitung von Wallerstein (1996). Da wird die soziale Konstruktion des Wissens als Bedingung für »ein sozial gültigeres Wissen« begriffen, was die postmoderne Relativierung der Wahrheitsansprüche aufnimmt, ohne die Möglichkeit bzw. Notwendigkeit einer ›kritischen Theorie‹ auszuschließen. Zur »postmodernen Wissenschaft« in diesem Sinne vgl. auch Sousa Santos (1989). Zur Musik bzw. zum Musiktheater in der Postmoderne in den beiden, entgegengesetzten Richtungen vgl. z. B. Helga de la Motte-Haber (1987), Kolleritsch (1993) und Vieira de Carvalho (1998c).

[360] Es handelt sich hier um das Verhältnis zwischen der höheren oder niedrigeren Komplexität eines Systems und seiner größeren oder geringere Fähigkeit, mit der Komplexität seiner Umwelt umzugehen. Ein System, das sich selbst thematisiert bzw. selbstreflexiv handelt, wie Luhmann es postuliert, erhöht seine Komplexität und entwickelt dadurch die Fähigkeit, die Komplexität seiner Umwelt zu reduzieren. Natürlich ist die System/Umwelt-Differenz »keine ontologische«, sondern »Korrelat der Operation Beobachtung, die diese Distinktion (wie auch andere) in die Realität einführt« (Luhmann 1984: 244). Zur Komplexität musikalischer Kommunikationssysteme vgl. Kaden (1984: 102 ff.).

internationalen Verteilung von Kompetenzen auf der Ebene der Produktion von Kulturfetischen die Stelle des Konsumenten zuweist. Durch das portugiesische Staatsbudget werden verstärkt ausländische Kulturstätten – eben die der ›legitimierten‹ Opernproduzenten – und folglich die Reproduktion der Herrschaftsmechanismen der übernationalen Kulturindustrie im Zusammenhang mit denen der Politik und der Ökonomie gefördert. Auf kultureller Ebene tauchen also gerade die Oper bzw. das Musiktheater als Elemente auf, in denen die soziokommunikativen Verhältnisse bzw. die »strukturelle Resonanz« (Kaden 1984: 110 ff.) zwischen dem Kommunikationssystem und der Umwelt gesteigerte Relevanz aufweisen. Besonders in Portugal erscheinen sie kontinuierlich um so enger mit der politischen Macht verbunden. Es ist deshalb kein Wunder, daß Adornos Diagnose (1962: 269), man erfahre »aus dem offiziellen Opernleben mehr über die Gesellschaft« als über die Oper selbst, im Laufe der vorliegenden Untersuchung völlig bestätigt werden konnte.

Anhang

I: Repertoire der Musikbühnen in Lissabon von 1733 bis 1792

Diese und alle folgende Tabellen wurden an Hand von Loewenberg (1943), Stieger (1975) und Sadie (1992) erarbeitet. Als Hauptquellen dienten noch Brito (1989b) für den Zeitraum bis 1792, Cranmer (1998) für den Zeitraum von 1793 bis 1828 und Cymbron (1998) für den Zeitraum von 1834 bis 1854. Was die Regierungszeit von João V. anbetrifft, zählen Doderer und Fernandes (1993: 75) von 1706 bis 1731 noch 148 Aufführungen von »halbdramatischen Werken, Serenaden, Kantaten, Orchesterwerke und Balletten«, drei Oratorien und drei Opern am Hof gegen acht Opernaufführungen in öffentlichen Theatern auf.

A) Regierungszeit von João V.: Hof (PR) (1733–1742)

Jahr	Werk	Gatt.	Text	Musik	Herkunft
1733	*La pazienza di Socrate*	Com	N. Minato?	F. A. de Almeida	UA
		Sn	A. de Gusmão?		
1734	*La pazienza di Socrate*	Com	N. Minato?	F. A. de Almeida	PR 1733
		Sn	A. de Gusmão?		
	Il D. Chisciotte della Mancia	Int		D. Scarlatti	PR 1728
	Pastorale a tre voci da rappresentarsi	P			
1735	*La finta pazza*	Com		F. A. de Almeida	UA
1736	*La risa di Democrito*	Com	N. Minato		
1738	*L'asilo d'amore*	Sn			
1739	*La Spinalba ovvero il vecchio matto*	Com		F. A. de Almeida	UA
1740	*Madama Ciana*	Com			
	L'Angelica	Sn			
1742	*Corsira*	Sn			

B) Regierungszeit von João V.: Öffentliche Theater (TC) (1733–1742)

Jahr	Werk	Gatt.	Text	Musik	Herkunft
1735	*Farnace*	S	A. M. Luchini	G. M. Schiassi	UA
1736	*Alessandro nell'Indie*	S	P. Metastasio	G. M. Schiassi	Bologna 1734
	Il marito giocatore (Int)				
1737	*Artaserse*	S	P. Metastasio	G. M. Schiassi	UA
	Demofoonte	S	P. Metastasio	G. M. Schiassi	Venedig 1735
	Eurene	S	C. N. Stampa	G. M. Schiassi	UA

Jahr	Werk	Gatt.	Text	Musik	Herkunft
1737	L'Olimpiade	S	P. Metastasio	L. Leo	UA
	L'Olimpiade	S	P. Metastasio	L. Leo	UA
	Livietta e Tracollo	Int	T. Mariani	G. B. Pergolesi	Neapel 1734
	Anagilda	S	A. G. Pampani?	G. M. Schiassi	UA
	Siface	S	P. Metastasio	L. Leo	Bologna 1737
1738	Sesostri, Re d'Egitto	S	A. Zeno	L. Leo	UA
	Il Siroe	S	P. Metastasio	Verschiedene	UA
	Semiramide	S	P. Metastasio?		
	La Clemenza di Tito	S	P. Metastasio	G. M. Schiassi u. a.	UA
	L'Emira	S	P. Metastasio	L. Leo	UA
1739	Carlo Calvo	S			
	Demetrio	S	P. Metastasio	G. M. Schiassi	Mailand 1732
	Merope	S	A. Zeno		
	Siface	S	P. Metastasio	L. Leo	WA 1737
	Vologeso	S	A. Zeno?	N. Sala?	UA
1740	Alessandro nell'Indie	S	P. Metastasio	G. M. Schiassi?	WA?
	Catone in Utica	S	P. Metastasio	R. di Capua	UA
	Ciro riconosciuto	S	P. Metastasio		
	Ezio	S	P. Metastasio	Verschiedene	
1741	Didone abbandonata	S	P. Metastasio	R. di Capua	UA
	Ipermestra	S		R. di Capua	UA
1742	Bajazet	S			

C) Regierungszeit von João V.: Öffentliche Theater (TBA) (1733–1742)

Jahr	Werk	Gatt.	Text	Musik	Herkunft
1733	Vida do grande D. Quixote de la Mancha e do gordo Sancho Pança	C	António J. da Silva	A. Teixeira?	UA
1734	Esopaida ou vida de Esopo	C	António J. da Silva	A. Teixeira	UA
1735	Os encantos de Medeia	C	António J. da Silva	A. Teixeira	UA
1736	Anfitrião, ou Júpiter e Alcmena	C	António J. da Silva	A. Teixeira	UA
	O labirinto de Creta	C	António J. da Silva	A. Teixeira	UA?
1737	Guerras do Alecrim e manjerona	C	António J. da Silva	A. Teixeira	UA
	As variedades de Proteu	C	António J. da Silva	A. Teixeira	UA
1738	Precipício de Faetonte	C	António J. da Silva	A. Teixeira	UA
1740	Endimião e Diana			P. Frei I. Xavier do Couto	
1741	A ninfa Siringa ou os amores de Pan, e Siringa				
	Semiramis em Babilonia				
	Adolonimo em Sidonia				

D) Regierungszeit von José I.: Hoftheater (1752–1777)

Jahr	Werk	Gatt.	Text	Musik	Bühne	Herkunft
1752	Serenata	Sn			PR	
	Il Siroe	S	P. Metastasio	D. Pérez	PR/TF	Neapel 1740
	L'Ippolito	Sn	D. A. Tedeschi	F. A. Almeida	PR/TF	UA
	Il Demofoonte	S	P. Metastasio	D. Pérez	PR/TF	UA
1753	Opera				PR/TF	
	Didone abbandonata	S	P. Metastasio	D. Pérez	TRS	Genua 1747
	La fantesca	Int	B. Saddumene	J. A. Hasse	TRS	Neapel 1729
	Serenata	Sn			PR	
	L'Olimpiade	S	P. Metastasio	D. Pérez	PR/TF	UA
	L'eroe cinese	S	P. Metastasio	D. Pérez	PR/TF	UA
	Opera	S			PR/TF	
	Serenata	Sn			PR/TF	
	Opera	S			PR/TF	
1754	L'Adriano in Siria	S	P. Metastasio	D. Pérez	TRS	UA
	L'Ipermestra	S	P. Metastasio	D. Pérez	PR/TF	UA
	L'Artaserse	S	P. Metastasio	D. Pérez	PR/TF	UA
	Serenata	Sn			PR	
1755	Alessandro nell'Indie	S	P. Metastasio	D. Pérez	PR/OT	NF: UA
	La clemenza di Tito	S	P. Metastasio	A. Mazzoni	PR/OT	UA
	Antigono	S	P. Metastasio	A. Mazzoni	PR/OT	UA
1761	La vera felicità	S/Sn	M. B. Mortelli	D. Pérez	PQ	UA
1762?	L'amore artigiano	B	C. Goldoni	G. Latilla	TRS?	Venedig 1761
1763	Il mercato di Malmantile	B	C. Goldoni	D. Fischietti	TRS	Venedig 1761
	Il Dottore	B	C. Goldoni	D. Fischietti	TRS	Venedig 1758
	L'amante ridicolo deluso	B	A. Pioli	N. Piccinni	TRQ	UA?
1764	Amor contadino	B	C. Goldoni	C. B. Lampugnani	TRS	Venedig 1760
	L'Arcadia in Brenta	B	C. Goldoni	Xavier dos Santos	TRS	UA
	Gli orti esperidi	S/Sn	P. Metastasio	Cordeiro da Silva	PQ	UA
	Componimento dramma-tico da cantarsi	Sn		Cordeiro da Silva	TRA	UA
	Il cavaliere per amore	B	G. Petrosellini	N. Piccinni	TRA	Neapel 1762
1765	Demetrio	S	P. Metastasio	D. Pérez	TRS	Venedig 1751
	Il mondo della luna	B	C. Goldoni	P. A. Avondano	TRS	UA
	Gli stravaganti	B		N. Piccinni	TRA	Rom 1764
	Ercole sul Tago	S/Sn	V. Cigna-Santi	Xavier dos Santos	PQ	UA
	I francesi brillanti	B	P. Mililotti	G. Paisiello	TRA	Bologna 1764
1766	La cascina	B	C. Goldoni	G. Scolari	TRS	Venedig 1756
	L'incognita perseguitata	B	G. Petrosellini	N. Piccinni	TRA	Venedig 1764
	Le vicende della sorte	B	G. Petrosellini	N. Piccinni	TRA (14 A)	Rom 1741
	L'amore in musica	B	C. Goldoni	A. Boroni	TRA	Venedig 1763
	Il natal di Giove	S/Sn	P. Metastasio	Xavier dos Santos	PQ	UA
1767	Enea nel Lazio	S	M. Verazzi	N. Jommelli	TRS	Stuttgart 1755
	Notte critica	B	C. Goldoni	N. Piccinni	TRS	UA
	L'isola disabitata	S	P. Metastasio	D. Pérez	TRQ	UA

Jahr	Werk	Gatt.	Text	Musik	Bühne	Herkunft
1767	*Il Ratto della sposa*	B	G. Martinelli	P. C. Guglielmi	TRA	Venedig 1765
	L'isola della fortuna	B	G. Bertati	A. Lucchesi	TRA	Venedig 1765
1768	*Pelope*	S	M. Verazzi	N. Jommelli	TRS	Stuttgart 1755
	Le vicende amorose	B	P. A. Timido (Pallavicino?)	F. G. Bertoni	TRS	Venedig 1760
	Solimano	S		D. Pérez	TRA (12 A)	TRS 1757?
	Le due serve rivalli	B	P. Chiari	T. Traetta	TRA	Venedig 1766
	Il Sogno di Scipione	S/Sn	P. Metastasio	Xavier dos Santos	PQ	UA
1769	*La finta astrologa*	B	P. Chiari	N. Piccinni	TRS	Venedig 1762
	Il vologeso	S	M. Verazzi (A. Zeno)	N. Jommelli	TRS	Ludwigsburg 1766
	Oratoria	O	P. Metastasio?	N. Jommelli?	PA	Rom/Neapel 1749?
	Oratoria da Paixão	O			PA	
	L'amor industrioso	B	G. Casori	J. Sousa Carvalho	TRA (10 A)	UA
	Fetonte	S	M. Verazzi	N. Jommelli	TRA (12 A)	Ludwigsburg 1768
	Le cinesi	Sn	P. Metastasio	D. Pérez	TRQ	UA?
1770	*Il matrimonio per concorso*	B	G. Martinelli	N. Jommelli	TRA (13 A)	Ludwigsburg 1766
	Il Re pastore	S	P. Metastasio	N. Jommelli	TRS (13 A)	Ludwigsburg 1765
	Serenata	Sn			PA	
	Serenata	Sn			PA	
	La schiava liberata	B	G. Martinelli	N. Jommelli	TRA	Ludwigsburg 1768
	La Nitteti	S	P. Metastasio	N. Jommelli	TRA	Genua 1757
1771	*Il cacciatore deluso*	S	G. Martinelli	N. Jommelli	TRS/ TRA(8A)	Tübingen 1767
	Semiramide	S	P. Metastasio	N. Jommelli	TRS/ TRA	Stuttgart 1762
	La clemenza di Tito	S	P. Metastasio	N. Jommelli	TRA (10 A)	Ludwigsburg 1768
	Il palladio conservato	S/Sn	P. Metastasio	Xavier dos Santos	PQ	UA
	L'imeneo in Atene	Sn	S. Stampiglia	N. Porpora	PQ	Venedig 1726
1772	*La scaltra letterata*	B	A. Palomba	N. Piccinni	TRS	Neapel 1758
	Lo spirito di contradizione	B	G. Martinelli	J. F. de Lima	TRS	UA
	Adamo e Eva	O		P. A. Avondano	PA	UA
	Ezio	S	P. Metastasio	N. Jommelli	TRA (9 A)	NF: UA
	Le avventure di Cleomede	B	G. Martinelli	N. Jommelli	TRA (9 A)	UA
	Issea	P/Sn	V. Cigna-Santi	G. G. Pugnani	PQ	Turin 1771
1773	*La fiera di Sinigaglia*	B	C. Goldoni	D. Fischietti	TRS	Rom 1760
	Le lavandarine	B	F. Mai	F. Zanetti	TRS	Rom 1772
	La pastorella illustre	P	G. Tagliazuchi	N. Jommelli	TRS	Stuttgart 1772
	L'imeneo in Atene	Sn	S. Stampiglia	N. Porpora	PA	Venedig 1726; s. PQ 1771

Jahr	Werk	Gatt.	Text	Musik	Bühne	Herkunft
1773	Cerere placata	S	M. Sarcone	N. Jommelli	TRA	Neapel 1772
	Armida abbandonata	S	F. S. de Rogatis	N. Jommelli	TRA (6 A)	Neapel 1770
	Eumene	S	A. Zeno	J. Sousa Carvalho	TRA	UA
	La finta ammalata	B	A. Palomba	(Verschiedene)	TRQ (2 A)	UA
1774	Creusa in Delfo	S	G. Martinelli	D. Pérez	TRS	UA
	L'inimico delle donne	B	G. Bertati	B. Galuppi	TRS	Venedig 1761
	Il superbo deluso	B	M. Coltellini (Goldoni)	F. L. Gaßmann	TRS	Mähr.-Neu-stadt 1770
	L'Olimpiade	S	P. Metastasio	N. Jommelli	TRA	Stuttgart 1761
	Il trionfo di Clelia	S	P. Metastasio	N. Jommelli	TRA	UA
	Il ritorno di Ulisse in Itaca	S	M. B. Mortelli	D. Pérez	TRQ	UA
1775	L'accademia di musica	B		N. Jommelli	TRS	UA
	La convesazione	B	G. Martinelli	N. Jommelli	TRS	Ludwigsburg 1767
	I filosofi immaginari	B	G. Bertati	G. Astaritta	TRS	Venedig 1772
	L'incostante	Int		N. Piccinni	TRS	Rom 1776
	Lucio Papirio dittatore	S	A. Zeno	G. Paisiello	TRS	Neapel 1767
	Li napolitani in America	B	F. Cerlone	N. Piccinni	TRA	Neapel 1768
	Demofoonte	B	P. Metastasio	N. Jommelli	TRA	NF: Stuttgart 1764
1776	La cameriera per amore	B	F. Livigni	F. Alessandri	TRS	Turin 1774
	La contadina superba ovvero il giocatore burlato	B		P. A. Guglielmi	TRS	Rom 1774
	Il filosofo amante	B		G. Borghi	TRS	UA
	Ifigenia in Tauride	B	M. Verazzi	N. Jommelli	TRS	Venedig 1771
	Il tutore ingannato	B		L. Mareschalchi	TRS	Venedig 1774
	Alessandro nell'Indie	S	P. Metastasio	N. Jommelli	TRA	Stuttgart 1760

E) Regierungszeit von José I.: Öffentliche Theater (1765–1774)

Jahr	Werk	Gatt.	Text	Musik	Bühne	Herkunft
1765	Didone	S	P. Metastasio	D. Pérez u. a.	TBA	Genua 1747; s. TRS 1753
	Zenobia	S	P. Metastasio	D. Pérez	TBA	Mailand 1751
	La Semiramide riconosciuta	B	P. Metastasio	D. Pérez	TBA	Rom 1749
	Il mercato di Malmantile	B	C. Goldoni	D. Fischietti	TC	Venedig 1757; s. TRS 1763
	Le contadine bizzarre	B	G. Petrosellini	N. Piccinni	TC	Rom 1763
	La contadina in corte	B			TC	
1766	L'amore artigiano	B	C. Goldoni	G. Latilla	TBA	Venedig 1761; s. TRS 1762
	La calamità de' cuori	B	C. Goldoni	B. Galuppi	TC	Venedig 1752
	Il ciarlone	B	Palomba (Goldoni)	G. Avossa	TC	Neapel 1763

Jahr	Werk	Gatt.	Text	Musik	Bühne	Herkunft
1766	L'olandese in Italia	B	N. Tassi	G. M. Rutini	TC	Florenz 1765
	Il proseguimento del ciarlone	B	G. Fiorini	L. Mareschalchi	TC	UA
1768	Artaserse	S	P. Metastasio	G. Scolari	TC	Venedig 1758
	La Betulia liberata	S	P. Metastasio	G. Scolari	TC	UA?
	L'Arcifanfano	B	C. Goldoni	G. Scolari	TC	UA
	Demetrio	S	P. Metastasio	D. Pérez	TC	Venedig 1751; s. TRS 1765
1770	Il viaggiatore ridicolo	B	C. Goldoni	G. Scolari (Mazzoni)	TBA	Mailand 1762
	L'incognita perseguitata	B	G. Petrosellini	N. Piccinni	TBA	Venedig 1764; s. TRA 1766
1771	Il bejglierbei di Caramania	B	G. Tonioli	G. Scolari	TBA	UA
1772	D. Afonso de Albuquerque em Goa	D	A. J. de Paula	Frei M. Santo Elias	TBA	UA
	L'anello incantato	B	G. Bertati	F. G. Bertoni	TC	Venedig 1771
	Il disertore	B	C. F. Badini	P. A. Guglielmi	TC	London 1770
	Antigono	S	P. Metastasio	G. F. de Majo	TC	Venedig 1767
	L'isola di Alcina	B	G. Bertati	G. Gazzaniga	TC	Venedig 1772
	La locanda	B	G. Bertati	G. Gazzaniga	TC	Venedig 1771
1773	La contessa di Bimbimpoli	B	G. Bertati	G. Astaritta	TC	Venedig 1772
	La Betulia libertata	S	P. Metastasio		TC	
	La finta semplice o sia il tutore burlato	B	P. Mililotti	G. Insanguine	TC	Neapel 1769
	La molinarella	B		N. Piccinni	TC	Neapel 1766
	Il barone di Rocca Antica	B	G. Petrosellini	C. Franchi	TC	Rom 1771
	Le finte gemelle	B	G. Petrosellini	N. Piccinni	TC	Rom 1771
	La giardiniera brillante	B		G. Sarti	TC	Rom1768
	Le orfane svizzere	B	P. Chiari	A. Boroni	TC	Venedig 1770
	Il matrimonio per concorso	B	G. Martinelli	F. Alessandri	TC	Ludwigsburg 1766
	La sposa fedele	B	P. Chiari	P. A. Guglielmi	TC	Venedig 1767
	Il Cidde	S	G. Pizzi	A. Sacchini	TC	Rom 1769
1774	L'impresa d'opera	B	B. Cavalieri	P. A. Guglielmi	TC	Venedig 1769
	L'isola d'amore	B		A. Sacchini	TC	Rom 1766
	L'amore senza malizia	B	P. Chiari	B. Ottani	TC	Venedig 1768
	Calandrano	B	G. Bertati	G. Gazzaniga	TC	Venedig 1771

F) Regierungszeit von Maria I.: Hof (1777–1792)

Jahr	Werk	Gatt.	Text	Musik	Bühne	Herkunft
1777	La pace fra la Virtù e la Bellezza	Sn	P. Metastasio	D. Pérez	PA	UA
1778	Gioas, Re di Giudà	O	P. Metastasio	Gomes e Oliveira	PA	UA
	Alcide al Bivio	S/Sn	P. Metastasio	Xavier dos Santos	PQ	UA
	L'Angelica	Sn	P. Metastasio	J. Sousa Carvalho	PQ	UA
	Il natal di Giove	Sn	P. Metastasio	Cordeiro da Silva	PQ	UA

Jahr	Werk	Gatt.	Text	Musik	Bühne	Herkunft
1778	*Il ritorno di Ulisse in Itaca*	S	M. B. Mortelli	D. Pérez	TRQ	TRQ 1774
1779	*Gli orti esperidi*	Sn	P. Metastasio	J. F. de Lima	PA	UA
	L'ommagio de'pastori	Sn			PA	
	Perseo	Sn	G. Martinelli	J. Sousa Carvalho	PQ	UA
	Ati, e Sangaride	Sn	G. Martinelli	Xavier dos Santos	PQ	UA
	La Galatea	Sn	P. Metastasio	Gomes e Oliveira	PQ	UA
	Per L'Augustissimo giorno natalizio (Maria I.)	Sn	L. Godard	M. B. da Capua	PQ	UA
	La pace fra la Virtù e la Belleza	Sn	P. Metastasio	D. Pérez	PQ	PA 1777
1780	*Oratoria da Paixão*	O	P. Metastasio?	N. Jommelli?	PA	s. PA 1769
	L'isola disabitata	Sn	P. Metastasio	N. Jommelli	PA	Ludwigsburg 1761
	L'Endimione	Sn	P. Metastasio	N. Jommelli	PQ	Genua 1756
	Testoride Argonauta	S	G. Martinelli	J. Sousa Carvalho	TRA	UA
	Edalide e Cambise	S/Sn	G. Martinelli	Cordeiro da Silva	PA	UA
1781	*Amore e Psiche*	Sn	M. Coltellini	J. Schuster	PA	Neapel 1780
	Seleuco, Re di Siria	S/Sn	G. Martinelli	J. Sousa Carvalho	PQ	UA
	Il natal d'Apollo	Sn	S. Mattei	P. Cafaro	PQ	Neapel 1775
	Palmira di Tebe	Sn	G. Martinelli	Xavier dos Santos	PQ	UA
	Enea in Tracia	Sn	G. Martinelli	J. F. de Lima	PA	UA
	Perseo	Sn	G. Martinelli	J. Sousa Carvalho	PA	PQ 1779
1782	*Gioas, Re di Giudà*	O	P. Metastasio	Gomes e Oliveira	PA	PA 1778
	Stabat Mater	Km		J. Haydn	PA	
	Il natal di Giove	Sn	P. Metastasio	Cordeiro da Silva	PQ	PQ 1778
	Everardo II, Re di Lituania	S/Sn	G. Martinelli	J. Sousa Carvalho	PQ	UA
	Calliroe	Sn	G. Martinelli	Gomes e Oliveira	PQ	UA
	Bireno ed Olimpia	Sn	G. Martinelli	A. Leal Moreira	PQ	UA
	Penelope nella partenza da Sparta	S/Sn	G. Martinelli	J. Sousa Carvalho	PA	UA
	L'Angelica	S/Sn	P. Metastasio	J. Sousa Carvalho	PA	PQ 1778
1783	*La passione di Gesù Christu Signor Nostro*	O	P. Metastasio	Xavier dos Santos	PA	UA
	Salome, madre de sette martiri Maccabei	O	G. Martinelli	Cordeiro da Silva	PA	UA
	Il palladio conservato	Sn	P. Metastasio	Xavier dos Santos	PA	PQ 1771
	Penelope nella partenza da Sparta	S/Sn	G. Martinelli	J. Sousa Carvalho	PA bzw. PQ	PA 1782
	Siface e Sofonisba	S/Sn	G. Martinelli	A. Leal Moreira	PQ	UA
	L'Endimione	S/Sn	P. Metastasio	J. Sousa Carvalho	PQ	UA
	Teseo	S/Sn	G. Martinelli	J. F. de Lima	PQ	UA
	Tomiri	Sn	G. Martinelli	J. Sousa Carvalho	PA	UA
	La pietà di Amore	Sn		G. Millico	PA	Neapel 1782
1784	*Dal finto il vero*	B	F. S. Zini	G. Paisiello	TRS (9 A)	Neapel 1776
	Il ritorno di Tobia	O	G. A. Boccherini	J. Haydn	PA	Wien 1775
	Gioas, Re di Giudà	O	P. Metastasio	Gomes e Oliveira	PA	PA 1778 u. 1782

Jahr	Werk	Gatt.	Text	Musik	Bühne	Herkunft
1784	*Everardo II, Re di Lituania*	S/Sn	G. Martinelli	Gomes e Oliveira	PA	PQ 1782
	Adrasto, Re degli Argivi	Sn	G. Martinelli	J. Sousa Carvalho	PQ	UA
	Il ratto di Proserpina	Sn	G. Martinelli	Cordeiro da Silva	PQ	UA
	Cadmo	Sn	G. Martinelli	Gomes e Oliveira	PQ	UA
	Esione	Sn	G. Martinelli	Xavier dos Santos	PA	UA
	Tomiri	Sn	G. Martinelli	J. Sousa Carvalho	PA	PA 1783
1785	*L'amor costante*	B		D. Cimarosa	TRS	Rom 1782
	Il conte di bell'umore	B		M. B. di Capua	TRS	Rom 1783
	La vera costanza	B	F. Puttini	J. F. de Lima	TRS	UA
	Il trionfo di Davidde	O	G. Martinelli	Braz F. de Lima	PA	UA
	Salome, madre de sette martiri Maccabei	O	G. Martinelli	Cordeiro da Silva	PA	PA 1783
	L'imenei di Delfo	Sn	G. Martinelli	A. Leal Moreira	PA	UA
	Nettuno ed Egle	P	G. Sertor	J. Sousa Carvalho	TRA (8 A)	UA
	Ascanio in Alba	Sn	Stampa/ Parini	A. Leal Moreira	PQ	UA
	Ercole sul Tago	Sn	V. A. Cigna-Santi	Xavier dos Santos	PQ	PQ 1765
	Archelao	Sn	G. Martinelli	Cordeiro da Silva	PQ	UA
1786	*La finta giardiniera*	B	R. Calzabigi	P. Anfossi	TRS (9 A)	Rom 1774
	Li fratelli Pappamosca	B	F. S. Zini	P. A. Guglielmi	TRS (10 A)	Rom 1779
	Gl'intrichi di Don Facilone	B		P. A. Guglielmi	TRS (5 A)	Rom 1776
	Ester	O	G. Martinelli	A. Leal Moreira	PA	UA
	Il trionfo di Davidde	O	G. Martinelli	Braz F. de Lima	PA	PA 1785
1787	*Alcione*	Sn	G. Martinelli	J. Sousa Carvalho	PA	UA
	Telemaco nell'isola di Calipso	S/Sn		Cordeiro da Silva	PA	UA
	Artemisia, Regina di Caria	Sn	G. Martinelli	A. Leal Moreira	PA	UA
	Il Ratto di Proserpina	Sn	G. Martinelli	Cordeiro da Silva	PA	PQ 1784
1788	*L'italiana in Londra*	B		D. Cimarosa	TRS	Rom 1779
	Socrate immaginario	B	Lorenzi/ Galiani	G. Paisiello	TRS	Neapel 1775
	Megara tebana	Sn	G. Martinelli	Cordeiro da Silva	PR	UA
	Gli eroi spartani	Sn	G. Martinelli	A. Leal Moreira	PR	UA
1789	*Bauce e Palemone*	Sn	G. Martinelli	Cordeiro da Silva	PA	UA
	La vera costanza	B	F. Puttini	J. F. de Lima	TRA (3 A)	TRS 1785
	Numa Pompilio II, Re de Romani	Sn	G. Martinelli	J. Sousa Carvalho	PR	UA
	Alcione	Sn	G. Martinelli	J. Sousa Carvalho	PR	PA 1787
	Megara tebana	Sn	G. Martinelli	Cordeiro da Silva	PA	PR 1788
	Lindane e Dalmiro	B	G. Martinelli	Cordeiro da Silva	TRA (2 A)	UA
1790	*L'amore ingegnoso*	Int		G. Paisiello	TRS/ TRA	Padua 1775

Jahr	Werk	Gatt.	Text	Musik	Bühne	Herkunft
1790	La virtuosa in Mergellina	B	F. S. Zini	P. A. Guglielmi	TRS	Neapel 1785
	Oratoria da Paixão	O	P. Metastasio	N. Jommelli	PA	s. PA 1780
	Le trame deluse	B	G. M. Diodati	D. Cimarosa	TRA (4 A)	Neapel 1786
	Numa Pompilio II, Re de Romani	Sn	G. Martinelli	J. Sousa Carvalho	PA	PR 1789
	Artemisia, Regina di Caria	Sn	G. Martinelli	A. Leal Moreira	PQ	PA 1787
	Axur, Re di Ormus	S	L. da Ponte (Beaumarchais)	A. Salieri	TRA (2 A)	Paris (GO) 1787
1791	La bella pescatrice	B	F. S. Zini	P. A. Guglielmi	TRS	Neapel 1789
	Li due baroni di Rocca Azzurra	B	A. Palomba	D. Cimarosa	TRS	Rom 1783
	Ester	O	G. Martinelli	A. Leal Moreira	PA	PA 1786
	Axur, Re di Ormus	S	L. da Ponte	A. Salieri	TRA (6 A)	s. TRA 1790
	La pastorella nobile	B	F. S. Zini	P. A. Guglielmi	TRA (5 A)	Neapel 1788
	Megara tebana	Sn	G. Martinelli	Cordeiro da Silva	PA	s. PA 1789
	Tomiri	Sn	G. Martinelli	J. Sousa Carvalho	PQ	PA 1783
	Attalo, Re di Bitinia	S	A. Salvi	F. Robuschi	TRA (3 A)	Padua 1788
1792	Il finto astrologo	B		F. Bianchi	TRS	Rom 1790
	La modista raggiratrice	B	G. B. Lorenzi	G. Paisiello	TRS	Neapel 1787
	Riccardo Cor di Leone	B	J. M. Sédaine	A. E. M. Grétry	TRS	Paris (GO) 1784 fr.
	La pastorella nobile	B	F. S. Zini	P. A. Guglielmi	TRS	s. TRA 1791

G) Regierungszeit von Maria I.: Öffentliche Theater (1784–1792)

Jahr	Werk	Gatt.	Text	Musik	Bühne	Herkunft
1784	A casa de pasto	C	Rodrigues da Costa	M. Portugal	TS	UA
1786	Os bons amigos	C		M. Portugal	TS	UA
1787	A casa de café	C		M. Portugal	TS	UA
	Licença pastoril	D		M. Portugal	TS	UA
	Pequeno drama	D	J. Caetano de Figueiredo	M. Portugal	TS	UA
1788	O prazer da Olissea	D	S. Machado de Oliveira	Gomes e Oliveira	TC	UA
	Idílio	D	J. Procópio Monteiro	M. Portugal	TS	UA
	Licença metrica	D		M. Portugal	TS	UA
	A Castanheira ou a Brites Papagaia	C		M. Portugal	TS	UA
1789	O amor da Patria	D		M. Portugal	TS	UA
	Gratidão	D	J. A. Neves Estrela	M. Portugal	TS	UA

Jahr	Werk	Gatt.	Text	Musik	Bühne	Herkunft
1789	*A inveja abatida*	D	J. Procópio Monteiro	M. Portugal	TS	UA
	O amor conjugal	D	J. Procópio Monteiro	M. Portugal	TS	UA
	Elogio	D		M. Portugal	TS	UA
1790	*Sacrificio puro*	D	F. Carlos de Oliveira	Frei M. de St. Antonio	TC	UA
	Il marchese di Tulipano	B	P. Chiari	G. Paisiello/ Leal Moreira	TC	Rom 1776
	I filosofi immaginari	B	G. Bertati	G. Paisiello	TC	Petersburg 1779
	La serva padrona	B	G. A. Federico	G. Paisiello	TC	Petersburg 1781
	Il tempio della Gloria	S	E. Manfredi	C. Spontoni	TC	UA
	O amor artifice	C		M. Portugal	TS	UA
	A noiva fingida	C	(n. Diodatis *Le trame deluse*)	M. Portugal	TS	UA
	Os viajantes ditosos	C	(n. Livignis *I viaggiatori felice*)	M. Portugal	TS	UA
1791	*L'italiana in Londra*	B	G. Petrosellini	D. Cimarosa	TC	s. TRS 1788
	Il conte di bell'umore	B		M. B. di Capua	TC	s. TRS 1785
	Giannina e Bernardone	B	F. Livigni	D. Cimarosa	TC	Venedig 1781
	Dramma serio per musica	S			TC	
	Il puro ommagio	S	G. Martinelli	A. Leal Moreira	TC	UA
	Il barbiere di Siv. ovvero la precauzione inutile	B	G. Petrosellini	G. Paisiello	TC	Petersburg 1782
	La moglie capricciosa	B	F. Livigni	G. Gazzaniga	TC	Venedig 1785
	Li due supposti conti	B	G. Bertati	D. Cimarosa	TC	Mailand 1784
	I zingari in fiera	B	A. Palomba	G. Paisiello	TC	Neapel 1789
	Il marito disperato	B	G. B. Lorenzi	D. Cimarosa	TC	Neapel 1785
	La serva padrona	B	G. A. Federico	G. Paisiello	TC	s. TC 1790
	Un centone	B		(Verschiedene)	TC	UA
	O amante militar	C		M. Portugal	TS	UA
	O lunatico iludido	C	(Goldoni)	M. Portugal	TS	UA
1792	*Il don Giovanni ossia il convitato di pietra*	B	G. Bertati	G. Gazzaniga	TC	Venedig 1787
	Che dell'altrui si veste presto si spoglia	B	G. Palomba	D. Cimarosa	TC	Neapel 1783
	L'impresario in angustie	B	G. Diodati	D. Cimarosa	TC	Neapel 1786

II: Erst- bzw. Uraufführungen im São Carlos von 1793 bis 1816

Jahr	Musik	Text	Werk	Gatt.	Herkunft
1793	D. Cimarosa	C. A. Casini (G. Palomba)	La ballerina amante	B	Neapel 1782*
	D. Cimarosa	G. Palomba	Chi dell' altrui si veste presto si spoglia	B	s. TC 1792*
	P. A. Guglielmi	F. S. Zini	La virtuosa in Mergellina	B	Neapel 1785*
	A. Leal Moreira	D. Caldas Barbosa	A saloia enamorada ou o remedio he casar (pt.)	F C	UA*
	A. Leal Moreira?		Raollo	B	UA*
	A. Leal Moreira?	G. R. Dufondi	Os voluntários do Tejo (pt.)		UA
	A. Leal Moreira		Elogio	ED	UA
	G. Paisiello	F. Livigni	La frascatana	B	Venedig 1774*
	G. Paisiello	G. Palomba	La molinara ossia l'amor Contrastato	B	Neapel 1788*
	G. Sarti	G. B. Lorenzi (Goldoni)	Fra i due litiganti il terzo gode	B	Mailand 1782
	G. Sarti	T. Grandi (Goldoni)	Le gelosie villane	B	Venedig 1776*
1794	?		Licença Eloquente	ED	UA
	P. Anfossi	F. Livigni	I viaggiatori felici	B	Venedig 1780
	D. Cimarosa	G. Bertati	Il matrimonio segreto	B	Wien 1792*
	D. Cimarosa	F. S. Zini	Il fanatico burlato	B	Neapel 1787*
	D. Cimarosa	G. Petrosellini	Il pittor parigino	B	Rom 1781
	D. Cimarosa	F. Livigni	Giannina e Bernardone	B	Venedig 1781
	G. Gazzaniga	G. Bertati	La vendemmia	B	Florenz 1778*
	P. A. Guglielmi	G. Palomba	La serva innamorata	B	Neapel 1790*
	P. A. Guglielmi	F. S. Zini	Lo sciocco poeta di Campagna	B	Neapel 1792
	A. Leal Moreira	D. Caldas Barbosa	A vingança da cigana (pt.)	C	UA*
	A. Leal Moreira		Elogio	ED	UA
	Martín y Soller	L. da Ponte	Una cosa rara, o sia bellezza ed onestà	B	Wien 1786*
	S. Nasolini	G. Foppa	Eugenia	S	Venedig 1792*
	G. Paisiello	G. B. Lorenzi (Carpani)	Nina, o sia, La pazza per amore	B	S. Leucio 1789/Neapel 1790
	S. de Palma	F. S. Zini	Gli amanti della dote	F	Florenz 1791
	G. Sarti	G. Bertati	I finti eredi	B	Petersburg 1785*
1795	?	?	L'ommagio de'pastori della real villa di Queluz	Kt	UA

Jahr	Musik	Text	Werk	Gatt.	Herkunft
1795	F. Alessandri	F. Livigni	*La finta baronessa* (*Li due fratelli ridicoli*)	B	Venedig 1782*
	M. da Capua		*Li tre Orfei*	B	Rom 1784
	L. Caruso		*La sposa volubili, ossia, L'amante Imprudente*	B	Rom 1789*
	D. Cimarosa	G. M. Diodati	*L'impresario in angustie*	B	Neapel 1786; s. TC 1792
	D. Cimarosa	G. Petrosellini	*L'italiana in Londra*	B	s. TRS 1788, TC 1791
	N. Dalayrac	B. de Monvel/ Carpani	*Raollo signore di Crequi*	OpC	Paris 1789 ThI*
	G. Gazzaniga	G. Bertati	*Il palazzo d'Osmanno*	B	Venedig 1784
	P. C. Guglielmi	G. Foppa (Saint-Pierre)	*Dorval e Virginia*	S	Madrid 1795
	P. C. Guglielmi (Paisiello)	F. Salfi	*L'Idomeneo*	S	UA (Paisiellos Werk: UA Perugia 1792)
	A. Leal Moreira	G. Martinelli	*L'eroina lusitana*	S	UA*
	G. Paisiello	G. Tonioli (Bertati)	*Lo strambo in Berlina*	B	London 1791
	G. Paisiello	G. de Gamerra	*Pirro*	S	Neapel 1787
	A. Salieri	C. Mazzolà (Bertati)	*La scuola de'gelosi*	B	Venedig 1778
	A. Salieri	G. Casti	*La grotta di Trofonio*	B	Wien 1785
	N. Zingarelli	(Goldoni)	*Il mercato di Monfregoso*	B	Mailand 1792
1796	A. Bianchi	G. Bertati	*La villanella rapita, ossia, Le gelosie di Pippo*	B	Venedig 1783*
	D. Cimarosa	F. Livigni (Goldoni)	*Il convito*	B	Venedig 1782
	D. Cimarosa	G. Palomba	*Gli Turchi amanti* (*I Traci amanti*)	B	Neapel 1793
	N. Dalayrac	B. J. Marsollier/ Carpani	*I due ragazzi savoiardi* (*Les deux petits Savoyards*) (it.)	OpC	Paris 1789 ThI*
	V. Fabrizi	G. B. Lorenzi	*Il convitato di pietra*	B	Rom 1787
	Val. Fioravanti	Ab. Fiore	*L'audacia fortunata*	B	Neapel 1793*
	G. Gazzaniga	F. Casorri	*Il disertor francese*	B	Florenz 1779*
	G. Giordani	C. Sernicola	*La distruzione di Gerusalemme*	O	Neapel 1787
	P. A. Guglielmi	G. Palomba	*Le due gemelle*	B	Neapel 1786*
	P. A. Guglielmi	C. Sernicola	*Debora e Sisara* (im Foyer)	O	Neapel 1789*
	C. Isola	P. Metastasio	*Santa Elena nel Calvario* (im Foyer)	O	UA?
	C. Isola	P. Metastasio?	*Giuseppe riconosciuto* (im Foyer)	O	Lissabon 1791?
	N. Isouard	F. Gonella	*L'avviso ai maritati*	B	Florenz 1794
	R. Kreutzer u. a.	J. E. B. Dejaure/ Carpani	*Lodoiska*	S	Paris ThI 1791
	F. Paer	G. Foppa	*I molinari*	B	Venedig 1794*
	G. Paisiello	G. Palomba	*Le gare generose*	B	Neapel 1786*
	G. Paisiello	G. Petrosellini	*Il barbiere di Siviglia ovvero La precauzione inutile*	B	Petersburg 1782

Jahr	Musik	Text	Werk	Gatt.	Herkunft
1796	A. Salieri	L. da Ponte (Petrosellini)	*La cifra*	B	Wien 1789
	V. Trento	G. Squilloni	*La finta ammalata*	F	Florenz 1793
1797	P. Anfossi		*La maga Circe*	F	Rom 1788*
	D. Cimarosa	G. M. Diodati	*Le trame deluse*	B	Neapel 1786*
	D. Cimarosa	G. Palomba	*Le astuzie femminili*	B	Neapel 1794
	D. Cimarosa	G. M. Diodati	*Il credulo*	B	Neapel 1786
	V. Fabrizi	F. Livigni	*I due castellani burlati*	B	Bologna 1785
	Val. Fioravanti	G. Palomba	*Il furbo malaccorto*	B	Neapel 1795
	A. E. M. Grétry	J. F. Marmontel/ Verazi	*Zémire et Azor* (it.)	OpC	Fontainebleau 1771
	G. B. Longarini	G. Sertor	*La donna ne sa più del diavolo, ovvero Il matrimonio non è per I vecchi*	B	UA
	Martín y Soler	L. da Ponte	*La capricciosa corretta*	B	London 1794 KsTh
	G. Nicolini	F. Marconi	*Le nozze campestri*	B	Mailand 1794*
	F. Paer	G. Foppa	*I due sordi burlati*	B	Venedig 1794
	G. Paisiello	G. Palomba	*I zingari in fiera*	B	Neapel 1789
	G. Paisiello	P. Metastasio	*La Passione di Gesù Cristo* (im Foyer)	O	Petersburg 1783
	G. Tritto	G. Palomba	*Le trame spiritose*	B	Neapel 1792*
	G. Tritto	P. A. Timido	*Le vicende amorose*	B	Rom 1787
1798	?	A. Talassi	*Armida*	Kt	
	D. Cimarosa	P. Metastasio	*L'olimpiade*	S	Vicenza 1784*
	D. Cimarosa	A. S. Sografi	*Gli Orazi e i Curiazi*	S	Venedig 1796*
	P. A. Guglielmi	F. S. Zini	*La bella pescatrice*	B	Neapel 1789
	Leal Moreira u. a.	Goldoni/ F. Marchesi	*La serva riconoscente*	B	UA*
	G. B. Longarini	A. Giezzi	*Il figliuol prodigo* (im Foyer)	O	UA
	J. S. Mayr	G. Foppa	*L'intrigo della lettera*	F	Venedig 1797
	J. S. Mayr	F. Gonella	*La Lodoisca*	S	Venedig 1796*
	F. Paer	G. Bertati	*L'intrigo amoroso*	B	Venedig 1795*
	G. Paisiello	G. B. Lorenzi	*La modista raggiratrice*	B	Neapel 1787
	G. Sarti	P. Giovannini	*Giulio Sabino*	S	Venedig 1781*
	N. Zingarelli	G. Foppa	*Giulietta e Romeo*	S	Mailand 1796*
	(Verschiedene)		*I Napolitani in America*	B	*
	(Verschiedene)		*Piramo e Tisbe*		
1799	?		*Cantate Pastorale*	Kt	
	G. Borghi	A. S. Sografi	*La morte di Semiramide ossia La vendetta di Nino*	S	Mailand 1791*
	D. Cimarosa		*L'imprudente fortunato*	B	Rom 1797*
	N. Dalayrac	B. J. Marsollier/ Carpani	*Camilla, ossia, La sepolta viva*	B	Paris 1791 ThI
	N. Jommelli?		*Psalmo Miserere* (im Foyer)		
	S. Marino	P. Metastasio	*Didone*	S	Porto 1798 TSJ
	G. Paisiello	A. Pepoli	*I giuocchi d'Agrigento*	S	Venedig 1792*
	G. Paisiello u. a.?	P. Metastasio	*L'isola disabitata*	S	UA

Jahr	Musik	Text	Werk	Gatt.	Herkunft
1799	G. Paisiello u. a.	A. Talassi	*Ines de Castro*	S	UA*
	M. Portugal	G. Foppa	*Il barone Spazzacamino*	B	Venedig 1794*
	M. Portugal	G. Bertati	*La donna di genio volubile*	B	Venedig 1796*
	M. Portugal	G. Caravita (Carpani)	*Rinaldo d'Aste*	B	Venedig 1794*
	A. Puzzi	G. Caravita	*Giudizio di Salomone*	O	UA
	A. Salieri	L. da Ponte	*Axur Re d'Ormus*	S	Paris GO 1787; s. TRA 1790*
	(Verschiedene)	G. Caravita	*L'esilio d'Apollo*	Kt	*
1800	G. Andreozzi	A. S. Sografi (Moreto)	*La principessa filosofa ossia Il contravveleno*	Sm	Venedig 1794*
	L. Caruso	P. Metastasio	*Alessandro nell'Indie*	S	Rom 1787
	S. Nasolini	A. S. Sografi	*La morte di Cleopatra*	S	Padua 1790*
	G. Paisiello	P. Chiari	*Il marchese di Tulipano*	B	Petersburg 1779; s. TC 1790
	M. Portugal	G. Caravita (de Gamerra)	*Adrasto re d'Egitto*	S	UA
1801	?		*Cantata*	Kt	
	G. B. Cimador	A. S. Sografi	*Pimmalione*		Venedig 1790
	D. Cimarosa	P. Metastasio/ Caravita	*Artaserse*	S	Turin 1784*
	P. A. Della Maria		*Chi vuol non puòte*	B	Vicenza 1795
	Val. Fioravanti	A. L. Totolla	*Il furbo contro il furbo*	B	Venedig 1796
	F. Gardi	G. Foppa	*La donna ve la fà*	F	Venedig 1800
	P. C. Guglielmi	(L. da Ponte)	*La sposa bisbetica*	F	Rom 1797
	Ch. W. Gluck	R. de Calzabigi/ Caravita	*Orfeo ed Euridice*	S	Wien 1762*
	Martín y Soler	L. da Ponte	*L'isola piacevole*	B	London 1795 KsTh*
	S. Nasolini	G. Bertati	*Il medico di Lucca*	F	Venedig 1797
	M. Portugal	A. S. Sografi/ Caravita	*La morte di Semiramide*	S	UA*
1802	D. Cimarosa	G. Moretti	*Le vergini del sole*	S	Petersburg 1788*
	G. Curcio	G. Moretti	*Ifigenia in Aulide*	S	Florenz 1799*
	J. S. Mayr	G. Rossi	*Gli originali*	F	Venedig 1798
	M. Portugal	A. S. Sografi/ Caravita	*Il trionfo di Clelia*	S	UA*
	M. Portugal	M. Botturini/ Caravita	*La Zaira*	S	UA*
1803	?	G. Caravita	*Elogio*	ED	UA
	Val. Fioravanti	G. Palomba	*Le cantatrici villane*	B	Neapel 1799
	Val. Fioravanti	L. Romanelli	*L'orgoglio avvilito (La capricciosa pentita)*	B	Mailand 1802*
	Val. Fioravanti		*La figlia d'un padre*	B	UA?
	Val. Fioravanti	G. Sertor/ Caravita	*Il matrimonio per sussurro*	B	UA*
	J. S. Mayr	G. Rossi	*Gli Sciti*	S	Venedig 1800*

Jahr	Musik	Text	Werk	Gatt.	Herkunft
1803	S. Nasolini	G. Artusi/ G. Foppa	*Gli opposti caratteri*	B	Venedig 1799*
	G. Paisiello u. a.		*Trajano in Dacia*	S	
	M. Portugal	Del Mare/ Caravita	*La Sofonisba*	S	UA*
	M. Portugal u. a.	Caravita (Metastasio)	*Didone*	S	*
	G. Tritto	G. Schmidt/ Caravita	*Gli americani*	S	Neapel 1802*
	G. Zingarelli u. S. Nasolini	G. Cavaerta (Voltaire)	*Alzira*	S	Florenz 1794 (Zingarellis UF)*
	(Verschiedene)	P. Metastasio/ Caravita	*Didone*	S	UA
1804	G. Andreozzi	F. Salfi/Caravita	*La morte di Saulle*	O	Neapel 1794*
	D. Cimarosa	G. M. Diodati	*Penelope*	S	Neapel 1795*
	G. Farinelli	G. Foppa	*Teresa e Claudio*	B	Venedig 1801*
	Val. Fioravanti	G. Caravita	*Le astuzie fallaci*	B	UA*
	Val. Fioravanti	A. S. Sografi/ Caravita	*La pulcella di Raab*	S	UA*
	Val. Fioravanti	G. Carpani/ G. Caravita	*La Camilla*	Sm	UA*
	G. Mosca	L. Romanelli	*La fortunata combinazione*	B	Mailand 1802*
	G. Mosca	G. Foppa	*Il sedicente filosofo*	F	Mailand 1801*
	G. Nicolini	L. Romanelli	*I baccanali di Roma*	S	Mailand 1801*
	F. Orlandi	A. Anelli	*Il podestà di Chioggia*	S	Mailand 1801*
	G. Paisiello	A. Salvi/ G. B. Lorenzi	*L'Andromaca*	S	Neapel 1797*
	G. Paisiello	R. de Calzabigi	*Elfrida*	S	Neapel 1792*
	G. Paisiello/ Val. Fioravanti	G. Palomba/ Caravita	*L'inganno felice*	B	Neapel 1798*
	G. Paisiello	G. A. Federico	*La serva astuta* (*La serva padrona*)	B	Zarkoje Selo 1781*
	M. Portugal	G. di Ferrari/ Caravita	*L'Argenide o sia il ritorno di Serse*	S	Florenz 1797*
	M. Portugal	G. Foppa/ Caravita	*Le donne cambiate*	B	Venedig 1797*
	M. Portugal	Botturini/ Caravita	*La Zaira* (NF)	S	UA
	M. Portugal	M. Botturini/ Caravita	*La Merope*	S	UA*
	M. Portugal	G. Caravita	*L'oro non compra amore*	B	UA*
?	M. Portugal	F. Gonella	*Zulema e Selino*		Florenz 1796
	V. Trento	G. Artusi/ Caravita	*Gli assassini o sia Quanti casi in un giorno*	B	Venedig 1801*
1805	?	G. Caravita?	*Elogio*	ED	
	D. Cimarosa	D. Perelli	*La Circe*	S	Mailand 1783*
	G. Farinelli	G. Foppa	*L'amante per forza*	F	Venedig 1800*
	Val. Fioravanti	G. Palomba/ Caravita	*Le gemelle*	B	UA*

Jahr	Musik	Text	Werk	Gatt.	Herkunft
1805	Val. Fioravanti	G. Caravita	*Sono quattro e paion dieci, ossia, Per amor si fa tutto*	B	UA*
	Val. Fioravanti	F. Cammarano/ Caravita	*Il villano in angustie*	B	Neapel 1801*
	P. C. Guglielmi	A. S. Sografi	*La distruzione di Gerusalemme*	S	Neapel 1803
?	D. Pérez	P. Metastasio	*Alessandro nell'Indie* (NF)	S	Lissabon OT 1755
	M. Portugal	G. Caravita (Voltaire)	*Il duca di Foix*	S	UA*
	M. Portugal	F. Tarducci/ Caravita	*Fernando nel Messico* (NF)	S	UA* (Venedig 1798)
	M. Portugal	G. Rossi/ Caravita	*Ginevra di Scozia*	S	UA*
1806	D. Cimarosa	C. Jamejo	*Artemisia*	S	Venedig 1801*
	G. Farinelli	G. Rossi	*I riti di Efeso*	S	Venedig 1803*
	Val. Fioravanti	C. Mazzolà/ Caravita	*La dama soldato*	B	UA*
	Val. Fioravanti	G. Caravita	*Il notaro*	B	UA*
	Val. Fioravanti	G. Caravita?	*L'incognito*	B	UA
?	Val. Fioravanti		*Imene trionfante*	Kt	UA
	F. Gardi/ Val. Fioravanti	G. Foppa/ Caravita	*Nardone, e Nannetta*	B	UA
	F. Gardi		*Ci vuol pacienza*	F	UA
	G. Giordani	(Herzog Morbili)	*La disfatta di Dario*	S	Mailand 1789*
	F. Gnecco	Komp. (G. Artusi)	*La prova di un'opera seria*	F	Venedig 1803*
	P. C. Guglielmi	F. Tarducci	*La contessina contrastata*	B	Rom 1805*
	J. S. Mayr	G. Foppa	*I due viaggiatori*	B	Florenz 1804
	W. A. Mozart	P. Metastasio/ C. Mazzolà	*La clemenza di Tito*	S	Prag 1791*
	M. Portugal	P. Metastasio/ Caravita	*Artaserse*	S	UA
	M. Portugal	A. S. Sografi/ Caravita	*La morte di Mitridate*	S	UA*
	N. Zingarelli	G. de Gamerra	*Pirro re di Epiro*	S	Mailand 1791*
1807	G. Chioccia		*Le nozze in comedia*	F	?
	D. Cimarosa	G. M. Diodati	*L'appreensivo raggirato*	S	Neapel 1798*
	F. Federici	M. Botturini	*Zaira – il trionfo della religione*	S	Palermo 1799
	F. Gnecco	Komp.	*Filandro e Carolina*	B	Rom 1804
	F. Gnecco	Komp. (G. Caravita)	*Le nozze di Lauretta*	B	Bologna 1802*
	A. E. M. Grétry	Chedeville/ Carpani	*La caravane du Caire* (it.)	OpC	Fontaine-bleau 1783
	P. C. Guglielmi	G. Palomba	*L'amante di tutte, fedele a nessuna*	B	Neapel 1801*
	J. S. Mayr	G. Bernardoni	*I misteri eleusini*	S	Mailand 1802*
	F. Paer	F. Livigni/ Caravita	*La finta baronessa o Li due fratelli ridicoli*	B	Parma 1797
	A. J. Rego u. a.	G. Rossi/Caravita	*Il trionfo d'Emilia*	S	UA*
?	A. J. Rego	A. S. Sografi u. a.	*Alessandro in Efeso*	S	UA
	(Verschiedene)	G. Caravita u. a.	*Il conte di Saldagna*	S	UA*
1808	V. Federici	M. Bocciardini	*Zaira*	S	Mailand 1803

Jahr	Musik	Text	Werk	Gatt.	Herkunft
1808	L. Gianella	S. Vestris (Racine)	*Ifigenia in Aulide*	S	UA
	P. C. Guglielmi	G. Caravita (Bearb.)	*Il trionfo di Davidde*	AS	UA*
	P. C. Guglielmi	G. Caravita	*Nettuno, Fama, Pallade*	Kt	UA
	F. Paer	A. Anelli	*La virtù al cimento osia La Griselda*	Sm	Parma 1798*
	M. Portugal	G. Caravita (Metastasio)	*Il Demofoonte* (NF)	S	UA* (Mailand 1794)
1809	P. Pedrazzi	G. Caravita	*Amor senz'interesse, osia, Il medico deluso*	F	UA
	M. Portugal	G. Caravita	*La speranza o sia L'augurio felice*	Kt	UA
1810	J. J. Baldi		*Elogio*	ED	UA
	D. Cimarosa		*Il sacrifizio d'Abramo*	O	Neapel 1786*
	J. S. Mayr	G. Foppa	*O vinagreiro (Il caretto del venditore d'aceto)* (pt.?)	F	Venedig 1800
	F. Paer	G. Foppa	*La testa riscaldata*	B	Venedig 1800
1811	V. Fabrizi		*Chi la fà l'aspetti*	B	Florenz 1786
	Gasparini		*La pazzia d'amore*	B	?
1812	?	P. Moniz	*O mês das flores*	D	UA*
	?	P. Moniz	*O Trono*	D	UA
	?	C. Semedo	*Exalta a Jorge a Gratidão de Lisia*	D	UA
1813	P. A. Guglielmi	A. L. Tottola	*Siface*	S	Neapel 1802
1814	V. Pucitta?	S. Buonaiuti	*La caccia di Enrico IV*	S	London KsTh
	M. Portugal	G. Foppa	*O mestre Biajo sapateiro* (pt.?) (*Le donne cambiate*)	B	Venedig 1797; s. 1804
	V. Trento		*Marte e Fortuna*	Kt	?
1815	Allinovi	A. Capacelli	*Pasqual o Il postiglione ingannato*	B	Parma 1813
	P. Generali	G. Rossi	*Adelina*	F	Venedig 1810
	P. A. Guglielmi	(P. Metastasio)	*La Giuditta*	O	Rom 1791
	S. Pavesi	A. Anelli	*Ser Marc'Antonio*	B	Paris ThI 1808
	G. Rossini	A. Anelli	*L'italiana in Algeri*	B	Venedig 1813
	G. Rossini	G. Rossi	*Tancredi*	S	Venedig 1813
1816	?	F. Hilberath	*La virtù trionfante*	S	UA
	F. Paer	L. Buonavoglia	*Agnese*	Sm	Parma 1809*
	M. Portugal u. a.	G. Rossi (Voltaire)	*Il trionfo di Gusmano* (NF: Fernando nell'Messico)	S	UA*
	V. Pucitta	L. Romanelli	*La vestale*	S	London 1810
	G. Rossini	V. V. Mombelli	*Demetrio e Polibio*	S	Rom 1812
	V. Trento		*Tutto per inganno*	B	UA
	N. Zingarelli	A. S. Sografi	*Gerusalemme destrutta*	S	Florenz 1794

III: Erst- bzw. Uraufführungen im São Carlos von 1817 bis 1924

Jahr	Musik	Text	Werk	Herkunft
1817	G. Marinelli	F. Hilberath	Kantate	UA*
	J. S. Mayr	G. Rossi	*I Cheruschi*	Rom 1808*
	G. Rossini	G. Foppa	*L'inganno felice*	Venedig 1812*
1818	?	?	*O templo da imortalidade* (Kt)	UA
	C. Coccia	G. Rossi	*La Clotilda*	Venedig 1815*
	G. Nicolini	A. Peracchi	*Carlo Magno*	Piacenza 1813*
	G. Nicolini	L. Romanelli	*Coriolano ossia L' assedio di Roma*	Mailand 1808
	A. J. Soares	F. Hilberath	*O merito exaltado* (ED)	UA
1819	?	?	*Il teatro in confusione*	UA?
	Agolini	F. Hilberath	*O Templo da Gloria* (ED)	UA
	A. Appiani	Sografi/ Hilberath?	*La distruzione di Gerusalemme*	UA
	F. Celli	G. Gaspari	*L'aio nell'imbarazzo*	Venedig 1813
	F. Celli	G. Foppa	*Don Timonella di Piacenza (L'amor agussa l'ingegno)*	Venedig 1813
	C. Coccia	G. Foppa	*Matilda*	Venedig 1811
	P. Generali	G. Rossi	*Pamela nubile*	Venedig 1804*
	P. Generali	?/F. Hilberath?	*Idomeneo*	UA*
	P. Generali	G. Foppa	*La moglie di tre mariti*	Venedig 1809
	J. S. Mayr	G. Rossi	*L'amor conjugale*	Padua 1805*
	S. Nasolini	M. Botturini	*La Merope*	Venedig 1796
	F. Paini	L. Anelli	*La cameriera astuta*	Venedig 1814
	S. Pavesi	G. Foppa	*Un avvertimento ai gelosi*	Venedig 1803
	G. Rossini	G. Gherardini	*La gazza ladra*	Mailand 1817*
	G. Rossini	J. Ferretti	*La Cenerentola ossia La bontà trionfante*	Rom 1817*
	G. Rossini	C. Sterbini	*Il barbiere di Siviglia*	Rom 1816*
1820	C. Coccia	F. Hilberath	*O genio lusitano triunfante* (ED)	UA*
	C. Coccia	G. Foppa	*La donna selvaggia*	Venedig 1813*
	C. Coccia	F. Romani	*Atar ossia Il serraglio di Ormuz*	UA*
?	A. d'Asti		*Oreste*	UA
	G. Farinelli	G. Foppa	*Il matrimonio per concorso*	Venedig 1813*
	P. Generali	P. Scatizi	*La donna delirante (La vedova delirante)*	Rom 1811*
	P. Generali	G. Foppa	*Lacrime d'una vedova*	Venedig 1808
	G. Nicolini	G. Rossi	*Quinto Fabio*	Florenz 1802*
	F. Paer	A. Anelli	*I fuorusciti [di Firenze]*	Dresden 1802
	F. Paini	G. Rossi	*La figlia dell'aria*	Venedig 1816*
	J. E. Pereira da Costa		*Jove benefico* (ED)	UA*
	G. Rossini	C. Sterbini	*Torvaldo e Dorliska*	Rom 1815

Jahr	Musik	Text	Werk	Herkunft
1820	G. Rossini	G. Schmidt	*Elisabetta regina d'Inghilterra*	Neapel 1815
	G. Rossini	F. Romani	*Il turco in Italia*	Mailand 1814
	G. Rossini	F. Berio di Salsa	*Otello*	Neapel 1816*
	J. Weigl	L. Romanelli	*Il rivale di se stesso*	Mailand 1808*
1821	?	?	*O triunfo de Ezechias ou A morte de Sennacherib* (it.) (AS)	UA?
	?	?	*O Regosijo da Lusitania* (ED)	UA
	C. Coccia	G. Rossi	*La festa della rosa*	UA*
	C. Coccia	L. Romanelli	*Mandana, regina della Persia*	UA*
	C. Coccia	T. Tottola	*Elena e Costantino (Elena e Virginio?)*	Triest 1818
	G. Mosca	G. Checcherini	*Il Federico secondo, re di Prussia*	Palermo 1817*
	G. Nicolini	Romanelli (Bertati)	*Il trionfo del bel sesso*	Mailand 1799*
	G. Nicolini	M. Prunetti	*Trajano in Dacia*	Rom 1807
	G. Rossini	F. Berio di Salsa	*Ricciardo e Zoraide*	Neapel 1818*
	G. Rossini	L. Romanelli	*La pietra del paragone*	Mailand 1812
	(Verschiedene)?		*Tito Vespasiano*	UA?
1822	?	?	*Il trionfo della virtù* (ED)	UA
	?	?	*As Glórias de Lisia* (Kt)	UA
	J. S. Mayr	F. Romani	*La rosa bianca e la rosa rossa*	Genua 1813
	G. Rossini	A. L. Tottola	*La donna del lago*	Neapel 1819*
	G. Rossini	G. Schmidt	*Adelaide di Borgogna*	Rom 1817
	G. Rossini	G. Schmidt	*Edoardo e Cristina*	Venedig 1819
1823	?	?	*Lisia Exultante* (ED)	UA
	C. Coccia	A. Profumo?	*Fajello (Gabriella di Vergy)*	Florenz 1817
	P. Generali	G. Rossi	*I baccanali di Roma*	Venedig 1816*
	Grazioli	J. Ferretti	*La festa della riconoscenza ossia Le due gemelle Savoiarde*	Rom 1821
	J. S. Mayr	G. Rossi	*Ginevra di Scozia*	Triest 1801
	G. Meyerbeer	G. Rossi	*Emma di Resburgo*	Venedig 1819
	G. Pacini	F. Romani	*La gioventù di Enrico V*	Rom 1820
	G. Pacini	G. Rossi	*Adelaide e Comingio*	Mailand 1817
	V. Pucitta?	G. D. Camagna	*Adolfo e Clara (La burla fortunata ossia I due prigionieri)*	Venedig 1804
	G. Rossini	A. L. Tottola	*Zelmira*	Neapel 1822*
	G. Rossini	A. L. Tottola	*Mosè in Egitto*	Neapel 1818*
	G. Rossini	G. Foppa	*Sigismondo*	Venedig 1814
	G. Tadolini		*La principessa di Navarra*	Bologna 1816*
1824	?	?	*Os amantes do trono* (Kt)	UA
	Val. Fioravanti	A. L. Tottola	*Semplice per astuzie*	Neapel 1810
	S. Mercadante	G. Schmidt	*Anacreonte in Samo*	Neapel 1820
	S. Mercadante	J. Ferretti	*Scipione in Cartagine*	Rom 1820
	S. Mercadante	L. Romanelli	*Elisa e Claudio*	Mailand 1821
	F. Morlacchi	G. Rossi	*Tebaldo ed Isolina*	Venedig 1822*
	G. Pacini	F. Romani	*Il barone di Dolsheim*	Mailand 1818
	G. Pacini	G. Rossi	*La sposa fedele*	Venedig 1819*
	G. Pacini	F. Romani	*Il falegname di Livonia*	Mailand 1824
	F. Paer	G. Carpani	*Camilla ossia Il soterraneo*	Wien 1799

Jahr	Musik	Text	Werk	Herkunft
1824	J. E. Pereira da Costa		*O merito exaltado* (ED)	UA
	G. Rossini	L. Prividali	*Il cambiamento della valigia* (*L'occasione fa il ladro*)	Venedig 1812
	G. Rossini	F. Romanelli	*Zenobia* (*Aureliano in Palmira*)	Mailand 1813
	G. Rossini	F. Romani	*Bianca e Falliero*	Mailand 1819*
1825	J. G. Daddi		*Lisia Exultante* (ED)	UA
	G. Donizetti	B. Merelli/ J. Ferretti	*Zoraida di Granata*	Rom 1822*
	J. S. Mayr	G. Rossi	*Il fanatico per la musica*	Venedig 1798
	S. Mercadante	G. Schmidt	*L'apoteosi di Ercole*	Neapel 1819*
	S. Mercadante	A. L. Tottola	*Il castello dei spiriti, ossia Violenza e Costanza* (*ossia I falsi monitari*)	Neapel 1820
	G. Rossini	J. Ferretti	*Matilde di Shabran ossia Belleza e cuor di ferro*	Rom 1821*
	G. Rossini	G. Foppa	*La scala di seta*	Venedig 1812
	G. Rossini	G. Rossi	*Semiramide*	Venedig 1823
1826	P. Generali	A. L. Tottola	*Chiara di Rosemberg*	Neapel 1820
	F. Mirecki		*I due forzati*	UA*
	J. E. Pereira da Costa?		*Regia d'Astrea* (Kt)	UA*
	G. Rossini	C. della Valle	*Maometo Secondo*	Neapel 1820*
	G. Rossini	G. Bevilacqua	*Adina*	UA*
	N. Vaccai	B. Merelli	*La pastorella feudataria*	Turin 1824*
1827	?	?	*O templo de Minerva* (Kt)	UA
	S. Mercadante	P. Metastasio	*Didone abbandonata*	Turin 1823*
	G. Pacini	Schmidt (Metastasio)	*Alessandro nell'Indie*	Neapel 1824*
	G. Pacini	G. Anguillesi	*Temistocle*	Lucca 1823*
	J. E. Pereira da Costa	F. Romani	*Egilda di Provenza*	UA*
	J. E. Pereira da Costa		*Tributo à Virtude* (Kt)	UA
	N. Vaccai	A. L. Tottola	*Astartea regina di Babilonia* (*Zadig ed Astartea*)	Neapel 1825*
	N. Vaccai		*Pietro il Grande*	UA Parma 1824
1828	S. Mercadante		*Amor e Imortalidade* (Kt)	UA
	S. Mercadante	A. Profumo	*Adriano in Siria*	UA*
?	S. Mercadante	F. Romani	*La Testa di Bronzo*	Lissabon TL 1827
	S. Mercadante	L. Ricciuti (Metastasio)	*Ipermestra*	Neapel 1824*
	S. Mercadante	A. Profumo	*Gabriella di Vergy*	UA*
	S. Mercadante	F. Romani	*Il posto abbandonato* (*Adele e Emerico*)	Mailand 1822
	G. Meyerbeer	G. Rossi	*Il crociato in Egitto*	Venedig 1824*
	G. Pacini	A. L. Tottola	*L'ultimo giorno di Pompei*	Neapel 1825*
	N. Vaccai	F. Romani	*Giulietta e Romeo*	Mailand 1825*
1834	V. Bellini	F. Romani	*Il Pirata*	Mailand 1827*
	V. Bellini	F. Romani	*La Sonnambula*	Mailand 1831*

Jahr	Musik	Text	Werk	Herkunft
1834	G. Donizetti	F. Romani	*Anna Bolena*	Mailand 1830*
	G. Donizetti	D. Gilardoni	*Fausta*	Neapel 1832*
	G. Donizetti	F. Romani	*L'elisire d'amore*	Mailand 1832*
	S. Mercadante	Paolo Pola	*La Caritea*	Venedig 1826*
	G. Pacini	L. Romanelli	*Gli Arabi nelle Gallie*	Mailand 1827*
	L. Ricci	J. Ferretti	*Il nuovo Figaro*	Parma 1832*
	L. Ricci	G. Rossi	*Chiara di Rosemberg*	Mailand 1831*
	F. Schira	F. Xavier Gaioso	*O templo da imortalidade* (it.) (ED)	UA
1835	V. Bellini	F. Romani	*La Straniera*	Mailand 1829*
	V. Bellini	F. Romani	*Norma*	Mailand 1831*
	V. Bellini	F. Romani	*I Capuletti e Montechi*	Venedig 1830*
	G. Donizetti	J. Ferretti	*Il furioso nell'isola di San Domingo*	Rom 1833*
	G. Donizetti	D. Gilardoni	*Gianni di Calais*	Neapel 1828*
	S. Mercadante	Soumet/Romani	*Uggero il Danese*	Bergamo 1834*
	A. L. Miró		*Il sonnambulo*	Lissabon TL 1835*
	G. Rossini	Balocchi/Jouy	*Moïse et Pharaon* (it.)	Paris GO 1827*
	G. Rossini	Balocchi/Soumet	*Le siège de Corinth* (it.) NF: *Maometo II*	Paris GO 1826*
	F. Schira		*Il fanatico per la musica*	UA
1836	P. A. Coppola	J. Ferretti	*Nina pazza per amore*	Rom 1835*
	G. Donizetti	F. Romani	*Parisina*	Florenz 1833*
	G. Donizetti	J. Ferretti	*Olivo e Pasquale*	Rom 1827
	G. Donizetti	D. Gilardoni	*L'esule di Roma*	Neapel 1828*
	S. Mercadante	F. Romani	*I Normani a Parigi*	Turin 1832*
	A. L. Miró		*Atar, ou, O Serralho de Ormus* (it.)	UA*
	G. Rossini	V. Jouy/H. Bis	*Guillaume Tell* (it.) (WA 1884 fr.**)	Paris GO 1829*
	F. Schira	G. Rossi	*I Cavalieri di Valenza*	UA*
1837	V. Bellini	G. Pepoli	*I Puritani ed i Cavalieri*	Paris ThI 1835*
	V. Bellini	F. Romani	*Beatrice di Tenda*	Venedig 1833*
	C. Coccia	F. Romani	*Caterina di Guisa*	Mailand 1833*
	G. Donizetti	J. Ferretti	*L'aio nell'imbarazzo*	Rom 1824
	G. Donizetti	Komp.	*Le convenienze ed inconvenienze teatrale*	Neapel 1827
	G. Donizetti	J. Ferretti	*Torquato Tasso*	Rom 1833*
	G. Donizetti	S. Cammarano	*Belisario*	Venedig 1836*
	S. Mercadante	F. Romani	*Zaira*	Neapel 1831*
	S. Mercadante		*Emma d'Antiochia*	Venedig 1834
	G. Meyerbeer	F. Romani	*Margherita d'Anjou*	Mailand 1820*
	G. Pacini	Gilardoni	*Il contestabile di Chester*	Neapel 1829*
	L. Ricci	F. Romani	*I due sergenti*	Mailand 1833*
	L. Ricci	J. Ferretti	*L'orfanella di Ginevra*	*
1838	D. F. E. Auber	A. E. Scribe/ Delavigne	*La muette di Portici* (it.)	Paris GO 1828*
	G. Donizetti	S. Cammarano	*Lucia di Lammermoor*	Neapel 1835*
	G. Donizetti	G. E. Bidera	*Marino Faliero*	Paris ThI 1835*
	G. Donizetti	S. Cammarano	*Robert Devereux*	Neapel 1837*
	G. Donizetti	G. E. Bidera	*Gemma di Vergy*	Mailand 1834*

Jahr	Musik	Text	Werk	Herkunft
1838	S. Mercadante	J. Crescini	*I briganti*	Paris ThI 1836*
	G. Meyerbeer	A. E. Scribe/ Delavigne	*Robert le Diable* (it.)	Paris GO 1831*
	G. Pacini	J. Ferretti	*Il Corsaro*	Rom 1831*
	G. Persiani	S. Cammarano	*Inez di Castro*	Neapel 1835*
	L. Ricci	F. Romani	*Un'avventura di Scaramuccia*	Mailand 1834*
	L. u. F. Ricci	J. Ferretti	*Il disertore per amore*	Neapel 1836*
1839	P. A. Coppola	F. Romani	*Gl'Illinesi*	Turin 1836*
	G. Donizetti	Gilardoni	*Gli Esiliati in Siberia*	Neapel 1827*
	G. Donizetti	P. Salatino	*Sancia di Castiglia*	Neapel 1832*
	L. J. F. F. Hérold	Mélesville	*Zampa* (it.) (WA 1878 fr.**)	Paris OC 1831*
	M. Inocêncio dos Santos	A. Prefumo	*Inês de Castro*	UA
	W. A. Mozart	L. da Ponte	*Don Giovanni*	Prag 1787*
1840	P. A. Coppola	A. Pendola	*Giovanna di Napoli*	UA*
	G. Donizetti	F. Romani	*Lucrezia Borgia*	Mailand 1833*
	A. Mazzucato	F. de Boni	*Esmeralda*	Mantua 1838*
	S. Mercadante	S. Cammarano	*Elena di Feltre*	Neapel 1838*
	S. Mercadante	G. Rossi	*Il Giuramento*	Mailand 1837*
	A. L. Miró	A. Prefumo	*Virginia*	UA*
	L. Savi	F. Romani	*Caterina di Cleves*	Florenz 1838*
1841	P. A. Coppola	S. Cammarano	*Ines di Castro*	UA
	P. A. Coppola	C. Bassi	*La belle celeste degli Spadari* (als *La figlia del spadaio*)	Mailand 1837*
	G. Donizetti	Komp.	*Betly*	Neapel 1836*
	G. Donizetti	Bayard/ St. Georges	*La fille du régiment* (it.) (WA 1878 fr.**)	Paris OC 1840*
	A. Frondoni	C. Cambiaggio	*Un terno al lotto*	Mailand 1835
	Inocêncio dos Santos	(J. Corte Real)	*L'assedio di Diu* (pt.?)	UA*
	G. Lillo	S. Cammarano	*Il conte di Calais*	Neapel 1839*
	S. Mercadante	G. Rossi	*Il bravo*	Mailand 1839*
	F. Ricci	G. Rossi	*Le prigione d'Edimbourg*	Triest 1838*
	G. A. Speranza	F. Romani	*I due Figaro*	Turin 1839 (?)*
1842	G. Donizetti	Romani/ G. Marini	*Adelia*	Rom 1841*
	G. Donizetti	A. E. Scribe/ Royer/Vaez	*La Favorite* (it.) (WA 1884 fr.**)	Paris GO 1840*
	G. Donizetti	F. Romani	*La regina di Golconda*	Genua 1828*
	G. Donizetti	S. Cammarano	*Maria di Rudenz*	Venedig 1838*
	S. Mercadante	S. Cammarano	*La Vestale*	Neapel 1840*
	O. Nicolai	G. M. Marini	*Il templario*	Turin 1840*
1843	G. Donizetti	A. E. Scribe	*Les Martyrs* (it.)	Paris GO 1840*
	G. Pacini	S. Cammarano	*Saffo*	Neapel 1840*
	G. Verdi	T. Solera	*Nabucodonosor*	Mailand 1842*
1844	G. Donizetti	P. Salatino/ Bardari	*Maria Stuarda*	Neapel 1834*
	A. Frondoni	C. Perini de Lucca	*I profugi di Parga*	UA*
	S. Mercadante	S. Cammarano	*Il reggente*	Turin 1843*

Jahr	Musik	Text	Werk	Herkunft
1844	A. Nini	D. Bancalari	*Virginia*	Genua 1843*
1845	G. Donizetti	G. Rossi	*Maria Padilla*	Mailand 1841*
	G. Donizetti	A. E. Scribe	*Don Sébastien, roi de Portugal* (it.)	Paris GO 1843
	G. Donizetti	G. Rossi	*Linda di Chamounix*	Wien 1842*
	G. Donizetti	Anelli/Accursi/ Komp.	*Don Pasquale*	Paris ThI 1843
	A. Nini	G. Prati	*La marescialla d'Ancre*	Padua 1839*
	G. Verdi	F. M. Piave	*Ernani*	Venedig 1844*
	G. Verdi	T. Solera	*I Lombardi*	Mailand 1843*
1846	M. Aspa	J. Ferretti	*Paolo e Virginia*	Rom 1843*
	S. Mercadante	M. d'Arienzo	*Leonora*	Neapel 1844*
	F. Ricci	G. Sacchero	*Il corrado d'Altamura*	Mailand 1841*
	L. Ricci	J. Ferretti	*Chi dura vince*	Rom 1834*
	G. Verdi	F. M. Piave	*I due Foscari*	Rom 1844*
1847	G. Donizetti	S. Cammarano	*Pia di Tolomei*	Venedig 1837*
	Vic. Fioravanti	Cambiaggio	*Il ritorno di Columella*	Venedig 1842*
	G. Verdi	T. Solera	*Attila*	Venedig 1846*
	G. Verdi	T. Solera	*Giovanna d'Arco*	Mailand 1845*
1848	V. Battista	N. Leoncavallo	*Anna la Prie*	Neapel 1843*
	F. C. David		*Le désert* (Ode-Sinfonie)	Paris 1844 (konz.) Aachen (szen.)*
	(A. Frondoni?)	F. Emery (it.: A. Prefumo)	*L'assedio di Siracusa*	UA?*
	S. Mercadante	S. Cammarano	*Gli Orazi e Curiazi*	Neapel 1846*
	G. Pacini	F. Guidi	*La regina di Cripo*	Turin 1846*
	G. Pacini	S. Cammarano	*La fidanzata corsa*	Neapel 1842*
	L. Ricci	J. Ferretti	*Eran due or sono tre*	Turin 1834
	G. Sanelli	P. Martini	*Luisa Strozzi*	Parma 1846
1849	G. Verdi	A. Maffei	*I Masnadieri*	London HMs 1847*
	G. Verdi	S. Cammarano	*Alzira*	Neapel 1845*
	G. Verdi	S. Cammarano	*Macbeth*	Florenz 1847*
1850	A. Cagnoni	C. Bassi	*Don Bucefalo*	Mailand 1847*
	G. Donizetti	S. Cammarano	*Maria de Rohan*	Wien 1843*
	G. Meyerbeer	A. E. Scribe	*Le prophète* (it.)	Paris GO 1849*
1851	P. A. Coppola	G. Solito	*Fingalo*	Palermo 1847*
	G. Verdi	S. Cammarano	*Luisa Miller*	Neapel 1849*
1852	J. E. Arrieta	T. Solera	*Ildegonde* (it.)	Mailand 1845*
	P. A. Coppola	G. Solito	*Stefanella* (*L'orfana guelfa*)	Palermo 1846*
	F. Flotow	St. Georges/ Bassi	*L'âme en Peine* (it.: *Paula o l'orfana tradita*)	Paris GO 1846*
	M. Marliani	A. Berettoni	*Il Lazarello*	Venedig 1842*
	L. Rossi	J. Ferretti	*I falsi monitari*	Mailand 1834*
1853	F. X. Migone	L. Arcesi	*Sampiero*	UA*
	G. Pacini	L. Tarantini	*Maria, regina d'Inghilterra*	Palermo 1843*
	V. Sanchez	Graf v. Pepoli	*Malek-Adel*	Cádis 1850*
1854	G. Meyerbeer	A. E. Scribe	*Les Huguenots* (it.)	Paris GO 1836*
	F. X. Migone	L. Arcesi	*Mocana*	UA*
	G. Verdi	S. Cammarano	*Il trovatore* (WA 1884 fr.**)	Rom 1853*
	G. Verdi	F. M. Piave	*Rigoletto*	Venedig 1851*

Jahr	Musik	Text	Werk	Herkunft
1855	N. Perelli		*Galeotto Manfredi*	Pavia 1839*
	F. Ricci	S. Cammarano	*Luigi Rolla*	Florenz 1841*
	D. Thorner	Komp.	*Stefano, duca di Bari*	UA*
	G. Verdi	F. M. Piave	*La traviata* (WA 1878 fr.**)	Venedig 1853*
1856	G. Apolloni	A. Boni	*L'Ebreo*	Venedig 1855*
	E. Petrella	D. Bolognese	*Marco Visconti*	Neapel 1854*
	E. Petrella	D. Bolognese	*L'assedio di Leyda*	Mailand 1856*
1857	V. Battista	D. Bolognese	*Esmeralda*	Neapel 1851*
	G. Franchini	F. Romani	*Francesca da Rimini*	UA*
	G. Verdi	A. E. Scribe/ Duveyrier	*Les Vêpres siciliennes* (it.)	Paris GO 1855*
1858	S. Mercadante	M. d'Arienzo	*Pelagio*	Neapel 1857*
	E. Vera	A. de Lauzières	*Adriana Lecouvreur*	Rom 1856*
1860	G. Donizetti	S. Cammarano	*Poliuto* (NF v. *Les Martyrs*)	Neapel 1848*
	G. Verdi	F. M. Piave	*Un ballo in maschera*	Rom 1859*
	G. Verdi	F. M. Piave	*Aroldo* (NF v. *Stiffelio*)	Rimini 1857*
1861	F. Flotow	W. Friedrich	*Martha* (it.)	Wien 1847*
	G. Verdi	F. M. Piave	*Simone Boccanegra*	Venedig 1857*
1862	J. G. Daddi		*Il trionfo della virtù* (Kt)	UA*
1863	C. Pedrotti	Serenelli	*Fiorina*	Verona 1851*
1865	Ch. Gounod	Carré/Barbier	*Faust* (it.) (WA 1878 fr.**)	Paris ThL 1859
1867	F. u. L. Ricci	F. M. Piave	*Crispino e la comare*	Venedig 1850
1868	F. Sá Noronha	Correia/Almeida/Tagliapietra (Garrett)	*L' Arco di Sant'Anna* (it.)	Porto TSJ 1867
1869	J. F. Halévy	A. E. Scribe	*La Juive* (it.)	Paris GO 1835
	G. Meyerbeer	A. E. Scribe	*L'Africaine* (it.)	Paris GO 1865
	E. Petrella	G. Peruzzini	*Jone*	Mailand 1858
1870	M. A. Pereira	P. Lima (Herculano)	*Eurico* (it.)	UA
1871	G. Verdi	Méry/Locle	*Don Carlos* (it.)	Paris GO 1867
1872	F. Marchetti	D'Ormeville	*Ruy Blas*	Mailand 1869
1873	G. Verdi	F. M. Piave	*La forza del destino*	Petersburg 1862
	G. Braga	A. Ghislanzoni	*Caligola*	UA
1874	G. Meyerbeer	Carré/Barbier	*Dinorah* (*Le pardon de Ploermel*) (it.) (WA 1878 fr.**)	Paris OC 1859
1875	D. F. E. Auber	A. E. Scribe	*Fra Diavolo* (it.) (WA 1878 fr.**)	Paris OC 1830; EA TC 1842 (pt.)
1876	Graf v. Arneiro	J. J. Magne	*L'elisire di giovinezza*	UA
1877	A. Thomas	Barbier/Carré	*Mignon* (it.) (WA 1878 fr.**)	Paris OC 1866
1878	Ch. A. Adam	Dennery/Brésil	*Si j'étais roi***	Paris ThL 1852
	Ch. A. Adam	Th. Sauvage	*Le toréador***	Paris OC 1849
	Ch. A. Adam	A. E. Scribe/ Méllesville	*Le chalet***	Paris OC 1834
	D. F. E. Auber	A. E. Scribe	*Le domino noir***	Paris OC 1837
	D. F. E. Auber	A. E. Scribe/ St. Georges	*Les diamants de la couronne***	Paris OC 1841
	D. F. E. Auber	A. E. Scribe	*Haydée***	Paris OC 1847
	F. E. J. Bazin	Labiche/Delacour	*Le voyage en Chine***	Paris OC 1865

Jahr	Musik	Text	Werk	Herkunft
1878	A. L. V. Boieldieu	A. E. Scribe	*La dame blanche***	Paris OC 1865
	J. F. Halévy	St. Georges	*Les Mousquetaires de la reine***	Paris OC 1847
	L. J. F. Hérold	E. Planard	*Le Pré aux Clercs***	Paris OC 1832
	L. A. Maillart	Lochroy/ Cormon	*Les Dragons de Villars***	Paris ThL 1856
	F. Paer	S. Gay	*Le maître de chapelle***	Paris Feydeau 1821
	A. Thomas	Leuven/Rosier	*Le songe d'une nuit d'été***	Paris OC 1850
	G. Verdi	A. Ghislanzoni	*Aida*	Kairo 1871
1879	G. Rossini	A. E. Scribe/ D.-Poirson	*Le comte Ory* (it.)	Paris GO 1828
	G. Verdi		*Messa da Requiem*	Mailand 1874
1880	Carlos Gomes	Scalvini/ D'Ormeville	*Il Guarany*	Mailand 1870
1881	A. Boito	Komp.	*Mefistofele*	Mailand 1868
	A. Thomas	Barbier/Carré	*Hamlet* (it.)	Paris GO 1868
1882	F. Guimarães	F. Romani	*Beatrice*	UA
1883	R. Wagner	Komp.	*Lohengrin* (it.)	Weimar 1850
1884	Ch. Grisart	A. Liorat/ H. Bocage	*Le petit abbé***	Paris Th. Vaudev. 1879
	A. Machado	A. Guiou/J. J. Magne (G. Sand) (it.: A. Lauzières)	*Laurianne* (it.)	Marseille 1883
	V. Massé	J. Barbier/ M. Carré	*Galathée***	Paris OC 1852
	J. Massenet	Louis Gallet	*Le Roi de Lahore* (it.)	Paris GO 1877
	G. Verdi	A. Royer/ G. Vaez	*Jerusalem*** (fr.: NF v. *I Lombardi*)	Paris GO 1847
1885	Graf von Arneiro	R. Paravicini	*La Derellita*	UA
	G. Bizet	H. Meilhac/ L. Halévy	*Carmen* (it.)	Paris OC 1875
1886	J. Massenet	P. Milliet/ G. Hartmann	*Hérodiade* (it.)	Brüssel 1881
	A. Ponchielli	A. Boito	*La Gioconda*	Mailand 1876
	G. Bizet	E. Cormon/ M. Carré	*Les Pêcheurs de Perles* (it.)	Paris ThL 1864
1887	A. Machado	A. Ghislanzoni	*I Doria*	UA
	Ch. Gounod	J. Barbier/ M. Carré	*Roméo et Juliette* (it.)	Paris ThL 1867
1888	A. Keil	C. Fereal (Garrett)	*Dona Branca* (it.)	UA
1889	L. Delibes	E. Gondinet/ Ph. Gille	*Lakmé* (it.)	Paris OC 1883
	G. Verdi	A. Boito	*Otello*	Mailand 1887
1890	G. Meyerbeer	A. E. Scribe	*L'Etoile du Nord* (it.)	Paris OC 1854
1891	S. Gastaldon	G. B. Bartocci-Fontana	*Mala Pasqua*	Rom 1890
	F. Freitas Gazul	(Garrett)	*Fra Luigi di Sousa*	UA
	P. Mascagni	G. Menasci/ Targioni-Tozzetti	*Cavalleria Rusticana*	Rom 1890

Jahr	Musik	Text	Werk	Herkunft
1893	R. Wagner	Komp.	*Tannhäuser* (it.)	Dresden 1845
	R. Wagner	Komp.	*Der fliegende Holländer* (it.)	Dresden 1843
1894	G. Puccini	Praga/Oliva/ Illica	*Manon Lescaut*	Turin 1893
	G. Verdi	A. Boito	*Falstaff*	Mailand 1893
	C. M. v. Weber	F. Kind	*Der Freischütz* (it.: Boito; Rez.: Berlioz)	Berlin 1821; EA Porto T. D. Afonso 1890 (pt.)
1895	J. Massenet	H. Meilhac/ Ph. Gille	*Manon* (it.)	Paris OC 1884
1896	A. Keil	C. Fereal	*Irene* (it.)	Turin 1893
1897	A. Franchetti	F. Fontana	*Asrael*	Reggio 1888
	R. Leoncavallo	Komp.	*Pagliacci*	Mailand 1892
	G. Puccini	G. Giacosa/ L. Illica	*La Bohème*	Turin 1896
1898	U. Giordano	L. Illica	*Andrea Chénier*	Mailand 1896
	A. Machado	R. Leoncavallo	*Mario Wetter* (it.)	UA
	C. Saint-Saëns	F. Lemaire	*Samson et Dalila* (it.)	Weimar 1877
1899	A. Keil	L. de Mendonça/ C. Fereal (Castelo Branco)	*A Serrana* (it.)	UA
	J. Massenet	Blau/Milliet/ Hartmann	*Werther* (it.)	Wien 1892
	J. Massenet	H. Cain/Bernède	*Sapho* (it.)	Paris OC 1897
1900	F. Caballero	M. Echegaray	*El duo de l'Africana* (sp.)	Madrid 1893
	U. Giordano	A. Colautti	*Fedora*	Mailand 1898
	R. Leoncavallo	Komp.	*La Bohème*	Venedig 1897
1901	P. Mascagni	L. Illica	*Iris*	Rom 1898
	G. Puccini	G. Giacosa/ L. Illica	*Tosca*	Rom 1900
	L. Perosi		*La Resurrezione di Lazzaro* (O)	1898
1902	L. Mancinelli	A. Boito	*Ero e Leandro*	Norwich 1896 (konz.); Madrid 1897 (szen.)
	G. Rossini		*Stabat Mater* (KM)	
	R. Wagner	Komp.	*Die Meistersinger von Nürnberg* (it.)	München 1868
1903	H. Berlioz	Komp./ Gondonniere	*La Damnation de Faust* (O) (it.)	
	F. Cilea	A. Colautti	*Adriana Lecouvreur*	Mailand 1902
	A. Franchetti	L. Illica	*Germania*	Mailand 1902
1904	U. Giordano	L. Illica	*Siberia*	Mailand 1903
	J. Massenet	L. Gallet	*Thaïs* (it.)	Paris GO 1894
	A. Rubinstein	P. Wiskawatow	*Demon* (it.)	Petersburg 1875
1905	G. Dupont	H. Cain	*La Cabrera*	Mailand 1904
	L Filiasi	V. Bianchi/ A. Anile	*Manuel Menendez*	Mailand 1904
	J. Massenet	P. Silvestre/ E. Morand	*Griséldis* (it.)	Paris OC 1901
1906	H. Berlioz	Komp./ Gondonniere	*La Damnation de Faust* (szen.) (it.)	Paris OC 1846
	L. Mancinelli		*Santa Agnese* (Kt)	Norwich 1905

Jahr	Musik	Text	Werk	Herkunft
1906	P. Mascagni	N. Daspuro	*L'amico Fritz*	Rom 1891
	J. Massenet	M. Léna	*Le Jongleur de Notre Dame* (it.)	Monte Carlo 1902
	L. Perosi		*Il Mosè* (O)	1901
	L. Perosi		*La Resurrezione di Cristo* (O)	1898
1907	J. Arroio	F. Braga (C. Castelo Branco)	*Amore e Perdizione*	UA
	G. Charpentier	Komp.	*Louise*	Paris OC 1900
1908	R. Leoncavallo	Komp.	*Zaza*	Mailand 1900
	X. Leroux	J. Richepin	*Le Chemineau*	Paris OC 1907
	L. Mancinelli	A. Colauti	*Paolo e Francesca*	Bologna 1907
	G. Puccini	G. Giacosa/ L. Illica	*Madame Butterfly*	Mailand 1904
	R. Wagner	Komp.	*Tristan und Isolde* (it.)	München 1865
1909	A. Catalani	L. Illica	*La Wally*	Mailand 1892
	F. Fourdrain	H. Cain/Bernède	*La Légende du Point d'Argentan*	Paris OC 1906
	X. Leroux	C. Mendes	*La Reine Fiamette*	Paris OC 1903
	A. Machado	E. Golisciani	*La Borghesina*	UA
	J. Massenet	J. Claretie/ H. Cain	*La Navarraise*	London CG 1894
	J. Massenet	J. Claretie	*Thérèse*	Monte Carlo 1907
	A. Messager	G. A. Caillavet	*Fortunio*	Paris OC 1907
	R. Strauss	Wilde/ dt. H. Lachmann	*Salome* (it.)	Dresden 1905
	R. Wagner	Komp.	*Der Ring des Nibelungen* (Gesamtaufführung)	Bayreuth 1876
			Das Rheingold	München 1869
			Die Walküre	München 1870
			Siegfried	Bayreuth 1876
			Götterdämmerung	Bayreuth 1876
1910	E. Humperdinck	A. Wette	*Hänsel und Gretel* (it.)	Weimar 1893
	F. Lehár	Léon/Stein	*Die lustige Witwe* (it.; WA 1985: pt.)	Wien 1905
	J. Massenet	L. Gallet	*Marie-Magdeleine*	Paris 1873 konz; Nizza 1893 szen.
	J. Offenbach	J. Barbier/ M. Carré	*Les Contes d'Hoffmann*	Paris OC 1881
1913	R. Coelho	T. Braga	*O Serão da Infanta*	UA
1920	R. Coelho	A. Lopes Vieira	*Crisfal*	UA
	I. Montemezzi	S. Benelli	*L'Amore dei tre Re*	Mailand 1913
1921	R. Coelho	Komp.	*Auto do Berço*	UA
	R. Coelho	J. Dantas	*Rosas de todo o ano*	UA
	R. Wagner	Komp.	*Parsifal* (it.)	Bayreuth 1882
	E. Wolf-Ferrari	E. Golisciani	*Il Segreto di Susanna*	München 1909
1923	M. Mussorgski	Komp.	*Boris Godunow* (it.)	Petersburg 1874
1924	R. Strauss	H. v. Hofmannsthal	*Der Rosenkavalier* (it.)	Dresden 1911
	E. Wolf-Ferrari	L. Sugana	*Le Donne Curiose*	München 1903

*   Das Libretto wird im São-Carlos-Archiv aufbewahrt.
** Gastspiel eines französischen Ensembles.

IV: Struktur der Spielzeiten des São Carlos von 1882 bis 1924

1882/1883	A	%	1883/1884	A	%	1884/1885	A	%
Repertoire								
Aida	22	16,29	Laurianne (EA)	12	10,61	Carmen (EA)	13	11,60
Faust	18	13,33	Huguenots	11	9,73	Roi de Lahore	12	10,71
Capuletti	16	11,85	Aida	10	8,84	Guillaume Tell	11	9,82
Juive	16	11,85	Mefistofele	10	8,84	Trovatore	11	9,82
Favorite	14	10,37	Africaine	9	7,96	Derelitta (UA)	8	7,14
Lohengrin	10	7,40	Robert le Diable	7	6,19	Aida	6	5,35
Rigoletto	8	5,92	Faust	6	5,30	Dinorah	6	5,35
Africaine	7	5,18	Hamlet	6	5,30	Martha	6	5,35
Lucia di Lamm.	5		Mignon	6	5,30	Don Carlos	5	
Nabucco	4		Roi de Lahore	6	5,30	Faust	5	
Huguenots	4		Prophète	5		Africaine	4	
Macbeth	3		Lucrezia Borgia	5		Huguenots	4	
Trovatore	3		Barbiere di Siviglia	4		Favorite	4	
Puritani	3		Dinorah	4		Traviata	3	
Ernani	2		Fra Diavolo	4		Barbiere di Siviglia	3	
			Favorite	3		Hamlet	3	
			Lucia di Lamm.	2		Rigoletto	2	
			Trovatore	1		Lucia di Lamm.	2	
			Rigoletto	1		Laurianne	2	
			Un ballo in masch.	1		Sonnambula	1	
						Linda di Cham.	1	
Meistgespielte Komponisten								
Verdi	42	31,11	Meyerbeer	36	31,58	Verdi	27	24,10
Bellini	19	14,07	Verdi	13	11,50	Meyerbeer	14	12,50
Donizetti	19	14,07	Thomas	12	10,61	Rossini	14	12,50
Gounod	18	13,33	Machado	12	10,61	Bizet	13	11,60
Halévy	16	11,85	Donizetti	10	8,84	Massenet	12	10,71
Meyerbeer	11	8,14	Boito	10	8,84	Arneiro	8	7,14
Wagner	10	7,40	Gounod	6	5,30	Donizetti	7	6,25
			Massenet	6	5,30	Flotow	6	5,35
Nationale Herkunft des Repertoires								
Italienisch	80	59,25	Französisch	64	56,63	Italienisch	49	43,75
Französisch	10	33,33	Italienisch	37	32,74	Französisch	47	41,96
Deutsch	10	7,40	Portugiesisch	12	10,61	Portugiesisch	10	8,92
						Deutsch	6	5,35
(135 A)			(113 A)			(112 A)		

1885/1886	A	%	1886/1887	A	%	1887/1888	A	%
			Repertoire					
Carmen	18	16,21	Carmen	15	16,66	Lucia di Lamm.	11	11,11
Mefistofele	11	9,90	Gioconda	13	14,44	Sonnambula	10	10,10
Gioconda (EA)	9	8,10	P. de Perles (EA)	11	12,22	Dona Branca (EA)	9	9,09
Rigoletto	8	7,20	Aida	7	7,77	Un ballo in masch.	8	8,08
Barbiere di Siviglia	8	7,20	Luisa Miller	7	7,77	Crispino	8	8,08
Semiramis	8	7,20	Africaine	7	7,77	Rigoletto	6	6,06
Guillaume Tell	7	6,30	I Doria (EA)	7	7,77	Lucrezia Borgia	6	6,06
Lucrezia Borgia	6	5,40	Faust	6	6,66	Aida	5	5,05
Huguenots	5		Martha	3	6,66	Gioconda	5	5,05
Hamlet	5		Norma	3	6,66	Roméo et Jul. (EA)	5	5,05
Don Giovanni	4		Roi de Lahore	3	6,66	Juive	5	5,05
Lucia di Lamm.	4		Boccanegra	2		Huguenots	4	
Faust	4		Mefistofele	2		Traviata	3	
Aida	3		Dinorah	2		Linda di Cham.	3	
Traviata	2		Traviata	1		Dinorah	3	
Linda di Cham.	2		Favorite	1		Faust	3	
Hérodiade (EA)	2					Trovatore	2	
R. Lahore	1					Ruy Blas	1	
Trovatore	1					Barbiere di Siviglia	1	
Elisire d'amore	1					Puritani	1	
Favorite	1							
Matilde di Shabran	1							
			Meistgespielte Komponisten					
Rossini	24	21,62	Bizet	26	25,88	Verdi	24	24,24
Bizet	18	16,21	Verdi	17	18,88	Donizetti	20	20,20
Verdi	14	12,61	Ponchielli	13	14,44	Bellini	11	11,11
Donizetti	14	12,61	Meyerbeer	9	10,00	Keil	9	9,09
Boito	11	9,90	Machado	7	7,77	Gounod	8	8,08
Ponchielli	9	8,10	Gounod	6	6,66	Ricci	8	8,08
						Meyerbeer	7	7,07
						Ponchielli	5	5,05
						Halévy	5	5,05
			Nationale Herkunft des Repertoires					
Italienisch	72	64,86	Französisch	44	48,88	Italienisch	70	70,70
Französisch	35	31,53	Italienisch	36	40,00	Französisch	20	20,20
Deutsch	4	3,60	Portugiesisch	7	7,77	Portugiesisch	9	9,09
			Deutsch	3	3,33			
(111 A)			(90 A)			(99 A)		

1888/1889			1889/1890			1890/1891		
	A	%		A	%		A	%
			Repertoire					
D. Branca	11	10,28	*Otello*	11	11,22	*Aida*	13	13,26
Gioconda	10	9,34	*Mefistofele*	10	10,20	*Otello*	8	8,16
Lakmé (EA)	10	9,34	*Gioconda*	10	10,20	*Lucrezia Borgia*	8	8,16
Faust	9	8,41	*Robert le Diable*	9	9,18	*Favorite*	8	8,16
Prophète	9	8,41	*Prophète*	7	7,14	*Gioconda*	7	7,14
Otello (EA)	7	6,54	*Rigoletto*	6	6,12	*Norma*	7	7,14
Ruy Blas	7	6,54	*Aida*	6	6,12	*Carmen*	6	6,12
Barbiere di Siviglia	6	5,60	*Carmen*	5	5,10	*Crispino*	5	5,10
Aida	5		*Lohengrin*	5	5,10	*Faust*	5	5,10
Capuletti	5		*Barbiere di Siviglia*	4		*Roi de Lahore*	5	5,10
Mignon	5		*Africaine*	4		*Africaine*	5	5,10
Hamlet	4		*Etoile du Nord* (EA)	4		*Pêcheurs de Perles*	3	
Ernani	4		*Lakmé*	3		*Poliuto*	3	
Trovatore	2		*Roi de Lahore*	3		*Mefistofele*	3	
Sonnambula	2		*Mignon*	3		*Ruy Blas*	3	
Crispino	2		*Dinorah*	2		*Mala Pasqua* (EA)	3	
Fra Diavolo	2		*Hamlet*	2		*Rigoletto*	2	
Carmen	2		*Favorite*	2		*Fra L. di Sousa* (UA)	2	
Puritani	1		*Trovatore*	1		*Linda di Cham.*	1	
Maria di Rohan	1		*Faust*	1		*Huguenots*	1	
Lucia di Lamm.	1							
Dinorah	1							
Pêcheurs de Perles	1							
			Meistgespielte Komponisten					
Verdi	18	16,82	Meyerbeer	26	26,53	Verdi	23	23,46
Keil	11	10,28	Verdi	24	24,48	Donizetti	20	20,40
Meyerbeer	10	9,34	Boito	10	10,20	Bizet	9	9,18
Delibes	10	9,34	Ponchielli	10	10,20	Bellini	7	7,14
Gounod	9	8,41	Bizet	5	5,10	Ponchielli	7	7,14
Thomas	9	8,41	Wagner	5	5,10	Meyerbeer	6	6,12
Bellini	8	7,47	Thomas	5	5,10	Ricci	5	5,10
Marchetti	7	6,54				Gounod	5	5,10
Rossini	6	5,60				Massenet	5	5,10
			Nationale Herkunft des Repertoires					
Italienisch	53	49,53	Italienisch	50	51,02	Italienisch	71	72,44
Französisch	43	49,18	Französisch	43	43,87	Französisch	25	25,51
Portugiesisch	11	10,28	Deutsch	5	5,10	Portugiesisch	2	2,04
(107 A)			(98 A)			(98 A)		

1891/1892		1892/1893		1893/1894	
A	**%**	**A**	**%**	**A**	**%**
		Repertoire			
Huguenots 9	14.75	*Tannhäuser* (EA) 6	11,53	*Otello* 9	15,78
Cav. Rusticana (EA) 9	14,75	*Orfeo* (WA) 5	9,61	*Lohengrin* 8	14,03
Otello 6	9,83	*Barbiere di Siviglia* 5	9,61	*Falstaff* (EA) 5	8,77
Favorite 6	9,83	*Lucia di Lamm.* 5	9,61	*Man. Lescaut* (EA) 5	8,77
Carmen 6	9,83	*Carmen* 5	9,61	*Juive* 5	8,77
Aida 5	8,19	*Sonnambula* 4	7,69	*Tannhäuser* 4	7,01
Traviata 4	6,55	*Lohengrin* 3	5,76	*Freischütz* (EA) 4	7,01
Africaine 4	6,55	*Crispino* 3		*Orfeo* 3	5,26
Faust 3		*Huguenots* 3		*Faust* 3	5,26
Linda di Cham. 3		*Gioconda* 2		*Huguenots* 3	5,26
Rigoletto 2		*Norma* 2		*Hamlet* 3	5,26
Mignon 2		*Puritani* 2		*Rigoletto* 2	
Ernani 1		*Fl. Holländer* (EA) 2		*Aida* 1	
Mefistofele 1		*Africaine* 2		*Favorite* 1	
		Juive 2		*Guillaume Tell* 1	
		Favorite 1			
		Meistgespielte Komponisten			
Verdi 18	29,50	Wagner 11	21,15	Verdi 17	29,82
Meyerbeer 13	21,31	Bellini 8	15,38	Wagner 12	21,05
Donizetti 9	14,75	Donizetti 6	11,53	Puccini 5	8,77
Mascagni 9	14,75	Gluck 5	9,61	Halévy 5	8,77
Bizet 6	9,83	Rossini 5	9,61	Weber 4	7,01
		Meyerbeer 5	9,61	Gluck 3	5,26
		Bizet 5	9,61	Meyerbeer 3	5,26
		Ricci 3	5,76	Thomas 3	5,26
				Gounod 3	5,26
		Nationale Herkunft des Repertoires			
Italienisch 37	60,65	Italienisch 24	46,15	Italienisch 24	42,10
Französisch 24	39,34	Deutsch 16	30,76	Deutsch 19	33,33
		Französisch 12	23,07	Französisch 14	24,56
(61 A)		(52 A)		(57 A)	

1894/1895			1895/1896			1896/1897		
	A	%		A	%		A	%
Repertoire								
Gioconda	7	11,29	*Irene* (EA)	10	17,54	*Pagliacci* (EA)	14	19,44
Mefistofele	5	8,06	*Aida*	5	8,77	*Bohème* (EA)	13	18,05
Aida	5	8,06	*Rigoletto*	5	8,77	*Cav. Rusticana*	9	12,50
Lucrezia Borgia	5	8,06	*Gioconda*	5	8,77	*Mefistofele*	7	9,72
Manon (EA)	5	8,06	*Africaine*	5	8,77	*Carmen*	7	9,72
Barbiere di Siviglia	4	6,45	*Juive*	4	7,01	*Aida*	5	6,94
Hamlet	4	6,45	*Manon*	4	7,01	*Gioconda*	5	6,94
Lohengrin	4	6,45	*Cav. Rusticana*	3	5,26	*Asrael* (EA)	3	
Cerenentola	3		*Lohengrin*	3	5,26	*Faust*	3	
Elisire d'amore	3		*Huguenots*	2		*Rigoletto*	2	
Lucia di Lamm.	3		*Trovatore*	2		*Manon*	2	
Cav. Rusticana	3		*Lucrezia Borgia*	2		*Favorite*	1	
Traviata	2		*Lucia di Lamm.*	2		*Lohengrin*	1	
Orfeo	2		*Mefistofele*	2				
Rigoletto	1		*Barbiere di Siviglia*	2				
Italiana in Alger	1		*Traviata*	1				
Crispino	1							
Capuletti	1							
Sonnambula	1							
Faust	1							
Africaine	1							
Meistgespielte Komponisten								
Donizetti	11	17,74	Verdi	13	22,80	Leoncavallo	14	19,44
Rossini	8	12,90	Keil	10	17,54	Puccini	13	18,05
Verdi	8	12,90	Meyerbeer	7	12,28	Mascagni	9	12,50
Ponchielli	7	11,29	Ponchielli	5	8,77	Verdi	7	9,72
Boito	5	8,06	Donizetti	4	7,01	Boito	7	9,72
Massenet	5	8,06	Halévy	4	7,01	Bizet	7	9,72
Wagner	4	6,45	Massenet	4	7,01	Ponchielli	5	6,94
Thomas	4	6,45	Mascagni	3	5,26			
			Wagner	3	5,26			
Nationale Herkunft des Repertoires								
Italienisch	45	72,50	Italienisch	29	50,87	Italienisch	59	81,94
Französisch	11	17,74	Französisch	15	26,13	Französisch	12	16,66
Deutsch	6	9,67	Portugiesisch	10	17,54	Deutsch	1	1,38
			Deutsch	3	5,26			
(62 A)			(57 A)			(72 A)		

1897/1898		1898/1899		1899/1900	
A	**%**	**A**	**%**	**A**	**%**
Repertoire					

Repertoire

1897/1898	A	%	1898/1899	A	%	1899/1900	A	%
André Chénier (EA)	8	11,94	Bohème	13	16,66	Bohème (G. P.)	8	10,25
Carmen	6	8,95	Huguenots	7	8,97	Fedora (EA)	8	10,25
Samson et D. (EA)	6	8,95	Werther (EA)	6	7,69	Pagliacci	6	7,69
Huguenots	6	8,95	Serrana (UA)	6	7,69	Werther	6	7,69
Lohengrin	6	8,95	Pagliacci	5	6,41	Serrana	5	6,41
Bohème	5	7,46	Sapho (EA)	5	6,41	Rigoletto	5	6,41
Aida	5	7,46	Manon Lescaut	4	5,12	Sapho	5	6,41
Pagliacci	5	7,46	Ernani	4	5,12	Falstaff	4	5,12
Otello	4	5,97	André Chénier	4	5,12	Bohème (R. L.) (EA)	4	5,12
Cav. Rusticana	4	5,97	Faust	4	5,12	Puritani	4	5,12
Crispino	3		Lohengrin	3		Barbiere di Siviglia	4	5,12
Faust	3		Cav. Rusticana	3		Lohengrin	4	5,12
Mario Wetter (EA)	3		Forza del destino	2		Favorite	4	5,12
Trovatore	2		Rigoletto	2		Manon Lescaut	3	
Rigoletto	1		Mefistofele	2		Orfeo	3	
			Barbiere di Siviglia	2		Manon	2	
			Africaine	2		Traviata	1	
			Carmen	2		André Chénier	1	
			Tannhäuser	2		Duo de l'Africana	1	

Meistgespielte Komponisten

1897/1898	A	%	1898/1899	A	%	1899/1900	A	%
Verdi	12	17,91	Puccini	17	21,79	Massenet	13	16,66
Giordano	8	11,94	Massenet	11	14,10	Puccini	11	14,10
Bizet	6	8,95	Meyerbeer	9	11,53	Verdi	10	12,82
Saint-Saëns	6	8,95	Verdi	8	10,25	Leoncavallo	10	12,82
Meyerbeer	6	8,95	Keil	6	7,69	Giordano	9	11,53
Wagner	6	8,95	Leoncavallo	5	6,41	Keil	5	6,41
Puccini	5	7,46	Wagner	5	6,41	Donizetti	4	5,12
Leoncavallo	5	7,46	Giordano	4	5,12	Bellini	4	5,12
Mascagni	4	5,97	Gounod	4	5,12	Rossini	4	5,12
						Wagner	4	5,12

Nationale Herkunft des Repertoires

1897/1898	A	%	1898/1899	A	%	1899/1900	A	%
Italienisch	37	55,22	Italienisch	41	52,56	Italienisch	52	66,66
Französisch	21	13,34	Französisch	26	33,33	Französisch	13	16,66
Deutsch	6	8,95	Portugiesisch	6	7,69	Deutsch	7	8,97
Portugiesisch	3	4,41	Deutsch	5	6,41	Portugiesisch	5	6,41
						Spanisch	1	1,28
(67 A)			(78 A)			(78 A)		

1900/1901	A	%	1901/1902	A	%	1902/1903	A	%
Repertoire								
Tosca (EA)	8	9,75	*Bohème*	12	14,63	*Samson et Dalila*	9	10,00
Gioconda	6	7,31	*Fedora*	10	12,19	*Tosca*	8	8,88
Fedora	6	7,31	*Tosca*	7	8,53	*Prohète*	7	7,77
Carmen	6	7,31	*Meistersinger* (EA)	6	7,31	*Juive*	6	6,66
Aida	5	6,09	*Lohengrin*	5	6,09	*Bohème*	6	6,66
Trovatore	5	6,09	*Ero e Leandro* (EA)	5	6,09	*Fedora*	6	6,66
Norma	5	6,09	*Puritani*	4		*Germania* (EA)	6	6,66
Tannhäuser	5	6,09	*Cav. Rusticana*	4		*Otello*	5	
Iris (EA)	4		*André Chénier*	4		*Aida*	5	
Africaine	4		*Sapho*	4		*Adriana Lec.* (EA)	5	
Huguenots	3		*Barbiere di Siviglia*	3		*Gioconda*	4	
Robert le Diable	3		*Mefistofele*	3		*Tannhäuser*	3	
Bohème	3		*Don Giovanni*	3		*André Chénier*	3	
Requiem (Verdi)	3		*Werther*	3		*Rigoletto*	3	
Otello	2		*Requiem* (Verdi)	2		*Faust*	2	
Pagliacci	2		*Elisire d'amore*	2		*Trovatore*	2	
Resurr. Lazz. (EA)	2		*Fille du Régiment*	1		*Traviata*	2	
Un ballo in masch.	1		*Lucia di Lamm.*	1		*Lucrezia Borgia*	2	
Traviata	1		*Pagliacci*	1		*Barbiere di Siviglia*	2	
Favorite	1		*Stabat Mater* (G. R.)	1		*Lucia di Lamm.*	1	
Fille du Régiment	1		*Sonnambula*	1		*Pagliacci*	1	
Cav. Rusticana	1					*Africaine*	1	
Duo de l'Africana	1					*D. de Faust* (k. EA)	1	
Meistgespielte Komponisten								
Verdi	17	20,73	Puccini	19	23,17	Verdi	17	18,88
Puccini	11	14,41	Giordano	14	17,07	Puccini	14	15,55
Meyerbeer	10	12,19	Wagner	11	13,41	Giordano	9	10,00
Ponchielli	6	7,31	Massenet	7	8,53	Saint-Saëns	9	10,00
Giordano	6	7,31	Bellini	5	6,09	Meyerbeer	8	8,88
Bizet	6	7,31	Mancinelli	5	6,09	Franchetti	6	6,66
Bellini	5	6,09				Halévy	6	6,66
Mascagni	5	6,09				Cilea	5	5,55
Wagner	5	6,09						
Nationale Herkunft des Repertoires								
Italienisch	56	68,29	Italienisch	61	74,39	Italienisch	61	67,77
Französisch	20	24,39	Deutsch	14	17,07	Französisch	26	28,88
Deutsch	5	6,09	Französisch	7	8,53	Deutsch	3	3,33
Spanisch	1	1,21						
(82 A)			(82 A)			(90 A)		

1903/1904			1904/1905			1905/1906		
	A	%		A	%		A	%
			Repertoire					
Favorite	6	7,14	*Lohengrin*	10	11,49	*Damn. de Faust* (EA)	15	15,78
Fedora	6	7,14	*Tosca*	8	9,19	*Aida*	9	9,47
Ernani	5	5,95	*Aida*	6	6,89	*Adriana Lecouvreur*	8	8,42
Macbeth	5	5,95	*Manon Lescaut*	6	6,89	*Tannhäuser*	7	7,36
Mignon	5	5,95	*Thaïs* (EA)	5	5,74	*Lohengrin*	6	6,31
Vêpres Siciliennes	4		*Otello*	4		*Tosca*	5	5,26
Puritani	4		*Vêpres Siciliennes*	4		*Gioconda*	5	5,26
Africaine	4		*Don Carlos*	4		*Mignon*	5	5,26
Samson et Dalila	4		*Pagliacci*	4		*Rigoletto*	4	
Demonio (EA)	4		*Griselidis* (EA)	4		*Manon Lescaut*	4	
Lombardi	3		*Roi de Lahore*	4		*Amico Fritz* (EA)	4	
Trovatore	3		*Tannhäuser*	3		*Juive*	3	
Un ballo in masch.	3		*Guillaume Tell*	3		*Jongleur de N. D.* (EA)	3	
Norma	3		*Gioconda*	3		*Meistersinger*	3	
Siberia (EA)	3		*Mefistofele*	3		*Il Mosè* (EA)	3	
Semiramis	3		*Werther*	3		*Fedora*	3	
Carmen	3		*Manon*	3		*Santa Agnese* (EA)	2	
Faust	3		*Macbeth*	2		*Pagliacci*	2	
Juive	3		*Cav. Rusticana*	2		*Carmen*	2	
Nabucco	2		*Bohème*	1		*Africaine*	2	
Bohème	2		*Fedora*	1		*Resur. Cristo* (EA)	1	
P. Perles	2		*Giuramento*	1				
Freischütz	2		*M. Menendez* (EA)	1				
Don Pasquale	1		*Faust*	1				
Madame Angot	1		*La Cabrera* (EA)	1				
			Meistgespielte Komponisten					
Verdi	25	29,76	Verdi	20	22,98	Wagner	16	16,84
Giordano	9	10,71	Massenet	19	21,83	Berlioz	15	15,78
Bellini	7	8,33	Puccini	15	17,24	Verdi	13	13,68
Donizetti	7	8,33	Wagner	13	14,94	Puccini	9	9,47
Bizet	5	5,95				Cilea	8	8,42
						Ponchielli	5	5,26
						Thomas	5	5,26
			Nationale Herkunft des Repertoires					
Italienisch	53	63,09	Italienisch	53	60,91	Italienisch	49	51,57
Französisch	25	29,76	Französisch	51	24,13	Französisch	30	31,57
Deutsch	6	7,14	Deutsch	13	14,94	Deutsch	16	16,84
(84 A)			(87 A)			(95 A)		

1906/1907	A	%	1907/1908	A	%	1908/1909	A	%
Repertoire								
Hamlet	12	14,28	Samson et Dalila	11	13,75	Barbiere di Siviglia	9	9,37
Damnation de Faust	9	10,71	Tristan u. I. (EA)	7	8,75	Butterfly	8	8,33
Prophète	7	8,33	Damnation de Faust	7	8,75	Salome (EA)	7	7,29
Amore e Perdizione	7	8,33	Butterfly (EA)	7	8,75	Amore e Perdizione	7	8,29
Rigoletto	6	7,14	Amore e Perdizione	6	7,50	Aida	7	7,29
Iris	6	7,14	Aida	5	6,25	Samson	6	6,25
Mefistofele	6	7,14	Zaza	5	6,25	Trovatore	4	
Otello	5	5,95	Adriana Lecouvreur	5	6,25	Rigoletto	4	
Louise (EA)	5	5,95	Linda di Cham.	5	6,25	Un ballo in masch.	4	
Demonio	5	5,95	Bohème	4	5,00	Mefistofele	4	
Un ballo in masch.	4		Paolo e Franc. (EA)	4	5,00	Chemineau (EA)	4	
Roméo et Juliette	4		Orfeo	4	5,00	Juive	4	
Fedora	3		Hamlet	4	5,00	Manon	4	
Huguenots	3		Fedora	3		Borghesina	3	
Tosca	1		Traviata	1		Lakmé	3	
Duo de l'Africana	1		Ernani	1		Mignon	3	
			Lohengrin	1		Werther	3	
						Walküre (EA)	3	
						Siegfried (EA)	3	
						Rheingold (EA)	2	
						Götterdämm. (EA)	2	
						Lucia di Lamm.	2	
Meistgespielte Komponisten								
Verdi	15	17,85	Saint-Saëns	11	13,75	Verdi	19	19,79
Thomas	12	14,28	Puccini	11	13,75	Wagner	10	10,41
Meyerbeer	10	11,90	Wagner	8	10,00	Rossini	9	9,37
Berlioz	9	10,71	Verdi	7	8,75	Puccini	8	8,33
João Arroyo	7	8,33	Berlioz	7	8,75	R. Strauss	7	7,29
Mascagni	6	7,14	João Arroyo	6	7,50	João Arroyo	7	7,29
Boito	6	7,14	Leoncavallo	5	6,25	Saint-Saëns	6	6,25
Charpentier	5	5,95	Cilea	5	6,25			
Rubinstein	5	5,95	Donizetti	5	6,25			
			Gluck	4	5,00			
			Mancinelli	4	5,00			
			Thomas	4	5,00			
Nationale Herkunft des Repertoires								
Französisch	40	47,61	Italienisch	40	50,00	Italienisch	43	44,32
Italienisch	31	36,90	Französisch	22	27,50	Französisch	27	27,83
Portugiesisch	7	8,33	Deutsch	12	15,00	Deutsch	17	17,52
Deutsch	5	5,95	Portugiesisch	6	7,50	Portugiesisch	10	10,30
Spanisch	1	1,19						
(84 A)			(80 A)			(96 A)		

1909/1910			1910/1911			1911/1912		
	A	%		A	%		A	%
			Repertoire					
Aida	9	8,57	Carmen	5		Manon	8	13,11
Gioconda	8	7,61	C. d. Hoffm. (EA)	4		Butterfly	7	11,47
Manon	7	6,66	Werther	4		Gioconda	7	11,47
La Wally (EA)	7	6,66	Manon	3		Mefistofele	7	11,47
Hänsel u. Gr. (EA)	7	6,66	Faust	3		Aida	6	9,83
Chemineau	6	5,71	Marie Madel. (EA)	2		Carmen	6	9,83
Damnation de Faust	5					Favorite	5	8,19
Navarraise (EA)	5					Tosca	4	6,55
Reine Fiamette (EA)	5					Huguenots	4	
Fortunio (EA)	5					Tristan und Isolde	3	
Carmen	5					Rigoletto	2	
Faust	5					Bohème	2	
Samson	5							
Traviata	4							
Lustige Witwe (EA)	4							
Rigoletto	3							
Cav. Rusticana	3							
Thérèse (EA)	3							
Point d'Argentan (EA)	3							
Otello	2							
Pagliacci	2							
Africaine	2							
			Meistgespielte Komponisten					
Verdi	18	17,14	Massenet	9		Puccini	13	21,31
Massenet	15	14,28	Bizet	5		Verdi	8	13,11
Leroux	11	10,47	Offenbach	4		Massenet	8	13,11
Ponchielli	8	7,61	Gounod	3		Ponchielli	7	11,47
Humperdinck	7	6,66				Boito	7	11,47
Catalani	7	6,66				Bizet	6	9,83
						Donizetti	5	8,19
						Meyerbeer	4	6,55
			Nationale Herkunft des Repertoires					
Französisch	56	53,33	Französisch	21	100	Italienisch	40	65,57
Italienisch	38	36,19				Französisch	18	29,50
Deutsch	11	10,47				Deutsch	3	4,91
(105 A)			(21 A)			(61 A)		

Casali-Spielzeiten im São Carlos (1919–1924)

1919/1920	A	%	1920/1921	A	%	1921/1922	A	
Repertoire								
Manon	5	11,36	Parsifal (EA)	9	18,00	Parsifal	6	13,04
Madame Butterfly	4	9,09	Lohengrin	5	10,00	Bohème	6	13,04
Carmen	4	9,09	Gioconda	5	10,00	Aida	6	13,04
Otello	3	6,81	Segr. Susana (EA)	4	8,00	Tristan und Isolde	4	8,69
Aida	3	6,81	Thäis	4	8,00	Lohengrin	4	8,69
Rigoletto	3	6,81	Manon	4	8,00	Madame Butterfly	4	8,69
Bohème	3	6,81	Barbiere di Siviglia	3	6,00	Thäis	4	8,69
Mefistofele	3	6,81	Norma	3	6,00	Tosca	3	6,52
Am. di tre Re (EA)	3	6,81	Pagliacci	3	6,00	Carmen	3	6,52
Thäis	3	6,81	Faust	3	6,00	Faust	3	6,52
Tristan und Isolde	3	6,81	Samson et Dalila	3	6,00	Huguenots	3	6,52
Crisfal (EA)	2		Lucia di Lamm.	2				
Pagliacci	2		Traviata	1				
Puritani	2		Auto do Berço (UA)	1				
Traviata	1							
Meistgespielte Komponisten								
Verdi	10	22,72	Wagner	14	28,00	Wagner	14	30,43
Massenet	8	18,18	Massenet	8	16,00	Puccini	13	28,26
Puccini	7	15,90	Ponchielli	5	10,00	Verdi	6	13,04
Bizet	4	9,09	Wolf-Ferrari	4	8,00	Massenet	4	8,69
Boito	3	6,81	Rossini	3	6,00	Bizet	3	6,52
Montemezzi	3	6,81	Bellini	3	6,00	Gounod	3	6,52
Wagner	3	6,81	Leoncavallo	3	6,00	Meyerbeer	3	6,52
			Gounod	3	6,00			
			Saint-Saëns	3	6,00			
Nationale Herkunft des Repertoires								
Italienisch	27	61,36	Italienisch	21	42,00	Italienisch	19	41,30
Französisch	12	27,27	Französisch	14	28,00	Deutsch	14	30,43
Deutsch	3	6,81	Deutsch	14	28,00	Französisch	13	28,26
Portugiesisch	2	4,54	Portugiesisch	1	2,00			
(44 A)			(50 A)			(46 A)		

1920/1921: Außerhalb der Spielzeit: *Rosas de todo o ano* von R. Coelho.

1922/1923			1923/1924			1919/1924 (insgesamt)		
	A	%		A	%		A	%
Repertoire								
Bor. Godunow (EA)	8	17,39	*Aida*	5	11,11	*Parsifal*	19	8,22
Walküre	6	13,04	*Mefistofele*	5	11,11	*Aida*	18	7,79
Barbiere di Siviglia	5	10,86	*Madame Butterfly*	4	8,88	*Butterfly*	12	5,19
Carmen	5	10,86	*Guillaume Tell*	4	8,88	*Carmen*	12	5,19
Siegfried	4	8,69	*Parsifal*	4	8,88	*Thäis*	11	4,76
Aida	4	8,69	*Rosenkavalier* (EA)	4	8,88	*Pagliacci*	10	4,32
Sonnambula	3	6,52	*Donne Curiose* (EA)	4	8,88	*Lohengrin*	9	3,89
Hamlet	3	6,52	*Rigoletto*	3	6,66	*Manon*	9	3,89
Serrana	3	6,52	*Tosca*	3	6,66	*Boris Godunow*	8	3,46
Pagliacci	3	6,52	*Lucia di Lamm.*	3		*Barbiere di Siviglia*	8	3,46
Tosca	1		*Trovatore*	2		*Mefistofele*	8	3,46
Segreto di Susana	1		*Pagliacci*	2		*Tristan und Isolde*	7	3,03
			Cav. Rusticana	2		*Tosca*	7	3,03
						Rigoletto	6	2,59
						Walküre	6	2,59
						Faust	6	2,59
Meistgespielte Komponisten								
Wagner	10	21,73	Verdi	10	26,82	Wagner	45	19,48
Mussorgski	8	17,39	Puccini	7	17,07	Verdi	31	13,41
Rossini	5	10,86	Rossini	4	9,75	Puccini	28	12,12
Bizet	5	10,86	Wagner	4	9,75	Massenet	20	8,65
Verdi	4	8,69	R. Strauss	4	9,75	Rossini	12	5,19
Keil	3	6,52	Wolf-Ferrari	4	9,75	Bizet	12	5,19
Bellini	3	6,52						
Thomas	3	6,52						
Leoncavallo	3	6,52						
Nationale Herkunft des Repertoires								
Italienisch	17	36,95	Italienisch	37	80,48	Italienisch	121	52,38
Deutsch	10	21,73	Deutsch	8	19,51	Deutsch	49	21,21
Französisch	8	17,39				Französisch	47	20,34
Russisch	8	17,39				Russisch	8	3,46
Portugiesisch	3	6,52				Portugiesisch	6	2,59
(46 A)			(45 A)			(231 A)		

V: Erst- bzw. Uraufführungen im São Carlos von 1925 bis 1998

Jahr	Musik	Text	Werk	Herkunft
1925	C. Debussy	M. Maeterlinck	*Pelléas et Mélisande*	Paris OC 1902
1927	I. Pizzetti	Komp.	*Fedra*	Mailand 1915
	R. Coelho	Komp. (Ferreira/ Patrício)	*Inês de Castro***	UA
	R. Coelho	Komp.	*A Freira de Beja***	UA
	R. Coelho	Komp. (E. de Castro)	*O Cavaleiro das mãos irresistíveis***	UA
1928	R. Coelho	Komp. (E. de Castro)	*Belkiss***	Lissabon Coliseu 1928
1931	R. Coelho	A. Lopes Vieira	*Fátima* (O)***	UA
	J. S. Bach	Picander	*Matthäuspassion* (pt.)***	Leipzig 1729
1932	C. Monteverdi	A. Striggio	*Orfeo* (pt.)***	Mantua 1607
1933	W. A. Mozart		*Requiem***	Wien 1791 (EA Lissabon 1803)
1940	R. Coelho	Silva Tavares	*D. João IV*	UA
1941	J. S. Bach		*Johannespassion* (pt.)**	Leipzig 1723
1943	Sousa Carvalho	G. Casori	*L'amore industrioso* (pt.)**	Lissabon TRA 1769
	M. de Falla	Komp. (Cervantes)	*El Retablo de Maese Pedro***	Sevilla (konz.) 1923
1944	I. Strawinsky	C. F. Ramuz	*Histoire du Soldat*** (pt.)	Lausanne 1918
1945	João Arroio		*Leonor Teles* (2. Akt)	UA
	M. de Falla	F. C. Shaw	*La vida breve*	Nizza 1913
	W. A. Mozart	L. da Ponte	*Le Nozze di Figaro*	Wien 1786
1947	R. Coelho	G. Santa Rita	*A Rosa de Papel*	UA
	L. Recife	E. Mucci	*Cecilia*	Rom 1934
1948	W. A. Mozart	Weiskern/ Schachtner	*Bastien et Bastienne* (pt.)**	Wien 1768
	J. Offenbach	Laurencin/ Delaporte	*Monsieur et Madame Denis* (pt.)	Paris Bouffes P. 1862
1949	G. Puccini	Adami/Simoni	*Turandot*	Mailand 1926 (EA Lissabon Coliseu 1928)
1950	R. Coelho	Komp. (Gil Vicente)	*Auto da Barca do Inferno*	UA
1951	F. Cilea	L. Marenco	*Arlesiana*	Mailand 1897
	R. Zandonai	T. Ricordi	*Francesca da Rimini*	Turin 1914
1952	L. v. Beethoven	Sonnleithner/ Breuning/ Treitschke	*Fidelio*	Wien 1805/1806/ 1814
	J. Haydn	C. Goldoni	*Lo Speziale*	Esterháza 1768
	R. Coelho	G. Saviotti (Gil Vicente)	*Inês Pereira*	UA

Jahr	Musik	Text	Werk	Herkunft
1952	B. Smetana	Sabina	*Die verkaufte Braut* (dt.)	Prag 1866
1953	J. Massenet	H. Cain	*Don Quichotte*	Monte Carlo 1910
	G. C. Menotti	Komp.	*Amelia al Ballo*	Philadelphia (Engl.) 1937
	W. A. Mozart	G. Stephanie	*Die Entführung aus dem Serail*	Wien 1782
	W. A. Mozart	E. Schikaneder	*Die Zauberflöte*	Wien 1791
	R. Coelho	A. Cortês	*Tá-mar***	Lissabon Coliseu 1938
	O. Respighi	C. Guastalla	*Maria Egiziaca*	New York (konz.) 1932
1954	G. C. Menotti	Komp.	*The Medium*	New York 1946
	C. Orff	Komp. (mittelalterliche Texte)	*Carmina Burana*	Frankfurt a. M. 1937
	R. Strauss	H. v. Hofmannsthal	*Elektra*	Dresden 1909
	E. Wolf-Ferrari	G. Pizzolato	*I quattro rusteghi*	München 1906 (dt.)
1955	Ch. W. Gluck	N. F. Guillard	*Iphigénie en Tauride* (dt.)	Paris GO 1779
	G. Puccini	Civinini/Zangarini	*La Fanciulla del West*	New York 1910
	Sousa Carvalho	G. Martinelli	*Penelope*	Lissabon PA 1782
	R. Strauss	H. v. Hofmannsthal	*Arabella*	Dresden 1933
	R. Zandonai	A. Rossato	*I cavalieri di Ekebù*	Mailand 1925
	G. Puccini	Adami/Forzano	*Trittico*	New York 1918
1956	C. M. Weber	W. Ch. Chézy	*Euryanthe*	Wien 1823
	R. Zandonai	A. Rossato	*Giulietta e Romeo*	Rom 1922
	J. Braga Santos	J. Freitas Branco	*Viver ou morrer***	UA
1957	Ch. W. Cluck	R. Calzabigi	*Alceste*	Wien 1767
	G. C. Menotti	Komp.	*The Consul*	Philadelphia 1950
	M. Mussorgski	M. Mussorgski/Stassow	*Chowanschtschina* (it.; WA 1993 russ.)	Petersburg 1886 (Lissabon EA Coliseu 1930 russ.)
	I. Pizzetti	Komp. (D'Annunzio)	*La Figlia di Jorio*	Neapel 1954
1958	A. Borodin	Komp./Stassow	*Fürst Igor* (it.; WA 1993 russ.)	Petersburg 1890
	W. A. Mozart	L. da Ponte	*Così fan tutte*	Wien 1790
	F. Poulenc	nach G. Bernanos	*Les Dialogues des Carmélites* (it.)	Mailand 1957
	R. Rosselini	Komp.	*La Guerra*	Neapel 1956
1959	A. Berg	Komp. (Büchner)	*Wozzeck*	Berlin 1925
	J. Braga Santos	Komp. (Garrett)	*Mérope*	UA
	I. Pizzetti	A. Castelli	*Assassinio nella cattedrale*	Mailand 1958
	P. Tschaikowski	M. I. Tschaikowski	*Pique Dame* (it.)	Petersburg 1890
1960	F. de Freitas	Pedro Lemos	*A Igreja do mar*	UA
	L. Janáček	Komp. (Preissová)	*Její pastorkyňa* (*Jenufa*) (dt.)	Brünn 1904
	F. Poulenc	J. Cocteau	*La voix humaine*	Paris OC 1959
	R. Coelho	Komp. (Gil Vicente)	*Auto da Alma***	Sintra 1960
	R. Coelho	Ch. Oumont	*O vestido de noiva* (1. Akt)	Lissabon Tivoli 1959

Jahr	Musik	Text	Werk	Herkunft
1960	H. Rabaud	L. Népoty	*Mârouf*	Paris OC 1914
	E. Wolf-Ferrari	Ghisalberti	*Il Campielo*	Mailand 1936
1961	B. Britten	Crozier	*Albert Herring* (dt.)	Glyndebourne 1947
	E. Lalo	E. Blau	*Le Roi d'Ys*	Paris OC 1888
	F. Alfano	C. Hanau	*Ressurrezione*	Turin 1904
	R. Strauss	H. v. Hofmanns-thal	*Ariadne auf Naxos*	Stuttgart 1912/ Wien 1916
1962	V. Mortari	Lodovici	*La scuola delle mogli*	Mailand 1959
	R. Strauss	H. v. Hofmanns-thal	*Die Frau ohne Schatten*	Wien 1919
1963	P. Dukas	M. Maeterlinck	*Ariane et Barbe-Bleu*	Paris OC 1907
	P. Mascagni	L. Illica	*Le Maschere*	Mailand, Rom usw. 1901
1964	A. Honegger	P. Claudel	*Jeanne d'Arc au Bûcher*	Basel 1938
	M. Ravel	Franc-Nohain	*L'Heure Espagnole*	Paris OC 1911
	B. Britten	Komp./Pears	*A Midsummer Night's Dream* (FG)	Aldeburgh 1960
	R. Coelho	Komp.	*Orfeu em Lisboa* (1. Akt)	Porto 1963
	R. Coelho	Komp.	*Orfeu em Lisboa* (2. Akt)	UA
1965	H. Tomasi	G. V. Milosz	*Miguel Mañara*	München 1956
	F. A. Almeida		*La Spinalba* (FG)	Lissabon PR 1739
1966	E. d'Albert	R. Lothar	*Tiefland*	Prag 1903
	G. Fauré	R. Fauchois	*Penelope*	Monte Carlo 1913
	R. Coelho	Komp.	*Orfeu em Lisboa* (3. Akt)**	UA
1967	A. Dvořák	J. Kvapil	*Rusalka*	Prag 1901
	B. Britten	W. Plomer	*Gloriana* (FG)	London CG 1953
1968	H. Berlioz	Komp. (Vergil)	*Les Troyens*	Paris ThL 1863
	D. Milhaud	A. Lunel	*Les Malheurs d'Orphée* (FG)	Brüssel 1926
	H. Purcell	nach Shakespeare	*Fairy Queen* (FG)	London 1692
1969	W. Fortner	E. Beck	*Bluthochzeit*	Köln 1957
	P. Hindemith	M. Schiffer	*Hin und zurück* (FG)	Baden-Baden 1927
	G. F. Händel	A. Marchi	*Alcina* (FG)	London CG 1735
	L. Chailly	D. Buzzati	*Il Mantello* (FG)	Florenz 1960
1970	F. Lopes-Graça	Komp. (G. Vicente)	*D. Duardos e Flérida***	UA
1971	A. Berg	Komp. (Wedekind)	*Lulu* (2. Akte)	Zürich 1937
	L. Dallapiccola	Komp. (Isle-Adam/ Ch. Coster)	*Il Prigioniero*	Florenz 1950
	D. Milhaud	Komp.	*Médée*	Antwerpen 1939
	Ó. da Silva	Júlio Dantas	*D. Mécia*	Lissabon Coliseu 1901
1972	J. Haydn	C. Goldoni	*Il mondo della luna*	Esterháza 1777
	A. Schönberg	M. Pappenheim	*Erwartung*	Prag 1924
	I. Strawinsky	Auden/Kallman	*The Rake's Progress*	Venedig 1951
1973	B. Britten	M. Piper	*The Turn of the Screw*	Venedig 1954
	G. Gershwin	Heyward/ I. Gershwin	*Porgy and Bess*	Boston 1935
1974	W. Walton	nach Tschechow	*The Bear***	Aldeburgh 1967
	C. Monteverdi	Busenello	*L'Incoronazione di Poppea*	Venedig 1642

Jahr	Musik	Text	Werk	Herkunft
1975	H. W. Henze	Auden/Kallman	*Elegy for Young Lovers*	Schwetzingen 1961
	L. Janáček	Komp. (A. N. Ostrowski)	*Kát'a Kabanová* (dt.)*	Brünn 1921
1976	S. Moniuszko	W. Wolski	*Halka**	Vilnius 1847
	K. Penderecki	Komp. (A. Huxley)	*Die Teufel von Loudon** (poln.)	Hamburg 1969 (dt.)
	W. A. Mozart	F. Gebler	*Thamos, König in Ägypten*	Salzburg 1779
	W. A. Mozart	G. Stephanie	*Der Schauspieldirektor*	Wien 1779
1977	G. F. Händel	N. Minato	*Serse* (dt.)*	London KsTh 1738
1978	A. Cassuto	N. Correia	*Em nome da Paz*	UA
1979	B. Britten	Forster/Crozier	*Billy Bud**	London CG 1951
	M. Tippett	Komp.	*The Midsummer Marriage**	London CG 1955
	J. Braga Santos	Komp. (Gil Vicente)	*Trilogia das Barcas*	Lissabon FG 1970
1980	G. F. Händel	J. Gay u. a.	*Acis and Galatea*	London KsTh 1732
1981	A. Berg	Komp. (Wedekind)	*Lulu* (3 Akte: Wiederherst.: F. Cerha)	Paris GO 1979
	J. Strauß	Haffner/Genée	*Die Fledermaus*	Wien 1874
1982	I. Strawinsky	J. Cocteau	*Oedipus Rex*	Paris Th. S. Bernardt 1927
	I. Strawinsky	B. Kochno	*Mavra*	Paris GO 1922
1983	A. Teixeira	A. J. da Silva (›Der Jude‹)	*As variedades de Proteu*	Lissabon TBA 1737
	B. Bartók	B. Balázs	*Herzog Blaubarts Burg* (ung.)	Budapest 1918 (Lissabon EA Coliseu 1965 FG)
	H. Purcell	N. Tate	*Dido and Aeneas*	London 1689
1984	G. Puccini	F. Fontana	*Le Villi*	Mailand 1884
1985	K. Weill	B. Brecht	*Aufstieg und Fall der Stadt Mahagonny* (pt.)	Leipzig 1930
	J. F. Lima	G. Martinelli	*Lo spirito di contradizione*	Lissabon TRS 1772
1986	Maria L. Martins	Komp. (José Régio)	*As três máscaras*	UA
	A. Salieri	G. Casti	*Prima la musica, poi le parole*	Schönbrunn 1786
1987	M. Ravel	Colette	*L'enfant et les sortilèges*	Monte Carlo 1925
	L. de Pablo	A. Vallejo	*Kiù*	Madrid 1983
1988	D. Milhaud	Komp. (Beaumarchais)	*La mère coupable*	Genf 1965
1989	C. Debussy	Komp. (E. A. Poe)	*La Chute de la Maison Usher*	Frankfurt a. M. 1977 (k.); Berlin [W.] DO 1979 (sz.)
1991	S. Prokofjew	Komp. (C. Gozzi)	*L'amour des trois oranges**	Chicago 1921 (fr.)
	A. Corghi	Komp./ J. Saramago	*Blimunda*	Mailand 1990
	G. F. Händel	G. Rossi	*Rinaldo*	London KsTh 1711
	A. Emiliano	Komp. (C. Castelo Branco)	*Amor de Perdição*	UA
1993	P. Tschaikowski	Komp./ K. Schilowski	*Eugen Onegin* (russ.)	Moskau 1879
	N. Rimski-Korsakow	W. Belski	*Der goldene Hahn* (russ.)	Moskau 1909
1994	L. Janáček	Komp. (K. Čapek)	*Věc Makropulos**	Brünn 1926

Jahr	Musik	Text	Werk	Herkunft
1994	L. Bernstein	H. Wheeler	*Candide*	Boston 1956
	A. Delgado	Komp. (Raul Brandão)	*O doido e a morte*	UA (im Foyer)
1995	K. Weill	E. Rice	*Street Scene*	Philadelphia 1946
	W. A. Mozart	G. Varesco	*Idomeneo*	München 1781
	D. Schostakowitsch	Komp./A. Preiss	*Lady Macbeth des Mzensker Bezirks*	Leningrad 1934
	B. Britten	W. Plomer	*Curlew River*	London 1964
1997	I. Strawinsky	A. Gide	*Perséphone*	Paris GO 1934
	I. Strawinsky	Komp. (fr.: C. F. Ramuz)	*Renard*	Paris GO 1922
	I. Strawinsky	Komp./ S. Mitusow (fr.: M. Calvocoressi)	*Le Rossignol*	Paris GO 1914
	J. Haydn	P. Metastasio	*L'isola disabitata*	Eszterháza 1779
	H. Berlioz	Komp. (Vergil)	*Les Troyens (La Prise de Troie)*	Karlsruhe 1890
	G. F. Händel	N. Hamilton	*Samson* (O)	London CG 1743
1998	N. Rimski-Korsakow	Komp./W. Belski	*Sadko**	Moskau 1898
	C. Monteverdi	G. Badoaro	*Il Ritorno d'Ulisse in Patria**	Venedig 1641
	A. Pinho Vargas	M. Gusmão	*Os Dias Levantados*	UA
	H. Berlioz	Komp. (Vergil)	*Les Troyens (Les Troyens à Carthago)*	Paris ThL 1863

*   Gastspiel (Inszenierung eines ausländischen Theaters bzw. Ensembles als Ganzes).
**   Außerhalb der offiziellen Opernspielzeiten.
***   Theater geschlossen (für regelmäßige Opernspielzeiten).

Zeittafel

1143 Anerkennung von Afonso Henriques als König von Portugal unter der direkten Protektion Roms.

1385 Geführt vom Oberbefehlshaber (*Condestável*) Nun'Álvares Pereira schlägt die Armee des portugiesischen Königs João I. die kastilische Armee in Aljubarrota.

1415 Beginn der überseeischen Expansion: Eroberung von Ceuta in Nordafrika.

1496 Vertreibung der Juden und Moslems, die die Taufe abgelehnt hatten.

1498 Die Schiffe von Vasco da Gama erreichen Indien.

1500 Pedro Álvares Cabral entdeckt Brasilien.

1502 Das erste Theaterstück von Gil Vicente – *Auto da Visitação* (bzw. *Monolog des Rinderhirten*) – wird von ihm selbst am Hof aufgeführt.

1540 Beginn der Verfolgungen gegen die Konvertiten; erste Autodafés. Etablierung der Jesuiten in Portugal.

1547 Der Papst genehmigt die Inquisition in Portugal (nach dem spanischen Modell).

1554 Geburt von König Sebastian.

1578 Niederlage und Tod von König Sebastian während einer Militärexpedition in Nordafrika.

1579 Tod des Dichters Luís de Camões.

1580 Kampf um Portugals Thronfolge.

1581 Filipe II. von Spanien wird zum König von Portugal (als Filipe I.) ausgerufen.

1588 Ein Erlaß von Filipe I. erteilt dem Lissaboner Spital das Privileg zur Durchführung von Theateraufführungen.

1640 Restauration der portugiesischen Unabhängigkeit. Beginn der Regierungszeit von João IV.

1683 Der Papst bevollmächtigt die Inquisition in geistigen Angelegenheiten.

1706 Thronbesteigung von João V.

1716 Gründung des von João V. verfügten Patriarchats von Lissabon.

1717 Baubeginn des großen Klosters in Mafra.

1719/1728 Aufenthalt von Domenico Scarlatti in Lissabon als Kapellmeister und Lehrer der Prinzessin Maria Bárbara.

1739 Hinrichtung des Dichters António José da Silva, ›des Juden‹, in einem Autodafé der Inquisition.

1742 Wegen einer ernsten Erkrankung des Monarchen werden sämtliche Theateraufführungen verboten.

1744 Erste Hinrichtung von portugiesischen Freimaurern in einem Autodafé der Inquisition.

1750 Thronbesteigung von José I.

1755 1. November: Ein großes Erdbeben zerstört Lissabon.

1756 Als Ministerpräsident wird Carvalho e Melo, der spätere Marquis de Pombal, zum aufgeklärten Despoten.

1758 Attentat gegen José I.

1759 Hinrichtung des Herzogs von Aveiro und anderer Mitglieder des höhen Adels. Vertreibung der Jesuiten. Beschlagnahme des Vermögens des Jesuiten-Ordens und der in das Attentat verwickelten Adligen.

1761 Gründung des »Königlichen Kollegiums der Adligen«.

1770 Erklärung des Handels als »adligen Beruf«.

1772 Reform der Universität.

1777 Tod von José I. Thronbesteigung von Maria I. Rücktritt des Marquis de Pombal. Beginn der *viradeira* (Reaktion gegen die Pombalschen Reformen).

1780 Der Intendant der Polizei, Pina Manique, gründet die *Casa Pia* (ein Waisenkinderheim) in Lissabon.

1793 Das *Real Theatro de São Carlos* wird am 30. Juni als Besitz der *Casa Pia* eröffnet und unter die Kontrolle der Polizeiintendanz gestellt.

1799 Beginn der Regentschaft de jure von João VI. wegen geistiger Umnachtung der Königin. Marcos Portugal wird zum Kapellmeister im São Carlos.

1807 Erste französische Invasion. Umzug der königlichen Familie nach Brasilien.

1809/1811 Sieg des englisch-portugiesischen Bündnisses über die französische Armee. Beginn einer Periode starker politischer Einflußnahme Großbritanniens in Portugal.

1815 Brasilien wird Königreich.

1816 Tod von Maria I. und Thronbesteigung von João VI. als König von Portugal und Brasilien.

1817 Verschwörung von Gomes Freire de Andrade (Hauptvertreter der portugiesischen Freimaurerei) gegen die englische Herrschaft. Hinrichtung der Verschwörer.

1820 Liberale Revolution. Erste politische Wahl in Portugal. Die erste Dampfmaschine wird in der Industrie eingesetzt.

1821 Verfassunggebende Landstände. König João VI. leistet den Schwur auf die Verfassung und kehrt mit der königlichen Familie nach Portugal zurück. Auflösung der Inquisition. Verstaatlichung des Vermögens der Krone. Abschaffung der Vorzensur und Regelung der Pressefreiheit. Beginn der

Dampfschiffahrt auf dem Tejo. João Domingos Bomtempos *Requiem zum Gedenken an Luís de Camões* wird zur Ehre von Freire de Andrade und »anderen Märtyrern der Freiheit« in Lissabon aufgeführt. Garrett veröffentlicht *O Retrato de Vénus*. Als gottlos und skandalös wird das Werk unter juristisches Verdikt gestellt.

1822   Unabhängigkeit von Brasilien. Pedro, der Kronprinz, wird als Kaiser Pedro I. ausgerufen. Der von João VI. geleistetete Schwur auf die Verfassung wird von der Königin, Carlota Joaquina, abgelehnt.

1823   Widerruf aller Verordnungen der infolge der Wahl von 1821 entstandenen Landstände. Verschwörung der Königin und ihres zweiten Sohns, »Infante« D. Miguel.

1824   Exil von Miguel in Wien.

1826   Tod von João VI. Thronbesteigung von Pedro IV., der in Brasilien eine Verfassungsurkunde (*Carta Constitucional*) für Portugal bewilligt und anschließend auf den Thron Portugals zugunsten seiner Tochter Maria da Glória verzichtet.

1827   Rückkehr von Miguel nach Portugal.

1828   Thronbesteigung von Miguel I. als »absoluter König«. Liberale Aufstände und Bildung einer revolutionären Regierung. Exil vieler Liberaler, darunter Garrett, in Frankreich und England.

1830   Erfolgreicher Aufstand der Liberalen.

1831   Pedro IV. verzichtet auf den brasilianischen Thron und kehrt nach Europa zurück.

1832   Pedro IV. wird im Namen seiner Tochter zum Regenten ernannt.

1834   Endgültige Niederlage und Exil von Miguel I. Tod von Pedro IV. Thronbesteigung von Maria II.

1835   João Domingos Bomtempo wird der Leiter der kurze Zeit zuvor gegründeten Musikschule des Königlichen Konservatoriums in Lissabon.

1836   Hochzeit von Maria II. und Ferdinand von Sachsen-Coburg-Gotha. September-Revolution. Erneutes Inkrafttreten der Verfassung von 1822. Allgemeine Reform des Erziehungswesens. Garretts Theaterreform. Errichtung der Generalinspektion der Theater. Gründung der Theaterschule des Konservatoriums und der Akademien der Bildenden Kunst in Lissabon und Porto.

1838   Schwur auf die Verfassung.

1839   Aufstieg von Costa Cabral, eines Gegners der September-Revolution.

1841   Erster Laienrektor in der Universität von Coimbra.

1842   Abschaffung der Verfassung und Proklamation der einst von Pedro IV. bewilligten Verfassungsurkunde (die bis zum Ende der Monarchie gültig blieb).

1842–1849 Politische Instabilität. Aufstände gegen den politischen Einfluß der Brüder Costa Cabral.

1844 Garrett veröffentlicht das Drama *Frei Luís de Sousa*. Costa Cabrals Zensur verhindert die Inszenierung wegen antiklerikaler Züge.

1845 Der erste Band des Romans *O Arco de Sant'Anna* von Garrett erscheint.

1846 Eröffnung des neugebauten Nationalschauspiels in Lissabon (Teatro Dona Maria II.). Erscheinen des Romans *Viagens na minha terra* von Garrett.

1849 Übernahme der Regierungsgewalt durch Costa Cabral.

1850 Gesetze gegen die Pressefreiheit. Veröffentlichung des zweiten Bandes von *O Arco de Sant'Anna*.

1851 Militärputsch des späteren Marschalls und Herzogs von Saldanha; Sturz der Regierung von Costa Cabral. Beginn der »Regeneração«. Beginn des politischen Aufstiegs von António Maria Fontes Pereira de Melo.

1853 Tod von Maria II.; Regentschaft ihres Gemahls, Ferdinand von Sachsen-Coburg, genannt Fernando II.

1854 Tod von Garrett.

1855 Thronbesteigung von Pedro V. (geboren 1837), Sohn von Maria II. und Fernando II.

1856 Eröffnung der ersten Eisenbahnstrecke (Lissabon – Carregado).

1861 Tod Pedros V. und Thronbesteigung von Luís I.

1870 Militärputsch von Saldanha. Beginn der systematischen Konsolidierung der Kolonialherrschaft in Afrika.

1871 Eine Reihe von in Lissabon stattgefundenen demokratischen Ansprachen (*Conferências Democráticas do Casino*) unter Mitwirkung von Eça de Queiroz, Antero de Quental u. a. wird von den Behörden beendet und verboten. Beginn der Veröffentlichung von *As Farpas*, herausgegeben von Eça de Queiroz und Ramalho Ortigão, die gegen die sozialpolitische Lage polemisieren.

1872 Streiks und Aufschwung der Arbeiterbewegung.

1875 Gründung der Sozialistischen Arbeiterpartei.

1876 Entwicklung der republikanischen Bewegung.

1877 Eisenbahn-Verbindung zwischen Lissabon und Porto.

1878 Wahl des ersten republikanischen Abgeordneten.

1880 Gedenkfeier zum 300. Todestag von Camões und weitere Stärkung der republikanischen Bewegung.

1882 Kongreß der Gründungskommission der Republikanischen Partei.

1884/1885 Kolonialkonferenz von Berlin. Beschleunigung der kolonialen militärischen Eroberungen in Afrika.

1887 Veröffentlichung eines kommunistisch-anarchistischen Manifests in Lissabon. Tod von Fontes Pereira de Melo und Ende der Periode, die als »Fontismo« bezeichnet wurde.

1888 Eça de Queiroz veröffentlicht seinen Roman *Die Maias*.

1889 Tod von Luís I. Thronbesteigung von Carlos I. Einführung der elektrischen Beleuchtung in Lissabon.

1890 Ein englisches Ultimatum, das den Rückzug der Portugiesen aus einigen afrikanischen Gebieten verlangt, wird von der portugiesischen Regierung angenommen, was heftige Proteste gegen diese Entscheidung hervorruft. Alfredo Keil komponiert *A Portuguesa*, ein patriotisches und antibritisches Lied, das schnell zum republikanischen Lied wurde; es erklang erstmals als Einlage in einer Theaterrevue.

1891 Republikanischer Aufstand in Porto. Selbstmord von Antero de Quental.

1893 Regierung von Hintze Ribeiro und João Franco.

1894 Schließung des Parlaments.

1897 Sturz der Regierung.

1900 Volkszählung: 5 016 267 Einwohner. Tod von Eça de Queiroz in Paris.

1906 Beginn der Regierung von João Franco.

1907 Beginn der Dikatur von João Franco (erneute Schließung des Parlaments). Studenten-Streik in Coimbra.

1908 1. Februar: Nach einer Welle von Maßnahmen gegen die Republikaner werden König Carlos I. und Kronprinz Luís Filipe von zwei bekannten republikanischen Aktivisten und Freimaurern ermordet. Thronbesteigung von Manuel II.

1910 5. Oktober: Proklamation der Republik. Exil der königlichen Familie. Legalisierung des Streikrechts. Vertreibung der Jesuiten. Abschaffung der Fakultäten für Theologie und Kanonisches Recht. Keils *A Portuguesa* wird Nationalhymne.

1911 Reform des Erziehungswesens. Erste republikanische Verfassung und erster gewählter Präsident der Republik.

1912 Veröffentlichung der Zeitschrift *Orpheu* unter Mitwirkung von Fernando Pessoa.

1916 Kriegserklärung Portugals gegen Deutschland.

1917 »Wunder« von Fátima. Sidónio Pais übernimmt die Präsidentschaft der Republik.

1918 28. April: Sidónio Pais wird zum Präsidenten der Republik gewählt. 14. Dezember: Ermordung von Sidónio Pais. Nun'Álvares Pereira wird vom Vatikan seliggesprochen.

1919 Reform des staatlichen Konservatoriums in Lissabon unter seinem neuen Leiter, Vianna da Motta, und dessen Stellvertreter, Luiz de Freitas Branco.

1921 Gründung der Portugiesischen Kommunistischen Partei. Entststehung des *Nationalkreuzzuges Nun'Alvares Pereira* (General Gomes da Costa ist einer von dessen Mitgliedern).

1926   28. Mai: Militärputsch von General Gomes da Costa. Deportationen von republikanischen Führern. Beendigung der Pressefreiheit.

1927   Verbot der *Confederação Geral do Trabalho* (Arbeiterbund).

1928   Errichtung der Geheimpolizei. Salazar wird Finanzminister.

1931   Lopes-Graça (1906–1994) beendet sein Kompositionsstudium; er wird festgenommen und ins Binnenland (nach Alpiarça) verbannt.

1932   Erste Regierung von Salazar. Volksabstimmung und Verkündung einer neuen Verfassung. Neuregelung der Vorzensur. Reorganisation der Geheimpolizei. Inkrafttreten von Gesetzen über die korporative Organisation der Arbeit. Errichtung des Sekretariats für Nationalpropaganda (António Ferro wird zum Sekretär ernannt).

1934   Streiks gegen die Faschisierung der Gewerkschaften. Erster Kongreß der União Nacional (Regierungspartei) und Verbot aller anderen Parteien. Auflösung des extremen rechten Flügels (Nationalsyndikalisten) der faschistischen Bewegung. Bildung des Sinfonischen Nationalorchesters, das in den Staatsrundfunk integriert wurde.

1935   Wiederwahl von Óscar Carmona als Präsident der Republik. Wahl zur »Nationalversammlung«. Die tatsächliche Macht gehört dem Ministerpräsidenten Salazar. Ermächtigung der Regierung, Staatsbeamte zu entlassen, die dem Regime nicht die Treue halten. Erklärung der Prinzipien des *Estado Novo* (»Neuen Staats«). Errichtung des Staatsrundfunks (*Emissora Nacional*) und der FNAT (*Federação Nacional para a Alegria no Trabalho*) – einer der NS-Organisation *Kraft durch Freude* vergleichbaren Institution. Entlassung von 33 Hochschullehrern bzw. Universitätsprofessoren. Beginn der Sinfonischen Konzerte des Staatsrundfunks. Pedro de Freitas Branco, Bruder von Luiz, wird Generalmusikdirektor des Orchesters.

1936   Errichtung des Konzentrationslagers von Tarrafal auf den Kapverdischen Inseln, wo einige Jahre später viele Gegner der Diktatur sterben. Errichtung der *Mocidade Portuguesa* (faschistischen Jugend) und der *Legião Portuguesa* – einer den NS-Sturmabteilungen vergleichbaren Organisation. Beginn des spanischen Bürgerkriegs. Salazar bricht die diplomatischen Beziehungen mit der Spanischen Republik ab. Als Voraussetzung der Ernennung von Staatsbeamten wird eine antikommunistische Erklärung gesetzlich gefordert. Lopes-Graça wird erneut verhaftet und verurteilt.

1938   Vianna da Motta tritt in den Ruhestand. Luiz de Freitas Branco wird aus leitenden Positionen am Konservatorium entfernt. Zum neuen Leiter wird Ivo Cruz ernannt, ein treuer Anhänger von Salazar und Mitglied des *Renascimento Musical*. Beginn der sinfonischen Konzerte des Staatsrundfunks im São Carlos unter Leitung von Pedro de Freitas Branco.

1939   Pakt zwischen Salazar und Franco. Ende des spanischen Bürgerkriegs. Beginn des Zweiten Weltkriegs. Erklärung der portugiesischen Neutralität.

1940   Konkordat der Salazar-Regierung mit dem Vatikan.

1942   Salazar kritisert das englisch-sowjetische Bündnis und die demokratischen Institutionen. Lopes-Graça gründet den Konzertverein *Sonata* zur Pflege zeitgenössischer Musik.

1943/1944   Unter dem Druck der USA und Großbritanniens wird Salazar zur Kooperation gezwungen.

1945   Reorganisation der Geheimpolizei. Gründung des MUD (*Movimento de Unidade Democrática*), die an der Wahlkampagne erfolgreich teilnimmt, aber – wegen mangelnder demokratischer Garantien – keine Kandidaten aufstellt.

1947   Verschiedene Aktivisten des MUD *Juvenil* werden verhaftet. 21 Universitätsprofessoren, darunter der Mathematiker Bento Caraça und der Physiker Mário Silva, werden entlassen.

1948   Verbot des MUD und Festnahme seiner ganzen Führung. Früher Tod von Bento Caraça (Herzinfarkt). Tod von Vianna da Motta. Lopes-Graça komponiert das Orchesterwerk *Cinco Estelas Funerárias para companheiros mortos* (»Fünf Grabsteine für tote Genossen«).

1949   Portugal wird Gründungsmitglied der NATO.

1950   Nach Überwindung politischer Schwierigkeiten entsteht der Verband *Juventude Musical Portuguesa* (Portugiesische Musikalische Jugend). João de Freitas Branco, Sohn von Luiz, wird zu dessen Präsidenten gewählt.

1955   Gründung der MPLA, Befreiungsbewegung von Angola. Tod von Luiz de Freitas Branco.

1956   Gründung der PAIGC, Befreiungsbewegung von Guinea und den Kapverdischen Inseln. Errichtung der Gulbenkian-Stiftung und Beginn ihrer kulturellen Aktivitäten.

1958   Die politische Kampagne des Generals Humberto Delgado (Wahl zum Präsidenten der Republik), der von allen Oppositionsbewegungen unterstützt wird, kulminiert den sozialen und politischen Widerstand gegen die Regierung. Politische Streiks als Protest gegen den Wahlbetrug. Der Bischof von Porto wird zum Hauptvertreter der katholischen Dissidenten des Regimes.

1959   Exil von Humberto Delgado.

1961   Beginn des Kolonialkriegs. Die indische Armee besetzt die Kolonialgebiete von Goa, Damão und Diu.

1962   Studenten- und Arbeiter-Streiks. Große Straßendemonstrationen gegen die Regierung.

1963   Tod des Dirigenten Pedro de Freitas Branco.

1964   Beginn der Guerilla (FRELIMO) in Moçambique.

1965   Die Geheimpolizei ermordet General Humberto Delgado und seine Se-
        kretärin in Spanien. Der Schriftstellerverband verleiht dem angolanischen
        Luandino Vieira einen Literaturpreis und wird unmittelbar danach von
        der Regierung aufgelöst.

1966   Die Regierung etabliert die Regelung der Deportation nach Tarrafal.
        Joly Braga Santos' 5. Sinfonie (*Virtus Lusitaniae*), entstanden anläßlich des
        40. Jahrestages des *Estado Novo*, wird im São Carlos in der Anwesenheit
        des Präsidenten der Republik uraufgeführt.

1968   Straßendemonstrationen gegen den Vietnam-Krieg. Intensivierung der
        Widerstandsbewegung der Studenten. Salazar erkrankt schwer. Beginn der
        Regierung von Marcelo Caetano. Katholische Dissidenten verurteilen den
        Kolonialkrieg.

1969   Studentenstreik in Coimbra. Politische Unruhe anläßlich der Wahl für die
        Nationalversammlung.

1970   Straßendemonstrationen gegen den Vietnam- und den Kolonialkrieg. Tod
        von Salazar. João de Freitas Branco wird vom Minister für Erziehungs-
        wesen zum Leiter des São Carlos ernannt.

1971   Der Minister für Erziehungswesen erklärt den Ausnahmezustand in den
        Universitäten. Straßendemonstrationen gegen den Kolonialkrieg.

1972   Ein Student wird von der Geheimpolizei in der Hochschule für Öko-
        nomie ermordet. November: Die Polizei schließt die Universität. Blut-
        bäder der portugiesischen Kolonialarmee in Moçambique.

1973   Weitere Entlassungen von Staatsbeamten. Kongreß der demokratischen
        Opposition. Bildung einer oppositionellen Militärbewegung.

1974   25. April: Militärputsch, der der Diktatur ein Ende setzt. Beginn der de-
        mokratischen Revolution. Befreiung von politischen Gefangenen. Rück-
        kehr der Exilanten (darunter Mário Soares und Álvaro Cunhal). Legali-
        sierung aller politischen Parteien. Sozialisten und Kommunisten treten in
        die ersten provisorischen Regierungen ein. João de Freitas Branco wird
        als Staatssekretär für Kultur Mitglied einer dieser Regierungen.

1975   Wahl der verfassunggebenden Nationalversammlung.

1976   Wahl des Parlamentes (*Assembleia da República*) und der Autarkien.

1981   Uraufführung des *Requiems für die Opfer des Faschismus in Portugal* (Solisten,
        Chor und Orchester) von Lopes-Graça in Lissabon.

1986   Die portugiesische Regierung unterzeichnet den Beitrittsvertrag mit
        der Europäischen Gemeinschaft. Mário Soares, ehemaliger Aktivist des
        MUD *Juvenil* und Gründer der heutigen portugiesischen Sozialistischen
        Partei, wird zum Präsidenten der Republik gewählt.

Dank

Ich widme dieses Buch meiner Mutter, meinem Neffen Paulo sowie Teresa Beleza, mit der ich wertvolle Erfahrungen beim gemeinsamen Erleben des Musiktheaters geteilt habe, und dem Andenken von João de Freitas Branco, der dem Projekt in Lissabon den Weg ebnete.

Mein besonderer Dank gilt Christian Kaden, durch dessen Betreuung an der Humboldt-Universität zu Berlin zwischen 1981 und 1984 eine bislang fortdauernde wissenschaftliche Zusammenarbeit entstand, sowie Gerd Rienäcker und Axel Hesse, die mit freundschaftlicher Unterstützung meine Forschung ermutigten. Joachim Herz, dem ich 1984 in Dresden (bei der Neuinszenierung des *Wozzeck*) assistierte, möchte ich an dieser Stelle ebenfalls in Dankbarkeit erwähnen.

Für ihre Hilfsbereitschaft danke ich folgenden Institutionen und Personen: José Serra Formigal (ehemals Vorsitzender des Verwaltungsrats des São Carlos), Joaquim Machado und João Azevedo (vom Archiv des São Carlos), der Biblioteca Nacional in Lissabon, dem Archiv des Tribunal de Contas, der Biblioteca da Ajuda, Oliveira Barata (dem Leiter des Archives ›Jorge de Faria‹ an der Universität von Coimbra), dem Brigadegeneral Santos Pinto (ehemals verantwortlich für die Archive der Geheimpolizei – PIDE/DGS – und ›Legião Portuguesa‹), Fernando da Costa (vom Photoarchiv am Palácio Foz in Lissabon), Maria Vitória (vom Arquivo Nacional de Fotografia), Vítor Pavão dos Santos (Leiter des Museu do Teatro, Lissabon), Alden Dittmann (vom Ibero-Amerikanischen Institut in Berlin), der Musikabteilung der Staatsbibliothek zu Berlin – Preußischer Kulturbesitz, der Sächsischen Landes- und Universitätsbibliothek Dresden, der Richard-Wagner-Gedenkstätte in Bayreuth, Magdalena Hávlová, Marta Loureiro de Moura, Filipe de Sousa, Carlos Fonseca, Vítor Wladimiro Ferreira, Carlos Pontes Leça, Fernando Tomás, Humberto d'Ávila, Maria José Marinho, Carmélia Âmbar, Mário Moreau, Gabriel Cunha, Romeu Pinto da Silva, Maria Helena de Freitas und Nuno Barreiros.

An der Sprachrevision der ersten Textfassung nahmen Claudia Hoffmann, Barbara Diehlmann, Eva Sandig, Sonia Marvan und Monika Marquardt Anteil. Doris Leitinger und Detlef Giese bin ich für die Geduld, Sorgfalt und Fachkompetenz, mit der sie die vorliegende Version durchgesehen haben, besonders dankbar.

Während der Vorbereitung dieser Ausgabe waren auch die Arbeitsbedingungen, die mit dem jüngst gegründeten und vom Programm »Praxis XXI« des Ministeriums für Wissenschaft und Technologie beförderten Forschungsinstitut für Musiksoziologie und -ästhetik (CESEM: Centro de Estudos de Sociologia e Estética Musical) an der Universidade Nova de Lisboa entstanden, sowie die Unterstützung der portugiesischen Stiftung für Wissenschaft und Technologie (durch das ›Fundo de Apoio à Comunidade Científica‹) hilfreich.

Nicht zuletzt gilt mein Dank der Humboldt-Universität zu Berlin und der Gulbenkian-Stiftung, ohne deren Unterstützung mein Forschungsaufenthalt in Berlin von 1980 bis 1984 nicht möglich gewesen wäre.

Abkürzungen

A	Aufführung[en]
AS	Azione sacra bzw. dramma sacro
B	Opera buffa (dramma giocoso bzw. italienische komische Oper)
BNL	Biblioteca Nacional (Lissabon)
C	Portugiesische komische Oper
CG	Covent Garden (London)
Com	Commedia per musica
D	Portugiesische dramatische Oper
dt.	auf Deutsch gesungen
EA	Erstaufführung
ED	Elogio dramático (kleine Huldigungskantate)
engl.	auf Englisch gesungen
FG	Festspiel der Fundação Gulbenkian
fr.	auf Französisch gesungen
GO	Opéra bzw. Grand Opéra (Paris)
HMs	Her Majesty's Theatre (London)
Int.	Intermezzo bzw. intermezzi
it.	auf Italienisch gesungen
Kt.	Kantate
KM	Kirchenmusik
KsTh	King's Theatre (London)
ms	Handschrift
NF	Neufassung
O	Oratorio
OC	Opéra Comique (Paris)
OpC	Französische komische Oper
OT	Ópera do Tejo (Hoftheater in Lissabon)
PA	Palácio da Ajuda (Hofpalast in Ajuda, Lissabon)
PQ	Palácio de Queluz (Hofpalast in Queluz)
PR	Paço da Ribeira (Hofpalast in Lissabon)
pt.	auf Portugiesisch gesungen
S	Opera seria
Sm	Opera semiseria
Sn	Serenade

sp.   auf Spanisch gesungen
TBA   Teatro do Bairro Alto (Lissabon)
TC   Academia da Trindade bzw. Teatro da Rua dos Condes (Lissabon)
ThI   Théâtre Italien (Paris)
ThL   Théâtre Lyrique (Paris)
TL   Teatro das Laranjeiras (Privattheater in Lissabon)
TRA   Hoftheater in Ajuda, Lissabon
TRQ   Hoftheater in Queluz
TRS   Hoftheater in Salvaterra
TS   Teatro do Salitre (Lissabon)
UA   Uraufführung
WA   Wiederaufnahme

Quellen- und Literaturverzeichnis

Archive und Bibliotheken

Bayreuth, Richard-Wagner-Gedenkstätte
Berlin, Deutsche Staatsbibliothek
Berlin, Ibero-Amerikanisches Institut
Berlin, Staatsbibliothek Preußischer Kulturbesitz
Caxias, Archive der PIDE/DGS und Legião Portuguesa
Coimbra, Sala Dr. Jorge de Faria (Universität von Coimbra, Philosophische Fakultät)
Dresden, Sächsische Landes- und Universitätsbibliothek
Leipzig, Deutsche Bücherei
Lissabon, Academia das Ciências
Lissabon, Archiv des Teatro Nacional D. Maria II.
Lissabon, Archiv des Teatro Nacional de São Carlos
Lissabon, Arquivo Histórico do Ministério das Finanças
Lissabon, Arquivo Histórico do Tribunal de Contas (Erário Régio)
Lissabon, Arquivo Nacional de Fotografia
Lissabon, Arquivo Nacional da Torre do Tombo
Lissabon, Biblioteca da Ajuda
Lissabon, Biblioteca Nacional
Lissabon, Fototeca – Palácio Foz
Lissabon, Fundação Calouste Gulbenkian (Bibliothek des Museums)
Lissabon, Instituto Português do Património Cultural (Abteilung Musikwissenschaft)
Lissabon, Museu do Teatro
Paris, Bibliothèque Nationale
Paris, Archiv des Théâtre National de l'Opéra
Porto, Biblioteca Pública Municipal

Zeitungen und Zeitschriften

Wenn nicht verzeichnet, ist der Erscheinungsort Lissabon.

Acção, 1941–1942
Acção (A), Tomar, 1928–1930
Águia (A), Porto, 1910–1932
Alfândegas: Jornal das Alfândegas, Porto, 1893
AM: A Arte Musical, 1899–1915, bzw. Arte Musical, 1931 ff.
Amphion, 1884 ff.
AMZ: Allgemeine Musikalische Zeitung, Leipzig, 1798–1848
Antonio Maria (O), 1879–1884; 1891–1898
Arquivo Pitoresco, 1857–1868
Arriba, Madrid, 1940
Atalaia Nacional dos Theatros, 1838
Athena, 1924–1925
Atlântida, 1915–1919
Atrevido (O), um 1840?
Batalha (A), 1919–1927
Batalha-Supl.: A Batalha/Suplemento Literário ilustrado, 1923–1927
BB: Bayreuther Blätter, Bayreuth, 1879–1838
Binoculo (O), 1870
Capital (A), 1910–1926
CdM: Correio da Manhã, 1884–1897
CdN: Correio da Noite, 1884–1910
CdT: Correio da Tarde, 1891–1894
CdP: Commercio do Porto, Porto, 1890 ff.
Chronista (O), 1827
Colóquio-Artes, 1971–1997
Contemporânea, 1922–1926
Correio Nacional, 1893–1906
DG: Diario do Governo, 1835–1839
DI: Diario Illustrado, 1872–1909
Diário (O), 1902–1906
Dia (O), 1887–1925
Diabo (O), 1934–1937
Diónysos, Coimbra/Porto, 1912–1928
DL: Diário de Lisboa, 1921–1990

DM: Diário da Manhã, 1931 ff.
DN: Diário de Notícias, 1864 ff.
DP: Diário Popular, 1942 ff.
Echos: Echos da Avenida, 1891–1931
Eco: Eco Musical, 1911–1931
Economista (O), 1881–1895
Entre-acto (O), 1837, 1840
Epoca (A), 1919–1926
Esfera (A), 1940–1944
Espectador Portuguez (O), 1816–1818
Espelho do Palco (O), 1842
Eva, 1925 ff.
Fama (A), 1843
Folha: Folha do Povo, 1881–1906
Gazeta das Damas, 1822
Gazeta de Lisboa
GMTA: Gazeta Musical bzw. Gazeta Musical e de Todas as Artes, 1951 ff.
Horizonte, 1942–1943
IP: Illustração Portugueza, 1884–1890, 1906–1924
JC: Jornal do Commercio, 1853 ff.
JE: Jornal Encyclopedico, 1788–1792
JN: Jornal de Noticias, Porto, 1888 ff.
Jornal (O), 1919
L'Abeille, 1836–1843
Liberal (O), 1820, 1902–1918
Lucta (A), 1906 ff.
Microfone, 1943
Monarquia (A), 1917–1922
Música (De), 1930–1931
Mundo (O), 1900–1936
NL: Noticias de Lisboa, 1905–1910
Novidades, 1855 ff.
Occidente (O), 1878/1914
Ocidente, 1938 ff.
ON: Ordem Nova, 1926–1927
Onda, 1945
Palito (O), 1840
Panorama, 1941 ff.
Paródia (A), 1900–1907
Pátria (A), 1920 ff.

PC: O Portuguez Constitucional, 1836 ff.
PJ: O Primeiro de Janeiro, Porto, 1869 ff.
Pontos nos ii (Os), 1885–1891
Popular (O), 1896–1909
Portugal, 1907–1910
Portuguez (O), 1826–1827
Radical (O), 1920–1931
Raio: O Raio Theatral, 1843
Republica, 1911 ff.
Revista dos Theatros, 1840
RN: Radio Nacional, 1937 ff.
RS: A Revolução de Setembro, 1840–1901
RT: Revista Theatral, 1839, 1840 ff., 1886–1896
RUL: Revista Universal Lisbonense, 1841–1857
Ridiculos (Os), 1905 ff.
Seculo (O), 1877 ff.
Seculo Comico (O), 1920
Semanário, 1998
Sentinela do Palco (A), 1840–1841
SI: O Seculo Ilustrado, 1933 ff.
SN: Seara Nova, 1921 ff.
Tarde (A), 1892 ff.
Tempo (O), 1893 ff., 1911 ff.
Toucador (O), 1822
Tripeiro (O), Porto, 1908–1954
Trovador (O), 1855
TS: Tiro e Sport, 1904 ff.
Universo Pittoresco, 1839–1844
Vanguarda bzw. A Vanguarda, 1880–1881, 1891 ff.
Voz (A), 1927 ff.

Zitierte Literatur

In der Bibliographie wie im Text des Buches bezeichnet die dem Autorennamen beigefügte Jahreszahl das Jahr der Ersterscheinung bzw. Entstehung des zitierten Werkes; Seitenzahlen dagegen beziehen sich auf die benutzte Ausgabe.

Adler, Guido (1885): »Umfang, Methode und Ziel der Musikwissenschaft«, in: *Vierteljahrschrift für Musikwissenschaft*, I/1 (1885), 5–20.
Adorno, Theodor W. (1938): »Über den Fetischchakter in der Musik und die Regression des Hörens«, in: ders.: *Gesammelte Schriften*, 20 Bde., Frankfurt a. M.: Suhrkamp, 1970 ff., XIV, 14–50.
Adorno, Theodor W. (1955): »Bürgerliche Oper«, *ibidem*, XVI, 24–39.
Adorno, Theodor W. (1958a): »Ideen zur Musiksoziologie«, *ibidem*, XVI, 9–23.
Adorno, Theodor W. (1958b): »Naturgeschichte des Theaters«, *ibidem*, XVI, 309–320.
Adorno, Theodor W. (1962a): »Einleitung in die Musiksoziologie«, *ibidem*, XIV.
Adorno, Theodor W., und Max Horkheimer (1944): »Dialektik der Aufklärung«, *ibidem*, III.
Aguiar, Jayme (1917): *›Notas‹ ... falsas do maestro Ruy Coelho*, Lissabon.
Almeida, Francisco José de (1880): *Apontamentos da vida d'hum homem obscuro escritos por elle mesmo*, Lissabon: Typ. de João Carlos de Ascensão Almeida.
Almeida Lopes, Henrique (1968): »Vida, morte e ressurreição do velho Teatro da Rua dos Condes«, in: *Ocidente*, XXXI/365, 89–102.
Almeida Portugal, Francisco (1932): *Memórias do Conde do Lavradio*, 5 Bde., Coimbra: Imprensa da Universidade, 1932–1938.
Ameal, João (1922): *Religião do Espaço*, Lissabon und Porto: Lumen.
An-Drad (1895): *Real Theatro de S. Carlos. Epocha de 1894–95. Chronicas publicadas no jornal A Batalha e prefaciadas pelo autor*, Lissabon: Imp. Libanio da silva.
Andrade Ferreira, José Maria (1872): *Litteratura, Musica e Belas-Artes*, 2 Bde., Lissabon: Roland & Semiond.
Anuário Estatístico de Portugal (1927), Lissabon.
Anuário Estatístico de Portugal (1947), Lissabon.
Arroyo, António (1909): *O canto coral e a sua função social*, Coimbra: França Amado.
Arroyo, António (1917): *Singularidades da minha terra*, Porto: Renascença Portuguesa.
Arundell, Dennis D. (1957): *The Critic at the Opera. Contemporary Comments on Opera in London over three Centuries*, New York: Da Capo Press, 1980.

As Greves de 8 e 9 de Maio de 1944 (1979), Lissabon: Edições Avante.

As Trevas em São Carlos (1850), Lissabon: Typ. da Empreza do Estandarte.

Ayres de Andrade (1967): *Francisco Manuel da Silva e seu Tempo (1808–1865)*, 2 Bde., Rio de Janeiro: Tempo Brasileiro Lda.

Balet, Leo, und Eberhard Gerhard (1936): *Die Verbürgerlichung der Deutschen Kunst, Literatur und Musik*, Dresden: VEB Verlag der Kunst, 1979.

Bataille, Georges (1933): *Die Psychologische Struktur des Faschismus. Die Souveränität*, München: Matthes und Seitz, 1978.

Beau, Albin Eduard (1936): *Die Musik im Werk des Gil Vicente*, Hamburg: Hansischer Gilden-Verlag.

Becker, Heinz (1976) (Hrsg.): *Die ›Couleur Locale‹ in der Oper des 19. Jahrhunderts*, Regensburg: Gustav Bosse.

Becker, Max (1997): *Narkotikum und Utopie. Musik-Konzepte in Empfindsamkeit und Romantik*, Kassel: Bärenreiter.

Beckford, William (1787/1788): *Diário de [...] em Portugal e Espanha 1787–1788* (hrsg. von Boyd Alexander, Übers. und Vorwort von J. Gaspar Simões), Lissabon: Biblioteca Nacional, 1983.

Behrens, Manfred, *et al.* (1980): *Faschismus und Ideologie*, Berlin [West]: Verlag Das Argument.

Benevides, Francisco da Fonseca (1879): *Rainhas de Portugal*, 2 Bde., Lissabon: Typ. Castro & Irmão.

Benevides, Francisco da Fonseca (1883): *O Real Theatro de São Carlos de Lisboa desde a fundação em 1793 até à actualidade*, Lissabon: Typ. Castro & Irmão.

Benevides, Francisco da Fonseca (1902): *O Real Theatro de São Carlos de Lisboa – Memória 1883–1902*, Lissabon: Typ. e Lith. de Ricardo de Sousa e Salles.

Benjamin, Walter (1936a): »Das Kunstwerk im Zeitalter seiner technischen Reproduzierbarkeit«, in: ders.: *Gesammelte Schriften*, 6 Bde., Frankfurt a. M.: Suhrkamp (1991), I/2, 431–508.

Benjamin, Walter (1936b): »Was ist das epische Theater? (I)«, *ibidem*, II/2, 519–531.

Benjamin, Walter (1939): »Was ist das epische Theater? (II)«, *ibidem*, II/2, 532–540.

Benjamin, Walter (1940a): »Über den Begriff der Geschichte«, *ibidem*, I/2, 691–704.

Benjamin, Walter (1940b): »Das Passagen-Werk«, *ibidem*, V/2.

Besseler, Heinrich (1959): »Umgangsmusik und Darbietungsmusik im 16. Jahrhundert«, in: ders.: *Aufsätze zur Musikästhetik und Musikgeschichte*, Leipzig: Reclam, 1978, 301–331.

Best, Steven, und Douglas Kellner (1991): *Postmodern Theory. Critical Interrogations*, London: Macmillan.

Bitter, Christoff (1961): *Wandlungen in den Inszenierungsformen des ›Don Giovanni‹ von 1787 bis 1929*. Zur Problematik des musikalischen Theaters in Deutschland, Regensburg: Gustav Bosse.

Black, Robert (1975): *Fascism in Germany. How Hitler destroyed the world's most powerful labour movement*, 2 Bde., London: Steyne Publications.

Blaukopf, Kurt (1982): *Musik im Wandel der Gesellschaft. Grundzüge der Musiksoziologie*, München: Piper, 1984.

Blume, Friedrich (1949) (Hrsg.): *Die Musik in Geschichte und Gegenwart. Allgemeine Enzyklopädie der Musik*, 17 Bde., Kassel usw.: Bärenreiter, 1949 ff.

Borba, Tomás, und Fernando Lopes-Graça (1956): *Dicionário de Música Ilustrado*, 2 Bde., Lissabon: Cosmos, 1956–1958.

Bourdieu, Pierre (1979): *La distinction. Critique sociale du jugement*, Paris: Minuit.

Braancamp Junior, Anselmo (1840): Rezension zu »Um Auto de Gil Vicente«, in: J. S. L. de Almeida Garrett, *Obras Completas* (hrsg. von Th. Braga), 2 Bde., Lissabon: Empreza de História de Portugal, 1904, I, 634–636.

Braga, Theophilo (1870): *Historia do Theatro Portuguez*, 4 Bde., Porto: Imprensa portugeza Ed., 1870–1871.

Braga, Theophilo (1903): *Garrett e o romantismo*, Porto: Chardron.

Braga, Theophilo (1914) (Hrsg.): *Tristão, o enamorado*, Porto: Renascença Portuguesa.

Bransted, Ernest K. (1965): *Goebbels and National Socialist Propaganda 1925–1945*, Michigan: State University Press.

Brasão, Eduardo (1943) (Hrsg.): *Diário de D. Francisco Xavier de Meneses, 4.° Conde de Ericeira (1731–1733)*, Coimbra: Coimbra Editora Lda.

Brito, Manuel Carlos de (1982): »O papel da ópera na luta entre o Iluminismo e o Obscurantismo em Portugal (1731–1742)«, in: *Informação Musical* (1982), 33–39.

Brito, Manuel Carlos de (1989a): *Estudos de História da Música em Portugal*, Lissabon: Estampa.

Brito, Manuel Carlos de (1989b): *Opera in Portugal in the Eighteenth Century*, Cambridge usw.: Cambridge University Press.

Buarque de Holanda, Sérgio (1956): *Raízes do Brasil*, Rio de Janeiro: Livraria José Olympio Edt.

Buck-Morss, Susan (1989): *The Dialectic of Seeing. Walter Benjamin and the Arcades Project*. Cambridge Mass.: The MIT Press.

Busch, Carl (1870): *Da crítica theatral em Portugal* (Vorwort von Júlio César Machado): Lissabon: Typ. Luso-Britannica.

Busoni, Ferruccio (1907): »Entwurf einer neuen Ästhetik der Tonkunst«, in: ders.: *Von der Macht der Töne. Ausgewählte Schriften* (hrsg. von S. Bimberg), Leipzig: Reclam, 1983, 47–81.

Caetano de Sousa, A. (1735/1748): *História Genealógica da Casa Real* (hrsg. von M. Lopes de Almeida und C. Pegado), 12 Bde., Coimbra: Atlântida, 1946.

Canetti, Elias (1981): *Masse und Macht*, Frankfurt a. M.: Suhrkamp.

Cardoso Pires, José (1960): *Cartilha do marialva ou das negações libertinas. Redigida a propósito de alguns provincianismos comuns e ilustrada com exemplos reais*, Lissabon: Ulisseia.

Carrère, Joseph B. F. (1798): *Panorama de Lisboa no ano de 1796* (hrsg. von Castelo-Branco Chaves), Lissabon: Biblioteca Nacional, 1989.

Carvalhaes, Manoel P. P. d'Almeida (1910): *Marcos Portugal na sua musica dramatica. Historicas Investigações*, 2 Bde., Lissabon: Typ. Castro & Irmão, 1910–1916.

Casimiro, Augusto (1922): *O livro dos cavaleiros*, Lissabon: Seara Nova.

Castiglione, Baldassare (1528): *Der Hofmann. Lebensart in der Renaissance* (Vorwort: Andreas Beyer), Stuttgart: Wagenbach, 1996.

Castilho, Júlio de (1902): *Lisboa Antiga*, 13 Bde., Coimbra: Imprensa da Universidade, 1902–1904.

Castro, Armando (1979): *A economia portuguesa do século XX (1900–1925)*, Lissabon: Edições 70.

Cetrangolo, Annibale (1992): *Esordi del Melodramma in Spagna, Portogallo e America*, Florenz: Olschki.

Claro, Samuel (1974): »La musica lusoamericana en tiempos de João IV de Bragança«, Sonderdruck aus *Revista Musical Chilena*, XXVIII/125 (1974).

Coelho, Ruy (1931): *Fátima. Oratória*, Leipzig: Breitkopf & Härtel, o. D.

Coelho, Ruy, und A. Lopes Vieira (1917): *Canções de Saudade e Amor. Lieder*, Lissabon, 1917.

Coimbra Martins, António (1975): »Luzes«, in: *Dicionário de História de Portugal* (hrsg. von Joel Serrão), Lissabon: Iniciativas Editoriais, 1975, IV, 86–106.

Cooper, Simon (1996): »Walter Benjamin and Technology. Social Form and the Recovery of Aura«, in: *Arena Journal*, 6 (1996), 145–170.

Cotarelo y Mori, E. (1934): *Historia de la zarzuela o sea el drama lírico en España, desde su origen a fines del siglo XIX*, Madrid: Tip. de la Revista de Archivos.

Courtils, Chevalier de (1755): »Description de Lisbonne extraite de la Campagne des Vaisseaux du Roy en 1755« (hrsg. von Alain Bourdon), in: *Bulletin des Etudes Portugaises*, neue Reihe, XXVI (1965), 145–160.

Covões, Ricardo (1940): *Os 50 anos do Coliseu dos Recreios*, Lissabon: Tip. Freitas Brito Lda.

Cranmer, David John (1998): *Opera in Portugal 1793–1828. A Study in Repertoire and its Spread*, 2 Bde., Diss., London: University of London.

Cunha, Xavier da (1909): *Garrett e as cantoras de San-Carlos. Recordações e Recopilações*, Lissabon: Tip. Universal.

Cunhal, Álvaro (1966): *Kurs auf den Sieg. Die Aufgaben der Partei in der demokratischen und nationalen Revolution*, Berlin [Ost]: Dietz Verlag, 1981.

Cymbron, Luísa (1990): *Francisco de Sá Noronha e ›L'Arco di Sant'Anna‹. Para o estudo da ópera em Portugal (1860/70)*, MA-Diss., Lissabon: Univ. Nova de Lisboa.

Cymbron, Luísa (1998): *Opera em Portugal 1834–1854: O sistema produtivo e o repertório nos Teatros de São Carlos e de São João*, Diss., Lissabon: Universidade Nova de Lisboa [in Vorbereitung].

Dahlhaus, Carl (1970) (Hrsg.): *Das Drama Richard Wagners als musikalisches Kunstwerk*, Regensburg: Gustav Bosse

Dahlhaus, Carl (1971a): *Wagners Konzeption des musikalischen Dramas*, Regensburg: Gustav Bosse.

Dahlhaus, Carl (1971b): »Über den Schluß der Götterdämmerung«, in: *Richard Wagner. Werk und Wirkung* (hrsg. von C. Dahlhaus), Regensburg: Gustav Bosse, 97–115.

Dahlhaus, Carl (1978): *Die Idee der absoluten Musik*, Kassel usw.: Bärenreiter/ München: Deutscher Taschenbuch-Verlag.

Dahlhaus, Carl (1982): *Musikalischer Realismus. Zur Musikgeschichte des 19. Jahrhunderts*, München: Piper.

Dahlhaus, Carl, und Helga de la Motte-Haber (Hrsg.) (1982): *Systematische Musikwissenschaft*, in: *Neues Handbuch der Musikwissenschaft* (hrsg. von C. Dahlhaus), Bd. 10, Wiesbaden: Athenaion.

Dario, Ruben (1919) (Hrsg.): *Poemas escogidos de Eugénio de Castro*, Mexico: Tip. Murguia.

D'Ávila, Humberto (1980): »A ópera em Portugal no século XVIII«, in: Programmheft zu *L'amore industrioso*, Lissabon: Teatro de São Carlos.

De la Motte-Haber, Helga (1987): »Die Gegenaufklärung der Postmoderne«, in: *Musik und Theorie*, 28 (1987).

Delile, Maria Manuela Gouveia (1984): *A recepção literária de H. Heine no romantismo português (de 1884 a 1871)*, Lissabon: Imprensa Nacional-Casa da Moeda.

Dembrovsky, Baron Ch. (1841): *Deux ans en Espagne et en Portugal pendant la Guerre Civile (1838–1840)*, Paris: Charles Gosselin.

Description de la Ville de Lisbonne où l'on traite de la Cour, de Portugal, de la Langue Portugaise, & des Moeurs des Habitants [...] (1730), in: *O Portugal de D. João V visto por três forasteiros* (hrsg. von Castelo Branco Chaves), Lissabon: Biblioteca Nacional, 1983, 35–128.

Dinger, Hugo (1892): *Die Meistersinger von Nürnberg. Eine Studie*, Leipzig: C. Wild.

Doderer, Gerhard (1987): »Subsídios para a história dos órgãos do Convento de Mafra«, in: *Boletim da Associação Portuguesa de Educação Musical*, 52 (1987), 48–53.

Doderer, Gerhard (1991): »Aspectos novos em torno da estadia de Domenico Scarlatti na corte de D. João V (1719–1727)«, in: *Libro di Tocate per Cembalo [de] Domenico Scarlatti* (hrsg. von G. Doderer), Lissabon: INIC, 1991, 6–13.

Doderer, Gerhard, und Cremilde R. Fernandes (1993): »A Música da Sociedade Joanina nos Relatórios da Nunciatura Apostólica em Lisboa (1706–1750)«, in: *Revista Portuguesa de Musicologia*, III (1993), 69–146.

Eça de Queiroz, J. M. (1866/1867): *Prosas Bárbaras* (hrsg. von Helena Cidade Moura), Lissabon: Livros do Brasil, o. D.

Eça de Queiroz, J. M. (1867): *Da colaboração no »Distrito de Évora«* (hrsg. von Helena Cidade Moura), 3 Bde., Lissabon: Livros do Brasil, o. D.

Eça de Queiroz, J. M. (1871/1872): *Uma Campanha Alegre* (hrsg. von Helena Cidade Moura), Lissabon: Livros do Brasil, o. D.

Eça de Queiroz, J. M. (1875): *O crime do padre Amaro* (hrsg. von Helena Cidade Moura), Lissabon: Livros do Brasil, o. D.

Eça de Queiroz, J. M. (1877/1884): *A Capital! (começos duma carreira)* (hrsg. von Luiz Fagundes Duarte), Eça de Queiroz. Kritische Ausgabe, Lissabon: Imprensa Nacional-Casa da Moeda, 1992.

Eça de Queiroz, J. M. (1878a): *Wetter Bazilio* (Deutsch von Rudolf Krügel), Berlin [Ost]: Aufbau-Verlag, 1975.

Eça de Queiroz, J. M. (1878b): *O Primo Bazilio* (hrsg. von Helena Cidade Moura), Lissabon: Livros do Brasil, o. D.

Eça de Queiroz, J. M. (1878c): *A Tragédia da Rua das Flores* (hrsg. von João Medina und A. Campos Matos), Lissabon: Moraes, 1980.

Eça de Queiroz, J. M. (1878d): »Ramalho Ortigão«, in: *Notas Contemporâneas* (hrsg. von Helena Cidade Moura), Lissabon: Livros de Brasil, o. D., 22–41.

Eça de Queiroz, J. M. (1878e): »Der Graf von Abranhos«, in: *Der Graf von Abranhos. Alves & Co. Der Mandarin. Drei kleine Romane*, Berlin [Ost]: Aufbau-Verlag, 1958.

Eça de Queiroz, J. M. (1880/1889): *O Mandarim* (hrsg. von Beatriz Berrini), Eça de Queiroz. Kritische Ausgabe, Lissabon: Imprensa Nacional-Casa da Moeda, 1992.

Eça de Queiroz, J. M. (1887a): *Die Reliquie* (Deutsch von Richard A. Bermann), Berlin [Ost]: Aufbau-Verlag, 1951.

Eça de Queiroz, J. M. (1887b): *Alves e C.ª* (hrsg. von Luiz Fagundes Duarte und Irene Fialho), Eça de Queiroz. Kritische Ausgabe, Lissabon: Imprensa Nacional-Casa da Moeda, 1994.

Eça de Queiroz, J. M. (1888): *Die Maias* (Deutsch von Rudolf Krügel), 2 Bde., Berlin [Ost]: Aufbau-Verlag, 1983.

Eça de Queiroz, J. M. (1896): »Um génio que era um santo«, in: ders.: *Notas Contemporâneas* (hrsg. von Helena Cidade Moura), Lissabon: Livros do Brasil, o. D., 251–288.

Eça de Queiroz, J. M. (1900): *A Correspondência de Fradique Mendes* (hrsg. von Helena Cidade Moura), Lissabon: Livros do Brasil, o. D.

Eça de Queiroz, J. M. (1901): *Stadt und Gebirg* (Deutsch von Curt Meyer-Clason), Zürich: Manesse, 1963.

Eça de Queiroz, J. M. (1959): *Die Hauptstadt* (Deutsch von Rudolf Krügel), Berlin [Ost]: Aufbau-Verlag.

Eça de Queiroz, J. M. (1983): *Correspondência* (hrsg. von Guilherme de Castilho), 2 Bde., Lissabon: Imprensa Nacional-Casa da Moeda.

Eckart-Bäcker, Ursula (1965): *Frankreichs Musik zwischen Romantik und Moderne. Die Zeit im Spiegel der Kritik*, Regensburg: Gustav Bosse.

Eichberg, Henning (1977): *Massenspiele, NS-Thingspiel, Arbeiterweihspiel und olympisches Zeremoniell*, Stuttgart-Bad-Cannstatt: Frommann-Holzboog.

Eichholz, Dietrich (1980) (Hrsg.): *Faschismus Forschung. Positionen. Probleme. Polemik*, Berlin [Ost]: Akademie Verlag.

Elias, Norbert (1939): *Über den Prozeß der Zivilisation. Soziogenetische und psychogenetische Untersuchungen*, 2 Bde., Frankfurt a. M.: Suhrkamp, 1989.

Elias, Norbert (1969): *Die höfische Gesellschaft. Untersuchungen zur Soziologie des Königtums und der höfischen Aristokratie*, Frankfurt a. M.: Suhrkamp, 1983.

Elias, Norbert (1991): *Mozart. Zur Soziologie eines Genies* (hrsg. von Michael Schröter), Frankfurt a. M.: Suhrkamp.

Eisler, Hanns (1943/1944): »Contemporary music and fascism«, in: ders.: *Gesammelte Werke* (hrsg. von Stephanie Eisler und Manfred Grabs), III/1–3: *Musik und Politik* (hrsg. von Günther Mayer), Leipzig: VEB Deutscher Verlag für Musik, 1973–1983, III/1, 489–493.

Emery, Francisco (1852): *Macbeth. Drama tragico em quatro actos. Traduzidos por [...] em rima portugueza, do mesmo metro e rythmo que os da Opera Italiana para se poder ver e cantar n'algum theatro portuguez, pela musica do maestro Verdi*, Lissabon: F. X. de Sousa.

Felsensteins Erbe (1972), in: *Material zum Theater*, 14/3 (1972).

Ferrario, Giulio (1830): *Storia e descrizione dei principali Teatri antichi e moderni*, Bologna: Forni, 1977.

Ferreira, Alberto (1966): *Bom senso e bom gosto. Questão coimbrã*, 4 Bde., Lissabon: Portugália Editora.

Ferro, António (1921): *Teoria da Indiferença*, Lissabon und Rio de Janeiro: H. Antunes.

Ferro, António (1922): *Gabriele d'Annunzio e Eu, Crónicas de Fiume*, Lissabon: Portugália.

Ferro, António (1927): *Viagem à volta das Ditaduras*, Lissabon: Anuário Comercial.

Ferro, António (1929): *Leviana. Novela em fragmentos*, Lissabon: Empresa Literária Fluminense.

Ferro, António (1933): *Salazar, o Homem e a sua obra* (Vorwort von A. Oliveira Salazar), Lissabon: Empresa Nacional de Publicidade, 1935.

Ferro, António (1935): *A Fé e o Império. Discurso pronunciado na Sociedade de Geografia em 19 de Janeiro de 1935*, Lissabon: Secretariado da Propaganda Nacional.

Fiebach, Joachim (1972): »Zur Spezifik und Funktion von Theaterkunst«, in: *Weimarer Beiträge*, XVIII/7 (1972), 50–77.

Fiebach, Joachim (1975): *Von Craig bis Brecht: Studien zu Künstlertheorien in der ersten Hälfte des 20. Jahrhunderts*, Berlin [Ost]: Henschelverlag.

Fiebach, Joachim, und Rudolf Münz (1974): »Thesen zu theoretisch-methodischen Fragen der Theatergeschichtsschreibung«, in: *Wissenschaftliche Zeitschrift der Humboldt-Universität zu Berlin*, XXIII (1974), 359–367.

Flaherty, Gloria (1978): *Opera in the Development of German Critical Thought*, Princeton: Princeton University Press.

França, José-Augusto (1965): *Lisboa Pombalina e o Iluminismo*, Lissabon: Bertrand, 1977.

França, José-Augusto (1966): *A Arte em Portugal no Século XIX*, 2 Bde., Lissabon: Bertrand.

França, José-Augusto (1969): *O Romantismo em Portugal. Estudo de factos sócio-culturais*, 6 Bde., Lissabon: Livros Horizonte, 1974.

França. José-Augusto (1982): »O Setembrismo no ensino das artes e do teatro«, in: *O Liberalismo na Península Ibérica na primeira metade do século XIX*, Lissabon: Sá da Costa, 1982, II, 197–202.

França, José Augusto (1992): *Os Anos Vinte em Portugal. Estudo de factos sócio-culturais*, Lissabon: Presença.

Frèches, Claude-Henri (1954): »António José da Silva (O Judeu) et les Marionettes«, in: *Bulletin d'Histoire du Théâtre Portugais*, V/2 (1954), 325–344.

Frèches, Claude-Henri (1964): *Le Théâtre Neo-Latin au Portugal (1550–1745)*, Paris: A. G. Nizet/Lissabon: Bertrand.

Frèches, Claude-Henri (1968): »Le théâtre neo-latin au Portugal. Histoire et actualité dans les tragicomédies du XVIIème siècle«, in: *Euphrosyne – Revista de Filologia Clássica*, neue Reihe, II (1968), 87–131.

Frèches, Claude-Henri (1971): »Introdução ao Teatro de Simão Machado«, Vorwort zu: *Comedias Portuguesas Feitas pelo excelente Poeta Simão Machado, cujos nomes vão na volta desta folha* (hrsg. von C.-H. Frèches), Lissabon: O Mundo do Livro.

Freitas Branco, João (1959): *História da Música Portuguesa*, Lissabon: Europa-América.

Freitas Branco, João (1972): *Viana da Mota. Uma contribuição para o estudo da sua personalidade e da sua obra* (Vorwort von António Sérgio), Lissabon: Fundação Gulbenkian.

Freitas Branco, João (1976): »Como e quando se tem conhecido Wagner em Portugal?«, in: *Colóquio-Artes*, XVIII/27 (1976), 54–59.

Freitas Branco, João (1979): *A música na obra de Camões*, Lissabon: Instituto de Cultura Portuguesa.

Freitas Branco, João (1982): »A Música em Portugal nos anos 40«, in: *Os Anos 40 na Arte Portuguesa. A Cultura nos Anos 40*, Lissabon: Fundação Gulbenkian.

Freitas Branco, Luiz (1947): »A música teatral portuguesa«, in: *A Evolução e o Espírito do Teatro em Portugal*, Lissabon: O Século, 1948, II, 101–126.

Freitas Branco, Luiz (1953): *A Música e a Casa de Bragança*, Lissabon: Fundação da Casa de Bragança.

Freitas Branco, Luiz (1956a): *D. João IV, Músico*, Lissabon: Fundação da Casa de Bragança.

Freitas Branco, Luiz (1956b): »Mozart em Portugal«, in: *Segundo Centenário do Nascimento de W. A. Mozart*, Lissabon: Teatro de São Carlos und Instituto de Alta Cultura.

Frondoni, Angelo (1883): *Miscellanea artistico-musical e versos italianos*, Lissabon: Imprensa Nacional, 1888.

Gadamer, Hans-Georg (1960): *Wahrheit und Methode. Grundzüge einer philosophischen Hermeneutik*, Tübingen: J. C. B. Mohr, 1990.

Garcia Soriano, Justo (1927): »El Teatro de Colegio en España«, in: *Boletín de la Real Academia Española*, XIV (1927), 235–277.

Garnier, Christine (1952): *Vacances avec Salazar*, Paris: Bernard Grasset.

Garrett, José da Silva Leitão de Almeida (1841): »Introdução« [zu *Um Auto de Gil Vicente*], in: ders.: *Obras Completas* (hrsg. von Th. Braga), 2 Bde., Lissabon: Empreza de História de Portugal, 1904, I, 627–631.

Garrett, José da Silva Leitão de Almeida (1846): *Viagens na minha terra* (hrsg. von Augusto da Costa Dias), Lissabon: Estampa, 1977.

Gerhard, Anselm (1992): *Die Verstädterung der Oper. Paris und das Musiktheater des 19. Jahrhunderts*, Stuttgart und Weimar: J. B. Metzler.

Goldschmidt, Hugo (1901): *Studien zur Geschichte der italienischen Oper im 17. Jahrhundert*, Wiesbaden: Breitkopf und Härtel, 1967.

Gomes de Amorim, Francisco (1881): *Garrett. Memorias biographicas*, 3 Bde., Lissabon: Imprensa Nacional, 1881–1884.

Gorani, Giuseppe (1984): *Portugal. A Corte e o País nos anos de 1765 a 1767* (hrsg. von Castelo-Branco Chaves), Lissabon: Lisóptima Edições, 1989.

Grétry, André-Ernest-Modeste (1796): *Memoiren oder Essays über die Musik* (hrsg. von Peter Gülke), Leipzig: Reclam, 1973.

Habermas, Jürgen (1962): *Strukturwandel der Öffentlichkeit*, Frankfurt a. M.: Suhrkamp, 1990.

Habermas, Jürgen (1980): »Die Moderne – ein unvollendetes Projekt«, in: ders.: *Kleine politische Schriften I–IV*, Frankfurt a. M.: Suhrkamp, 1981, 444–464.

Habermas, Jürgen (1981): *Theorie des kommunikativen Handelns*, 2 Bde., Frankfurt a. M.: Suhrkamp.

Hanslick, Eduard (1854): »Vom Musikalisch-Schönen«, in: *Vom Musikalisch-Schönen. Aufsätze. Musikkritiken* (hrsg. von Klaus Mehner), Leipzig: Reclam, 1982, 33–145.

Heeringen, Gustav von (1838): *Meine Reise nach Portugal im Frühjahr 1836*, 2 Bde., Leipzig: Brockhaus.

Heister, Hanns-Werner (1983): *Das Konzert. Theorie einer Kulturform*, 2 Bde., Wilhelmshaven: Heinrichshofen.

Hermano Saraiva, José (1978): *História Concisa de Portugal*, Lissabon: Europa-América, 1979.

Hesse, Axel (1980): »Musikgeschichte und Transkulturation«, in: *Wissenschaftliche Zeitschrift der Humboldt-Universität zu Berlin*, XXIX (1980), 103–105.

Hesse, Axel (1982): »Die ›Missa de Requiem op. 23‹ für Soli, Chor und Orchester, zum Gedenken an Luís de Camões, von João Domingos Bomtempo (1775–1842)«, Textbeilage zur Schallplatte *Eterna* St. 827520, Berlin [Ost]: VEB Deutsche Schallplatten.

Hintze, Werner (1983): *Aspekte zur Funktion des Illusionismus in Richard Wagners Theaterkonzeption*, Jahresarbeit (ms.), Berlin [Ost]: Humboldt-Universität.

Hitler, Adolf (1938): »Die Sendung der Kunst. Aus der großen Kulturrede des Führers auf dem Reichsparteitag Großdeutschlands im Opernhaus zu Nürnberg, am 6. September 1938«, in: *Wege zur Musik* (hrsg. von H. Fischer), Leipzig: Reclam, 1941, 130–133.

Honolka, Kurt (1978): *Opernübersetzungen. Zur Geschichte der Verdeutschung musiktheatralischer Texte*, Wilhelmshaven: Heinrichshofen.

Houwens Post, H. (1975): »As obras de Gil Vicente como elo de transição entre o drama medieval e o teatro do Renascimento«, in: *Arquivos do Centro Cultural Português de Paris da Fundação Calouste Gulbenkian*, IX (1975), 101–122.

Howell, Almonte (1981): »John IV«, in: *The New Grove Dictionary of Music and Musicians* (hrsg. von S. Sadie), 20 Bde., London: Macmillan, 1981, XI, 671.

Huschke, Wolfram (1982): *Musik im klassischen und nachklassischen Weimar (1756–1861)*, Weimar: Hermann Böhlaus Nachfolger.

Infante, Sérgio (1987): »Leitura Arquitectónica da Iconografia Atribuída à Ópera do Tejo«, in: *Desenhos dos Galli Bibiena. Arquitectura e Cenografia*, Lissabon: Museu Nacional de Arte Antiga, 1987, 39–43.

Janning, Frank (1991): *Pierre Bourdieus Theorie der Praxis*, Opladen: Westdeutscher Verlag.

Jauß, Hans Robert (1967): »Literaturgeschichte als Provokation der Literaturwissenschaft«, in: ders.: *Literaturgeschichte als Provokation*, Frankfurt a. M.: Suhrkamp, 1970, 144–207.

Jauß, Hans Robert (1977): *Ästhetische Erfahrung und literarische Hermeneutik*, Bd. I: *Versuch im Feld der ästhetischen Erfahrung*, München: Wilhelm Fink.

Jauß, Hans-Robert (1987): *Die Theorie der Rezeption – Rückschau auf ihre unerkannte Vorgeschichte*, Konstanz: Universitätsverlag.

Jauß, Hans-Robert (1989): »Retrospettiva sulla teoria della ricezione – ad usum musicae scientiae«, in: *L'esperienza musicale. Teoria e storia della ricezione* (hrsg. von Gianmario Borio und Michela Garda, Turin: E. D. T. (1989), 39–50.

Jung, Ute (1974): *Die Rezeption der Kunst Richard Wagners in Italien*, Regensburg: Gustav Bosse.

Kaden, Christian (1979): »Die Einheit von Leben und Werk Richard Wagners, oder: Über Schwierigkeiten, mit Wagner heute zu kommunizieren«, in: *Beiträge zur Musikwissenschaft*, 21 (1979), 75–104.

Kaden, Christian (1984): *Musiksoziologie*, Berlin [Ost]: Verlag Neue Musik.

Kaden, Christian (1990): »Was hat Musik mit Klang zu tun?« Ideen zu einer Geschichte des Begriffs ›Musik‹ und zu einer musikalischen Begriffsgeschichte«, in: *Ästhetische Grundbegriffe* (hrsg. von K. Barck, M. Fontius u. W. Thierse), Berlin [Ost]: Akademie Verlag, 1990, 134–180.

Kaden, Christian (1997) (Hrsg.): »Sociology and Musicology« (Roundtable), in: *Musicology and Sister Disciplines: Past, Present and Future* (Bericht zum 16. Internationalen Kongreß der IGMW, 14.–20. August 1997), Oxford: Oxford University Press [in Vorbereitung].

Karbaum, Michael (1976): *Studien zur Geschichte der Bayreuther Festspiele (1876–1976)*, Regensburg: Gustav Bosse.

Kastner, Santiago (1958): »Johann IV (João IV)«, in: *Die Musik in Geschichte und Gegenwart* (hrsg. von F. Blume), Kassel usw.: Bärenreiter, 1949 ff.: VII, 82–83.

Kindermann, Heinz (1966): *Theatergeschichte Europas*, 10 Bde., Salzburg: Otto Müller, 1966–1974.

Kirsch, Rainer (1979): »Probleme des Epischen«, in: ders.: *Amt des Dichters*, Rostock: VEB Hinstorff Verlag, 1979, 45–59.

Kluge, Reiner (1977): »Auf dem Wege zu einer systematischen Musikwissenschaft«, in: *Beiträge zur Musikwissenschaft*, 19 (1977), 3–16.

Knepler, Georg (1977): *Geschichte als Weg zum Musikverständnis. Zur Theorie, Methode und Geschichte der Musikgeschichtsschreibung*, Leipzig: Reclam, 1982.

Kolleritsch, Otto (1993) (Hrsg.): *Wiederaneignung und Neubestimmung. Der Fall ›Postmoderne‹ in der Musik (Studien zur Wertungsforschung*, Bd. 26), Graz und Wien: Universal Edition.

Konersmann, Ralf (1991): *Erstarrte Unruhe. Walter Benjamins Begriff der Geschichte*. Frankfurt a. M.: Fischer.

Kracauer: Siegfried (1937), *Jacques Offenbach und das Paris seiner Zeit* (hrsg. von Karsten Witte), Berlin [Ost]: Henschelverlag, 1980.

Kramer, Hans (1970): »Pietro Metastasio in Wien«, in: *Archiv für Kulturgeschichte*, 52 (1970), 49–64.

Kretzschmar, Hermann (1919): *Geschichte der Oper*, Wiesbaden: R. Martin Sändig, 1970.

Labaredas, Maria R. G. (1982): »A luta contra a fascização dos sindicatos, resistência operária e violência fascista«, in: *O fascismo em Portugal. Actas do Colóquio*, Lissabon: A Regra do Jogo, 1982, 259–285.

Lacerda, Aarão de (1916): *Chrónicas de Arte*, 2 Bde., Porto: Renascença Portuguesa, 1916–1918.

Lenin, Wladimir I. (1970): *Werke*, 47 Bde., Berlin [Ost]: Dietz-Verlag.

Lessa, Elisa (1998): *Os Mosteiros Beneditinos Portugueses (Séculos XVII a XIX): Centros de Ensino e Prática Musical*, 2 Bde., Diss., Universidade Nova de Lisboa.

Lichnowsky, Felix Fürst von (1843): *Portugal. Erinnerungen aus dem Jahre 1842*, Mainz: Victor von Zabern.

Lima, Manuel de (1959): Vorwort zu: *Wozzeck. Libreto da Ópera de Alban Berg*, Lissabon: Contraponto.

Link, Henry Frederick (1803): *Voyage en Portugal depuis 1797 jusqu'en 1799*, 1. Bd., Paris: Levrault, Schoell & C.

Edwards, Lynn B., und Gyorgy G. Jaros (1994): »Processe-Based Systems Thinking – Challenging the Boundaries of Structure«, in: *Journal of Social and Evolutionary Systems*, 17/3 (1994), 339–353.

Loewenberg, Alfred (1943): *Annals of Opera (1597–1940)*, London: John Calder, 1978.

Lopes, Óscar (1984): »Nachwort«, in: Eça de Queiroz (1988), II, 431–445.

Lopes-Graça, Fernando (1931a): »O milagre que Fátima não fez«, in: ders.: *A caça aos coelhos e outros escritos polémicos (Obras Literárias*, Bd. 15), Lissabon: Cosmos, 1976, 129–143.

Lopes-Graça, Fernando (1931b): »Um banquete de homenagem«, in: ders.: *A caça aos coelhos e outros escritos polémicos (Obras Literárias*, Bd. 15), Lissabon: Cosmos, 1976, 145–151.

Lopes-Graça, Fernando (1933): »Da natureeza e valor da música«, in: ders.: *Reflexões sobre a música (Obras Literárias*, Bd. 1), Lissabon: Cosmos, 1978, 25–77.

Lopes-Graça, Fernando (1946): *Marchas, danças e canções para grupos vocais e instrumentais populares*, Lissabon: Seara Nova.

Lopes Vieira, Afonso (1922a): *Em demanda do Graal*, Lissabon: Imp. Portugal-Brasil.

Lopes Vieira, Afonso (1922b): *País Lilás, Desterro Azul*, Lissabon: Imp. Portugal-Brasil.

Lopes Vieira, Afonso (1925): *Prosa e Verso. Antologia* (hrsg. von Agostinho de Campos), Lissabon: Aillaud & Bertrand.

Lopes Vieira, Afonso (1926): *O Romance de Amadis*, Lissabon: Imp. Portugal-Brasil.

Lopes Vieira, Afonso (1942): *Nova Demanda do Graal*, Lissabon: Imp. Portugal-Brasil.

Lotman, Juri M. (1973): »Theater und Theatralik in der Kultur zu Beginn des 19. Jahrhunderts«, in: ders.: *Kunst als Sprache. Untersuchungen zum Zeichencharakter von Literatur und Kunst* (hrsg. von Klaus Städke), Leipzig: Reclam, 1981, 269–294.

Luhmann, Niklas (1968): *Zweckbegriff und Systemrationalität*, Frankfurt a. M.: Suhrkamp, 1991.

Luhmann, Niklas (1984): *Soziale Systeme. Grundriß einer allgemeinen Theorie*, Frankfurt a. M.: Suhrkamp, 1988.

Lukács, Georg (1955): *Die Zerstörung der Vernunft*, Berlin [West]: Luchterhand, 1962.

Machado, Júlio César (1863): *Recordações de Paris e Londres*, Lissabon: J. M. Correa Seabra.

Machado, Júlio César (1872): *Da loucura e das manias em Portugal. Estudos Humorísticos*, Lissabon: A. M. Pereira.

Machado, Júlio César (1875): *Os theatros de Lisboa*, Lissabon: Mattos Moreira.

Machado, Júlio César (o. D.): *Lisboa de hontem*, Lissabon: Mattos Moreira).

Macedo, José Agostinho de (1825): *As pateadas de theatro investigadas na sua origem e causas*, Lissabon: João Nunes Esteves.

Magalhães Godinho, Vitorino (1970): »Portugal and her empire, 1680–1720«, in: *The New Cambridge Modern History*, Cambridge usw.: Cambridge University Press, 1970, IV, 509–539.

Magalhães Vilhena, Vasco (1964): *António Sérgio, o idealismo crítico e a crise da ideologia burguesa*, Lissabon: Seara Nova.

Malheiro Dias, Carlos (1925): *Exortação à Mocidade*, Lissabon: A. M. Teixeira.

Mandroux-França, Marie Thérèse (1989): »La Patriarcale du Roi Jean V du Portugal«, in: *Colóquio-Artes*, 83 (1989), 35–43.

Marques, José J. (1947): *Chronologia da Ópera em Portugal*, Lissabon: A Artistica.

Marques de Almeida, António (1980): *Gosto e sensibilidade na sociedade da Regeneração*, ms.

Mascarenhas, José Trazimundo (1861): *Memórias do Marquês de Fronteira e d'Alorna [...] ditadas por ele próprio em 1861* (hrsg. von E. Campos de Andrada), 8 Bde., Coimbra: Imprensa da Universidade, 1926–1932.

Mascarenhas, Salvador (1911): *O Theatro Moderno*, ms., in: *Sala Jorge de Faria* [Nr. 4–9–69], Faculdade de Letras, Coimbra.

Matos Sequeira, Gustavo (1933): *Teatro de outros tempos. Elementos para a História do Teatro Português*, Lissabon: Olissiponense.

Matos Sequeira, Gustavo (1955): *História do Teatro Nacional D. Maria II*, 2 Bde., Lissabon: Teatro Nacional D. Maria II.

McCole, John (1993): *Walter Benjamin and the Antinomies of Tradition*, Ithaca und London: Cornell University Press.

Medina, João (1979): *Salazar e os fascistas. Salazarismo e nacional-sindicalismo. A história de um conflito (1932–1935)*, Amadora: Bertrand.

Medina, João (1980) (Hrsg.): *Afonso Lopes Vieira, anarquista*: Lissabon, Ed. António Ramos.

Meyer-Clason, Curt (1979): *Portugiesische Tagebücher (1969–1976)*, Königstein: Athenäum-Verlag.

Midosi, Paulo (1881): »Verdores da Mocidade«, in: *Diario de Notícias*, 12., 15., 16., 17. und 19. Dezember 1881.

Monfort, Jacqueline (1972): »Quelques notes sur l'histoire du théâtre portuguais (1729–1750)«, in: *Arquivos do Centro Cultural Português em Paris*, IV (1972), 566–600.

Moreau, Mário (1981): *Cantores de Ópera Portugueses*, 3 Bde., Lissabon: Bertrand, 1981 ff.

Moreira de Sá, Bernardo V. (1900): »Victor Hugo e Wagner«, in: *Palestras musicais e pedagogicas*, Porto: Casa Moreira de Sá, 1912–1916, 7–11.

Münz, Rudolf (1979): *Das »andere« Theater. Studien über ein deutschsprachiges teatro dell'arte der Lessingzeit*, Berlin [Ost]: Henschelverlag.

Nery, Rui Vieira (1990): *The Music Manuscripts in the Library of D. João IV (1604–1656): A Study of Iberian Music Repertoire in the Sixteenth and Seventeenth Century*, Austin: The University of Texas at Austin.

Neuparth, Júlio C. (1911): *Os Grandes Periodos da Musica. Breve resumo da historia geral da musica desde os tempos mais remotos até aos nossos dias* (Vorwort von Ernesto Vieira), Lissabon: Libanio da Silva.

Nogueira, Franco (1977): *Salazar*, 5 Bde., Coimbra: Atlântida, 1977 ff.

Noronha, Eduardo (1945): *O conde de Farrobo. Memórias da sua vida e do seu tempo*, Porto: Romano Torres.

Oliveira Barata, José de (1979) (Hrsg.): *Esopaida ou Vida de Esopo* (von António José da Silva), Coimbra: Imprensa da Universidade.

Oliveira Barata, José de (1985): *António José da Silva: Criação e Realidade*, 2 Bde., Coimbra: Serviço de Documentação de Publicações da Universidade de Coimbra.

Oliveira Marques, António Henrique (1978): »The Portuguese 20s. A General Survey«, in: *Revista de História Económica e Social*, 1 (1978), 87–103.

Oliveira Marques, António Henrique (1981): *História de Portugal. Desde os tempos mais antigos até à Presidência do Sr. General Eanes*, 3 Bde., Lissabon: Palas Editora, 1981 ff.

Oliveira Martins, F. A. (1948): *Pina Manique. O Político, o Amigo de Lisboa*, Lissabon: Sociedade Industrial de Tipografia.

Oliveira Martins, J. P. (1879): *História de Portugal*, Lissabon: Guimarães & C.ª, 1977.

Oliveira Martins, J. P. (1881): *Portugal Contemporâneo*, 2 Bde., Lissabon: Guimarães & C.ª, 1976.

Ottenberg, Hans-Günter (1978): *Die Entwicklung des theoretisch-ästhetischen Denkens innerhalb der Berliner Musikkultur von den Anfängen bis Reichhardt (Beiträge zur Musikwissenschaftlichen Forschung in der DDR*, Bd. 10), Leipzig: VEB Deutscher Verlag für Musik.

Ottenberg, Hans-Günter (1982): *Carl Philipp Emanuel Bach*, Leipzig: Reclam.

Ottenberg, Hans-Günter (1984) (Hrsg.): *Der Cristische Musicus an der Spree. Berliner Musikschriftum von 1748 bis 1799. Eine Dokumentation*, Leipzig: Reclam.

Paes, João (1964):»Cronologia de Pedro de Freitas Branco«, in: *Arte Musical*, 20–21–22 (1963–1964), 389–462.

Palla, Maria José (1992): *Do essencial e do supérfluo. Estudo lexical do traje e adornos em Gil Vicente*, Lissabon: Estampa.

Palmeirim, Luís Augusto (1883): *Memória histórico-estatística acerca do ensino das artes scenicas e com especialidade da musica, lida no Conservatorio Real de Lisboa na sessão solene de 5 de Outubro de 1883 pelo seu actual director*, Lissabon: Imprensa Nacional.

Parreira, Anabela B. (1982):»O I Congresso da União Nacional«, in: *O fascismo em Portugal. Actas do Colóquio*, Lissabon: A Regra do Jogo, 1982, 207–228.

Pavão dos Santos, Vítor (1979a):»A vida breve de um teatro, A Ópera do Tejo«, in: *História*, 8 (1979), 18–27.

Pavão dos Santos, Vítor (1979b):»Da ›ópera ao Divino‹ à ópera de ›O Judeu‹«, in: *Guerras do alecrim e manjerona de António José da Silva (O Judeu) e António Teixeira* [Programmheft], Lissabon: Teatro de São Carlos, 1979, 11–17.

Pereira Dias, João (1940): *Cenários do Teatro Nacional de S. Carlos*, Lissabon: Ministério da Educação Nacional.

Pessoa, Fernando (1924a):»Apresentação da Revista Athena«, in: ders.: *Textos de crítica e intervenção*, Lissabon: Ática, 1980, 137–145.

Pessoa, Fernando (1924b):»Apontamentos para uma estética não-aristotélica«, in: ders.: *Textos de crítica e intervenção*, Lissabon: Ática, 1980, 249–260.

Pimentel, Alberto (1907): *Zamperineida, segundo um manuscrito da Biblioteca Nacional de Lisboa*, Lissabon: Gomes de Carvalho.

Pinto, Alfredo (1909): *A Tetralogia de Ricardo Wagner, Notas – Analyse dos Poemas*, Lissabon: Sassetti.

Pinto, Alfredo (1917): *Joanna d'Arc, inspiradora de compositores* (mit Umschlagsbild von Stuart Carvalhaes), Lissabon: Férin.

Pistone, Danièle (1979): *La musique en France: de la Révolution à 1900*, Paris: Champion.

Piteira Santos, Fernando (1962): *Geografia e Economia da Revolução de 1820*, Lissabon: Europa-América, 1980.

Piteira Santos, Fernando (1982): »O fascismo em Portugal: conceito e prática«, in: *O fascismo em Portugal. Actas do Colóquio*, Lissabon: A Regra do Jogo, 1982, 9–17.

Place, Adelaïde de (1989): *La vie musicale en France au temps de la Révolution*, Paris: Fayard.

Prieberg, Fred K. (1982): *Musik im NS-Staat*, Frankfurt a. M.: Fischer Taschenbuch Verlag.

Quental, Antero de (1866): »O futuro da música«, in: ders.: *Filosofia (Obras Completas*, hrsg. von Joel Serrão), Lissabon: Comunicação, 1989, 51–64.

Ramos, Rui (1994): »A segunda Fundação (1890–1926)«, in: *História de Portugal* (hrsg. von José Mattoso), Lissabon: Estampa, 1994, VI.

Ratton, Jacome (1813): *Recordaçoens sobre ocurrencias do seu tempo em Portugal, durante o lapso de sessenta e tres anos e meio, alias de Maio de 1747 a Septembro de 1810 [...]*, London: H. Breyer.

Rebello, Luís Francisco (1972): *História do Teatro Português*, Lissabon: Europa-América.

Rebello da Silva, L. Augusto (1869): *História de Portugal nos séculos XVII e XVIII* (hrsg. von J. Borges de Macedo), 6 Bde., Lissabon: Imprensa Nacional, 1971.

Reis, António (1990) (Hrsg.): *Portugal Contemporâneo*, 6 Bde., Lissabon: Publicações Alfa.

Reis Gomes, João dos (1919): *A Música e o Teatro. Esbôço filosófico*, Lissabon: Livraria Clássica Editora de A. M. Teixeira.

Reiter, Wilhelm (1958): »Zehn Jahre deutsche Operngastspiele in Portugal«, in: *Institut für Auslandsbeziehungen*, Stuttgart, XVIII/1 (1959), 74–75.

Rey Colaço, Alexandre (1923): *De Música*, Lissabon: Imprensa Libanio da Silva.

Ribeiro Guimarães, José (1872): *Sumario de Varia Historia. Narrativas, lendas, biographias, descripções de templos e monumentos, estatisticas, costumes politicos e religiosos de outras eras*, 5 Bde., Lissabon: Rolland et Semiond.

Rienäcker, Gerd (1974): »Bemerkungen zum Opernschaffen von G. Meyerbeer«, in: *Material zum Theater*, 29 (1974).

Rienäcker, Gerd (1982): »Zur Dramaturgie der Bühnenfestspiele Richard Wagner. Beobachtungen, Fragen, Hypothesen«, in: *Beiträge zur Musikwissenschaft*, 24/3 (1982), 159–172.

Rienäcker, Gerd (1983): »Oper und Drama. Gedanken zu Wagners Theater«, in: *Musik und Gesellschaft*, 33/2 (1983), 70–76.

Rienäcker, Gerd (1984): »Musiktheater im Pendel von Idee und Wirklichkeit?«, in: *Beiträge zur Musikwissenschaft*, 34/2 (1984), 200–207.

Rocco, Chris (1995): »The politics of critical theory: argument, structure, critique in *Dialectic of Enlightenment*«, in: *Philosophy & Social Criticism*, 21/2 (1995), 107–133.

Rodrigues, José Júlio (1897): *A música de Wagner. Tendencias da arte moderna e do theatro wagneriano. Lohengrin. Tannhäuser. Valkyria*, Lissabon: Bertrand.

Rodrigues Miguéis, José (1975): *O milagre segundo Salomé*, Lissabon: Estampa, 1982.

Rönnau, Klaus (1969): »Grundlage des Werturteils in der Opernkritik um 1825«, in: *Beiträge zur Geschichte der Musikkritik* (hrsg. von Heinz Becker), Regensburg: Gustav Bosse.

Rosas, Fernando (1983): »O Pacto Ibérico e a II Guerra Mundial«, in: *História*, 57 (1983), 2–17.

Rosas, Fernando (1994): »O Estado Novo (1926–1974)«, in: *História de Portugal* (hrsg. von José Mattoso), Lissabon: Estampa, 1994, VII.

Rosen, Charles (1972): *The classical Style. Haydn, Mozart, Beethoven*, New York: The Northern Library.

Rosenberg, Alfons (1968): *Don Giovanni. Mozarts Oper und D. Juans Gestalt*, München: Prestel-Verlag.

Rosenthal, Harold (1958): *Two Centuries of Opera at Covent Garden*, London: Putnam.

Rossi, Giuseppe Carlo (1947): »A influência italiana no teatro português do século XVIII«, in: *A Evolução e o Espírito do Teatro em Portugal*, Lissabon: O Século, 1948, I, 281–333.

Rossi, Giuseppe Carlo (1961): »Il Portogallo del Settecento visto dal Cardinal Pacqua«, in: *Iberia*, 5 (1961), 157–170.

Rossi, Giuseppe Carlo (1967): »Il Goldoni nel Portogallo del Settecento (Documente Inediti)«, in: *Annalli dell'Istituto Universitario Orientale, Sezione Romanza*, IX/2 (1967), 243–273.

Rossi, Giuseppe Carlo (1968): »Per una storia del teatro italiano del Settecento (Metastasio) in Portogallo«, Sonderdruck aus: *Annali dell'Istituto Universitario Orientale, Sezione Romanza*, Neapel, 1968.

Ruders, Carl Israel (1805): *Einige Bemerkungen über Portugal in Briefen* (aus dem Schwedischen übersetzt mit Anmerkungen von H. F. Link), Rostock und Leipzig: Karl Christoph Stiller.

Ruders, Carl Israel (1805/1809): *Viagem em Portugal* (hrsg. von Castelo-Branco Chaves), Lissabon: Biblioteca Nacional, 1981.

Ruders, Carl Israel (1808): *Reise durch Portugal* (nach dem schwedischen Original bearbeitet von H. J. Gerken), Berlin: Vossische Buchhandlung.

Sadie, Stanley (1992) (Hrsg.): *The New Grove Dictionary of Opera*, 4 Bde., London: Macmillan.

Salazar, António de Oliveira (1935): *Discursos e notas políticas*, 6 Bde., Coimbra: Coimbra Editora, 1935 ff.

Salazar, António de Oliveira (1938): *Portugal. Das Werden eines neuen Staates. Reden und Dokumente* (mit e. Vorwort von G. C. Ramos. Übertragung aus dem Portugiesischen von J. M. Piel und A. E. Beau), Essen: Essener Verlagsanstalt.

Salgado Júnior, António (1930): *História das Conferências do Casino (1871)*, Lissabon: Cooperativa Militar.

Salvini, Gustavo R. (1866): *Cancioneiro musical portuguez*, Lissabon: David Corazzi, 1884.

Sampaio, Albino Forjaz de (1929): *História da Literatura Portuguesa Ilustrada*, 3 Bde., Paris und Lissabon: Aillaud & Bertrand, 1929 ff.

Sampaio Bruno, J. P. (1904): *O Encoberto*, Porto: Livraria Moreira Editora.

Sampaio Bruno, J. P. (1915):»O Judeu«, in: *A Águia*, 47 (1915), 146–153.

Sampayo Ribeiro, Mário (1931): *O »Renascimento Musical e o Sr. Rui Coelho, maior compositor português de todos os tempos. Pequenas variações sobre temas »geniais«*, Lissabon: A. M. Pereira.

Sampayo Ribeiro, Mário (1936): *A música em Portugal nos séculos XVIII e XIX, Bosquejo de história crítica* (Achegas para a história da música em Portugal, Bd. 2), Lissabon: Tip. Inácio Pereira Rosa.

Sampayo Ribeiro, Mário (1942): *Elogio Histórico de El-Rei Dom João o Quarto*, Lissabon: Gráfica Santelmo.

Sampayo Ribeiro, Mário (1946): *Ópera*, 80 Hefte, Lissabon: Manuel B. Calarrão, 1946 ff.

Sampayo Ribeiro, Mário (1947):»Teatros de Ópera em Portugal«, in: *A Evolução e o Espírito do Teatro em Portugal*, Lissabon: O Século, 1948, II, 77–100.

Sampayo Ribeiro, Mário (1958a): *El-Rei D. João IV, Príncipe-músico e Príncipe da música*, Lissabon: Academia Portuguesa de História.

Sampayo Ribeiro, Mário (1958b) (Hrsg.): *Respuestas a las dudas que se pusieron a la missa »Panis quem ego dabo« de Palestrina* (von König João IV.), Lissabon: Instituto de Alta Cultura.

Sampayo Ribeiro, Mário (1960):»Lopes-Graça, Fernando«, in: *Die Musik in Geschichte und Gegenwart* (hrsg. von F. Blume), Kassel usw.: Bärenreiter, 1949 ff., VIII, 1195–1196.

Sampayo Ribeiro, Mário (1965) (Hrsg.): *Defensa de la musica moderna contra la errada opinión deo obispo Cyrilo Franco* (von König João IV.), Coimbra: Imprensa da Universidade.

Sampayo Ribeiro, Mário (1967): *Livraria de Música de El-Rei D. João IV. Estudo musical, histórico e bibliográfico*, 2 Bde., Lissabon: Livraria Portugal.

Saraiva, António José, und Óscar Lopes (1978): *História da Literatura Portuguesa*, Porto: Porto Editora, 1996.

Saramago, José (1982): *Das Memorial*, Reinbek bei Hamburg: Rowohlt, 1997.

Sardinha, António (1915): *O Valor da Raça. Introdução a uma Campanha Nacional*, Lissabon: Almeida Miranda e Sousa.

Sarraute, Jean-Paul (1970): *Catálogo das obras de João Domingos Bomtempo*, Lissabon: Fundação Calouste Gulbenkian.

Sarraute, Jean-Paul (1979): *Marcos Portugal. Ensaios*, Lissabon: Fundação Calouste Gulbenkian.

Sasportes, José Estêvão (1970): *História da Dança em Portugal*, Lissabon: Fundação Gulbenkian.

Scherpereel, Joseph (1985): *A orquestra e os instrumentistas da Real Câmara de Lisboa de 1764 a 1834. L'orchestre et les instrumentistes de la Real Câmara à Lisbonne de 1764 à 1834*, Lissabon: Fundação Calouste Gulbenkian.

Schumacher, Ernst (1973): *Theater und Gesellschaft im 20. Jahrhundert*, Berlin [Ost]: Henschelverlag.

Schwab, Heinrich W. (1971): *Konzert. Öffentliche Musikdarbietung vom 17. bis 19. Jahrhundert* (*Musikgeschichte in Bildern*, Bd. IV: *Musik der Neuzeit*, Lieferung 2), Leipzig: VEB Deutscher Verlag für Musik.

Sérgio, António (1920): *Ensaios*, Bd. 1, Lissabon: Sá da Costa, 1971.

Sérgio, António (1952): *Cartas de Problemática*, Lissabon: Inquérito, 1952–1955.

Sérgio, António (1954): *Cartas do Terceiro Homem. Porta-voz das »pedras-vivas« do »país real«*, Lissabon: Inquériro.

Sering, Paul (1936): *Faschismus und Monopolkapitalismus*, Berlin [West]: Guhl, 1979.

Serrão, Joel (1969): *Do sebastianismo ao socialismo em Portugal*, Lissabon: Livros Horizonte.

Serrão, Joel (1975): *Portugueses somos*, Lissabon: Livros Horizonte.

Serrão, Joel (1978): *Temas oitocentistas. Para a História de Portugal no século passado, Ensaios*, Lissabon: Livros Horizonte, 1978–1980.

Serrão, Joel (1980): »Fernando Pessoa, cidadão do imaginário«, in: *Ultimatum e Páginas de Sociologia Política* (Ausgewählte Schriften von F. Pessoa, hrsg. von J. Serrão), Lissabon: Ática, 1980, 5–107.

Shaw, Bernard (1898): *The perfect Wagnerite: A commentary on The Ring of the Nibelungs*, London: Grant Richards.

Sherratt, Yvonne (1996): »Aura: the aesthetic of redemption?«, in: *Philosophy & Social Criticism*, 24/1 (1998), 25–41.

Silbert; Albert (1972): *Do Portugal do antigo regime ao Portugal oitocentista*, Lissabon: Livros Horizonte.

Silva Correia, J. M. (1969): »Teatros régios do século XVIII«, in: *Boletim do Museu Nacional de Arte Antiga*, V/3–4 (1969), 24–38.

Silva Correia, J. M., und Natália Correia Guedes (1989): *O Paço Real de Salvaterra de Magos. A Corte. A Ópera. A Falcoaria*, Lissabon: Presença.

Silva Dias, Sebastião (1982): »A revolução liberal portuguesa: amálgama e não substituição de classes«, in: *O liberalismo na Península Ibérica na primeira metade do século XIX* (hrsg. vom Centro de Estudos de História Contemporânea), 2 Bde., Lissabon: Sá da Costa, 1982, I, 21–25.

Smither, Howard E. (1977): *A History of the Oratorio*, Chapel Hill: The University of North Carolina Press.

Soares, Mário (1972): *Portugal amordaçado – Depoimento sobre os anos do fascismo*, Lissabon: Arcádia, 1974.

Sousa, Filipe de (1974): »O compositor António Teixeira e a sua obra«, in: *Braccara Augusta*, XXVIII (1974), 413–420.

Sousa Bastos, António de (1898): *Carteira do Artista. Apontamentos para a História do Teatro Portuguez e Brazileiro acompanhados de noticias sobre or principaes artistas, escriptores dramaticos e compositores estrangeiros*, Lissabon: Antiga Casa Bertrand-José Bastos.

Sousa Santos, Boaventura de (1989): *Introdução a uma Ciência Pós-Moderna*, Porto: Afrontamento.

Sousa Viterbo, Francisco M. (1892): »Carlo Goldoni e a ópera na côrte de D. José«, in: ders.: *Artes e Artistas em Portugal. Contribuição para a Historia das Artes e Industrias Portuguezas*, Lissabon: Férin, 1892, 214–219.

Southey, Robert (1808): *Journals of a Residence in Portugal 1800–1801 and a Visit to France 1838 – Supplemented by extracts from his correspondence* (hrsg. von Adolfo Cabral), Oxford: Clarendon Press/Oxford University Press, 1960.

Spagna, Arcangelo (1706): *Oratorii overo Melodrammi sacri con un discorso dogmatico intorno l'istessa materia, Lib. primo*, Rom.

Stegagno Picchio, Luciana (1964): *História do Teatro Português*, Lissabon: Portugália Editora.

Stieger, Franz (1975): *Opernlexikon*, 12 Bde., Tutzing: Hans Schneider, 1975–1983.

Stravinsky, Igor (1942): *Poétique musicale sous forme de six leçons*, Paris: Plon, 1946.

Subirá, José (1953): *História de la música española e hispano-americana*, Barcelona usw.: Salvat.

Subirá, José (1969): »Lo histórico e lo estético en la ›Zarzuela‹«, in: *Revista de ideas estéticas*, XXVII/106 (1969), 103–125.

Tavares de Carvalho, Fernando (1922): *O Graal do meu encanto*, Lissabon: Tip. Annuario Commercial.

Telo, António José (1977): *O sidonismo e o movimento operário. Luta de classes em Portugal (1917–1919)*, Lissabon: Ed. J. Fortunato.

Tengarrinha, José (1974) (Hrsg.): Vorwort zu: *A Revolução de 1820* (Ausgewählte Schriften von Manuel Fernandes Tomás), Lissabon: Caminho, 1982, 12–24.

Tinop, J. P. de Carvalho (1938): *Lisboa de outrora* (hrsg. von G. Matos Sequeira), 3 Bde., Lissabon: Os Amigos de Lisboa.

Trindade, Arthur (1910): *O Theatro de S. Carlos*, Lissabon: Typ. da Empreza de Historia de Portugal.

Twiss, Richard (1775): *Reisen durch Portugal und Spanien im Jahre 1772 und 1773. Aus dem Englischen übersetzt mit Anmerkungen von C. D. Ebeling*, Bd. 1, Leipzig: Weigandische Buchhandlung, 1776.

Vasconcellos, Joaquim de (1870): *Os musicos portuguezes. Biographia. Bibliographia*, 2 Bde., Porto: Imprensa portugeza.

Vasconcellos, Joaquim de (1874): »A acção cantada em portuguez«, in: *Actualidade*, 169–170 (29. und 30. August 1874).

Verba, Cynthia (1993): *Music and the French Enlightenment. Reconstruction of a Dialogue 1750–1764*, Oxford: Clarendon Press, 1993.

Verdelho, Telmo (1981): *As palavras e as ideias na Revolução Liberal de 1820*, Coimbra: Instituto Nacional de Investigação Científica.

Veríssimo Serrão, Joaquim (1977): *História de Portugal*, 12 Bde., Lissabon: Verbo, 1977–1990.

Vianna da Motta, José (1897): *Zur Einführung in Richard Wagners Bühnenweihfestspiel* Parsifal. *Übersicht des Sagenstoffs, Geschichte der Entstehung des Dramas, Erläuterung der Dichtung*, Bayreuth: Nierenheim & Bayerlein.

Vianna da Motta, José (1908), *Die Tragik im* Lohengrin. *Praktischer Wegweiser für Besucher der Bayreuther Festspiele*, Bayreuth: Georg Nierenheim.

Vianna da Motta, José (1917): »O Ensino da Música em Portugal«, in: *A Águia*, 69–70 (1917), 114–120.

Vianna da Motta, José (1941): *Música e Músicos Alemães. Recordações, Ensaios, Críticas*, Coimbra: Instituto-Goethe da Universidade de Coimbra.

Vicente, António Pedro (1998): »O Cerco à Embaixada da República Espanhola em Lisboa (Maio a Outubro de 1936)«, in: *Portugal e a Guerra Civil de Espanha* (hrsg. von Fernando Rosas), Lissabon: Edições Colibri/Instituto de História Contemporânea da Universidade Nova de Lisboa, 1998, 3–105.

Vieira, Ernesto (1900): *Diccionario Biographico de musicos portuguezes: historia e bibliographia da musica em Portugal*, 2 Bde., Lissabon: Mattos Moreira & Pinheiro.

Vieira, Ernesto (1911): *A musica em Portugal. Resumo historico*, Lissabon: A. M. Teixeira.

Vieira de Carvalho, Mário (1970): »*D. Duardos e Flérida* de Fernando Lopes-Graça«, in: Programmheft des Teatro Nacional de São Carlos, Lissabon.

Vieira de Carvalho, Mário (1974): *Para um* dossier Gulbenkian, Lissabon: Estampa.

Vieira de Carvalho, Mário (1978): *Estes sons, esta linguagem*, Lissabon: Estampa.

Vieira de Carvalho, Mário (1983): »Do teatro de Gil Vicente ao teatro de Wagner«, in: *Vértice*, 454 (1983), 29–39.

Vieira de Carvalho, Mário (1986a): »Eça de Queiroz e a ópera no século XIX em Portugal«, in: *Colóquio-Letras*, 91 (1986), 27–37.

Vieira de Carvalho, Mário (1986b): »Parsifal oder der Gegensatz zwischen Theorie und Praxis als Dilemma der herrschenden Klasse«, in: *Beiträge zur Musikwissenschaft*, XXVIII/4 (1986), 309–319.

Vieira de Carvalho, Mário (1988): »Auf der Spur von Rousseau in der Wagnerschen Dramaturgie«, in: *Opern und Musikdramen Verdis und Wagners in Dresden. (Schriftenreihe der Hochschule für Musik »Carl Maria von Weber« Dresden*, Bd. 12), 1988, 607–624.

Vieira de Carvalho, Mário (1989): *O essencial sobre Fernando Lopes-Graça*, Lissabon: Imprensa Nacional-Casa da Moeda.

Vieira de Carvalho, Mário (1990a): »Trevas e Luzes na Ópera de Portugal Setecentista«, in: *Vértice*, 27 (1990), 87–96.

Vieira de Carvalho, Mário (1990b): »João de Freitas Branco e o tempo das perseguições da PIDE«, in: *Jornal de Letras*, IX/392 (1990), 12.

Vieira de Carvalho, Mário (1990c): »Eça de Queiroz: da música absoluta ao *couplet* de Offenbach«, in: *Eça e Os Maias* (hrsg. von Isabel Pires de Lima), Porto: Edições Asa, 1990, 47–59.

Vieira de Carvalho, Mário (1990d): »Uma obra-prima da música dramática«, in: *Jornal de Letras*, X/432 (1990), 27.

Vieira de Carvalho, Mário (1990e): »*Giuditta*: uma redescoberta moderna«, in: *Jornal de Letras* X/437 (1990), 21.

Vieira de Carvalho, Mário (1992a): »Cultura musical«, in: *Enciclopédia Temática Portugal Moderno – Artes e Letras* (hrsg. von José-Augusto França), Lissabon: Edições Pomo, 1992, 119–135.

Vieira de Carvalho, Mário (1992b): »Fernando Lopes-Graça«, in: *Komponisten der Gegenwart* (hrsg. von Hanns-Werner Heister und Walter Wolfgang Sparrer), München: Edition Text+Kritik, 1992 ff.

Vieira de Carvalho, Mário (1993a): »Belcanto-Kultur und Aufklärung: Blick auf eine widersprüchliche Beziehung im Lichte der Opernrezeption«, in: *Zwischen Aufklärung und Kulturindustrie. Festschrift für Georg Knepler zum 85. Geburtstag* (hrsg. von Hanns-Werner Heister, Karin Heister-Grech und Gerhard Scheit), Hamburg: von Bockel, 1993, II, 11–41.

Vieira de Carvalho, Mário (1993b): »Roman als Offenbachiade – Ein Beispiel von Intertextualität zwischen Musik und Literatur«, in: *Musik als Text. Bericht über den internationalen Kongreß der Gesellschaft für Musikforschung, Freiburg im Breisgau 1993* (hrsg. von Hermann Danuser), Kassel usw.: Bärenreiter [im Druck].

Vieira de Carvalho, Mário (1993c): *›Pensar é morrer‹, ou O Teatro de São Carlos na mudança de sistemas sociocomunicativos desde fins do século XVIII aos nossos dias*, Lissabon: Imprensa Nacional-Casa da Moeda.

Vicira de Carvalho, Mário (1994): »Música e crítica da cultura na colaboração de Eça de Queiroz para a *Gazeta de Portugal* e o *Disctricto de Evora*«, in: *Queirosiana*, 5–6 (1994), 173–191.

Vieira de Carvalho, Mário (1995a): »From Opera to *Soap Opera* : On Civilizing Processes, the Dialectic of Enlightenment and Postmodernity«, in: *Theory, Culture & Society*, XII/2 (1995), 41–61.

Vieira de Carvalho, Mário (1995b): »*Nature* et *naturel* dans la polémique sur l'opéra au XVIIIème siècle«, in: *Le Parole della Musica*, Bd. II: *Studi sulla Lingua della Critica del Teatro per Musica in onore di Gianfranco Folena* (hrsg. von Maria Teresa Muraro), Florenz: Olschki, 1995, 95–146.

Vieira de Carvalho, Mário (1995c): »Illusion und Selbstdarstellung – Zur Entwicklung der Kommunikationssysteme im Musiktheater«, in: *Vom Neuwerden des Alten – Über den Botschaftscharakter des musikalischen Theaters* (*Studien zur Wertungsforschung*, Bd. 29, hrsg. von Otto Kolleritsch), Graz und Wien: Universal Edition, 1995, 141–149.

Vieira de Carvalho, Mário (1995d): »Goldoni et le chemin vers le *naturel* dans le théâtre et l'opéra au XVIIIème siècle«, in: *Convegno del Bicentenario Goldoniano* (hrsg. von Carmelo Alberti und David Bryant), Venedig: Istituto Internazionale per la Ricerca Teatrale, 1995, 233–244.

Vieira de Carvalho, Mário (1996a): »*No hay caminos?* – Luigi Nonos Verhältnis zur Geschichte«, in: *Das aufgesprengte Kontinuum. Über die Geschichtsfähigkeit der Musik* (*Studien zur Wertungsforschung*, Bd. 31, hrsg. von Otto Kolleritsch), Graz und Wien: Universal Edition, 1996, 187–219.

Vieira de Carvalho, Mário (1996b): »Catorze Anotações em memória de Fernando Lopes-Graça«, in: *Boca do Inferno*, 1 (1996), 31–46.

Vieira de Carvalho, Mário (1996c): »Música Erudita no Estado Novo«, in: Rosas e Brito (1996), II, 647–654.

Vieira de Carvalho, Mário (1996d): »Ópera e Estado Novo«, in: Rosas e Brito (1996), II, 690–695.

Vieira de Carvalho, Mário (1996e): »Música e literatura romântica«, in: *Dicionário do Romantismo Literário Português* (hrsg. von Helena Carvalhão Buescu), Lissabon: Caminho, 1996, 329–336.

Vieira de Carvalho, Mário (1996g): »Otherness as Counter-Hegemony versus Otherness as Inferiority: Lopes-Graça, the Estado Novo and the Concept of National Music«, in: *Otherness and Transgression in Music* (Kongreßbericht, hrsg. von M. Vieira de Carvalho), in Vorbereitung.

Vieira de Carvalho, Mário (1997a): »*Lebendige Aktion* gegen *geträumte Aktion*: Musik und antifaschistischer Widerstand in Portugal«, in: *Musik – Revolution. Georg Knepler zum 90. Geburtstag* (hrsg. von Hanns-Werner Heister), Hamburg: von Bockel, 1997, II, 325–347.

Vieira de Carvalho, Mário (1997b): »A música e o cosmopolitismo da capital: Uma aproximação a Eça de Queiroz em diálogo com Walter Benjamin«, in: *150 Anos com Eça de Queiroz* (hrsg. von Elza Miné und Benilde Justino Caniano), São Paulo: Centros de Estudos Portugueses da Universidade de São Paulo, 1997, 427–437.

Vieira de Carvalho, Mário (1997c): »A refeudalização da Esfera Pública«, in: *Seara Nova*, 56 (1997), 43–46.

Vieira de Carvalho, Mário (1997d): »Sociology of Music as Self-Critical Musicology«, in: Kaden (1997).

Vieira de Carvalho, Mário (1998a): »Productive misreading of baroque opera: the staging of Handel's *Serse* by Herz (1972) and *Giustino* by Kupfer (1984)«, in: *La Produzione e il Consumo della Musica dell'Età di Vivaldi negli Ultimi Cinquant'anni* (hrsg. von Antonio Fanna und Michael Talbot), Florenz: Olschki, 1998, 229–255.

Vieira de Carvalho, Mário (1998b), »*Mémoire d'une présence absente* – Zur Kritik der Dichotomie zwischen Teleologie und Zuständlichkeit in der Musik als geschlechtsbezogene Kategorien«, in: *Abschied in die Gegenwart: Teleologie und Zuständlichkeit in der Musik (Studien zur Wertungsforschung*, Bd. 35, hrsg. von Otto Kolleritsch), Graz und Wien: Universal Edition, 1998, 121–148.

Vieira de Carvalho, Mário (1998c): »Towards Dialectic Listening: Quotation and *Montage* in the Work of Luigi Nono«, in: *Contemporary Music Review*, 1998, II, 37–85.

Vieira de Carvalho, Mário (1998d): »Walter Benjamin's Critical Hermeneutics of Communication: On the concepts of ›Aestheticization of Politics‹ and ›Politicization of Art‹«, Referattext zum *ISA XIV World Congress of Sociology* (RC 14: *Sociology of Communication, Knowledge & Culture*), Montreal, Kanada, 26. 7.–1. 8. 1998.

Villaverde Cabral, Manuel (1977): *O Desenvolvimento do Capitalismo em Portugal no século XIX*, Lissabon: A Regra do Jogo.

Villaverde Cabral, Manuel (1979): *Portugal na alvorada do século XX – Forças sociais, poder político e crescimento económico de 1890 a 1914*, Lissabon: A Regra do Jogo.

Villaverde Cabral, Manuel (1982): »O fascismo português numa perspectiva comparada«, in: *O fascismo em Portugal*, Lissabon: A Regra do Jogo, 1982, 19–30.

Wagner, Richard (1840/1841): »Ein deutscher Musiker in Paris«, in: *Richard Wagner's Gesammelte Schriften und Dichtungen*, 10 Bde., Leipzig: E. W. Fritzsch, 1887–1888, I, 90–257.

Wagner, Richard (1851a): »Oper und Drama«, *ibidem*, III, 222–320; IV, 1–229.

Wagner, Richard (1851b): »Eine Mittheilung an meine Freunde«, *ibidem*, IV, 230–344.

Wagner, Richard (1852): »Der Ring des Nibelungen. Ein Bühnenfestspiel«, *ibidem*, VI, 1–256.

Wagner, Richard (1861): »Bericht über die Aufführung des *Tannhäuser* in Paris«, *ibidem*, VII, 138–149.

Wagner, Richard (1870): »Beethoven«, *ibidem*, IX, 61–126.

Wagner, Richard (1893): *O Navio Fantasma (O Hollandez Voador), libreto-programa*, Lissabon.

Wagner, Richard (1967): *Sämtliche Briefe* (hrsg. von Gertrud Strobel und Werner Wolf), Leipzig: VEB Deutscher Verlag für Musik, 1967 ff.

Wallerstein Immanuel, et al., (1996): *Para abrir as ciências sociais. Relatório da Comissão Gulbenkain sobre a reestruturação das Ciências Sociais*, Lissabon: Europa-América.

Walther, Johann Gottfried (1732): *Musikalisches Lexikon oder Musikalische Bibliothek*, Kassel und Basel: Bärenreiter, 1967.

Wardetzky, Jutta (1983): *Theaterpolitik im faschistischen Deutschland. Studien und Dokumente*, Berlin [Ost]: Henschelverlag.

Waxel, Platon de (1875): *Ricardo Wagner e Francisco Liszt – recordações pessoaes*, Lissabon.

Weber, Max (1972): *Gesammelte Aufsätze zur Religionssoziologie*, 3 Bde., Tübingen: I. C. B. Mohr.

Wellmer, Albrecht (1985): *Zur Dialektik von Moderne und Postmoderne. Vernunftkritik nach Adorno*, Frankfurt a. M.: Suhrkamp.

Welsch, Wolfgang (1990a): »Die Geburt der postmodernen Philosophie aus dem Geist der modernen Kunst«, in: ders.: *Ästhetisches Denken*, Stuttgart: Reclam, 1993, 79–113.

Wessling, Berndt W. (1983): *Bayreuth im Dritten Reich. Richard Wagners politisches Erbe. Eine Dokumentation*, Weinheim und Basel: Betz-Verlag.

Wieland, Christoph Martin (1775): »Versuch über das deutsche Singspiel und einige dahin einschlagende Gegenstände«, in: *Wielands Werke*, Bd. XIV: *Prosaische Schriften I (1772–1783)*, Berlin: Weidmannsche Buchhandlung, 1928, 74–99.

Wimmer, Ruprecht (1982): *Jesuitentheater. Dialektik und Fest. Das Exempel des ägyptischen Josephs auf den deutschen Bühnen der Gesellschaft Jesu*, Frankfurt a. M.: Vittorio Klostermann.

Witeschnik, Alexander (1959): *Wiener Opernkunst von den Anfängen bis zu Karajan*, Wien: Kremayr & Scherian.

Wittich, Alexander (1843): *Erinnerungen an Lissabon. Ein Gemälde der Stadt nebst Schilderungen portugiesischer Zustände, Bestrebungen und Fortschritte der neuesten Zeit*, Berlin: G. Reimer.

Wolf, Werner (1978): »Richard Wagner in Deutschland nach 1854«, in: *Material zum Theater*, 105 (1978), 5–15.

Wraxall, N. William (1815): *Historical Memoirs of my own Time. Part the first from 1772 to 1780*, London: T. Cadell & W. Davies.

Wulf, Joseph (1963a): *Musik im Dritten Reich. Eine Dokumentation*, Frankfurt a. M.: Ullstein, 1989.

Wulf, Joseph (1963b): *Die bildende Kunst im Dritten Reich. Eine Dokumentation*, Frankfurt a. M.: Ullstein, 1989.

Personenregister